元代国家与社会国际学术研讨会论文集

元史论丛

（第十四辑）

中国元史研究会　编

本辑主编　李治安
编　　订　王晓欣　薛　磊　张沛之　马晓林

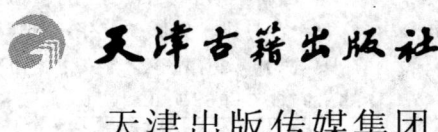

天津古籍出版社

天津出版传媒集团

图书在版编目（CIP）数据

元史论丛. 第14辑 / 中国元史研究会编. — 天津：天津古籍出版社，2013.12
ISBN 978-7-5528-0227-6

Ⅰ.①元… Ⅱ.①中… Ⅲ.①中国历史－元代－文集 Ⅳ.①K247.07-53

中国版本图书馆CIP数据核字(2013)第313918号

元史论丛

中国元史研究会/编

出版人/张玮

*

天津古籍出版社出版
（天津市西康路35号　邮编300051）
http://www.tjabc.net
唐山天意印刷有限责任公司印刷
全国新华书店发行
开本 787×1092 毫米 1/16 印张 32 字数 696 千字
2014 年 1 月第 1 版 2014 年 1 月第 1 次印刷
ISBN 978-7-5528-0227-6
定价：88.00元

目录

元代守宫制再议/高荣盛(1)

元代几种方志中的官职问题初探/王明荪(11)

元吴澄八思巴字宣勒文书初探/李治安(37)

元代官员封赠制度初探/张素霞(76)

元代赎刑制度刍议/刘晓(93)

元朝国家政权内部的沟通与交流——以宣使为中心的考察/申万里(102)

再论成吉思汗建国后的分封/魏曙光(127)

蒙古帝国站户消乏再考——以合罕兀鲁思驿站为中心/(韩国)薛培焕(137)

大蒙古国戊戌选试与丁酉沙汰关系辨析/方军(172)

前四汗时期汉文化在统治阶层中的传播与接受/默书民(180)

额济纳 阿拉善 杭锦/亦邻真 著 陈晓伟 译(195)

陕西渭河流域"蒙古族村"——拜家村源流小考/谢咏梅(199)

成吉思汗时期的哈剌鲁人
　　——以海押立、阿力麻里地区的哈剌鲁人为中心/马晓娟(209)

蒙古肃良合氏的来源/额尔敦巴特尔(223)

《元史》有关巩昌汪氏记载辨正六则/赵一兵(228)

宋元时期中日通关文书初析/赵莹波(236)

《杨庭璧平寇记》再考
　　——忽必烈朝海上势力的一个事例研究/(日本)向正树(251)

1

论元末高邮之战及其影响/张金铣(260)

平江路税粮考述——元代海运基地系列研究之二/孟繁清(266)

谈元代分产案中的"分家"问题/洪丽珠(278)

元初至元年间"南学北来"问题新探
　　——以北方儒学格局变迁对忽必烈心态的影响为叙述中心/刘成群(290)

元代山东平原县庙学建设的个案分析/许守泯(299)

元代的岳渎祭祀——以济渎庙为中心/(日本)樱井智美(312)

李槃与刘秉忠文集/党宝海(320)

《国朝文类》元明诸板本杂考/魏亦乐(327)

《南村辍耕录》与《广客谈》/高建国(341)

赵万里《元一统志》失收条目补辑/杨印民(350)

读新中国出土元代墓志校《元史》相关列传/杨晓春(357)

许昌《天宝宫圣旨碑》碑阴题名校勘/武　波(367)

元奉直大夫南阳屯田副总管张谦墓志铭考释/陈　玮(373)

月百二九——陈友谅身世及其败亡/王颋　林友标(381)

解读元朝的天空——色目天文学家与元代文化交流/杨　巧(390)

元代蒙译汉式占卜术是源于官刊历书或是民译占卜书
　　——以吐鲁番回鹘文书卷与蒙古哈喇布罕古城桦树皮文书为中心
　　　　　　　　　　　　　　　　　　　　　　　　　　/何启龙(402)

关于元代地税征收的一篇蒙古文文献
　　——释黑城出土F61:W6文书/白玉冬(413)

从也火汝足立嵬地土案卷看元代亦集乃路复业案件的审判程序/张重艳(422)

也火汝足立嵬土地案发覆/张笑峰(430)

俄藏黑水城所出《天历二年呈亦集乃路官府文》考释/宋　坤(437)

黑水城所出元代酒醋课程文书研究/陈瑞青(445)

蒙古豳王家族与元代亦集乃路之关系/杨富学　张海娟(453)

北庭元帅府与亦集乃路的关系初探
　　——兼谈黄兀儿月良站的地理位置/陈广恩(462)

由黑水城文书所见元代西北边陲驻军状况
　　——以亦集乃路为中心/李晓明(471)

黑水城文书所见元代的朵思麻宣政院/杜立晖(483)

由黑水城文书看北元时期肃政廉访司更换官吏中的作用/郭兆斌(490)

一部探索元代诸族居住文化之力作
　　——《元代诸族建筑及居住文化》评介/绍聪(496)

后记/(498)

Contents

Further research on Shou Gong System in Yuan Dynasty ·················· Gao Rongsheng(1)
The Official Positions from Some local Records in Yuan Dynasty ·············· Wang Mingsun(11)
A Study on XuanChi Documents to Wu Cheng in 'Phags-pa Script ············· Li Zhian(37)
The System of Feng Zeng in Yuan Dynasty ···························· Zhang Suxia(76)
The system of Penalty-Ranson in Yuan Dynasty ························· Liu Xiao(93)
Power's internal communication in Yuan Empire: Focused on the Xuan Shi ···················
·· Shen Wanli(102)
A Consideration of the Enfeoffment after Yeke Mongghol Ulus Established ····················
·· Wei Shuguang(127)
Order in Disorders: Revisiting the Impoverishment of Jamčis under the Mongols: Focused on the Dotted Post Delivery System of Qa'an Ulus ·················· (Korea)Paehwan Seol(137)
The Relationship between the Examination for Confucian Scholars in 1238 and the Selection for Three Religions in 1237 ·· Fang Jun(172)
The Diffusion and Acceptance of the Han Culter among the Ruling Classes before the Age of Kublai Khan ·· Mo Shumin(180)
Erjina Alxa HangJin ··································· Irinchen, tr. by Chen Xiaowei(195)
A Study on the Origin and Development of a Mongolian Village Called Baijia in Wei River Basin in Shaanxi ··· Xie Yongmei(199)
The Qarluq in the Age of Chinggis Khan: Centering on the Qarluq of Qayalik and Almaliq ······
·· Ma Xiaojuan(209)
Mongglian Surname "Solangqas" Explored ································· EErDunBaTeEr(223)
Six Collations on the record about the Wang Family in Gongchang in *The History of Yuan* ··········
·· Zhao Yibing(228)
A Study on the Customs Passports between China and Japan during Song and Yuan Dynasties ···
·· Zhao Yingbo(236)
Yang Tingbi Ping Kou Ji Reexamined: An Individual Research on the Sea Power in Kublai Khan's

Times ……………………………………………………（Japan）Mukai Masaki(251)

On the War of Gaoyou at the End of Yuan Dynasty and Its Effects ………… Zhang Jinxian(260)

On the Land Tax Grain of Pingjiang Road Explored: Part Two of A Study on the Marine Bases in Yuan Dynasty …………………………………………………… Meng Fanqing(266)

On Household Division of the Property Division Cases in Yuan Dynasty ……… Hong Lizhu(278)

New Exploration on the Northward Movement of Nanxue in Zhiyuan Period ……………………………………………………………………………… Liu Chengqun(290)

The Construction of Temple-School at Shangdon Pingyuan County in Yuan Dynasty: A Case Study ………………………………………………………… Xu Shoumin(299)

Sacrifices to Yuedu In Yuan Dynasty: Centering on the Jidu Temple ……………………………………………………………………（Japan）Sakurai Satomi(312)

Li Pan and Liu Bingzhong's Collected Works …………………………… Dang Baohai(320)

On Editions of *Guochao Wenlei* in Yuan and Ming Dynasties ……………… Wei Yile(327)

Nan Cun Chuo Geng Lu and *Guang Ke Tan* …………………………… Gao Jianguo(341)

The Collection and Supplement for Zhao Wanli's *Yuan Yi Tong Zhi* ……… Yang Yinmin(350)

Reading the Epitaphs of Yuan Dynasty Excavated since 1949 to Analyzing Related Biographies in *The History of Yuan* …………………………………………… Yang Xiaochun(357)

Emendation on the autograph of the back of Xuzhang *Tian bao Gong imperial edict stele* ………………………………………………………………………… Wu Bo(367)

Zhang Qian's Epitaph Explained ……………………………………… Chen Wei(373)

One hundred and twenty-nine months, Chen Youliang's life experince and army extinguishment ……………………………………………… Wang Ting, Chen You Biao(381)

Reading the Yuan Sky: Semu Astronomers and Cultural Exchange in Yuan China ……………………………………………………………………… Yang Qiao(390)

Was the Mongolian translation of Chinese Divination from the Mongol-Yuan official calendar or the public divination booklet? ………………………………… HO Kai-lung(402)

A Mongolian Document about the Land Tax Collection in Yuan Dynasty: An Explanation on the Volume F61:W6 Excavated from Khara-Khoto ……………………… Bai Yudong(413)

The Trial Procedure of Land Cases in Yiji'nai Road in Yuan Dynasty Seen from *the Contract about the Case of Yehuo Ruzu Liwei's Land* ……………………… Zhang Chongyan(422)

The Exploratory Study of *the Contract about the Case of Yehuo Ruzu Liwei's Land* ……………………………………………………………… Zhang Xiaofeng(430)

A Textual Research on *Tianli Ernian Cheng Yijinai Guanfu Wen* in the Khara-Khoto Collection of Russia ……………………………………………………… Song Kun(437)

A Study on the Taxation Documents for Wine and Vinegar in Yuan Dynasty Excavated from Khara-Khoto ……………………………………………………… Chen Ruiqing(445)

The Relationship between the Binwang Family and Yiji'nai Road ……………………………………………………………… Yang Fuxue, Zhang Haijuan(453)

The Relationship between Beiting Yuanshuaifu and Yiji'nai Road .... Chen Guang'en(462)
The Garrison on Northwest Frontier in Yuan Dynasty Seen from the Documents Excavated from Khara-Khoto:Centering on Yiji'nai Road .... Li Xiaoming(471)
The Institution Mdo-smad Xuanzhengyuan in Yuan Dynasty Seen from the Documents Excavated from Khara-Khoto .... Du lihui(483)
The Role of Suzhenglianfangsi in Officers' Replacement in the North Yuan Seen from the Documents Excavated from Khara-Khoto .... Guo Zhaobin(490)
A Masterpiece in the Study of Different Nationalities' Residential Culture in Yuan Dyansty: Comment on *the Building and Residential Culture in Yuan Dynasty* .... Shao Cong(496)
Postscript .... (498)

元代守宫制再议

南京大学 高荣盛

元代帝王即位后,在宫城中设一座"极金碧之盛"的斡耳朵,死后"架阁"起来,由一名后妃为之看守,并按制起驾斡耳朵巡幸上都。由此而形成一套相应的制度。此斡耳朵有"火室"、"宫分"、"宫车"、"后宫"等称谓,本文多以"守宫制"概括之。关于这项制度,笔者曾撰《元代"火室"与怯薛/女孩儿/火者》一文表达自己的看法,①但多有不及和失当。兹连带两都巡幸的相关内容作如下申述。

一 守宫制的几点再思考

元代这种特有的守宫制实际是一项祭祀制度。近据所知,台湾的洪金富、中国社科院的刘晓和南开大学的马晓林均多创见,②后者于 2012 年 7 月提交的申请博士学位论文《元代国家祭祀研究》对包括守宫之制在内的元代祭祀制度进行了广泛而深入的探讨,很有分量,许多新见对笔者颇有启发,同时感到以往的一些看法需重新审视。现归纳如下三个方面,与诸同仁交流、探讨。

(一) 广义守宫制与"班兀营帐"

有必要将守宫制置于更广阔的视野下作进一步理解,由此引申出本文所认为的广义的守宫制及其相应的斡耳朵设置。

《元史·后妃表》表前的"(然)其居则有曰斡耳朵之分;没,复有继承守宫之法"似较模糊,但柏朗嘉宾的一段记载似较具体:

> 实际上,鞑靼人的习惯是不废除诸王和高级权贵们的宫廷,而是用来安排其妻妾嫔妃们,以让她们来管理,仍然按照原来的王爷和主人的习惯而向她们提供钱财。③

并称,术赤死后的"斡耳朵或宫殿"即"由一位王妃所掌管"。显然,守宫制作为一项传统,广泛存在于草原地区的诸王权贵中,许有壬所谓的"列圣宾天,其帐不旷"(见后)即渊源于这个传统。柏朗嘉宾的"安排"一词颇中要义,实即对已故君主权贵的"妻妾嫔妃"的地位和物质待遇予以确定;而"由一位王妃掌管"或许是进一步理解守宫制的又一关键(详后)。兹以《元史》

---

① 载拙著《元史浅识》,南京:凤凰出版社,2010 年。
② 洪金富:《元〈析津志·原庙·行香〉篇疏证》,《"中研院"历史语言研究所集刊》,第 79 本第 1 分,2008 年;刘晓:《公主皇后杂考》,中央民族大学历史系编《民族史研究》第五辑,北京:民族出版社,2004 年;马晓林:《元代国家祭祀研究》,南开大学博士论文(答辩稿),2012 年。
③ 耿昇、何高济:《柏朗嘉宾蒙古行纪 鲁布鲁克行纪》,北京:中华书局,1985 年,第 95 页。按,此制或可与汉地传统作对比研究。此不赘。

所载泰定三年(1326)以明里忽都鲁"诏守班秃营帐"为例,试作说明。

此事《后妃表》系于宪宗名下,明里忽都鲁作为蒙哥的妃子,往往会视为蒙哥的守宫者。然而,"泰定三年诏守班秃营帐"是以小字置于明里忽都鲁之后的,因而,应考虑她是为班秃守帐。按班秃为蒙哥后忽都台所生(忽都台,鲁不鲁乞记为蒙哥"正妻"。① 但《元史·后妃表》于忽都鲁之上尚有"火里差皇后"。诸籍以忽都台为蒙哥正后,不知何据),可能于泰定二年至三年间去世。②《蒙兀儿史记》后妃列传(明里忽都鲁失"鲁"字)称:"初,汗长子班秃大王早薨(屠寄认为班秃即辨都,或误。后者亡于宪宗八年,故曰'早薨'——笔者注),无后,至是(泰定三年)也孙铁木儿汗诏可敦守其营帐,以班秃位下岁赐归之。"《漠北三大汗诸子列传》亦曰:"泰定三年,也孙铁木儿汗诏蒙格位下明里忽都鲁可敦守班秃所遗斡儿朵思。"其下注曰:"元制,诸王后妃公主薨,其位存而不废。班秃本无嗣,泰定时,其位下殆已无人,故诏明里忽都鲁可敦守其遗帐。"明里忽都鲁作为"庶母"为班秃守宫,③亦符合"安排"诸王权贵后妃们的惯例。

"班秃营帐"属本文所说的广义守宫制的斡耳朵,其父蒙哥的四大斡耳朵亦同。《史集》对蒙哥死后举哀发丧情状的记载或许有助于深化对斡耳朵制度的认识:

> 由于[蒙哥合罕]之死,阿速台斡兀勒以军事付浑都海那颜而奉其父之灵柩返还斡耳朵。彼等于四斡耳朵为彼举哀发丧。第一日于忽都台可敦之斡耳朵,次日于豁台可敦(按:即鲁不鲁乞所记之 Cota,为蒙哥之第二妻)。第三日于伴随彼南征之出卑可敦之斡耳朵(按:……《元史·后妃表》:"出卑三皇后,岁未,从宪宗南征。七月,宪宗崩,九月八日,后亦薨于六盘山。")第四日于乞萨可敦之斡耳朵。彼等每日以灵柩置于(不同)斡耳朵之王位上,哀悼极虔诚。然后葬之于彼等称为大禁地之不儿罕哈勒敦。④

那座带有特殊意义的营帐亦从四川随遗体一同返北(蒙哥按例归葬大禁地;随蒙哥征四川的三皇后出卑后死于六盘山),因此,蒙哥的营帐亦有别于入元后设于大都宫城的"十一室皇后斡耳朵",本文所谓广义守宫制可涵盖成吉思汗以来包括大汗至各级蒙古贵族军将在内的守宫制及其相应的斡耳朵设置。而《元史·后妃表》中另一则"诏守世祖斡耳朵"(亦在泰定三年)的记载,涉及的则是本文所认为的狭义概念的守宫制及其相应的斡耳朵。

(二)狭义守宫制与"十一室皇后斡耳朵"

柏朗嘉宾所谓的"不废除诸王和高级权贵们的宫廷"和许有壬所谓的"列圣宾天,其帐不旷"是蒙古守宫制的基本原则,而这一原则依托的是草原社会经济、文化的语境。可以推测,黄金家族成员的斡耳朵均分布在草原地区,因此,死后而需要为之"守宫"的斡耳朵亦按原有

---

① [英]道森编:《出使蒙古记》,吕浦译,周良霄注,北京:中国社会科学出版社,1983年,第180页。
② 屠寄将班秃、辨都和八里土视为同名异译,或误。笔者试解:班秃译音 baltu,蒙古语义或为坚持、短而秃;辨都或可与"巴因勒都"对音,小林高四郎拟为 bayi(n)·ldu -,蒙古语义为"对阵"。另,辨都于宪宗八年亡于吉河(今根河)之南(《元史》卷三《宪宗纪》,中华书局点校本,1976年),而泰定二年尚"增岁赐银一十锭"予"班秃大王"(《元史》卷九五《食货志三》),次年以明里忽都鲁"诏守班秃营帐",此二语或与蒙古大汗、权贵死后即以后妃为之守宫之义相符,符合守宫制惯例。故班秃去世可能在泰定二至三年间。
③ 《蒙兀儿史记》卷三七《班秃大王传》的一段注文曰:"明里忽都鲁盖蒙格汗位下年龄最小之妃,且无子者。设如蒙格汗时明里忽都鲁年为二十岁,至泰定三年已八十七岁矣……"其说当符合事实。
④ [波斯]剌失德丁:《成吉思汗的继承者》(《史集》第二卷),周良霄译注,天津:天津古籍出版社,1992年,第263-264页。此处仅取《史集》文义,原地名、人名音写及注文暂略。

规制,随地而安置,即如柏朗嘉宾所述,这些斡耳朵顺理成章地"用来安排其妻妾嫔妃们,以让她们来管理",只不过,如同术赤留下的斡耳朵那样,具体"由一位王妃掌管"。忽必烈以来蒙古人的入主汉地,使原行帐式的斡耳朵改为定居式宫殿式建筑,草原社会经济背景由此发生实质性转换。应该注意的是蒙古人在基本价值观方面的执著。表现在守宫制上,我们不难发现蒙古权贵对草原时期那种"鞑靼人习惯"即斡耳朵守宫制的坚守与适应性变通,由此而巧妙地形成了本文所归纳的一套狭义的守宫制度。其要点:世祖去世后四大斡耳朵均有后妃为之守宫,此后每位新君主即位,便为自己建造一座"极金碧之盛"的斡耳朵,去世则"架阁起",每年按规定参加两都巡幸;此斡耳朵有"火室"(蒙古语)、"宫车"、"宫分"(汉语)等多种称谓。世祖以来"奉宫祭管"某一斡耳朵的"皇后"率领一些"女孩儿"和"火者"为本主斡耳朵守宫,"供御衣粮"颇为丰足;这些斡耳朵至元末共十一座,习称"十一宫"、"十一室皇后斡耳朵",集中坐落在皇城东华门向北、延春阁一带,并且,各斡耳朵均设有相应的管理机构。①

然而,具体到诸如"十一宫"的管理机构及其守宫者、经费来源等问题时,笔者以往的一些认识和归纳显然有所不足甚或有所偏失,例如,在2009年7月为上都元史学术研讨会提供的论文(草稿)中,认为《元史》中提到的诸后妃斡耳朵均与"十一宫"有关联,但后来则认为其中仅长庆寺、延徽寺和宁徽寺属守宫官署,其余是分封制的产物。造成此误判的原因无非是史料和史识的把握有所局限。例如,刘晓与马晓林提出的许有壬《至正集》中的这条材料就相当重要:

> 主迭只斡尔朵皇后伯忽笃言,夙侍武宗皇帝,被恩务报而智力靡它,作崇源寺资荐冥福……臣有壬承诏当笔,即其状笔之曰:伯忽笃,怯烈氏,年十三入宫武宗潜邸,早受知遇,及正九五,赐内帑楮币,俾作梵宇,以践矢言。工欲庀,而宫车脱驾矣。事太皇太后益著恪恭。英宗熟其贤,命立太祖皇后完颜氏斡尔朵,三年徙居世祖皇后。凡迭只斡尔朵,译言帐殿也。国制,列圣宾天,其帐不旷,以后妃当次者世守之。迭只则又序于诸帐之上者焉,其徙居于是也,地位益荣,赐赉日裕。②

以此结合柏朗嘉宾等人的记载,便有可能在以下三个方面对狭义守宫制的认识有所推进。

其一,关于"十一室皇后斡耳朵"。

从时间角度看,狭义的守宫制是指"世祖以次"以"皇后之位"名义"奉宫祭管"某一斡耳朵的制度。③ 特殊的是,世祖的四大斡耳朵全部列入,许有壬所指的"迭只斡耳朵"或即《元史·后妃表》所列的大斡耳朵。按"迭只"(de'eji)译言上部(的)、顶部(的),即许有壬所谓"序于诸帐之上者"。马晓林博士认为伯忽笃于英宗、泰定帝之际守宫,文宗时尚在,而《元史·后妃表》所记泰定帝于泰定三年以自己的妃子速哥答里"诏守世祖斡耳朵",则当指世祖的另一宫帐。不过,世祖的四斡耳朵的存续及其可能出现的变化情况,尚难断言。此后,明确实行一帝一宫制,生前有五斡耳朵的武宗也不例外(以长秋寺"掌武宗五斡耳朵户口钱粮营缮诸事")。许有壬记英宗"命立太祖皇后完颜氏斡耳朵"之"完颜氏斡耳朵"或可理解为原本存

---

① 叶子奇:《草木子》卷之三下《杂制篇》,北京:中华书局,1959年;《析津志辑佚·岁纪》,北京:北京古籍出版社,1983年;杨允孚:《滦京杂咏》,北京:中华书局,1985年本;张昱:《庐陵集·辇下曲》,见《元诗选》初集辛集,北京:中华书局,1987年;参见前揭拙文:《元代"火室"与怯薛/女孩儿/火者》。
② 许有壬:《至正集》卷四六《敕赐崇源寺碑》,聊城石印本。
③ 《析津志辑佚·岁纪》。

在于漠北的那座斡耳朵(属广义概念守宫制下斡耳朵);即便是英宗别出心裁而将它立于大都,三年后亦或以伯忽笃"徙居世祖皇后"而予以撤销。① 所谓"十一室皇后斡耳朵",可按相应的守宫官署计算,这就是《元史》中载录的长庆寺(成宗)、长秋寺(武宗)、承徽寺(仁宗)、长宁寺(英宗)、延徽寺(宁宗)、宁徽寺(明宗)。世祖的四斡耳朵即便一直存在,亦未必有四个相应的官署设置(此事待考)。马晓林认为泰定帝和文宗无官署。"十一"之数,尚待研究者进一步考定。

其二,关于守宫者。

许有壬所谓的"国制,列圣宾天,其帐不旷,以后妃当次者世守之"与柏朗嘉宾的"由一位王妃掌管"的提法一脉相承,就是说,后妃虽有多位,但被任守宫者仅一位。而一旦被任,不管是真正的皇后还是妃子,均一概称"皇后",此即《析津志辑佚·岁纪》所谓的"世祖皇帝以次俱承袭皇后之位",并历代相承(与"岁纪"篇所谓"火室房子,即累朝老皇后传下宫分者"相呼应)。然而,"以后妃当次者"守宫想必是制度初定时的原则,随着后妃的凋零和各种情况的变化,承继者的选任往往有很大变通,如元中期以武宗妃伯忽笃为世祖守宫("主迭只斡耳朵皇后");泰定三年"诏守世祖斡耳朵"的速哥答里为泰定帝的后妃。② 天历二年(1329)立宁徽寺"掌明宗皇后宫事"时,以明宗生母(实为明宗四皇后)八不沙守宫。八不沙去世后,承继者为顺帝"庶母"。③ 此所谓"然其居则有曰斡耳朵之分;没,复有继承守宫之法。位号之淆,名分之渎,则亦甚矣。"④

其三,经济来源。

守宫制(狭义)于世祖时初创,至元十五年立正三品的中尚监(初名尚用监,后一度改名)兼掌大斡耳朵怯怜口诸务,与之配合的尚有至元十二年设置的大都铁局("掌斡耳朵上下往来造作妆钉房车")和至元二十五年设置的怯怜口诸色人匠提举司("领大都、上都二铁局并怯怜口人匠,以材木铁炭皮货诸色,备斡耳朵各枝房帐之需"),两者均从五品。大德五年正式置长信寺专领大斡耳朵怯怜口诸事,开创了各守宫斡耳朵专领官署的设置。成宗斡耳朵的官署长庆寺"掌成宗斡耳朵及常岁管办禾失房子、行幸怯薛台人等衣粮之事"的记载可概括诸斡耳朵的主要职能:掌斡耳朵(包括管理"禾失房子")和两都巡幸时怯薛人等(当含女孩儿和火者)的衣粮日用。所以,诸斡耳朵官署的主要职掌亦在"户口钱粮营缮等事",怯怜口诸色人匠提举司为其主要下属。⑤ 英宗至治元年(1321)为生父仁宗置承徽寺时"割常州、宜兴民四万户隶之"⑥似为特例。由此可见,"十一室皇后斡耳朵"实际是无经济实体的机构。那么,它们的运转的费用或经济来源是什么呢?

这个问题首先还要回到广义概念的守宫制上来。柏朗嘉宾说,用已故诸王和高级权贵们

---

① 完颜氏皇后指金废帝卫绍王之女,刘晓认为她的斡耳朵在蒙古发祥地土兀剌河一带。见刘晓:《成吉思汗公主皇后杂考》,第15—21页。笔者认为,若英宗按世祖以来惯例在大都立此完颜氏斡耳朵,三年后或以不合成例而撤销。
② 见《元史》卷一〇六《后妃表》。据《元史》卷一一四《后妃传》载,泰定帝妃二人,一曰必罕,一曰速哥答里,皆弘吉剌氏。以故,中华本点校者亦认为速哥答里为泰定后。
③ (明宗六皇后)脱忽思见《元史》卷一一四《后妃传一》;卷二〇五《哈麻传》。
④ 《元史》卷一〇六《后妃表》。
⑤ 《元史》卷九〇《百官志六》。
⑥ 《元史》卷二七《英宗纪一》。

的宫廷"安排其妻妾嫔妃们","让她们来管理,仍然按照原来的王爷和主人的习惯而向她们提供钱财",可见,"安排"已故权贵的后妃(主要指按原来的惯例向她们"提供钱财")也是理解"十一室皇后斡耳朵"经济待遇的基本依据。那么,在不具备经济实体的情况下,此惯例首先可理解为"岁赐"。《元史·后妃表》所列太祖各斡耳朵后妃便以相应的"岁赐录"为依据。但岁赐应是包括后妃在内的权贵们共同享有的特权,对已故帝王的后妃来说,她们作为皇室权贵,另外承担了守宫之责,就情理而论,当于岁赐之外,为守宫所需的管理和物质提供一种加赐。所以,泰定三年以明里忽都鲁"诏守班秃营帐"的同时,"添岁赐中统钞一千锭,段五十匹,绢五十匹"①。这说明"添赐"是在原岁赐的基础上的加额,且数额相当可观。笔者认为,这一"添赐"的方式较适合于广义范畴的守宫制,即适合处于迤北地区的大汗、诸王和权贵的守宫者。那么,就狭义的守宫制而论,这种提供是怎样的形态呢?

天历二年(1329)立宁徽寺掌明宗皇后八不沙宫事,"以钞万锭、币帛二千匹,供后宫费用"。至顺元年(1330),"敕有司供明宗后宫币帛二百匹"②,这显然是"赐赉"而非岁赐。《析津志辑佚·岁纪》言,"奉宫祭管"者,"关请岁给不阙"。此"关请"据词书可理解为从官府领取、官府发放和行文呈请。③ 如伯忽笃成为主迭只斡耳朵的皇后之后,"地位益荣,赐赉日裕"之"赐赉",张昱《庐陵集·辇下曲》的"守宫妃子住东头,供御衣粮不外求"之"供御",均可与"关请"(行文呈请)联系起来解读。

(三)怯薛与守宫斡耳朵

笔者曾强调"女孩儿"和"火者"对"火室"乃至对宫廷政治的影响。随着时间的推进,女孩儿特别是高丽女的进入和不断出现"刱入来的新火者"④,典型地说明入元以来斡耳朵构成人员的根本性的变化,而"火者"的大量进入更是这一变化的显明表征;⑤基于这些,笔者试图求证《析津志辑佚·岁纪》中的"怯薛女孩儿"的两名词间是否应该断开。现在看来,在由"奉宫祭管"—斡耳朵的"皇后"所主管的"火室"中,女孩儿与"火者"是其主要人员,男性怯薛应排斥在外。顺帝时怯薛出身的哈麻"恃以提调宁徽寺为名,出入脱忽思皇后宫闱无间,犯分之罪尤大",几乎酿成钦案,⑥正可反证常规、常态是禁止怯薛擅自进入斡耳朵的。笔者也正是在这个意义上将男性怯薛排斥在"火室"之外。不过,在力图证明这一观点时,又不期而然地造成另一偏向,即忽视怯薛与已故帝王的特殊关系。因为,"火室"本质上毕竟是一种符号化了的已故帝王;生前为他服役和护卫的怯薛是他的贴身伴当,所不同的是,此时的主人换上了他的后妃,伴随着这一变化,汉地性别防范的观念发挥了作用,怯薛的作用在相当程度上被"女孩儿"与"火者"所取代。然而,这样的取代并不意味着怯薛重要性的消除。笔者在这里打算

---

① 《元史》卷九五《食货志三·岁赐》。
② 《元史》卷一一四《后妃传一》。
③ 如宋李纲《梁溪集》之《乞罢宣抚使第二札子》所谓"关请"器甲,措置钱粮,意即官府发放,或从官府领取;《元典章·户部八·酒课》之"以望刑法得中,不失恤刑之美意,关请会议施行",意即行文呈请。
④ 《至正条格》卷一〇《断例·厩库·火者口粮》,金文京等整理,韩国中央研究院,2007年。
⑤ 众所周知,奴隶买卖很早兴起于西方,其中大量欧洲人(特别是斯拉夫人)和黑人奴隶被作为阉人进入穆斯林阿拉伯/伊斯兰和欧洲国家宫廷乃至贵族家庭。"火者"这一音译显然引自西方,其东渐的情景笔者一无所知,但根据伊斯兰教义,穆斯林"火者"应排除在"阉人"这一身份特征之外而仅与贵人、圣裔、官人等相联系。"火者"这一名目至少沿用到明代,其影响值得进一步研究。
⑥ 《元史》卷二〇五《哈麻传》。

为《元代"火室"与怯薛/女孩儿/火者》所表达的偏失作这样的弥补,即在确信守宫的"火室"的人员排除男性怯薛的前提下,仍不怀疑怯薛在守宫制中应有的作用和地位,包括不反对将《析津志辑佚·岁纪》中的"怯薛"与"女孩儿"断开。但其作用和地位是在以下三种情况下呈现的;或者说,在下面三种情况下,怯薛仍在发挥什么样的作用,尚待作进一步研究。

其一,怯薛与管理机构

《元史》所列诸官署的官员设置中曾提到"宦者",如长信寺于至大四年设卿五员,增少卿一人,"以宦者为之"①;长庆寺"以宦者阿亦伯为寺卿"②。但更普遍的是怯薛,如伯颜弟马札儿台于泰定四年(1327)以御史大夫、领高丽女直汉军兼右卫阿速亲军都指挥使司达鲁花赤的身份"提调承徽寺",不久转知枢密院事,"兼前职,提调承徽寺"③;唐兀人福寿,"既长,入备环卫,用年劳授长宁寺少卿"④。然而,必须再予强调的是,即便如哈麻这样的赫赫权臣,若"恃以提调宁徽寺为名,出入脱忽思皇后宫闱无间",则亦属"犯分",罪名"尤大"。

其二,怯薛与"烧饭院"祭祀

"烧饭院"显然是黄金家族和蒙古权贵按本俗专门从事祭祀活动的场所。笔者初步认为,其位置在皇城东北角之东、大致与东北角平行并且距离相近(相当于今南北河沿北端东边附近),也就是说,"烧饭院"近于"十一室斡耳朵",并且,院内祭位十一处,每个祭位即十一座红漆"神门"内各有神主坛位。因此,笔者便认为,"烧饭院"是宫城十一室斡耳朵从事祭礼活动的专门场所,并且,每室"各有所主",即每室各按所在"坛位"按"国俗"对本主进行烧饭祭祀。然而,细察有关记载,呈现的却是另一番情景。

《析津志辑佚》载:

> (烧饭院)在蓬莱坊南。由东门又转西即南园红门,各有所主祭之,树坛位。其园内无殿宇。惟松柏成行,数十株森荫,宛然君高凄怆之意。阑与墙西有烧饭红门者,乃十一室之神门,来往烧饭之所由,无人敢行。往有军人把守。每祭,则自内庭骑从酒物,呵从携持祭物于内。烧饭师婆以国语祝祈,遍洒重酪酒物。以火烧所祭之肉,而祝语甚详。⑤

《元史》的一则记载与之互有详略:

> 每岁,九月内及十二月十六日以后,于烧饭院中,用马一、羊三、马湩、酒醴、红织金币及裹绢各三匹,命蒙古达官一员,偕蒙古巫觋,掘地为坎以燎肉,仍以酒醴、马湩杂烧之。巫觋以国语呼累朝御名而祭焉。⑥

九月与十二月大致在上都返回后以及正月前后。一年两次的重大祭祀活动的主要执行者是"蒙古达官一员"与"呵从"——这显然是怯薛。这里见不到"火室"的"皇后"与"女孩儿"的影子,这是否可间接证明"火室"成员专司守宫(并参加两都巡幸),不参与"烧饭院"祭祀呢?或者说,"火室"也对各自的神主进行祭祀("各有所主祭之"),但因"内廷事秘"而失于记载

---

① 《元史》卷一〇六《百官志六》。
② 《元史》卷二九《泰定帝一》。
③ 《元史》卷一三八《马札儿台传》。
④ 《元史》卷一四三《福寿传》。
⑤ 《析津志辑佚·古迹》。
⑥ 《元史》卷七七《祭祀志》六《国俗旧礼》。

呢?① 不过,上述载录至少可说明,"烧饭院"的重要祭祀活动的实行主体是怯薛;"火室"成员即便也参加"烧饭院"祭祀,其行为与怯薛依然是分开的。

其三,护卫巡幸上都

守宫制的另一重大职能是随"架阁"起的斡耳朵巡幸上都。如前载,长庆寺的职掌便是"掌成宗斡耳朵及常办禾失房子、行幸怯薛台人等衣粮之事",即两都巡幸时,主管各"火室"的官署负责向护卫该斡耳朵的怯薛提供衣粮等物资供应;说到这里,我们对纪实性很强的元诗透露出的信息可能应该引起进一步注意,如元诗所谓的"牙仗穹庐护阑盾,礼遵估服侍宸游"中的"牙仗穹庐护阑盾",笔者曾理解为大都守宫时由女孩儿或火者象征性的护卫状态。现在看,其主体如果是怯薛,那么情况就有很大的不同。因为,也可作这样的理解,即大都宫城内的"十一室皇后斡耳朵"的外围由怯薛守卫,甚至每座斡耳朵的外围均有护卫的怯薛。这些常规护卫的怯薛与"行幸"时的怯薛如有关联,他们就与斡耳朵内为"皇后"贴身服役的"女孩儿"、"火者"三位一体,组成"火室"的执役人员,这样,就有理由将《析津志辑佚·岁纪》中的"奉宫祭管一斡耳朵怯薛女孩儿"中的"怯薛"与"女孩儿"断开,只不过,在"火室"的管理制度中,原则上必须贯彻性别防范的精神罢了。再如,若对元诗进行仔细解读,甚至可能是过于严苛的解读,那么"宫车次第起昌平,烛炬千笼列火城。方才居庸三四里,珠帘高揭听啼莺"②中的"珠帘"于装饰等作用外,亦自然含有与外界隔开的意蕴。然而,在这个问题上,笔者仍倾向原来的看法,即巡幸时怯薛护卫火室,怯薛属因巡幸而临时配备,非属火室的常规建置。

其实,这套制度正是蒙古贵族生前地位和生活习惯的翻版。生前,皇帝等权贵的主要伴当是怯薛;死后,"火室"作为象征性的符号,改由后妃管领,怯薛被隔离出斡耳朵。但这并不能从根本上改变怯薛与皇帝特殊关系,在"宿卫"这一核心作用上,怯薛的地位甚至是不可取代的。或许,这在两都巡幸时表现得更为直接、更为突出。

二 "宫车"与两都巡幸

在大都按时对本主进行独立祭祀(主要由怯薛进行)之外,这些居住在宫城东北一带的后妃们凭借元廷提供的优厚物质条件,忠实守护豪华的"火室房子",并启动"宫车",每年参加两都巡幸这样的重大活动。《析津志辑佚·岁纪》载:"(四月)十七日天寿圣节,太史院涓吉日,大驾幸滦京,遵成宪也。(吉日预前期定。)火室房子,即累朝老皇后传下宫分者,先起本位,下官从行。"皇后、嫔妃和太子、诸王、大臣大多乘坐宫车,有时干脆骑马。拉车的牲畜有马、牛、毛牛和骆驼。诗人描写赴上都巡幸的排场道:"宫车次第起昌平,烛炬千笼列火城。方才居庸三四里,珠帘高揭听啼莺";"先帝妃嫔火室房,前期承旨达滦阳。车如流水毛牛捷,鞍缕黄金白马良"。队伍抵达上都,随行千官至宫城南面的御天门下马步行,让皇帝骑马直入。帝前教坊舞女导引,且歌且舞,组成"天下太平"字样,直至玉阶。皇帝入座,受诸王百官朝贺,并大开酒宴。"又是宫车人御天,丽姝歌舞太平年。侍臣称贺天颜喜,寿酒诸王次第传"③。这里的

---

① 《元史·后妃表》曰:"累朝尝诏有司修后妃传,而未见成书。内廷事秘,今莫之考。"
② 杨允孚:《滦京杂咏》上,杨允孚等撰:《滦京杂咏及其他二种》,北京:中华书局,1985年。
③ 均见杨允孚:《滦京杂咏》上。

"宫车",既指在位皇室所属各斡耳朵,亦包括诸"火室"。《元史》载,随行上都的历朝皇帝的"陵寝"各有"酝都","取马乳以供祀事,号金陵挤马"——"金陵挤马"关涉蒙古葬俗。"凡宫车晏驾,棺用香楠木,中分为二,刳肖人形,其广狭长短,仅足容身而已。殓用貂皮袄、皮帽,其靴袜、系腰、盒钵,俱用白粉皮为之。殉以金壶瓶二,盏一,碗碟匙筯各一。殓讫,用黄金为箍四条以束之。輿车用白毡青缘纳失失为帷,覆棺亦以纳失失为之。前行,用蒙古巫媪一人,衣新衣,骑马,牵马一匹,以黄金饰鞍辔,笼以纳失失,谓之金灵马……"①"灵"与"陵"或通;"金陵挤马"或即挤马乳祭祀"金灵马"(蒙古巫媪引导的帝王灵柩,或可引申为诸"陵寝",即"宫车");酝都,"承乳车之名也"。进入中原后,蒙古权贵一直保持着饮用马奶和马奶酒的习惯,他们都有专供提取乳用的马群和乳车,"车驾行幸上都,太仆卿以下皆从。先驱马出健德门外,取其肥可取马乳者以行,汰其羸瘦不堪者还于群。自天子以及诸王百官,各以脱罗毡置撒帐,为取乳室。车驾还京师,太仆卿先期征马五十酝都来京师";"每酝都,牝马四十。每牝马一,官给刍一束,菽八升。驹一,给刍一束,菽五升。菽贵,则其半以小稻充。自诸王、百官而下,亦有马乳之供,酝都如前之数,而马减四之一,谓之粗乳"②。祭祀历朝皇帝陵寝的"金陵挤马",用的当然是"湩酒"而非"粗乳"。此类马奶子"色清而味美",俗称黑马奶("哈剌忽迷思"。西方人一般用突厥语称马奶酒为"忽迷思"[qumiz]),要求随制随用,保证新鲜,且必须连撞七八日方可。③

"宫车"是活动的斡耳朵,在上都,或建有固定的"营盘"供守宫者居住。泰定三年七月右丞相等奏:"斡耳朵思住冬营盘,为滦河走凌河水冲坏",请求发军修筑水堤,④此"斡耳朵思住冬营盘"当指行宫(包括帝王)周围的设施(这个问题将有学者作专门考述)。又,文宗至顺元年(1330)十一月"赈上都滦河驻冬各宫分怯怜口万五千七百户粮二万石"⑤,怯怜口当即前文所指"十一室皇后斡耳朵"所属各官署辖下的"怯邻口诸色人匠提举司"管理的私属人口(负责各斡耳朵的营缮、造作)。由此可推测,诸官署所属怯怜口分置大都和上都两地,其数量之大,令人惊叹。

诸"火室"在上都的活动,一时尚见不到相应的记载,但一些重大的祭典活动可能少不了她们的参与。这样的祭典主要有两次。六月二十四日的祭祀俗称"洒马奶子",属祭天大礼,规定由"帝后亲之,宗戚助祭"。祭物有马一、羯羊八、貂鼠皮三、采缎练缎各九匹,另用白羊毛结成九组穗状饰物;命蒙古萨满巫师及蒙古、汉人文人达官四人总领其事,"再拜告天",口呼成吉思汗名,祝词是:"托大皇帝福荫,年年祭赛者。"礼毕,四名掌祭官各得祭币表里一件,余币及祭物,分与其他与祭者。成吉思汗以来,祭天礼屡屡举行。忽必烈即位,将祭地从漠北的日月山改在上都,时间原是每年的四月和九月九日,因这是"亡金旧例",故改成六月二十四日。⑥

---

① 《元史》卷七七《祭祀志六》。
② 《元史》卷一〇〇《兵志三·马政》。
③ 《元史》卷一二八《土土哈传》;道森编:《出使蒙古记》,吕浦译、周良霄注,北京:中国社会科学出版社,1983年,第116—117页;虞集:《道园学古录》卷二三《句容郡王世绩碑》,《四部丛刊》本。
④ 《元史》卷六四《河渠志一·滦河》。
⑤ 《元史》卷三四《文宗纪三》。参见陈高华、史卫民:《元上都》,长春:吉林教育出版社,1988年,第176页。
⑥ 《元史》卷七二《祭祀志一·郊祀上》;《元史》卷七七《祭祀志六》。

祭天之后是祭祖，规定每年七月七日或九日，天子与皇后穿着最贵重的白色服装，偕世臣子弟奠马酒，望祭"北方陵园"即"大禁地"，随后择道吉日，整驾南返大都。①

三　粗略的结语

"礼莫大于宗庙。宗庙者天下国家之本，礼乐刑政之所自出也。"②这是汉人刘致的观点。同样，作为传统习俗与文化心态的一种体现，相应的制度也存在于各少数民族之中。就蒙古民族而言，"其祖宗祭享之礼，割牲、奠马以蒙古巫祝致辞，盖国俗也。"蒙古族祭礼与"烧饭"之礼是紧密联系在一起的。古代北方一些少数民族因萨满教信仰而形成相似的丧葬和祭祀习俗。"烧饭"礼已多见研究成果，此不赘。这里拟围绕本文内容简要提出两个问题。一是回到"金灵马"或"金陵挤马"上来。我们知道，居于大兴安岭北段的鲜卑拓跋部于四世纪末入主中原，建立北魏政权，自上而下全面实行汉化，其中一个重要措施是在首都平城（今山西大同市）的西北面设氏族公共墓地，《魏书》和《北史》称"金陵"（或作"盛乐金陵"、"云中金陵"），以埋葬帝室以及与帝室血缘关系最近的十姓，体现了原始氏族族葬的遗风。这使我们想到，蒙古帝室成员归葬肯特山（"北方陵园"、"大陵寝"）是否也与此遗风有关？因此，蒙元与鲜卑的"金陵"（"金灵"）是否有渊源关系？又，《宋书·索虏传》载："（死者）死则潜埋，无坟垄处所。至于葬送，皆虚设棺柩，立冢椁，生时车马器用皆烧之，以送亡者。"其中，"葬送"之制与蒙古同异相间，而"潜埋，无坟垄处所"是否与叶子奇所云"寝之地深埋之"，即所谓"马蹄葬"亦有渊源关系？

不过，围绕元代的守宫制，我们想通过对比，进一步思考这样的问题，即这种守宫制是否别具深意？

我们知道，蒙元时代的丧葬和祭祀体制中，太庙、原庙和"奉宫祭管"的守宫制并存。前两者体现了蒙古族的文化包容性（太庙制蒙、汉因素杂糅，原庙制或取汉制），后者则是按"国俗"独立进行的祭祀制（仅"烧饭院"采用了汉地的固定祭祀场所形式），这意味着什么？

拓跋氏建立的北魏强制将贵族墓地从根本之地迁入中原，意在全面实行汉化；后来的清王朝则基本按照汉地的葬制，将帝王的墓地安排在国都近郊；辽、金两代的制度也值得参照。按"烧饭"之名迟至辽代见于史载："筑土为台高余丈，置大盘于上，祭酒食撒于其中，焚之，国俗谓之爇节"。这是从契丹语译成汉语的文雅之词，北方民间以白话称"烧饭"，《契丹国志》、《大金国志》、《会编》、《金虏节要》和《虏廷事实》等书均有记载（《契丹国志》和《金虏节要》诸籍亦作"抛盏烧饭"）。然而，这两代的帝王陵墓同样建于京都附近，其太庙之制虽包含了"烧饭"的内容，但只是作为一种形式，简单地综合在太庙体制之中。整体而论，辽金两代的丧葬与祭祀制遵循的是汉地传统。显然，包含太庙、原庙与"奉宫祭管"的守宫制的元代丧葬祭祀体制的独特性已不言而喻。当然，其中最值得关注的是守宫制。

《元史·张珪传》载：泰定元年六月（时已巡幸上都），张珪与左右司员外郎宋文瓒针对"今内外增置官署，员冗俸滥"的现状提出，宜将"非世祖之制"及至元三十年以后增置的官署和冗

---
① 周伯琦：《近光集》卷二《立秋日书事五首》，淡生堂祁氏抄本。
② 《元史》卷七四《祭祀志三》。

员"悉减并除罢之",但"累朝斡耳朵所立长秋、承徽、长宁寺及边镇屯戍,别议处之。"这里的长秋、承徽和长宁寺应是至元三十年至泰定元年间增设的斡耳朵。可见,诸斡耳朵与边防占有同等地位。再看两都巡幸这样的盛举。参与的斡耳朵累积至十一座之多,我们不仅从这一不厌其烦的活动进程中体察到蒙古贵族对这一制度的执著,亦可从诸如上都"斡耳朵思住冬营盘"的设置及其"怯怜口"数量之大中窥见它所占有的重要地位。

众所周知,成吉思汗在西征的过程中即已预见到定居文化对游牧文化的威胁和腐蚀作用,并常对其子孙说,行猎是军队将官的正当职司,从中得到教益和训练是士兵和军人应尽的义务,所以,"当他们不打仗时,他们老那么热衷于狩猎"①,即要求其后代勿忘本族的骑射传统。创建元王朝一代之制的忽必烈在宫城主要建筑大明殿的台基上种植从沙漠移来的莎草,亦在警示后代勿忘创业的艰辛,即所谓"黑河万里连沙漠,世祖深思创业难;数尺阑干护春草,丹墀留与子孙看"。② 这样的设计,在上都亦有同样的体现。为此我们固然可以将两都巡幸制理解为忽必烈意在保持骑射传统、勿忘创业艰辛之类的良苦用心,但就包括"宫车"随行在内的有关具体举措看,我们似乎又能从中感悟到忽必烈等人进行制度化设计的深刻考虑。亦如所知,宗教化的祭祀活动是培育和凝聚血缘情感的有效载体。元代通过经久不断的两都巡幸以及诸如守宫之制的一系列活动,将进入农耕区的蒙古黄金家族的情感持久地与"北方陵园"所内涵的祖先魂魄紧密联系在一起。蒙古民族具有包容各种文化、使各种文化"各行其是"的气度和魄力;同时,她又"小心地"保持着自己的核心价值观,两都巡幸所显示的自信力如此之巨大,以至以农耕文化为核心价值观的汉地文士亦为之折服。所以,黄金家族始终能够保持着自己的集团意识和部族向心力,并可能将这种凝聚起的部族精神向外辐射到蒙古族众中去。这或许是蒙古族得以保存和发展的原因之一。

---

① [波斯]志费尼:《世界征服者史》上册,何高济译、翁独健校订,呼和浩特:内蒙古人民出版社,1980年,第29—30页。冯承钧译《多桑蒙古史》或据此转述为"蒙古人不与人战时,应与动物战"(上海:商务印书馆,1936年,上册,第160页)。
② 详陈高华:《元大都》,北京:北京出版社,1982年,第54页。

元代几种方志中的官职问题初探

台湾中国文化大学 王 明 荪

一 前言

蒙元起自朔漠之地,生聚所在为族群游牧形态,由部族联盟而肇建成草原帝国,在扩张发展过程中,接触到不同的族群与文化,使原本较朴素简单的社会文化产生变迁,其中以西方的西域及南方的汉文化影响其变迁最著。蒙古除西征扩张外,又南进中国本部之地,灭金及南宋,完成统一中国并建立元朝。在元代的多元族群与文化特别明显,所传成的社会文化是种胡汉杂糅的复合体制。蒙元帝国在运作上所依赖的基础为官僚制度,而《元史·百官志》的序文中又很能说明元代官僚制度的复合性,并说明由简而繁的发展与变迁。略言之,初由草原传统的简朴官长、少数亲贵,到取中原后得到金朝制度,又在世祖忽必烈时用汉人行汉法,参酌古今之宜以立体统及内外官制,使"官有常职,位有常员",建立一代之制。到武宗之后,因承平日久,官制渐趋冗滥,名类日益增繁,但却势难改正。①

《元史》载元代文散官分四十二阶,正、从八品,九品无散官阶,但有职等。武散官分三十四阶,正、从八品,九品同文官。至于职事官于各职官条分别列职称及应居的品位,所谓"其官常对品"为原则。② 在《元典章》中也分别就资品、职品载有专篇列叙,其中有少部分可补《元史》缺载之处,又有其他台宪史料可供参考。③ 元代官阶(资品)大体承金、宋之制,而以承金制为多,但品秩稍高,官阶与职事(职品)以搭配任用为原则,即所任官职(职事官)有规定的资品官阶。金、元二代已舍弃宋代官、职、差遣的复杂性,趋于资、职的简化及相应的任用。

元代官阶资品与职事官职品间的关系较少有学者注意,即使在述及官职迁转问题上也多以职事官品为目的。若寻阅《百官志》所载,似乎阶品、职品严整,条秩分明,但笔者于读书之际,往往发现资、职的搭配颇有讨论的空间,尤其在史料中所见的实际状况尚待多加探讨;其间的出入即是本文提出的官职问题。稍早丹羽友三郎对元代御史台及监察官员的研究中,指出监察御史于大德十一年(1307)时由正七品改升为正四品,是配合殿中侍御史的正七品升至正

---

① 《元史》卷八五《百官志一》,北京:中华书局,1983年标点本,第2119—2120页。
② 《元史》卷九一《百官志七》,第2319—2322页。载文、武散官阶品,其后另有内侍、司天、太医、教坊等官阶品。
③ 《大元圣政国朝典章》卷七《吏部卷之一》《官制一》,台北:故宫博物院,景印元刊本,1976年。另陈高华、张帆、刘晓、党宝海等点校:《元典章》第1册《吏部卷之一》,天津:天津古籍出版社、中华书局,2011年,第189—233页。此点校本易读,且有校勘、页码等。本文所引《元典章》据此点校本。台宪史料参用洪金富编:《元代台宪文书汇编》,台北:"中研院"历史语言研究所,2003年,所点校各史料。

四品而来,但此说为洪金富提出质疑,并略作考证指出丹羽友三郎之说系无根据的推测。① 近年洪丽珠因研究元代县级官员的迁转再度提及,同时以九个元人的迁转例子说明跨体系任职对升迁具有突破循资年限的作用,又提出"分层式半封闭迁转"以及资品与职品分离等。② 这些涉及资品与职品的部分关系都仍待继续探讨。

元代人物的传记通常都详载其生平履历,但所载未必都能充分适于分析之用,完整的任官履历有限,而能将其任官的资品与职品并列者则更少。即便如此,元人的传记资料仍颇可观,若全面检视,必旷日费时始能全面掌握,故本文暂先就元代几种方志中的记录来作初步的观察。这些方志中载列元人所居官阶与所任官职有相当的数量,是颇为具体的资料,可说是现成的样本,便于检阅。今以《中国地方志丛书》所收数种元代方志来着手。

二 《至正金陵新志》中的官职

元顺帝至正三年(1343)底,曾任陕西奉元路学古书院山长的张铉,作成《至正金陵新志》十五卷。③ 以其中第六卷《官守志》的题名为考察资料,分为江南行御史台官职及建康路(集庆路)总管府与所辖州县官职两大部分,另《序文》有"台府提调官掾职名"可参考补对。

(一)江南行御史台

世祖至元十四年(1277)始置江南行御史台(南台),设官品秩如内台(中台),内台设于至元五年(1268),但其官品有数次变更,南台与中台官秩相同。《元史》与《金陵志》各有记载,然不尽相同,与其他史料中所载也有异同,依《元史·百官二》所载,御史台各职品有过数次变动:①至元五年初立时,②至元廿一年,③至元廿七年,④大德十一年(1307)。按此四阶段列简表如下,但都事(典事)、照磨、架阁管勾以至元廿七年分二期,前后差一等。经历从五品及监察御史正七品,不分阶段时期,又本文中所见官职正品为A,从品为B。百分比或微有出入系取四舍五入之数,人数计数即包括人次。

---

① 洪金富:《元代监察制度的特色》,《成功大学历史学系学报》,1975年,对丹羽友三郎的说法及考证,见注87。
② 洪丽珠:《蒙元县级官员群体研究》,博士学位论文,新竹市"清华大学"历史研究所,2011年,所论较集中于第三章第三节。
③ 张铉:《至正金陵新志》序文《抄录修志文移》、《修志本末》,《宋元地方志丛书》,中国地志学会编,台北:大化书局,1980年。

表一：御史台职官官品表①

官职	元史	至正金陵新志	元典章	宪台通纪	经世大典	南台备要	御史台记	辍耕录
御史大夫	①2B ②1B （大德十一年，武宗纪）	①2B ③2A ④1B	2A	②2A	②2A(1B) ④1B	①2B ②2A ④1B	①2B ②2A ④1B	①2B ②2A ④1B
御史中丞	①3B ②3A ③2B ④2A	①3A	2B		②3A ③2B ④2A	①3B		
侍御史	①5B ②5A ③4B(4A,世祖纪) ④2B	①4A	4A	③4A	②5A ③4A ④2B	①5A		
治书侍御史	①6B ②6A ③5B(5A,世祖纪) ④3A	①6A ③5A	5A	③5A	②6A ③5A	①6B ③5A		
经历	5B(世祖纪同)	③5B	5B	③5B	③5B			
都事（典事）	①7B ②7A	③7B	7A、7B		③7A	①7B		
照磨	①8B ②8A		8A					
承发管勾	①8B ②8A		8A					
架阁管勾	①9B ②9A		9A					
监察御史	7A	7A	7A	7A	7A	7A	7A	7A

元制行御史台设官品秩同于内台，由上表中可见官品有些微出入而时段上也有些许差异。御史大夫《元史》仅列初设时与定制时二段，未记升正二品及其时间，其他史料皆有正二品的纪录。若以《元典章》载台官各品秩与《元史》比对，御史大夫的正二品当在第三阶段的至元廿

---

① 表中《元史》见卷八六，《百官志二》，第2177—2178页，《世祖纪》见卷一六，第335页，《武宗纪》见卷二二，第48页。《至正金陵新志》见卷六，第13页上—第15页上。《元典章》（陈高华等点校本），《吏部卷之一》，第192—223页。《宪台通纪》，见洪金富点校，《元代台宪文书汇编》，第41—42页。《经世大典》，见前揭《汇编》，第543页所附。《南台备要》，见前揭《汇编》，第122、127、143页。《御史台记》为虞集所作，见前揭《汇编》，第521页。《辍耕录》（台北：台湾商务印书馆，1966年）卷二《置台宪》、《令史》条，第40、41页。

七年。而笔者以为应在此之前，即第二阶段至元廿一年时调整为正二，而以从一品官任命，故《元史》即称此时升从一品。① 御史中丞及其以下各级官职品等应以《元史》所载为准，唯至元廿七年"大夫以下品从各升一等"，则侍御史前为正五，当升为从四，治书侍御史前为正六，当升为从五，然《世祖纪》及其他史料皆载升侍御史为正四，治书为正五，是以"品从各升一等"为升品而不计"从"，故正五升正四，正六升正五。因本文的目的不在于考察御史台的官品变迁，但为核对数据与职品的相应与否而不得不分析官品变迁及其时段。对于《金陵志》所收录数据，需分不同时段加以观察。

表二：江南行御史台任官品职表

官职	阶段 人数（次）	相符	高一品	高二品	高三品	高四品	低一品	低二品	低三品	低四品	其他
御史大夫 2B~1B	①										1 不详
	②2	1,50%					1,50%				1 不详
	③4	2,50%	2,50%								
	④16	13,81%	3,19%								
御史中丞 3B~2A	①2		2,100%								
	②9	8,89%					1,11%				
	③12	4,33%	2,17%				5,42%	1,8%			
	④41	33,81%	7,17%				1,2%				
侍御史 5B~2B	①										2 不详
	②5		3,60%	1,20%		1,20%					1 不详
	③14	2,14%	1,7%	4,29%	2,14%		3,21%	2,14%			
	④39	35,90%	3,8%				1,2%				1 不详

---

① 据《经世大典·御史台》所载，"（至元）二十一年，升正二品，大夫以从一品散官为之"，见前揭《元代台宪文书汇编》，第543页。是以御史大夫在至元廿一年时为正二品职官，此与《宪台通纪》等载升品相同，唯时间或记于至元廿七年。《元史》记至廿一年时为从一品，或即因《大典》所载，以从一品官任之，视其品秩应为从一品。又于表中其他数据，多载于至元廿一年。《辍耕录》以御史大夫初为三品官，不见于其他史料。李治安以至元廿七年升正二品，见李治安：《元代政治制度研究》，北京：人民出版社，2003年，第245—248页。引证中有《辍耕录》，但录中《置台宪》条即言至元廿一年升正二品。引《南台备要》《行台升正二品》条下以至元廿七年准御史台咨，承奉尚书省札付，"奏过事内一件"是"在先，这里的御史台印信，从二品有来；在后，奏了，做正二品来，行台的印信，见只在先体例，从二品有……"文中似原来从二品，后来升正二品，但行台印信未更换，故奏准更换，其时间虽在至元廿七年，但说此时始升为正二品似不妥，应在此前，即诸史料所载至元廿一年。

续表

官职	阶段人数（次）	相符	高一品	高二品	高三品	高四品	低一品	低二品	低三品	低四品	其他
治书侍御史 6B~3A	①										2 不详
	②6	1,17%	2,33%	2,33%	1,17%						
	③8	1,12.5%	4,50%	1,12.5%			1,12.5%	1,12.5%			
	④14	4,28%					3,21%	3,21%	2,14%	1,7%	6A 1人（差六品）7%，3 不详
经历 5B	28	4,14%	9,32%	4,14%	2,7%		6,21%	1,4%	1,4%	1,4%	3 不详
都事 7B~7A	①9		2,22%	5,56%	2,22%						4 不详
	②55	6,11%	6,11%	9,16%	12,22%	11,20%					4 不详,另 4B 7人（差五品）13%,4A 3人（差六品）6%,3B 1人（差七品）2%
照磨 8B~8A	①4	2,50%	1,25%	1,25%							1 不详
	②18		4,22%	7,39%	3,17%	1,5.6%	1,5.6%				3 不详,另 5B 1人（差五品）5.6%,5A 1人（差六品）5.6%
架阁管勾 9B~9A	①5			1,20%	3,60%	1,20%					3 不详
	②35		6,17%	2,6%	6,17%	9,26%					2 不详,另 6B 8人（差五品）23%,6A 4人（差六品）11%
监察御史	575	99,17.2%	96,16.7%	94,16.4%	69,12%	56,9.7%	98,17%	30,5.2%	2,0.4%		61 不详,另 4B 21人（高五品）3.7%,4A 9人（高六品）1.6%,3B 1人（高七品）0.2%

《金陵志》及《元史》记监察御史为正七品,与其他史料所见皆同,而《金陵志》所载御史的数量最多。依上表官资品与职品核对,除去阶品不详者外,在南台的情形大体如下:1.御史大夫任官中,以高品任低职者约二成余,以低品任高职仅占去约半成左右,品职相当者约占七成余,即七成略多是资品与职品相应,且愈往后,愈多资职相符者;在高低品间的差距甚微,仅在一等之间。同职间资品差距也只在一等。2.御史中丞方面,以高任低者约近二成,以低任高者约一成余,资职相当者约占七成,情况略同于御史大夫,即有七成是资品与职品相应,中丞在第二、四期中资职相符最高。在高、低品间的差距不大,都未超过二品等。同职间资品差距达三品。3.侍御史以高资就低者约二成余,以低任高者一成余,相当者约近六成半,多集中于第四期,该期中占到九成,高低间差距达三、四等者有数人,都是以高任低职者。同职间资品差距可达五品。4.治书侍御史高任低者占三成半,低任高者占四成余,相当者占二成余,高低间差距有达五、六等,而以低任高职者较多。同职间资品差距可达六品。5.经历官以高任低者占半数余,以低任高者占三成余,相当者仅一成余,高低间差距达四等,以差一等者多数。同职间资品差距高达七品。6.都事官几全为以高任低者,官品差距有达七等者,而以差距四、五等居多,甚为特别;相当品职者仅占一成余。同职间资品差距甚高,可达到七品。7.照磨、承发管勾兼狱丞官职,以高任低者占八成半余,低任高者仅半成,相当者约接近一成,官品差距有达六等者,而以差二等者稍多,情形颇似都事官,也多出现在后期。同职间资品差可达六品。8.架阁管勾官全为以高任低者,未见有资职相当的情形,其官品差距有达六等者,以差三、四等居多,与上述情形近似。同职资品差距也相同。监察御史人数最多,约列有636人左右,除去不详者之外,约有575人可供考察。①以高任低者占到六成,其中有差距达七等者,但以差一、二等居多,以低任高者占二成余,差距有高达三等,又以差一等者居多,资职相当者约占近二成左右,显得相当特别。其同职间资品差距甚高,可达到七品之差,而差距五、六品者,也非罕见。

(二)总管府及州县

集庆路原为建康路,因曾是文宗潜邸所在,故于天历二年(1329)改名,为上路等级,下辖上元、江宁、句容三个中级县,以及溧水、溧阳二个中级州。② 编制上路监(达鲁花赤)、总管并为正三品职事官,同知为从四,治中为正五,府判为正六,推官为从六,经历为从七,知事为从八。中级州监、知皆为正五品,同知为从六,州判为从七。中级县监、尹皆为正七品,主簿为从八。③ 依志书所载,各级官职列表如下:

表三:集庆路总管府任官品职表

官职	人数	相符	高一品	高二品	高三品	高四品	低一品	低二品	低三品	低四品	其他
路监 3A	9	6,67%	1,11%					1,11%	1,11%		5 不详,重复 1,有武官 1 人

---

① 在前揭《元代台宪文书汇编》附载《金陵志》的《南台题名录》,所列的各级官职人数(次)与本文所收略有出入,系因本文补入《金陵志》序文中所列《台府提调官掾职名》。如人数(次)最多的监察御史,《汇编》依《金陵志》所载列622人,本文增列后得636人(次)。
② 《元史》卷六二《地理志五》,第1501、1502页。
③ 《元史》卷九一《百官志七》,第2316—2318页。另参见前揭《元典章》《吏部卷之一》,第189—233页。本文所订资、职阶品皆依此,另相关职品参见《元史·百官志》各职官。

续表

官职	人数	相符	高一品	高二品	高三品	高四品	低一品	低二品	低三品	低四品	其他
总管 3A	12	5,42%	1,8%				2,17%	3,25%		1,8%	9 不详,武官 2 人
同知 4B	7	2,29%	2,29%	1,14%				1,14%	1,14%		1 不详,武官 1 人
治中 5A	7	1,14%	2,29%				4,57%				4 不详,武官 1 人
判官 6A	8	5,63%	2,25%				1,12%				
推官 6B	12	6,50%	5,42%	1,8%							2 不详
经历 7B	4	1,25%		2,50%	1,25%						4 不详
知事 8B	3	1,33%	2,67%								5 不详
州监 5A	14	5,36%	2,14%				4,29%	2,14%	1,7%		溧水州全未详,武官6人
知州 5A	16	6,38%	10,62%								同上,武官 2 人
县监 7A	25	1,4%	7,28%	4,16%			6,24%	7,28%			13 不详,武官 16 人
县尹 7A	56	25,45%	23,41%	4,7%			2,4%	2,4%			3 不详,武官 1 人
主簿 8B	41	12,29%	28,68%								7 不详,武官 20 人,另特恩 1 人 2%

在总管府方面:1.路达鲁花赤,近七成为资职相当,以低任高略多,占二成余,差距二或三等,高任低者,约一成一左右,仅差距一等。同职间资品差距达到四品。总管资职相当者为四成余,以低任高者稍多,占到半数,差距有达四等者,以高任低甚少。任同职事而高低资品达到五品差距。2.路同知资职相当者约近三成,以低任高者与资职相当者近似,以高任低者占四成余,高低差距为二、三等。同职间高低资达到五品差距。3.路治中资职相当者近一成半左右,以高任低占近三成,以低任高者占近六成,高低差距皆一等。同职间资品差距二品。4.府判官,资职相当者居多,占六成余,以高任低者占二成半,以低任高者占一成余,高低差距皆为一等。同职差距二品。5.推官,资职相当者占半数,余为以低任高者占半数,差距一、二等而以一等居多。同职差距为三品。6.府经历与知事,资职相当者占二成半及三成余左右,余皆为以高任低,但差距有一至三等,同职差距有三品者。7.属州,仅得知溧阳一州的监、知资料,州监资职相当者占三成半左右,以高任低者占近一成半,差距仅一等,以低任高者占半数,差距达三等,但以差一等居多。同职间资品差距达四品。8.知州,官职相当者占近四成,余六成余皆为以高任低者,差距仅一等。同职间资品差距仅一品。9.县监,三县县监资职相当者仅知一人,

故仅能占到不及半成之数,以高就低者占近四成半,差距一至二品而以高一品者居多,以低任高者占五成余,差距一、二品。同职间资品差距达四品。10. 县尹,三县县尹资职相当者占四成半,以高就低者占近半数,而以高一品者居多,以低任高者近一成,差距一、二品。同职间资品差距达四品。11. 主簿,三县主簿资职相当者占近三成,余近七成皆为差一品高官低就者,另有特恩一人出任。同职间资品差距也仅一品。

集庆路总管府官员,同职官间高低资的差距,少则一品等,多则达到四、五品等,且非少见;说明同一职事官的资品可能出现相当大的差距。在总管府方面,以总管、路监、路同知、经历数职较为明显,地方上则以州监为明显。

依上述官品(资品)核对官职所定职事官品(职品),除去阶品不详者外,约千余人可资考察。其中官职(官品与职品)相当者比率较高的为御史大夫、中丞、总管府达鲁花赤,占任其职官员的七成左右,其次为侍御史的六成半,总管府判官六成余,推官有五成。其他各种官员的官品与其所任职事相当者都不及半数,则形成以高官品任低职事或以低官品任高职事,其官与职之间差距不一。以高官任低职较多者有南台经历、都事、照磨、架阁管勾、监察御史、总管府同知、经历、知事、知州、县尹、主簿等。以低官任高职较多者有治书侍御史、总管府总管(有差四品者为特殊例)、治中、州监、县监等。似乎高级官职相当者较多,如御史大夫、中丞、侍御史、路监,唯路总管虽以低官任高职较多,但官职相当者也占四成余。人数最多的监察御史约575人可考,官职相当者不及二成,以高官任职者达六成,其间差一、二品者居多,但有差距达六、七品者。其他官职与相应品级差距较大者有治书侍御史、都事、照磨、架阁管勾等,分别有四品至七品的差距。其余官职差距一、二品较多,应属常态。似乎较高官职的官品与职事较为相当,而总体来看,以较高官阶任低职者颇为常见,又似乎可说明官多职少,不得不"屈就"的情形。

在文武官任职方面,以武散官阶任职者有南台架阁库管勾曾出现一人,监察御史十余人,多为七、八品官,高不过五、六品,且多在世祖时期,晚不过成宗大德元年,可知是早期南台的任官情形;而且由名字上来看绝大多数为北族官员。总管府文武官并用,武官任职者较少,仅占近一成。州县职同为文武官并用,武官出任稍多,在知州与县尹甚少见武官出任,但州监、县监、主簿武官出任颇多,此与地方州县的监镇及兼武事有关。

总之,官职不相应除去以高就低外,仍有不少是以低就高者,说明除"屈就"原因外,也应有其他因素需要考虑,如荫袭、家世、出身、奖惩、特授、迁转等等,是值得从多方面细论的课题。如前所言,过去丹羽友三郎与洪金富皆对监察御史的官职有所注意,但都未继续探讨其原因或提出合理的解释;至于其他官职的类似情形仍缺乏相应的讨论。

三 《延祐四明志》与《续志》中的官职

《延祐四明志》二十卷,为集贤学士袁桷作于仁宗延祐七年(1320)。① 四明原为宋代庆元府,元代初立为浙东宣慰司使,改庆元路总管府,大德七年(1303)立为浙东道宣慰司都元帅

---

① 《延祐四明志》序文,《宋元地方志丛书》。

府,辖录事司一,鄞、象山、慈溪、定四县,奉化、昌国二州。① 有关职官资料在《志》书中二、三两卷的《职官志》,列出各级职官共 239 人,但可考察者为 191 人。尤其是所辖四县,仅列人名全无资品记载,总管府自推官以下也无资品记录,这些都无法运用考察。元末顺帝至正二年(1342),庆元路总管王元恭主修《至正四明续志》十二卷,继延祐志之后续修,可说是完成元代庆元路的通志。② 对庆元路而言,是元代完整的地方志书,实为难得。《续志》有关职官资料在卷一、二两卷的《职官》中,因系续修,少数职官的接续有重复之处,考察时当排除其重复。《续志》列出各级职官 320 人,重复及不详者除外,可考察者有 270 人。若将前后二志并同来看,虽然所列职官达 559 人,但可用者为 461 人,分别列表以便考察。

(一)浙东道宣慰司

宣慰司的品秩,都元帅宣慰使为从二品,同知都元(副帅)为从三品,副使(签帅府事)为正四品,经历为从六品,都事为从七品,照磨兼架阁管勾为正九品。③

表四:浙东道宣慰司任官品职表

官职	人数	相符	高一品	高二品	高三品	高四品	低一品	低二品	低三品	低四品	其他
都元帅 2B	40	27,68%	10,25%	3,8%							2 人不赴任,7 人重复。武官 2 人
同知 3B	13	5,39%	3,23%	1,8%				4,31%			2 人重复。武官 2 人
副使 4A	22	5,23%	5,23%		1,5%		10,46%	1,5%			4 人重复,1 不详。武官 1 人
经历 6B	11	4,36%	6,55%				1,9%				3 人重复
都事 7B	22		4,18%	6,27%	8,36%		3,14%	1,5%			1 人不赴任,1 不详,1 重复
照磨 9A	3			3,100%							8 人不详

由上表约略可分别来观察宣慰司各官职情形:1. 宣慰使都元帅资职品符合相应者约达近七成,其他三成余皆为高资就低,但多为差距一等者。同职间资品差距有二品。2. 同知都元

---

① 《元史》卷六二《地理志五》,第 1496 页。
② 《至正四明续志》序文,《宋元地方志丛书》。
③ 《元史》卷九一《百官七》,第 2308、2309 页。

帅,资职品相应者约近四成左右,高资低就者占三成左右,差距一等为多,低资任高者占三成余,差距为二等;高低差距不大,且三者分配尚称平均。同职间资品差距有四品。3. 副使(签府事),资职相应者约占二成余,高资低就者约占近三成,以高一等者居多,低资高任者约占半数,其中绝大多数为低一等资品。同职间资品差距五品。4. 经历,资职相应者约占三成半余,高一资而就职者约占半数多,低一资任职者约占近一成。同职间资品差距为二品。5. 都事,二十余人未见资职符合者,高一资品就职者约占近二成,高二品者约占近三成,高三品者约三成半多,低一、二品者约占近二成,以低一品稍多,都事以高品低就占八成略多。同职间资品差距达五品。6. 照磨,因不详者居多,仅见的三人皆为高二品低就者。

(二) 庆元路总管府

庆元路属上路,路总管、监皆为正三品职,同知为从四品,治中为正五品,判官为正六品,推官为从六品,经历为从七品,知事为从八品,录事司为正八品。所辖二州为下州,州监、知为从五品,同知正七,州判正八。鄞县为上县,监、尹为从六,丞为正八,主簿为从八,县尉为从九。慈溪、定海、象山三县为中级县,监、尹为正七,主簿为正九,尉从九。①

表五:庆元路总管府任官品职表

官职	人数	相符	高一品	高二品	高三品	高四品	低一品	低二品	低三品	低四品	其他
路监 3A	19	9,47%	1,5%				6,32%	1,5%	2,11%		3人重复。武官6人
总管 3A	21	10,48%	2,10%	2,10%			3,14%	2,10%	1,5%		3人重复,1不详。武官5人,低五品1人5%
同知 4B	18	10,56%	2,11%	1,6%			4,22%	1,6%			2人重复,1不详
治中 5A	20	5,25%	11,55%				1,5%	2,10%	1,5%		1人重复,武官3人
判官 6A	13	6,46%	3,23%	1,8%			1,8%	2,15%			2人重复。武官4人
推官 6B	10	3,30%	7,70%								
经历 7B	7		2,29%	4,57%	1,14%						
知事 8B	8		8,100%								
录司监 8A	6	4,67%	1,17%	1,17%							
录事 8A	5		3,60%	2,40%							

---

① 参见前揭《元史·百官志七》,《元典章》《吏部卷之一》。

续表

官职	人数	相符	高一品	高二品	高三品	高四品	低一品	低二品	低三品	低四品	其他
州监 5B	29	8,28%	11,38%				2,7%	2,7%	6,21%		1人重复武官15人
知州 5B	28	20,71%	8,29%								武官1人
同知 7A	33	24,73%	8,24%				1,3%				武官18人
州判 8A	42	15,36%	15,36%	12,29%							武官10人
上县监 6B	9	3,33%	5,56%	1,11%							武官1人
上县尹 6B	5	1,20%	4,80%								
上县丞 8A	7	4,57%	1,14%	2,29%							武官3人
上县簿 8B	9	1,11%	8,89%								武官5人
中县监 7A	22	2,9%	14,64%	3,14%				3,14%			武官11人
中县尹 7A	24	6,25%	16,67%	2,8%							
中县簿 9A	23		3,13%	20,87%							武官12人

据此表来看其资品与职品关系。1. 路监,资职相符者达近半数左右,高一资者仅占半成,低一资品而高就者约三成余,低二品者约半成,低三品者约一成。同职间差距达四品。2. 总管,资职相符者约近半数左右,与路监情形相同。高一品、二品低就者,皆分别占有一成,低一品高就者约近一成半,低二品占一成,低三及五品者,分别有一人,共占去半成左右;其中低五品者非常特别。故同职间资品差距可达七品之多。3. 同知,资职相符者约占五成半余,高资低就约一成七,以差一品略多些。低资高就者约占近三成左右,仍以差一品较多。同职间资品差距为四品。4. 治中,资职相符者占二成半,高一品低就者占半数余,低二品者占一成,低一品及三品者各占半成。同职间资品差距为四品。5. 判官,资职相符者达四成半余,高一品者约二成余,近四分之一,高二品与低一品者各占近一成左右,低二品者有一成半左右。同职间资品差距为四品。6. 推官,资职相符者有三成,余为高一品低就者占七成。7. 经历,资职相符者未见,全为高品低就者,高一品者约占三成左右,高二品者约近六成左右,高三品者约近一成半左右,同职间资品差距为三品。8. 知事,所见全为高一品就任者。9. 录事司监,资职相符者约六成七左右,高一品及二品者相当,共占去三成三左右。10. 录事,全为高品低就,高一品占六成,高二品占四成。监、司同职间资品差距皆为二品。总管府同职间资品差距较大者,为总管居首位,其他有路监、同知、治中、判官等。

在州县官职方面,三个州均为下州,故可一并观察。1. 州监,资职相符者约占近三成,高一品低就者约有近四成左右,低一、二品高任者相同,皆占不到一成,低三品高就者有二成左右。同职间资品差距达四品。2. 知州,资职相符者占七成余,其余为高一品低就的近三成。同职资品仅差一品。3. 同知,情况略似知州,资职相符者占七成余,高一品者占二成五左右,但有低一品高就者一人,占不到半成。同职间资品差距为二品。4. 州判,资职相符与高一品低就者相当,都占去三成五多些,高二品低就者占有近三成左右。同职资品差距为二品。5. 上县(鄞县)监,资职相符者占三成余,有五成半余是高一品低就者,一成余是高二品低就者。同职间资品差距为二品。6. 上县尹,资职相符者仅占二成,其他八成皆为高一品低就者。同职资品差距仅一品。7. 上县丞,资职相符者占近六成左右,高一品低就者接近一成半,高二品低就者有近三成左右。同职资品差距为二品。8. 上县主簿,资职相符者仅占到一成稍多,其他皆为高一品低就者,占去近九成左右。同职差距资品为一品。9. 中县(其他三县)监,资职相符者仅接近一成,高一品低就者较多,占去近六成半左右,高二品低就者与低二品高任者相同,皆接近一成半。同职资品差距达四品。10. 中县尹,资品相符者占二成五,高一品低就者较多,类似县监,占去六成七,高二品低就者接近一成。同职资品差距与主簿皆为二品。11. 中县主簿,未见到资职相符者,全为高品低就者,高一品占一成余,高二品较多,占到近九成左右。在武官任职方面,可见具有相当数量的是路的监、总管、判官、州监、同知、判官,以及县监、主簿等,尤以州监、县监较多,因其职务关系,以武官监镇地方,又州县同职间资品差距较大者为州监、中县监二职官。

在《四明志》卷二,总管府之后,另列有学官教授等,但有资品者仅见到四人,二人为正八品,二人为从八品,但都比编制教授的正九品要高一、二品。《续志》卷二,总管府之后,载有"庆元市舶提举司"职官,按提举市舶为从五品,同提举为从六品,副提举为从七品,①所列市舶司官职等如下表:

表六　庆元市舶司任官品职表

官职	人数	相符	高一品	高二品	高三品	高四品	低一品	低二品	低三品	低四品	其他
提举 5B	12	1,8%	6,50%	4,33%	1,8%						武官3人
同提举 6B	4	1,25%	2,50%	1,25%							1人不详
副提举 7B	5	1,20%	2,40%			1,20%	1,20%				

上表大略可看出资职相符者皆各知一人,以高品低就者居多,高一品在每职中都占多数,而以高四品的副提举较为特别,且同职的资品即差距到五品。

在《四明志》、《续志》呈现出来的情形,资职相符比率较高的是宣慰司都元帅、路监、总管、同知总管等较高官职,以及路判官、录事监、知州、同知州、上县丞等。高品低就者多数集中在六品职以下,而资职相符与高品低就的总数要比低品高任的为多,亦即低资虽可任高职,但未

---

① 参见前揭《元典章》各官品、职等。

能超过同资及高资的数量。宣慰司中有低一品任副使的较多，而总管府中有低四品出任的一人，颇为特别，以高品就低职较多的为宣慰司经历、总管府治中、推官、知事、录事、上县尹、上县簿、中县监、尹等，低品任高职较多的为前述的宣慰副使以及路监，但都未超过该官职的半数。至于同职间资品差距最高到七品，而差四品者所在多有，余为一、二品之差。

四 《至顺镇江志》中的官职

《至顺镇江志》二十一卷，作者原佚载其名，经考证知作者为元末俞希鲁（用中）。① 至元十二年（1275）立江阴镇江安抚使司（招讨使改），属于浙西道，次年，改镇江府路总管府，于至元十八年改属淮东道。后于至元廿六年改为镇江路总管府，再属浙西道。下领录事司一，丹徒、丹阳、金坛三个中级县。并另有各税司、万户、千户、行大司农司、行通政院、打捕鹰房等各单位机构所在。② 镇江（府）路属于下路，编制路监、总管为从三品，同知为正五品，判官为正六品，推官为从六品，经历为从七品，知事为从八品，录事司监、司同为正八品。中县监、尹同为正七品，主簿为从八品，县尉为从九品。但在改镇江路总管府及编制为下路之前（至元廿六年），镇江府路似为上路，因《镇江志》在其编制中列有治中，而治中是上路始置设的参佐官，到记载改制后的镇江路，则不见治中的编制，因此前期的镇江府路品秩略高一等，其监、总管品秩为正三品，同知为从四品，治中为正五品，判官以下同品秩。③ 路下所辖中级县官职品秩同前。本文相关资料载于《镇江志》卷一五、一六、一七。先列镇江路官职表如下：

表七：镇江路总管府任官品职表

官职	人数	相符	高一品	高二品	高三品	高四品	低一品	低二品	低三品	低四品	其他
上路监 3A	7	4,57%					2,29%		1,14%		3B 1人后改授4A副监，以原任3B计。武官3人
上路总管 3A	4	3,75%					1,25%				武官1人
下路监 3B	15	9,60%	3,20%				2,13%		1,7%		武官3人

---

① 参见刘文淇：《校勘记》，《至顺镇江志》附，《宋元地方志丛书》。又见于阮元：《序》，杨积庆（等）点校：《至顺镇江志》《前言》，南京：江苏古籍出版社，1999年。
② 参见前揭《至顺镇江志》卷首《郡县表》，第7页上，《官制表》，第12页上、第14页下—第16页上，《元史》卷六二《地理志五》，第1495页，"镇江路"条。
③ 总管府品秩等参见前揭《元史·百官志七》，《元典章·吏部卷之一》，镇江府路及镇江路职官见前揭《镇江志》卷一五《刺守》、《参佐》等，第1页上至第22页下。镇江府路治中见第16页上、下。

续表

官职	人数	相符	高一品	高二品	高三品	高四品	低一品	低二品	低三品	低四品	其他
下路总管 3B	16	10,63%	1,6%	1,6%			3,19%	1,6%			
上路同知 4B	5	1,20%	1,20%					1,20%		2,20%	武官3人
上路治中 5A	4			1,25%			2,50%			1,25%	3 不详。武官1人
下路同知 5A	13		6,46%	4,31%			1,8%	1,8%			7B另(差五品)1人8%,武官2人
判官 6A	12	9,75%	1,8%					2,17%			武官1人
推官 6A	11	7,64%	4,36%								
经历 7B	17	9,53%	6,35%				2,12%				3 不详
知事 8B	17	5,29%	12,71%								3 不详
录事监 8A	15	10,67%	2,13%				3,20%				2 不详。武官8人
录事 8A	15	9,60%	4,27%	2,13%							另4A千户1人兼领,不计。武官3人
中县监 7A	53	14,26%	19,36%	2,4%			12,23%	5,9%	1,2%		4 不详。武官34人
中县尹 7A	57	29,51%	16,28%	3,5%			3,5%	3,5%	3,5%		4 不详。武官7人
中县簿 8B	52	14,27%	38,73%								4 不详。武官17人

由上表中可知镇江(府)路的任官情形:1.上路监,资职相符者近六成,低一品高任者约三成,低三品高任者约占近一成半。同职资品差距达三品。2.上路总管资职相符者占七成五,比率颇高,余为低一品高任者,占二成半。故同职资品仅差一品。3.下路监,资职相符者情形类似上路,占六成,其他低一品高任者占一成余,低二品高任者占不及一成,有二成是高一品低就者。同职资品差距达四品。4.下路总管,有六成余为资职相符者,高一、二品低就者各占半成余,低一品高任者略多,占有近二成,低二品者仅半成余。同职资品相差达四品。5.上路同知,

资职相符,高一品、低二品皆各占二成,余四成为低四品高任者,显得较多些。同职资品相差可达五品。6. 上路治中,未见资职相符者,有高二品低就者占二成半,低品高任者较多,其中低一品占半数,低四品占二成五。同职资品相差高达六品。7. 下路同知,未见资职相符者,高一品低就较多,占四成半余,高二品者占三成余,是以较多为高品低就者,低一、二品高任者相同,皆近一成左右,较特别的是有低五品高任者一人。故其同职间资品差距达七品。8. 判官,资职相符者颇多,占到七成半,高一品低就者近一成,低二品高任者近二成。同职资品差距为三品。9. 推官,资职相符者较多,占近六成半,余三成半多为高一品低就者。10. 经历,资职相符者较多,占五成余,余高一品低就者占三成半,低一品高任者占一成余。同职资品差距为二品。11. 知事,资职相符者占近三成,而高一品低就者颇多,占去七成余。12. 录事监,以资职相符者为多,占六成半多,高一品低就者占一成余,高二品者占二成。13. 录事,资职相符者占六成,与录事监情形接近,余四成为高一、二品低就者,而以高一品较多。同职资品差距皆为二品。14. 中县监,资职相符者占二成半余,高品低就者较多,高一品者有三成半余,高二品者近半成。低品高任者亦不在少数,共占近三成半,以低一品者为多,占二成余,低二品者近一成。同职资品差距达五品。15. 中县尹,资职相符者略过半数之多,高二品低就者仅半成,高一品低就占近三成左右,低一、二、三品高任者皆各占半成。同职资品差距与县监相同,皆差达五品之高。16. 中县主簿,以高一品低就者居大多数,占去七成余,资职相符者占近三成。同职资品差距为二品。

镇江路曾以武官任职的有路监、总管、同知、治中、判官、录司监、司、县监、尹、簿等,看来诸多职事官颇有武官出任的记录,尤以低层的录事,县级单位颇多,而监官职以武官出任在元代颇为普遍。至于同职间资职相差较大的,以下路同知、上路治中、上路同知居前,差距达五至七品,其次为中县监、中县尹、下路总管、下路监、上路监、判官等。镇江路尚有其他机构单位,如路、县设税使,为七、八品官,出任者资职差距一品左右,人数也少,暂不列入。《志》中记录较多的有驻地的镇守万户府、镇抚所,真定翼、濮州翼、卫辉翼、怀庆翼,四个上千户所,高唐翼中千户所,彰德翼、济南翼、顺德翼、广平翼、盐军翼,五个下千户所,以及其下的百户。另外大司农司(行司)、通政院分院、打捕鹰房总管府等,皆有官职记录。虽然人数不多,且以武职为主,此处一并列表以为参考讨论。①

表八:镇江路驻军及其他官职任官品职表

官职	人数	相符	高一品	高二品	高三品	高四品	低一品	低二品	低三品	低四品	其他
上万户监 3A	3							1,33%	1,33%	1,33%	

---

① 万户、千户等官职品从参见前揭《元史·百官志七》,大司农品秩参见《元史》卷八七《百官志三》,第2188页,通政院见卷八八《百官志四》,第2230页。江南分院于至元二十九年置,秩从二品,大德七年罢,此与《镇江志》卷一七,第33页下,所记置废相同。行大司农司品秩当与内司同,原大司农秩正二品,仁宗升正一品,《镇江志》载行司立于至元二十四年,元贞元年省废,所载当在改秩前。又前揭陈高华点校本《元典章》《吏部卷之一》,列大司农为正二品,大司农卿为正三品,司农少卿为正四品,司农丞正五品,经历从五品,都事从七品,照磨、管勾正八品,经历以下与《元史》同。《元典章》载通政院各官秩同于《元史》,唯经历一职,《元史》载从五品,《元典章》载为从六品,但《元史》载定制为仁宗延祐七年(1320)之后,《元典章》所载止于此前,而江南分院于大德七年废置,故当依《元典章》。

续表

官职	人数	相符	高一品	高二品	高三品	高四品	低一品	低二品	低三品	低四品	其他
上万户 3A	2								1,50%	1,50%	
副万户 3B	1							1,100%			
经历 7B	1							1,100%			文官
镇抚 5A	2	1,50%	1,50%								
上千户监 4B	6							2,33%	3,50%		1,17%
上千户 4B	7	1,14%	1,14%						4,57%	1,14%	
上副千户 5A	6			2,33%					2,33%	2,33%	
中千户监 5A	1							1,100%			2 欠详
中千户 5A	3							1,33%	2,67%		
中副千户 5B	1							1,100%			
下千户监 5B	7								2,29%	3,43%	2,29%	1 欠详
下千户 5B	10	4,40%						1,10%	2,20%	3,30%		2 欠详
下副千户 6A	10		1,10%					4,40%	3,30%	2,20%	
上百户 6B	7								1,14%	4,57%	2,29%	
下百户 7B	38	1,3%						30,79%	7,18%			45 不详
行大司农 2A	2	1,50%						1,50%			

续表

官职	人数	相符	高一品	高二品	高三品	高四品	低一品	低二品	低三品	低四品	其他
司农卿 3A	2		2,100%								
司农少卿 4A	2								2,100%		
司农丞 5A	1										7B 1人（差五品）100%
经历 5B	1							1,100%			
都事 7B	1		1,100%								
照磨 8A	1						1,100%				
管勾 8A	1						1,100%				5不详
通政院使 2B	1	1,100%									
同知院 3A	1							1,100%			
同签院 4B	2						1,50%	1,50%			
判官 5A	7							5,71%	1,14%	1,14%	
经历 6B	4							3,75%	1,25%		
都事 7B	3	1,33%		2,67%							2不详
打捕总管监 3A	1						1,100%				
打捕总管 3A	1							1,100%			
知事 8B	1		1,100%								

上表统计人数较少，如打捕鹰房总管府职官仅得一人，像是个案，虽见高、低一品任用，但参考性不足。军职统兵官皆为武官任用，资职相符情形较少，总体看来以低资高任较多。高级

武职的万户监、万户、副万户，皆为低二至四品高任，低四品的二人本身资品不足是袭父职所造成之故，其他袭职的情形不少，有二、三世袭职者，在千户中较多见，有的资职相符，但多为资品较低者。武职中家族世袭职的情形较为易见。百户中也是低品高任者最普遍，占绝对多数也恐与世袭有关。驻地司、院除个案外，仍多为低品高任者，以差一、二品居多。

在同职间资品的差距，依次为上副千户差达五品，差四品的为上万户监、上万户、上千户监、上千户、下千户监、下副千户、上百户，差三品者有中千户、下千户。其余差一、二品不等。驻地机构中，以行司农丞的差五品，通政分院的判官差四品为高。整体来看资职相符的情形显得较少，而资职间的关系与前述各官职类似，颇有相当的差距。

五 《至正昆山志》及其他相关数据

《至正昆山志》六卷，为杨譓（履祥）于顺帝至正年间所修，所载起于至元中，终于至正初。① 书中卷二《名宦》列出五人传略，卷三《人物》列出十五人传略，多有仕宦数据可供参考（三人欠详）。今将所载诸人任职昆山州时及其他任历的资品与职品简便列出如下，②约略可看出任官时资职的关系以及其迁转。

1. 王安贞（吉卿）。至元廿九年将仕郎（正八）任浙省理问知事（从八）→元贞初，从仕郎（从七）任台州路经历（从七）→大德七年，承事郎（正七）任永嘉县尹（从六）→至大三年，奉训大夫（从五）任工部主事（从七）→任宣徽院都事（从七）→以功升朝列大夫（从四）任昆山知州（正五）→秩满，改饶州路治中（正五）。

2. 那怀（蒙古瓮吉剌氏）。泰定初以武德将军（正五）任昆山州监（正五）→秩满改福宁州监（从四）。

3. 姜复昌（渔所）。泰定初以敦武校尉（从七）任昆山州判（从七）→任满，迁瑞安知州（正五）；职品因任满而升五等，显得特别。

4. 八资剌（思齐，畏吾人）。以世禄任侍仪使（正四）→至元十三年任昆山州监（正五）。

5. 勃罗帖穆尔（存中，唐兀人）。以世禄授承务郎（从六）任直省舍人（从五）→奉训大夫（从五）任武备寺丞（从五）、太府监提点（正五）→至正元年奉议大夫（正五）任昆山州监（正五）。

6. 朱清（澄叔）。至元十二年，任管军千户（从四至从五）→武略将军（从五）任千户（从四至从五）→至元二十四年累迁至昭武大将军（正三）任江（浙）东道宣慰使（从二）、行海道运粮万户府事（正三）→至元二十五年，镇国上将军（从二）任江（浙）东道宣慰使（从二）→骠骑卫上将军（正二）任同前→元贞二年，资善大夫（正二）任河南行省参政（从二）→大德三年，资德大夫（正二）任大司农（正二）、左丞（正二）。子朱显祖→忠显校尉（从六）任海运千户（正五）。朱虎→累官至昭勇大将军（正三）任都水监（从三）。朱旭→忠显校尉（从六）任海运千户（正五）。

---

① 参见杨维桢：《序》，《至正昆山郡志》卷首，《宋元地方志丛书》，文中称其书为二十二卷，故钱大昕《后序》中疑有别本，见卷首，第3页上。

② 资品与职品依前揭《元史·百官志七》，《元典章·吏部卷之一》。

7. 朱日新（中斋）海运千户（正五）→元贞元年，宣武将军（从四）任婺州路总管（正三）→秩满改授江州路总管（正三）。

8. 徐兴祖（敬斋）。父徐贵武德将军（正五）任上副万户（从三）。兴祖→昭勇大将军（正三）任运粮副万户（从三）。子徐起贤→袭忠翊校尉（正七）任海运千户（正五）。

9. 刘必显（玉溪）。武略将军（从五）→累官至信武将军（从四）任海漕副万户（从三）。子刘居仁→武略将军（从五）任海运千户（正五）。

10. 朱明达（显之）累官至承信校尉（正六）任运粮上千户（正五）。子朱士英→将仕郎（正八）任同知济宁府事（从五）。孙朱子钧→承仕郎（正七）任连州判官（从八）。孙朱子铨→袭忠翊校尉（正七）任海运千户（正五）。

11. 顾新（纯甫）。累官至承事郎（正七）任龙兴路录事（正八）。

12. 杨茂春（子东）。至元廿八年，进义副尉（从八）任运粮百户（正七）→秩满进忠显校尉（从六）任运粮千户（正五）累官至武略将军（从五）任副千户（从五）。

13. 范文富（润甫）。至元廿五年，以功授保义校尉（正八）任运粮副千户（从五）。次子范应礼→进义副尉（从八）任运粮百户（正七），历五考恬退不迁。

14. 蘖良辅（南山）至元廿八年，进义副尉（从八）任海漕百户（正七）→大德四年，忠翊校尉（正七）任千夫长（正五）→两迁至忠显校尉（从六）任运粮千户（正五）。子世坚→袭忠翊校尉（正七）任海运千户（正五）。

15. 黄成（君美）。至元廿五年，保义校尉（正八）任运粮副千户（从五）→至元廿八年，忠显校尉（从六）任千户（正五）。

16. 吴贵（和卿）。忠正校尉（从六）任管军上百户（从六）。长子彦深袭军职。

17. 施文胜（文质）。后至元五年，从仕郎（从七）→次年，征事郎（从七）任集贤院都事（从七）→至正三年，承事郎（正七）任利用监经历（从七）。

上述十余人，大部分资品与职品差距不多，较有差距及可参考讨论的有：1. 王安贞，由至元的正八到至大的从五，资品升五等，历时十八年，是正常升转，由从八升正五职，而资品升七品，其后升职明显记载是"以功升"所致，其间有担任二次差四品之职，资职颇不相应，升资尚属于正常，职未必配合。3. 姜复昌，由从七任满而迁升五品职，应是特别的超迁。6. 朱清由从五升至正三资品，主要因从征崖山及平海盗、陈吊眼等，又与张瑄开创海运有功，约十年间资升五品，情况较特殊。① 8. 徐兴祖之子起贤，以从七任正五职，是袭其父荫叙，依"例正三品子，正七品叙"，而千户职或即徐兴祖初任之职。② 10. 朱明达之子士英，由正八任从五之职，差五品之资品，受限于资料不易考察。明达之孙子铨，袭祖父官职，但与资料所载不符，因明达仅知以正六任正五之职，正五品荫叙只能得从九品，袭其职千户是有可能，但荫叙却不合。12. 杨茂春由从八任正七职，"秩满"进从六任正五职，当即依外任官"或三考升二等"之例。③ 13. 范文富，以正八任从五品职，相差五品，或即"以功授"任的职事官。14. 蘖良辅之子世坚，以正七任正五品职，当是袭父职，但资品应与荫叙无关，或其本身早有其资品由来。

---

① 朱清及张瑄事参见《新元史》卷一八二，台北：艺文印书馆，第1页上—第5页下。
② 荫叙参见《元史》卷八三《选举志三》，第2060页。
③ 参见前注，第2064页。

此外,有《无锡志》虽然所载起于至元十二年,终于后至元六年,但只载县尹、知州,且颇有缺漏,《志》中所载十人资职,原有县尹三人,后于成宗元贞二年升为中级州,故又列知州七人,其资职或相符,或仅差一品而已。① 于此不再多述。

在前述各节中,资职相差者多有所在,资职相差一、二品在官僚制度中应属常见,即使相差三品或尚能接受,但相差四品以上则较为特别,甚至有差距到六、七品者,当令人值得注意。现在将相差四品以上者,暂以目前所得资料列出以为考察,主要以较多的南台官员来考察仕历及迁转。

1. 王柔(不刚)。《金陵志》中载至元卅一年(1294)时以承直郎(正六)任南台御史(正七),延祐元年(1314)以嘉议大夫(正五)任南台治书侍御史(正三),即二十年间仅资升二品,但职品高升八品,在嘉议任治书即资职相差四品,是以低资高任之例。此前,早曾以吏职为安西王府令史,至元廿九年时任吴江县尹(从六),不满一考(外任三年一考)即升一资品,但出任低二职品的御史。② 低资高任原因不详。

2. 赵宏伟(子英、松涧)。甘陵人,于元军攻宋时投诚,以战功为吉州参佐官,至元十五年(1278)赐金符任瓜州渡提举,至元十七年以例免而改为衡州路治中(正五),任七年后解职。于大德五年(1301)荐为签浙西道廉访司事(正五),大德十年以承事郎(正七)任南台都事(正七),至大二年(1309)任内台都事(正七),迁浙东廉访副使(正四),皇庆元年(1312)以承德郎(正六)任南台治书侍御史(正三)。次年致仕,又次年复起为福建廉访使(正三),不久即以疾辞职。③ 宏伟的仕历有些曲折特别,当有其原因。先任正五品的金宪,五年后又以正七品出任正七的都事,又转任正四品的廉访副使,再以正六品资任正三品治书之职,资职的前后迁转与品秩差距难以理解;有差到四、五品之距离。

3. 宋节。先曾为嵊县尹(从六),大德中又任歙县尹(从六),延祐元年(1314)以奉议大夫(正五)任奉化知州(从五),延祐五年仍以奉议大夫任南台御史(正七),至治三年(1323)以中顺大夫(正四)任南台都事(正七)。④ 任职南台前资职相符,但在南台以正四、正五低就任正七职则显得差距颇大,以资品言是循序而升,十年间升二品,但任职皆在正七品,又两任南台之职。

4. 张世杰。生平欠详。于泰定元年(1324)任职南台御史(正七)时,资品为朝请大夫(从四),次年,即以中宪大夫(正四)出任南台都事(正七),⑤资品相差五、六等之多,情况颇类上述宋节的以高品就低职及两任南台之例。

5. 姚居敬,初以承务郎(从六)任工部主事(从七)历任为承直郎(正六)、江浙省都事(从七),奉议大夫(正五)、两淮转运副使(正五),江西省理问(正四),奉政大夫(正五)佥浙西廉

---

① 参见《无锡志》卷三,《宋元地方志丛书》,第4页下。
② 王柔资职参见前揭《至正金陵志》卷六,第51、40页。早年任官参见顾嗣立、席世臣编:《元诗选癸集》上册,北京:中华书局,2001年,第240页。其任职吴江县尹时有诗作《吴江即景》。
③ 赵宏伟参见《元史》卷一六六《赵宏伟传》,第3912、3913页。另参见许谦:《白云集》卷一《治书侍御史赵公行述》,台北:台湾商务印书馆,1966,第11—14页。《金陵志》卷六,第42页下、第40页下。
④ 宋节早期官历参见嘉靖《南畿志》卷五五,《四库全书存目丛书》,济南:齐鲁书社,1996年,第8页上,弘治《徽州府志》卷四,《四库全书存目丛书》,第73页上、下。任职南台参见《金陵志》卷六,第43页上、第56页上。《四明志》卷三,第5页下。
⑤ 张世杰参见《金陵志》卷六,第43页上、第58页上。

访司事(正五),延祐五年(1318)以朝散大夫(从四)任南台都事(正七)。① 居敬由正五品升正四品颇合于元代职官迁转例,即"缘四品阙少,通历两任,须历上州尹一任,方入四品"②,但若无上州尹缺,则"再入五品一任,方入从四品"③。居敬有两任正五品职的记录,也曾任高二品的江西理问之职,说明他的例子合于制度规定,但既已升从四品,何以又"屈就"差五品的南台都事之职?而且在此前已出任过监察体系的廉访司佥事,又是难以理解的例子。

6. 姚绂,于泰定、天历时任礼部吏员,至顺二年(1331)时任内台照磨(正八)。元统二年(1334)以承务郎(从六)任南台御史(正七),后至元五年(1339)以朝列大夫(从四)任南台都事(正七)。④ 此例中又见差五品的高官低就情形,姚绂在从六到从四间仅历三、四年即超升三等,非常特别,且升四品的规则如上文姚居敬例可知,不易在短短三、四年间得以升上,其次,由数据中知道他至少有两次出任监察体系官员,何以又要在升从四品之后再任于监察体系官职中的正七职?此例仍不易理解。

7. 畅笃(曾伯)。畅师文之子,师文于延祐元年(1314)仕至资德大夫(正二)、翰林学士(正二)。故畅笃以荫授淮安路判官(正六。以荫叙例当为正七品官),转将作院经历(从六),拜西台御史(正七),天历二年(1329)以朝列大夫(从四)移南台御史(正七),至顺二年(1332),以朝散大夫(从四)任都事(正七),除江浙省员外郎(从六),改金山东廉访司事(正五),以太中大夫(从三)入为内台御史(正七),于后至元六年(1340)仍以太中大夫任江(浙)东廉访副使(正四)。⑤ 畅笃任职南台正七品时,其资品为从四,相差五品,而后入为内台御史时,其资品已升为从三,则相差达七等,甚为特别,其后改任正四品职,则仅差一等尚可接受。他至少六度任监察体系官员,何以又要以从三品任为内台御史?而前此已去西台,后升四品,却去南台再任七品御史及都事,都显得颇为特别。顺便一提其父师文,看其资职及迁转颇遁秩而行,其间多能符合,偶有差一或二品者,不过可注意的是在任正七品的监察御史前,他已两任正五品的路同知及提刑按察佥事,任御史后又曾回任提刑佥事,即使在监察体系官职中也未能见其间的规例法则。⑥ 畅氏父子二人在监察体系的任官情形类似,看不出前后迁转的例则及其原因。

8. 樊执敬(时中)。由国子生擢授经郎,至正二年(1342)以朝散大夫(从四)任南台都事(正七),至正七年,任山南道廉访使(正三),移湖北道,再转都水庸田使(正三),至正十年任

---

① 参见吴澄:《吴文正集》卷七三,文渊阁《四库全书》,台北:台湾商务印书馆,第16页上—第17页下。任职南台又可见《金陵志》卷六,第43页上。
② 《元史》卷八四《选举志四》,第2093页。
③ 《元典章》《吏部卷之二》,第238页。
④ 任职南台事见《金陵志》卷六,第43页下、第61页下。任职内台照磨事见马祖常:《石田先生文集》卷八《跋姚照磨考墓铭后》,郑州:中州古籍出版社,1991年,第166页。吴澄:《彭泽县尹姚君墓志铭》,苏天爵:《元文类》卷五二,台北:台湾商务印书馆,1968年,第754、755页载姚绂父亲姚思恭行事。刘岳申:《申斋刘先生文集》卷九《元承务郎江州路彭泽县尹姚君墓表》,《元代珍本文集汇刊》,台北图书馆,1970年,第14页下—第16页上,同载姚思恭事迹。
⑤ 畅笃之父畅师文事见《元史》卷一七〇《畅师文传》,第3995、3996页,传末附其子畅笃仅载其仕至太中大夫、江东廉访副使。另见许有壬:《至正集》卷四九《畅公神道碑》(原篇名略),文渊阁《四库全书》,第8页上—第14页下。碑文载畅师文事甚详,兼叙及师文家庭诸子,畅笃仕历可见。任职南台事参见《金陵志》卷六,第43页上、第60页上,浙东廉访副使见《四明续志》卷一,第13页下,然许有壬及《元史》皆作江东道,未知孰是,但副使职品相同无妨。
⑥ 参见前注许有壬《神道碑》。

江浙省参政(从二),二年后死于兵乱。① 执敬已升从四品官却低就南台正七品都事,相差五品。元制升任四品不易,如前文所述,正五两考中须有上州尹一任,或两任正五始能升从四品。可惜未能见到樊执敬在此前的经历及迁转,但何以在从四品时要去低就正七的都事?

9. 郝源(渊甫)。曾任县尹,泰定二年(1325)任费县尹(从七),至正元年(1341)以亚中大夫(从三)任南台都事(正七)。② 郝源资料缺乏,仅知他历十六年后官至从三品已属不易,但却去出任正七品职,以如此高级资品何以"屈就"?实难以理解。

10. 梁居善。泰定四年(1327)以承直郎(正六)任南台照磨(正八)后于天历二年(1329)以奉训大夫(从五)任南台御史(正七)。③ 资品与职事迁升应属正常依规例,但前资职差四品,后资职则差三品。

11. 刘贞。于后至元三年(1337)以奉训大夫(从五)任南台照磨(正八),于六年时以奉议大夫(正五)任南台御史(正七)。④ 资品升迁正常,但资职前差五品,后差四品。任照磨、再任御史,与上述梁居善相同,也同属高品低就,且二任南台。

12. 傅梦臣。于后至元二年以奉议大夫(正五)任南台照磨(正八),又于五年时以朝列大夫(从四)任南台御史(正七)。⑤ 资品升转正常,但升从四品其间仅三、四年,且升四品有其规例,此处限于资料,未知前此是否任职过正五品官?资职差距前秩差六品,后秩差五品,差距颇大,又前后职都在南台的监察体系中,何以要二度高资低就?尤其是资升四品后仍要出任御史之职?

13. 温瑛(仲玉)。延祐四年(1317)时以承事郎(正七)任南台管勾(正九)。于后至元三年(1337)时升至中顺大夫(正四)知濠州(正五),并转任秘书少监(正四),六年除开州尹(从四)。⑥ 任职南台是以高就低资职差四品,后升正四品,其间二十年左右,依制应有可能。温瑛至少在升正四后的资职或相符,或差一、二等,也未见上述数人的再回到监察体系的以高就低职。

14. 刘恕。生平欠详,于至顺二年(1331)以儒林郎(从六)任南台架阁库管勾(正九),后至元二年(1336)以承德郎(正六)任南台御史(正七)。⑦ 六年间升官一品,职事升四品,依例正

---

① 参见《元史》卷一九五《忠义传三》,第4412、4413页。传中言其历官至侍御史,但未载其时间为何时?另参见余阙:《青阳先生文集》卷四《送樊时中赴都水庸田使序》,《四部丛刊》续编,台北:台湾商务印书馆,第4页下—第5页下。文中言樊执敬以江南湖北道肃政廉访使转任都水庸田使,此事《元史》传文中未载,当是在至正七年任山南廉访使后移湖北,再转都水庸田使。又传文中未载其曾任南台都事,任职南台见《金陵志》卷六,第43页下。都水庸田使司正三品参见《元史》卷九二《百官志八》,第2335页,又参见杨维桢:《东维子集》卷一二《新建都水庸田使司记》,《四部丛刊》,台北:台湾商务印书馆,第82、83页,所记较《元史》为详。

② 参见张养浩:《费县重修孔子庙记》,李修生主编:《全元文》第24册,南京:江苏古籍出版社,2002年,第605、606页。任职南台见《金陵志》卷六,第43页下。

③ 参见《金陵志》卷六,第45页上、第59页下。

④ 参见《金陵志》卷六,第45页下、第64页上。

⑤ 参见《金陵志》卷六,第45页下、第63页下。

⑥ 参见王士点、商企翁著、高荣盛点校:《秘书监志》卷九《题名》,杭州:浙江古籍出版社,1992年,第174页。温瑛除开州尹,元代开州有二,一在中书省大名路,为上州(从四),一在四川行省夔(州)路,为下州(从五),参见《元史》卷五八《地理志一》,第1361页,卷六〇《地理志三》,第1444页。但上州称州尹,中、下州称知州,故知开州当为上州。任职南台事见《金陵志》卷六,第46页下。

⑦ 参见《金陵志》卷六,第46页下、第62页上。

九职官需二考（六年）升从八品，刘恕或因前以从六资品任相差五品的职事，而后有机会转任与资品相差较少的正七品御史。

15. 王偲。生平欠详，于后至元三年（1337）以中顺大夫（正四）任南台御史（正七），次年，任南台都事（正五）。① 以高六品资任职，次年升正五品职，一年间前后职骤升四等，应该可说明资职不符的转升，是职阙的关系，即不能有符资品之职时，或只能迁就职阙，能有符合或近于资品之职，即可调迁。

16. 尚克和。生平欠详，知其为至治（元）年（1321）进士，于天历三年（1330）以朝列大夫（从四）任南台御史。② 元制进士一甲授从六品官，二甲授正七品官，三甲授正八品官，③ 克和应非一甲及第，若以二甲授正七品官，九年左右资品已至从四，可谓快速，但职品仍停留在正七品，或九年间有迁转高低职官，但数据不详。若参看克和同年进士的状元宋本，他同样在天历二年时已为中议大夫（正四）任至从三品的艺文太监，宋本在八年间皆在朝转任八职，也曾有过高资任低职，但较诸尚克和而言，其仕历官职相差颇远。④ 或许宋本为状元又仕宦名显之故，而他历仕皆在中央朝廷为官，内任职官升迁虽较速，以二年为一考，外任则为三年一考，且内任是一考升一等，外任为两考升一等，或三考升二等，⑤ 但他资品升迁及职品的配合度是属于超升的情况。

17. 秦起宗（元卿）。为译史吏员出身，泰定三年（1326）以朝散大夫（从四）任南台御史（正七），文宗时入为中台御史，其后资品不详，但历官至正三品的都漕运使、抚州路总管、兵部尚书等三品职。⑥ 起宗任南台时资职差五品，而后资职相差不大，资品是否续有升迁则未知。但他两任御史，职品依旧。

18. 买术（住）丁（永锡）。于阗人（西域人），曾入太学后以宿卫出身，由吏出为利用监大使（正六）、集贤院经历（从五），泰定四年（泰定二年？1327？），以朝请大夫（从四）任南台御史（正七），天历初（1328）迁内台御史（正七），至顺初（1330）任山南廉访副使（正四）、户部侍郎（正四）、左司郎中（正五），至正元年（1341）转户部尚书（正三），迁河东宪副（正四），再以中奉大夫（从二）入为户部尚书，三年转中书参议（正四），四年同知宣徽院（正二），授资善大夫（正二）任中政院使（正二），七年出为海道万户监（正三），九年调江西茶运使（正三）。⑦ 大体上买

---

① 参见《金陵志》卷六，第43页下、第62页下。
② 《金陵志》卷六，第60页上。苏天爵《滋溪文稿》卷一八《从仕郎保定路庆都县尹尚侯惠政碑铭》，《元代珍本文集》，台北图书馆，1970年，第15—18页。碑文记尚克和之子尚恕（彦仁）之事，载克和为至治年进士，英宗至治仅元年开科取进士，故知克和为至治元年进士。
③ 《元史》卷八一《选举志一》，第2019页。
④ 宋本为至治元年状元，参见前注，第2026页，其生年仕历见宋褧《故集贤直学士大中大夫经筵官兼国子祭酒宋公行状》，载于《全元文》第39册，第351—360页。
⑤ 《元史》卷八三《选举志三》，第2064页。
⑥ 《金陵志》卷六，第58页下。其生平参见《元史》卷一七六《秦起宗传》，第4116—4117页。
⑦ 买术丁任南台参见《金陵志》卷六，第59页上，载为阿鲁温氏，于泰定四年任，阿鲁温、于阗、不花剌等可视之为泛指西域人，参见陈得芝：《元代回回人史事杂识四则》，陈得芝：《蒙元史研究丛稿》，北京：人民出版社，2005年，第452—455页。买术丁家世及其仕历等参见朱德润《资善大夫中政院使买公世德之碑》，碑文中以其出任南台御史记为泰定二年，今依《金陵志》所载为泰定四年。《资善大夫海道都漕运万户府达鲁花赤买公惠政之碑并铭》、《送买院使序》三文收于《全元文》第40册，《序》见515页，《世德碑》见611—613页，《碑并铭》见613—615页。又杨维桢，《东维子集》卷二三《重建海道都漕运万户府碑》，《四部丛刊》初编，言买术丁为西夏人，恐有误，见第170页。

术丁除资品些许不详外,大多资品相符或差距不大,任职或、高低迁转,差距较大的是以高五品出任南台御史,旋即又任内台御史,两年后开始任资职较相符且较前职高出六品之职,或可说明资职不必相符,但尽可能相符,如买术丁在短短三、四年间以从四资品两任正七品职,旋即升任正四品职,而且又两度任御史,是否因御史之职未满考之故?同时他也两任廉访副宪的监察官职,而内任官职迁转较快,也较为符合资职。

以上所述十余人,都曾任于南台的监察官员,也都有资职相差四品以上的记录,但另有差四品以上约二十人因无数据可供考察。以监察体系而言,许多官员是高资就低职,而且有些在南台任御史又任过都事等,或为佥宪、廉访等。若以迁转与曾担任过御史清望之职有关,又有些例子不合,如畅师文、笃父子的例子最为显著,故而任职监察体系未必与迁转有关,任监察分巡实责的御史、佥宪、副宪之职也未见得与迁转有必然关系。或许在官多缺少的情况下,监察体系原是清望之官,传统的名声令人有出任的意愿。

六　结语

本文就元代的五种方志来看官职的问题,虽未能说是元代官职的普遍现象,但多少可以窥见存在的一些问题,即资品(阶品)与职官(职事)间的符合与否。虽说元制迁官是"其理算论月日,迁转凭散官",内外官以考满升进阶品有其规定,以及各种选格、特例等,但常有"员多阙少"要守一、二年之缺,①这或许是不耐守缺,而愿出任资职不相应的主要原因。在帝制的官僚制度中,所有的官职都应是一种"差遣",官员总是多于职事,除去财政上的负担外,官职之间往往不能相称,势不可能做到"迁转凭散官",这只是制度上的理想原则,却往往与实际状况不符。历代官制的课题原本繁多复杂,而元代又是北族建立的复合皇朝,存在"胡汉"复合的体制,问题应更多,决非本文所能探究多少,不过是将所见提出以供参考;同时确证这种现象的存在,且非少见的问题。

本文所收有集庆、庆元、镇江三路总管府的官职,都呈现出有资职相差四品以上的情形。今再以手边明代的《徽州府志》另为参考,《志》中载有元代徽州路总管府职官名单,②由路监以下至知事共178人可知,资职相符者81人,占46%,比率不低,但仍不及半数,资职相差以一、二品占多数,未见有差四品以上者,仅有差三品者四人,其中高资低就者三人,低资高任者一人。府中官员文资官远多于武资官,但其中又以路监一级武官较多,且路监中绝大多数为北族人,同知与治中官员也以北族人士为多。若以本文的三路总管府来看,集庆路总管府62人,资职相符者27人,占44%,资职以差一、二品为多,差四品者一人,差三品者三人,共占的比率不及一成,情况与徽州路颇为相似。庆元路总管府共计127人,资职相符者47人,占37%,有差五品者一人,差三品者五人,共占的比率不及半成,其余多为差一、二品者,资职相符的比率近四成,较上述二路低些。镇江路总管府计151人,资职相符者76人,占半数,其余多为差一、二品任职者,差三品者二人,差四品者三人,差五品者一人,共占比率约半成而已。照上述情形

---

① 《元史》卷八三《选举志三》,第2064—2066页。
② 弘治《徽州府志》卷四,《四库全书存目丛书》,第24页下—第27页上。

看来,总管府共同的现象是资职相符的比率颇高,差三品以上者最少,且占的比率都在一成以下,资职相差多在于一、二品间,可以说还算正常现象,但资职不符的情形也都超过了半数以上。

在三路的州县官员来看,集庆路有152人,资职相符者49人,占32%,庆元路有231人,资职相符者84人,占36%,镇江路有162人,资职相符者57人,占35%,总的来看,州县官资职相符者三路相近,但都只有三分之一强,则其他六成余州县官是资职不相符而任职的。

任职时资职相差四品以上的官员,在整体看来毕竟尚属较少数。本文初步估计所收官员数全部约2082人,而资职相差四品以上者仅得约147人,占全部的7%,不及一成人数(次),差距达三品者约142人,占有7%左右,二者相似,而这二者之中都是以高资就低者较多。若说有关惩罚、回降等因素,通常不过一、二品之多,不至影响及四品之上,故而官多缺少是可以考虑的因素。再由资职相应符合的情形来看,约614人资职相符合,恰占全部的三分之一,换言之,即本文所收数据中,资职不能相符的占去三分之二,比率相当之高。

官员任职时的资职关系势无法全面厘清,因为缺乏官员统计的年鉴。略可作为探讨的是某些单位、机构有历任官员的名录,如本文所采用的几种方志与处理的方法,虽能呈显出当时的现象及其情况,毕竟限于数据所及而作的讨论,是无法得出元代官职问题的周延性结论,何况还牵涉到其他与官职相关的一些问题。由于本文所采的方志是有长时段大体完整的记载,在数据上具有一定的有效性,如《至正金陵新志》,起自至元十四年(1277),终于至正三年(1343),达67年之久,至元十三年元军入临安,至正廿八年明军入大都,即《金陵志》记载三分之二元代的时间。《四明志》、《续志》同样起自至元十四年,终于至正元年(1341),与前志约略相当。《镇江志》起自至元十三年,终于至顺四年(元统元年,1333),少于前志十年。主要的资料来源的三志书可说大体上贯通元代首尾,内容间有缺漏,未必各类职官皆贯通无遗,但尚足够作为本文的讨论。另外所用二志书虽然记有元一代为范围,但所载有限,且有缺漏,仍可供参考讨论。

在几种方志中所观察到的普遍情形,是官员任职时的资品与职品不能相应符合非常明显,总计占三分之二的比重,差距多在一、二品间,应可接受,但差距到三、四品者占到总计数近一成半左右。值得注意的,也较为学者所提及的是监察体系南台官员,有八成余为资职不相符合,而且超过半数是以高资就低职者,其中有一成半(八十七人)是高四品以上官阶,甚为特别。南台职务的特殊,资职不符的情形极多,是否与职官迁转有关?本文并未找出其间的关系,而与其他官职的情形同样受到迁转的规范待遇。此外,升任四品官往往被视为重要的关卡,且与出任监察体系相关,甚至说曾任监察官员对于升四品有决定性的影响,但本文所论证并非如此;而与其他品等迁转是否有所影响,也并无明显的关联迹象。监察官职在中国已成为清要职的传统,出任的意愿较强,它已被塑造成官僚制度的清新形象,是一种政治文化,在士大夫的仕历中,无不希望曾有清望的资历(清望之职尚有其他数种),正常的历官如此,若在官多职事有限的情况下,恐怕更易形成优先考虑的职缺,甚多的高资低任应是在此种环境与心态中造成。除去特殊的原因外,官多缺少仍应是资职不符的主要原因,尤其是以高资低就者,至于以低任高多与出身、世袭、功绩等有关。又在路、州、县的监镇官(达鲁花赤),明显的是武官出任较多,且多北族人士。在同等品级的职品,其资品间的差距最高达六、七品,如南台的经历、都事、御史、架阁管勾、治书侍御史、路总管等,其他差四、五品者,军、民职所在多有,同职任官的资品差一、二品几乎无所不在,这些应有助于观察职官的资职关系。即差遣的职事官,在同职等的任命其资品的差距往往不如想象中依规则运行,这与上述的其他情形可相互观察,或有助于说明职缺有限,官员额多所造成。

元吴澄八思巴字宣勅文书初探

南开大学　李　治　安

《大元累授临川吴文正公宣勅》是迄今罕见的八思巴字、汉字合璧的宣勅命官及封赠文书。它附录于日本宫内厅书陵部所藏明初刻百卷本《临川吴文正公集》书末。20 世纪最早公布吴澄八思巴字宣勅文书的，是 1969 年日本学者神田喜一郎《八思巴文字的新资料》一文。[①] 1990 年出版的《中国民族古文字图录》，仅收录了其中宣、勅各一张的照片。黄仁生《日本现藏稀见元明文集考证与提要》，亦予以简要介绍。[②] 近年，张帆专文研究元代宣勅命官制度时曾运用这 11 通宣勅文书，建树良多。[③] 2007 年 10 月，我在周清澍教授和吉田顺一教授帮助下，亲自到东京宫内厅书陵部研读了所藏明刻百卷本《临川吴文正公集》，并重新拍照复制了 11 通八思巴字宣勅文书。这 11 通八思巴字、汉字合璧的宣勅文书，对认识元代的宣勅命官制、封赠制、中书省署牒、印押、宰相任职、散官及吴澄认同八思巴字的态度等，颇有裨益。有些还可补史传记载之阙失。现对《大元累授临川吴文正公宣勅》试作如下音写注释与初步探讨，希望得到读者和方家的批评匡正。

一　拉丁字音写与注释

《大元累授临川吴文正公宣勅》蒙古字书，汉字副本旁注

勅类

（一）大德四年勅命

拉丁字音写

自左至右行

(1) γoŋ　di　šiŋ　ji　li　ǰuŋ　šeu　shiŋ　dè
　　皇　帝　圣　旨　里　中　书　省　牒

(2) u　čiŋ
　　吴　澄

(3) dè　hγuŋ
　　牒　奉

[①] 载于神田喜一郎：《东洋学文献丛说》，东京：二玄社，1969 年。
[②] 参见照那斯图、杨耐思：《八思巴字》，《中国民族古文字图录》，北京：中国社会科学出版社，1990 年，第 315 页—319 页。黄仁生：《日本现藏稀见元明文集考证与提要》，长沙：岳麓书社，2004 年，第 4—6 页。
[③] 张帆：《元朝诏敕制度研究》，《国学研究》第 10 卷，北京：北京大学出版社，2002 年，第 107—158 页。

(4) č'i k'o šiw ·iŋ hɣuŋ ɣan lim wun dzhi tseŋ či tso laŋ
　　勅　可　授　应　奉　翰　林　文　字　将　仕　佐　郎
(5) tuŋ ǰi ǰi gaw gem guè šhi' ɣen ben siw gon dè ǰi ǰeun
　　同　知　制　诰　兼　国　史　院　编　修　官　牒　至　准
(6) č'i gu dè
　　勅　故　牒
(7) taj dhij shi nèn žeun ba' ɣe ži dè
　　大　德印 四　年　闰　八　月　日　牒
(8) ǰuŋ hɣuŋ taj hɣu ǰuŋ šeu sam ǰi ǰiŋ či ǰaŋ 押
　　中　奉　大　夫　中　书　参　知　政　事　张
(9) ǰuŋ hɣuŋ taj hɣu ǰuŋ šeu sam ǰi ǰiŋ či mi r ɣo ǰe
　　中　奉　大　夫　中　书　参　知　政　事　迷　儿　火　者
(10) tshi šèn taj hɣu ǰuŋ šeu tso šiŋ 'eo ga pu qa
　　资　善　大　夫　中　书　左　丞　月　古　不　花
(11) tshi dhij taj hɣu ǰuŋ šeu ŋiw šiŋ ba da ma sin 押
　　资　德　大　夫　中　书
(12) tshi dhij taj hɣu ǰuŋ šeu ŋiw šiŋ ǰaŋ
　　资　德　大　夫　中　书　右　丞　杨
(13) 'euŋ lu taj hɣu ǰuŋ šeu piŋ ǰaŋ ǰiŋ či
　　荣　禄　大　夫　中　书　平　章　政　事
(14) 'euŋ lu taj hɣu ǰuŋ šeu piŋ ǰaŋ ǰiŋ či
　　荣　禄　大　夫　中　书　平　章　政　事
(15) 'euŋ lu taj hɣu ǰuŋ šeu piŋ ǰaŋ ǰiŋ či
　　荣　禄　大　夫　中　书　平　章　政　事
(16) 'euŋ lu taj hɣu ǰuŋ ǰeu piŋ ǰaŋ ǰiŋ či 押
　　荣　禄　大　夫　中　书　平　章　政　事
(17) ŋin ts'iŋ 'eŋ lu taj hɣu ǰuŋ šeu tso šiŋ seŋ
　　银　青　荣　禄　大　夫　中　书　左　丞　相
(18) t'aj hɣu leu geun gue ǰeun či k'aj hɣu ŋi tuŋ sam shi ǰuŋ
　　太　傅　录　军　国　重　事　开　府　仪　同　三　司　中
šeu ŋew šiŋ seŋ
书　右　丞　相

(19) ǰuŋ šeu liŋ
　　中　书　令

汉字勅命标点

皇帝圣旨里,中书省牒。吴澄牒,奉勅:"可授应奉翰林文字、将仕佐郎、同知制诰、兼国史院编修官。"牒至,准勅故牒。大德四年闰八月 日牒。(下略)

勅命诠释

皇帝圣旨里　《元文类》卷四十《经世大典序录·帝制》:"国朝以国语训勅为圣旨,史臣代言者曰诏书。"元代皇帝圣旨应该是皇帝颁发的口头或书面命令。其表现形式主要有二:一是以蒙古语记录书写,由译史用汉语白话意译,力求遵循原蒙古语序,不敢擅作,即所谓"圣旨";二是汉人文臣代拟的制诰等,用汉语文言文书写,力求典雅,亦即所谓"诏书"。事实上,上述"圣旨"与"诏书",只是来源的划分,在官方八思巴字文书中,或笼统将二者称为"圣旨"①。这通勅命,是基于皇帝口头勅言而以中书省牒文形式发布,故开端写作"皇帝圣旨里"。

中书省牒　《元史》卷八三《选举志三·诠法中》:"自六品至九品为勅授,则中书牒署之。"《吏学指南·仪制》又说:"勅牒,天子制命也……为系上言,故用黄纸,宰相押字。"此处吴澄大德四年(1300)所授散官是将仕佐郎,属从八品,故当在勅授之列,且使用"中书省牒"的形式发布。此"中书省牒"中,"吴澄牒,奉勅:'可授应奉翰林文字、将仕佐郎、同知制诰、兼国史院修官'",当是翰林院等文臣记录或拟写的皇帝委命吴澄的勅言文书,应该是严格意义上的"勅牒"。中书省接到该"勅牒",先将其录下,然后原原本本地写上"牒至,准勅故牒",以示此"中书省牒"是皇帝"勅牒"颁降后,依准"勅牒"而形成。末尾注明"大德四年闰八月 日"的日期,钤盖中书省印。还要实行参知政事、左丞、右丞、平章政事、左丞相、右丞相等宰相执政全员押字连署。然后正式用"中书省牒"的形式予以发布。这就是"中书牒署之"的意思,亦即大德四年勅授吴澄应奉翰林文字、将仕佐郎、同知制诰、兼国史院修官之"中书省牒"的形成过程和基本内容。以下大德七年十一月、至大元年十月两通"中书省牒",与此大同小异。后二者又因与大德四年吴澄布衣授官不同,故特意增添了原任应奉翰林文字、将仕佐郎、同知制诰、兼国史院修官和将仕郎、江西等处儒学副提举等官衔。

吴澄　元抚州崇宁人,字幼清,晚字伯清。宋咸淳间试进士,落第。还乡授徒著述,筑草屋以居,被称为"草庐先生"。元至元二十三年(1286)程钜夫奉诏搜罗江南人才,随同入京,翌年以母老辞归。大德四年(1300),先授应奉翰林文字,六年到京,因该职已授他人,遂南还。大德七年(1303)十一月被任命为江西等处儒学副提举,旋以疾辞官。至大元年(1308),召为国子监丞。四年,升司业。延祐五年(1318)正月,迁集贤直学士。至治三年(1323)三月,超拜翰林学士。泰定间,以经筵讲官奉命修《英宗实录》,事成,辞官南还。晚年致力于著述、讲学,为江南理学宗师。元统元年(1333),卒于家。谥文正。②

---

① 参阅蔡美彪:《元代道观八思巴字刻石集释》,《蒙古史研究》第五辑,呼和浩特:内蒙古大学出版社,1997年,第72页。

② 宋濂:《元史》卷一七一《吴澄传》,北京:中华书局校勘本,1976年,第4011—4014页。揭傒斯:《大元勅赐故翰林学士资善大夫知制诰同修国史吴公神道碑》,危素:《临川吴文正公年谱》,虞集:《故翰林学士资善大夫知制诰同修国史临川吴公行状》,《吴文正公集》附录,《元人文集珍本丛刊》,台北:新文丰出版公司,1985年,第14—35页。

应奉翰林文字、将仕佐郎、同知制诰、兼国史院编修官 此为大德四年闰八月吴澄的初授官职。至元二十三年,侍御史程钜夫奉忽必烈圣旨访求江南贤士,强劝吴澄北游大都。是为吴澄首次北上与官方合作的开始。翌年底以母老辞归,先授徒于宜黄县义塾明新堂。旋还家,因程钜夫奏请,进呈所校定的《易》、《诗》、《书》、《春秋》诸经,供有司抄录,后藏之于国子监崇文阁。成宗元贞初,通过"执弟子礼"的江西行省掾元明善引见,结识江西行省左丞董士选,且受其赏识。大德初,董士选转任南台御史中丞和金枢密院事,接连以"经明行修,大受之器,论道经邦,可助治世"为辞,向中书省举荐吴澄。曾经是许衡得意弟子的平章军国重事不忽木当场赞和:"枢密质实,所荐天下士也。"① 于是,大德四年闰八月中书省"勅授"应奉翰林文字。据《元史·百官志二》,翰林兼国史院条和成书于英宗朝的《元典章》卷七《吏部一·官制一·职品·内外文武职品》,应奉翰林文字为从七品。而《元史·百官志二》载:将仕佐郎为文散官从八品第二阶。这里的从七品与从八品之歧异,究竟孰是孰非呢? 元代职官授受过程中,往往有散官品秩与职事官此高彼低、不尽相同的情况。况且,翰林兼国史院世祖朝为正三品,成宗大德九年后逐渐升为正二品和从一品,似不能排除其属官应奉翰林文字起初为从八品,而后随本衙门有所提升的可能。另,应奉翰林文字乃吴澄布衣初授官职,吴澄本人亦称"布衣之受特知,蒙特恩"。② 鉴于以上三条,笔者拙见,大德四年闰八月所授吴澄的实际官职品秩,应该依据散官品秩将仕佐郎,视为从八品。又,虞集《故翰林学士吴公行状》、揭傒斯《故翰林学士吴公神道碑》、危素《故翰林学士吴公年谱》,一概记作"乃授应奉翰林文字、登仕(佐)郎、同知制诰(兼)国史院编修官",此大德四年闰八月勅命牒文或可证其《状》《碑》《年谱》是把"将仕佐郎"误作"登仕(佐)郎"。此外,由于到职时间迟误,吴澄并没有实际担当应奉翰林文字的官职。事情原委如下:此勅命牒文是大德四年闰八月颁发的。危素《故翰林学士吴公年谱》说,五年辛丑,"授应奉翰林文字、登仕郎、同知制诰兼国史院编修官",吴澄接到勅命牒文当是大德五年。经"董士选私书勉公应召,都堂移江西行省令有司敦请",而后,吴澄回复董士选书信,表态同意。六年八月壬戌启行,十月丁亥抵京。此时距勅命牒文发布已隔两年两月,结果就是《年谱》和《元史·吴澄传》所云:"久之乃至,而代者已到官";"吏部作不赴任阙",另委任他人。尽管董士选再次替他疾呼:"似失朝廷崇儒重道之意",但难以挽回,吴澄只得即日南返。这或许是《元史》卷八一《选举志一·学校》:"成宗大德六年,征临川布衣吴澄,擢应奉翰林文字,拜命即归"的真相及缘由。

印 此勅命牒文"大德四年"的"德四"二字下方行隙间,有一"印"字。后面的大德七年十一月、至大元年十月两通"中书省牒",年号下方行隙间同样有一"印"字。这应该表示此处钤盖中书省印章的意思。有了中书省印章,才算是以中书省牒发布的正式勅命牒文。照那斯图收藏有大德十一年十月《中书省孔庙禁约榜》碑镌刻的八思巴字"中书省印"拓片,③这三通勅命牒文钤盖的,或许就是此八思巴字"中书省印"。

中奉大夫、中书参知政事张(押) 中奉大夫为文散官从二品第三阶,亦与中书参知政事

---

① 虞集:《故翰林学士资善大夫知制诰同修国史临川吴公行状》,危素:《临川吴文正公年谱》,《吴文正公集》附录,《元人文集珍本丛刊》,第20—21页,第29页。
② 虞集:《故翰林学士资善大夫知制诰同修国史临川吴公行状》,《吴文正公集》附录,《元人文集珍本丛刊》,第29页。
③ 参阅照那斯图、薛磊:《元国书官印汇释》§201,沈阳:辽宁民族出版社,2011年,第28页。

品秩相符。据《元史·宰相年表》，大德四年任中书参知政事的有张斯立。张斯立自大德元年正月到六年间，曾担任参知政事，直到七年三月因卷入朱清等受贿案，与中书平章伯颜、梁德珪、段贞等一并被罢免。① 关于"张"后"押"字，亦见于右丞八都马辛和首位平章政事之后。大德七年、至大元年两通勅命中，署牒宰执名字后有"押"字的情况更多些。《南村辍耕录》卷二《刻名印》云："今蒙古色目人之为官者，多不能执笔花押，例以象牙或木刻而印之。宰辅及近侍官至一品者，得旨则用玉图书押字，非特赐不敢用。"此类"押"字，估计是象牙、木刻或玉章代替执笔花押的标记。孙慰祖主编《唐宋元私印押记集存》收录元代私人花押印（包括八思巴字）甚夥。蔡美彪先生著《八思巴字碑刻文物集释》下编《传世印押》，可参考。据蔡先生研究，流传至今的元代私人印押，除汉字外还有八思巴字的姓氏押、花押、姓名押、姓氏寄押、寄字押、封押、吉祥押等六种。② 张斯立等中书省宰执印押属于何类，不详，但不排除使用八思巴字印押的可能。另，在署牒宰执中，参知政事张斯立的品秩级别最低，却排在最前。这是否违背官府礼制呢？回答是否定的。《秋涧集》卷八一《中堂事记》（中）中统二年五月廿七日戊子："申刻，定议公府署押事。右丞相史公与丞相忽鲁不花五日轮番一秉笔，长官从上押右者处外边，一左一右，以次而下。圆坐亦然，所谓庙坐、庙画也。"从后附复印件可以看到，以八思巴蒙古字书为正本，汉字为"副本旁注"的《大元累授临川吴文正公宣勅》，一概是依据蒙古文字书写顺序从左到右竖写，与古代汉字从右到左竖写规则相反，而且遵循蒙古尚右习俗，长官署押居右。于是形成了"长官从上押右者处外边，一左一右，以次而下"的公府署押规则。

中奉大夫、中书参知政事迷儿火者 据《元史·宰相年表》，大德四年任中书参知政事的还有迷儿火者。杨志玖师认定其为回回人。③ 迷儿火者与张斯立同为中奉大夫、中书参知政事，到任时间稍晚于张，却位居张上，色目人高于汉人的种族等级或许是个中原因。迷儿火者同样因卷入朱清等受贿案。大德七年（1303）三月和中书平章伯颜、梁德珪、段贞等一并被罢免。但一年多后官复原职，大德九年（1305）又升为中书左丞。④

资善大夫、中书左丞月古不花 资善大夫为文散官正二品第三阶，亦与中书左丞的品秩相符。月古不花，畏吾儿氏。父孟速思，忽必烈潜邸近臣。母弘吉剌氏怯牒伦是察必皇后诸妹。兄弟九人，多至重臣达官。⑤ 据《元史·宰相年表》，月古不花大德三年五月—七年担任中书左丞。《元史》卷二〇《成宗纪三》大德三年夏四月己卯："以礼部尚书月古不花为中书左丞。"可为佐证。而后，月古不花同样因卷入朱清等受贿案大德七年三月和中书平章伯颜、梁德珪、段贞等一起被罢免。直到大德十年（1306）二月才复为中书左丞。⑥

资德大夫、中书（押） 资德大夫为文散官正二品第一阶。元代中书右丞与左丞，虽同以

---

① 《元史》卷二一《成宗纪四》大德七年三月乙未，第449页。
② 孙慰祖主编：《唐宋元私印押记集存》，上海：上海书店出版社，2001年，第391—470页。蔡美彪：《八思巴字碑刻文物集释》下编《传世印押》，北京：中国社会科学出版社，2011年，第347—354页。
③ 杨志玖：《元代回回人的政治地位》，《元史三论》，北京：人民出版社，1995年，第259页。
④ 《元史》卷二一《成宗纪四》大德七年三月乙未，大德八年九月庚申，大德九年秋七月丁卯，第449页，第460页，第464页。
⑤ 《元史》卷一二四《孟速思传》，第3059页。程钜夫著，张文澍点校：《程钜夫集》卷六《武都智敏王述德之碑》，长春：吉林文史出版社，元代别集丛刊，第68页。
⑥ 《元史》卷二〇《成宗纪三》大德三年夏四月己卯，卷二一《成宗纪四》大德七年三月乙未，大德十年二月丁卯，第427页，第449页，第468页。

正二品"副宰相裁成庶务",但官称和位阶还是有高下差别的。此右丞名字的八思巴字保留完整,而与八思巴字 ŋiw šiŋ ba da ma sin 对应的汉字旁注阙如。其中,ŋiw šiŋ 的汉字应为右丞。ba da ma sin 即《元史·宰相年表》中的八都马辛。此人族属不太清楚,但在成宗朝权势比较显赫,自大德元年(1297)任中书左丞,大德三年至七年担任中书右丞,一度因卷入朱清等受贿案被罢黜。不久,又恢复职务,且升为平章政事。还曾参与成宗死后拥立嗣安西王阿难答的活动。①

资德大夫、中书右丞杨 据《元史·宰相年表》,大德三年至六年间担任中书右丞的,确有杨某。钱大昕《廿二史考异》言,此人即成宗本纪中的杨炎龙。中华书局校勘本《宰相年表》依《考异》增添其名字炎龙。此杨炎龙元贞元年(1295)正月由云南行省左丞升为中书左丞,大德二年二月又升右丞。②杨炎龙的散官品阶与前揭中书右丞八都马辛相同,按照元朝制度,通常官职到任早者位居上,杨炎龙升为右丞早于八都马辛数月,故排位在其右。

荣禄大夫、中书平章政事 据《元史》《百官志一》和《百官志七》,荣禄大夫为文散官从一品第二阶。又,"平章政事四员,从一品,掌机务,贰丞相,凡军国重事,无不由之"。此通勑命牒文中,同为荣禄大夫、中书平章政事计四人,不仅散官与平章品秩相符,员数亦合乎定制。然而,除位居最上的独自使用押章而稍显特殊外,四人都未注明具体姓名,这的确给我们的考察带来了困难。幸而《元史·宰相年表》亦载,大德四年闰八月之际的中书平章政事,恰恰为赛典赤、段那海、梁俺都剌、阿鲁浑萨理四人。此四名中书平章政事的排位顺序又如何呢?赛典赤,原名阿布伯克,赛典赤·赡思丁孙,元世祖赐名曰伯颜,成宗又授予其祖父赛典赤之名号以示尊崇。赛典赤于至元三十年十一月由河南江北行省平章入为中书平章,还命令他"位帖哥、剌真、不忽木上"③。拉施德《史集》说,成宗"依旧授予"伯颜"底万长官之职","现今,他是一个很有势力和威信的宰相"④。鉴于此,赛典赤(伯颜)应居四位平章之首,或为最右边使用押印署牒的平章。段那海原名段贞,那海是其蒙古语名字。他于至元七年(1270)已任大都留守,至元三十年(1293)十月始加平章政事,元贞二年(1296)二月成宗正式委任他为中书平章。⑤ 故段那海应居四位平章之贰,排在赛典赤(伯颜)之下(左)。梁俺都剌,又作梁暗都剌,原名梁德珪,至元三十一年自参议升任中书参知政事,大德二年二月又升中书平章政事。⑥ 梁俺都剌应居四位平章之第三,排在段那海之下(左)。至于阿鲁浑萨理,畏吾儿人,长期担任左侍仪奉御等怯薛近侍职务,桑哥当权时期曾任尚书省平章。本传称其"大德三年,复拜中书平章政事"⑦。《宰相年表》载其任平章时间是大德四年八月至十二月。如此,阿鲁浑萨理应排在四位平章之末。总之,《宰相年表》所列赛典赤、段那海、梁俺都剌、阿鲁浑萨理的顺序大抵属实,符合当时四位平章位置高下的情况。诚然,由于梁德珪掌管财政,娴熟政务,其实际权势

---

① 《元史》卷二一《成宗纪四》大德七年三月乙未,大德八年九月庚申,大德九年秋七月丁卯,卷二二《武宗纪一》,第449页,第465页,第478页。
② 《元史》卷一八《成宗纪一》元贞元年正月癸亥,卷一九《成宗纪二》大德二年二月丙子,第390页,第418页。
③ 《元史》卷一七《世祖纪十四》至元三十年十一月己卯,第375页。
④ 拉施德著,余大钧、周建奇译:《史集》卷二,北京:商务印书馆,1985年,第378页。
⑤ 虞集:《道园类稿》卷三七《大都路城隍庙碑》,《元人文集珍本丛刊》,第6册,第183页上。《元史》卷一七《世祖纪十四》至元三十年十月戊申,卷一九《成宗纪二》元贞二年二月丙寅,第374页,第402页。
⑥ 《元史》卷一九《成宗纪二》大德二年二月丙子,卷一七〇《梁德珪传》,第418页,第4005页。
⑦ 《元史》卷一三〇《阿鲁浑萨理传》,第3175—3177页。

往往在段那海之上。这也是大德七年罢免宰相执政时梁德珪反居段那海之前和《史集》所载成宗朝平章有梁暗都剌而无段那海的原因吧。

银青荣禄大夫、中书左丞相 银青荣禄大夫为文散官正一品第六阶。元朝多数情况下设左、右丞相各一员。据《元史·宰相年表》，大德四年闰八月之际，中书左丞相是哈剌哈孙。哈剌哈孙，蒙古斡剌纳氏，世袭答剌罕。《元史》卷一三六《哈剌哈孙传》载："大德二年，入朝上都，成宗拜光禄大夫、江浙行省左丞相。视事七日，征拜中书左丞相，进阶银青光禄大夫。"《元文类》卷二五《丞相顺德忠献王碑》则曰："入为中书左丞相，加银青荣禄大夫。"中华书局校勘记以为"元制散官无银青光禄大夫"，故依据《丞相顺德忠献王碑》改为"银青（光）〔荣〕禄大夫"。此大德四年勅命明白载"银青荣禄大夫、中书左丞相"，故可充任《丞相顺德忠献王碑》和校勘记说的另一确凿佐证。

太傅、录军国重事、开府仪同三司、中书右丞相 太傅，为元朝三公之一，正一品，银印，地位仅次于太师。录军国重事，原为统领、管领军国重事之义，元朝前期主要为授予三公、知枢密院事、御史大夫等重臣的荣誉性衔号。后期则成为中书右丞相、左丞相必带的兼衔。开府仪同三司为文散官正一品第一阶。中书右丞相"统六官，率百司"，"佐天子，理万机"，元代中书令为皇太子兼任的虚衔，右丞相实为中书省长官。① 据《元史·宰相年表》，大德四年闰八月之际中书右丞相是完泽。完泽，蒙古土别燕氏，世祖初右丞相、宣徽院使线真之子，先为真金太子詹事长，至元二十八年（1291）五月担任中书右丞相。大德四年（1300）六月加太傅，录军国重事。② 另，有关完泽大德四年左右的散官品阶，史传失载。唯有此勅牒记作开府仪同三司。考虑到此时完泽任中书右丞相已近十年，两月前又加太傅，位列三公，此时为正一品第一阶的开府仪同三司，完全合理，亦可补充完泽碑传文散官记载的阙失。

中书令 一般认为，元代中书令为名义上的中书省最高长官，规定以皇太子兼任。元末陶宗仪云："国朝故事，正六品以下官，中书奉勅署牒以命之。牒具，中书官位最尊者，令也。署牒者，自丞相以下，而不敢烦令。惟皇太子立，必兼中书令、枢密使。皇太子既受册，即中书上日，独署一牒。明日，省臣以其名闻。天子即以宣命超拜五品官。其人自非素亲近有誉望最于群臣者不得也。"③通常，皇太子不参与任命六品官以下的勅牒签署。只是在受册命时入中书省署牒一通，作为其长官权力的象征。④ 尽管如此，中书省宰相执政自下而上的署牒始终要保留居右居上的中书令官衔，以示礼法之尊。此处的大德四年及大德七年、至大元年三通勅命牒文，就是有力的证据。这又是其他文献上未曾见到的实例。

（二）大德七年勅命

拉丁字音写

(1) γon di šiŋ ǰi li ǰuŋ šeu šiŋ dè
　皇　帝　圣　旨　里　中　书　省　牒

---

① 《元史》卷八五《百官志一》，第 2121 页。另参阅张帆：《元代宰相制度研究》，北京：北京大学出版社，1997 年，第 51 页。
② 《元史》卷一六《世祖纪十三》至元二十八年五月癸丑，卷二〇《成宗纪三》大德四年六月丙辰，卷一三〇《完泽传》，第 347 页，第 431 页，第 3173—3174 页。
③ 陶宗仪：《南村辍耕录》卷二二《皇太子署牒》，北京：中华书局，1959 年，第 269 页。
④ 参阅张帆：《元代宰相制度研究》，北京：北京大学出版社，1997 年，第 42 页。

(2) ·iŋ hʮuŋ γan lim wun dzhi tseŋ čhi tso laŋ tuŋ ǰi
  应 奉 翰 林 文 字 将 仕 佐 郎 同 知

(3) ǰi gaw gem guè ši 'ʮen ben siw gon u čiŋ
  制 诰 兼 国 史 院 编 修 官 吴 澄

(4) dè hʮuŋ
  牒 奉

(5) č'i k'o šiw tseŋ čhi laŋ geŋ si dhiŋ č'eu žeu
  勅 可 授 将 仕 郎 江 西 等 处 儒

(6) hew hʮuw ti geu dè ǰi ǰeun
  学 副 提 举 牒 至 准

(7) č'i gu dè
  勅 故 牒

(8) taj dhij ts'i nèn ši ǰi' ʮe ži dè
  大 德印 七 年 十 一 月 日 牒

(9) t'iŋ hʮuŋ taj hʮu ǰuŋ šeu sam ǰi ǰiŋ čhi duŋ 押
  通 奉 大 夫 中 书 参 知 政 事 董

(10) ǰuŋ hʮuŋ taj hʮu ǰuŋ šeu sam ǰi ǰiŋ čhi do dai 押
  中 奉 大 夫 中 书 参 知 政 事 朵 歹

(11) tshi šèn taj hʮu ǰuŋ šeu tso šiŋ šaŋ 押
  资 善 大 夫 中 书 左 丞 尚

(12) tshi dhij taj hʮu ǰuŋ šeu ŋiw šiŋ γuŋ
  资 德 大 夫 中 书 右 丞 洪

(13) 'euŋ lu taj hʮu ǰuŋ šeu piŋ ǰaŋ ǰiŋ čhi
  荣 禄 大 夫 中 书 平 章 政 事

(14) gʮŋ lu taj hʮu ǰuŋ šeu piŋ ǰaŋ ǰiŋ čhi 押
  光 禄 大 夫 中 书 平 章 政 事

(15) ŋin ts'iŋ 'euŋ lu taj hʮu ǰuŋ šeu tso šiŋ seŋ 押
  银 青 荣 禄 大 夫 中 书 左 丞 相

(16) gim tshi gʮŋ lu taj hʮu ǰuŋ šeu ŋiw šiŋ seŋ 押
  金 紫 光 禄 大 夫 中 书 右 丞 相

(17) ǰuŋ šeu liŋ
  中 书 令

汉字敕命标点

皇帝圣旨里,中书省牒。应奉翰林文字、将仕佐郎、同知制诰兼国史院编修官吴澄牒,奉敕:"可授将仕郎、江西等处儒学副提举。"牒至,准敕故牒。大德七年十一月 日牒(下略)

敕命诠释

将仕郎、江西等处儒学副提举 《元史》卷九一《百官志七》和《元典章》卷七《吏部一·官制·资品》载,将仕郎属文散官正八品第二阶。江西等处儒学副提举则为外任官从七品。《年谱》、《行状》和《神道碑》皆云,大德八年(1304)八月吴澄除将仕郎、江西等处儒学副提举。此可与大德七年十一月敕命相印证。《元史·吴澄传》又言"居三月,以疾去官",实际担任此职的时间很短。①

参知政事董(押) 据《元史·宰相年表》,董某大德七年四月至十二月任中书参知政事。同书卷二一《成宗纪四》大德七年二月辛未:"江浙行省参知政事董士珍为中书参知政事。"《廿二史考异》及中华书局校勘记认为董某即董士珍。所言甚是。

参知政事朵歹(押) 据《元史·宰相年表》,朵鮮大德七年三月至七月和大德八年任中书参知政事,且位在董某之上。朵鮮是朵歹的同名异译。换句话说,朵鮮大德七年七月一度中止参知政事职务,同年十一月已恢复职务。另据《元史·成宗纪四》,大德七年二月朵鮮任参知政事之前曾为侍御史。

左丞尚(押) 据《元史·宰相年表》,尚文曾于大德七年三月至十二月任中书左丞。《成宗纪四》大德七年二月辛未亦载:"江南行台御史中丞尚文为中书左丞。"同书卷一百七十《尚文传》云:大德七年"召拜资善大夫、中书左丞",恰与此处"资善大夫、中书左丞尚"相契合。

右丞洪 据《元史·宰相年表》,大德七年四月至十二月任中书右丞的是洪双叔。洪双叔即高丽军将洪君祥。同书《成宗纪四》大德七年三月乙未云"以洪君祥为中书右丞"。另,卷一百五十四《洪福源传,洪君祥附传》载:"君祥小字双叔,福源第五子也……大德九年擢司农,俄拜中书右丞。"后者所云与此处大致相符,仅在时间有七年、九年之差。

荣禄大夫、中书平章政事

光禄大夫、中书平章政事(押) 元制,同级官员位次排列以散官为准。荣禄大夫与光禄大夫,同为从一品,光禄大夫居右。此敕命中宰执押署的排序与元制契合。然而,此二平章政事,未书姓名,似难确定何许人。查《元史·宰相年表》,大德七年三月至十二月任平章政事的有阿老瓦丁和木八剌沙。另,《成宗纪四》大德七年二月辛未载:"平章政事、行上都留守木八剌沙、陕西行省平章阿老瓦丁并为中书平章政事。"《雪楼集》卷八《梁国何文正公神道碑》亦曰:成宗朝发生地震,御史中丞何玮"上疏:'咎在大臣。'明日,政府洪创舒、木八剌沙、阿老瓦丁皆罢逐"。揆之木八剌沙世祖至元二十八年已任上都留守,②大德七年担任中书平章政事前又以"平章政事、行上都留守",故木八剌沙以光禄大夫居右的可能性稍大。此外,木八剌沙和后述左丞相、右丞相三人官衔后皆有"押"字,即皆以私人名印代替署名押字,因三人位居从一

---

① 危素:《故翰林学士吴公年谱》云:副提举吴澄谢绝各路教官"礼物致庆",谕其"笃意致养";又以"犯上"面斥直学"告讦"教授者。还有"提举之官,本为虚设,徒縻廪粟"等批评议论,"故勇于去职"。《吴文正公集》附录,第22页。

② 《元史》卷一六《世祖纪十三》至元二十八年正月癸卯,第343页。

品或正一品,遵照"宰辅及近侍官至一品者,得旨,则用玉图书押字,非特赐不敢用"的制度,①三人所用私人名印或许是玉石所刻。

银青荣禄大夫、中书左丞相(押) 据《元史·宰相年表》,大德七年九月至十二月任中书左丞相的是阿忽台。大德五年七月阿忽台业已担任从一品的知枢密院事,大德九年十一月阿忽台又以中书左丞相充当三献官南郊祀天,②是证其大德七年任中书左丞相基本属实。

金紫光禄大夫、中书右丞相(押) 金紫光禄大夫,为文散官正一品第五阶。据《元史·宰相年表》,大德七年九月至十二月任中书右丞相的是哈剌哈孙。同书《成宗纪四》大德七年七月丙寅云:"答剌罕哈剌哈孙为中书右丞相,知枢密院事。刘敏中《勅赐太傅右丞相赠太师顺德忠献王碑》又载:"癸卯秋,拜中书右丞相、金紫光禄大夫。"③癸卯是大德七年的干支,故可证此"金紫光禄大夫、中书右丞相"乃哈剌哈孙无疑。

(三)至大元年勅命

拉丁字音写

(1) γoŋ di šiŋ ji li ǰuŋ šeu shiŋ dè
    皇 帝 圣 旨 里 中 书 省 牒

(2) tseŋ či laŋ dzen geŋ si dhiŋ č'eu žeu hew
    将 仕 郎 前 江 西 等 处 儒 学

(3) hɥuw ti geu u čiŋ
    副 提 举 吴 澄

(4) dè hɥuŋ
    牒 奉

(5) č'o k'o šiw dzeuŋ či laŋ guè tshi
    勅 可 授 从 仕 郎 国 子

(6) gem šiŋ dè ǰi ǰeun
    监 丞 牒 至 准

(7) č'i gu dè
    勅 故 牒

(8) ǰi taj 'ɥen nèn ši' ɥe ži dè
    至 大 元印 年 十 月 日 牒

(9) ǰuŋ hɥuŋ taj hɥu ǰuŋ šeu sam ji ǰiŋ či haw 押
    中 奉 大 夫 中 书 参 知 政 事 郝

(10) ǰuŋ hɥuŋ taj hɥu ǰuŋ šeu sam ji ǰiŋ či u pai du la 押
    中 奉 大 夫 中 书 参 知 政 事 乌 八 都 剌

---

① 陶宗仪:《南村辍耕录》卷二《刻名印》,北京:中华书局,1959年,第27页。
② 《元史》卷二〇《成宗纪三》大德五年七月癸亥,卷二一《成宗纪四》大德九年十一月庚午,第436页,第466页。
③ 刘敏中:《中庵集》卷四《勅赐太傅右丞相赠太师顺德忠献王碑》,《北京图书馆古籍珍本丛刊》,第92册,北京:书目文献出版社,第297页。

(11) tshi šèn taj hʮu ǰuŋ šeu tso šiŋ haw
　　 资 善 大 夫 中 书 左 丞 郝

(12) 'euŋ lu taj hʮu jew šiw piŋ ǰaŋ ǰiŋ chi ǰuŋ šeu tso šiŋ γo 押
　　 荣 禄 大 夫 遥 授 平 章 政 事 中 书 左 丞 何

(13) ŋin ts'iŋ 'euŋ lu taj hʮu ǰuŋ šeu ŋiw šiŋ bo loe t'e mu r 押
　　 银 青 荣 禄 大 夫 中 书 右 丞 波 罗 帖 木 儿

(14) 'euŋ lu taj hʮu ǰuŋ šeu ŋiw šiŋ bo loe t'a ša
　　 荣 禄 大 夫 中 书 右 丞 波 罗 达 识

(15) 'èuŋ lu taj hʮu ǰuŋ šeu piŋ ǰaŋ ǰiŋ chi
　　 荣 禄 大 夫 中 书 平 章 政 事

(16) thij tsin ǰuŋ šeu piŋ ǰaŋ ǰiŋ chi 押
　　 特 进 中 书 平 章 政 事

(17) gʮŋ lu taj hʮu ǰuŋ šeu piŋ ǰaŋ ǰiŋ chi 押
　　 光 禄 大 夫 中 书 平 章 政 事

(18) k'aj heu ŋi tuŋ sam shi ǰuŋ šeu ŋiw šiŋ seŋ seiŋ ǰuŋ šeu
　　 开 府 仪 同 三 司 中 书 右 丞 相 行 中 书
piŋ ǰaŋ ǰiŋ chi
平 章 政 事

(19) k'aj heu ŋi tuŋ sam shi t'aj baw ǰuŋ šeu tso šiŋ seŋ 押
　　 开 府 仪 同 三 司 太 保 中 书 左 丞 相

(20) k'aj heu ŋi tuŋ sam shi leu geun guè ǰeuŋ chi ǰuŋ šeu ŋiw
　　 开 府 仪 同 三 司 录 军 国 重 事 中 书 右
šiŋ seŋ
丞 相

(21) ǰuŋ šeu liŋ
　　 中 书 令

汉字勒命标点

皇帝圣旨里,中书省牒。将仕郎、江西等处儒学副提举吴澄牒,奉勒:"可授从仕郎、国子监丞"。牒至,准勒故牒。至大元年十月　日牒(下略)

勒命诠释

从仕郎　据《元史》卷九一《百官志七》和《元典章》卷七《吏部一·官制·资品》,从仕郎属文散官从七品第二阶。

国子监丞　世祖至元二十四年(1287)设国子监,管理国子学,负责随朝蒙汉官员子孙及近侍等国子生的儒学教育。以祭酒为长官,司业二员,掌管国子学教令。置监丞一员,正六品,专领监务。前述吴澄自大德八年八月赴任从七品的江西等处儒学副提举,而且居官仅三月。

时隔三年,朝廷征召吴澄,以从仕郎低秩(从七品第二阶)实授正六品的国子监丞,基本符合铨选制度而略有优待。此勅命的颁布时间虽然是至大元年(1308)十月,但经江西行省奉"朝命""敦遣",吴澄实际是翌年六月才入京到官的。①

参知政事郝 据《元史·宰相年表》,至大元年十月至十一月任中书参知政事者为郝某。同书卷一百七十《郝彬传》云,武宗立尚书省之前,郝彬一度担任中书参知政事。中华书局校勘记认为至大元年十月至十一月任中书参知政事者郝某即郝彬。今从之。

参知政事乌八都剌 据《元史·宰相年表》,至大元年正月至十一月任中书参知政事者有乌伯都剌,且位在郝某之上。同书卷二二《武宗纪一》大德十一年八月乙未:"以治书侍御史乌伯都剌为中书参知政事。"可证其确。乌伯都剌与乌八都剌是同一人名('Abd al-Allah)略有差别的汉字音写。②

左丞郝 据《元史·宰相年表》,至大元年任中书左丞的有郝某。同书卷二二《武宗纪一》大德十一年七月辛巳"御史中丞王寿、江浙行省左丞郝天挺,并为中书左丞";九月丁丑:"中书省臣言……郝天挺、也先铁木儿为左丞。"可证至大元年任中书左丞的郝某当是郝天挺。

遥授平章政事、中书左丞何 据《元史·宰相年表》,至大元年十月至十一月任中书左丞的有何某。同书卷一五〇《何玮传》"至大元年,迁太子詹事,兼卫率使,俄拜中书左丞,仍平章政事,商议中书省事"。可证至大元年"遥授平章政事、中书左丞"的何某当是何玮。

右丞波罗帖木儿 据《元史·宰相年表》,孛罗帖木儿至大元年任中书右丞。同书卷二十二《武宗纪一》大德十一年十月癸卯:"以旧制诸王、驸马事务皆内侍宰臣所领,命中书右丞孛罗铁木儿领之。"可互证。波罗帖木儿、孛罗帖木儿和孛罗铁木儿,乃同名异译。

右丞波罗达识 据《元史·宰相年表》,孛罗答失至大元年正月至十一月任中书右丞。同书卷二十二《武宗纪一》大德十一年九月丁丑:"中书省臣言……孛罗答失、刘正为右丞。"可互证。孛罗答失与波罗达识,亦同名异译。

荣禄大夫、中书平章政事 据《元史·宰相年表》,脱脱木儿至大元年四月至十二月任中书平章政事。同书卷二二《武宗纪一》至大元年三月戊寅:"以甘肃行省右丞脱脱木儿为中书平章政事,加大司徒。"因脱脱木儿晋升中书平章政事仅半年,故其在平章中排位最下和散官为从一品第二阶荣禄大夫,合乎情理。至于"加大司徒",因武宗朝加赐大司徒已属寻常,与其同时的中书右丞秃忽也有大司徒名号,③估计不会因之影响本人实际品秩及排序。

开府仪同三司、中书右丞相行中书平章政事 据《元史·宰相年表》,至大元年二月至十二月任右丞相行平章政事的是康里人阿沙不花。同书卷二二《武宗纪一》至大元年三月戊寅:"封中书右丞相行平章政事阿沙不花为康国公";卷一三六《阿沙不花传》:"遂进开府仪同三

---

① 《元史》卷八七《百官志三》,第2193页。虞集:《故翰林学士资善大夫知制诰同修国史临川先生吴公行状》,《吴文正公集》附录,《元人文集珍本丛刊》,第3册,第30页。

② 关于乌伯都剌详细事迹,可参见杨志玖师《元代回族史稿》,天津:南开大学出版社,2003年,第216页—217页。马娟:《对元代色目人家族的考察——以乌伯都剌家族为例》,《元史及北方民族史研究集刊》第15辑,海口:南方出版社,2002年。

③ 《元史》卷二二《武宗纪一》至大元年十月甲辰,第504页。

司、中书右丞相,行御史大夫。俄复平章政事。"①可互证。

开府仪同三司、太保、中书左丞相(押) 据《元史·宰相年表》,至大元年二月至十一月任左丞相的是西夏人乞台普济。同书卷二二《武宗纪一》至大元年五月丙子:"加左丞相乞台普济太子太傅";七月:"太保乞台普济为中书左丞相。"可互证。

开府仪同三司、录军国重事、中书右丞相 据《元史·宰相年表》,至大元年九月至十二月任右丞相的是塔思不花。同书卷二二《武宗纪一》至大元年七月:"以左丞相塔思不花为中书右丞相";十一月已巳:"以塔思不花与乞台普济俱为右丞相。"亦可互证。

以上两名参政、两名左丞、两名右丞、四名平章和左、右丞相各一名,都是署牒押字的宰相执政实职。他们一概在委任吴澄的勅命文书上署押,就是有力证据。武宗一朝,挂名而不署牒理政的"遥领"宰相甚夥,这些"遥领"者,与"遥授平章政事、中书左丞何"有别,当不在上述 12 人之列。

宣类

(一)至大四年宣命

拉丁字音写

(1) čaŋ šiŋ t'èn k'i li li
　　长　生　天　气　力　里

(2) ɣoŋ di šiŋ ǰi dzeuŋ či laŋ guè tshi gem šiŋ u čiŋ k'o
　　皇　帝　圣　旨　从　仕　郎　国　子　监　丞　吴　澄　可

(3) šiw wun lim laŋ guè tshi shi ŋè ŋi liŋ u čiŋ
　　授　文　林　郎　国　子　司　业　宜　令　吴　澄

(4) ǰeun ts'hi
　　准　此

(5) ǰi taj shi nèn u' ɣe ži
　　至　大　四宝　年　五　月　日

汉字宣命标点

长生天气力里,皇帝圣旨:"从仕郎、国子监丞吴澄可授文林郎、国子司业,宜令吴澄。"准此。至大四宝年五月 日。

宣命诠释

长生天气力里 此为蒙元皇帝圣旨前惯用语汇。意为天佑或天助,汉文文献中常修饰雅译为"上天眷命"。彭大雅《黑鞑事略》云:"其常谈必曰托着长生天底气力,皇帝福荫。彼所欲为之事,则曰天教恁地。人所已为之事,则曰天识者。无一事不归之天,自鞑主至其民无不然。"此文书为皇帝圣旨直接任命的宣命,故以"长生天气力里"开头。

---

① 《元史》卷二二《武宗纪一》至大元年正月甲子载:"授中书平章政事阿沙不花右丞相,行御史大夫。"第 493 页。估计其"进开府仪同三司"的时间或在此后。

文林郎、国子司业 元制,文林郎为文散官正七品第一阶。国子司业则为正五品。① 《元史》卷八十三《选举志三·诠法中》载:"自一品至五品为宣授,则以制命之。"又称"宣命"。至大四年吴澄的散官品秩仅为文林郎正七品,实际职务则高至正五品。元廷似乎是本着就高不就低的原则,按照其国子司业正五品的实际官职来颁发这通"宣命"的。

宣令吴澄 元制,"凡迁官之法:从七以下属吏部,正七以上属中书"②。严格地说,此"宣命"文书中,"从仕郎、国子监丞吴澄可授文林郎、国子司业",应是中书省上奏的拟授意见,"宣令吴澄"应是刚刚即位的仁宗皇帝裁决批准的圣旨。不过,按照惯例上述中书省的拟授意见,亦被笼统列入"皇帝圣旨"文字内了。

准此 皇帝圣旨后习惯用语,与"钦此"类似。

宝 此"宣命"末尾汉字"至大四年"后两字之间夹一"宝"字。以下延祐五年宣命、至治三年宣命、泰定三年宣命、后至元六年吴澄赠封宣命、泰定二年吴澄妻追封宣命、吴澄祖父母赠封宣命、吴澄父母赠封宣命等文书中,亦有年份后两字或二、三字之间夹一"宝"字的情况。由此可知,元代"宣命"文书原件一概钤用皇帝御玺。《元史》卷五《世祖纪二》至元元年七月己亥云:"定用御宝制:凡宣命,一品、二品用玉,三品至五品用金,其文曰'皇帝行宝'者,即位时所铸,惟以之诏诰;别铸宣命金宝行之。"至元六年四月辛巳,又"制玉玺大小十纽"③。另据蔡美彪先生研究,1995 年出版的《西藏历史档案荟萃》所收元代皇帝免除藏区寺院差发圣旨六通,均钤有汉字篆书"御前之宝"一方,当是世祖至元元年所铸"宣命金宝"④。笔者认为,蔡先生所言可以成立。以上至大四年及延祐五年等七件宣命文书,亦应钤用"宣命金宝"。

(二)延祐五年宣命

拉丁字音写

(1) šaŋ　t'èn　geun　miŋ
　　 上　　天　　眷　　命

(2) γoŋ　di　šiŋ　ǰi　wun　lim　laŋ　guè　tshi　shi　ŋè　u　čiŋ
　　 皇　帝　圣　旨　文　林　郎　国　子　司　业　吴　澄

(3) k'o　šiw　dzi　heèn　či　hew　čhi　hụuŋ　ŋi　taj　hụu　ŋi
　　 可　 授　 集　 贤　 直　 学　 士　 奉　 议　 大　 夫　 宜

(4) liŋ　u　čiŋ　ǰeun　ts'hi
　　 令　吴　澄　 准　 此

(5) jèn　ŋiw　u　nèn　ǰiŋ'　ụe　ži
　　 延祐宝　五　年　正　月　日

汉字宣命标点

上天眷命,皇帝圣旨:"文林郎、国子司业吴澄可授集贤直学士、奉议大夫,宣令吴澄。"准此。延祐五年正月日。

---

① 《元史》卷九一《百官志七》,卷八七《百官志二》,第 2320 页,第 2192 页。
② 《元史》卷八三《选举志三·诠法中》,第 2064 页。
③ 《元史》卷五《世祖纪二》,第 98 页,第 121 页。
④ 蔡美彪:《元代道观八思巴字石刻集释》,《蒙古史研究》第五辑,呼和浩特:内蒙古大学出版社,1997 年,第 73 页。

宣命诠释

上天眷命 此为前揭"长生天气力里"的修饰典雅形式,二者的使用方式基本相同。

集贤直学士、奉议大夫 《元史》卷八七《百官志三》:"集贤院,秩从二品。……国初,集贤与翰林国史院同一官署。至元二十二年,分置两院……寻升正二品,置院使一员,正二品;大学士二员,从二品;学士三员,正二品;侍读学士一员,从三品;侍讲学士一员,从三品;直学士二员,从四品……大德十一年,升从一品……皇庆二年,省汉人经历一员。后定置大学士五员,从一品;学士二员,正二品;侍读学士二员,侍讲学士二员,并从二品;直学士二员,从三品。"①《百官志三》虽然较详细地记述了集贤院和直学士的沿革、品秩等,所述存在从一品与从二品,从三品与从四品的高低差异。这里,我们应重点弄清楚的是延祐五年吴澄委任集贤院直学士之际的品秩。揆以成书于仁宗末和英宗朝的《元典章》载集贤院直学士为从四品,②是时又距吴澄任集贤院直学士时间最接近。故而笔者以为:延祐五年吴澄任集贤院直学士之际的品秩应是从四品,而非从三品。其从三品的规定,当是晚至泰定文宗朝的事了。另外,吴澄同时得到的文散官奉议大夫,《元史·百官志七》和《元典章》卷七《吏部一》《官制一·资品》均言正五品下阶。③ 此散官品秩与以上集贤院直学士从四品的判断,相差不到两阶,比较接近。而与吴澄原任文林郎、国子司业比较,散官却骤升两品。《元史·吴澄传》"俄拜集贤直学士,特授奉议大夫"和揭傒斯《吴澄神道碑》"起为集贤直学士,特加奉议大夫"④。当谓此情节。关于吴澄获得此次升迁机会的由来,危素《临川吴文正公年谱》载:"先是,臣僚数言公姓名于上前。八月,上特问公何在?太保曲枢对:'臣闻居江西。'集贤知上意所在,请以代李源道为直学士。中书奏可,命修撰虞集给驿聘召。"⑤吴澄此次升迁,总的来说应为仁宗奉行汉法、尊崇名儒的政治倾向大势使然,同时也是集贤院及中书宰执揣摩皇帝心意及时上奏所促成。另,仁宗提擢吴澄为集贤直学士的时间,《元史》卷八一《选举一·学校》言延祐三年。《吴澄传》笼统说"俄拜"。揭傒斯《吴公神道碑》和危素《吴文正公年谱》则载延祐五年。此宣命可证五年说为确,《选举一》三年或是五年之讹。而且,上述史料皆曰:吴澄因疾病未赴官,这通宣命最终亦未能兑现。

(三)至治三年宣命

拉丁字音写

(1) šaŋ   t'èn   geun   miŋ
    上   天   眷   命

(2) γoŋ di šiŋ ji dzi heèn či hew či hųuŋ ŋi taj hųu u čiŋ
    皇 帝 圣 旨 集 贤 直 学 士 奉   议 大 夫 吴 澄

---

① 《元史》卷八七《百官志三》,第2192页。
② 《元典章》卷七《吏部一》《官制一·职品》,陈高华、张帆、刘晓、党宝海点校本,天津:中华书局,天津古籍出版社,2011年,第1册,第199页。
③ 《元史》卷九一《百官志七》,第2320页。《元典章》卷七《吏部一》《官制一·资品》,陈高华、张帆、刘晓、党宝海点校本,第1册,第189页。
④ 《元史》卷一三〇《吴澄传》,第4012页。揭傒斯著,李梦生标校:《揭傒斯全集》辑遗,上海古籍出版社,1985年,第456页。
⑤ 《吴文正公集》附录,《元人文集珍本丛刊》,第3册,第24页。

(3) k'o šiw ɤan lim hew čhi t'aj ǰuŋ taj hɯu ǰi ǰi gaw tuŋ siw
　　可　授　翰　林　学　士　太　中　大　夫　知　制　诰　同　修
(4) guè ši ŋi liŋ u čiŋ ǰeun tshi
　　国　史　宜　令　吴　澄　准　此
(5) ǰi či sam nèn sam' ɥe ži
　　至　治ₐ　三　年　三　月　日

汉字宣命标点

上天眷命，皇帝圣旨："集贤直学士、奉议大夫吴澄可授翰林学士、太中大夫、知制诰、同修国史，宜令吴澄。"准此。至治三年三月日。

宣命诠释

翰林学士　《元史》卷二八《英宗纪二》至治三年正月壬寅："拜住言：'前集贤侍讲学士赵居信、直学士吴澄，皆有德老儒，请征用之。'帝喜曰：'卿言适副朕心，更当搜访山林隐逸之士。'遂以居信为翰林学士承旨，澄为学士。"[1]此乃这通宣命的缘起。翰林学士，成书于仁宗末和英宗朝的《元典章》言其为正三品，[2]《元史·百官志三》曰："后定置承旨六员，从一品；学士二员，正二品。"[3]笔者认为，这通宣命颁布于至治三年三月，故应从《元典章》正三品说。

太中大夫　《元史·百官志七》和《元典章》卷七《吏部一》《官制一·资品》均言其为文散官从三品上阶，[4]略低于翰林学士正三品的实际官职，但比起吴澄原先集贤直学士（从四品）和奉议大夫（正五品下阶），官职提升了一品以上，散官提升了两品，《临川吴文正公年谱》云"超授"[5]，所言不虚。

（四）泰定三年宣命

拉丁字音写

(1) šaŋ t'èn geun miŋ
　　上　天　眷　命
(2) ɤoŋ di šiŋ ǰi ɤan lim hew čhi t'aj ǰuŋ taj hɯu ǰi
　　皇　帝　圣　旨　翰　林　学　士　太　中　大　夫　知
(3) ǰi gaw tuŋ siw guè ši u čiŋ k'o šiw ɤan lim
　　制　诰　同　修　国　史　吴　澄　可　授　翰　林
(4) hew čhi tshi šèn taj hɯu ǰi ǰi gaw tuŋ siw
　　学　士　资　善　大　夫　知　制　诰　同　修
(5) guè ši ŋi liŋ u čiŋ ǰeun tshi
　　国　史　宜　令　吴　澄　准　此

---

① 《元史》卷二八《英宗纪二》，第627页。
② 《元典章》卷七《吏部一》《官制一·职品》，陈高华、张帆、刘晓、党宝海点校本，第1册，第194页。
③ 《元史》卷八七《百官志三》，第2190页。
④ 《元史》卷九一《百官志七》，第2320页。《元典章》卷七《吏部一》《官制一·资品》，陈高华、张帆、刘晓、党宝海点校本，第1册，第189页。
⑤ 危素：《临川吴文正公年谱》，《吴文正公集》附录，《元人文集珍本丛刊》，第3册，第24页。

(6) t'aj tiŋ sam nèn ʤiŋ 'ye ži

　　泰 定宝 三 年 正 月 日

汉字宣命标点

上天眷命,皇帝圣旨:"翰林学士、太中大夫、知制诰、同修国史吴澄可授翰林学士、资善大夫、知制诰、同修国史,宜令吴澄"。准此。泰定三年正月 日。

宣命诠释

翰林学士、资善大夫 这是吴澄生前得到的最后一通宣命文书。元制,资善大夫为正二品下阶。① 比起至治三年的宣命,表面上翰林学士的官职没有改变,文散官自太中大夫从三品上升为资善大夫正二品下。然而,揆以前揭《元史·百官志三》"后定置承旨六员,从一品;学士二员,正二品"句,②泰定三年正月吴澄得到的最后一通宣命之际,翰林学士似乎已定制为正二品。这样理解,或许比较符合前面六通勅命、宣命中吴澄文散官略低于实际官职的惯例。

(五)至元六年吴澄赠封宣命

拉丁字音写

(1) šaŋ t'èn geun miŋ

　　上 天 眷 命

(2) γoŋ di šiŋ ǰi γan lim hew čhi tshi šèn taj

　　皇 帝 圣 旨 翰 林 学 士 资 善 大

(3) hɥu ǰi ǰi gaw tuŋ siw guè ši

　　夫 知 制 诰 同 修 国 史

(4) u čiŋ k'o dzhiŋ tshi dhij taj hɥu geŋ si dhiŋ

　　吴 澄 可 赠 资 德 大 夫 江 西 等

(5) č'eu seiŋ ǰuŋ šeu ši tso šiŋ šaŋ γu geui ǰuè

　　处 行 中 书 省 左 丞 上 护 军 追

(6) hɥuŋ lim č'ɥen keun guŋ či wun ǰuŋ ɲi liŋ ʤeuŋ ts'hi

　　封 临 川 郡 公 谥 文 正 宜 令 准 此

(7) ʤi 'yen leu nèn ši ži 'ye ži

　　至 元 六宝 年 十 二 月 日

汉字宣命标点

上天眷命,皇帝圣旨:"翰林学士、资善大夫、知制诰、同修国史吴澄可赠资德大夫、江西等处行中书省左丞、上护军,追封临川郡公,谥文正,宜令。"准此。至元六年十二月 日。

宣命诠释

赠资德大夫、江西等处行中书省左丞、上护军,追封临川郡公 元代官员逝世后的封赠,是

---

① 《元史》卷九一《百官志七》,第2320页。《元典章》卷七《吏部一》《官制一·资品》,陈高华、张帆、刘晓、党宝海点校本,第1册,第189页。
② 《元史》卷八七《百官志三》,第2190页。

武宗至大二年开始成为固定制度的。当时虽然有"定流官封赠等第"的规定，但未见详细条文，只是强调"应封赠者，或使远死节，临阵死事，于见授散官上加之"。① 吴澄去世于顺帝元统元年（1333）。是时官员封赠已扩大到妻、父母、祖父母等。所以，吴澄亦获得元廷的封赠。元制，资德大夫是正二品上阶，行省左丞为正二品，上护军为勋爵正二品。可见，吴澄所受赠官是散官、职官和勋爵皆备，其中，职官、勋爵与原正二品的翰林学士品位相同，散官提升两阶。追封的临川郡公，则为从二品。②《元史·吴澄传》、揭傒斯《吴澄神道碑》和危素《临川吴文正公年谱》所载亦同。

谥文正 元代官员获得朝廷追谥，同样始于武宗至大二年。亦即《武宗纪二》所云："内外百官三品以上者许请谥。凡请谥者，许其家具本官平日勋劳政绩、德业艺能，经由所在官司保勘，与本家所供相同，转申吏部考覆，呈都省。都省准拟，令太常礼仪院验事迹定谥。"关于吴澄得"谥文正"，不仅《元史·吴澄传》、揭傒斯《吴澄神道碑》和危素《临川吴文正公年谱》可与此宣命互证，《临川吴文正公年谱》还补充记述了其谥号文正的含义："谥法，经天纬地曰文，内外宾服曰正。"上述吴澄封赠，是由顺帝圣旨颁布的，故其神道碑又有"勅赐"之称。③

（六）泰定二年吴澄妻追封宣命

拉丁字音写

(1) šaŋ t'èn geun miŋ
    上　天　眷　命

(2) ɣoŋ di šiŋ ǰi ɣan lim hew či t'aj
    皇　帝　圣　旨　翰　林　学　士　太

(3) ǰuŋ taj hɣu ǰi ǰi gaw tuŋ siw guè
    中　大　夫　知　制　诰　同　修　国

(4) šhi u čiŋ ts'i 'eu ši k'o ǰuè hɣuŋ
    史　吴　澄　妻　余　氏　可　追　封

(5) lim č'ɣen keun hɣu žin ŋi liŋ ǰeun ts'hi
    临　川　郡　夫　人　宜　令　准　此

(6) t'aj tiŋ ži nèn ǰiŋ 'ɣe ži
    泰　定　二宝　年　正　月　日

汉字宣命标点

上天眷命，皇帝圣旨："翰林学士、太中大夫、知制诰、同修国史吴澄妻余氏可追封临川郡夫人，宜令。"准此。泰定二年正月日。

宣命诠释

余氏 此为吴澄亲属成员泰定二年正月获得的三通追封宣命之一。吴澄妻余氏所受被排在最前。余氏讳维恭，余珏女，世居临川崇仁县咸口里人溪。宋宝祐三年（1255）二月庚寅生。

---

① 《元史》卷二三《武宗纪二》至大二年十二月丁丑诏，520页。
② 《元史》卷九一《百官志七》，第2319页，第2320页。
③ 《吴文正公集》附录，《元人文集珍本丛刊》，第3册，第14页，第16页，第26页。

十九岁嫁吴澄,生四男二女。卒于元至元二十八年(1291)。享年37岁。①

临川郡夫人 元代官员父母、正妻等封赠,酝酿于武宗至大二年尚书省倡议,后因"非世祖所行"一度被否定废止。仁宗延祐三年和英宗至治三年重新议定并正式施行流官按品级封赠三代亲属的制度,规定"正从二品封赠二代;爵郡公,勋正上护军、从护军,母、妻并郡夫人"。② 泰定二年吴澄已官居翰林学士、太中大夫、知制诰、同修国史,官职已达到正二品。故其妻余氏可按以上规定追封为临川郡夫人。

(七)泰定二年吴澄祖父母赠封宣命

拉丁字音写

(1) šaŋ t'èn geun miŋ
　　上　天　眷　命

(2) γoŋ di šiŋ ji γan lim hew č̆hi t'aj ǰuŋ taj
　　皇 帝 圣 旨 翰 林 学 士 太 中 大

(3) hʉu ǰi ǰi gaw tuŋ siw guè šǐi u
　　夫 知 制 诰 同 修 国 史 吴

(4) č̆iŋ tsu hʉu u taw k'o dshiŋ ǰuŋ hʉuŋ
　　澄 祖 父 吴 铎 可 赠 中 奉

(5) taj hʉu γʉj duŋ taw sen ŋui šǐi yu
　　大 夫 淮 东 道 宣 慰 使 护

(6) geun ǰuè hʉuŋ lim č'ʉen keun guŋ tsu
　　军 追 封 临 川 郡 公 祖

(7) muw ǰè ši ǰuè hʉuŋ lim č'ʉen keun
　　母 谢 氏 追 封 临 川 郡

(8) hʉu ži n ŋi liŋ ǰeun ts'hi
　　夫 人 宜 令 准 此

(9) t'aj tiŋ ži nèn jiŋ 'yе ži
　　泰 定 二宝 年 正 月 日

汉字宣命标点

上天眷命,皇帝圣旨:"翰林学士、太中大夫、知制诰、同修国史吴澄祖父吴铎可赠中奉大夫、淮东道宣慰使、护军,追封临川郡公,祖母谢氏追封临川郡夫人,宜令。"准此。泰定二年正月　日。

---

① 吴澄:《吴文正公集》卷三六《亡妻余氏墓志铭》,《元人文集珍本丛刊》,第3册,593页;同书附录危素《临川吴文正公年谱》言:余氏"得年二十有七"(第21页)。然依生卒年份推算,二或为三之讹。
② 《元史》卷八四《选举志四·诠法下》,第2114页;卷二八《英宗纪二》至治三年正月丁巳,第628页。《元典章》卷一一《吏部五·职制二·封赠》,陈高华、张帆、刘晓、党宝海点校本,第1册,第418页。

宣命诠释

吴铎 此为吴澄亲属成员泰定二年正月获得的三通追封宣命之一。吴澄祖父母所受被排在第二位。危素《临川吴文正公年谱》称吴铎"工进士诗赋,精通天文星历之学,宽厚,不屑细务",自幼教授吴澄古诗,"渐至数百篇,琅琅成诵"。景定五年(1264)赴乡试,翌年卒。①

赠中奉大夫、淮东道宣慰使、护军 延祐三年和至治三年议定的流官封赠三代亲属的制度还规定:"封赠曾祖,降祖一等,祖降父一等。"②依照此规定,吴澄祖父吴铎所获封赠的散官中奉大夫为从二品下阶,职事官淮东道宣慰使和勋爵护军亦从二品。尽管也是散官、职事、勋爵兼备,但比起后面吴澄父吴枢的封赠品级都低一等。还依照从二品待遇,同样追封临川郡公。另,《吴澄神道碑》所载吴澄祖父母受封赠官爵与此宣命略同,③可互证。

(八)泰定二年吴澄父母赠封宣命

拉丁字音写

(1) šaŋ t'èn geun miŋ
　　上　　天　　眷　　命

(2) γoŋ di šiŋ ji yan lim hew či t'aj juŋ taj hʉu
　　皇　帝　圣　旨　翰　林　学　士　太　中　大　夫

(3) ǰi ǰi gaw tuŋ siw guè ši u čiŋ hʉu
　　知　制　诰　同　修　国　史　吴　澄　父

(4) u č'eu k'o dshiŋ tshi šèn taj hʉu γu gʉŋ
　　吴　枢　可　赠　资　善　大　夫　湖　广

(5) dhiŋ č'eu sein ǰuŋ šeu šiŋ tso šiŋ šaŋ
　　等　处　行　中　书　省　左　丞　上

(6) γu geun ǰuè hʉuŋ lim č'yen keuŋ guŋ
　　护　军　追　封　临　川　郡　公

(7) muw jiw ši ǰuè hʉuŋ lim č'yen keun
　　母　游　氏　追　封　临　川　郡

(8) hʉu žin ŋi liŋ ǰeun ts'hi
　　夫　人　宜　令　准　此

(9) t'aj tiŋ ži nèn ǰiŋ 'ɣe ži
　　泰　定　二　年　正　月　日

汉字宣命标点

上天眷命,皇帝圣旨:"翰林学士、太中大夫、知制诰、同修国史吴澄父吴枢可赠资善大夫、

---

① 《吴文正公集》附录,《元人文集珍本丛刊》,第3册,第17页,第19页。
② 《元史》卷八四《选举志四·诠法下》,第2115页。
③ 揭傒斯著,李梦生标校:《揭傒斯全集》辑遗,上海:上海古籍出版社,1985年,第455页。

湖广等处行中书省左丞、上护军,追封临川郡公,母游氏追封临川郡夫人,宜令。"准此。泰定二年正月 日。

宣命诠释

吴枢 此为吴澄亲属成员泰定二年正月获得的三通追封宣命之一。吴澄父母所受被排在第三位。危素《临川吴文正公年谱》称吴枢"温粹纯实,谦退不与人争"。以医术为业,曾不惧大疫,"煮善药",竭力救助患者,"周恤"贫弱。① 至元二十一年(1284)卒。

赠资善大夫、湖广等处行中书省左丞、上护军 依据前述延祐三年和至治三年议定的流官封赠三代亲属的制度:"正从二品封赠二代,爵郡公,勋正上护军,从护军,母、妻并郡夫人",吴澄父吴枢赠资善大夫、湖广等处行中书省左丞、上护军,追封临川郡公,母游氏追封临川郡夫人,品位等级与吴澄及妻余氏相同。另,《吴澄神道碑》所载吴澄父母受封赠官爵,与此宣命略同。②

二 宣勅文书所反映的元代高、中级官员委任和封赠制度

《马可波罗游记》在谈到元帝国官员牌符和委任文书时说:

你们必须知道,百人的统领,有一个银牌;千人的统袖,有一个金牌,或镀银牌;万人的领袖,有一个金牌,牌上雕狮头。……那些得有奖牌的,也有一定的委任状。在那上面,他们各等级的责任,全记载下来。……他们有他们的委任状,载明他们的号令和权力。③

通常,人们多依照《元史·兵志一》朦胧地认为:元代军官为首的内外官员以所佩带牌符作为权力象征。正如《马可波罗游记》所云,元朝各类官员的委任程序和官职凭信,长期实施的是牌符、印章和宣勅委任文书三种形式,并行不悖。《至正条格》"各处万户府里,万户、千户、百户并镇抚、弹压、首领官人等……既是给降与了宣勅、牌面"④,可证万户等军官系统除给降牌符外亦另颁宣勅。虎头金牌、金牌、银牌等牌符,只能表示基本等级。具体职事授予和体现品秩的散官,则须依赖印章和宣勅委任文书。尤其是世祖朝以降牌符被限授军官和正官多员制下官府印章公用化越来越普遍,宣勅委任文书对于官员个人的重要性逐渐凸显。从制度源头说,虎头金牌、金牌、银牌等牌符,基本是蒙古国旧制,印章和宣勅委任文书,则主要是对汉地王朝制度的承袭。前述11通八思巴字宣勅文书,不仅可以为我们较详细地考察、认识元代高、中级官员的宣勅委任提供方便和帮助,还能窥见忽必烈等又是如何以八思巴字为工具巧妙地把蒙古等文化因素渗入到宣勅文书中且着力表现其主导性的。

从前述11通八思巴字宣勅文书,我们不难窥知,元代官员宣勅委任制对宋金相关制度既有继承沿袭,又有改动变异。

一方面,元代官员宣勅委任制在基本形式、内容上大量吸收采用了唐、金及宋的宣勅规则。唐朝官员铨选分为册授、制授、勅授和旨授四种,二品三品,册授;五品以上,制授;守五品以下,

---

① 《吴文正公集》附录,《元人文集珍本丛刊》,第3册,第17页,第18页。
② 揭傒斯著,李梦生标校:《揭傒斯全集》辑遗,上海:上海古籍出版社,1985年,第455页。
③ 张星烺译:《马哥孛罗游记》,上海:商务印书馆,1937年,第146页。
④ 《至正条格》断例卷二《职制·托故不赴任》至元六年正月枢密院奏,首尔:韩国学中央研究院,2007年,影印本,第29页,校注本,第173页。

勅授;六品以下,旨授。册授、制授和勅授,由宰相进拟。旨授则由吏部办理。① 金代官制前后变化较大,但熙宗后部分沿用上述制授和勅授的唐制,又逐步简化成"诸除官五品以上出宣,六品以下出勅牒"②。元初,直接继承金制颇多,在罢黜汉世侯,实行迁转法之际,就综合采用唐、金之制,确定"五品以上制授,六品以下勅授"③。由于当时"自一品至五品为宣授,则以制命之"④,所以,制授与宣授,名异而实同。宋代虽然把唐代制授、勅授、旨授分级委任发展为"堂除之法"⑤,乍看起来,元代官员宣勅委任制与宋制无甚联系。然而,刘垍《屯田员外郎刘公勅黄后跋》所转录的一通北宋仁宗勅牒云:"中书门下牒。乡贡进士刘蝦牒,奉勅:宜赐同学究出身。牒至,准勅故牒。景祐五年三月日牒。工部侍郎参知政事李,右谏议大夫参知政事王,尚书左丞参知政事程,户部侍郎平章事张,门下侍郎兼兵部尚书平章事张。"读者把这通宋代勅牒与前揭吴澄大德四年勅命、大德七年勅命和至大元年勅命相比较,还是可以发现它们至少有如下三点近似或相同之处:第一,都是奉皇帝勅而颁布的宰相官署牒文,尽管北宋称"中书门下牒",元代称"中书省牒",但在"奉勅……牒至,准勅故牒"等程序上又如出一辙。第二,都是对唐代"勅授"的发展,前者是以"勅黄"形式赐予"士人登科"者以出身,后者是以勅命授予六品以下官职。第三,都有5—10名左右的"首相"至参知政事自低到高依次署牒"押勅者",这也是隋唐宋元群体宰相制在勅牒上的反映。换句话说,宣勅委任制主要来自唐、金及宋等王朝。元代官员宣勅委任制与宋制的直接继承,虽然不及金制,但至少在"勅授"文书形式、程序等环节上依然与宋制保持着一定的沿袭联系。

另一方面,元代宣勅委任制在沿袭唐、金及宋制的同时,又有如下四点改动和发展。

如前述金朝虽然出台了"五品以上出宣,六品以下出勅牒"的条令,但迄今笔者仅见于《大金集礼》等少数记载,并未能看到它在金代实施的具体细节。而至元元年"五品以上制授,六品以下勅授"定制及至元三年十月"更勅牒旧式"后,⑥一直被当作有元一代固定典制而奉行罔替。《吏学指南·仪制》云:"宣,天子亲赐命诰也,故无押字,以宝为信。""勅牒,天子制命也……为系上言,故用黄纸,宰相押字"⑦。估计宣命用皇帝宝而无须宰执押字,勅牒以宰执署押加盖中书省印的制度,也是世祖朝沿袭唐、金等制而定型和完善的。张帆认为:"元朝的宣敕文书中大部分都不再包含有针对性的诰命文字。这也是其区别于前代制度的一大特点。"所言甚是。前揭11通《大元累授临川吴文正公宣勅》,首通为大德四年(1300),末通为顺帝至元六年(1340年),囊括成宗、武宗、仁宗、英宗、泰定帝和顺帝六朝,完全符合《吏学指南·仪制》所载押署、用印等规则,又一概没有旧式"排比铺叙的诰文"⑧。故可充当无诰文的宣勅制度通行于元朝中后期的确凿史证。此其一。

关于元代宰相执政为代表的官府连名署事,王恽《中堂事记》载:"定议公府署押事。……

---

① 马端临:《文献通考》卷三七《选举考十·举官》,卷三九《选举考十二·辟举》,北京:中华书局,1986年,上册,第348页,第368页。洪迈:《容斋随笔》、《容斋续笔》卷一一《兵部名存》,长春:吉林文史出版社,1994年,第273页。
② 《大金集礼》卷二五《宣命·赐勅命》天眷二年八月,影印文渊阁四库全书,第648册,第205页下。
③ 苏天爵辑撰,姚景安点校:《元朝名臣事略》卷七《平章廉文正王》,北京:中华书局,1996年,第133页。
④ 《元史》卷八三《选举志三·诠法中》,第2064页。
⑤ 参阅苗书梅:《宋代官员选任和管理制度》,开封:河南大学出版社,1996年,第146页。
⑥ 《元史》卷六《世祖纪三》至元三年十月丁丑,第112页。
⑦ 徐元瑞著,杨讷点校:《吏学指南》,杭州:浙江古籍出版社,《元代史料丛刊》,1988年,第33页。
⑧ 前揭张帆:《元朝诏敕制度研究》,《国学研究》第10卷,北京:北京大学出版社,2002年,第120页。

长官从上押右者处外边,一左一右,以次而下。圆坐亦然,所谓庙坐、庙画也。"①前揭《大元累授临川吴文正公宣勅》可以看到,三件勅命内参政到中书令一概是依据蒙古文字书写顺序从左到右竖写,与古代汉字从右到左竖写相反,而且遵循蒙古尚右习俗,长官署押居右。于是就形成了"长官从上押右者处外边,一左一右,以次而下"的公府署押规则。这似乎是蒙古尚右俗与八思巴蒙古字自左向右竖写规则(畏吾儿蒙古字亦是自左向右竖写)所致。遵循元代官场署押顺序规则,排在左边且最先署押的参知政事的地位恰恰是最低的。元人程端学所云:"律凡当署,自下而上"②,也是这个意思。迄今我们尚未见到其他官府多名正官连署排列左右先后顺序的实例记载,相关研究专著亦未言其详。此处的大德四年、大德七年和至大元年三通勅命牒文中,却保留了自参知政事、左丞、右丞、平章政事、左丞相、右丞相八、九人自下而上和从左到右的署牒排列顺序,从而为我们了解以中书省群体宰相执政为代表的元代官府连署的真实状况提供了良好的实例素材,这无疑是相当珍贵的。此其二。

唐宋以来,宰相及执事在勅牒等文书上的押署,大致呈现三种不同情况:(1)《唐国史补》卷下云:"宰相判四方之事,有堂案。处分百司,有堂帖。不次押名,曰花押。"③"花押"当是勅牒以外唐代宰相处理"四方"和"百司"文书时的押署。(2)《金石萃编》卷95《会善寺戒坛碑》所收唐代宗大历二年中书侍郎平章事元载、黄门侍郎平章事杜鸿渐、黄门侍郎平章事王缙等联名签署勅牒,④前揭北宋仁宗"乡贡进士刘嘏牒"等,则是宰相不分正副一概在勅牒上签署姓名或姓。(3)《宋朝事实类苑》卷27《官职仪制·宰相自草奏拟状》所载宰相和参政进呈日常公事初步意见白纸"熟状"之际,宰相只押字,而执政列署姓名。⑤元代勅牒则在后者的基础上进一步演化为参知政事和左、右丞书写姓(汉人)或名字(非汉人),平章和左、右丞相则只押字而不列姓(名),前揭大德四年、大德七年、至大元年三通敕命无一例外,这似乎已成为元中期以后的固定制度。此其三。

我们还注意到,前揭11通《大元累授临川吴文正公宣勅》都是八思巴字与汉字双语合璧。从至元十年(1273)正月戊午"勅自今并以国字书宣命"开始,至元二十一年(1284)五月进一步规定:"奏目及文册,皆不许用畏吾字,其宣命、劄付并用蒙古书。"⑥元朝统治者在宣勅文书制度中显然是增添了八思巴蒙古字的因素。这是在中原王朝宣勅文书框架内元代蒙、汉二元嵌合体制的充分体现。与元朝中书省礼部所绾中央和地方诸官府印章印文一概使用八思巴字,可谓异曲同工。诚然,上述八思巴字与汉字双语合璧,绝大多数是八思巴字拼写汉字,而非八思巴字书写蒙古语及另加汉字旁译。只有在书写蒙古人、色目人名字时(如迷儿火者、月古不花、朵歹、乌八都剌、波罗帖木儿、波罗达识等),才直接以八思巴字蒙古语出现。这或许是因为宣勅和官印原本就是中原王朝的传统制度,许多官职名称等用蒙古语表达不甚清楚,以汉字为基准就简便易行了。如此,容易给人们造成元代宣勅文书制度仍然以汉文为主的粗略印象。

---

① 王恽:《秋涧集》卷八一《中堂事记》(中),中统二年五月廿七日戊子,《元人文集珍本丛刊》,第378页上。
② 程端学:《积斋集》卷二《送张治中回任序》,影印文渊阁四库全书,第1212册,第329页下。
③ 李肇:《唐国史补》,上海:上海古籍出版社,1979年,第49页。
④ 王昶辑:《金石萃编》卷九五《会善寺戒坛碑》,第三册,北京:中国书店,1985年据1921年扫叶山房本影印。
⑤ 江少虞:《宋朝事实类苑》,上海:上海古籍出版社,1981年,第345页。原文曰"熟状白纸书,宰相押字,他执政具姓名"。
⑥ 《元史》卷八《世祖纪五》,卷一三《世祖纪十》至元二十一年五月戊午"勅中书省",第147页,第266页。

其实不然。元人刘仁本说:"世皇既握符启运,尚文华之治。乃命国师帕克斯巴创为国字,以著一代之令典。所贵乎别号令,新耳目,而达四方之音译也。上则王言制命,纶綍涣汗,符章篆刻,下而官府案牍之防闲,丝缕斗升之出内,政刑兵戎之调发,悉用其字书,以著标目稽考焉。"①刘仁本语中的"王言制命,纶綍涣汗(诏令圣旨之雅称)","悉用其字书",说的就是八思巴字宣勅文书。元末,还曾聘用若干善书法者充吏员,专司书写宣勅文书。顺帝朝新安人孙叔弥"善蒙古书","又善书汉隶","入京师书宣勅,积劳调官湖广"②。据此,在上述《大元累授临川吴文正公宣勅》中八思巴蒙古字是冠以"国字"的正本文字,汉字只是充任"副本旁注"而已。紧随前揭标题后的十个小号字:"蒙古字书,汉字副本旁注",就说得很明白。以八思巴蒙古字为正本文字,应该是元代宣勅文书制度中蒙古文化主导或本位政策倾向的刻意彰显。此其四。

再说封赠官员三代亦被纳入宣勅文书体系。

封赠虽不是元代首创,但对汉族士大夫所发生的"名分"怀柔效应却不可低估。宋人洪迈说,"封赠先世,自晋、宋以来有之。迨唐始备,然率不过一代,其恩延及祖庙者绝鲜,亦未尝至极品。……唐末五季,宰辅贵臣,始追荣三代。国朝因之"③。中近古官员封赠祖先,几乎是和家庙祭祀权下移同步,也在逐渐放宽。唐代大多仅封赠父母,五代开始延及"在朝文武百僚及见任刺史"的"先代"④。宋代进而将官员封赠祖先普遍化和制度化,规定了包括"三代二代一代之等,因其官之高下而次第焉"的"封赠之典"⑤。金朝亦有沿用宋制的"封赠法"⑥。可以说,宋代是中原王朝系列给予官僚士大夫封赠待遇最优厚的。如前述,元武宗朝以后推行了封赠制。吴澄祖父吴铎、祖母谢氏、父吴枢、母游氏、吴澄本人和妻余氏相继得到了(五)(六)(七)(八)宣命形式的封赠。元官员封赠亦仿效宋制,大体奉行"大父母降父母一等封赠,父母降本身一等,盖推恩近重而远轻"的原则。⑦《元史》卷八四《选举志四·考课》:"凡封赠之制,……正从一品至五品为宣授,六品至七品勅牒。"前揭四件封赠都涉五品以上,故一概使用宣授。足见,以五品为界限分别使用"宣授"和"勅牒",亦普遍适用于封赠官员本人及亲属。

封赠在元后期汉族士大夫中产生了良好的反应。元末许有壬云:"圣朝孝治天下,锡有位以及其亲,是与人为善也。""朝廷举行封赠,使为臣者一身之贵,上及祖父母、父母,下逮妻子。天下臣僚,孰不感激奋发,思报万一。劝之之道,可谓尽矣"⑧。赞誉感激之情,溢于言表。元后期封赠的实施,相当频繁或普遍,还引起了"穹爵大官,封赠之侈"的批评。⑨ 有人甚至在获得朝廷封赠父祖的宣勅后,"伐石南山镌墓碣",特命嗣子装载舟车,不远数千里,送回祖籍,树

---

① 刘仁本:《羽庭集》卷五《送浙西宪府译史徐子信序》,影印文渊阁四库全书,第1216册,第78页上。
② 李祁:《云阳李先生集》卷三《孙氏遗金集序》,《北京图书馆古籍珍本丛刊》,第204页。
③ 洪迈:《容斋随笔》,《容斋四笔》卷一三《宰相赠本生父母官》,长春:吉林文史出版社,1994年,第613页,第614页。
④ 薛居正:《旧五代史》卷七六《晋书二·高祖纪二》天福二年二月戊申,北京:中华书局校勘本,1976年,第997页。
⑤ 脱脱:《宋史》卷一七〇《职官十·叙封》,北京:中华书局校勘本,1977年,第4085页。
⑥ 脱脱:《金史》卷四五《刑志》,北京:中华书局校勘本,1975年,第1024页。宇文懋昭撰,崔文印校证:《大金国志校证》下册,卷三五《杂色仪制·除授》,北京:中华书局,1986年,第508页。
⑦ 孙承泽:《春明梦余录》卷二八《诰勅》,影印文渊阁四库全书,第868册,第358页下。参阅王剑英点校本,北京:北京古籍出版社,1992年,第431页。
⑧ 许有壬:《至正集》卷五五《赠中宪大夫河东山西道宣慰副使纽公墓表》,卷七五《公移·封赠》,台北:新文丰出版公司,1985年,元人文集珍本丛刊,第260页下,第338页下。
⑨ 蒲道源:《闲居丛稿》卷一〇《跋王知府仲常致仕封赠手卷》,《元代珍本文集汇刊》,台北:"中央"图书馆,1970年,第497页。

立于祖坟前,以光宗耀祖。① 就是说,由于元后期封赠制广泛推行,汉族官僚士大夫在南宋灭亡和蒙古贵族统一全国的环境下,又能够继续享受赵宋时代令其光宗耀祖的封赠特权。虽然他们对四等人民族歧视和民族压迫政策非常不满,但在封赠父祖方面赵宋王朝下可以得到的,现在依然能够继续享有。凭借这类封赠,他们依然获得名分方面的良好精神慰藉。请不要忘记,与蒙古人多忽略名分的观念迥异,汉地士大夫向来就有注重名分的传统。蒙元封赠,恰恰客观上顺应或迎合他们的精神需求。难怪元末不少汉人、南人进士情愿为元朝殉节,直至明初仍不愿与朱元璋合作。② 在这个意义上,元统治者"课忠责孝"③的"名分"封赠或精神怀柔,似乎收效不菲。

三 吴澄对元政权及八思巴蒙古字的态度

以上宣勅文书还可以折射或反映吴澄对元政权及八思巴蒙古字的态度。

11 通宣勅文书所反映的吴澄在元朝仕进做官情况,颇耐人寻味。对照其年谱及相关碑传,不难窥见,吴澄可算是有条件地与元政权合作。相当多的情况下吴澄对元政权委任征召,往往推辞不赴,或动辄辞归;实际任职集中在武宗、仁宗朝和英宗、泰定朝,且时间短暂;比较热心于国子监、乡试、经筵等,大体能够概括吴澄的仕进特色。自至元十三年(1276)元世祖平定江南,到成宗朝 20 多年间,吴澄一直家居授徒而未曾仕元。直到 53 岁时,才改变入元 26 年的家居授徒生活,大德四年勅授应奉翰林文字和大德七年勅授江西等处儒学副提举。前者因迟缓赴任而未实际到职,后者拖至大德十年十月任职,翌年正月初一就以病告退,累计在官约三个月。④ 至大元年(1308 年)吴澄年届六十,北上担任了国子监丞。至大四年五月受仁宗提拔,升国子司业。皇庆元年辞官南归,继续著书授徒。先后任职国子监,总计不足三年。延祐五年(1318),吴澄又被宣授集贤直学士。弟子虞集乘驿以"此除实出上意"敦请,吴澄抱病启程,途中疾作,遂辞谢而南归。至治三年(1323 年),英宗"超授"其翰林学士,还特意"遣直省舍人刘孛兰奚给驿聘召,疾驰至公家。且曰:'上固知先生年已高,所以来召者,必欲见先生,宜毋以此为辞。'"吴澄似受感动,较快入京赴任。泰定二年(1325 年)八月以"老疾"南归。翌年,又遣使"至家传旨",加翰林学士、资善大夫。吴澄第三段在官时间,实际上也只有两年三个月。上述断断续续,时进时退,总共做官六年左右。其间,吴澄最惬意和热心的是整顿江西儒学,乡试"命题出经问",国子监课读讲习以传道,与修《英宗实录》和充当"经筵"讲官。⑤ 尤其是他晚年以七十多岁高龄,曾经亲自撰写符合蒙古语法顺序和尽量使用宋元俗语白话且便于译员翻译及皇帝参阅的《经筵讲义》、《帝范君德》、《通鉴·汉高祖》等篇,⑥竭力以粗浅易懂

---

① 谢应芳:《龟巢稿》卷五《张知府命子送祖考墓碑还乡》,《四部丛刊》三编,第 25 页 B。
② 赵翼:《廿二史札记》卷三〇《元末殉难者多进士》,卷三二《明初文人多不仕》,北京:中华书局校注本,1984 年,第 705 页,第 741 页。
③ 苏天爵编:《元文类》卷四〇《杂著》《经世大典序录·封赠》,《四部丛刊》初编,第 13 页 A。
④ 虞集:《故翰林学士资善大夫知制诰同修国史临川先生吴公行状》,《吴文正公集》附录,《元人文集珍本丛刊》,第 3 册,第 30 页。
⑤ 危素:《临川吴文正公年谱》,《吴文正公集》附录,《元人文集珍本丛刊》,第 3 册,第 24 页,第 25 页。
⑥ 吴澄:《吴文正公集》卷四四,《元人文集珍本丛刊》,第 4 册,第 49 页。参阅张帆《元代经筵席述论》,《元史论丛》第五辑,北京:中国社会科学出版社,1993 年,第 143 页。

的方式对蒙古族皇帝进行儒学启蒙和宣传。吴澄把这类事情都视作"致君行道"和以接续道统自任的本分。为了弘扬和实行"道",可以突破华夷畛域,让正统服从道统。正如吴澄成宗大德初给南台御史中丞董士选的复信中所云:"知圣贤之学,得之于心,为实德。行之于身,为实行。见之于日用,施之于家国,为实事业……是以日夜孜孜矻矻,唯恐无以自立于己而不敢求用于时也。"在能够得到元朝统治者认可和尊重,能够得以施展这类"传道"、"行道"抱负的场合,吴澄就出仕做官,与元政权合作,否则就退隐南归。这就是他与元政权合作的基本条件,也是"其出处进退必有道"①的真实蕴意。在这方面,他和许衡的态度不无相似。而其子孙辈因荫叙荐举在元后期做官为宦的,接二连三。如长子吴文以恩荫授柳州路总管府同知;三子吴京,文宗天历三年(1330)特授抚州路儒学教授,"迎先生于府城","以便奉养",后又担任翰林国史院典籍官;孙吴当先以父荫授万亿四库照磨,未上。旋因荐举改国子助教,历官翰林修撰、礼部员外郎、监察御史、国子司业、翰林直学士等,至正十五年(1355)擢为江西廉访使,参与镇压红巾军。② 吴澄的子孙们似乎完全成了元王朝的忠实臣民,自然不多讲究"出处进退"有道与否了。

与政治态度相关联,吴澄对元世祖与八思巴连手创制推行的八思巴蒙古字,也予以积极支持和赞誉。吴澄本人对八思巴蒙古字还有一些正面和直接的议论。他说:

> 皇元兴自漠北,光宅中土,欲达一方之音于日月所照之地,既有如古之象胥通其言,犹以为未也。得异人制国字,假形体,别音声,俾四方万里之人因目学以济耳学之所不及,而其制字之法,则与古异。古之字,主于形。今之字,主于声。主于形,故字虽繁而声不备。主于声,故声悉备而字不繁。有形者象其形,无形者指其事,以一合一而会其意,三者犹未足,然后以一从一而龤其声,声龤则字之生也。曼衍无穷,而不可胜用矣。然亦不足以尽天下之声也。有其声而无其字甚夥,此古者主于形者然也。以今之字比之古,其多寡不逮十之一。七音分而为之经,四声合而为之纬。经母纬子,经先纬从,字不盈千,而唇齿舌牙喉所出之音无不该。于是乎无无字之音,无不可书之言,此今之主于声者然也。国字为国音之舟车,载而至中州,以及极东极西极南之境,人人可得而通焉。③

吴澄对八思巴蒙古字认同和赞誉程度,明显超过了同时代的程钜夫和黄仲元。他在肯定八思巴蒙古字"为国音之舟车","欲达一方之音于日月所照之地"等政治文化功用的同时,着重从语言文字类别特征上分析了传统汉字"主于形,故字虽繁而声不备"的不足,也分析了八思巴蒙古字"主于声""字不盈千,而唇齿舌牙喉所出之音无不该"的特色优点,所论精辟透彻。或许是出于对华夏大地首次推行拼音型文字的新奇、羡慕等敏锐感受,吴澄给予八思巴蒙古字充分的褒扬。在另一篇文章中,他还高度赞扬帝师八思巴创制蒙古新字,"以开皇朝一代同文之治者也。圣度如天,无所不容,圣鉴如日,无所不照"④。吴澄对元朝廷以八思巴蒙古字统一全国所有文字是抱积极赞成态度的,并没有固守汉字本位。这既是不得已的顺应,也是宽

---

① 吴澄:《吴文正公集》卷七《复董中丞书》,《元人文集珍本丛刊》,第3册,第170页,第171页。
② 揭傒斯:《大元勅赐故翰林学士资善大夫知制诰同修国史赠江西等处行中书省左丞上护军追封临川郡公谥文正吴公神道碑》,虞集:《故翰林学士资善大夫知制诰同修国史临川先生吴公行状》,《吴文正公集》附录,《元人文集珍本丛刊》,第3册,第16页,第33页。《元史》卷一七一《吴澄传》,卷一八七《吴当传》,第4014页,第4298页。
③ 吴澄:《吴文正公集》卷一四《送杜教授北归序》,第274页上。
④ 吴澄:《吴文正公集》卷二六《南安路帝师殿碑》,第459页上。

容的面对,不免让人感到几分意外。由于吴澄身为当时的南方理学宗师,他的这番评论想必在士大夫中影响很大,某种意义上引导着元中后期士大夫的主流舆论。有了这样的议论和赞誉,把八思巴蒙古字为正本文字的宣勅文书收入本人文集,其子孙们也较长时间地视之为家族后裔的珍品或荣耀,就不足为怪了。

特别引人注目的是,在现存《吴文正公集》诸版本中,收录上述11通八思巴蒙古字与汉字合璧的《大元累授临川吴文正公宣勅》的,迄今所见仅仅是日本宫内厅书陵部图书馆藏明永乐间刊正统间补刻的100卷本。此刊本卷三十二署"孙爠重编",卷八十二署"五世孙爠重编";卷六十六末叶刻"门人谭观以年编次,门人刘平命工梓行"。还刻有吴澄孙吴当识语和五世孙吴爠识语。吴当识曰:"集工锓梓,始至正六年七月克成,类分为二十,为凡百。"吴爠识曰:"高大父文正公所著《支言集》一百卷,私录二卷,皆大父县尹公手所编类,刊行于世,不幸毁于兵火。旧本散落,虽获存者,间已缺坏,良可痛也。第念爠不肖幼孤,家庭遗训,是深惧诸书板毁,无以传示永久,切谋重刊以继承先志而未能也。迨永乐二年甲申春,始克取季大父家藏旧刻本缮录,募工重寿诸梓。永乐四年丙戌春,叨际圣朝崇尚文教,发秘阁群籍,征天下师儒纂修《永乐大典》,仍勅礼部访求四方遗书。夏六月,爠奉本部天子三十九号勘合即日进呈,蒙赏赉,恩至渥也。冬十一月,工完。至于是集篇类卷秩,悉如旧,不敢更改。惟卷首增入《年谱》、《神道碑》、《行状》、国史《传》以冠之,俾学者开卷了然。但旧缺简,遍求完本校补而不可得,惜哉!今故止将残篇题列于各卷之末,以俟乎他日倘得完本,便于补续,庶几无遗憾。"① 据此,最初的一百卷《吴文正公集》,是由吴澄孙吴当"手所编类",并于顺帝至正六年七月"刊行于世"。后因元末战火毁坏散落,永乐四年五世孙吴爠重新整理刻印刊行。前揭11通八思巴蒙古字与汉字合璧的《大元累授临川吴文正公宣勅》,应该是至正元刊本已经收入,永乐四年吴爠重刻时原封不动地予以保留。结果,才能以日本宫内厅书陵部图书馆藏孤本流传至今。元朝时期在中央或地方做官和获得过此类宣勅文书的汉人南人数量不少,但是收录在本人文集而流传至今的,却仅吴澄一人而已。说明吴澄本人及其孙吴当、五世孙吴爠等都是把八思巴蒙古字为正本文字的《大元累授临川吴文正公宣勅》,始终视作其家族的珍品或荣耀。直到元明鼎革后的永乐年间,五世孙吴爠等依然如故。于此,吴澄及其子孙对元政权认同或拥戴,对八思巴蒙古字的积极认可态度,昭然若揭。

如前所述,11通宣勅文书从至正六年初刻时开始收入,永乐四年新刻之际,"悉如旧,不敢更改"。这应是日本宫内厅书陵部所藏明永乐刊百卷本《临川吴文正公集》书末至今保留11通吴澄宣勅文书的由来。然而,成化二十年(1484)抚州府同知陈辉克等操持重新编次刻印于府衙之际,取吴氏"家藏录本","凡旧所刊误舛妄,悉为是正,类分五十三卷"②。现存49卷本《吴文正公集》就是在这次重新编次过程中,视11通吴澄宣勅文书为"舛妄",故而删去的。其原因不外是:第一,是时元明鼎革业已110多年,"土木之变"也届30余年,明朝与蒙古间的军事对峙严峻,含有八思巴蒙古字的11通吴澄宣勅文书,继续保留在抚州府衙新刻的吴澄文集中,不太合乎时宜。第二,是时吴澄已在宣德十年(1435)被明廷批准从祀孔庙,在他的新刻文集保留含有元朝八思巴蒙古字宣勅文书,亦不甚合乎礼教。有了这两条原因或背景,11通吴

---

① 另参阅黄仁生:《日本现藏稀见元明文集考证与提要》,长沙:岳麓书社,2004年,第4页,第5页。
② 伍福:《草庐吴文正公文集序》,《吴文正公集》,《元人文集珍本丛刊》,第6页。

澄宣勅文书在元末明初吴氏后裔私刻的场合被较长时间地延续保留,而在成化二十年(1484)抚州府衙官刻的场合则被删去,也是可以理解的。

让人感兴趣的还有,由于吴澄上述与元政权有条件的合作,在他逝世后的400余年间,明清朝野士大夫等对他的毁誉评价或待遇,跌宕起伏,变化颇大。据朱鸿林的研究,吴澄死后104年,即宣德十年(1435)被明廷批准从祀孔庙。理由是"吴澄学行兼优,而经学著述的贡献尤其卓著,明朝既重其书,自当旌异以报其功"。从祀95年之后的明嘉靖九年(1530),又因被谢铎、焦芳、张璁等相继指责为"忘君事仇","行检多可议","亲为有宋之遗民,觍颜前元之官禄,名节扫地",遭到罢黜。① 乾隆二年(1737)十月,时隔207年,又经清廷批准重新恢复从祀孔庙的尊崇优待。其先,明嘉靖前后给吴澄胪列的"忘君事仇"等罪状,得到李绂等人逐条反驳,②似乎是为吴澄"平反昭雪"了。以上对吴澄毁誉评价的戏剧性变动,显然是与元明鼎革和明清鼎革胡、汉轮流坐天下且各为正统,"土木之变"以后明、蒙军事冲突频繁等不同的政治气候或舆论密切关联,也与不同时代的"明道"即有功于"道统"、《春秋》华夷之防等认定"真儒"尺度和从祀标准密切关联。③ 笔者以为,明清400余年士大夫对吴澄的时毁时誉,似乎都言之有据,各有所本,只是尺度标准不同,所得的结论就迥然有异。元世祖忽必烈以降蒙元统治者对吴澄为代表的江南士人既有所优待又有压迫防范的政策和吴澄"出处进退必有道"的信条,共同造就了吴澄与元政权有条件合作的复杂关系。本文讨论的11通八思巴蒙古字与汉字合璧的宣勅文书,应该是非常有说服力的确证。换句话说,11通八思巴蒙古字与汉字合璧的宣勅文书,恰是吴澄"出处进退必有道"及其与元政权有条件合作的物化形态,尤其是它以白纸黑字镂刻于身为元代江南理学宗师的吴澄100卷本文集之末且长期流传于世,极容易成为明清孔庙从祀罢祀争议公案的谈资"把柄",极容易因而招致华夷之防论者的激烈抨击。

即便如此,从藉"实德"、"实行"、"实事业"追求大道的价值取向和我们多民族统一国家长时段发展趋势看,吴澄"出处进退必有道"及其对元政权、八思巴字的态度,又应当是比较明智和基本予以肯定的。

(后附《大元累受临川郡吴文正公宣勅》影印件)

---

① 以上参阅朱鸿林:《元儒吴澄从祀孔庙的历程与时代意涵》,香港:《亚洲研究》,第23期,1997年,第288—296页。
② 李绂:《吴文正公从祀论》,《穆堂初稿》卷二四,《清代诗文集汇编》,上海:上海古籍出版社,2010年,第232册,第284—285页。按,《清代诗文集汇编》用的是清道光十一年奉国堂刻本。
③ 以上参阅朱鸿林:《元儒吴澄从祀孔庙的历程与时代意涵》,香港:《亚洲研究》,第23期,1997年,第270页,第278页,第309—311页。

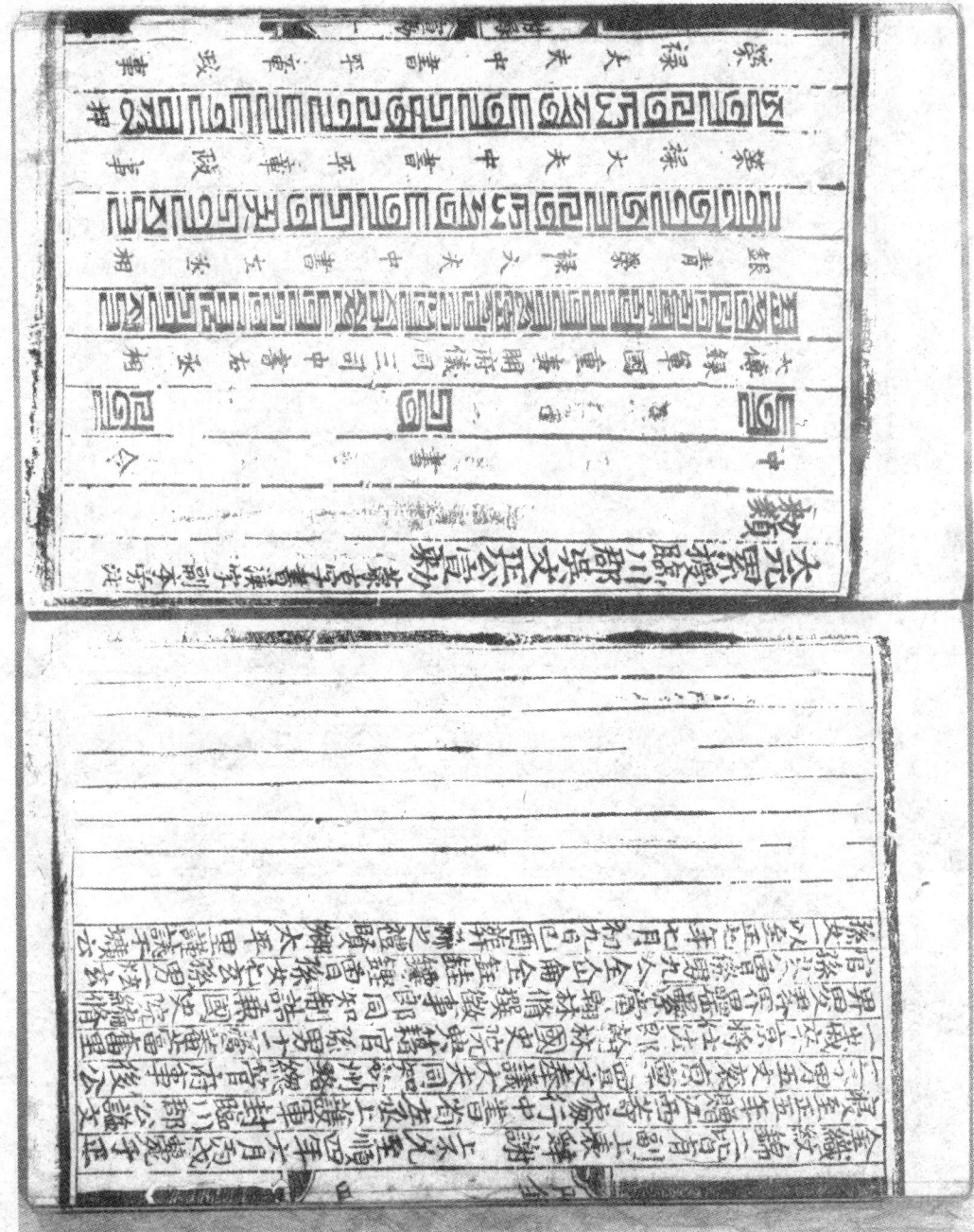

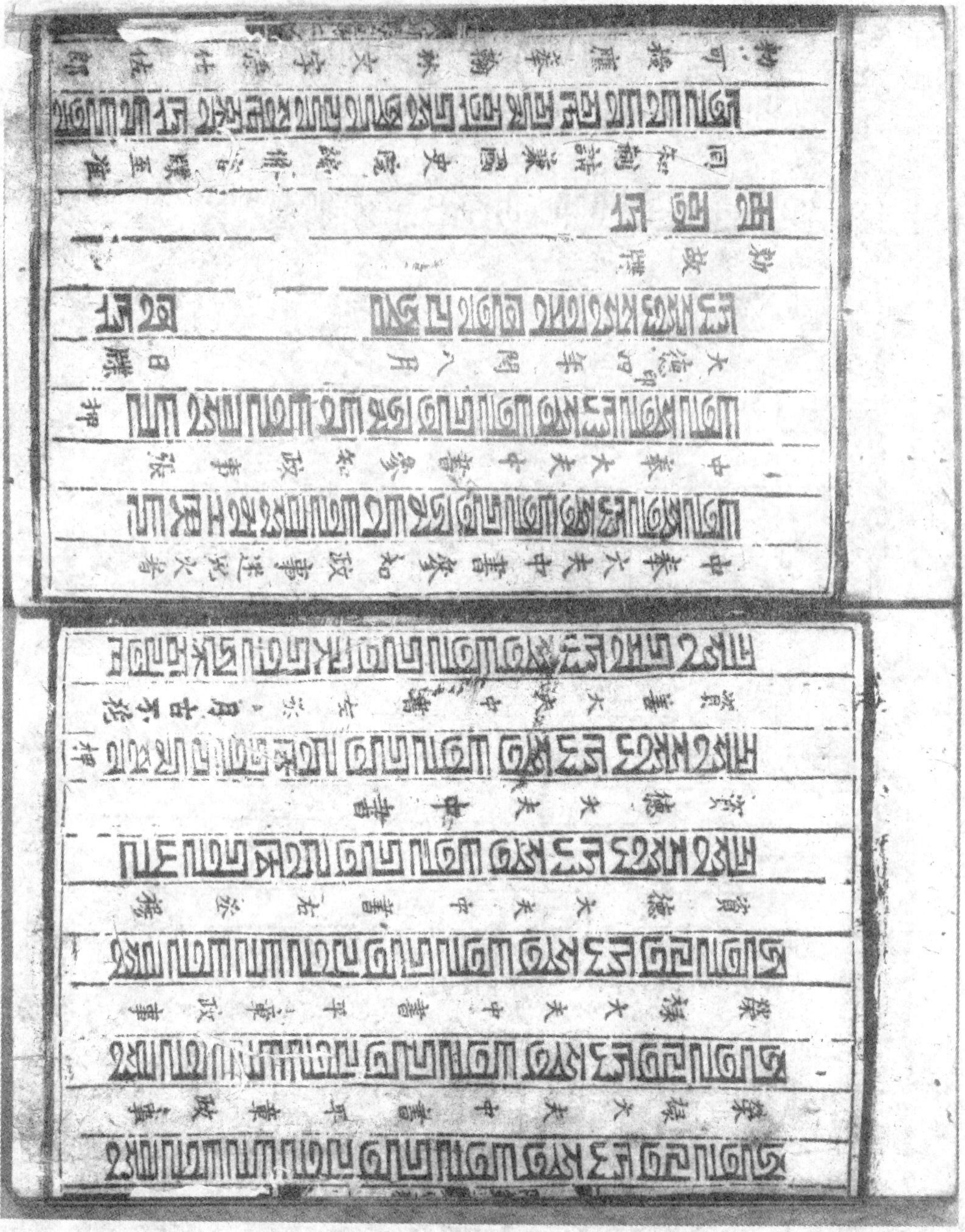

图二

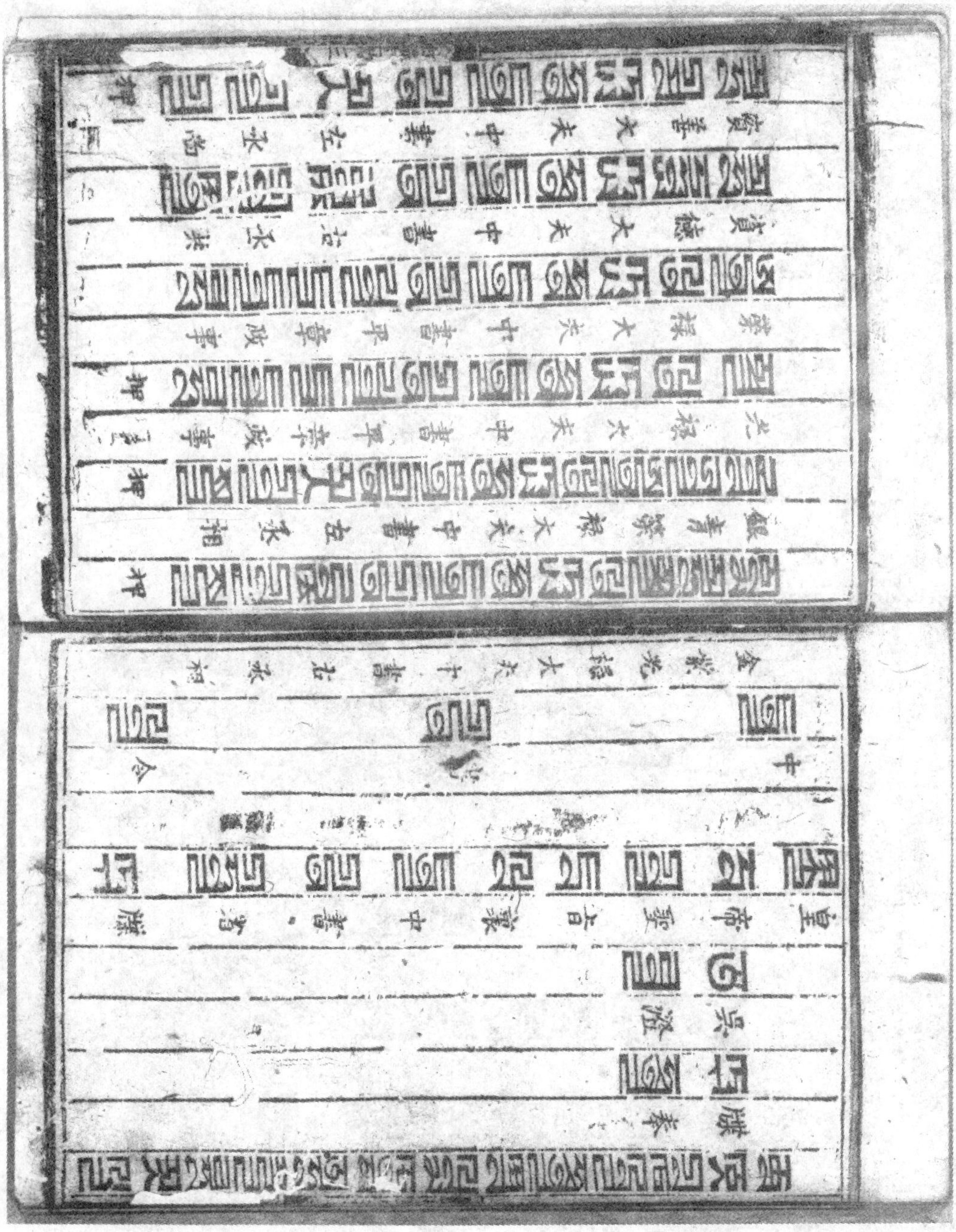

图三

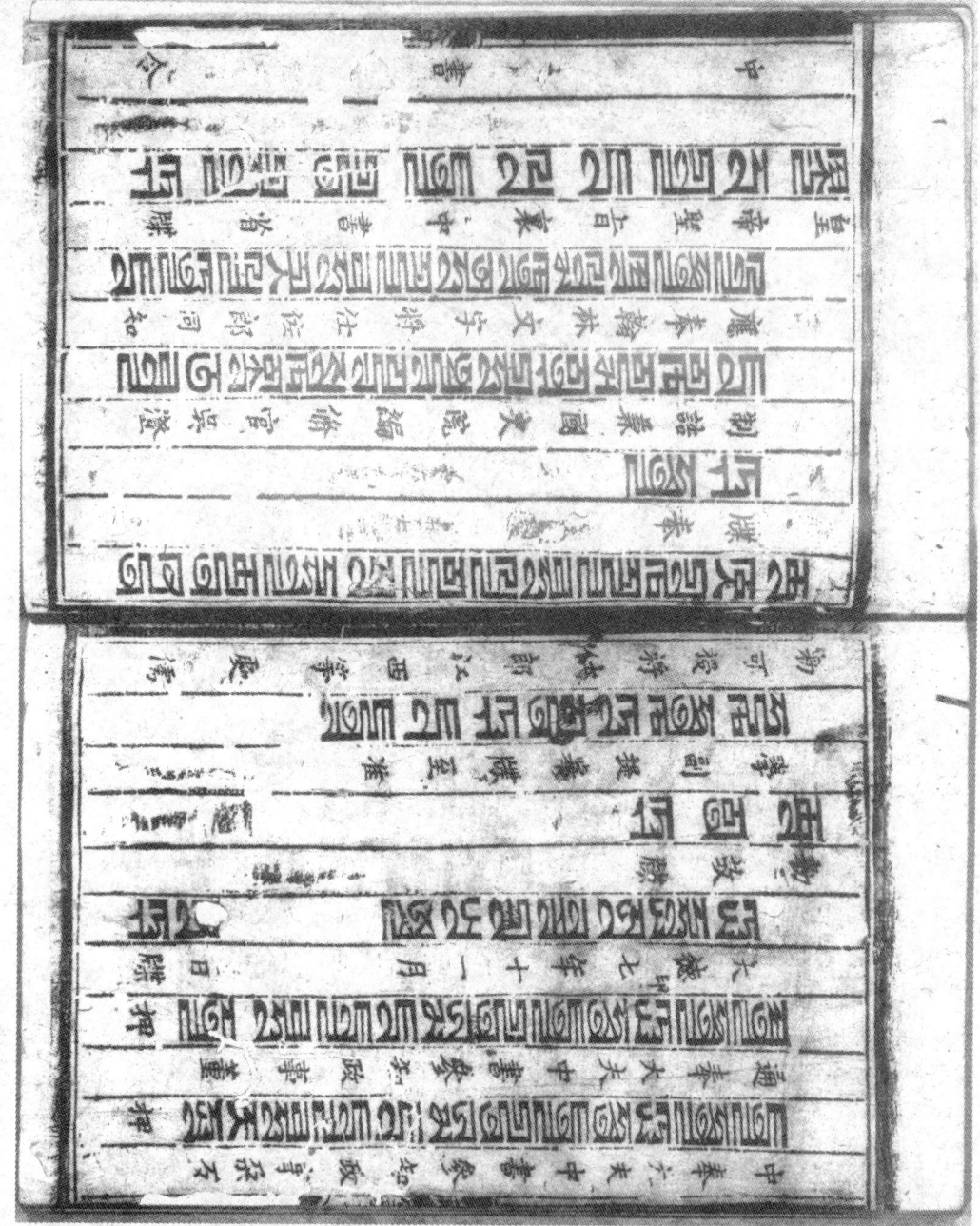

图四

元吴澄八思巴字宣敕文书初探

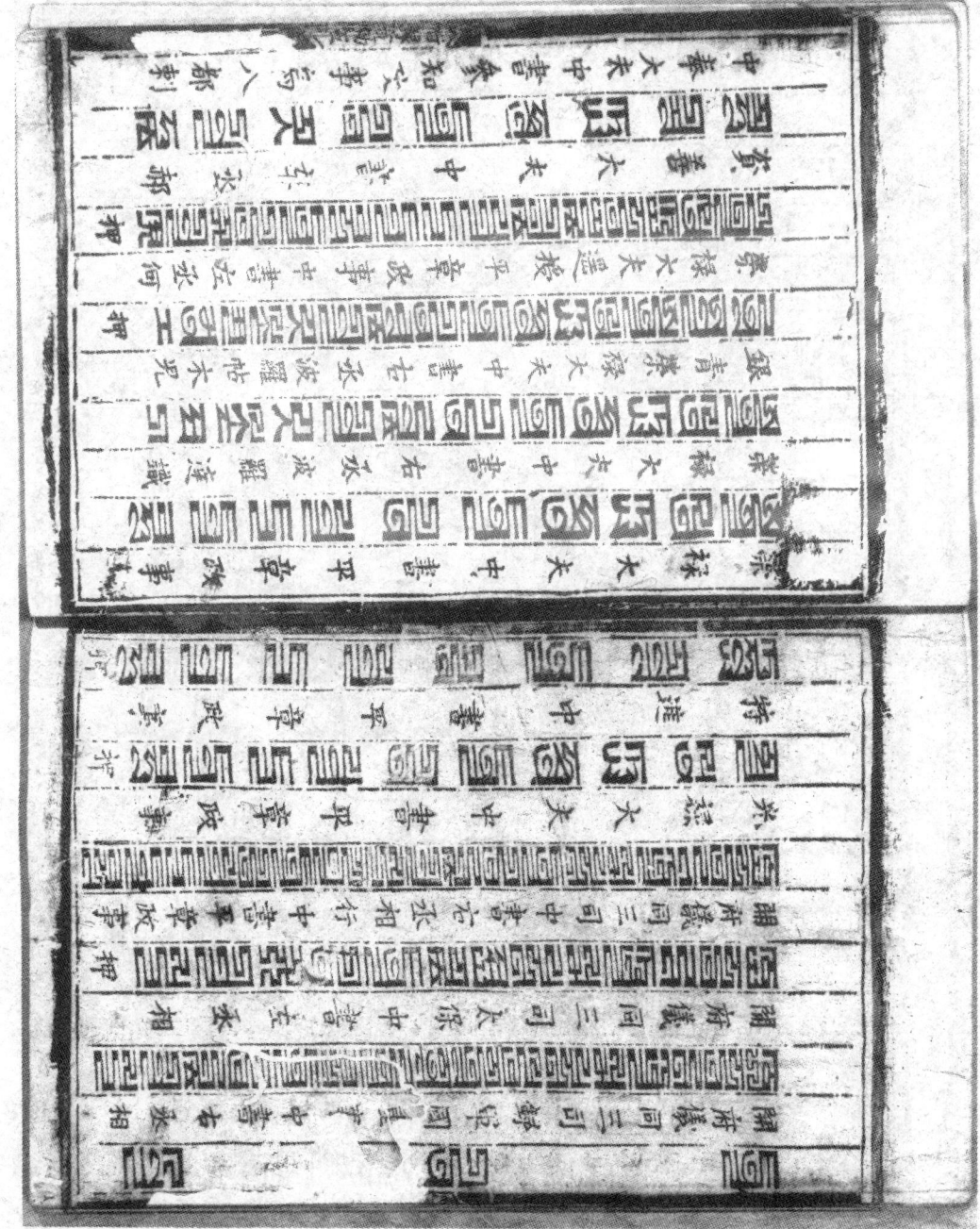

图五

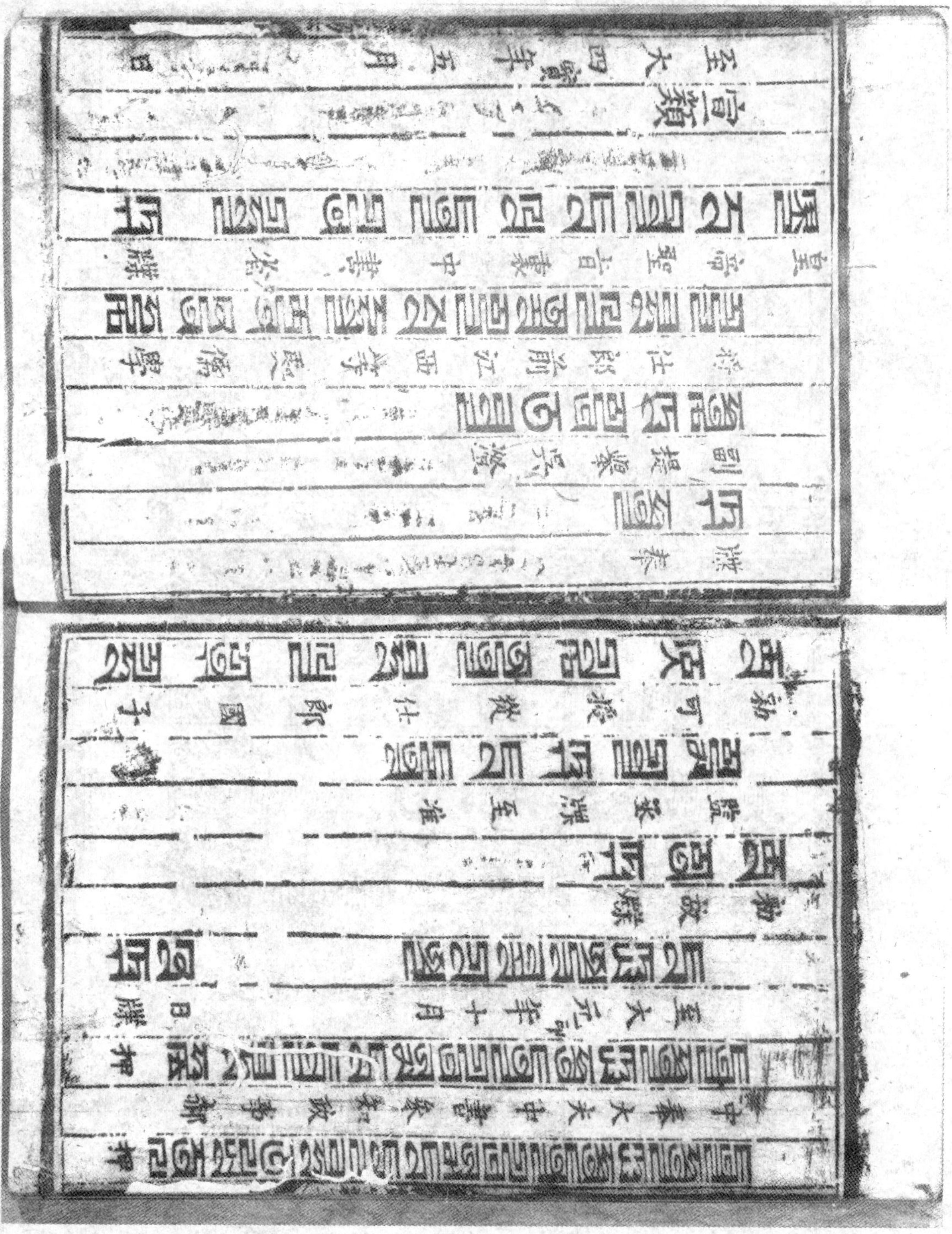

图六

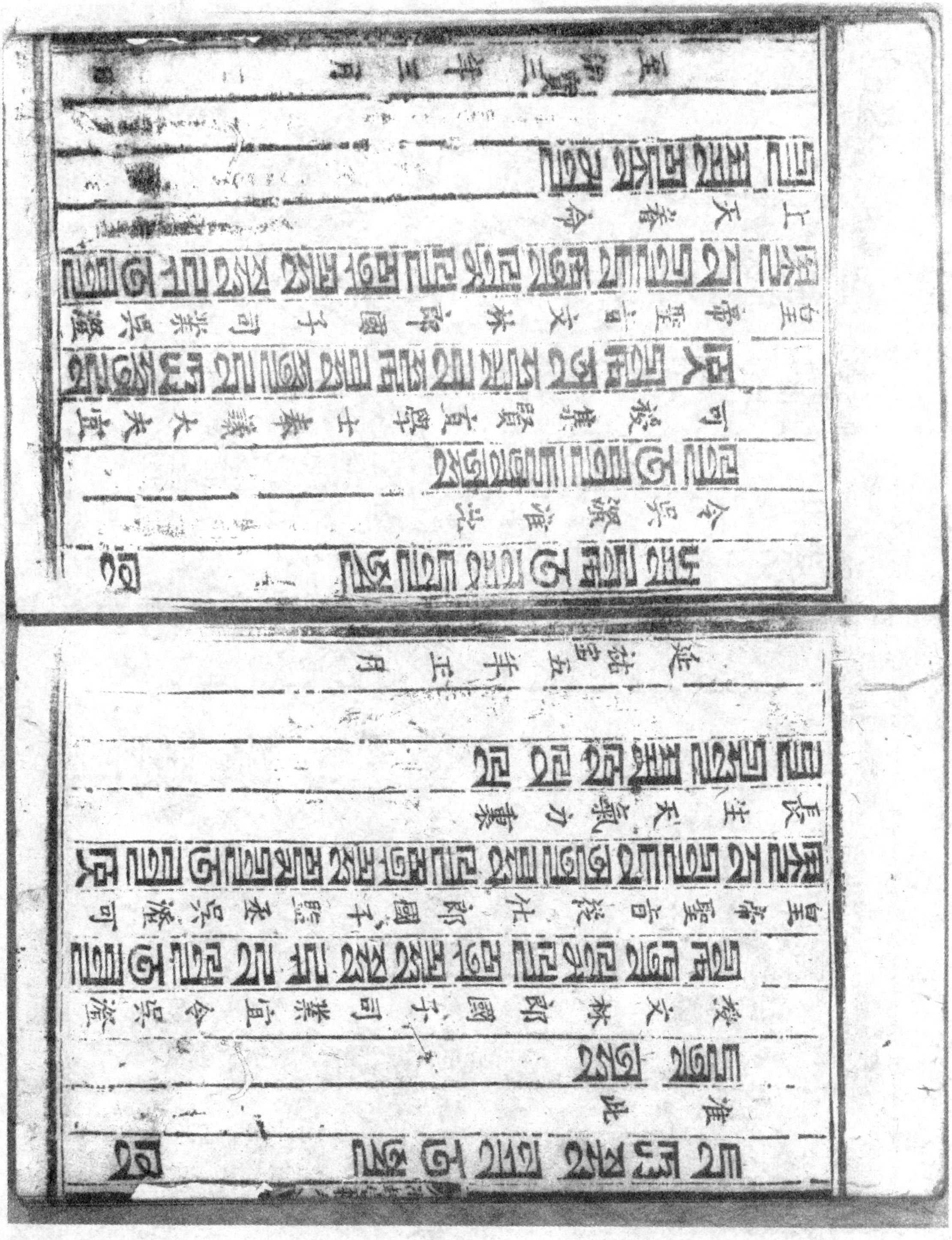

图七

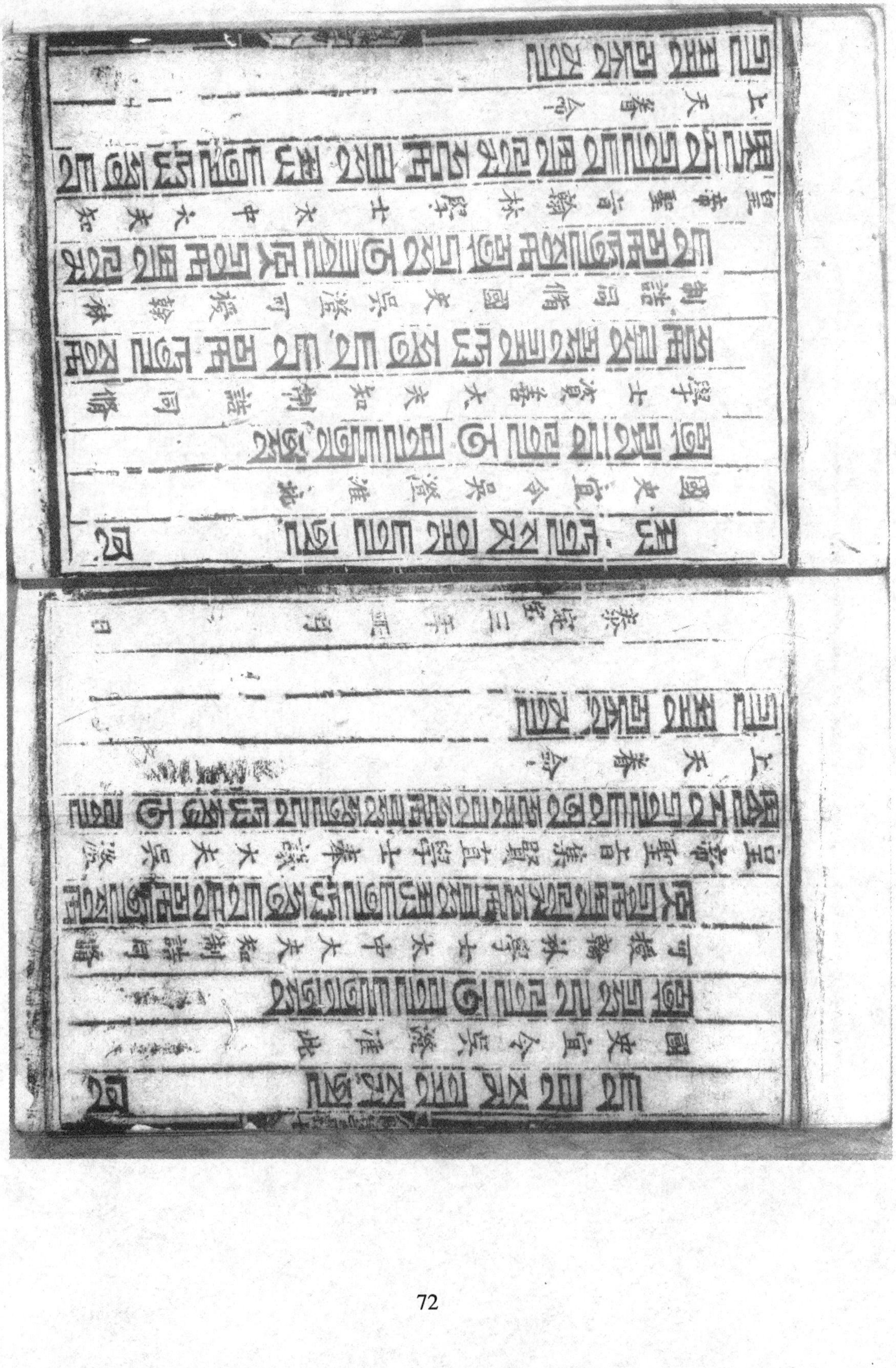

图八

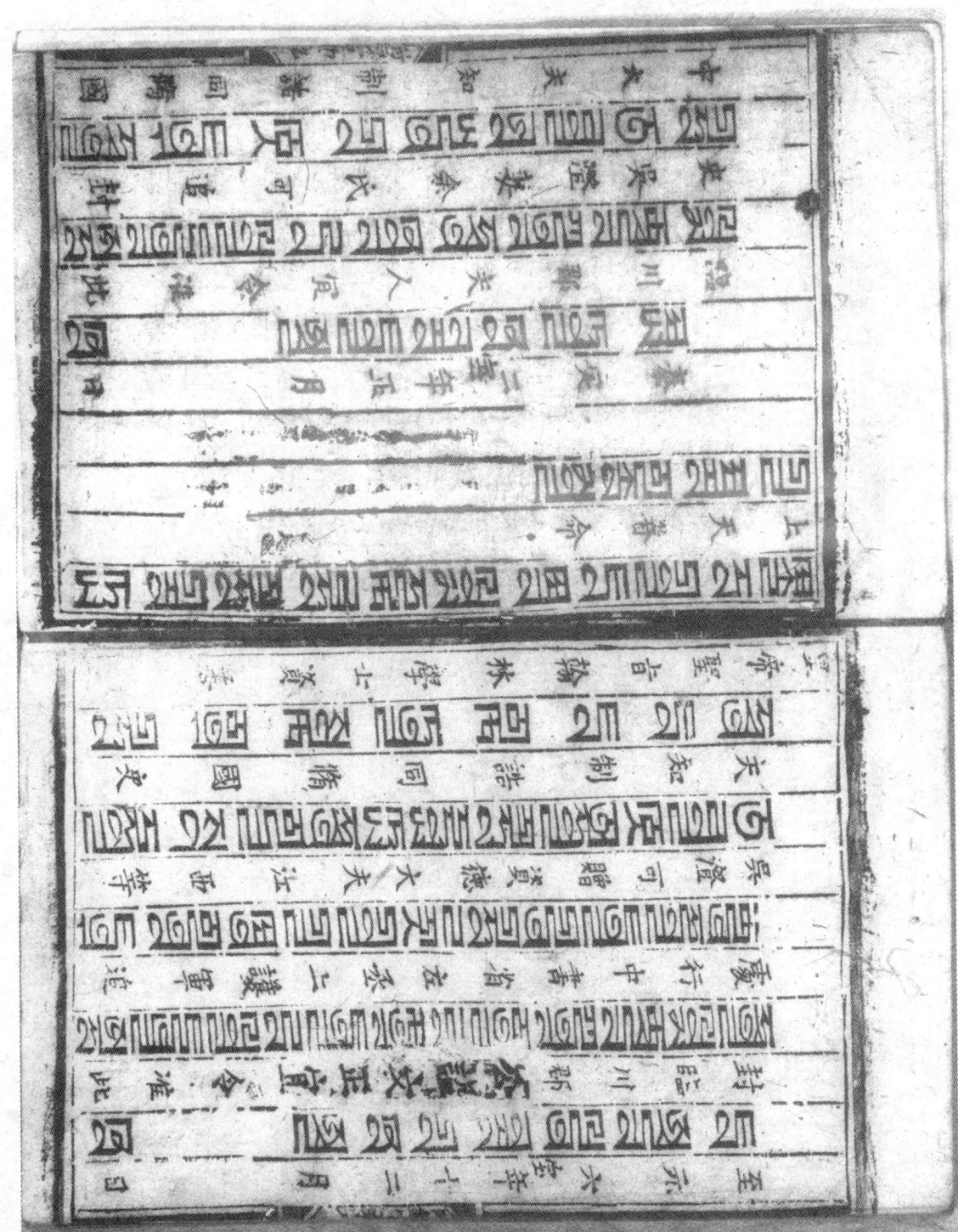

图九

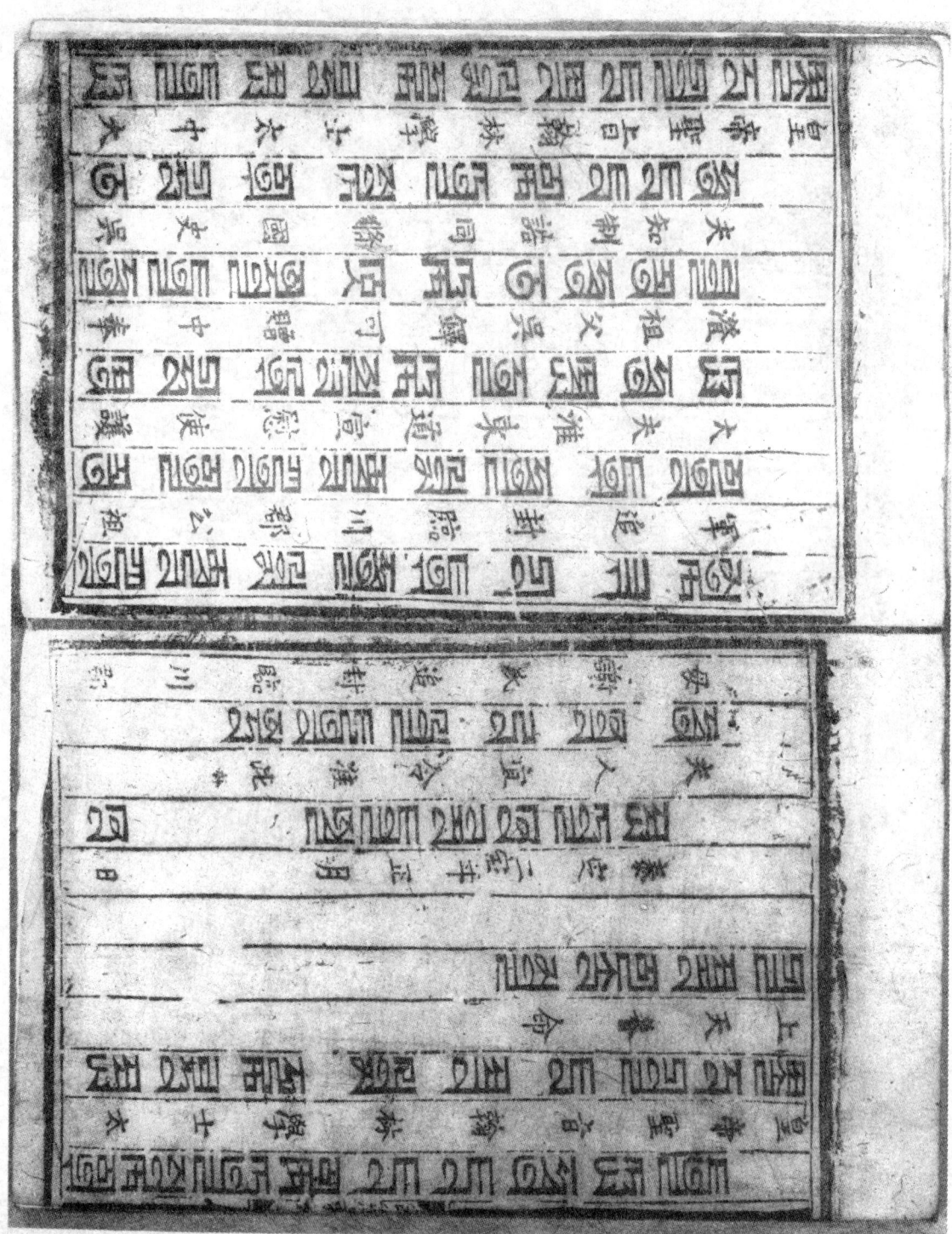

图十

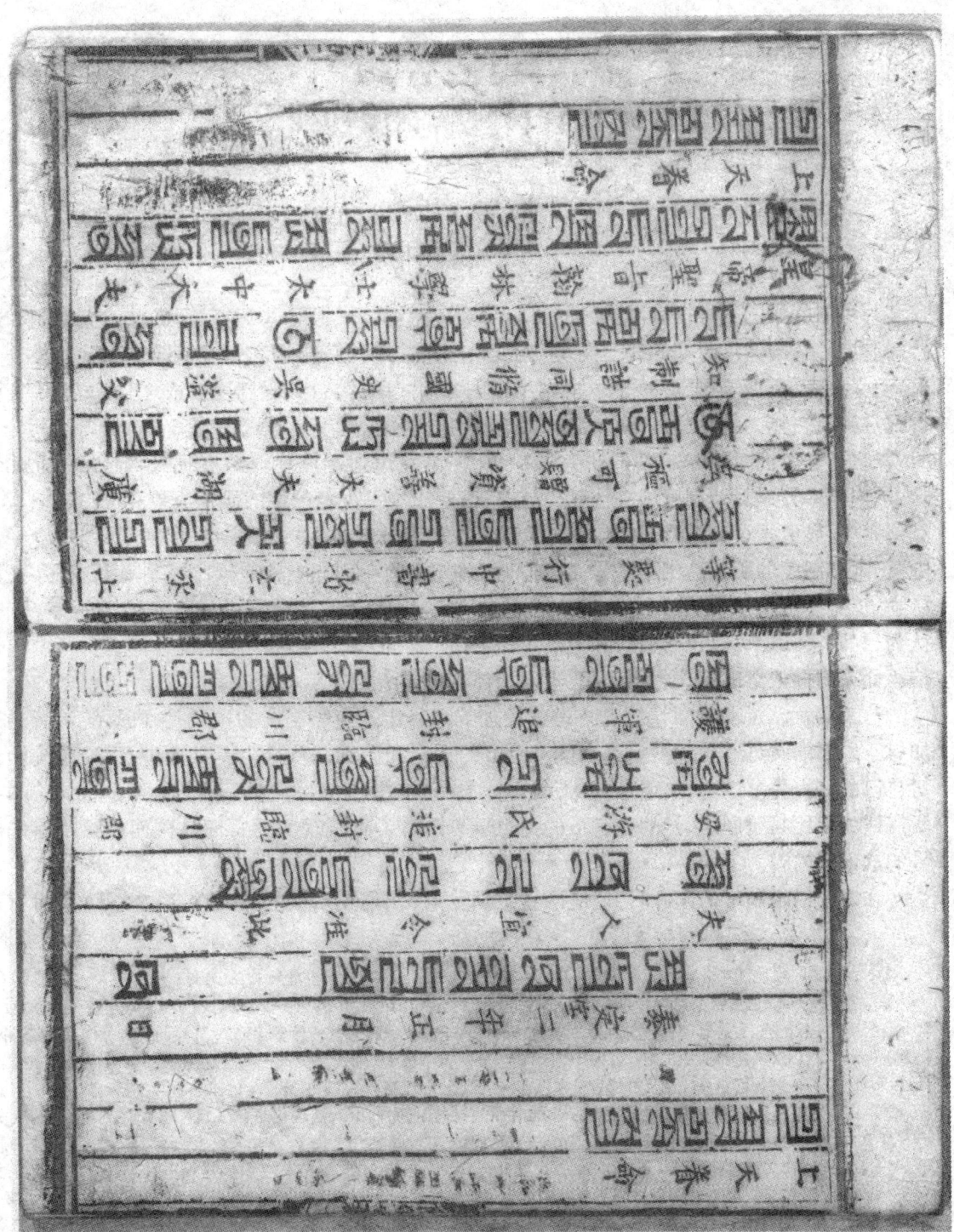

图十一

元代官员封赠制度初探

北京大学 张素霞

封赠制度指的是根据官员本身的官职品阶,使其父母、祖父母、妻室等获得相应官职和封号的制度。它与秦汉时期的任子制及发展到后来的门荫、荫叙制度,分别满足了古代官僚士大夫"上荣祖考,下及子孙"这一追求的两个不同方面。因此,自封赠制度形成之日起,历代统治者都选择了它作为鼓励官员、激劝忠孝的一种有效措施。

过去,学者们对封赠制度的研究很少,往往是在讲述制度史时略有提及而已。[②] 近几年来,国内学术界对封赠制度的关注越来越多,已经出现不少专门性的研究成果。[③]

其中,最值得讨论的是封赠制度的起源问题。徐乐帅在《中古时期封赠制度的形成》一文中,把封赠制度的萌芽追溯到了先秦时的追尊制度。[④] 而孙健《宋代"封赠"制度考论》一文则认为,追尊和封赠虽有相似之处,但二者在本质上有所差异,追尊不是封赠制度的萌芽。[⑤] 他认为,封赠实际上可以视为追命和追王(即徐文所谓"追尊")两种制度的混合体,其中,由追命传承而来的框架形式起着主导作用,本质上体现的是一种君臣关系。

这其实就涉及了对"封赠"这一概念的理解和界定。封赠制度的本质是推恩,统治者通过加恩于臣属的父母尊长和妻室来表达对臣属的肯定和激励。从这个意义上讲,无论是统治者对自己的父祖先辈的追王、追尊,还是对官员本身的赠官、追封等,都不属于封赠的范畴。本文所探讨的元代封赠制度,指的是官员的父祖母妻因官员本身现有的官职品阶而获得赠官和封号的这部分内容。

在讨论封赠制度的起源时,还应该注意到一点,就是其发端的二元化。也就是说,对官员

---

① 本文为国家社科基金重大项目"《元典章》校释与研究"成果之一,项目批准号12&ZD143。
② 通史性著作,如白钢主编《中国政治制度通史》(北京:人民出版社,1996年)第六卷《宋代》(朱瑞熙著,第692页)、第九卷《明代》(杜婉言、方志远著,第457页)、第十卷《清代》(郭松义、李新达、杨珍著,第577页);断代史著作,如张希清著《宋朝典章制度》(长春:吉林文史出版社,2001年,第168页)、苗书梅著《宋代官员选任和管理制度》(开封:河南大学出版社,1996年,第540页),都只是在论及古代官员在任期内或致仕后所享有的待遇时有简单的叙述而已。
③ 这些研究成果,大部分是集中论述某一具体时期的封赠制度,如田禾:《唐代品官命妇封赠试探》(《社科纵横》2009年2月,第153—154页),吴丽娱:《光宗耀祖——试论唐代官员的父祖封赠》(《文史》2009年第1辑,北京:中华书局,第141—180页),杜文玉:《五代叙封制度初探》(《史学月刊》2003年第10期,第32—37页),杨恒平:《宋代叙封制度考述》(《史林》2009年第2期,第94—99页),郭艳艳:《宋代官员家庭外命妇封赠制度略论》(《商丘师范学院学报》2010年第11期,第60—64页),陈超:《明代品官命妇封赠制度初探》(《社会科学辑刊》2006年第4期,第158—161页),赵克生、刘群英:《明朝文官父祖封赠制度述论》(《社会科学辑刊》2010年第3期,第184—189页);也有从具体载体着手来讨论封赠制度的,如程大鲲:《清代的诰命与敕命》(《兰台世界》2004年第11期,第38页),彭银:《周起渭和圣旨》(《贵阳学院学报(社会科学版)》2006年第1期,第10—13页)。
④ 徐乐帅:《中古时期封赠制度的形成》,《唐史论丛》第十辑,西安:三秦出版社,2008年,第89—105页。
⑤ 孙健:《宋代"封赠"制度考论》,《中国史研究》2011年第2期,第117—127页。

之母、祖母、曾祖母等女性尊长和妻室的封赠,与对官员之父、祖父、曾祖父等男性尊长的封赠,二者并不是同时出现的,在前期的联系也不甚密切。对官员母妻进行叙封的制度由来已久,大约产生于秦汉时期:"凡妇人无爵,从夫之爵,坐以夫之齿。至秦汉,妇人始有封君之号。"①此后经过几个朝代的发展,到唐朝时就形成了一套比较完整的叙封制度。五代时期继承了唐代的叙封制度,大体上与唐制一致。关于这部分内容,前文已经列出了相关的研究成果,这里不再赘述。而对官员父祖等男性尊长的封赠,大约从南北朝时期开始出现。"惟古之制曰:夫尊于朝,妻贵于室,爵不上逮也。自南北朝,始有封赠其祖父"②。其后很长一段时间都没有形成定制。到了后晋天福年间,起居郎殷鹏上书批评现行的封赠之法,认为朝廷对官员父祖的封赠仅限于死者,对官员母妻则一体叙封,是"轻生者而重死者","令妻则旁若无夫,子则上若无父",有违"父尊母卑,天地之道"③。因此,他提出了不论存殁,对官员的父祖和母妻一体进行封赠的办法。此法当时被后晋朝廷采纳,以后历朝历代的封赠制度也都遵循了这一原则。至此,封赠制度才算最终成形。

一 元代封赠制度的沿革

以蒙古族为最高统治者的元朝,因其草原本位政策和推行汉法的不彻底,历来难逃被批判的待遇。孟森曾言:"自有史以来,以元代为最无制度。"④蒙古统治者入主中原的过程中,在顽固保留其草原旧制的同时,积极吸收中原汉族文化的精华,从而形成了一种杂糅的二元文化特性。就其建立制度的具体过程来看,国初一些制度是承金制而来,是在金朝统治者汉化的基础上再度接收继承的。封赠制度亦是如此。

金朝《泰和律令》中有《封赠令》十条,是于金章宗泰和元年十二月修成,次年五月颁行。⑤其内容虽不甚清楚,但至少可以确定女真族南下建立政权后,对汉族政权的学习中包括了激劝官员的封赠制度。金宣宗兴定元年正月,东平行省奏言:"调兵以来,吏卒因劳进爵多至五品,例获封赠,及民年七十并该覃恩。若人往自陈,公私俱费。请令本路为制诰敕,类赴朝廷,以求印署。使受命者量输诸物而给之。人力不劳,兵食少济。"⑥可见,金朝官吏五品即可获封赠,平民年满七十岁的也有加恩。这在当时应该是得到了普遍执行,甚至于产生了靡费消耗的问题。

元代的封赠制度承金制而来,经历了一个从无到有,并不断加以修正的过程。赵世延《经世大典序录》中有"封赠"条:"至元中,追赠之制,惟一二勋旧之家以特恩见褒,虽略有成例,未行也。至大初,始行定制,课忠责孝之意备矣。"⑦这个说法与元代封赠制度的实际沿革情况大

---

① 杜佑:《通典》卷三四《职官十六·后妃(及内官命妇附)》,王文锦等点校,北京:中华书局,1988年,第948页。
② 姜宸英:《湛园集》卷五《赠工部营膳司主事张公墓志铭》,影印文渊阁《四库全书》,第1323册,台北:台湾商务印书馆,第787页。
③ 薛居正等撰:《旧五代史》卷一四九《职官志·封荫》,北京:中华书局,1976年,第2004页。
④ 孟森:《明清史讲义》,北京:中华书局,1981年,第29页。
⑤ 脱脱等撰:《金史》卷四五《刑志》,北京:中华书局,1975年,第1024页。
⑥ 脱脱等撰:《金史》卷一五《宣宗纪中》,第327页。
⑦ 苏天爵编:《国朝文类》卷四〇《杂著·经世大典序录·封赠》,《四部丛刊》本,第13页。

致相符,只是不尽周详。元代封赠制度的沿革可以分为三个阶段:一是世祖、成宗时期,这时的封赠尚未形成制度;二是武宗、仁宗、英宗时期,这期间封赠制度几经置废,终成定制;三是泰定帝以后至元末,这段时期封赠制度没有什么变化,是平稳运作的时期。下面依次介绍各个阶段的具体情况。

在第一阶段,元政府陆续出台了一些和封赠有关的政策规定。忽必烈时期曾有过将封赠与官员考课相结合的做法。"至元二十二年二月,钦奉圣旨内一款:在先考课虽以五事责办管民官,为无激劝之方,徒示虚文,竟无实效。自今每岁终考课,管民官五事备具,内外诸司官职任内各有成效者,为中考。第一考,对官品加妻封号。第二考,令子弟承荫叙仕。第三考,封赠祖父母、父母。品格不及封赠者,量迁官品。其有政绩殊异者,不次升擢。仰中书省参酌旧制,出给诰命施行"①。这次尝试后来还是废止了。成宗即位后,元贞、大德年间,时人对封赠制度普遍比较重视,陆续有人向成宗皇帝奏请再行封赠之法。如元贞三年,阎复上疏言"定律令,颁封赠,增俸给,通调内外官"②;大德七年,郑介夫的奏议中提到"朝廷昔有封赠之条,该具虽明而举行未见。今后无分内外大小官员,有一廉如水无扰于民者,令风宪官从公保举,申台呈省,俾同实迹,优升一等,历一考则封赠其父母,再历一考则封赠其妻妾。但才德公勤有一可称者,亦如之"③;大德九年,刘敏中"上疏陈十事",其中亦有"举封赠"一条。④ 这期间,朝廷对官员的封赠应该一直都有,只是涉及的范围很小,管理比较严格,必须要由中书省奏请才能封赠。⑤

武宗即位后,封赠开始由"中书奏请"的小范围事件,渐渐变得制度化了。至大二年九月,在颁布天下的复立尚书省诏书内有一条关于封赠的内容:"流官内,五品以上父母、正妻,七品以上正妻,尚书省次第议行封赠之制。"⑥这条诏令划定了评判封赠资格的统一标准,意味着凡是符合标准的官员都有资格和机会获得封赠,不仅扩大了官员受封赠的范围,而且使得封赠成为一项制度性政策。之后不久,武宗下诏"定流官封赠等第"⑦,于是出现了"武宗皇帝推恩内外,诏凡臣工咸得追宠其先"⑧的盛况。武宗皇帝在位四年,通过查阅史料可以发现,至大三年有许多官员获得封赠的实例,如真人吴全节封赠二代,⑨元明善封赠父母,⑩畏兀人大慈都封

---

① 《元典章》卷二《圣政卷之一·饬官吏》"官吏考荫封赠",台北:故宫博物院影印元本,1976年,第2册,第5页。另,《元史》卷八四《选举志四·考课》"凡封赠之制"下亦有此材料,略同,年代却写作"至元二十年",属讹误。
② 宋濂等撰:《元史》卷一六〇《阎复传》,第3773页。
③ 郑介夫:《回奏一纲二十目》,邱树森、何兆吉辑点《元代奏议集录》,元代史料丛刊,杭州:浙江古籍出版社,1998年,第86页。
④ 宋濂等撰:《元史》卷一七八《刘敏中传》,第4136页。
⑤ 宋濂等撰:《元史》卷二〇《成宗纪三》,第436页。
⑥ 《元典章》卷一一《吏部卷之五·职制二·封赠》"流官五品以上封赠",第4册,第36页。
⑦ 宋濂等撰:《元史》卷二三《武宗纪二》,第520页。
⑧ 柳贯:《柳待制文集》卷一二《代张公作官原墓表》,《四部丛刊》本,第10页。
⑨ 邓文原:《巴西邓先生文集》(一卷),《北京图书馆古籍珍本丛刊》92,北京:书目文献出版社据清抄本影印,第763—764页。
⑩ 吴澄:《吴文正公集》卷三二《神道碑·元赠中奉大夫吏部尚书护军清河郡元孝靖公神道碑》,《元人文集珍本丛刊》第3—4册,台北:新文丰出版公司,1985年,第538—539页。

赠三代等。① 而仁宗时的圣旨中更有"封赠是激劝人做忠孝的好勾当,尚书省行的忒滥了"之语。② 可见,武宗至大年间官员获封赠的范围是比较广的。

仁宗、英宗两朝是元代封赠制度最终成形的重要时期。仁宗朝十来年间,封赠制度经历了两复两罢。第一次是皇庆元年二月,"制定封赠名爵等级,著为令",同年六月即"敕罢封赠,诫左右守法度,勤职业,勿妄侥幸加官"③。第二次从延祐元年七月即"命中书省臣议复封赠",次年十二月又"命省臣定拟封赠通例,俾高下适宜以闻",延祐三年夏四月再"命中书省与御史台、翰林、集贤院集议封赠通制,著为令"④,最终于延祐三年八月完成,制定出一套翔实的流官封赠制度细则,现可见于《元典章》卷一一《吏部卷之五·职制二·封赠》"流官封赠通例"条。然而这次恢复封赠制度也不持久,延祐五年二月再度"罢封赠"⑤。延祐七年正月,仁宗崩;三月,英宗即位。随后,英宗在至治改元诏书里下令中书省详议封赠条例:"封赠之制,本以激劝臣下,比因泛请者众,遂致中辍。今命中书省从新设法议拟举行,毋致冗滥。"⑥这次新议定的封赠条例现可见于《元史》卷八四《选举志四·考课》"凡封赠之制"条,与仁宗延祐年间的封赠通例有所不同而变化不大。那么,究竟这次的新条例成于何时呢?《元史》卷八四《选举志四·考课》和卷二八《英宗纪二》都认为是至治三年正月"定封赠官等秩"。然而,时人文集中有载:"照得延祐七年改元诏书:封赠之制,本以激劝臣下……适遭中辍,不及沾被。钦承诏旨,再许推恩。中外臣邻,莫不欣戴。延望逾岁,未蒙举行。"⑦则表明了英宗朝真正开始执行封赠制度是在至治改元诏书颁布至少一年多以后。又查得至治二年封赠实例:王元亮封赠父母两次,第一次是在至治二年,因其升官至七品,封赠父从仕郎,母宜人。⑧ 因此,英宗朝颁行封赠制度具体条例应该就在至治元年末或至治二年初。

英宗皇帝至治年间重新议定封赠通例,这是元代封赠制度沿革变化的最后一步。自泰定帝以后直到元末,基本上都是遵循英宗时的定制进行封赠,只偶尔会有一些细节上的删减或补充。如泰定元年诏令:"犯赃官员,不得封赠,沉郁既久,宜许自新,有能涤虑改过,再历两任无过者,许所管上司正官从公保明,监察御史、廉访司覆察是实,并听依例申请。"⑨这就比英宗时"诸职官曾受赃,不许申请"⑩的强硬规定略为放宽限制,给了犯赃官员一个改过自新的机会,对官员的劝教鼓励作用也更大些。

---

① 程钜夫著:《程钜夫集》卷八《敕赐碑·秦国先茔碑》,张文澍校点,长春:吉林文史出版社,2009年,第90—91页。
② 《元典章》卷一一《吏部卷之五·职制二·封赠》"流官封赠通例",第4册,第36页。
③ 宋濂等撰:《元史》卷二四《仁宗纪一》,第550、552页。
④ 宋濂等撰:《元史》卷二五《仁宗纪二》第565、572、573页。
⑤ 宋濂等撰:《元史》卷二六《仁宗纪三》,第582页。又见《元典章新集·吏部·官制·总例》"住罢封赠",第15册,第26页。
⑥ 《元典章》卷一一《吏部卷之五·职制二·封赠》,第4册,第39页。
⑦ 许有壬:《至正集》卷七五《公移·封赠》,《北京图书馆古籍珍本丛刊》95,北京:书目文献出版社,据清抄本影印,第381页。
⑧ 柳贯:《柳待制文集》卷一二《太康王氏扶城墓表》,第14页。
⑨ 宋濂等撰:《元史》卷八四《选举志四·考课》"凡封赠之制",第2116页。
⑩ 宋濂等撰:《元史》卷八四《选举志四·考课》"凡封赠之制",第2115页。

二 元代封赠制度的内容和运作

以上我们对元代封赠制度几经罢复、修正的沿革过程已经有所了解。对于一项制度而言,了解它的具体内容及运作过程则是另一个更为重要的方面。下面本文将以《元典章》卷一一《吏部卷之五·职制二·封赠》"流官封赠通例"条和《元史》卷八四《选举志四·考课》"凡封赠之制"条两份史料为基础,结合元朝官员获封赠的实例,对元代封赠制度的内容和运作进行分析阐述,并就前后不同时期的相关规定做些比较。

1. 封赠的等级和封号

元代封赠的对象包括一品至七品的流官。根据其品级高低不同,官员获得封赠的级别也是不同的,有封赠一代、二代、三代之分。封赠一代者,只封赠该官员的父母;封赠二代者,则包括父母和祖父母;封赠三代者,包括父母、祖父母和曾祖父母。此外,根据官员品级高低不同,其父祖母妻所获得的官职、勋、爵和封号也有所不同。现列表如下:

元代官员封赠的等级和封号

官员品级	封赠等级	父			母、妻
		散官	勋	爵	
正一品	三代	与子同	上柱国	国公	国夫人
从一品			柱国		
正二品	二代		上护军	郡公	郡夫人
从二品			护军		
正三品			上轻车都尉	郡侯	
从三品			轻车都尉		
正四品			上骑都尉	郡伯	郡君
从四品			骑都尉		
正五品	一代		骁骑尉	县子	县君
从五品			飞骑尉	县男	
正从六品			无		恭人
正从七品					宜人

(注:《元典章》"正四品"对应勋为"上柱都尉",属讹误,据《元史》改。其他与《元史》同。)

判定官员所属封赠等级时,不同品级的官员依据也不同。"应封赠者,一品至五品并用散官、职事、勋爵,六品、七品止用散官。散官、职事,从一高"①。即是说,当官员的散官和职事官品阶有差时,以其品阶高者来定封赠等级。如金溪县丞耿居简,其职官"县丞"为正八品,本不够封赠级别,然而他有从七品的散官"从事郎",故可以封赠父母和妻室。②又如尚书省右司郎中刘安仁,至大二年,其父刘诚获赠少中大夫(从三品)、轻车都尉、彭城郡侯,母张氏封彭城郡太夫人,③属于从三品官员的封赠等级,而尚书省右司郎中是正五品,因而可以推断,他应该还有一个从三品的散官。再如以下几个封赠事例:

1)贾庭瑞。以官扬州路总管(从三品):祖贾受赠亚中大夫(从三品)、顺德路总管(从三品)、轻车都尉、追封武威郡侯,祖母鲁氏、李氏并追封武威郡夫人;父贾谅赠嘉议大夫(正三品)、礼部尚书(正三品)、上轻车都尉、追封武威郡侯,母滑氏追封武威郡夫人。④

2)赵孟𫖯。皇庆元年,以官集贤侍讲学士(从三品)、中奉大夫(从二品):祖赵希永赠嘉议大夫(正三品)、太常卿(正三品)、上轻车都尉、吴兴郡侯,祖妣郑氏赠吴兴郡夫人;父赵与訔赠昭文馆大学士(从二品)、护军、吴兴郡公,母李氏吴兴郡夫人。⑤

3)刘宗说。以官中奉大夫(从二品)、江南诸道行御史台侍御史(正四品):祖刘景高赠嘉议大夫(正三品)、礼部尚书(正三品)、上轻车都尉、追封彭城郡侯;父刘重坤赠中奉大夫(从二品)、四川等处行中书省参知政事(从二品)、护军、追封彭城郡公,母毛氏、王氏并追封彭城郡夫人。⑥

4)杨益。以官奉训大夫(从五品)、护圣营缮司大使:父赠奉训大夫(从五品)、礼部郎中(从五品)、飞骑尉、洛阳县男。以官朝列大夫(从四品)、户部员外郎(从六品):父加赠朝列大夫(从四品)、秘书少监(正五品)、骑都尉、进封弘农郡伯。以官嘉议大夫(正三品)、南雄路总管兼劝农事(从三品):父再赠嘉议大夫(正三品)、刑部尚书(正三品)、上轻车都尉、弘农郡侯;祖赠亚中大夫(从三品)、河南府路总管(从三品)、轻车都尉、弘农郡侯。⑦

以上几例都是按照官员所带品阶较高的散官来确定封赠等级。又如王洪封赠事例:

王洪。以官奉直大夫(从五品)、参议院事(正五品):父赠奉议大夫(正五品)、枢密院判官(正五品)、骁骑尉、太原县子。以官中顺大夫(正四品)、江浙等处财赋都总管(正三品):祖王璕赠翰林直学士(从四品)、亚中大夫(从三品)、轻车都尉、太原郡侯,祖母李氏、鄂尔根氏并太原郡夫人;父加赠嘉议大夫(正三品)、礼部尚书(正三品)、上轻车都尉、太原郡侯,母李氏、魏氏太原郡夫人,妻孙氏亦太原郡夫人。⑧

该例则是当官员本身所带职事官品级高于散官时,按职事官品阶封赠的典型。

---

① 《元典章》卷一一《吏部卷之五·职制二·封赠》"流官封赠通例",第4册,第37页。《元史》卷八四《选举志四·考课》"凡封赠之制"第2115页记载与此不同:"封赠者,一品至五品并用散官、勋爵,六品七品止用散官、职事,从一高"据下文所列封赠实例来看,《元史》有误,应取《元典章》之说。
② 吴澄:《吴文正公集》卷三三《墓碑·耿县丞赠封碑》,第552—553页。
③ 吴澄:《吴文正公集》卷三三《墓碑·元赠少中大夫轻车都尉彭城郡刘侯封彭城郡张氏太夫人墓碑》,第553—555页。
④ 吴澄:《吴文正公集》卷三三《墓碑·赵郡贾氏先茔碑》,第555—556页。
⑤ 赵孟𫖯:《松雪斋文集》卷九《大元封赠吴兴郡公赵公碑》,《四部丛刊》本,第1页。
⑥ 欧阳玄:《圭斋文集》卷一〇《元故中奉大夫江南诸道行御史台侍御史刘公墓碑铭》,《四部丛刊》本,第1—5页。
⑦ 虞集:《道园学古录·归田稿》卷三三《洛阳杨氏族谱序》,《四部丛刊》本,第11页。
⑧ 黄溍:《金华黄先生文集》卷二九《宛平王氏先茔碑》,临川危素编次、番易刘耳校正,《四部丛刊》本,第1—3页。

至于官员父祖所获得的封赠官职,据诸多封赠实例来看,似乎没有严格限制。就类型而言,有散官、职事、勋、爵四者齐备的,也有止封赠散官、勋、爵的,还有止封赠散官、职事官的。就品级而言,个人所获得的散官、职事和勋爵,有品阶齐平的,如上文贾庭瑞、赵孟頫、刘宗说封赠实例;也有散官、职事官品阶不同的,如元明善于延祐三年的封赠事例:

元明善。以官礼部尚书(正三品):父元贞赠中奉大夫(从二品)、吏部尚书(正三品)、护军、追封清河郡公,谥孝靖,弭夫人追封清河郡夫人;祖元海赠嘉议大夫(正三品)、秘书监太卿(从三品)、上轻车都尉、追封清河郡侯,谥贞惠,祖母高氏追封清河郡夫人。①

在这一事例中,官员父、祖获赠职事官的品阶都比散官、勋爵低一等。

2. 封赠中的官品级差

当官员品级在三品以上,得以封赠二代、三代时,其父、祖、曾祖获赠的品级也有差别。具体来说,"封赠曾祖,降祖一等,祖降父一等,父、母、妻并与夫、子同"②。上文贾庭瑞、赵孟頫、刘宗说、元明善等例,都是如此。又如以下二人的事例:

1) 王毅。延祐四年,以官中书省平章政事(从一品):曾祖王汜赠正奉大夫(从二品)、山东东西道宣慰使(从二品)、上护军、鲁郡公,曾祖母周氏鲁郡夫人;祖王全累赠资德大夫(正二品)、江浙等处行中书省右丞(正二品)、鲁国公;父王玉赠荣禄大夫(从一品)、河南河北等处行中书省平章政事(从一品)、柱国、鲁国公,母郭氏、朱氏封鲁郡夫人。③

2) 吴秉彝。至正七年,以官江西行中书省参知政事(从二品):父吴良赠中奉大夫(从二品)、河南江北等处行中书省参知政事(从二品)、护军、渤海郡公,母高氏追封渤海郡夫人;祖吴德信赠嘉议大夫(正三品)、礼部尚书(正三品)、上轻车都尉、渤海郡侯,祖妣钱氏渤海郡夫人。④

当官员父祖本身有官职时(非现任官,可以是致仕官,或亡者生前所任官),若父祖的品阶高于官员自己的品阶,则要在官员父祖原本的品阶之上加以封赠,即"父祖元有官者,随其所带文武官上封赠"⑤。若父祖的品阶低于官员本身时,仍可根据官员本身的品级封赠。如以下事例:

1) 袁桷。泰定元年,以官翰林侍讲学士(从二品):父袁洪,原官朝列大夫(从四品)、同知处州路总管府事(正五品),赠中奉大夫(从二品)、浙东道宣慰使都元帅(从二品)、护军、会稽郡公,母史氏、杨氏并追封会稽郡夫人。⑥

2) 哈剌哈孙,西夏人。延祐五年,以官奉议大夫(正五品)、同知江州路总管府事(正五品):父述哥察儿,原官浚州达鲁花赤(从五品),赠奉议大夫(正五品)、汴梁路治中(正五品)、

---

① 吴澄:《吴文正公集》卷三二《神道碑·元赠中奉大夫吏部尚书护军清河郡元孝靖公神道碑》,第538—539页。
② 《元典章》卷一一《吏部卷之五·职制二·封赠》"流官封赠通例",第4册,第37页;《元史》卷八四《选举志四·考课》"凡封赠之制"第2115页与之同。
③ 袁桷:《清容居士集》卷二七《王氏先茔碑铭》,《四部丛刊》本,第16—18页。
④ 许有壬:《至正集》卷四六《敕赐赠中奉大夫河南江北等处行中书省参知政事护军追封渤海郡公吴公神道碑铭》,第240—241页。
⑤ 《元典章》卷一一《吏部卷之五·职制二·封赠》"流官封赠通例",第4册,第37页;《元史》卷八四《选举志四·考课》"凡封赠之制"第2115页与之同。
⑥ 袁桷:《清容居士集(附札记)》卷三三《表志·西山阡表》,《丛书集成》初编,上海:商务印书馆,1936年,第563—565页。

骁骑尉、追封南乐县子,母亲康里氏追封南乐县君。①

3) 神保,畏兀人。至正七年,中书检校官(正七品):父布延,原官奉政大夫(正五品)、淮西江北道肃政廉访使(正三品),赠嘉议大夫(正三品)、礼部尚书(正三品)、上轻车都尉、追封恒山郡公,谥正肃,母辉和尔氏封恒山郡夫人。②

只是,若官员父祖原本的官职是封赠得来的,则"止于本等官上许进一阶,阶满者更不在封赠之限"③。意思是说,官员的父祖之前已经接受过封赠,又再次获得封赠机会的话,最多与该官员的品级持平,阶未满时可以进一阶,若阶已满,则不许封赠。举例说明,正四品官员之父再次封赠时,若其原本是四品下阶的封赠官职,那么可以进一阶;若其原本已经是四品上阶,是谓阶已满,则不可再次接受封赠。

在封赠官员时,如果出现父子所在职官序列文、武不同的情况,可以由当事人自己选择按照文职还是武职受封,即"文武不同者,从所请"④。如蒙古人万嘉闾身带文职,累迁至嘉议大夫、河间总管;其父绰克图原有官忠翊校尉、福州亲军千户达鲁花赤,却是武职,并于至大三年"卒于戍"。在绰克图"因子贵"获得封赠时,初赠武德将军、同知广平路总管府事、骁骑尉、曲周县子,是武职;再赠中顺大夫、同佥枢密院事、轻车都尉、范阳郡伯,三赠亚中大夫、佥太常礼仪院事、上轻车都尉、范阳郡侯,就又转为文职了。⑤

当一对父母有两个儿子同时具备封赠资格时,原则上是按照品级较高的等级受封,即"两子当封者,从一高"⑥。若受封赠妇人的丈夫与儿子都有资格封赠,那么也按照品级较高的等级受封,即"妇人因其夫、子封赠,而夫、子两有官者,从一高"⑦。这是因为,朝廷实行封赠制度本就是为了激励官员,当然会尽可能保证官员的利益,从而使他们更加勤勉政事,报效朝廷。

3. 几种特殊情况下的封赠

当官员的父祖本身有官职且尚在任时,是不能接受封赠的。"父母在仕者不封,已致仕并不在仕者封之"⑧。英宗时加进了一条补充内容:"虽在仕,弃职就封者听。"⑨即是说,官员父祖也可以放弃现任官职,选择接受封赠。

官员守制服丧期间,如果遇到封赠父母、祖父母、曾祖父母的机会,可以照常封赠。若是本

---

① 吴澄:《吴文正公集》卷三三《墓碑·元故浚州达鲁花赤赠中议大夫河中府知府上骑都尉追封魏郡伯墓碑(丁卯)》,第558—559页。
② 许有壬:《至正集》卷六一《故奉政大夫淮西江北道肃政廉访使赠嘉议大夫礼部尚书上轻车都尉追封恒山郡公谥正肃布延公神道碑铭》,第313—315页。
③ 《元史》卷八四《选举志四·考课》"凡封赠之制",第2115页;《元典章》卷一一《吏部卷之五·职制二·封赠》"流官封赠通例"(第4册,第37页)略有不同,注气缺"上阶"二字,应从《元史》改。
④ 《元典章》卷一一《吏部卷之五·职制二·封赠》"流官封赠通例",第4册,第37页;《元史》卷八四《选举志四·考课》"凡封赠之制"第2115页与之同。
⑤ 许有壬:《至正集》卷五六《赠佥太常礼仪院事绰克图公神道碑铭》,第288—289页。
⑥ 《元典章》卷一一《吏部卷之五·职制二·封赠》"流官封赠通例",第4册,第37页;《元史》卷八四《选举志四·考课》"凡封赠之制"第2115页与之同。
⑦ 《元典章》卷一一《吏部卷之五·职制二·封赠》"流官封赠通例",第4册,第37页;《元史》卷八四《选举志四·考课》"凡封赠之制"第2115页与之同。
⑧ 《元典章》卷一一《吏部卷之五·职制二·封赠》"流官封赠通例",第4册,第37页;《元史》卷八四《选举志四·考课》"凡封赠之制"第2115页与之同。
⑨ 《元史》卷八四《选举志四·考课》"凡封赠之制",第2115页。

应受封之人正在为曾祖父母、祖父母、父母、公婆、丈夫服丧,则暂时不能接受封赠,须在服满之后申请。① 这是因为,按制服丧本就是一种对死者表达敬意的行为,若服丧之人营营于为自己争取荣耀,则是对死者不敬,有违孝道。然而,若是官员本身在为亲人服丧,受封之人没有服丧的话,则不存在这种顾虑。

另外,还有一种特殊情况——移封,即将接受封赠的机会转给他人。例如,四品以下官员按规定只能封赠一代,则其祖父母、曾祖父母都不应封赠。这时候,若该官员的父母愿意将封赠机会转移给他的祖父母或曾祖父母,这个行为是朝廷允许的,就叫做移封。② 移封是将朝廷给予的荣誉由晚辈转至亲长,与孝道相合,也与朝廷实施封赠制度的初衷不相违背,因此得到了朝廷的认可。

4. 女性亲属的封赠

官员的女性亲属是一个特殊且复杂的群体。与古代婚姻制度相应,官员之母有嫡母、继母、所生母、庶母之分,官员之妻亦有正妻、继室、妾的差别。这些不同身份的女性在封赠时的资格和机会是不等的,也是变化的。

首先,就官员的妻室来讲,只有正妻才有资格接受封赠。如果正妻已经亡故,继室也可以受封。其他没有正室身份的妻妾统统没有因夫受封的资格。③

其次,对官员之母而言,嫡母在封赠时的机会是永远优先的,无论她是否在世,都必须封赠。若官员的生母不是正室,那么她无法因夫受封,却可以因子受封。若该官员的嫡母已经亡故,那么他的嫡母和所生母可以同时受封。④

另外,关于官员母、妻的封赠顺序问题,元朝初年的各种规定是比较混乱的,一直没有形成定论。按照忽必烈至元二十二年所定将封赠与考课相结合的办法,官员第一次考课达标,就可以封妻了,而封赠祖父母、父母则要等到第三次考课达标,远远排在封妻之后。⑤ 大德七年,郑介夫提出的封赠之法就变成了"历一考则封赠其父母,再历一考则封赠其妻妾"⑥。到了武宗至大二年,在立尚书省的诏书内有一条:"流官内,五品以上父母、正妻,七品以上正妻,尚书省次第议行封赠之制。"⑦这就意味着官员在升至五品以前只能封妻,只有升到了五品才能封赠父母,相当于又回到了世祖时"先妻后母"的封赠顺序。对此,时人曾提出过质疑:"至大中……又言六品以下封妻不及父母,非人子志。"⑧这种混乱的情况到了仁宗时才得以改变。

---

① 《元典章》卷一一《吏部卷之五·职制二·封赠》"流官封赠通例",第 4 册,第 37 页;《元史》卷八四《选举志四·考课》"凡封赠之制"第 2115 页与之同。
② 《元典章》卷一一《吏部卷之五·职制二·封赠》"流官封赠通例",第 4 册,第 37 页;《元史》卷八四《选举志四·考课》"凡封赠之制"第 2115 页与之同。
③ 《元典章》卷一一《吏部卷之五·职制二·封赠》"流官封赠通例",第 4 册,第 37 页;《元史》卷八四《选举志四·考课》"凡封赠之制"第 2116 页与之同。
④ 《元典章》卷一一《吏部卷之五·职制二·封赠》"流官封赠通例",第 4 册,第 37 页;《元史》卷八四《选举志四·考课》"凡封赠之制"第 2115 页与之同。
⑤ 《元典章》卷二《圣政卷之一·饬官吏》"官吏考荫封赠",第 2 册,第 5 页。
⑥ 郑介夫:《回奏一纲二十目》,《元代奏议集录》(下),第 86 页。
⑦ 《元典章》卷一一《吏部卷之五·职制二·封赠》"流官五品以上封赠",第 4 册,第 36 页。
⑧ 欧阳玄:《圭斋文集》卷一〇《元故中奉大夫江南诸道行御史台侍御史刘公墓碑铭》,第 3 页。

仁宗、英宗时期都规定："若所生母未封赠者,不得先封其妻。"①直接把所生母的封赠顺序提到了妻的前面,由此才确定了"先母后妻"的原则。

女性被封赠之后,虽然得到了荣誉,提升了身份地位,但其受到的限制也变多了。其中最重要的一条限制,就是失去了夫死守寡后再嫁的权利。"妇人因夫、子得封者,不许再嫁。如不遵守,将所受宣敕追夺,断罪离异"②。这项规定其实来自于武宗时期。至大四年,上都留守王忠议奏疏中道:"见今尚书省奏准封赠流官父母、妻室,颁行天下,妇人因夫、子得封郡县之号,即与庶民妻室不同。既受朝命之后,若夫、子不幸亡殁,不许本妇再醮,立为定式。如不遵式,即将所受宣敕追夺,断罪离异。倘准所言,不惟少副圣朝举行封赠之美意,亦厚风俗、重人伦之一端也。"③除了已受封赠者不许再嫁外,延祐四年十月二十七日,监察御史还提出了失节妇不得封赠:"妇有夫死适人者,谓之失节、得罪纲常之人。今见行通例中,虽有以礼娶到正室等条,别不见职官娶到再醮之妇,是否合得封赠。今后除蒙古人外,汉人职官,正室如系再醮失节之妇,不许受封。庶几士夫之家敦尚节义,妇人、女子亦知有耻,为系治体不轻。"④这条奏议后来被朝廷采纳,英宗时封赠通例中就明确规定了:"例所封妻不是以礼娶到正室,或系再醮倡优婢妾,并不许申请。"⑤

此外,关于给女性尊长的封号中要不要加"太"字的问题,在以前的朝代就已经多次讨论过。元代规定,若受封赠之人已经亡故,则不加"太"字;若受封赠之人尚在世,则其夫已经亡故者加"太"字,其夫尚在世者不加。⑥ 如刘安仁的母亲张氏在至大二年被封为"彭城郡太夫人",则是因为当时刘父已亡,而其母尚在的缘故,张氏一直到至治元年十月十一日才"终于官舍"⑦。

5. 特殊人群的封赠

元朝在实施封赠制度的过程中,有一些特殊人群是不适用于以上各项规定的。对这些人,朝廷也有一些特殊的封赠政策。

首先是两种有特殊功勋的人,即出使外国时死亡的使节和战死沙场的将领。针对他们的特殊政策,实际上在武宗时就已经出现了。至大二年十二月丁丑,诏:"应封赠者,或使远死节,临阵死事,于见授散官上加之。若六品、七品死节、死事者,验事特赠官。"⑧到了仁宗、英宗时期,也有对这类有功人员的特别政策:"应封赠者,有使远死节,有临阵死事者,验事特议加

---

① 《元典章》卷一一《吏部卷之五·职制二·封赠》"流官封赠通例",第4册,第37页;《元史》卷八四《选举志四·考课》"凡封赠之制"第2115页与之同。
② 《元史》卷八四《选举志四·考课》"凡封赠之制",第2116页;《元典章》卷一一《吏部卷之五·职制二·封赠》"流官封赠通例"(第4册,第37页)略有不同,缺"如不遵守,将所受宣敕追夺,断罪离异"。
③ 《元典章》卷一八《户部卷之四·婚姻·官民婚》"命妇夫死不许改嫁",第5册,第67页。
④ 《元典章》卷一一《吏部卷之五·职制二·封赠》"失节妇不封赠",第4册,第39页。
⑤ 《元史》卷八四《选举志四·考课》"凡封赠之制",第2116页。
⑥ 《元典章》卷一一《吏部卷之五·职制二·封赠》"流官封赠通例",第4册,第37页;《元史》卷八四《选举志四·考课》"凡封赠之制"第2115页与之同。
⑦ 吴澄:《吴文正公集》卷三三《墓碑·元赠少中大夫轻车都尉彭城郡刘侯封彭城郡张氏太夫人墓碑》,第553—555页。
⑧ 宋濂等撰:《元史》卷二三《武宗纪二》,第520页。

封。"①对于这些有特殊功勋的人,除了封赠一般官职勋爵外,英宗时还增加了新的内容:"如立朝有大节,功勋在王室者,许加功臣之号。"②这是比一般的封赠更大的荣耀,对于这些有特殊功勋的人来说是一种极大的嘉赏,激励鼓舞百官的作用也更显著。举例如下:

1)阿剌罕,蒙古札剌儿氏。其祖拨彻跟从太祖皇帝为火而赤,其父也柳干跟从皇子岳里吉官拜诸翼军马都元帅,皆有战功,死于战。阿剌罕本人为世祖时著名将领,在平阿里不哥、李璮之乱及伐宋战争中战功卓绝,至元十八年拜光禄大夫、中书左丞相、行中书省事,于出征日本途中去世。③ 顺帝至元六年,敕赐立神道碑:祖拨彻赠定威佐运功臣、光禄大夫、司徒、上柱国、追封曹南王,谥忠定,祖妣塔布追封曹南王夫人;父也柳干赠宣忠靖远佐运功臣、金紫光禄大夫、中书右丞相、上柱国、追封曹南王,谥桓毅,母威喇追封曹南王夫人;阿剌罕本人初赠协谋佐理功臣、太师、开府仪同三司、上柱国、曹国公,谥武定,加进推诚宣力定远佐运功臣、太师、开府仪同三司、上柱国、追封曹南王,谥忠宣,其妻托端库库、椤呼图克台并封曹南王夫人。④

2)博罗欢,忙兀人。其曾祖畏答儿与太祖皇帝约为按达,在与克烈部王罕的哈剌真会战中中流矢亡。博罗欢本人为世祖、成宗时著名将领,在平李璮叛乱、伐宋战争、平只里斡台及乃颜两次叛乱中都立有战功,大德年间以光禄大夫、上柱国、江浙等处行中书省平章政事卒。⑤ 其祖父蘸木曷赠纯诚保德翊戴功臣、太尉、开府仪同三司、上柱国、追封泰安王,谥武毅,祖母翁吉剌真氏追封泰安王夫人;父琐鲁火都赠推诚宣力佐运功臣、太尉、开府仪同三司、上柱国、追封泰安王,谥忠定,母唐兀真氏追封泰安王夫人;博罗欢本人初赠推忠宣力赞运功臣、太傅、开府仪同三司、上柱国、追封泰安郡王,谥武穆,加赠推忠宣力赞运功臣、太师、开府仪同三司、上柱国、追封泰安王,仍谥武穆,妻怯烈真氏追封泰安郡王夫人,加追封泰安王夫人,扎剌真氏封泰安王夫人。⑥

此外,元代的封赠对象还包括一个特殊群体,即和尚道士这些出家人。仁宗时对出家人有过专门的规定:"僧道身既出家,其父祖不在封赠之限。"⑦到了英宗时,这一条内容却被删去了。从元代的封赠实例来看,对于地位极高、宗师级的道人是有过封赠的。

1)张留孙。从天师张宗演入朝世祖,至元十五年授玄教宗师,"特任其父信州路治中,寻复升江东道同知宣慰司事",大德年间"加号玄教大宗师,同知集贤院道教事,且追封其三代皆魏国公,官阶品俱第一"⑧:父张九德累赠开府仪同三司、大司徒、上柱国、魏国公,谥文简;祖张粹夫赠金紫光禄大夫、大司徒、上柱国、魏国公,谥康穆;曾祖张宏纲赠集贤大学士、光禄大夫、

---

① 《元典章》卷一一《吏部卷之五·职制二·封赠》"流官封赠通例",第 4 册,第 37 页;《元史》卷八四《选举志四·考课》"凡封赠之制"第 2115 页与之同。
② 《元史》卷八四《选举志四·考课》"凡封赠之制",第 2116 页。
③ 宋濂等撰:《元史》卷一二九《阿剌罕传》,第 3147—3149 页。
④ 许有壬:《至正集》卷四五《勅赐推诚宣力定远佐运功臣太师开府仪同三司上柱国曹南忠宣王神道碑铭并序》,第 234—236 页。阿剌罕父祖三人名字有多种不同译法,本文采用《元史》本传中的译法。下同。
⑤ 宋濂等撰:《元史》卷一二一《畏答儿传》、《博罗欢传》,第 2987—2993 页。
⑥ 程钜夫著:《程钜夫集》卷三《制词》,第 37—39 页。
⑦ 《元典章》卷一一《吏部卷之五·职制二·封赠》"流官封赠通例",第 4 册,第 38 页。
⑧ 宋濂等撰:《元史》卷二〇二《释老传·张宗演传附张留孙传》,第 4527—4528 页。

柱国、魏国公,谥安惠。①

2）吴全节。张留孙之徒,嗣玄教宗师。至大二年,父封翰林学士、中顺大夫。至大三年,封赠二代:父进荣禄大夫、大司徒、封饶国公,母封饶国夫人;祖赠昭文馆大学士。②

6. 封赠的运作过程

自封赠成为定制后,与官员的考课紧密联系起来,就变得程序化了。官员可以按照已定的流官封赠等第,自行申请与本身官职品级相对应的封赠。就申请方式而言,内任官与外任官、品高者和品低者都有所区别:"随朝并京官、行省、行台、宣慰司、廉访司见任官,各于任所申请。其余官员,见任并已除未任,至得代日,随其解由申请。致仕官于所在官司申请。"③英宗至治三年又有所调整:"外任官员并许在任申请。"④

关于申请的次数,仁宗时规定:"每遇子孙升品,其父祖随迁,母妻同。"⑤即官员每升迁一个品级,就可以申请一次,使父祖、母妻的封赠官品和封号也得以随之升迁。英宗时则规定的更为细致:"正从七品至正从六品,止封一次。升至正从五品,封赠一次。升至正从四品,封赠一次。升至正从三品,封赠一次。升至正从二品,封赠一次。升至正从一品,封赠一次。"⑥如以下事例:

1）陈惟德。封赠两次。以官尚书省检校官、奉议大夫（正五品）:父陈安封奉议大夫、骁骑尉、河内县子。升至中顺大夫（正四品）、户部员外郎:父加赠中顺大夫、河中府知府、上骑都尉、颍川郡伯,母薛氏追封颍川郡君。⑦

2）黄溍。封赠四次。至正元年,以官奉政大夫（正五品）、江浙等处儒学提举:父黄铸赠奉政大夫、秘书监丞、骁骑尉、追封义乌县子,母童氏封义乌县太君,妻王氏封义乌县君。至正五年,以中顺大夫（正四品）、秘书少监致仕:父加赠中顺大夫、同金太常礼仪院事、上骑都尉、追封江夏郡伯,母童氏追封江夏郡君。不久,"落致仕",除翰林直学士（从三品）、知制诰同修国史:父加赠集贤直学士、亚中大夫、轻车都尉、追封江夏郡侯,母、妻皆追封江夏郡夫人;祖黄垶赠中顺大夫、礼部侍郎、上骑都尉、追封江夏郡伯,祖母徐氏封江夏郡君。寻升翰林侍讲学士、中奉大夫（从二品）、知制诰同修国史同知经筵事:父再赠中奉大夫、江浙等处行中书省参知政事、护军、追封江夏郡公,母、妻仍封江夏郡夫人;祖加赠嘉议大夫、礼部尚书、上轻车都尉、追封

---

① 袁桷:《清容居士集（附札记）》卷三四《有元开府仪同三司上卿辅成赞化保运玄教大宗师张公家传》,第588—592页。
② 宋濂等撰:《元史》卷二〇二《释老传·张宗演传附吴全节传》,第4528页;吴澄:《吴文正公集》卷十四《送吴真人序》、卷二十九《题吴真人封赠祖父诰词后》,第271—272、501—502页。
③ 《元典章》卷一一《吏部卷之五·职制二·封赠》"流官封赠通例",第4册,第38页;《元史》卷八四《选举志四·考课》"凡封赠之制"第2116页与之同。
④ 《元史》卷八四《选举志四·考课》"凡封赠之制",第2116页。
⑤ 《元典章》卷一一《吏部卷之五·职制二·封赠》"流官封赠通例",第4册,第37页。
⑥ 《元史》卷八四《选举志四·考课》"凡封赠之制",第2116页。
⑦ 张养浩著:《张养浩集》卷一七《碑铭·赠中顺大夫河中府知府上骑都尉颍川郡伯陈公神道碑铭（有序）》,李鸣、马振奎校点,长春:吉林文史出版社,2008年,第152—153页。

江夏郡侯,祖母进封江夏郡夫人。①

除了官员自行申请外,还有一种比较特殊的情况,即受封赠之人是已经亡故的三品以上官,且生前有功勋,那么,即使他的子孙没有官职,也可以为父祖申请封赠;如果他没有子孙在世,则可以由相关部门出面申请。即:"父祖曾任三品以上官,亡殁,生前有勋劳,为上知遇者,子孙虽不仕,具实迹赴所在官司保结申请,验事迹可否,量拟封赠。无后者,许有司保结申请。"②

官员提出申请时,需详细说明自己的出身、履历,依照现有品级应该封赠何人,受封之人有没有违礼犯法之处,官员本身在任期内有没有犯罪等内容,和朝廷发给的任命文书一起递交所属路府州衙门。路府州官接到申请后,需先查证所申请之事是否属实,如果确实没有问题,再上报中书省和吏部。《元典章》中恰好保留了一份路府州官上报给中央的文牒模板:

> 某路府州准某官申牒。见年若干,本贯某州府司县某户,是何人氏。今照得某见任(或得代)某职,所带官品依等第合封赠父母、妻室(如应封赠三代者,即云合封赠曾祖父母、祖父母、父母并妻;二代者,云合封赠祖父母、父母并妻)。其应封赠父母,父不曾犯十恶、除名之罪;所封妻,委是以礼娶到正室,并不是侧室婢妾、奸婚倡优违法成亲;中间亦无诈冒违碍等事,各无父母、舅姑未终丧服。某自到任至今,其间并无私犯追夺等罪,保结是实。就抄初补、末后所受宣敕的本,粘连在前,开坐应封赠人姓名,乞转申封赠施行。准此。照勘相同,拆连元抄官吏,准上保结是实,合行开坐,具申中书吏部照详施行。
>
> 郡望本出某郡某氏(如无郡望色目人,但云世居是何州郡。)
>
> 应封赠人:
>
> 父(如曾仕,云初任、末后所带官职,亡则云某年月日身故,生则云现任某职或在闲、致仕;如不曾仕,亡则云故不仕,生则云未仕。)
>
> 母(生则云在堂,亡则云身故。)
>
> 妻(某氏,见年若干。)
>
> (合封赠三代、二代者,依上开。)③

地方上申请封赠的文牒到达中央后,需先由吏部查实,然后再呈送给中书省,由中书省审核定夺。中书省辖下有左、右司,左司之下有吏礼房,而封赠正是吏礼房的职掌之一。④ 另有太常礼仪院,"掌大礼乐、祭享宗庙社稷、封赠谥号等事"⑤。在给三品以上受封之人定封赠谥号时,太常礼仪院也是重要的参与机构之一。"流官父祖曾任三品以上者,许请谥。凡请谥者,许其家具本官平日德业、文学、勋劳、政迹,别无过恶,经由所在官司照勘体覆相同,保结,申

---

① 黄溍:《金华黄先生文集》卷二三《先大夫封赠祝文》、卷四〇《先祖墓铭石表记》、《先考墓志铭后记(二首)》,第3—4、10—14页;《黄文献集(附录补遗)》卷一二下附录《大元故翰林侍讲学士中奉大夫知制诰同修国史同知经筵事赠中奉大夫江西等处行中书省参知政事护军追封江夏郡公谥文献黄公神道碑》,《丛书集成》初编,上海:商务印书馆,1936年,第556—560页。

② 《元典章》卷一一《吏部卷之五·职制二·封赠》"流官封赠通例",第4册,第37—38页;《元史》卷八四《选举志四·考课》"凡封赠之制"第2116页与之同。

③ 《元典章》卷一一《吏部卷之五·职制二·封赠》"流官封赠通例",第4册,第38页。

④ 宋濂等撰:《元史》卷八五《百官志一·中书省·左司》,第2123页。

⑤ 宋濂等撰:《元史》卷八八《百官志四·太常礼仪院》,第2217页。

吏部,勘会明白,行移太常礼仪院,验事迹定谥,议拟应得封赠呈省"①。

中书省审核通过之后,剩下的最后一步就是颁发封赠宣敕了。封赠宣敕也是按照品级高低区分的,"正从一品至五品宣授,六品至七品敕"②。倘若接受封赠的不止一代,则不同辈分的受封者都会各自有一道封赠宣敕。"应封赠三代者,曾祖父母一道,祖父母一道,父母一道,生者各另给降"③。

7. 封赠的监督和追夺

一项制度能够高效有序的运作,往往离不开有力的监督和惩戒。在封赠制度的执行过程中,监察机构也要时时发挥监督作用。

元代有一些按规定不能封赠的情况,如"曾祖父母、祖父母、父母曾犯十恶奸盗除名等罪,及例所封妻不是以礼娶到正室,或系再醮倡优婢妾"④。官员按照既定格式准备申请封赠的材料时,必须明确说明是否于这两项内容上有所违犯。除了所属路府州官要核实查证外,监察御史和肃政廉访司也有"体察"之责,"若有诈冒不实,并行追夺"⑤。

追夺封赠的情况有好几种。如"妇人因夫、子得封者,不许再嫁。如不遵守,将所受宣敕追夺,断罪离异"⑥。又如,职官"封赠之后,但犯取受之赃,并行追夺",不过,若该官员的父祖原本就有官职,封赠时只是在原有品级上进了一阶的,则不须追夺。⑦ 关于有受赃犯罪史的官员是否可以申请封赠的问题,各个时期的规定不太一样。仁宗时规定,"诸职官例前因事受赃,曾经解任者,须再任无过,方许申请"⑧。而英宗朝则规定,"诸职官曾受赃,不许申请",直接剥夺了犯赃官员申请封赠的机会。⑨ 不过,到了泰定帝时,这项政策又比英宗时有所放宽:"犯赃官员,不得封赠,沉郁既久,宜许自新,有能涤虑改过,再历两任无过者,许所管上司正官从公保明,监察御史、廉访司覆察是实,并听依例申请。"⑩

关于追夺封赠的事例,最典型的要数铁木迭儿。英宗即位后,铁木迭儿渐渐失势,于至治二年去世。次年五月,监察御史盖继元、宋翼言其"上负国恩,下失民望,生逃显戮,死有余辜",于是英宗下令毁去铁木迭儿所立碑,追夺了他的官爵及封赠制书,籍没其家。⑪ 八月,铁木迭儿余党就发动了南坡之变,弑英宗。

---

① 《元典章》卷一一《吏部卷之五·职制二·封赠》"流官封赠通例",第 4 册,第 38 页。
② 《元典章》卷一一《吏部卷之五·职制二·封赠》"流官封赠通例",第 4 册,第 38 页;《元史》卷八四《选举志四·考课》"凡封赠之制"第 2115 页与之同。
③ 《元史》卷八四《选举志四·考课》"凡封赠之制",第 2115 页;《元典章》卷一一《吏部卷之五·职制二·封赠》"流官封赠通例"(第 4 册,第 38 页)略有不同,为"如应封赠,父母俱亡者通为一道,生者各另给降"。
④ 《元史》卷八四《选举志四·考课》"凡封赠之制",第 2116 页。
⑤ 《元典章》卷一一《吏部卷之五·职制二·封赠》"流官封赠通例",第 4 册,第 38 页。
⑥ 《元史》卷八四《选举志四·考课》"凡封赠之制",第 2116 页。
⑦ 《元典章》卷一一《吏部卷之五·职制二·封赠》"流官封赠通例",第 4 册,第 38 页;《元史》卷八四《选举志四·考课》"凡封赠之制",第 2115 页。
⑧ 《元典章》卷一一《吏部卷之五·职制二·封赠》"流官封赠通例",第 4 册,第 37 页。
⑨ 《元史》卷八四《选举志四·考课》"凡封赠之制",第 2115 页。
⑩ 《元史》卷八四《选举志四·考课》"凡封赠之制",第 2116 页。
⑪ 《元史》卷二八《英宗纪二》、卷二〇五《奸臣传·铁木迭儿传》,第 630—631、4581 页。

三　元代封赠制度的地位

封赠制度自形成之日起,就处于不断的修正和发展之中。宋、元、明、清各朝的封赠制度在内容上不尽相同,各有特点。但总的来说,随着历史的发展,封赠制度的变化沿革是一个连续不断的过程。元朝虽然是一个由少数民族统治的朝代,其封赠制度却是推行汉法的结果,在这个发展链中,仅是普通的承上启下的一环而已。这一点可以由以下几点来证明。

封赠的等级。宋、元、明三朝情况相同,都有封赠三代、二代、一代之分;清朝略有不同,顺治五年规定,"一品封赠三代,二品、三品封赠二代,四品至七品封赠一代,八、九品封本身而止",比前面各朝多了一个等级。① 另外,由于官制的不同,宋朝以寄禄官为标准来定封赠等级,因此在划分封赠三代、二代、一代的范围时,采用了列举的办法,将所有具备封赠资格的官职一一列举区分。而元朝职事官与散官都有明确的品级,因此可以简单的通过官品来定封赠等级。明、清与元代情况相同。

封赠的范围。从受惠范围上来看,自宋至清有渐渐扩大的趋势。宋朝时具备封赠资格的限升朝官以上,"凡三师、三公以下至升朝官褒赠祖考、母妻"②。元朝时有所扩大,除了随朝官员外,一应京官、行省、行台、宣慰司、廉访司及其他外任官员,凡七品以上流官都有资格获得封赠。明朝与元朝相同,七品以上官员都可封赠,但其武散官止有六品十二级,故明朝武官封赠的范围是六品以上。到了清朝,封赠的范围又进一步扩大。文官九品以上都具备封赠资格。武官封赠,清初原有八旗、绿旗营之分,八旗封赠不分正从,用文散官九品以上,绿营则继承了明朝的六品十二级。后经多次改制,乾隆五十一年时,八旗、绿营制度画一,增至九品十八级。于是,"文、武官阶等级相侔矣"③。

封赠的时间和频率。宋朝的封赠一般是"遇大礼"方许申请,如逢有冬祀赦、郊祀赦、明堂赦、正月一日大礼赦、庆寿赦、登极赦等大庆典,朝廷就会颁发赦书,准许官员乞请封赠。除了"遇大礼"之外,还有部分官员可以在"初除"某官时申请封赠,这样的官员一般都是官品比较高的。因此,宋朝封赠官员基本上可以分为以下四等:"凡初除及每遇大礼封赠三代者"、"凡遇大礼封赠三代者"、"凡遇大礼封赠二代者"、"凡遇大礼封赠一代者"④。元朝的封赠制度与宋朝不同,这时候的封赠已经与官员的日常考核和迁叙紧密地联系在了一起。"正从七品至正从六品,止封一次。升至正从五品,封赠一次。升至正从四品,封赠一次。升至正从三品,封赠一次。升至正从二品,封赠一次。升至正从一品,封赠一次"⑤。明朝完全继承了元朝的封赠办法,只是在封赠次数上减少了一次。"正从七品至正从六品,止封一次;升至正从五品,封

---

① 托津等撰:《钦定大清会典事例》(嘉庆朝)卷一一九《吏部一百六·封赠》"封赠品秩",近代中国史料丛刊三编,第65辑,台北:文海出版社,1991年,第5435页。
② 脱脱等撰:《宋史》卷一六三《职官志三·吏部》"司封郎中、员外郎",北京:中华书局,第3836—3837页。
③ 赵尔巽等撰:《清史稿》卷一一〇《选举志五·封荫》,北京:中华书局,1977年,第3194—3195页。
④ 脱脱等撰:《宋史》卷一七〇《职官志十·杂制·叙封》,第4085—4086页。
⑤ 《元史》卷八四《选举四·考课》"凡封赠之制",第2116页。

赠一次；升至正从三品，封赠一次；升至正从二品，封赠一次；升至正从一品，封赠一次"①。而清朝则与元、明不同，渐渐地又废止了封赠与考课、迁叙相结合的办法。"顺治间，覃恩及三年考满，均给封赠。康熙初，废文、武职考满封赠"②。因此，清朝后来规定遇恩诏方许封赠，这可以说是对宋朝制度的一次回归。不过，清朝同时还规定了"封典不重给"的原则，即"旧例官员遇覃恩，每任中止封赠一次"③。这就避免了朝廷恩诏频繁时，官员重复封赠的弊端。

给女性亲属的封号。北宋前期继承了五代时期一套"县君、郡君、郡夫人、国夫人"的封号，而宋徽宗对这套封号不满，认为"裂郡县以称君，盖非妇道；又等级既少，重轻不伦，全无差次"，因而另改了一套"孺人、安人、宜人、恭人、令人、硕人、淑人、夫人"的封号，"庶几近古不至差紊"④。元朝对此有所继承，但并未完全放弃前一套封号，而是将两者掺杂合用，保留了"宜人、恭人、县君、郡君、郡夫人、国夫人"几个封号。到了明清时期，就完全采用宋徽宗创的一套封号了，自一品至七品分别为"一品夫人、夫人、淑人、恭人、宜人、安人、孺人"，清朝还多加了"八品孺人、九品孺人"。

另外还有一些封赠的细节，如在三代封赠中，曾祖父、祖父、父与官员本身的品级高低问题。宋、元时期的共同原则是，曾祖父比祖父、祖父比父，各降一等。这是因为，"推恩之法，近重而远轻"。然而这其中的细微处，宋朝和元朝也有所差别。在宋朝，凡是属于同一封赠等级的官员，其曾祖父、祖父、父受封的官职是固定的，与官员本身的寄禄官不直接相关；而元朝的制度，"每遇子孙升品，其父祖随迁，母妻同"⑤。可以说，元朝的官员通过封赠获得的荣耀比宋朝官员更丰厚一些。而明、清时期对官员的封赠则又比元朝更加隆重，"曾祖、祖、父皆如其子孙官"⑥。因此，清人姚之骃不禁感叹："宋元封赠，大父母降父母一等，父母降本身一等，本朝则三代一如见爵，教孝之典可谓大备。"⑦而姜宸英也说，宋、元封赠制度"自父以上，官以差杀"，"未如近制之隆厚"⑧。

四 小结

封赠制度使朝廷的恩典由官员本身延伸到父祖母妻，实现了一个读书求仕之人光宗耀祖、显耀门楣的愿望，因而对官员们来说是一种极大的精神鼓励。宋人有言，"臣僚之家，沾被恩典，泽及祖先，最为荣遇"⑨。而元代许有壬还从"劝善惩恶"的角度阐述了实行封赠制度的

---

① 申时行等修：《明会典》卷六《吏部五·验封清吏司·文官封赠》，万历朝重修本，北京：中华书局，1989年，第32页。洪武十六年正从四品亦封赠一次，后省。
② 赵尔巽等撰：《清史稿》卷一一〇《选举志五·封荫》，第3193页。
③ 托津等撰：《钦定大清会典事例》（嘉庆朝）卷一一九《吏部一百六·封赠》"给封限制"，第5448页。
④ 徐松辑：《宋会要辑稿》原书第65册《职官九·司封部》，北京：中华书局，据前北平图书馆影印本复制重印，1957年，第2595页。
⑤ 《元典章》卷一一《吏部卷之五·职制二·封赠》"流官封赠通例"，第4册，第37页。
⑥ 张廷玉等撰：《明史》卷七二《职官志一》，北京：中华书局，1974年，第1736页。
⑦ 姚之骃：《元明事类钞》卷六《政术门一·法制》"封赠如一"条，《四库笔记小说丛书》，上海：上海古籍出版社影印本，1993年，第82页。
⑧ 姜宸英：《湛园集》卷五《赠工部营缮司主事张公墓志铭》，第787页。
⑨ 徐松辑：《宋会要辑稿》原书第65册《职官九·司封部》，第2594页。

意义:"朝廷举行封赠,使为臣者一身之贵,上及祖父母、父母,下逮妻子,天下臣僚,孰不感激奋发,思报万一,劝之之道可谓尽矣。至于但犯取受之赃并行追夺,虽有至愚无知,见其父母已受之恩一旦夺去,苟有人心,岂不惨痛?惩之之法不亦至乎?则是劝善惩恶之道未有逾于是者也。"①此外,郑介夫、刘敏中二人也都认为封赠制度在昭显荣辱上的功效,使之比一般劝惩之法更具效果。郑介夫在奏请举行封赠之法时道:"不过费朝廷一纸之虚名,而可以收激劝人材之实效。使居官执役者,明见赃吏之被祸,及其身,及其父母妻孥,尽不免于戮辱;又见廉吏之蒙福,及其身,及其父母妻妾,俱得享于荣华。谁不愿趋荣而避辱,舍贪而从廉。不待畏法而不敢犯举,皆革心而自无所犯矣。"②刘敏中则在其《奉使宣抚回奏疏》中述及"均荣辱"的重要性:"且夫劝奖之方,无如荣辱之切。况人之至亲至爱者,至于父祖母妻极矣。今使勋爵之华,封赠之泽,奉公守职则从而予之,至亲至爱者均其荣;贪污败政则从而夺之,至亲至爱者均其辱。其为劝奖,孰切于斯?"③

正是因为如此,从五代到之后的宋、元、明、清,历朝历代都对封赠制度十分重视,不断对其进行修改和完善,以期能够最大限度地发挥其"激劝臣下"的作用。元朝首次将封赠与官员考课联系起来,以封赠作为对官员忠于职守、勤于政务的褒奖,这对官员来说是一种极大的激励。元、明比之宋,清朝比之元、明,不仅明显扩大了封赠的覆盖范围,使获得封赠的官员越来越多,而且官员父祖受封的品级也渐渐变高,封赠制度的地位也变得越来越重要了。

---

① 许有壬:《至正集》卷七五《公移·封赠》,第381页。
② 郑介夫:《回奏一纲二十目》,《元代奏议集录》(下),第86页。
③ 刘敏中:《中庵先生刘文简公文集》卷一五《奉使宣抚言地震九事》,《北京图书馆古籍珍本丛刊》92,北京:书目文献出版社据清抄本影印,第398页。

元代赎刑制度刍议

中国社会科学院 刘 晓

所谓赎刑,是指使用财物等形式替代或抵消应受刑罚的一种制度。赎刑在中国起源很早,《尚书·舜典》即有"金作赎刑"的记载,至少到唐代,赎刑已形成一整套较完备的制度。赎刑的适用范围依刑罚种类、犯罪性质、罪犯身份等差异而有不同规定。据元人徐元瑞《吏学指南》"五刑·隋唐金宋刑·赎铜"条:"即输赎也,自唐宋以来定数不等。今国家定例,每一下罚钞一两。其赎例有四。"他将赎刑分为四种,即听赎、罚赎、收赎与荫赎。

听赎:谓犯罪之人情有可矜者。

罚赎:谓犯公罪而赎免者。

收赎:谓老幼疾病之人应收赎者。

荫赎:藉亲荫而收赎罪者,所谓藉荫亲属也。①

不过,徐元瑞所谓听赎、罚赎、收赎与荫赎的分类,实际上是对唐宋赎刑制度的总结,元代法律虽也存在上述情况(主要表现为前三种),但在司法实践中并未严格区分使用这些术语。

一

元初赎刑制度大致沿用了金《泰和律》的规定。《泰和律》"实《唐律》也,但加赎铜皆倍之,增徒至四年、五年为七"②。由此,我们可根据《唐律》排出《泰和律》的赎铜换算表。以下表格参考了叶潜昭先生的《金律之研究》,③其中徒四年以上赎铜数,仅为叶潜昭先生之推断,尚无佐证,故用括弧标出。

唐律		泰和律	
刑罚	赎铜(斤)	刑罚	赎铜(斤)
笞	10、20、30、40、50	1、2、3、4、5	10、20、30、40、50	2、4、6、8、10
杖	60、70、80、90、100	6、7、8、9、10	60、70、80、90、100	12、14、16、18、20

---

① 徐元瑞:《吏学指南(外三种)》,杨讷点校,杭州:浙江古籍出版社,1988年,第72页。此外,元人沈仲纬《刑统赋疏》对收赎与听赎也有一番解释,认为:"听而宥之,谓之听赎;必收其责,谓之收赎。"在引用《宋刑统》的相关规定后,他又指出:"此是随文设语,更无别例。然详其听赎者有宽宥之辞,收赎者有笃责之意,此又不可不察也。"见沈家本编《枕碧楼丛书》,中国政法大学法律古籍整理研究所整理标点,北京:知识产权出版社,2006年,第221页。
② 《金史》卷四五《刑志》,北京:中华书局,1987年,第1024页。
③ 叶潜昭:《金律之研究》,台北:台湾商务印书馆,1972年。

	唐律		泰和律	
	刑罚	赎铜（斤）	刑罚	赎铜（斤）
徒（年）	1、1.5、2、2.5、3	20、30、40、50、60	1、1.5、2、2.5、3、4、5	40、60、80、100、120、(160、180)
流（里）	2000、2500、3000	80、90、100	2000、2500、3000	(160、180、200)
死	绞、斩	120	绞、斩	(240)

这一制度，在《元典章》很多案例中得到体现。如至元八年（1271）大都路张世荣买休许顺成妻和速氏案。

> 省部相度，据张世荣见受宣命、金牌，管稻田户计，即系有官之人。依旧例，七品以上犯流罪以下减一等，合徒一年半。该遇至元六年七月初八日减断罪囚已前事理，降减五等，合杖八十，折赎铜一十六斤，每斤折钱二百文，计合赎钞三贯二百文没官。①

这里，省部的处理意见指出，张世荣作为宣授官员（元代官员一般一品至五品宣授），佩金牌，理应视为品官，可以适用《泰和律》有关品官犯罪的规定。据旧例也就是《泰和律》，七品以上犯流罪以下减一等，张世荣合徒一年半。又，此案发生在至元六年七月初八日减断罪囚以前。② 二者合并计算，张世荣总共可减刑五等，合杖八十。《泰和律》规定，杖八十，赎铜十六斤。这里，省部提出的换算方法是，每铜一斤，折算中统钞二百文，铜十六斤，则相当于中统钞三千二百文，也即三贯二百文。中统钞，即中统元宝交钞，为中统元年（1260）七月颁行于全国的纸钞，也是有元一代的基本货币单位。以铜一斤相当于中统钞二百文的折算方法，在元朝初年有关赎刑的案件判决中一度成为通例。

如东平路虞城县达鲁花赤傅秃哥殴伤运司解子杨德案。法司拟判如下：

> 旧例："拒司县以上吏者，杖六十。殴者，加二等。伤重，加凡人斗伤一等。"又旧例："他物殴伤人者，杖八十。"二罪从重，合杖九十。今减一等，杖八十，赎铜一十六斤，折钞三贯二伯文。"③

这里法司提出的官员罚赎折算比例，与大都路张世荣买休许顺成妻和速氏案完全相同。

益都路彭仙因子彭友不孝杀死彭友案。从犯彭深，法司拟判为：

> 合徒四年，决杖九十。缘本人年七十八岁，依旧例，合行收赎，合征元宝钞三十二贯文，入被死之家。④

《泰和律》大概与《唐律》规定一样，"诸年七十以上、十五以下及废疾，犯流罪以下，收赎"⑤。彭深年七十八岁，本罪合徒四年，决徒年杖九十，符合上述收赎条件。按《泰和律》规定，徒四

---

① 《元典章》卷一八《户部四·婚姻·嫁娶·夫自嫁妻》，陈高华等点校，中华书局、天津古籍出版社，2011年，第634—635页。
② 据《元史》卷六《世祖纪三》（中华书局，1987年，第122页）：至元六年七月癸酉，"诏遣官审理诸路冤滞，正犯死罪明白者，各正典刑，其杂犯死罪以下量断遣之"。或许即指此次"减断罪囚"之事。唯癸酉为二十九日而非初八日。
③ 《元典章》卷四四《刑部六·诸殴·拳手伤·殴所属吏人》，第1504—1505页。
④ 《元典章》卷四二《刑部四·诸杀一·杀卑幼·渰死有罪男》，第1456页。
⑤ 《唐律疏议》卷四《名例·老小及疾有犯》，刘俊文点校，北京：中华书局，1983年，第80页。

年,赎铜一百六十斤。赎铜一百六十斤,据前面提到的折算比例,相当于中统钞三万二千文,也即三十二贯。

东平路孙珍宝马惊碾死李表住案。法司拟判为:

> 合同畜产惊骇不可禁止杀人事理,合徒二年半,赎铜一百斤,折钞二十贯,入被死之家。①

这里法司也是严格按照《泰和律》的赎铜条件与元初折算比例拟定处理意见的。

不过,上述三个案例,法司依据《泰和律》所拟处理意见,仅为省部断案时的参考,都没有形成最终判决。像傅秃哥殴伤杨德案,"部拟罚俸一月。省断:'罚两月俸,一半没官,一半给付被伤人。'"将罚赎改为罚俸,而罚俸数目不详。彭仙杀子彭友案,从犯彭深,"部拟:'收赎四十贯,入被死之家。'省准呈。"较法司拟判多出八贯。孙珍宝马惊碾死李表住案,"本部行下本路,断讫一十七下,不曾征赎"。随着至元八年(1271)元朝宣布停用金《泰和律》,法司在《泰和律》基础上援引比附的拟判方式也就寿终正寝了。

二

元代赎刑的主要内容,《元史·刑法志》"名例篇"有很好的概括,计有以下四条。

> 诸牧民官,公罪之轻者,许罚赎。
>
> 诸职官犯夜者,赎。
>
> 诸年老七十以上,年幼十五以下,不任杖责者,赎。
>
> 诸罪人癃笃残疾,有妨科决者,赎。②

第一条源自武宗至大三年(1310)颁布的圣旨条画。

> 至大三年十月十八日,钦奉诏书内一款:"诸牧民官犯公罪之轻者,许罚赎。"③

所谓"公罪",徐元瑞《吏学指南》"三罪·公罪"条有云:"缘公事致罪而无私、曲者。"④这显然来自《唐律疏议》的解释。⑤ 对于职官犯罪,《唐律》设有"议"、"请"、"减"、"赎"及"官当"等复杂规定,元代法律则仅对路府州县各级地方官(即所谓的"牧民官"⑥)公罪之轻者适用罚赎。至于公罪轻重的区分界限,现存文献并无明确解释,这方面的案例,也少之又少。

需要提到的是,元朝第一次设尚书省期间(至元七年至八年),尚书省曾奏请世祖忽必烈,内外职官无论公私罪过,均不许收赎。对此,监察御史王恽上书御史台,建议应对官员公罪适用罚赎制度,指出:

> 古者刑不至大夫,礼不及庶人,兼爵禄者所以待材能,廉耻者所以厉节行,此自古之常法,盖断不可易者。今访闻得尚书省奏拟到,将一切内外职官,如公私有犯,不听收赎,皆以的决论罪,甚非待才能而厉臣节也。如此,则是有司教人以顽钝无耻,集诟亡节,廉隅不

---

① 《元典章》卷四二《刑部四·诸杀一·过失杀·马(驾)〔惊〕车碾死》,第1448页。
② 《元史》卷一〇二《刑法志一·名例》,第2609页。
③ 《元典章》卷三九《刑部一·刑制·赎刑·民官公罪许罚赎》,第1335页。
④ 《吏学指南(外三种)》,第50页。
⑤ 《唐律疏议》卷二《名例·官当》,第44页。
⑥ 《吏学指南(外三种)》"官称·牧民官"(第23页):"司养百姓曰牧民。盖牧者,能守养之义,路府诸州是也。"

立,而当职任者,既无贵贵尊尊之义,且以官徒自处,苟日计庸而已。假如外路一州县官听断民讼,其或无理者,必谕之使退,彼执迷不听,至于再三,官偶以怒詈遣出,民必曰:"汝虽无私罪,犹得以辱詈为公罪。"是当官者手足无措,为小民者恣得罗织矣。兼目今官弱民强,例以侵侮把持为事,若此法一行,官府决不能立,上司亦不复制矣。论者必曰:"相臣得罪,且受杖责,此何所措?"是大不然。夫相臣受责,出自人主一时权断,旧例即非永格体制,不得引为后例。今欲以的决施之天下,必将为常行格法,所谓非常之论,民必惧焉,恐此言一出,断不可训,徒伤天地之恩,为国家敛怨之举耳。据此,合行纠呈。①

王恽的建议当时是否被采纳,我们不得而知。至少到至元后期权臣桑哥执政时,内外官员因事受笞依然较为普遍。元人杨载所撰赵孟頫行状,多处提及此事。

至元钞法,滞涩不行,遣尚书刘公宣与公(赵孟頫——引者注)乘传至江南,问行省丞相慢令之罪,左右司及诸路官则径笞之。公深以为衣冠之辱,力辞。桑哥以威逼公,不得已受命。虽遍历诸郡,未尝笞一人。还朝,桑哥大以谴公,然士大夫莫不颂公之厚德。……桑哥为丞相,钟初鸣,即坐尚书听事,六曹官后至者笞。公偶后至,断事官引公受笞,公突入都堂诉之。叶右丞(尚书右丞叶李——引者注)大怒,责桑哥曰:"古者,刑不上大夫,所以养之以廉耻,教之以节义,且辱士大夫,是辱朝廷也。"桑哥惭,慰遣公使出,自是所笞者,唯曹史以下。②

按,赵孟頫于至元二十四年(1287)六月入朝任兵部郎中,因至元钞法在江南地区颁行受阻,奉命与尚书刘宣一同至江南,按问江淮行省丞相忙兀台违慢不行之罪,行省左右司及各路官员以下,均可径行笞责。不过,有着南宋法律背景影响的赵孟頫,对笞责官员持消极态度,为此受到宰相桑哥的责难。后来,赵孟頫本人也因迟到之类的细事面临笞责,只是因他向桑哥据理力争,才幸免受辱。不过,此后元代大臣因事受笞责者,文献记载仍不绝如缕,官员轻罪罚赎的记载,则非常罕见,很有可能直接演变为行政处罚中的罚俸制度。

第二条源自世祖中统五年(1264)颁布的圣旨条画。

中统五年八月初四,元朝颁布圣旨条画,设置巡捕弓手,防禁捕捉盗贼。其中有如下规定:

其夜禁之法:一更三点,钟声绝,禁人行;五更三点,钟声动,听人行〔有公事急速及丧病、产育之类,不在此限〕。违者笞二十七下,有官者笞一下,准赎元宝钞一贯。③

此规定亦见《元史·刑法志四》:

诸夜禁,一更三点,钟声绝,禁人行。五更三点,钟声动,听人行。违者笞二十七,有官者听赎。其公务急速,及疾病死丧产育之类不禁。④

至元八年(1271)以前援引比附《泰和律》期间,元朝已开始根据实际情况独立拟定一些与赎刑有关的条款,且不再严格按《泰和律》的折算比例,上述规定即为这方面的一个例证。中统五年圣旨条画规定,官员犯夜禁的罚赎比例为笞一下,罚赎元宝钞一贯(一千文)。元宝钞即中统元宝交钞,也即中统钞。如前所述,金代赎刑,每笞十下,赎铜二斤,在元初则被折算为

---

① 王恽《秋涧先生大全文集》卷八七《论职官公私有犯不听收赎皆的决事状》,四部丛刊初编本。
② 赵孟頫:《松雪斋文集》卷末附录《大元故翰林学士承旨荣禄大夫知制诰兼修国史赵公行状》,《四部丛刊》初编本。
③ 《元典章》卷五七《刑部十九·诸禁·禁夜·禁夜》,第1903页;并见同书卷五一《刑部十三·诸盗三·防盗·设置巡防弓手》,第1693页。
④ 《元史》卷一〇五《刑法志四·禁令》,第2682页。

中统钞四百文,如此一来,笞一下仅相当于中统钞四十文,二者相差达 25 倍。《元史·兵志四》也收录上述引文,作:"违者笞二十七,有官者笞七下,准赎元宝钞一贯。"①据文意,官员犯夜禁者为笞七下而非笞一下,罚赎中统钞一贯。不过,即便如此,与金代赎刑相比,二者相差也近 3.6 倍。从《吏学指南》所云:"今国家定例,每一下罚钞一两(一两即一贯——引者注)"及以后元代赎刑制度的内容来看,应以《元典章》与《元史·刑法志四》的记载更为可靠,《元史·兵志四》中的"七下"应为"一下"之讹。总之,上述有关夜禁的法律条文应作如下理解:诸犯夜禁者,笞二十七下,官员犯夜禁可以罚赎,其中每笞一下,罚赎中统钞一贯,二十七下,则应罚赎中统钞二十七贯。

第三条与第四条似源自成宗元贞元年(1295)中书省所定通例。

> 元贞元年六月,福建行省准中书省咨:御史台呈:"陕西汉中道廉访司申:'犯罪官吏并诸人有罪,年老或笃废疾病、妨碍科决、不任杖责之人,赎罪钱多寡不一,终无通例。呈乞照详。'"送刑部议得:"诸犯罪人,若年七十以上,十五以下,及笃废残疾不任杖责,理宜哀矜。每杖笞一下,拟罚赎罪中统钞壹贯相应。"都省准呈。除外,咨请依上施行。②

如果说前述中统五年圣旨条画"有官者笞一下,准赎元宝钞一贯"还仅限于犯夜禁的官员的话,元贞元年的规定则将其扩大到"年老或笃废疾病、妨碍科决、不任杖责"的普通人。此外,元贞二年五月都省通例还特别提到对残疾人要区别对待,如疾状确实不任杖责,可适用赎刑,如堪任杖责,则仍应依例的决。

> 元贞二年五月,御史台呈:"官吏并诸人犯罪,老幼笃废疾者,理合赎罪,其残疾之人,不妨科决,合无赎罚?"刑部议得:"残疾病证,非止一端。若妨决科,合准赎罚。如任杖责,依例断罪。"都省准拟。③

年老笃废残疾之人如犯罪时未老疾,案发时老疾,或犯罪时年幼,案发时长大成人,应该如何处理呢?中国传统法律一般采取有利于当事人的原则。如《唐律》即规定:"诸犯罪时虽未老、疾,而事发时老、疾者,依老、疾论。若在徒年限内老、疾,亦如之。犯罪时幼小,事发时长大,依幼小论。"④元朝也采取了类似原则。据元人沈仲纬《刑统赋疏》第八韵"听赎收赎,语无别异"条所引通例:

> 大德四年十月,部议:诸犯罪时虽未老疾,而事发时老疾者,依老疾论;犯罪时幼小,事发时长大,依幼小论。听依合得杖数收赎。⑤

《元史·刑法志三》亦有相关内容:

> 诸幼小为盗,事发长大,以幼小论。未老疾为盗,事发老疾,以老疾论。其所当罪,听赎,仍免刺配,诸犯罪亦如之。⑥

---

① 《元史》卷一〇一《兵志四·弓手》,第 2594 页。
② 《元典章》卷三九《刑部一·刑制·赎刑·老疾赎罪钞数》,第 1334—1335 页。并参见《至正条格》条格卷三三《狱官·老幼笃废残疾(一)》,韩国学中央研究院编,韩国 humanist 出版社,2007 年,校注本第 138 页。《元史》卷一〇五《刑法志四·恤刑》,第 2690 页。
③ 《至正条格》条格卷三三《狱官·老幼笃废残疾(二)》,第 138 页。
④ 《唐律疏议》卷四《名例·犯时未老疾》,第 84—85 页。
⑤ 《枕碧楼丛书》,第 221 页。
⑥ 《元史》卷一〇四《刑法志三·盗贼》,第 2662 页。

此外，据《元史·刑法志三》："诸年未出幼，再犯窃盗者，仍免刺赎罪，发充警迹人。诸窃盗年幼者为首，年长者为从，为首仍听赎免刺配，为从依常律。"①由此可见，无论是年幼窃盗再犯，还是年幼为窃盗首犯时，也可适用赎刑。另据《元史·刑法志二》："诸累过不悛，年七十以上，应罚赎者，仍减等科决。"②据此，七十以上年老者，如系累犯，则似不适用赎刑，而是改为减等科决。

年老笃废残疾之人罚赎期间，如遇大赦，罚赎钞两如何处理，元朝法律也作出明确规定。

> 延祐七年十月，刑部议得："年老笃废残疾之人犯罪，罚赎钞两，未追到官，钦遇诏赦，拟合革拨外，据追在主典之手者，起解。"都省准拟。③

前面提到，元代赎刑的基本计量单位是以中统钞来计算的，至元二十四年（1287）颁行至元宝钞后，中统钞仍作为基本计量单位使用。至元钞与中统钞的折算比例为1∶5，也即每一贯至元钞相当于五贯中统钞。武宗至大二年（1309）九月，颁行至大银钞，"至大银钞一两，准至元钞五贯、白银一两、赤金一钱。"同时宣布住罢中统钞，"诏书到日，限一百日尽数赴库倒换。"④这样一来，作为赎刑基本计量单位的中统钞势必要由其他货币来代替。据《元典章》：

> 至大四年三月，江西廉访司奉行台札付：近据各道廉访司申，为诸人犯罪，不任杖责，罚赎事例。移准御史台咨：呈奉尚书省札付：送据刑部呈："照得先奉省判，亦为此事。该：'准蒙古文字译该，宝哥为头大宗正府也可札鲁花赤言语：在先中书省俺根底与文书来：有罪过的人每，七十之上、十五之下及笃废残疾的，不打有。杖子根底，罚赎中统钞一两。么道，拟定了，文书与将来有。至大二年九月内，钦奉诏书圣旨：至大银钞一两，折至元钞伍两。中统钞，诏书到日，限一百日外，休使者。么道，圣旨有来。今后七十岁之上、十五以下及笃废残疾的，这般人每做罪过呵，罚赎的体例未曾拟定有。如今怎生般定夺的，省官人每识者。得此。'送本部议得：诸犯罪人，若年七十以上、十五以下，及笃废残疾不任杖责者，前例每杖赎中统钞一贯文。今钦奉圣旨改造至大银钞，一两准至元钞五贯，拟合每笞杖一下，罚赎至元钞二钱。若纳至大银钞或铜钱者，依例准折。如蒙准呈，遍行照会相应。"都省准呈，仰依上施行。⑤

至此，至元钞正式取代中统钞成为赎刑的基本计量单位，而罚赎金额不变，即由原来的中统钞一两改为至元钞二钱。不过，至元钞的这一地位存在时间非常短暂，至大四年（1311）武宗去世，仁宗即位，当年四月，正式下诏废止至大银钞，中统钞随之恢复了往日的流通地位，又成为赎刑的基本计量单位。

三

《元典章》、《至正条格》等文献中因老幼残疾适用赎刑的案例很多，以下为这方面的一些案例。

---

① 《元史》卷一〇四《刑法志三·盗贼》，第2662页。
② 《元史》卷一〇三《刑法志二·职制下》，第2632页。
③ 《至正条格》条格卷三三《狱官·废疾赎罚遇革》，第138页。
④ 《元史》卷二三《武宗纪二》，第515页。
⑤ 《元典章》卷三九《刑部一·刑制·赎刑·罚赎每下至元钞二钱》，第1335—1336页。

1. 大德四年(1300)张秀踢死堂侄张聚案。张秀原拟罚赎,大德三年(1299)正月十八日钦遇诏恩释免。刑部的处理意见为:"张秀因房侄张聚骂詈,踢打身死,即系卑幼有罪,尊长殴击致死,例应杖断。钦遇诏恩,合行革拨,烧埋银两依例追给。所据张秀赎罪钞数,若系诏后征到,合行回付。"①此案《元典章》未交代张秀实际年龄,因此我们不知道张秀适用赎刑是否与其年龄有关。此外,刑部还提出一个重要原则,即罚赎钞如在大赦之后征收到官,应当返还当事人。

2. 大德七年(1303)右八作司被盗案。在拟判有失觉察、玩忽职守的官员、军兵时,刑部禀奉都堂钧旨:"除八作司正官寄罪,军官程泰拟决三十七下,年老赎罪。"②

3. 大德七年(1303)汴梁路行用库被盗、提调官达鲁花赤阿台等有失关防案。刑部意见为:"达鲁花赤阿台所招,大德六年轮该提调平准行用库,违期不行计点,以致替名库子程世英等侵盗讫中统钞三百五十四定二十八两九钱三分罪犯,量情合决三十七下,却缘年已七十,依例追罚中统钞三十七两没官。"中书省最后的处理意见为:"阿台年既七十,犯罪不任科决,合令致仕,赎罪钞数不须追征,余准部拟。"即仅令阿台致仕了事,未征罚赎钞。不过,这仅是中书省对阿台的特殊照顾,并不代表此案不适用赎刑。相关判例,还可见后面的判例9。

4. 大德七年(1303)大宁路总管哈鲁赈济违慢饿死人命案。因哈鲁年逾七十,刑部意见为:"总管哈鲁量拟三十七下,过七十,依例赎罪。"③最后得到中书省批准。

5. 至大元年(1308)程福孙掏摸钱钞案。因遇大赦,例应刺字释放,但程福孙犯罪时,年仅十五岁,因此江西行省在给中书省的咨文中指出:"外据刺字一节,缘本人犯罪时年方一十五岁,又兼赃不满贯,合行免刺罚赎。"刑部采纳了江西行省的意见,指出:"程福孙年方十五,未行出幼,拟合免刺。今后强切盗贼,已得财者,年七十以上、十五以下,及笃、废疾不任重刑,合行免刺收赎。事干通例,如蒙准呈,遍行相应。"④最后得到中书省批准。至于刺字应罚赎多少,未见明文规定。

6. 至大元年(1308)刘君祥违法收继弟媳刘阿王案。其中主婚人刘阿牛,刑部处理意见为:"主婚伯母阿牛,年既七十二岁,依例罚赎相应。"⑤最后得到中书省批准。

7. 延祐二年(1315)萧真挑钞案。江西行省咨文指出:"萧真挑钞,以真作伪,乱坏钞法,例杖一百七下、徒一年。缘本人年七十一岁,又系侏儒残疾,不任杖责,依例议罚罪中统钞一百七两没官。外据合徒一节,若便发遣,诚恐差池。"这里,江西行省以萧真年已七十一岁又系侏儒残疾为由,将杖刑拟罚赎中统钞一百零七两,但对萧真是否应的决徒刑,江西行省不知该如何处理。刑部的意见为:"萧真所犯挑钞,例杖一百七下、徒一年。本人年已七十一岁,残疾,罪已收赎。外据徒一年,例该六十七下,拟合罚赎中统钞六十七两相应。"⑥也就是说,除杖罪依例罚赎外,徒一年依例折杖六十七下,可罚赎中统钞六十七两。二者相加,总共应罚赎中统钞一百七十四两。中书省则认为:"挑钞人萧真,即系违法重事,拟合责断徒年。既本省将正罪

---

① 《元典章》卷四一《刑部三·诸恶·不睦·踢死堂侄》,第1397—1398页。
② 《元典章》卷五一《刑部十三·诸盗三·防盗·关防仓库盗贼》,第1698页。
③ 《元典章》卷五四《刑部十六·杂犯一·违慢·人民饿死官吏罪》,第1837页。
④ 《元典章》卷四九《刑部十一·诸盗一·免刺·老幼笃废疾免刺》,第1661页。
⑤ 《元典章》新集《户部·婚姻·不收继·兄收弟妻断离》,第2130页。
⑥ 《元典章》卷二〇《户部六·钞法·挑钞·侏儒挑钞断例》,第747页。

赎铜了当,依准部拟。今后若有似此人等故犯者,咨禀定夺,勿请依前赎罪。"据此,中书省并未认可刑部的意见,认为挑钞系重罪,应的决徒刑,只是因江西行省已经罚赎了当,不便再行更改而已。此外,还需提及的是,据本案,赎刑似可用于徒刑,赎刑金额可用徒刑折杖数进行换算。

8. 延祐七年(1320)孙天祐违限不纳宣敕案。刑部处理意见为:"孙天祐所招,不合更改名字,侥幸钦受宣命,骤升钦州路达鲁花赤,嫌远不曾赴任。革后钦奉圣旨,立限拘收白身冒受宣敕,本人违限又不送纳。今既追收到官,赏钱亦已征给,别无定夺。止据违限不纳宣敕罪犯,量拟笞五十七下,缘本人年已七十之上,依例赎罪。"①最后得到中书省批准。

9. 天历元年(1328)婺州路永康县尹刘隆赃案。刑部处理意见为:"婺州路永康县尹刘隆,因事受财。合笞叁拾柒下,解任别仕。为本人元系侏儒,有妨科决,罚赎了当。参详,刘隆侏儒废疾,不当从仕,今既犯赃收赎,据法再难迁用。验本官见受资品,合令子孙,依例荫叙。"②最后得到中书省批准。此案中,刘隆因系侏儒,依例罚赎。此外,刑部还指出,侏儒废疾不应为官,提议将刘隆解职,由其子孙凭其资品荫叙,也就是说对刘隆实际上是依照提前致仕的办法处理的。

以下为老幼残疾不适用赎刑的案例。

1. 至元十年(1273)驱口杜海窝藏贼人李大案。时杜海年已七十二岁。中书兵刑部的处理意见为:"杜海虽是年老,所犯难拟收赎,仰就便约量断决。"③此案发生在元贞元年元朝确立老幼残疾罚赎以前,因而不适用赎刑制度。

2. 大德元年(1297)李桂奸污幼女潘茂娘案。吉州路申文原拟:"李桂所招,年七十五岁,虽是用手损坏潘茂娘九岁女身,难同强奸科罪。拟将李桂决杖一百七下,依例罚赎。"江西行省则认为:"李桂所犯,即系败坏风俗,原情尤重。依准所拟,决杖一百七下。仰就便断遣施行。"④实际上同意了吉州路所拟杖一百七下,但否决了其罚赎意见。《元史·刑法志》:"诸年老奸人幼女,杖一百七,不听赎。"⑤当即由此案例而来。

3. 大德七年(1303)兰州站户任再兴殴本州刘同知案。便宜都总师府委金州判官王将仕的审断意见为:"量情加等,杖断六十七下。为本人年七十五岁,依例罚赎了当。"陕西廉访司照刷金州案件后,认为:"任再兴年止六十九岁,设若便是七十五岁,其人却有筋节气力殴打职官,似难赎铜,理合的决。"御史台呈中书省下刑部讨论,刑部认为:"兰州站户任再兴,本年六十九岁,妄作七十有五。已招不应用拳、棒、马鞭子殴伤本州刘同知,即系部民故殴本处官长。若止赎罪,无赖之人谓其不过罚钞而已,谁复知惧! 其任再兴所犯,合依准御史台所呈,照依元拟杖六十七的决,回付赎罪钞数。"⑥最后得到中书省批准。按,此案任再兴实际年龄只有六十九岁,不符合收赎条件,但陕西廉访司与刑部均强调了这样一个事实,即任再兴即使年龄符合条件,本人却有力气殴打他人,可见身体还是有能力承受杖责的。《元史·刑法志》:"诸小

---

① 《元典章》新集《吏部·官制·总例·拘收诈冒宣敕》,第2044页。
② 《至正条格》断例卷二《职制·废疾不许从仕》,第185页。
③ 《元典章》卷四九《刑部十一·诸盗一·窝主·年老停贼断罪》,第1671页。
④ 《元典章》卷四五《刑部七·诸奸·强奸·年老奸污幼女》,第1517—1518页。
⑤ 《元史》卷一〇四《刑法志三·奸非》,第2654页。
⑥ 《元典章》卷四四《刑部六·诸殴·他物伤·部民故殴本属官长》,第1506页。

民恃年老,殴詈所属官长者,杖六十七,不听赎。"①当即由此案例而来。

以上三个案例,后二者均可视为老幼残疾适用赎刑的例外情形。不过,二者不适用赎刑的理由有所不同,李桂奸污幼女潘茂娘案,系因其所犯败坏风俗,情节严重,任再兴殴刘同知案,则强调的是其身体强健,可任杖责。

此外,元末张晋在刑部任职时,曾处理过这样一个案件:

> 燕都市中有瞽人,挟术诈治贵人病,使书其仇人名,欲为之祈禳,而诬告贵人,以罪胁其赂。以事觉,众以其笃疾,将如常法收赎。公曰:"彼之诈欺,虽有目者不能为,宜以盗论,使当直决之罪。"②

有元一代对巫蛊一向是严厉禁止的,曾多次颁布过法令。大都有一盲人,专靠此术为朝中贵人治病,事后却又以此敲诈他们。事情败露后,刑部拟判,不少人认为盲人属笃疾,符合收赎的形式要件。张晋则持反对意见,主张将其以盗论,而且不许收赎,直接执行,理由则是其所犯罪行"虽有目者不能为"。

元代赎刑制度大体继承了中原王朝的法律传统,但同前后代相比,有两个特点值得注意。首先,元代赎刑主要是通过一些散见的规定与判例来体现,并无完备严密的体系,因而有许多环节缺少详尽规定,像赎刑适用的刑罚范围,仅为笞、杖刑,还是包括笞、杖、徒、流、死五刑?从前面萧真挑钞案来看,徒刑似乎可用折杖数换算罚赎金额,虽然这会造成异罪同赎的问题。那么,流刑、死刑的情形又是如何呢?对此,我们均不得而知。实际上,元代赎刑完整内容的缺失,主要是由元代重判例法、不重成文法的传统造成的,非独赎刑如此。其次,前后代的赎刑多以铜或银为计量单位,较为稳定,元代则以大量发行的纸钞为赎刑计量单位,以后随着纸钞的逐渐贬值,其惩罚力度也在逐渐减弱。这里试以同属经济惩罚范围的烧埋银为例,作一简单比较。元代烧埋银主要以白银为计量单位,一般为五十两。至元二年(1265)首次对烧埋银作出规定时,"彼时每银一两,该中统钞二两。如无白银,于犯人名下折追中统钞二定,给付苦主"。到至元三十一年(1294),"烧埋银五十两,官价每两至元钞二两。若依见行官定银价,依例于犯人名下追征至元钞二定,折中统钞一十定"。也就是说,每两中统钞同每两白银的比价已由原来的2:1变为10:1。武宗即位后,至大二年(1309)颁行至大银钞。"见依奉尚书省定例,陪追烧埋银两,该至大银钞二定,准至元钞一十定,折中统钞五十定"③。中统钞与白银的比价进而又变为50:1。这样一来,到至大年间,中统钞同白银的比价已贬值了约25倍。同白银直接挂钩的烧埋银自然不会受纸钞贬值的影响,而赎刑的惩罚力度却在无形中大打折扣。至正六年(1346)《至正条格》颁布时,杖笞一下罚赎中统钞一两的规定依然没有改变,我们很难想象赎刑的实施在当时还会产生什么实际效果。

---

① 《元史》卷一〇五《刑法志四·斗殴》,第2674页。
② 方孝孺《逊志斋集》卷二一《大司农张公行状》,宁波出版社,2000年,第690页。
③ 《元典章》卷四三《刑部五·诸杀二·烧埋·杀人偿命仍征烧埋银(又)》,第1489—1490页。

元朝国家政权内部的沟通与交流

——以宣使为中心的考察

武汉大学 申万里

古往今来,任何时期的国家政权内部,都需要进行必要的沟通与交流,以维护其正常的运行与发展。这种内部的沟通与交流,在没有现代化通讯、交通工具的中国古代,则显得更加重要。尽管中国历代王朝担当沟通与交流的机构与人员各有特点,但他们在国家政权的运行过程中,无疑起着重要作用。因此,研究一个朝代国家政权内部的沟通与交流制度,对认识这个朝代国家政权的运行过程及统治绩效,具有重要意义。

元朝是中国历史上第一个由蒙古族建立的统一多民族王朝,作为少数民族首次统治中国,元王朝政治体制与中国古代其他王朝相比,发生了重大变化,元朝实行蒙、汉杂糅的二元统治,官方语言有蒙古语、汉语和波斯语,元朝居民被分为四个族群[①]:蒙古、色目、汉人和南人。因此,除了与诸族群相关的制度成分在元政权体系中的冲突需要进行必要的沟通与协调以外,元朝官员中民族成分复杂、语言各异,也同样为交流和沟通带来了困难。元人马祖常记述道:

> 国家官制,率以国人居班簿首,州县则又仍国初,官各置建达鲁花赤员,并守令佐丞,连位坐署,哄然言语,气俗不相通。[②]

这种情况给元朝政治体系的正常运行带来了较大的困难,也使得元帝国比其他王朝更加重视国家政权内部的沟通与交流。从史料来看,元朝从皇帝继位这样的大事,到一般法令、政令推行,都有专门机构或专人进行沟通和交流。[③]

元朝负责国家政权内部沟通与交流的官吏一般称使臣,这些使臣被称为国家政权的"耳目",元人李士瞻说:"士大夫遇事,得为即为,而使臣之职,尤耳目所寄,上不使遗君父之忧而已。"[④]反映了元代使臣作为国家"耳目",在国家政权内部通过上下沟通,来"不使遗君父之忧"的情况。元代使臣一般包括专职人员宣使、奏差、直省舍人以及中央或地方的高级官员。

[①] "族群"一词,泛指各种类型的人类共同体。西方学术界对这一概念有多种定义,一般是指由共同语言、宗教、信仰、习俗、世系、种族、历史和地域等一种或数种因素构成的文化复合体,所指范围比民族更广一些。元朝将所统治居民分为四个等级:蒙古、色目、汉人、南人,这四个等级并不完全是按民族来划分的,实际上是四个文化复合体,所以本人认为,用"族群"一词来表示元代的四个等级,比较符合当时的实际情况。

[②] 马祖常:《石田先生文集》卷一三《霸州长忽速刺沙君遗爱碑》,李叔毅点校本,郑州:中州古籍出版社,1991 年 3 月。

[③] 据宋濂记载:"武宗正位宸极,人情未安,乃选藩邸旧臣,出使四方,以布宣威德。"(宋濂《宋濂文集·潜溪后集》卷八《元故荣禄大夫陕西等处行中书省平章政事康里公神道碑铭》,杭州:浙江古籍出版社 1999 年 12 月,第 268 页,这些使臣就有关皇帝继位的问题,与各方面进行沟通与交流。关于一般法令、政令推行过程中的沟通与交流,元朝充分利用民间粉壁等媒体作用,将这些政令或法令传递到民间,让百姓知晓。见申万里《元代的粉壁与社会职能》,《中国史研究》2008 年 1 期,第 99—110 页。

[④] 李士瞻:《经济文集》卷三《与有嗣监卿书》,文渊阁《四库全书》本。

其中,中央和地方高级官员只是在特殊情况下临时充当这一职务,没有固定的制度。① 元朝宣使在中央主要机构以及地方行省、行枢密院、行御史台等机构中广泛设立,是元朝固定的制度,专门负责中央与地方之间以及地方政府之间日常的政治、军事、经济、外交等方面的沟通与交流,元人杨翮记述了行省宣使在中央与地方以及地方事务中的沟通与交流情况:

> 宣劳力于列省而为之使,日惟更直宰相,从出入、承意指及递守公署,有事辄趋报宰相。其或征调之有未集,则藉以趣;政治之有未良,则藉以临;征榷货估之有未实,则藉以核。至于达诏令于郡县,驱流窜于荒逖,穷罪状、降辟罚于百司庶府,则藉以行。凡所部上供诸物,必因水陆之运而督致于京师。设大盗卒发,须上闻,若事当计中书者,无不一惟宰相所命,即藉以往。甚者,岁中表章之上于朝廷数四,锱币之请于大府逾百万,皆藉之。缓则往返留滞,或阅岁时;急则日驰数百里,连暮夜弗止,不兼旬为去来。去来者旁午交道,驿吏送迎无虚日,其为责重且难,较之他主名者十九。②

从上面史料可以看出宣使在国家政权内部沟通和交流的重要作用。因此,本文以宣使为中心探讨元代国家政权内部的沟通与交流,具有重要的学术意义。

有关元朝国家政权内部的沟通与交流问题,目前已经开始引起国内外学术界的重视,萧启庆先生全面探讨了元政权内部的语言沟通的问题。③ 李治安先生在关于行省制度的研究中,论述了行省宣使的职责、选任等问题。④ 日本学者船田善之先生探讨了元代圣旨、诏令的宣读和传递问题。⑤ 许凡先生在元代吏员制度的研究中,涉及元代"传达吏员"(宣使、奏差)的设立情况、职责等问题。⑥ 张帆先生在元代宰相制度研究中,涉及中书省宣使的问题。⑦ 党宝海先生在对蒙元驿站交通的研究中,从驿站公务的角度,论述了蒙元时期,帝国政权内部以驿站为中心进行的有关政治、经济和皇帝、宗室事务等方面的沟通与交流。⑧ 这些研究成果对我们认识元代国家政权内部的沟通与交流制度很有启发,本文也从这些研究成果中受益匪浅。只是有关元朝政权内部政治、经济、军事、外交等方面的沟通与交流情况,目前还没有专门的研究成果。本文在前人研究成果的基础上,以宣使为中心,尝试对元朝国家政权内部的沟通与交流情况进行考察,并在此基础上探讨元朝国家政权的统治特点与统治绩效,请学界同仁批评

---

① 船田善之:《元代の命令文書の開讀使臣について——その人的構成と巡曆ルートそ中心に》(日本东方学会《东方学》第一百一十一辑,2006年1月,第88—106页。
② 杨翮:《佩玉斋类稿》卷一《宣使房壁记》,文渊阁《四库全书》本。
③ 萧启庆:《元代的通事与译史:多元民族国家中沟通人物》,《内北国而外中国:蒙元史研究》,北京:中华书局,2007年10月,第415—462页。有关元朝语言交流的文章还有:姚从吾:《辽金元时期通事考》,收入《姚从吾先生全集》第5册,台北:中正书局,1981年;蔡春娟:《元代的蒙古字学》,《中国史研究》,2004年第2期,第103—122页等。
④ 李治安:《行省制度研究》,天津:南开大学出版社,2000年,第32—33页。
⑤ 船田善之:《"灵岩寺执照碑"碑阳所刻文书き通して:みた元代文書行政の一断面》(东京外大《亚洲、非洲语言文化研究》第70期,2005年,第81—105页)。通过《灵岩寺执照碑》碑文的分析与解读,分析了元代圣旨传递的过程和传递中的一些具体问题。船田善之:《元代の命令文書の開讀について》(《东洋史研究》第六十三卷第4号,2005年3月,第650—680页)全面考察了元代圣旨开读迎送礼仪的形成过程、具体迎送礼仪、开读情况以及开读以后,对宣读过的圣旨、诏书的处理等问题。船田善之:《元代の命令文書の開讀使臣について——その人的構成と巡曆ルートそ中心に》(日本东方学会《东方学》第一百一十一辑,2006年1月,第88—106页)考察了元代负责圣旨宣读使臣的构成、宣读路线等问题。
⑥ 许凡:《元代吏治研究》,北京:劳动人事出版社1987年4月,第13—14页。
⑦ 张帆:《元代宰相制度研究》,北京:北京大学出版社,第162页。
⑧ 党宝海:《蒙元驿站交通研究》第四章《元代驿站的用途》,北京:昆仑出版社,2006年3月,第160—194页。

指正。

一 元代的宣使及其设置情况

何谓宣使？从字面意思上看，"宣"：布也，散也，示也，明也，主要指宣谕；"使"：令也，役也，唐朝以后主要指受到派遣负责某种政务的官吏。"宣使"二字合在一起，意思是"宣谕的官吏"。元代的宣使属于吏员，学术界称之为"传达吏员"或"宣谕吏员"，是非常合适的。

何谓宣使制度？宣使制度是元朝出现的国家政权内部沟通与交流的制度之一，《元史》记载：

> 省宣使，旧例无此职名，中统以来，初立中书省，曾受宣命充宣使者，拟出职正七品职，外有非宣授人员，拟九十月为考满，与正八品。①

由此看来，宣使制度产生于元朝，它是一种通过派遣专职人员（宣使）来完成制度内部沟通与交流的制度，与前代没有制度渊源关系。② 成吉思汗建立大蒙古国政权以后，蒙古汗廷就开始派札鲁忽赤（断事官）统治被征服的地区，③这些受蒙古汗廷（或诸王、军事将领）派遣，对被征服地区进行间接统治的人员，汉人视为蒙古统治者的代表，统称为宣使或宣差，权力极大。乙卯年（1219）刘仲禄就以宣使的身份到山东，护送全真教首领丘处机觐见成吉思汗。④ 壬辰年（1232），宣使老索被派到顺天府，他有辟属之权，下属有一些参佐。⑤ 这一时期，邢州安抚张耕在州城北郭修建石桥，也需要"言于宣使"⑥，可见，大蒙古国时期的宣使（或宣差）制度，在元朝被移入国家制度体系之后，发生了明显的变化。

元朝以后，宣使制度逐步建立起来，成为元朝国家政权内部沟通与交流的重要制度，大蒙古国时期的宣使（或宣差）制度，被赋予新的内容。元代宣使设置情况见下表：

表一：元代宣使设置情况统计表

	机构名称	数量	机构名称	数量
元代宣使总数大约764人	中书省	50	枢密院	19
	御史台	10	大宗正府	10
中央机构：设立宣使总数285，约占设立宣使总数的37.3%	大司农司	8	集贤院	7
	宣政院	15	大禧宗礼院	15
	龙祥使司	10	太常礼仪院	4

---

① 宋濂：《元史》卷八三《选举三·铨法下》，北京：中华书局点校本，第2069页。
② "宣使"一词最早出现于北宋，有"承宣使"、"昭宣使"等名目，属于有品级的散官系列，没有具体职权，与元代的"宣使"没有制度上的渊源关系。
③ 这一问题涉及元代行省制度的起源与形成问题，具体情况参见李治安《行省制度研究》第一章《元代行省制的起源与演化》和张帆《元代宰相制度研究》第一章《大蒙古国时期宰相制度的萌芽》，这里不再展开论述。
④ 李志常：《长春真人西游记》卷上，《丛书集成》初编本。另外，陶宗仪：《南村辍耕录》卷一○《丘真人》记载为"宣差刘仲禄"，这里的"宣差"，应是元代宣使的另一种称谓。
⑤ 郝经：《郝文忠公陵川文集》卷三五《河阳道士荀君墓铭有序》，《北京图书馆古籍珍本丛刊》影印明正德二年刻本。
⑥ 元好问：《遗山先生文集》卷三三《邢州新石桥记》，《四部丛刊》初编本。

续表

	典瑞院	4	太史院	2
	太医院	7	奎章阁学士院	4
	侍正府	8	将作院	4
	通政院	10	通政院上都分院	10
	中政院	10	储政院	10
	内史府	5	都护府	4
	崇福司	2	大都留守司	17
	上都留守司	12	詹事院	10
	都总制庸田使司	18		
地方机构：设立宣使总数479（其中除江浙行省40人以外，其余不详，）约占62.7%	岭北行枢密院	4	山东、河北蒙古军大都督府	5
	蒙古军万户府、哈剌鲁万户府	6	江南诸道行御史台	10
	陕西诸道行御史台	10	四川行枢密院	6
	湖广、江西行枢密院	6		
	行宣政院	8	江浙行省	40
	行大司农司	10	（行）通政院	8
	其他行省	360		

资料来源：《元史·百官志》，其中江浙行省宣使数量来自杨翮《佩玉斋类稿》卷一《宣使房壁记》。行大司农司和镇江的行通政院设立宣使数量来自《至顺镇江志》卷一七。其他行省指江浙行省以外的其他九个常设行省，由于没有发现其所设宣使的具体数量，这里按江浙行省的40人统计，因此，上表的统计数字和百分比只是大约的数字。

从上面统计资料可以看出：元代常设宣使人数大致764人，设立宣使的机构分布在中央机构、中央派出机构及行省。其中，行省宣使最多，有大约400人，约占总数的52.4%。这些宣使承担了元朝国家政权内部大部分沟通与交流的任务。

二 元代宣使制度

宣使制度在元朝国家政权内部的沟通与交流中起着重要作用，前人的研究成果只是在考察行省制度或吏制的时候涉及宣使问题，缺乏对这一制度的全面深入的探讨。本文对元代史料中出现的宣使进行了统计（见文后附录《元代宣使统计表》），下面根据统计情况和其他相关材料，考察元代宣使制度。

首先，关于宣使的选任。

《元史·选举志》对宣使的选任有明确的规定：

（至元）二十九年（1292），省议：行省、行院宣使，于正从九品、有解由职官内选取，如是不敷，于各道宣慰司一考之上奏差、本衙门三考典吏内选取，不敷，于各道廉访司三考奏差内，并本衙门三考典吏内选取，仍须色目、汉人相参选取。自行踏逐者，亦须相应人员，考满，例降一等，须历九十月，方许出职。内外诸衙门宣使，以色目、汉人相参，九十月为满，自行踏逐者，降一等。凡内外诸衙门宣使、通事、知印、奏差，都省宣使有阙，于台、院等衙门一考之上宣使，并有解由正从八品职官内选补，如系都省直选人员，不拘此例，仍须色目、汉人相参选取，自行踏逐者，考满例降一等，须历九十月，方许出职。枢密院宣使，正从九品职官内选取，仍须色目、汉人相参选用，自行踏逐者，亦须相应人员，考满例降一等，须历九十月，方许出职。御史台宣使，正从九品职官内选取，自行踏逐者，考满，例降一等。须历九十月，方许出职。宣政院宣使选补同。……十年，省拟：中政院宣使，于本衙门三考之上典吏，及正从九品职官内选用，以色目、汉人相参，自行踏逐者，降等。①

从上面材料可以看出，元代宣使的选任主要有两种途径，一种是从八品或九品的官员以及相关吏员中选举，另一种是相关机构自行选辟。这与杨翮所说的"中分其人（宣使），而未命之士，与夫既策名于朝者，各半之"②。是一致的，其中，前者属于杨翮所说的"策名于朝者"，后者属于"未命之士"。

从史料看，官员、吏员转任宣使的例子较多，如许公正（字仲明，东平人）镇江路总管府照磨，辟江浙行省宣使。③刘济（字仲源，河间肃宁人）以昌国正监管勾，为御史台宣使。④延祐年间宁国路税务副使耶律舜中，被江浙行省平章伯颜察儿，推荐为江浙行省宣使。⑤关于官员、吏员转任宣使的程序，元人朱德润写道：

  国朝之制，在京诸司，掾吏、宣使诸职，自省院以下，官长佐既举其人，又必通吏部，移文准其所设，然后给俸禄，以备□及计岁月迁升，悉从此始。⑥

以"未命之士"被任命为宣使的也很多，如傅德润，"游京师，王公贵人咸为刮目。至顺间，枢密大官荐其为院（枢密院）宣使"⑦。栾仲举（扬州人）"好学乐善，敏于为吏。丞相开府公才之，辟为其省宣使"⑧。叶琛（字景渊，丽水人）天历元年（1328）北游京师。"诸贵人奇其才，辟宣使于通政院。院事至剧，侯（指叶琛）一无所慑。出使郡国，持以洁清，长吏每畏惮之，事必先集。丁外艰而还。重纪至元三年（后至元三年，1337年），补江浙行中书省宣使。"⑨文如玉（字璋甫，宋朝丞相文彦博之后）"读书力学，倜傥有用世志……至京师，荐于故丞相顺德忠献

---

① 宋濂：《元史》卷八二《选举二·铨法上》，第2048页。
② 杨翮：《佩玉斋类稿》卷一《宣使房壁记》。
③ 俞希鲁：《至顺镇江志》卷一九《人才·仕进·侨寓》，江苏地方文献丛书本，南京：江苏古籍出版社，1999年8月，第776页。
④ 黄溍：《金华黄先生文集》卷三一《江浙行中书省左右司都事刘君墓志铭》，《四部丛刊》初编本。
⑤ 杨瑀：《山居新语》（不分卷），宋元笔记小说大观本，第6册，上海：上海古籍出版社，2001年12月，第6057—6058页。
⑥ 朱德润：《存复斋续集》（不分卷），《送枢密院宣使傅德润之京师序》，涵芬楼秘笈影印旧抄本，北京：北京图书馆出版社，2000年11月。
⑦ 朱德润：《存复斋续集》（不分卷），《送枢密院宣使傅德润之京师序》。
⑧ 戴良：《九灵山房集》卷六《送栾宣使还省诗序》，《四部丛刊》初编本。
⑨ 宋濂：《宋濂全集》，《叶治中历官记》，杭州：浙江古籍出版社，1999年12月，第2012页。

王(哈剌哈孙),王器之……补四川行省宣使。①

至于负责宣使选任的官员,元朝在中央设立客省使,负责中央机构宣使的选任,②地方的宣使,主要由行省相关官员推荐任命。

宣使作为交流与沟通的职务,需要具备三个基本条件:第一,要具有较强的处理复杂事务的能力。元朝在至大四年(1311)的一则公文中指出:"设立宣使、奏差,盖为干办公事。"③就说明元代对宣使办事能力的要求。第二,一般需要精通蒙古语。蒙古语是元朝最重要的官方语言,元朝百司所上奏章以及君臣之间的口头语言交流,均使用蒙古语,④另外,元朝中央和地方的中上层官员中,蒙古人较多,因此,精通蒙古语是宣使需要具备的基本条件之一。第三,需要具有文学方面才能。文学主要指诗文方面的修养,它是中国古代社会上层精英交流的主要工具之一,元朝当然也是如此,宣使主要与中央或地方的中上层官员沟通与交流,需要具有文学方面的才能。

从本文收集到的史料来看,元代以才能被任命宣使的有:董志(字于道,保定路雄县人)"性颖悟,甫弱冠,谙经史,尤精律学。始自崇祥典书,充本院宣使"⑤。王伯颜(字伯敬,滨州人)"性倜傥好义,既冠,入京师,驸马荆王(也速不坚)一见奇之,与议疑事,剖决无凝滞。深加爱重,王拜湖广行省丞相,署为知印,补宣使"⑥。郭德(字彦修,太原人)"敦厚谨重,读书略通大义,尤精六艺之数"。后为枢密院宣使。⑦ 边鲁生(宣城人)"材器超卓",为南台宣使。⑧ 章吉父(吴县人)"以奇才"为丞相府舍人,未几"遽为宣使"⑨。

以精通蒙古语被任命为宣使的有:贾治安,"负雅器,善为歌诗,又通国字语言……遂用为湖广省宣使"⑩。曹永(字世长瑞安人)"以蒙古字学进",江浙行省宰臣"贤其学问",以宣使辟之。⑪

以文学为宣使的有:郏启文,文学过人,善乐府隐语,为中书宣使。魏士贤(高邮人)工乐府,善隐语,为淮南省宣使。李唐宾(广陵人,号玉壶道人)人物风流,文章乐府俊丽,为淮南省宣使。⑫

此外,国子学是元朝唯一的最高学府,国子生被任命为宣使的也较多,王文益(字仲谦,溧

---

① 宋耿:《燕石集》卷一四《奉元路总管致仕文公神道碑》,《北京图书馆古籍珍本丛刊》影印清抄本。
② 据《元史》卷八五《百官志一》:"客省使,秩正五品。使四员,正五品;副使二员,正六品。令史二人。掌直省舍人、宣使等员选举差遣之事。"
③ 解缙等:《永乐大典》卷19420《站·站赤五》,北京:中华书局,1986年6月,第7225页。
④ 萧启庆:《元代的通事和译史:多民族国家中的沟通人物》,《内北国而外中国:蒙元史研究》,第432—433页。
⑤ 王齐:《嘉靖雄乘·人士第八·仕籍·元》卷下,《天一阁明代方志选刊》影印明嘉靖十六年刻本。崇祥院属于元代掌管皇家寺庙——大承华普庆寺的机构,《元史》没有这个机构设立宣使的记载,原因待考。
⑥ 陈高:《不系舟渔集》卷一三《王伯颜传》,《元人文集珍本丛刊》影印民国十五年排印本。
⑦ 同恕:《榘庵集》卷六《赠嘉议大夫礼部尚书郭公神道碑铭》,李梦生校刊本,太原:山西古籍出版社,2003年8月,第56页。
⑧ 王逢:《梧溪集》卷六《边至愚〈竹雉图歌〉有序》,《丛书集成》初编本,上海:商务印书馆1935年,第318页。
⑨ 杨维桢:《东维子集》卷一三《归来堂记》,《四部丛刊》初编本。
⑩ 陈旅:《安雅堂集》卷一二《贾治安墓志铭》,文渊阁《四库全书》本。
⑪ 邵亨贞:《野处集》卷三《元故柳州路马平县都博镇巡检曹君墓志铭》,文渊阁《四库全书》本。
⑫ 钟嗣成、贾仲明:《录鬼簿正续编》,浦汉明校刊本,成都:巴蜀书社,1996年10月,第180页、177页、167页。三人皆出于此处,其中,淮南行省是元末为镇压红巾起义而临时设立的行省。

阳人)"入国子监……充淮南宣使"①。叶孔昭曾"居胄监",后为江南行御史台宣使。② 王畦(福宁州人)"以国学生为江浙等处行中书省宣使"③。孙秉彝,又名长寿,以监生(国子学生)为江浙行省宣使。④

其次,元代宣使的家庭出身及族群。

元代宣使的家庭出身及族群对我们认识元代宣使的地位和作用比较重要,一般来说,如果元代宣使大多出身于一般百姓家庭或社会地位较低的族群,那么,宣使的社会地位不高;反之,如果宣使大多出身于官宦之家以及社会地位较高的族群,说明宣使一职比较重要,社会地位较高,由此吸引一些社会上层子弟参与其中。根据本人的统计,元代宣使出身与族群情况如下:

表二:元代宣使出身及族群情况统计表

	蒙古	色目	汉人	南人	总计	
百姓(包括儒户、医户和富民)			10	5	15	34%
官宦(包括元代官宦之家13人和南宋官宦之家3人)	6	7	16		29	66%

从上面统计表可以看出:第一,在表中统计的44位元代宣使中,出身于百姓之家的有15人,占34%,出身于官宦之家的有29人(其中3人是南宋仕宦之家)占66%,反映了元代宣使出身于社会上层的较多,社会地位较高。第二,就汉人群体而言,出生百姓之家10人,出身官宦之家7人,出身百姓之家多于官宦之家,反映了元代汉人与南人群体相比,有一定的仕宦机会。第三,就南人群体而言,出身官宦之家的16人,百姓之家的仅5人,出身百姓群体宣使的数量远远小于官宦之家,反映了元代南人仕宦的困难,只是有仕宦背景的家庭,才有机会做宣使。

需要说明的是,本文的统计只是涉及宣使数量的很小一部分,大量的蒙古人、色目人因为史料记载缺乏而不能列入统计范围,因此,上表中所反映的主要是汉人和南人宣使的相关情况。实际上,出身于蒙古、色目族群的宣使数量不会在汉人、南人之下,杨翮记载元代宣使"故其选日严,比叁分其目,而国人右族据其二,华产者居其一"⑤。如果根据这条史料所说,"国人"(蒙古人)占三分之二的话,蒙古宣使一定有很大的数量,只是由于史料不足,我们还不能就此展开讨论。实际上,在一些零星的史料里,我们也可以发现一些关于蒙古人担任宣使的记载。大德七年(1303)二月,永宁府少数民族叛乱,行省宣使南家台、千户卜速鲁,在暮晖关拒敌。⑥ 这里的"南家台"应为蒙古人。《至顺镇江志》记载了元朝初年位于镇江的行大司农司

---

① 孔齐:《至正直记》卷四《文益弃母》,庄敏点校本,上海:上海古籍出版社,1987年4月,第155页。
② 戴良:《九灵山房集》卷一六《题何监丞画山水歌》。
③ 黄溍:《金华黄先生文集》卷三一《正奉大夫江浙等处行中书省参知政事王公墓志铭》,《四部丛刊》初编本。
④ 袁彦章:《书林外集》卷三《送沙字丁平章八首》,涵芬楼秘笈影印旧抄本,第5册,北京:北京图书馆出版社,2000年11月,第714页。
⑤ 杨翮:《佩玉斋类稿》卷一《宣使房壁记》,文渊阁《四库全书》本。
⑥ 佚名:《招捕总录》,丛书集成初编本,第5页。

和通政院宣使的姓名,其中行大司农司宣使中,有阿塔赤、暗都剌等,可能是蒙古或色目人,通政院宣使中,拾得捏古、鲁思也可能是蒙古或色目人。至正十一年(1351)元顺帝派大司农少卿王敬方、翰林修撰安僧祭祀南海,随行人员有江西行中书省宣使灭理沙,①估计这位灭理沙也是蒙古人。类似的例子还有很多,这里不再列举。不过,在元朝蒙古贵族看来,宣使地位不高,《元史》记载:

> 至元二十三年(1286)四月,中书省拟:要束木平章政事,脱脱忽参知政事。有旨:"要束木小人,事朕方五年,授一理算官足矣;脱脱忽,人奴之奴,令史、宣使才也。读卿等所拟,令人耻之。"②

从上面材料可以看出,在蒙古贵族的观念中,只有社会地位较低的"人奴之奴"才适合做宣使。因此,元朝蒙古族的宣使可能大多出身于社会地位不高的蒙古家族,留下的记载也相应较少。

尽管前面统计表中,色目人宣使只有6人,元代色目人宣使的数量也是不少的,元朝规定:"内外诸衙门宣使,以色目、汉人相参。"③说明色目族群的宣使数量,应该与汉人族群相当,只是史料缺载而已。

第三,元代宣使的仕宦

有关宣使的仕宦,元朝规定:

> 中统以来,初立中书省,曾受宣命充宣使者,拟出职正七品职,外有非宣授人员,拟九十月为考满,与正八品。至元二十年(1283),吏部言:准内外诸衙门令(使)、译史、通事、知印、宣使、奏差等,病故作缺,未及九十月,并令贴补,值例革者,比至元九年(1272)例定夺。省准:宣使、各部令史出职同,三考从七。一考之上,验月日定夺。一考之下、二十月以上者正九。十五月以上者,从九,十五月以下,拟充巡检。④

从上可以看出,宣使任满以后,就可以得到正七品或正八品的官职,即使没有任满,也能得到相应的职务,可见元政府对宣使的仕宦还是比较优惠。实际情况如何?下面是关于宣使仕宦的统计表格:

表三:元代宣使仕宦统计表

职务	人数	官品
州判官	4	正七品
县尹	8	正七品
县主簿	2	从八品
路司狱	1	从八品

---

① 陈昌齐等:《广东通志·金石略十七·颁降御香题名》,辽金元石刻文献全编影印清同治三年刻本,《全编》第3册,北京:北京图书馆出版社,2003年3月,第729页。
② 宋濂:《元史》卷一四《世祖纪十一》,第289页。
③ 宋濂:《元史》卷八三《选举二·铨法上》,第2048页。
④ 宋濂:《元史》卷八三《选举三·铨法下》第2069页。

续表

职务	人数	官品
县丞	1	正八品
路总管	2	正三品
监支纳千斯仓	1	正七品
州同知	1	从六品
县达鲁花赤	1	从六品
肃政廉访司佥事	1	正五品
路达鲁花赤	1	正三品
淮东宣慰使	1	从二品
真定等路宣慰副使	1	正四品

说明：监支纳千斯仓一职的官品，来自《元史·百官一》。其他官品根据《元典章·吏部一·官制·资品》。

根据表中的统计数据，在列入统计的元代的25名宣使中，任满后得到的职务较多的有：县尹、州判官、县主簿，官品分别为正七品、正八品和从八品，与前面引用的《元史·选举志》中宣使任满出职的相关规定是相符的。这25人中有17人得到的是七品和八品官，占统计数量的68%，另外8人则得到七品以上的高官，占32%，说明元代宣使的仕宦除了大多数人能够保证国家制度规定的八品到七品的官职以外，一部分人（特别是蒙古、色目族群的宣使）还有机会得到七品以上甚至是三品以上高官，这说明元代宣使的仕宦确实具有一定的优越性。

三 宣使与元朝国家政权内部的沟通与交流

宣使作为元朝国家政权内部沟通与交流的职务，在哪些方面担任沟通与交流的角色？这些沟通与交流是如何进行的？这是本文关注的最重要的问题。从本文的考察来看，元代宣使负责沟通与交流的范围非常广泛，既包括国家公共领域的政治、经济、军事、外交等方面的沟通与交流，也包括私人空间方面的官员私人之间的沟通与交流。

第一，政治领域的沟通与交流。

元代宣使在政治领域的沟通与交流，首先表现在政治信息传递，包括圣旨宣读和行省公文传递。前者主要由中书省（或尚书省）宣使承担，沟通中央到地方的政治信息，后者主要由行省宣使承担，沟通行省与下属路府州县之间的政治信息。

元代实行圣旨宣读制度，皇帝发布圣旨以后，派专人到各地宣读，目的是让地方尽快了解圣旨的内容，提高行政效率。① 中书省（或尚书省）宣使作为负责沟通的吏员，经常直接负责或陪同相关官员，到各地宣读圣旨，大到国家重要决策的圣旨，小到仅仅涉及某些具体人物的圣旨，很多时候都由宣使参与传递、宣读。这样的例子很多，至大三年（1310）十二月十一日，尚

---

① 有关元代圣旨宣读的情况，见前述船田善之诸文。

书省差直省舍人脱因不花、冉宣使到广东番禺县开读诏书。① 至顺元年(1330)七月,"中书省宣使郭伯颜不花,差随断事官也速迭儿钦赍诏书,前去宁海州等处开读"②。大德年间,萧㪺斗被任命为国子学司业,正月初四日,"中书省官冯宣使,传奉都堂钧旨,给到驰驿圣旨,令赴都"③。至大元年(1308)元政府又任命他为集贤学士、国子祭酒,七月十六日,"中书省差薛宣使,钦赍'温字七十八号、四匹铺马之任'圣旨,及行中书省参知政事赵资善,一同礼请卑职(萧㪺斗)疾早赴任"④。另外,欧阳玄(字元功)在一首反映元朝科举的诗中写道:"御史承差锁院门,侍臣传诏出天阍,试官被命联镳入,同榜三人入谢恩。"⑤这里的"侍臣传诏出天阍"反映了宣使传递有关科举圣旨的情况。

行省宣使在地方的信息交流中起着更加重要的作用,元人刘基写道:

> 夫使者,所以宣德敷令,通壅迪滞,以孚上下之心,达远近之情。故有专对而不失主意,专行而不戾主命,使人见其使而知其主之善,夫是之谓使乎? 今之宣使,将省府之号令,以旁达于所属,虽具有文檄,然必其事之重且急者,乃命宣使将之,为其有斟酌权变,文檄不能悉也。故宣使之出,实代省官行事,受言以往,如省官之自行。是故所属莫不敬畏,奉承之不暇。⑥

刘基的上述言论,反映了行省宣使在信息传递中的重要作用。宣使传递行省公文的例子不少,至元二十二年(1285)三月,"镇南王昨奉旨统军征占城,遣左丞唐兀歹,驰驿赴占城,约右丞唆都将兵会合,又遣理问官曲烈、宣使塔海撒里,同安南国使阮道学等,持行省公文,责日烜运粮送至占城助军"⑦。这里,宣使塔海撒里传递的就是当时荆湖行省的公文。实际上,行省宣使不仅传递公文,还通过亲自采集信息,供行省官员决策的方式,实现行省与下属的信息交流。泰定元年(1324)十月,江浙行省决定疏浚吴淞江:

> 令都水分监专以整治水利……本省就差宣使孟居仁,赍咨前去,计禀外,咨请照详可否,闻奏施行。⑧

材料中,"赍咨前去"就是传递公文(咨),后面的"计禀"则是采集信息,然后"咨请照详可否,闻奏施行",作为行省决策的根据。泰定元年(1324)十二月,江浙行省"将料到夫匠、工食、钱粮、木石等物,彩画图本,就委宣使周溢,赍咨前去计禀……合行开坐,移咨请照详"⑨。泰定二年(1325)八月,江浙行省又"差委提控宣使傅忙古歹,赍领本司铜印一颗",交给都水庸田使司副使任仁发等,命其设立工程指挥机构,指挥开工。⑩

在上面例子中,江浙行省先后三次派出宣使,除了传递行省公文以外,还对水利工程的若干问题收集信息,供行省决策,同时,宣使还通过参与计禀"夫匠、工食、钱粮、木石"等,帮助工

---

① 《元典章》卷四八《使臣往治例取受》,元刊本,北京:中国广播电视出版社,1988年7月,第1764页。
② 《至正条格》卷五《断例·职制·稽留铺马札子》,韩国学中央研究院校注本,第213页。
③ 萧㪺斗:《勤斋集》卷二《辞免国子司业状》,文渊阁《四库全书》本。
④ 萧㪺斗:《勤斋集》卷二《辞免国子祭酒状》。
⑤ 欧阳玄:《圭斋文集》卷三《寄诸弟七绝》,《四部丛刊》初编本,页2a。
⑥ 刘基:《刘基集》卷二《序·赠宣使王民则诗序》,林家骊点校本,杭州:浙江古籍出版社,1999年12月,第97页。
⑦ 宋濂:《元史》卷二○九《安南》,第4641页。
⑧ 任仁发:《水利集》卷一,《续修四库全书》(851册)影印明抄本,上海古籍出版社,2003年5月。
⑨ 任仁发:《水利集》卷一。
⑩ 任仁发:《水利集》卷一。

程决策,通过传递铜印,帮助建立工程指挥机构,全面推动工程开工,反映了行省宣使在与下属路府州县沟通与交流中的重要作用。

其次,元代宣使在政治领域的沟通与交流,还表现在向朝廷上贺表和参加地方的祭祀、旌表等活动。

在中国古代,上贺表是地方政权对中央表示忠诚的重要方式,实际上是地方政权与中央王朝的一种政治沟通。同时,作为中央王朝,派官员到地方旌表和祭祀地方神灵,是传达政府的政治倾向和对地方政权实行政治关怀的重要手段。这种由下到上的上贺表和由上到下的旌表和祭祀活动,形成了中国古代中央与地方之间政治情感的沟通与交流,对维护和谐的中央与地方关系非常重要。在元朝的此类中央与地方政治情感交流中,宣使起到了重要作用。元人杨翻说,宣使"岁中表章之上于朝廷数四",说明各地所上贺表是专门由宣使传递的。同时,中央派遣到地方进行旌表和祭祀地方神灵的活动,基本上都有宣使参与,反映了宣使在沟通与交流中的重要作用。

元代上贺表非常流行,胡祗遹有诗写道:"召公近奏平南功,万方贺表如山崇。"①就反映了元朝平定南宋以后,天下纷纷上贺表庆贺的情况。元人陈基在送胡宣使赴京上贺表的诗中写道:

> 使者楼船上九天,鲸波不动一帆悬。表章入奏三千里,海宇中兴亿万年。夏后山川仍职贡,汉家勋业重安边。遥知此去多恩泽,帽压官花赐燕还。②

诗中的后两句反映了诗作者对赴京上贺表行为的羡慕之情。从目前元代史料中流传下来的贺表来看,皇帝即位、天寿节、元正日、册封太子、册封皇后、皇后上尊号、皇太后上尊号以及改元等事件,各诸王、投下、中央机构以及各行省、诸道肃政廉访司、各路宣慰司、元帅府等都要上贺表。元初,赴京上贺表的人员有官员、吏员以及行省宣使,比较复杂。由于上贺表的名目太多,来京上贺表的人员又没有严格的限制,不仅影响了地方政府的公务,京城也出现了人满为患的现象。《元典章》的一则元武宗时期发布的圣旨指出:

> 至大四年(1311)五月十二日特奉圣旨:随处进表来的,五日以里,都教回去者。推病的干别勾当不去的,当了铺马,标着他名字,勾当里再休委付者。今后进表时,不拣那衙门里差的宣使、奏差,合来的人每来者,官人每、首领官每并其余勾当人等,推称缘故休来者,来呵,当了铺马,步行回去,勾当里休委付者。③

武宗以后,上贺表主要由宣使负责,如皇庆元年(1312)八月,亦都护高昌王位下差都事雷泽、宣使朵儿只二人,起马二疋,赍本位下王传差札,前去大都上贺表章。④

旌表或优待一些特定家族,是中央王朝政治倾向的反映,实际上是中央对地方特定家族进行政治关怀的一种形式,也是中央与地方的一种政治交流。元代的这种交流,主要是由宣使完成的。至正年间,元朝派遣宣使李文虎至福建兴化路,访求南宋抗元名臣陈文龙子孙,"将录用,无有应之者"⑤。徽州路金震祖因获贼功。"达于朝,奉诏命江西行省宣使八思不花,旌表

---

① 胡祗遹:《紫山大全集》卷四《昊天观群鹤图歌》,文渊阁《四库全书》本。
② 陈基:《夷白斋稿》卷八《送胡宣使赴都进表》,文渊阁《四库全书》本。
③ 《元典章》卷二八《礼部一·进表·各衙门上贺表笺》,第 1098 页。
④ 解缙等:《永乐大典》卷一九四二〇《站·站赤五》,第 7228 页。
⑤ (清)李清馥:《闽中理学渊源考》卷二九《忠肃陈君贲先生文龙》,文渊阁《四库全书》本。

金氏"忠义之门"①。

元代中央派员到地方祭祀地方神灵的活动,作为中央对地方的政治关怀和中央与地方政治交流的另一种形式,经常举行,这些活动一般都有宣使的参与。延祐四年(1317)陇州"秦山摧裂,小民震骇"。仁宗命御史大夫伯忽、中书省参知政事王桂大、长春宫道教代真人王道亨,"远赍香册,昭祷于西镇成德永靖王之祠"。中书省宣使阿儿思兰、御史台宣使教化也参与了这次祭祀。②后至元五年(1340)三月,元朝派集贤直学士揭傒斯与当地地方官祭祀南镇,从行者有集贤院宣使穆薛飞儿。③至正十一年(1351)顺帝派大司农少卿王敬方、翰林修撰安僧,祭祀南海,随行人员有江西行中书省宣使灭理沙。④至正十五年(1355),元朝派使臣三宝奴、翰林院修撰牛继志祭祀南海,参加祭祀的有江西行省宣使程忠。⑤

另外,元代宣使还与地方官一起或单独承办一些特定行政、司法等具体事务。这种情况主要是在地方官的办事效率较低或办事能力不能得到上级信任的特殊情况下出现的。也就是杨翮所说的"其或征调之有未集,则藉以趣;政治之有未良,则藉以临"⑥。这种情况一方面是利用宣使较强的办事能力,弥补地方政府行政效率低的缺陷,提高统治绩效。另一方面是督促地方政府按上级的政治意图办事,实际上也是上下级之间的政治交流。这类例子很多:至元二年(1265)三月成武县祗候人李松将调戏其妻的陈宝童打死。中书省札付断事官曲出、高宣使前去审断。⑦至元十五年(1278)义坚亚礼为中书省宣使。"尝使河南,适沛、郑大疫,义坚亚礼命所在村郭构室庐,备医药,以畜病者,军民全活者众"⑧。至元二十年(1283),江淮行省宣使郤显、李兼诉平章忙兀台不法。⑨延祐四年,武昌金沙州岸崩,数为民患,湖广行省宣使贾治安监治之,"民至今赖以无役"⑩。至治元年(1321)五月,杭州路钱塘县违例"将普福寺住持僧子与勾扰"。为此,行宣政院"差宣使僧家奴与杭州路公同断遣"⑪。至顺元年(1330)八月河南府路,"车马站一十五处,西军劫掠,又值天旱,人民阙食,马无草料"。中书省委派宣使燕只哥,与河南府路录事司判官郭将仕"亲诣各站整治马疋"⑫。元末吕思诚因议钞法得罪权贵,左迁湖广行省左丞,"太医院宣使秦初,即其家迫遣之。(秦)初窘辱之,不遗余力,思诚不为动"⑬。

第二,经济领域的沟通与交流

元代宣使在经济方面的沟通与交流,主要表现在押运、催缴宫廷和国家需要的重要物质以及监督税收等经济活动。也就是杨翮所说的"征催货估之有未实,则藉以核。……凡所部上

---

① (明)程敏政:《新安文献志》卷九七《行实、才武·金彦忠〈元忠翊校尉十字路万户府镇抚金公震祖行状〉》,何庆善等点校本,黄山书社,2004年12月。
② 汪鋆:《十二砚斋金石过眼录》卷一八《大元特祀西镇之碑》,《辽金元石刻文献全编》影印清光绪元年刻本。
③ 杜春生:《越中金石记》卷九《南镇代祀记》,《辽金元石刻文献全编》影印詹波馆刻本。
④ 陈昌齐等:《广东通志·金石略十七·颁降御香题名》。
⑤ 陈昌齐等:《广东通志·金石略十七·代祀南海庙》。
⑥ 杨翮:《佩玉斋类稿》卷一《宣使房壁记》。
⑦ 《元典章》卷四二《诸杀·因奸杀人·打死强奸未成奸夫》,第1595页。
⑧ 宋濂:《元史》卷一三五《铁哥术传》,第3272页。
⑨ 宋濂:《元史》卷一七〇《申徒致远传》,第3989页。
⑩ 陈旅:《安雅堂集》卷一二《贾治安墓志铭》。
⑪ 《元典章新集·刑部·杂犯·路县官擅断和尚要罪过》,第2438页。
⑫ 解缙等:《永乐大典》卷一九四二二《站·站赤七》,第7240页。
⑬ 宋濂:《元史》卷一八五《吕思诚传》,第4250页。

供诸物,必因水陆之运而督致于京师……锱币之请于大府逾百万,皆藉之"①。宣使的催缴与押运在满足了宫廷对特殊物品需要的同时,也将国家需要与特定地方的经济活动联系起来。另外,宣使押运的盐引、钞本等物质,本身就是经济发展与交流的重要保证,对国家的经济运行非常重要。

关于宣使押运,元大德四年(1300)规定:

> 行省今后应合起运赴都诸物,当该提调正官与所委押运官,眼同点检,足备,如法打角,除金银宝钞、精细物货、丝绵匹帛,依例轮流差遣州县以次官、宣使管押,其余木绵、土布、造作等项粗重物件,止差宣使,将引元经手并库子人等解纳外,据诸项军器,须差色目官员与局官押运,其□课□匹,亦差宣使与局官起纳。②

上面材料说明,元代宣使负责对地方向中央缴纳物品的押运,重要的物品由宣使与相关人员一起押运,一般物品由宣使单独负责押运。宣使押运的例子很多,中统二年(1261)四月,以宣使蒲散禧,押运燕京所有金帛等物到上都。③ 天历二年(1329)正月,宣使阿散起运福建运司盐课银,赴中书省交纳。④ 大德五年(1301)江浙行省宣使怯列,管押木绵到陵州。

除了押运各种物质以外,宣使还负责押运盐引、钞本。盐引作为允许民间贩卖的凭证,卖给相关的盐商。钞本则是保障国家发行纸币数量的金银货币,对整个经济运行比较重要。元末李士瞻在给延平官员赵某的信中说:"所发盐一千引,今已遣张宣使子固、都事子长,押前去,令交割见数回还,必欲用者。"⑤延祐元年(1314)七月,河南省宣使张从政,押运钞本,于彰德路唐宋站界丢失。⑥

此外,元代宣使还负责追征物质和监督税收等经济活动。大德七年(1303)大名路总管府推官张居宽,同宣政院差来宣使焦椿,到濬县追征大圣寿万安寺常住子粒。⑦ 延祐四年(1317)湖广行省宣使贾治安,受命监督海北海南道海外贸易收入。元人陈旅记载:"海北海南琛舶之税入于官者,所司屡请卖之,盖欲以贱直入官,而厚利以自封也。先是,以省檄往视者率受赂还,且为之辞。及治安往,赂钱数万缗,皆不受,尽以杂货送之省。"⑧

第三,军事领域的沟通与交流

元代宣使在军事领域的沟通与交流主要表现在传递军事情报、军队内部的沟通与协调、在元政府与敌方之间或元政府与叛乱势力之间沟通、直接或间接参与对叛乱势力的镇压等。

关于宣使传递军事情报,元人朱德润写道:

> 枢司(即枢密院)在今掌军国事,比唐宋右府之制,机密不及,而权实过之。朝廷尝遣赍文檄往来朔漠,四方督军政者,宣使之职也。⑨

这里的"赍文檄往来朔漠",就是传递军事情报。元朝对军事情报的传递非常重视,元朝

---

① 杨翮:《佩玉斋类稿》卷一《宣使房壁记》。
② 《元典章》卷二一《户部七·押运·正官押运事理》,第839—840页。
③ 王恽:《秋涧先生大全文集》卷八一《中堂纪事下》,《四部丛刊》初编本。
④ 解缙等:《永乐大典》卷一九四二二《站·站赤六》,第7238页。
⑤ 李士瞻:《经济文集》卷一《与延平赵金院书》,文渊阁《四库全书》本。
⑥ 《通制条格》卷一九《仓库被盗》,方龄贵校注本,北京:中华书局2001年7月,第564页。
⑦ 熊象阶:《濬县金石录》卷下《张居宽题名》,《辽金元石刻文献全编》影印清刻本。
⑧ 陈旅:《安雅堂集》卷一二《贾治安墓志铭》。
⑨ 郭德润:《存复斋续集》(不分卷),《送枢密院宣使傅德润之京师序》。

规定：

> 各处如遇宣使人等到站，须要站赤官属，觑起马札子。若军情急速勾当，即便依数应付肥壮好马，毋得停留。①

宣使在元朝军队内部进行沟通与协调的例子也较多，元人王恽记载：至元元年（1264）八月，元朝"遣宣使王好礼，阅邓州军，实仍送万户史权，改授江淮"②。这一史料说明，宣使王好礼到邓州，实际上是督促史权到江淮赴任，这是宣使在军中协调的一种方式。宣使伯行的材料更能说明这一点：

> （伯行）从丞相阿答海镇扬州，议以州所领四万户军移镇鄂，而易鄂两万户军更戍于扬。奏已准，白于鄂省丞相阿里海牙，使者相望讫，不肯发军淮省。丞相念非公不能办，即乘驿宣上旨，语竟，鄂相色赤反目。公前曰："丞相何怒？受上旨怒，怒且不敬。"丞相惧，答曰："吾怒阿答海公。"复前曰："上旨非淮相所造，公怒，殆怒上，愿亟归。"相益惧，具酒食谢悔，乃发军。丞相奇之，录其劳，以通国语、专奏对，岁率乘驿六七返，世祖见而喜曰："是黑髯使臣复来矣。"③

从上面材料看出，伯行作为宣使，在与湖广行省丞相阿里海牙的沟通与协调中，督促阿里海牙服从了元朝的军事部署，取得了成功，也得到元世祖忽必烈的信任。至元二十二年（1285），伯行已经转任他职，但由于他在宣使期间出色的沟通能力，江浙行省的一些沟通与交流的工作，还是让他来做。史料记载：

> 省执政官计虑江浙事繁多，非条达核对，莫能称上意。时征日本，事不便，念所使有诘难，必忤旨，遂选公驿奏。奏至，即罢兵。迁承直郎、行省理问官，省中事急速，必命公诣御前，皆得允旨以归。世祖曰："伯行昔朕以黑髯使臣目之，今察其相貌，诚温暖洁正，畀以重任，宜无负。"④

元代宣使在军事方面与敌方沟通的材料也有不少，刘敏中《平宋录》记载了一个事件：

> （至元十二年三月）尚书廉希原[贤]、侍郎严忠范、议官宋德秀等，奉国书使宋临安，请益兵护送。丞相（伯颜）曰："汝既奉国书前赴临安，莫若先遣一个宣使前往，谕彼官吏，预知其意，然后可进。况我大兵压境，继后而进，宋人必未敢伤害汝辈，不宜益兵护送。吾恐宋人见汝辈多拥兵众，心生疑惑，别有异议，于汝辈深为未便，切宜熟虑。"廉尚书等坚请护送，遂许之。翌日，遣兵数百人护送至独松岭，皆被宋兵所害，果如所料。⑤

这里，伯颜提出先派宣使与南宋沟通，说明宣使在元朝统一战争期间已经应用在军事沟通与协调中。

元朝统一以后，大规模战事结束，宣使在军事方面的沟通与协调主要用于元朝平定叛乱势力的场合。这样的例子很多：至正年间湖广行省武冈、宝庆等地少数民族叛乱，元朝"连岁用

---

① 《元典章》卷三六《兵部三·使臣·使臣不过三站》，第1355页。
② 王恽：《秋涧先生大全文集》卷八二《中堂事记下》。
③ 袁桷：《清容居士集》卷二六《资善大夫资国院使赠资政大夫江浙等处行中书省左丞上护军顺义郡公谥贞惠玉吕伯里公神道碑铭并序》，上海中华书局四部备要本，第218页。
④ 袁桷：《清容居士集》卷二六《资善大夫资国院使赠资政大夫江浙等处行中书省左丞上护军顺义郡公谥贞惠玉吕伯里公神道碑铭并序》。
⑤ 刘敏中：《平宋录》，《丛书集成》初编本，上海：商务印书馆1939年，第8页。

兵讨之,军旅使客,皆道经是州"①。这里的"使客"应是指宣使。后至元二年(1336)秋,广西右江少数民族首领岑世兴进攻南宁等路,其子郎罕攻定远诸寨,众合十余万。"次年春……命江西省宣使王谨(字彦信,济宁任城人)往谕贼,(王)谨度昆仑关,历宣化、慕化,触豺虎,犯毒瘴地,俱险极。"边鲁生(字至愚,宣城人)材器超卓,元末"以南台宣使,奉台命西谕……后至愚竟以不屈辱死"②。

除了沟通之外,一些宣使则是直接投入了镇压叛乱的行动中。湖广行省宣使贾治安就是很好的例子:

> 延祐三年(1316),从布呼齐(孛兰奚)平章讨广西,平义宁、灵川贼,能以才胥自见。乃沿檄督军帅讨南海感德县诸贼,贼据高望、高院二山之险以抗官军。俄帅毙于流矢,重兵屯贼境,无所统驭。治安即日代领军政,遂分兵守要害,缮营垒,严巡逻,趣饷馈,围贼高望,而高院贼率千余人突来,督兵击却之。明年,平高望贼首,余党犹负固,矢石如雨,治安神色不挠,急攻破之。乃趣大校,合兵攻高院,贼败,又栅险印村,则攻拔其栅,群蛮散走山谷间,官军欲乘胜歼焉,治安不可,亟宣赦令招降之。③

类似例子还有很多,元末天下大乱,"凡弓矢兵甲之须,多取给于江浙。故令属路分办,而每路以宣使一人督之"。江浙行省宣使王民则"悉铲去故习,禁吏胥无得科敛,日饮食依条格取给,于馆驿其外,毫发无所需。所造器物,惟务中度,其他事毫发无所与。故如期毕事而民不扰,人咸德之"④。后至元三年(1337),叶琛为江浙行省宣使,"寇起临漳,朝廷命辨章(行省平章)别不花公往征,侯(叶琛)在行中,出奇计者为多"⑤。王与敬(字可权,淮西安丰人)由浙省典史充宣使,"后于董博霄部下立功"⑥。至正十二年(1352)春,盗始侵掠浙江郡县,八忒麻失里(高昌人)为江浙行省宣使,他"募兵严、婺间,得壮士数百人"。不久,徽州盗贼盛行,八忒麻失里率军收复徽州。⑦

第四,元代宣使在外交领域的沟通与交流

元代宣使负责接待外国使臣、出使邻国,在元朝与邻国之间,同样起到沟通与交流的作用。天历元年(1328)叶琛为通政院宣使,"出使郡国,持以洁清,长吏每畏惮之,事必先集"⑧。贾治安为湖广行省宣使,"安南遣使入觐,行省以治安将之"⑨。曹世贵(字仲明)为征东行省(高丽)宣使,"平章政事赵璧行征东省,公(曹世贵)为行省宣使,入谕。(林)演与同恶竖惟茂、礼书宋松、礼侍郎洪素陈兵以逆,公叱责曰:'汝海邦小夷,敢以威胁天子之使,则反矣!'戮十余人,缚(林)演致阙,国王导之入觐"⑩。王永武(临江路人,字均贤)为中书省宣使,"奉诏使海

---

① 王祎:《王忠文公集》卷二二《元中宪大夫金庸田司事致仕王公行状》,《北京图书馆古籍珍本丛刊》影印明嘉靖元年张齐刻本。
② 王逢:《梧溪集》卷六《边至愚〈竹雉图歌〉有序》。
③ 陈旅:《安雅堂集》卷一二《贾治安墓志铭》。
④ 刘基:《刘基集》卷二《赠宣使王民则诗序》,第97页。
⑤ 宋濂:《宋濂全集》,《叶治中历官记》,第2012页。
⑥ 陶宗仪:《南村辍耕录》卷三〇《松江之变》,中华书局,1997年11月,第378页。
⑦ 赵汸:《东山存稿》卷四《休宁县达鲁花赤巴侯武功记》,文渊阁《四库全书》本。
⑧ 宋濂:《宋濂全集》,《叶治中历官记》,第2012页。
⑨ 陈旅:《安雅堂集》卷一二《贾治安墓志铭》。
⑩ 姚燧:《牧庵集》卷二四《转运盐使曹公神道碑》,《四部丛刊》初编本。

外暹罗诸国,暹罗王见使者礼不恭,从容谕以大义,遂俯伏受命"①。

第五,元代宣使在官员私人空间范畴之内的沟通与交流

元代宣使"日惟更直丞相,从出入,承意指及递守公署"②,因此,除了在外面出使的时间以外,其余时间是在公署或长官身边度过的,元人李翀记载了一则故事:

> 脱欢为浙江相日,忽御赐龙衣一袭,才服于身,偶一宣使在旁研墨,失手误溅其衣。宣使大惧,叩头请罪,丞相徐徐笑曰:"汝非故也,何以惧为?"③

这则故事说明了行省宣使与行省丞相之间的密切关系。除了在长官身边值守,宣使还负责赴任官员的迎接。天历二年(1329)六月,张养浩被任命为陕西行御史台(西台)御史中丞,宣使李某(李生)亲自到山东济南接他赴任,在李宣使的祭文中,张养浩满怀深情地记载了一路上发生的事情:

> 今年二月,余自历下之官西台,舟次安山,而生乘传来逆,且拜且言:"驰至长清,闻公由水而西,所以追及于此,乃获瞻拜。"余见其端确卑慎,劳慰久之,时访西事,应对甚悉,凡所经过,传送供帐,辄先告集,余第受鞭而驰,舍策而酣,宴然不知身之为客,而道路之为修阻也。路出河南,流民浸遇,抵新安、硖石,则纵横山谷,鹄形菜色,殊不类人,死者枕籍,臭闻数里。余即命生躬督主者,坎而瘗之。余年六十,生长齐鲁富庶之乡,饿莩流民,雅未尝见。一旦遇之,心酸鼻辛,不觉泪之交颐。生见余哀,往往先路而行,挥使避之,民不循途,多致颠沛。自后余虽悲,不使生见之,而生亦不知余心之为益哀也。行次华阴,宿于岳祠,时旱甚久,遂为文祷之,文词甚悲,祷之夕,余自读其文,读至悲所,不觉失声。生与一二道流,亦皆哽噎,余欲驻车祠下,雨,然后去,生跽而泣言:"公为民之心,神已洞见,必雨乃去,无乃逼神太甚,况公家有老母,万一因是致疾,是公为民而不为母也。"余蹶然辍哀谢之,即趋其行,至华州,雨连夜不止,诘旦,命生市羊一、豕一,反而谢之。比回,余已视台印矣。④

由于宣使有很多机会在长官身边,因此,宣使经常帮助长官处理一些私人事务。这些事务包括:传递书信、传达问候、传递礼物等。赵孟𫖯有一封信写道:

> 德俊茂才,友爱足下……不肖不幸书颇好,凡寄书与人,多是为寄书者所匿,甚苦!甚苦!……因吴宣使便,专此奉答。⑤

赵孟𫖯在信中对信件丢失问题非常苦恼,专请吴宣使替他送信。此外,吴当在写给江西省郎中颜希古的诗中写道:

> 吾庐华盖下,乔木白云边。每忆秋风鲙,常怀雪夜船。传烽今四野,飞檄已三年。亦有平安问,烦君万里传。⑥

这首诗是通过宣使蒋盘传递的。在李士瞻的书信里,我们还可以看到更多的内容。他在

---

① 杨士奇:《东里续集》卷四二《王均贤墓碣铭》,文渊阁《四库全书》本。
② 杨翮:《佩玉斋类稿》卷一《宣使房壁记》。
③ 李翀:《日闻录》(不分卷),文渊阁四库全书本。
④ 张养浩:《归田类稿》卷七《祭李宣使文》,文渊阁《四库全书》本。
⑤ 高士奇:《江村消夏录》卷二《赵文敏公二札卷》,文渊阁《四库全书》本。
⑥ 吴当:《学言稿》卷四《送宣使蒋盘归寄江西省郎中颜希古》,文渊阁《四库全书》本。

与"泉州左丞相"的信中说:"近日,伯杭宣使泉南还,具道雅意,知感,知感。"①这是朋友通过宣使传递问候。他在写给沙某的信中说:"去冬离京时,彦明、师曾辈切切托仆致恳。……今专传宣使持状并礼花银五两,聊致区区之怀。"②信中通过宣使,向朋友送去礼物。

从上面的论述来看,元代宣使与长官有密切的关系,有些俨然成为官员的私人代表,在官员的私人空间中承担沟通与交流的角色。

四 元代宣使的社会地位

尽管宣使在蒙古贵族的语境里面地位不高,是"人奴之奴"从事的工作。实际上,元代宣使在国家官制中的地位并不算低,不仅元朝对宣使的工作提供了较好的条件,在地方社会中,宣使也是一个受人羡慕的职业。

元朝对宣使的工作比较重视,至元二十一年(1284)七月,元朝圣旨指出:"津梁道路,仰当该官司常切修完,不致陷坏停水,阻碍宣使车马、客旅经行,如违,仰提刑按察司究治。"③大德七年(1303)十一月,江浙省宣使吕从善等,押送金银货物到大都,事毕当回。"通政院不给铺马,拟以驴畜应付"。吕从善赴中书省陈诉。最后中书省议得:"闲慢使臣给驴,本革泛滥之弊,各省宣使事毕,回还听差,难同闲慢人员,回日,依例给马。"④即使宣使押运出现差错,元朝对宣使也有偏袒。《通制条格》记载了一则案例:

> 延祐元年(1314)七月,中书省刑部呈,河南省宣使张从政,关拨到钞本,于彰德路唐宋站界不见讫至元折中统钞叁拾陆定壹拾两,归问间,钦遇诏赦,参详,所失钞本,比获正贼,著落押运官、库官、库子、站船梢工孙千儿等并防送军兵、巡宿丁壮,均征纳官。仍督勒应捕官兵,根缉正贼。⑤

从上述材料看,宣使押运抄本丢失,本应该负责任,却让相关人员"押运官、库官、库子、站船梢工、防送军兵、巡宿丁壮"等赔偿。⑥ 明显偏袒宣使。实际上,在一般官员的心目中,宣使的地位也是较高,元人许有壬就认为宣使的地位较高,不能以吏员待之。⑦

在民间社会,宣使地位同样较高,受人羡慕。元人郑元祐记载了一个有关宣使的故事:

> 畏吾人伯不花,与其妻忽剌真,自昔同艰苦,生女已十岁,一朝为省宣使,乃娶呼都女观音奴为小妻,貌美资丰,善迎合,至抑正妻。⑧

伯不花做了宣使以后,很快娶了貌美资丰的小妻,嫌弃原来的妻子,抛开伯不花的个人品行不说,这一事件反映了当时社会上对宣使这一职务的重视。元代宣使地位之高,还可以从当时士人与宣使之间的诗歌唱酬反映出来。张昱在给宣使吴世显的诗中写道:"此去风波万里

---

① 李士瞻:《经济文集》卷二《与泉州左丞相书》,文渊阁《四库全书》本。
② 李士瞻:《经济文集》卷二《答兴化分省沙参政书》。
③ 《通制条格》卷三〇《营缮·堤渠桥道》,第740—741页。
④ 解缙等:《永乐大典》卷一九四二〇《站·站赤五》,第7222页。
⑤ 《通制条格》卷一九《捕亡·仓库被盗》,第564页。
⑥ 宣使不是押运官,据《元典章》卷二一《户部七·正官押运事理》规定:钞本之类的细软物质,由宣使和地方正官委派的押运官负责押运,押运官由地方正官任命下属担当,一般是副官。
⑦ 许有壬:《至正集》卷七五《公移·吏员》,《北京图书馆古籍珍本丛刊》影印清抄本。
⑧ 郑元祐:《侨吴集》卷一二《白雪漫士陶君墓碣》,《北京图书馆古籍珍本丛刊》影印清抄本。

长,使人指日觐清光。"①对宣使"指日觐清光"表示羡慕之情。成廷珪在《题苏文仲中宣使宝善斋》诗中,对宣使苏某极尽赞美之辞:"星郎自是鲁璠玙,宝善称之信不诬。岂与黄金同日语,合登清庙应时须。"②范梈在给李宣使的诗中,同样是这样的赞美:"故园云卧四三年,府署依然念子贤。莫为驰驱伤远道,但将忠孝感皇天。湖南政誉闻争荐,日下丝纶竚近传。为报津头黄鞠药,明当照我上江船。"③

元代宣使地位较高的原因主要有:首先,宣使是元代政治制度中的一个重要角色,在中央与地方以及地方政权之间,起到了沟通和交流的重要作用。宣使"出而代宰相行事,一言而纲纪振"④。对整个政权的正常运行产生了不小的影响,一般百姓也是以"破莎车、平赤眉之勋业期之"⑤。其次,宣使与行省、中书省以及中央各机构长官的私人关系非同一般,张养浩为西台御史中丞,每次离开官署,宣使李某都骑马相随。⑥ 另外,我们在一些地方的石刻题名中,看到宣使与一些官员在一起聚会以及游山玩水的证据。元贞二年(1296)二月,"朝廷差来官失斤答儿、速木赤,同大名府判许承直,因公达濬州。"陪同这些官员游山玩水的地方官员中,包括宣使蔡思道。⑦ 至正二十年(1360)四月,"南台群公会于道山亭,历览山川,兴怀今古,刻石以纪岁月。"参加者有宣使孙士敏(字汝学)。⑧ 至正二十四年(1364)冬,礼部员外郎傅好礼等"奉使闽省,丁丑月霁日,礼部员外郎傅好礼……宣使蒋仲皋……同登乌石山巅,遥望比阙于白云之表"⑨。因此,宣使有更多的机会得到长官的支持与眷顾。

宣使得到长官眷顾的例子较多,前面所述,张养浩赴任过程中与李宣使产生较深的感情,李宣使去世,他非常悲痛,于是"将令其弟复为宣使,以慰生(李宣使)之不幸"⑩。昔李勃(又名兀人,唐人人)为河南行省理问官,"宣使宋某,不直宿,行省付公治其罪,平章托满赤曲庇其人,公不少贷,托满赤怨望公,数以语见侵"⑪。这里,平章托满赤对宣使宋某不仅仅是眷顾,而是曲意庇护,反映了他们之间的关系,确实非同一般。

五 元代宣使制度的运行情况及调整

由于宣使的特殊身份,元代宣使制度在运行的过程中,出现了一些问题,主要表现一下三个方面:

首先,骚扰驿站。元朝至大三年(1310)的一则公文写道:

---

① 张昱:《可闲老人集》卷三《赠吴世显宣使代张氏捧谢表请命朝廷》,文渊阁《四库全书》本。
② 成廷珪:《居竹轩诗集》卷三,文渊阁《四库全书》本。
③ 范梈:《范德机诗集》卷七《赠李宣使》,文渊阁《四库全书》本。
④ 杨翮:《佩玉斋类稿》卷一《宣使房壁记》。
⑤ 张宪:《玉笥集》卷七《赠冯以玉宣使》,文渊阁《四库全书》本。
⑥ 张养浩:《归田类稿》卷七《祭李宣使文》。
⑦ 熊象阶:《濬县金石录》卷下《失斤答儿速木赤题名》。
⑧ 沈瑜庆:《福建通志·福建金石志》卷一二《王伯颜不花等题名》,《辽金元石刻文献全编》影印民国二十七年刻本。
⑨ 沈瑜庆:《福建通志·福建金石志》卷一二《傅好礼等题名》。
⑩ 张养浩:《归田类稿》卷七《祭李宣使文》。
⑪ 唐锦:《正德大名府志》卷一〇《文章志·欧阳玄·元礼仪院判昔李公墓志铭》,《天一阁明代方志选刊》本影印明正德刻本。

> 近年以来,率多新进年幼,不谙大体,经营差使,惟利是求。所至之处,无故稽留、骚扰站赤,威吓有司,需索钱物,干预刑政,稍有违拂,诟辱百端,必也恣情极欲而后去,间有告发到官,视朝廷使命,莫敢谁何。①

这种情况在元朝比较多,中统二年(1261)五月,官员南合上奏说:"也里海牙所辖州城宣使军马,多索祗应,民户甚苦之。"②至大四年(1311)江西行省宣使张阔愜不花,取受驿站提领周佑等中统钞二十定。③

上述情况说明,宣使对驿站制度的正常运行,产生了不良的影响。

其次,宣使制度也影响到地方政府的正常工作。宣使作为受中央派遣到地方沟通的使臣,需要地方官出城迎接,元人虞集记述了江西行省官员迎接使臣的情况:

> 江西行中书省治豫章之城,前临大江。天子有诏令,使者自北至,则省臣、宪府率僚属、郡县文武、百执事迎于郊,序立水浒俟望,至岸则有亭焉。奉玺书其上,再拜成礼,导以归府,受命而奉行。使者还,饯之如初。④

这种规模较大的迎接圣旨、使臣的活动,浪费了大量行政资源,使地方政府的正常运行受到影响。元人胡祗遹指出:"郡官例阶三品,掌户数十万,朝廷略不相信,每事复委断事官,宣使、奏差腹背相望,驿尘相属,使典郡者送迎祗待之不暇,又何政事之暇问焉?"⑤

第三,宣使依仗上级之威,索取贿赂,干扰地方政治。元代出现了一些宣使"下鞍则震怒嗔喝,取招骂詈,仗朝廷之威,以为一己酒色声伎贿赂之资"⑥。一些宣使则通过"差帖上妄写恶言"来恐吓地方官吏,"不问土官有无罪犯,下马便行取招,重行打发,轻则土物敛及于民"⑦。至大三年(1310)尚书省差直省舍人脱因不花、冉宣使开读诏书。二人在宣读诏书以后,"无故坐驿一百余日,挟势取要,科敛打发钱物","取要打发人情至元钞八定四十七贯文"。其间在广东番禺县"释放罪囚","威吓官吏,见问大辟囚人凌宣慰,放令出禁,解缓囚情"⑧。而"宣使巩士安之極折民齿……皆强悍有恃,官不能制者"⑨。上述宣使的不法现象,无疑地干扰了地方政府的正常运行。

对于宣使中出现的一些腐败现象,从元朝初年开始,就采取相应措施,对宣使制度进行调整和规范。

针对宣使多索祗应,骚扰站户的问题,元朝中统年间就规定了驿站供应标准:"使臣每人日支肉一斤、面一斤、米一升、酒一瓶。"并规定"今后无得分外取索骚扰,违者治罪。"⑩这种规

---

① 《元典章》卷四八《刑部十·禁例·使臣往治属取受》,第1764页。
② 解缙等:《永乐大典》卷19416《站·站赤一》,第7194页。
③ 《元典章新集·刑部·赃贿·宣使奏差犯赃例前殿叙》,第2419页。
④ 虞集:《道园类稿》卷二六《龙兴路重建章江迎恩亭记》,《虞集文集》,王颋点校本,天津:天津古籍出版社2007年4月,第693页。
⑤ 胡祗遹:《紫山大全集》卷二一《杂著·论臣道》。
⑥ 胡祗遹:《紫山大全集》卷二一《杂著·论臣道》。
⑦ 胡祗遹:《紫山大全集》卷二三《杂著·民间疾苦状》。
⑧ 《元典章》卷四八《刑部十·禁例·使臣往治属取受》,第1764页。
⑨ 许有壬:《至正集》卷四九《大元故翰林学士资善大夫知制诰同修国史赠推忠守正亮节功臣资政大夫河南江北等处行中书省左丞上护军追封魏郡公谥文畅公神道碑铭》。
⑩ 解缙等:《永乐大典》卷一九四一六《站·站赤一》,第7194页。

定使驿站在接待宣使时有所根据,在某种程度上抑制了宣使勒索祗应的现象。对于宣使骚扰站户,殴打驿站官员的行为,元朝刑部发布禁令,并责成行省官员,随时处理。延祐六年(1319)刑部议定:"今后宣使人等,押运官物,经过站赤,果有妄行摣罗,殴打站官,除随从人等,本处官司就便究治。"①

对于宣使影响地方行政的问题,元朝也比较重视,至元八年(1271)尚书省规定了迎接使臣的细则:"除诏赦并赍擎御宝圣旨使臣,预期一日行移前路官司,依例迎接外,其余宣使、省差使臣人员,不须迎接。"②从上面可以看出,除了宣读圣旨的宣使以外,其余的一般宣使,地方官不需要迎接。对于宣使干扰地方政治的现象,元朝规定:宣使的宣读路线,不得随便更改,不得无故留滞。如延祐五年(1318)中书省规定:"今后遇有钦奉诏书圣旨,差委宣使人等,驰驿于本路开读了毕,即便回还,却不得转于所辖去处开读,违者治罪。"③

对于宣使索取贿赂的现象,元朝责成地方监察机构肃政廉访司负责监督,至元三十年(1293)圣旨规定:"行省里令史、宣使人等,勾当行底人每,要肚皮做罪过呵,廉访司官人每察知呵,就便问了,断罪者。"④

对于这些法令实际执行的情况,由于史料所限,目前还不能展开讨论,但确实有一些例子,说明元朝一直在试图整顿和规范宣使制度。如前面提到的冉宣使、巩士安等人的例子就可以说明。

元代宣使制度确实存在一些弊端,对地方政府和驿站系统的运行造成不良影响。元朝政府对宣使的不法行为采取了一些措施进行限制,对宣使制度一直在不断调整和完善,反映了元朝对国家政权内部沟通与交流的重视。

六 结论

宣使制度是元朝独有的制度,是这一时期特殊政治环境之下的产物。元代之所以形成宣使制度,首先与元政权的特点和统治特征有关,元朝蒙、汉、回多元制度并存,蒙、汉、回多种统治方法并用,蒙古语、汉语、波斯语多种语言同为官方语言以及元政权官员体系中蒙古、色目、汉人、南人的广泛分布,给元王朝国家政权内部的交流与沟通造成了困难,因此,国家需要有一个强大的沟通与交流的机制,解决上述政治多元性带来的沟通困难,宣使制度可以说是元代建立的沟通与交流机制的最重要的内容之一。元代宣使的设立遍布中央主要机构和地方行省、行枢密院、行御史台等机构,在政治、经济、军事、外交等领域的沟通与交流中,起到了不可替代的作用,这种沟通与交流,无疑加强了元王朝国家政权内部的有机联系,提高了统治效率。

---

① 《元典章新集·兵部·驿站·押运宣使人等不得打站官》,第 2346 页。
② 《通制条格》卷八《仪制·贺谢迎送》,第 352 页。
③ 《元典章新集·礼部·礼制·礼仪·宣使开读》,第 2326 页。
④ 《元典章》卷六《台纲二·照刷·台官不刷卷》,第 170 页。元统二年三月初九日,元朝又颁布了类似的法令,规定:"今后出使人员,开读诏书、圣旨,取受钱物者,准十二章不枉法例科断。"(《至正条格》卷六《断例·职制·出使人员取受》,韩国学中央研究院校注本,第 223 页)

元代宣使制度的形成,还与元朝地方政权的运行情况密切相关。元代官员素质不高,①官府行政效率低下,元人胡祇遹在《又责吏不责官之弊》一文中指出:

> 违错之奸易见,稽违之奸难明。格例虽立小事、中事、大事之限,府州司县上至按察司,皆不举行。纵有依格欲举行者,多不通吏事。奸吏倒提月日,补贴虚检,行移调发,文饰捏合,弥缝完备,应对支吾,恣为欺谩,苦虐军民。②

这种行政效率低下的情况除了通过必要的行政监察来改善以外,在中央和地方之间通过宣使制度,加强沟通与交流,不失为一种提高行政效率的有效手段。从本文的探讨来看,宣使在政治、军事、经济、外交等方面的沟通与交流,确实密切了元朝国家政权内部的联系,为提高行政效率,改善统治绩效创造了条件。

总的来看,宣使制度的设立,改善了元朝中央和地方政权之间以及地方各级政权之间在政治、军事、经济等方面的沟通与交流,提高了统治效率,这一点是值得肯定的。此外,宣使制度不仅有利于元朝中央和地方之间以及各地方政府之间在政治、经济、军事等方面的沟通与交流,也为这种交流提供了制度保障。当然,正如上面所论述的,元代宣使制度存在着一些弊端,这些弊端对元朝政治腐败起到推波助澜的作用,也严重影响到宣使沟通和交流职能的正常发挥。

宣使制度是元朝政权根据自身的统治特点,通过改善国家政权内部的沟通职能,提高行政效率与统治绩效的一次有益的尝试。这一制度在明朝初年的相当一段时间被继承下来,③说明了它在中国制度史上的影响。

附录:

表四:元代宣使统计表

姓名	籍贯	出身	服务机构	族群	仕宦	出处
徐完者	镇江路	官宦	江浙行省	南人		《至顺镇江志》卷一九
程椿老	歙县	官宦		南人		戴廷明、程尚宽《新安名族志》前卷《程·歙县·临河》,第34页
洪渐	婺源州	官宦	江浙行省	南人		戴廷明、程尚宽《新安名族志》后卷《洪·婺源·官源》,第515页
洪星	婺源州	官宦	江西行省	南人		戴廷明、程尚宽《新安名族志》后卷《洪·婺源·官源》,第515页

---

① 元代官员素质低的材料很多,一些官员为文盲,不懂起码的行政程序,闹出很多笑话,李翀在《日闻录》(不分卷)就列举了很多这样的例子。
② 胡祇遹:《紫山大全集》卷二一《治道·又责吏不责官之弊》。关于元朝官吏在司法方面的效率低下,胡祇遹在《紫山大全集》卷二一《治道·官吏稽迟情弊》中也有明确记载。
③ 如洪武四年(1371),"中书省宣使张彬,赍诏开读,免过秋粮二百四十二万六千八百石有奇。"(钱谷:《吴都文粹续集》卷二七《宽恤税粮诏旨》)。另外,明朝陈谟的《海桑集》卷六《赠刘宣使序》,郑真的《荥阳外史集》卷九七《同年录》等都记载了到明初宣使的一些情况。

续表

姓名	籍贯	出身	服务机构	族群	仕宦	出处
金南召	休宁县	富民	行宣政院	南人		戴廷明、程尚宽《新安名族志》后卷《金·休宁·珰溪》，第651页
许公正	东平	百姓	江浙行省	汉人	无锡州判官	俞希鲁《至顺镇江志》卷一九
伯行	大名路	官宦		色目人	金坛县尹	袁桷《清容居士集》卷二六《玉吕伯里公神道碑铭并序》
董志	保定雄县人	百姓	崇祥院	汉人	大兴县尹	《嘉靖雄乘·人士第八·仕籍·元》卷下
贾渊	偃师县人	百姓	御史台	汉人	偃师县尹	《弘治偃师县志》卷二《宦绩·元》
田寿				汉人	临邑县尹	《道光济南府志》卷六七《重修庙学记》
林宁	永嘉人	官宦	行宣政院	南人		光绪《永嘉县志》卷一五《人物志三·林邦福》
王文益	溧阳人	百姓		南人		孔齐《至正直记》卷四《文益弃母》
樊子济	大名人		中正院	汉人		《正德大名府志》卷九《古迹志·南乐县》
余永			湖广行省			雍正《广西通志》卷六五
崔守训	章丘人	百姓	枢密院	汉人		《道光章丘县志》卷一四《金石录·崔荣碑铭》
吕从善			江浙行省			解缙:《永乐大典》卷一九四二〇《站·站赤五》
张从政			河南行省			《通制条格》卷一九《仓库被盗》
王伯颜	滨州人	百姓	湖广行省		乌程县尹	陈高:《不系舟渔集》卷一三《王伯颜传》
贾治安	钱塘县人	官宦	湖广行省	南人	仁和县尹	陈旅:《安雅堂集》卷一二《贾治安墓志铭》
博罗台	西域	官宦	湖广行省	色目人		程钜夫:《雪楼集》卷一八《大元河东郡公布都公神道碑铭》
栾仲举	扬州人	官宦	江浙行省	南人		戴良:《九灵山房集》卷六《送栾宣使还省诗序》
叶孔昭			南台			戴良:《九灵山房集》卷一六《题何监丞画山水歌》
程起宗			江浙行省			方回:《桐江续集》卷三五《重建成信侯殿记》
邓汉兴	南昌人	官宦	江西行省	南人		贡师泰:《玩斋集》卷一〇《临清御河运粮万户府经历邓君墓志铭》

续表

姓名	籍贯	出身	服务机构	族群	仕宦	出处
邓汉广	南昌人	官宦	江西行省	南人		贡师泰:《玩斋集》卷一〇《临清御河运粮万户府经历邓君墓志铭》
邓汉臣	南昌人	官宦	枢密院	南人		贡师泰:《玩斋集》卷一〇《临清御河运粮万户府经历邓君墓志铭》
杨德	冀宁人	官宦	湖广行省	汉人		贡师泰:《玩斋集》卷一〇《故朝散大夫金海北海南道肃政廉访司事杨君墓志铭》
张舜咨	钱塘人		江浙行省	南人	休宁县主簿	顾瑛:《草堂雅集》卷六《张舜咨》
苏昌衡	真定人	官宦	宣政院	汉人		黄溍:《金华黄先生文集》卷三〇《处士苏公墓表》
刘济	河间肃宁人	百姓	御史台	汉人	婺州路司狱	黄溍:《金华黄先生文集》卷三一《江浙行中书省左右司都事刘君墓志铭》
王畦	福宁州人	官宦	江浙行省	南人		黄溍:《金华黄先生文集》卷三一《正奉大夫江浙等处行中书省参知政事王公墓志铭》
叶琛	处州丽水人	南宋官宦	通政院 江浙行省	南人	歙县丞	黄溍:《金华黄先生文集》卷三六《赠承事郎同知奉化州事叶府君墓志铭》;宋濂《文宪集》卷三《叶治中历官记》
金南召	休宁人	仕宦	宣政院	南人		黄枢:《后圃黄先生存集》卷四《故徽州路婺源州同知金公行状》
王本元	平阳州人	官宦	南台	南人		孔齐:《至正直记》卷四《平阳王叔璁》
王瑾	济宁任城人		江西行省	汉人	蓝山县尹	梁寅:《石门集》卷七《王谨谕右江蛮序》
王民则			江浙行省			刘基:《诚意伯文集》卷七《赠宣使王民则诗序》
王铉翁	处州遂昌人	百姓	会福院	南人	吴县主簿	王祎:《王忠文集》卷二三《元故中山府判官墓志铭》
李荣贵	江陵人	百姓	中书省	南人		刘仁本:《羽庭集》卷六《李荣贵传》
王成行	汴梁太康县人	官宦	司农司	汉人		柳贯:《柳待制文集》卷一二《太康王氏扶城墓表》

续表

姓名	籍贯	出身	服务机构	族群	仕宦	出处
张将仕			河南行省		光州判官	马祖常：《石田文集》卷八《州判张君去思记》
冯梓	赵州柏乡县人	官宦	湖广行省	汉人		马祖常：《石田文集》卷一三《朝请大夫大明路治中致仕冯君先茔碑铭》
孟居仁			江浙行省			任仁发：《水利集》卷一
周溢			江浙行省			任仁发：《水利集》卷一
忙古歹			江浙行省			任仁发：《水利集》卷一
赵思贤	宁津县人	官宦	江浙行省	汉人		任士林：《松乡集》卷三《故奉直大夫赵公墓志铭》
赵思诚	宁津县人	官宦	江浙行省	汉人		任士林：《松乡集》卷三《故奉直大夫赵公墓志铭》
曹永	温州瑞安县人	百姓	江浙行省	南人		邵亨贞：《野处集》卷三《元故柳州路马平县都博镇巡检曹君墓志铭》
杨文举			江浙行省			释大䜣：《蒲室集》卷五《送杨文举赴江浙省宣使》
文如玉	南充县人	南宋仕宦	四川行省	南人	顺庆路总管	宋耿：《燕石集》卷一四《奉元路总管致仕文公神道碑》
王与敬	淮西安丰人		江浙行省	南人	松江府判官	陶宗仪：《南村辍耕录》卷三〇《松江之变》
郭德	太原人	百姓	枢密院	汉人	监支纳千斯仓	同恕：《榘庵集》卷六《赠嘉议大夫礼部尚书郭公神道碑铭》
雷裕	耀州人	百姓	四川行省	汉人	西和州同知	同恕：《榘庵集》卷九《承务郎西和州同知雷君墓志铭》
边鲁生	宣城人		南台	南人		王逢：《梧溪集》卷六《边至愚〈竹雉图歌〉有序》
傅德润	吴县人		枢密院	南人		朱德润：《存复斋续集》，《送枢密院宣使傅德润之京师序》
郏启文			中书省			钟嗣成、贾仲明：《录鬼簿正续编》
魏士贤	高邮人		江浙行省			钟嗣成、贾仲明：《录鬼簿正续编》
李唐宾	广陵人		江浙行省			钟嗣成、贾仲明：《录鬼簿正续编》
拜布哈	畏兀儿人	官员		色目人		郑元祐：《侨吴集》卷一二《白雪漫士陶君墓碣》
巴特玛实哩	河西	官宦	江浙行省	色目人	休宁县达鲁花赤	赵汸：《东山存稿》卷四《休宁县达鲁花赤巴侯武功记》

续表

姓名	籍贯	出身	服务机构	族群	仕宦	出处
王玺	沂州人		南台	汉人	浙东道廉访司佥事	俞希鲁:《至顺镇江志》卷一九
南家台			四川行省	蒙古人		《招捕总序》
章吉父	吴县人			南人		杨维桢:《东维子集》卷一三《归来堂记》
曹世贵	考城人	官宦	征东行省	汉人	城武县尹	姚燧:《牧庵集》卷二四《转运盐使曹公神道碑》
张阔惬不花			江西行省	汉人		《元典章》,第2419页
王永武	清江人	南宋官宦	中书省	南人		杨士奇:《东里集·续集》卷四二《王均贤墓碣铭》
傅愚	平遥人	仕宦	河南行省	汉人		胡聘之:《山右石刻丛编》卷三六,欧阳玄《河东郡公(傅)公神道碑铭》
郑某			尚书省			胡聘之:《山右石刻丛编》卷二五《解州厅壁记》
义坚亚礼	高昌人	仕宦	中书省	色目人	湖州路达鲁花赤	宋濂:《元史》卷一三五《铁哥术传》,第3272页
脱烈海牙	畏兀儿人	仕宦	中书省	色目人	淮东宣慰使	宋濂:《元史》卷一三七《脱烈海牙传》,第3320页
刘德温	大兴人	百姓	中书省	汉人	永平路总管	宋濂:《元史》卷一七六《刘德温传》,第4114页
郑渶	浦江人	仕宦	江浙行省	南人		张廷玉:《明史》卷二九六《孝义一》
李显祖	彰德路人		中书省	汉人		王恽:《秋涧集》卷八〇《中堂纪事上》
蒲散禧			中书省	汉人	涿州尹	王恽:《秋涧集》卷八〇《中堂纪事上》
王好礼	真定人		中书省	汉人		王恽:《秋涧集》卷八〇《中堂纪事上》
杨帖木儿宁潾	洪洞人		中书省	汉人		王恽:《秋涧集》卷八〇《中堂纪事上》
夹谷忽都虎			中书省	汉人	真定等路宣慰副使	王恽:《秋涧集》卷八〇《中堂纪事上》

说明:本表所统计元朝宣使的家庭出身中,出身于一般儒户、医户、富民及一般百姓之家,都视为出身百姓家庭。出身于祖、父、兄弟在元朝为官的家庭以及南宋时祖、父二代以上在南宋时期做官的家庭,则视为官宦家庭。本表中的"仕宦"一栏,指的是宣使任满以后得到的官职。

再论成吉思汗建国后的分封

沈阳师范大学　魏　曙　光

分封制是古代中国帝王将自己控制范围以外的土地分给儿子、兄弟、外戚、勋臣等受封者，让他们控制地方，以达到中央集权的目的。它包括两种形式，一是受封者完全控制地方的军政大权，是实封，这种又称为封建，二是受封者名义上控制地方，是虚封。分封制作为中国古代的一项重要政治制度，对中国的统一和分裂产生了深远影响。元朝虽然是由少数民族完成统一后建立的王朝，但也实行分封制度，并颇具特色，体现了元朝二元文化多因素的性格。[①]

早在元朝建立以前，成吉思汗就对诸子和诸弟进行了分封，诸子的封地在阿尔泰山以西，称为西道诸王，诸弟的封地在蒙古东部，称为东道诸王。成吉思汗在蒙古草原地区实行的分封措施后来又被他的子孙继承，推广到中原、西域、江南等农耕社会，逐渐形成了元朝的分封制度。与汉族统治者看重嫡长子不同，蒙古人更看重幼子在家中的地位，称为"幼子守灶"，而幼子在分封中是否获得更多权益，或者说幼子分封能否体现元代分封制度的特色，是一个值得研究的问题。在元朝所有的"幼子"中，以成吉思汗幼子拖雷的记载最为关键。拖雷是否受封，《元朝秘史》和《史集》的记载并不相同。一些学者相信《元朝秘史》的记载，认为拖雷与他的三位兄长术赤、察合台、窝阔台是一起受封的；[②]而一些学者则接受《史集》的观点，按照蒙古人"幼子守灶"的习俗，拖雷继承父产，领有蒙古本土。[③] 笔者通过研读和考辨波斯文《史集》和《世界征服者史》中的相关记载，重新探讨成吉思汗建国后的分封问题。

一　分封的时间

1206 年，铁木真在击败蒙古草原上最后一个劲敌乃蛮部后，于斡难河源召集贵族、那颜举行忽里台，即大汗位，建立起大蒙古国，他也被尊称为成吉思汗。铁木真建国后，对有功之臣进行封赏，任命了九十五个千户和四个万户。

波斯史家志费尼也记载了这次分封："当汪罕被解决，蒙古各部或出于自愿，或出于被迫，都听命于他，服从他的指挥，这时，他便把蒙古、乃蛮各部和各族，连同所有军队，全分给这四个儿子；其余诸子及他的兄弟、族人，他也赐与一部分军队。"[④]志费尼是蒙古呼罗珊总督阿儿浑

---

① 周良霄：《元代投下分封制度初探》，《元史论丛》第 2 辑，北京：中华书局，1983 年；洪金富：《从"投下"分封制度看元朝政权的性质》，《中央研究院历史语言研究所集刊》，第 58 本，第 4 分，1987 年。
② 李治安：《元代分封制度研究（增订本）》，北京：中华书局，2007 年，第 26—29 页。
③ 杉山正明：《蒙古帝国的原始形象——关于成吉思汗分封家族的研究》，马冀译：《蒙古学译文选——历史专集》，呼和浩特：内蒙古社会科学院情报研究所编，1984 年。
④ 《世界征服者史》，何高济译，商务印书馆，2004 年，第 40 页。

的书记官,他跟随阿儿浑于1252年前往哈剌和林觐见蒙哥,在此之前,他已经多次到过蒙古,因此他对蒙古的报道是很准确的,但在此处他犯了一个错误,把克烈部首领汪罕和乃蛮部首领塔阳汗混为一人了。在述及曲出律和脱黑脱阿时,他说:"成吉思汗打败汪罕,后者之子及另外一些拥有大量部下的人却得为逃脱。他奔往别失八里,从那里抵达苦叉,在苦叉山里东游西荡,既无粮食又乏给养,而跟随他的那些人已作鸟兽散。"①别失八里,突厥语意为"五城",今新疆吉木萨尔,苦叉,今新疆库车县,两地均在当时的西辽境内。正如波义耳所指出的,逃亡西辽的是乃蛮部塔阳汗之子曲出律,而非克烈部汪罕之子桑昆。志费尼不仅确切记载了成吉思汗的分封时间,还用蒙哥即位后的分封作为证明:"天下之王蒙哥可汗在第二次忽邻勒塔上,把他的整个国土都分封给他的族人、子女、兄弟和姐妹了。"②志费尼是1253年离开蒙古返回呼罗珊的,他所说的第二次忽邻勒塔为蒙哥的即位大典。蒙哥的这次分封也见于汉文资料,姚燧《中书左丞姚文献公神道碑》:"其年大封同姓,敕上于南京、关中自择其一。"③蒙哥即位后,派忽必烈出征南宋,让他在原金朝的南京(今河南开封)、关中选择一处作为封地,忽必烈听从了姚枢的建议,选择了关中。由此可见志费尼关于蒙哥给族人分赐国土的记载是准确的。

1213年,成吉思汗发动了对金朝的战争,"是秋,分兵三道:命皇子术赤、察合台、窝阔台为右军,循太行而南,取保、遂、安肃、安定、邢、洺、磁、相、卫、辉、怀、孟,掠泽、潞、辽、沁、平阳、太原、吉、隰,拔汾、石、岚、忻、代、武等州而还;皇弟哈撒儿及斡陈那颜、拙赤䚟、薄刹为左军,遵海而东,取蓟州、平、滦、辽西诸郡而还;帝与拖雷为中军,取雄、霸、莫、安、河间、沧、景、献、深、祁、蠡、冀、恩、濮、开、滑、博、济、泰安、济南、滨、棣、益都、淄、潍、登、莱、沂等郡"④。在这次出征当中,成吉思汗的右翼由诸子率领,左翼由诸弟担当,成吉思汗本人和拖雷坐镇中军,杉山正明认为此次出征的规模反映了蒙古帝国的基本结构,即蒙古草原为成吉思汗和拖雷的中央兀鲁思,东侧大兴安岭一带是诸弟组成的三个兀鲁思,西侧阿尔泰山一带是诸子组成的三个兀鲁思,所论甚是。可见成吉思汗早在此之前就进行了分封,他把诸弟分在自己的左手边,诸子分在右手边。

根据以上蒙古文、波斯文和汉文材料的综合研究,笔者认为成吉思汗分封家人的时间是在1206年消灭乃蛮部以后,《元朝秘史》关于此事的系年是正确的。

二 成吉思汗对四个儿子的分封

志费尼对成吉思汗分封的记载依赖的是他父亲巴哈丁的追忆和他本人的回忆,而他的父亲也是蒙古呼罗珊总督的书记官,曾经多次到过蒙古,因此志费尼的记载应该是可靠的。根据他的记载,成吉思汗给四个儿子分赐了蒙古、乃蛮各部、各族和所有军队,很可惜他没有提供有关这次分封的具体情况。《元朝秘史》记载了成吉思汗给诸子分封百姓的数量:给了术赤九千百姓(irge),给了察合台八千百姓,给了窝阔台五千百姓。给了拖雷五千百姓。成吉思汗给四

---

① 《世界征服者史》,第66页。
② 《世界征服者史》,第42页。
③ 姚燧:《牧庵集》卷一五《中书左丞姚文献公神道碑》,载《姚燧集》,查洪德编校,北京:人民文学出版社,2011年,第218页。
④ 《元史》卷一《太祖纪》,北京:中华书局,1976年,第17页。

个儿子总共分了两万七千人。在这些百姓中有一部分是乃蛮人和篾儿乞惕人,他们是成吉思汗武力征服的战利品。拉施都丁记载拖雷得到了两位乃蛮妃子:"拖雷汗有一个妻子,名叫领昆-哈敦;她是古失鲁克汗的女儿;古失鲁克汗被击溃时,她当了俘虏。她[给拖雷汗]生下了一个儿子,名为忽睹都;他早年去世。[拖雷汗]有一妾,名为伯撒剌黑,是乃蛮部人;她是末哥之母。这个伯撒剌黑是忽必烈合罕的乳母,她把自己的儿子末哥给了另一个[妇人哺育]。"① 忽必烈的乳母伯撒剌黑,亦见于《元史》:"伯撒王妃病目,治者针误损其明。"②而窝阔台则得到了篾儿乞部首领脱黑脱阿的儿媳脱列哥那,她出自乃蛮部,后来嫁到了篾儿乞部。

成吉思汗分给诸子的百姓中还有一些曾经是札木合的盟友,《元朝秘史》记载了他们结盟的经过:"其后鸡儿年(辛酉,一二〇一年),合答斤、撒勒只兀惕[两族]连合,合答斤的巴忽·搠罗吉等合答斤[人]为首,撒勒只兀惕的赤儿吉歹·把阿秃儿等为首,与朵儿边的合只温·别乞等,塔塔儿[部]的阿勒赤-塔塔儿的札邻·不合等,亦乞列思的土格·马合等,翁吉剌惕的迭儿格克、额篾勒、阿勒灰等,豁罗剌思的绰那黑·察合安等,乃蛮的不亦鲁黑汗,篾儿乞惕部的脱黑脱阿·别乞的儿子忽秃,斡亦剌部的忽都合·别乞,泰亦赤兀惕部的塔儿忽台·乞邻勒秃黑,豁敦·斡儿长、阿兀出·把阿秃儿等泰亦赤兀惕[人],这[十一个]部族,在阿勒灰·不剌黑聚集,说是要拥立札只剌歹[氏的]札木合为汗,一同砍杀牡马、牡牛,立誓结盟。"③这些部族此后拥立札木合为古儿罕,并发动了试图消灭成吉思汗的十三翼之战。成吉思汗在阿勒台山前征服了乃蛮人的国家以后,札木合侥幸逃脱,但与他在一起的札答阑、合塔斤、撒勒只兀惕、朵儿边、泰亦赤乌惕、翁吉剌惕等部族无力再战,他们只好在阿勒台山那边归降了成吉思汗。札木合不久也被他的五个伴当擒住,送给了成吉思汗。成吉思汗要求札木合与他再次做伴,札木合拒绝了他的要求并请求让自己不流血死,成吉思汗只好找了个借口将札木合处死。

这时刚刚降服的乃蛮、篾儿乞和札木合属部,对成吉思汗并不心悦诚服,时常发生反叛的行为。1205 年,一部分篾儿乞惕部百姓发生叛变,成吉思汗以速勒都思部的沈白为长官,带领左手军前往平叛。沈白攻下了篾儿乞部的寨子,成吉思汗命令他把该杀的杀了,剩下的任凭士兵们掳掠。以前投降的篾儿乞惕人这时又在老营里造反,被成吉思汗留在老营的人平定。成吉思汗认为让他们全部在一起,他们就会造反,于是把篾儿乞惕部打散编入忠于成吉思汗之人的手下。成吉思汗对篾儿乞部实行分而治之的办法,势必会影响到札木合的部众札答阑、合塔斤、撒勒只兀惕、朵儿边、泰亦赤乌惕、翁吉剌惕等部族。

为了防止他们的叛乱,成吉思汗给每个儿子指定了千户长。根据《元朝秘史》第 243 节的记载,成吉思汗给术赤任命的千户那颜,有三人:忽难,格泥格思部,为第 7 千户;蒙客兀儿,《元朝秘史》未记其族属,为第 40 千户;客帖,《元朝秘史》亦未记其族属,为第 51 千户。给察合台任命的千户那颜有四人:合剌察儿,八鲁剌思部,为第 29 千户;木格,弘吉剌部,为第 38 千户;亦都舍歹,《元朝秘史》未记其族属,为第 67 千户,姚大力先生考证此人为札剌亦儿部,拙

---

① 《史集》第一卷第一分册,余大钧译,商务印书馆,1983 年,第 227 页。
② 《元史》卷一六八《许国桢传》,第 3962 页。《史集》(第一卷第二分册,第 317 页):"拖雷汗由于唆儿忽帖尼别吉失明,落后了几天,后来才来到成吉思汗处。"此处《史集》记载错误,失明的是伯撒王妃而非唆儿忽帖尼别吉。
③ 《元朝秘史》第 141 节,札奇斯钦:《蒙古秘史新译并注释》,联经出版事业公司,1979 年,第 175 页。

赤答儿马剌次子;①阔客搠思,八邻部,为第30千户;给窝阔台任命的千户那颜有两人:亦鲁该,《元朝秘史》未记其族属,为第5千户;迭该,别速惕部,为第11千户。给拖雷任命的千户那颜也有两人:者台,忙忽惕部,为第23千户;巴剌,札剌亦儿部,为第50千户。

值得注意的是,这份名单中有些千户长曾经追随过札木合。铁木真的父亲也速该把阿秃儿死后,泰亦赤乌惕等部将诃额仑母子遗弃。铁木真的新婚妻子孛儿帖以及别勒古台的母亲不幸被篾儿乞惕部掳去,铁木真求助于他的义父汪罕和安答札木合。在两人的帮助下,铁木真攻破篾儿乞惕部的营寨,夺回了孛儿帖。铁木真与札木合再次结为安答,朝夕相伴,共同游牧。一天,札木合说:"咱每如今挨着山下,放马的得帐房住,挨着涧下,放羊的、放羔儿的喉咙里得吃的。"②孛儿帖听后以为札木合喜新厌旧,又怕对自己家不利,就劝铁木真与札木合分手。铁木真听从了他的妻子和母亲的意见,连夜率领部众离开了札木合。天明以后,铁木真发现有好多部众脱离札木合跟随了自己,如表一所示:

表一 脱离札木合追随铁木真的部众

	部族	首领姓名	备注
1	札剌亦儿	合赤温·脱忽剌温、合剌孩·脱忽剌温、合阑勒歹·脱忽剌温	
2	塔儿忽惕	合答安·答勒都儿罕	
3	乞颜部	汪古儿	铁木真大伯父蒙格秃·乞颜之子,带领敞失兀惕部、巴牙兀惕部同来
4	巴鲁剌思	忽必来、忽都思	
5	忙忽惕	【者台】、多豁勒忽·扯儿必	
6	阿鲁剌惕	斡歌连·扯儿必	孛斡儿出之弟
7	兀良哈	察兀儿罕、速别额台·把阿秃儿	察兀儿罕为者勒蔑之弟
8	别速惕	【迭该】、古出古儿	
9	速勒都思	赤勒古台、塔乞、泰亦赤歹	
10	札剌亦儿	薛扯·多抹黑和二子阿儿孩·合撒儿、【巴剌】	
11	晃火坛	雪亦客秃·扯儿必	
12	速客虔	者该·晃答豁儿及子速客该·者温	
13	捏古思	捏兀歹·察合安·兀洼	
14	斡罗忽讷兀惕	轻吉牙歹	
15	豁罗剌思	薛赤兀儿	

---

① 姚大力:《草原蒙古国的千户百户制度》,《蒙元制度与政治文化》,北京:北京大学出版社,2011年,第17页。
② 《元朝秘史》第118节总译。

续表

	部族	首领姓名	备注
16	亦乞列思	不图	
17	那牙勤	种索	
18	斡罗纳儿	只儿豁安	
19	巴鲁剌思	速忽·薛禅、【合剌察儿】及子	
20	巴阿邻	豁儿赤、兀孙、【阔阔搠思】	
21	格你格思	【忽难】	
22	乞颜	答里台·斡惕赤斤	铁木真叔父
23	札答阑	木勒合勒忽	
24	温真		
25	撒合亦惕		

（史料来源：《元朝秘史》第120节、第122节。）

成吉思汗对他们的追随非常感激，说他们永远是自己吉庆的伴当。成吉思汗建国后，委任这些人为四个儿子的千户长，一方面是因为他们忠勤效劳，为草原的统一立下了汗马功劳，特别是忽难、阔阔搠思、迭该、兀孙四个人还被成吉思汗称为他的耳目，不管是听见的还是看见的，都没有隐瞒，如实地向他禀报；另一方面是因为他们曾经跟随过札木合，与札木合部众中的某些人是旧识，成吉思汗这么做正是要他们利用旧有的关系来安抚人心。根据以上分析，成吉思汗的四个儿子应该分得了札木合的部众。

成吉思汗分给四个儿子军队的数量，拉施都丁有着很详细的记载，分给了术赤四千人，千户长有失主兀惕部蒙古儿那颜、轻吉惕部轻吉台·忽丹、许慎部旭失台、许慎部拜忽；分给了察合台四千人，千户长有巴鲁剌思部巴鲁剌台·合剌察儿、札剌亦儿部蒙格那颜、阙名（《五世系》作雪你惕部小察合台）、阙名；分给了窝阔台四千人，千户长有札剌亦儿部亦鲁该、速勒都思部亦剌黑-秃阿、晃豁坛部答亦儿、阙名；分给幼子拖雷的军队，是除了成吉思汗分给子弟的军队外，剩下的左翼、右翼、中军。①

学者们早已注意到《元朝秘史》和《史集》记载存在着很大的差异，例如拖雷、别勒古台的分封见于《元朝秘史》，却不见于《史集》，阔列坚的分封见于《史集》，却不见于《秘史》；分封部民的数量，除阿勒赤台外，《元朝秘史》要高于《史集》。箭内亘认为通过计算《史集》中成吉思汗的总兵力和子弟的兵力，得出拖雷应该分得十一万人，而非《元朝秘史》中的五千人，他认为按照蒙古幼子守灶的习俗，拖雷作为成吉思汗的幼子，也是蒙古本土继承人，分得十一万人是合理的。杉山正明则研究了别勒古台分封的情况，在成吉思汗任命千户长的时候，别勒古台没有表态，他据此认为别勒古台应是斡惕赤斤的千户长。他又举出《元史·食货志·岁赐》和

---

① 轻吉台·忽丹，《史集》若山和穆萨维波斯文刊本作 Kinggutai Qutan；《五世系》作雪你惕部小察合台，引自金浩东《对于成吉思汗子弟分封的再探讨——以分析〈史集〉中的"千户一览"为中心》，《中央亚细亚研究》4，2009年。

《史集》分封数量之间的关系为证,认为《史集》的记载是可靠的。巴菲尔德认为《元朝秘史》所记是成吉思汗(1206—1210年)的子弟分民数,《史集》所记是成吉思汗死后民户的分配(1227)。刘迎胜先生认为成吉思汗建国后进行过两次分封,《史集》所记是西征之前的分封,而《元朝秘史》所记是西征之中或之后的分封。①

然而《元朝秘史》中诸子的千户长名单与《史集》相比,亦有相同之处,为方便讨论,我们把上述材料列表如下:

表二 成吉思汗对诸子的分封

A《元朝秘史》:

术赤	忽难 格你格思部 第7千户	蒙古兀儿 氏族不详 第40千户	客帖 氏族不详 第51千户	
察合台	合剌察儿 巴鲁剌思部 第29千户	木格 弘吉剌部 第38千户	亦都舍歹 札剌亦儿部 第67千户	阔客搠思 八邻部 第30千户
窝阔台	亦鲁该 札剌亦儿部 第5千户	迭该 别速惕部 第11千户		
拖雷	者台 忙忽惕部 第23千户	巴剌 札剌亦儿部 第35千户		

B《史集》:

术赤	蒙古儿那颜 失主兀惕部	轻吉台·忽丹 轻吉惕部	旭失台 许慎部	拜忽 许慎部
察合台	巴鲁剌台·合剌察儿 巴鲁剌思部	蒙格那颜 札剌亦儿部	阙名(《五世系》作雪你惕部小察合台)	阙名
窝阔台	亦鲁该 札剌亦儿部	亦剌黑—秃阿 速勒都思部	答亦儿 晃豁坛	阙名
拖雷	父亲的斡耳朵;左翼、右翼、中军			

A表和B表的相同点是有一些千户长的姓名相同。A表中的蒙古兀儿(Möng-ke'ür),B表中作蒙古儿那颜(波斯文写作Mnggūr),虽然在读音上存在差异,但《史集》载蒙古儿那颜有后裔在术赤后王宽阔处,名为撒耳客思,而撒耳客思是高加索地区的游牧部落,在术赤家族的领地内,这表明蒙古儿那颜的确是术赤的千户长,蒙古兀儿与蒙古儿那颜实为一人;A表中的合剌察儿与B表中的巴鲁剌台·合剌察儿出自同一部族,无疑是同一人;A表中的亦鲁该与B

---

① 箭内亘:《元代经略东北考》,陈捷、陈清泉译,上海:商务印书馆,1934年,第42—43页;杉山正明:《蒙古帝国的原始形象——关于成吉思汗分封家族的研究》,第9—10页;巴菲尔德:《危险的边疆——游牧帝国与中国》,袁剑译,南京:江苏人民出版社,2011年,第246—247页;刘迎胜:《察合台汗国史研究》,上海:上海古籍出版社,2006年,第66页。

表中的亦鲁该亦是同一人。成吉思汗委任同一个人为千户长,而他们又没有被罢免的记录,所以这些千户长成吉思汗只委任了一次。两个表中有相同的千户长名单,表明《元朝秘史》的作者和拉施都丁都承认成吉思汗的确将军队分给了术赤、察合台和窝阔台,由此可见志费尼的记载是准确的。只是在关于拖雷是否分到军队的问题上,《元朝秘史》的作者予以承认,而拉施都丁则予以否认。

在 A 表和 B 表中,更多的千户长姓名是不同的,而且 A 表中的千户长数目要少于 B 表。一般认为《元朝秘史》成书于 1252 年,而《史集》的成书则是 14 世纪初的事了。从距离成吉思汗 1206 年分封的时间上来说,《元朝秘史》比《史集》离得更近,应该更为可靠。拉施都丁之所以有着不同于《元朝秘史》的记载,笔者以为有以下三个原因。第一,拉施都丁所用的抄本(naskha)①不全,他讲到:"成吉思汗把上述两个异密和其他不知道他们名字的异密总共四千军队给了察合台",这表明他看到的抄本本来就缺少那两个千户的名字,并非是《史集》传抄中出现的问题;第二,拉施都丁用了非蒙古语的材料,"成吉思汗把上述四位异密和四千军队给了术赤汗,在当代,很多脱脱和伯颜的军队是这四个[千户]的后代,而另一方面他们变得众多是由于罗斯、撒耳柯思、钦察、马札儿和其他部队加入了他们,在兄弟争斗中某些人投奔了那里。"②罗斯,波斯语原文作 Rūs,由于这个词汇以颤音 r 开头,蒙古人会把 r 后的元音放到 r 前面,读作 Oros(元代音译为斡罗思),拉施都丁将其写作 Ūrūs。而此处"罗斯"并未按照蒙古人的读法拼写,表明拉施都丁可能利用了非蒙古文的材料;第三,拉施都丁对成吉思汗的分封名单进行了取舍加工。学者们早已注意到《史集》中的千户数量多于《元朝秘史》中的 95 千户,成吉思汗先祖的世系也与《元朝秘史》的记载不同。拉施都丁记载的千户长数目要多于《元朝秘史》,这些都与拉施都丁重新选择材料建构蒙古帝国的历史有关,很可惜他并没有把取舍加工的依据记载下来。

《史集》的来源除了已经失传的《金册》外,还有一种就是志费尼的《世界征服者史》,书中记载了蒙古的千户制:"军队的检阅和召集,如此有计划,以致他们废除了花名册,用不着官吏和文书。因为,他们把全部人马编成十人一小队,派其中一人为其余九人之长;又从每十个千夫长中任命一人为'百夫长',这一百人均归他指挥;每千人和每万人的情况相同,万人之上置一长官,称为'土绵长'。"③志费尼的记载可以得到很多材料的佐证,如《元史·兵志》载:"考之国初,典兵之官,视兵数多寡,为爵秩尊卑。长万夫者为万户,千夫者为千户,百夫者为百户。"④黄溍《答禄乃蛮氏先茔碑》:"有旨遣忽都虎、留乞与公三人以奉御为万户,发西京、大名、真定、河间等诸州郡军四千六十余人占籍征行,每千人领以官一员,及镇守随州召集人户。"⑤作为伊利汗国宰相的拉施都丁无疑是知道千户制的。从他的记载可以看出,既然成吉思汗分给了术赤、察合台、窝阔台各四千人军队,那么每个王子也应该有四个千户长,这正是 B 表看起来要比 A 表更加整齐的原因。至于拉施都丁留下的四个阙名,只有一个在《五世系》中

---

① naskha,《波斯语汉语大词典》(北京:商务印书馆,2012 年,第 2415 页):1.(书籍)的本,份 2. 抄本,副本,缮本,摹本 3. 药方,处方 4.(手写的)护符,护身符。
② 《史集》若山和穆萨维刊本,德黑兰,1994—1995 年,第 707 页。
③ 《世界征服者史》何高济译,第 30 页。
④ 《元史》卷 98《兵志一》,第 2508 页。
⑤ (元)黄溍:《金华黄先生文集》卷 28《答禄乃蛮氏先茔碑》,《四部丛刊初编》,第 287 页。

做了增补,《五世系》的增补是否正确以及其他三个人的身份,还需要进一步的研究。

三　成吉思汗对其他家人的分封

根据志费尼的记载,成吉思汗只给其他家人分配了部分军队,至于分配的具体情况,他也没有提供。《元朝秘史》记载了成吉思汗给母亲、诸弟分配百姓(irge)的数量,分给母亲和斡惕赤斤一万百姓,分给合撒儿四千百姓,分给合赤温之子阿勒赤台两千百姓,分给了别勒古台一千五百百姓。接着,他又给诸弟委任千户长:

表三　成吉思汗对诸弟的分封

母亲和 斡惕赤斤	曲出 (养子) 篾儿乞惕部 第17千户	阔阔出 (养子) 别速惕部 第18千户	豁儿合孙 族属不详 第19千户	种赛 那牙勤部 第33千户
合撒儿	者卜客 (木华黎叔父) 札剌亦儿部 第45千户			
阿勒赤台 (合赤温子)	察兀儿罕 (者勒蔑之弟) 兀良合惕部 第60千户			
别勒古台				

在这份名单里,种赛和察兀儿罕是铁木真和札木合分离时,脱离札木合而投奔铁木真的。比他们更早归附铁木真家族的是者卜客,他出自札剌亦儿部。自成吉思汗先祖海都征服札剌亦儿部后,整个札剌亦儿部便成为他家的世代奴仆。在成吉思汗诛杀主儿勤部首领薛扯别乞和泰初之后,札剌亦儿部的帖列格秃·伯颜和他的三个儿子古温·兀阿、赤剌温·孩亦赤和者卜客恰好也在主儿勤部,他们前来拜见铁木真,表示愿意做铁木真家的奴隶。古温·兀阿把自己的两个儿子木合黎、不合献给了铁木真,说:

我教[他们]做你门限内的奴隶;
若[敢]绕过你的门限啊,
就挑断他们的脚筋!
我教[他们]做你梯己的奴隶;
若[敢]离开你的[大]门啊,

就剜出他们的心肝!①

赤剌温·孩亦赤也把自己的儿子秃格、合失献给了铁木真,所说的话与古温·兀阿之语类似。古温·兀阿兄弟这么说是强调他们作为铁木真"梯己奴婢(emčü bo'ol)"应该尽的义务和违反之后遭受的惩罚。铁木真把帖列格秃·伯颜的第三子者卜客给了合撒儿做"梯己奴婢",他两位兄长说的话,他也是要履行的。此后帖列格秃·伯颜一家为铁木真忠勤效劳,铁木真建国后,对他们都进行了封赏,木华黎被封为左手万户,后来又被封为国王,他的叔父者不客也被封为第45千户。由于者卜客早就是合撒儿的"梯己奴婢",成吉思汗封他为千户后,他的身份并没有改变,还是合撒儿的"梯己奴婢",成吉思汗没有必要把他再次分给合撒儿做千户长。笔者以为《元朝秘史》此处的记载与者卜客的身份是矛盾的。

拉施都丁记载了成吉思汗分给其他家人的军队,他分给庶子阔列坚四千人,异密有巴鲁剌思部的忽必来那颜、捏古思部的脱斡里勒,另外一个捏古思部的脱斡里勒,阙名;分给斡惕赤斤五千人,其中两千人来自乞里克讷惕——斡罗纳儿,一千人来自别速惕部,剩下的来自其他部族;分给合撒儿之子也苦、脱忽、移相哥各一千人,是从各个营地抽出一百人组成的;分给合赤温之子阿勒赤台二千人,一些人来自乃蛮部,一些人来自其他的部族,另一些来自兀良合台部;分给母亲三千人,来自豁罗剌思和斡勒忽讷惕部。拉施都丁没有提供分给母亲、斡惕赤斤、四个侄子的千户长姓名。②

成吉思汗把斡罗纳儿军队分给斡惕赤斤,也见于汉文史料。《元史·怀都传》:"怀都,斡鲁纳台氏。祖父阿术鲁,与太祖同饮黑河水,屡从征讨,赐银印,总大军伐辽东女直诸部。……诸王塔察儿以阿术鲁年老,俾其子不花袭职。中统二年,不花卒,子幼,兄子怀都领其职。"阿术鲁,《元史》亦有传:"阿术鲁,蒙古氏。太祖时,命同饮班朱尼河之水,扈驾亲征有功,命领兵收附辽东女直。……诸王塔察儿命其子不花代领其军。"斡鲁纳台氏此处写成了蒙古氏,黑河即班朱尼河。诸王塔察儿是斡惕赤斤的孙子,他能够任命不花继承父职,可见阿术鲁是斡惕赤斤家的家臣。斡鲁纳台氏又作斡耳那氏,见于《元史·怯怯里传》:"怯怯里,斡耳那氏。太宗七年南伐,以千户从阔端攻安丰、寿州。又从诸王塔察儿率蒙古军两千攻荆山,破之,赐马二匹。与万户纳觯以兵守沂、郯,略涟海,又从元帅怀都攻襄阳。"③怯怯里是怀都的部将,与怀都一样,怯怯里也是斡惕赤斤家的家臣。《史集》中明确记载阿勒赤台分得了一部分乃蛮军队,志费尼的记载中有一部分得到了印证,即斡惕赤斤和阿勒赤台的确分得了一部分军队。

由于合赤温早亡,成吉思汗才分他的儿子阿勒赤台一部分军队,合撒儿之子也苦、脱忽、移相哥分的一部分军队也是由于合撒儿亡故。合撒儿的卒年,文献中没有明确的记载,1213年他还是成吉思汗进攻金朝大军中的猛将,1216年随成吉思汗回到蒙古。1225年,成吉思汗西征归来,当他回到土拉河时,前来拜见的已是其子移相哥,说明合撒儿在此之前已经死去。也

---

① 《元朝秘史》第137节,札奇斯钦:《蒙古秘史新译并注释》,第169—170页。梯己的奴隶,原文作"奄出孛斡勒",旁译作"梯己奴婢"。

② 根据《元朝秘史》第244节,蒙力克的第四子阔阔出,是萨满巫师,挑拨成吉思汗兄弟之间的关系,说合撒儿有称汗的野心。成吉思汗听后立刻派人捉拿合撒儿,月伦太后闻讯后连夜赶去训斥铁木真,成吉思汗只好把合撒儿放了,但暗地里将合撒儿百姓夺去大半,只留下一千四百人。

③ 以上史料见《元史》卷一三一《怀都传》,第3196页;卷一二三《阿术鲁传》,第3024页;卷一二三《怯怯里传》,第3033页。

苦、脱忽、移相哥应该是在成吉思汗西征归来以后得到分封的。《史集》中所记合撒儿之子也苦、脱忽、移相哥各分得一千人军队与志费尼此处的记载无涉。《史集·唐兀惕部》："[成吉思汗]激起了一股[惩罚唐兀惕王的]劲头，但因为他年岁已高，知道并断定归天之时已近，所以他将儿子们、众异密和近臣们召到自己身边，[立下了]有关国家、王位、王冠、宝座、军队以及诸子[封地]分封的遗嘱和训示。"①但拉施都丁在《史集·成吉思汗纪》末尾并未将军队分配名单说成是成吉思汗的遗嘱，由此可见《史集·成吉思汗纪》末尾所记并不完全是1206年的分封，可能是拉施都丁综合多次分封的结果。

四 结论

元太宗六、七年间，南宋使臣彭大雅和徐霆出使蒙古，并把他们在草地的见闻写成《黑鞑事略》，详细记载了蒙古的制度、风俗等，对蒙古的西征亦有报道："霆在草地见其头目民户，车载辎重及老小畜产尽室而行，数日不绝，亦多有十三四岁者，问之，则云此皆鞑人调往征会回国，三年在道，今之年十三四，到彼则十七八岁，则已胜兵。"②由于拔都西征需要大量兵丁，只好签发十三四岁的孩子，他们走到西域正好能够到达参军的年龄。《元史》亦载："蒙古军皆国人，探马赤军则诸部族也。其法，家有男子，十五以上、七十以下，无众寡尽签为兵。十人为一牌，设牌头，上马则备战斗，下马则屯聚牧养。孩幼稍长，又籍之，曰渐丁军。"③蒙古族是游牧民族，所有的战士都是牧民，所有的牧民并非都是战士，老人、十七八岁以下的孩子、妇女都不是战士。南宋的使臣能够将蒙古的民户和战士区分开来，志费尼无疑也是知道这个区别的，他其实是把成吉思汗给子弟的分封也分成了民户和军队两部分。关于成吉思汗建国后对家人的分封，尽管《元朝秘史》和拉施都丁根据其他资料进行的加工重构存在着区别，但《元朝秘史》的作者、拉施都丁各自留下的记载仍然有相同的部分，这反而印证志费尼的记载是可信的。根据他的记载，成吉思汗给四个儿子分得了各部族和军队，拖雷是这四个儿子之一，自然也获得分封。

---

① 《史集》第一卷第一分册，余大钧译，第236页。
② 彭大雅著、徐霆疏：《黑鞑事略》，王国维笺证，《王国维遗书》第13册，上海：上海古籍书店，1983年，第25页。
③ 《元史》卷九八《兵志》，第2508页。

蒙古帝国站户消乏再考[①]

——以合罕兀鲁思驿站为中心

(韩国)首尔大学　薛 培 焕(PAEHWAN SEOL)

一　绪论

对于交通和通信的掌握是前近代王朝实现一元化政治秩序必不可少的。这与领土大小并无直接关联。[②]而对于统一了广阔领土的成吉思汗(1206—1227 年在位)及其继承者们而言,建造交通道路(驿路)是相较于任何一个王朝都更为重要的课题之一。[③]例如在中国,蒙古帝国(1206—1368)建造了 1500 多处驿站,[④]并沿着驿站道路将水陆交通集聚在首都。驿站是蒙古帝国得以达到最繁荣状态的基础条件之一。[⑤]

《经世大典》的编撰者对于蒙古帝国驿站的评价是:"我国家疆理之大,东渐西被,暨于朔南,凡在属国,皆置驿传。星罗棋布,脉络通通,朝令夕至,声闻毕达。此又总纲挈维之大机也。"[⑥]

蒙古驿站的重要性问题[⑦]吸引了很多研究者的注意。这些研究可以分为驿站制度和驿路

[①] 本研究作为韩国研究财团 2011 年度大学院生国际实习项目(课题编号:A00013)的一部分,是从 2012 年 2 月 20 日开始到 2012 年 11 月 17 日,在蒙古科学院历史研究所(Institute of History, Mongolian Academy of Sciences)内完成的研究成果。在完成本文过程中,资料收集时,首尔大学东洋史系金石焕博士,蔡暻洙同学给予了援助。而在美国耶鲁大学赵元熙博士和首尔大学尹晟齐同学给予了指正。

[②] 驿传制度在中国由来已久,辽金时期也同样被采纳。蒙古帝国为了本国需求,迅速引进了此制度。(陈高华:《论元代的站户》,《元史论丛》,第二辑,北京:中华书局,1983 年,第 125 页)

[③] 大汗死亡之时封锁道路是蒙古人民的风俗。('Ala-ad-Din 'Ata-Malik Juvaini, *The History of the World-Conqueror*, translated from the text of Mirza Muhammad Qazvini by John Andrew Boyle, Cambridge: Harvard University Press, 1958, p. 262. 以下标记 Juvaini/Boyle).

[④] 党宝海:《蒙元驿站交通研究》,北京:昆仑出版社,2006 年,第 131 页。

[⑤] 《元史》卷一〇一《兵志四》"站赤"条(第 2583 页):"而梯航毕达,海宇会同,元之天下,视前代所以为极盛也。"以下正史的记录均用中华书局标点校勘本。

[⑥] 《经世大典·站赤一》,第 9 页。《站赤》资料,参见《永乐大典》卷一九四一六至卷一九四二四《站赤》(一至九)和《永乐大典》卷一九四二五至卷一九四二六《驿站》。本论文参照《站赤》上·下(国学文库第 28 编,文殿阁书庄印行)点校本,错误已修正。以下标记为《站赤》、《驿站》。

[⑦] 《元史》一〇一《兵志四》站赤条(第 2583 页):"元制站赤者,驿传之译名也。盖以通达边情,布宣号令,古人所谓置邮而传命,未有重于此者焉。"

等领域。驿站制度研究方面主要以驿站的起源、制度变迁、①各汗国驿站制度运营情况,②牌子的形式,③站户的形成及特征④等内容为中心。驿路研究方面则从交流的层面追踪驿路的位置及变化。⑤ 驿路研究也从不同的角度受到了一定的影响。1260年元世祖忽必烈掌权以后,对将蒙古帝国分裂(或崩塌)为元(即"合罕兀鲁思"),察合台汗国,金帐汗国和伊利汗国四汗国的想法⑥提出异议,并主张从因多重构造而引起的权利的多元化的角度理解帝国的政治现象。⑦ 以此为背景,为帝国的统一做后盾的实证性研究拉开序幕,紧随其后的便是对亚欧东西方的政治、文化交流,以及使臣往来等问题的分析研究。⑧

相较于驿路研究,站户研究相对落后。陈高华分析研究了驿站运营方式和运营过程中发生的站户荒废问题。据此提出了由于作为元朝灭亡的原因之一的"泛滥给驿",即所谓无秩序状态而引起的驿站行政方面的不完全性。党宝海的研究涉及了很广泛的领域,如驿站的运营、管理和组织,驿道、站户、乘驿牌子与文书,察合台、金帐汗国、伊利汗国的驿站等,以此为基础考证了驿站交通的问题。虽然他指出了驿站中央集权的特征,并陈述驿站对帝国的发展做出的贡献,但也提到了驿站所引起的重大社会和民族矛盾与蒙古政权的危机有着不可分割的关

---

① (日)羽田亨:《蒙古驿传考》,《羽田博士史学论文集》上卷,东京:东洋史研究会,1957(东洋协会调查部 学术报告 第1册,1909);(日)羽田亨:《元朝驿传杂考》,东京:东洋文库,1930; Peter Olbricht, *Das Postwesen in China Unter Der Mongolenherrshaft im 13. und 14. Jahrhundert*, Wiesbaden: Otto Harrassowitz, 1954;李云泉:《略论元代驿站的职能》,《山东师大学报》(社会科学报),1996年第2期;丁忱:《元代文书驿传制度述略》,《文教资料》,2000年第2期;默书民:《大蒙古国驿传探源》,《内蒙古社会科学(汉文版)》,2003年第1期;叶新民:《元代驿站的祗应制度》,《蒙古史研究》,2007年;金浩东:《帝国的基干网:驿站制度》,《蒙古帝国和世界史的诞生》,首尔:Dolbegae,2010年,第141—157页。

② 党宝海:《蒙古钦察汗国的驿站交通》,《暨南史学》4,广州:暨南大学出版社,2005年;李逸友:《亦集乃路的站赤》,《黑城出土文书(汉文文书卷)》,北京:科学出版社,1991年;金浩东:《蒙古支配期西亚的驿站制和合赞汗的改革》,韩国外国语大学《历史文化研究》35,2010年。

③ (日)羽田亨:《成吉思皇帝圣旨牌》,《羽田博士史学论文集》上卷,东京:东洋史研究会,1957年;箭内亘:《元朝牌符考》,《蒙古史研究》,东京:刀江书院,1930年。

④ 陈高华:《论元代的站户》,《元史论丛》,第2辑,1983年;党宝海:《元朝的站户制度及其性质》,《元史论丛》第10辑,2005年。

⑤ 贾洲杰:《河南元代站赤交通及意义》,《郑州大学学报》(哲学社会科学报),1988年第5期;(日)松田孝一:《中國交通史—元時代の交通と南北物流》,《東アジア經濟史の諸問題》,京都:阿吽社,2000年;山本明志:《モンゴル時代におけるチベット・漢地間の交通と站赤》,《東洋史研究》67-2,2008年;陈得芝:《元岭北行省诸路道考》,《蒙古史研究总稿》,北京:人民出版社,2005年;李云泉:《蒙元时期驿站的设立与中西陆路交通的发展》,中国人民大学复印报刊资料《宋辽金元史》,1993年第5期;任荣康:《元初的元—伊联盟与中亚交通:兼考马可·波罗抵忽炭三地之年限》,《中亚学刊》;田庆锋:《钦察汗国与蒙古元朝时期之中亚交通》,西北师范大学文学院历史学系硕士学位论文,2003年05月;(日)森平雅彦:《高麗における元の站赤:ルートの比定を中心に》,《史淵》141(九州大学大学院人文科学研究院),2004年;郑枴根:《元朝对于高丽驿路网运营的介入及其意义》,《历史与现实》64;郑枴根:《高丽时代驿站分布的地区不均等性》,《地域与历史》24,2009年等。

⑥ 代表作为Peter Jackson, "The Dissolution of the Mongol Empire", *Central Asiatic Journal*, vol.22(3-4), Otto Harrassowitz · Wiesbaden, 1978.

⑦ 杉山正明:《大モンゴルの世界—陸と海の巨大帝國》,东京:角川选书,1992年,第219—229页。

⑧ Thomas T. Allsen, *Culture and Conquest in Mongol Eurasia*(欧洲大陆), Cambridge: Cambridge University Press, 2001;(韩国)金浩东:《蒙古帝国和"大元"》,《历史学报》192,2006年;Hodong Kim, "The Unity of the Mongol Empire and Continental Exchanges over Eurasia", *Journal of Central Eurasian Studies*, Vol.1, 2009;Matsui Dai, "Mongol Globalism Attested by the Uighur and Mongol Documents from East Turkestan",《人文社會論叢(人文科學篇)》22, Hirosaki University, 2009;(韩国)沈昊成:《蒙古帝国时期东部中亚驿站交通路的变迁》,《东洋史学研究》118,2012年3月。

系。他特别在站户领域的站户负担、政策变化、避役等问题方面做了研究。①

由于站赤制度的用语随时期不断变化,研究者之间依旧未能统一,无法对站赤制度的发展过程进行全面研究。另一方面,一部分研究将"蒙古的和平"作为衡量标准强调驿站的重要性。② 在元代,特别是帝国末期,站赤制度存在的"泛滥给驿"问题达到相当棘手的程度。③ 由于站赤制度固有的弊端的缘故,④可以将它理解为将元朝引向灭亡的政治腐败和阶级矛盾的主要动因。⑤ 最终导致14世纪"蒙古的和平"和"驿站的消乏"⑥这样相反现象并存的局面。那么,我们应如何看待这样的矛盾现象呢?对此,郑介夫于大德七年(1303)年在《太平策》中这样说明军户、站户现象:

> "如军站乃法之尤善者,而弊在乎消乏。且军户虽困于供给军期,站户虽疲于造船买马,亦多是人家子弟不肖,自行破荡,未可全归咎于军站之难当也。……圣朝定夺诸色户计,实为得法。或有未尽善处,非朝廷之失也,不得周知民间之疾苦故耳。……圣朝以仁慈为政,何尝一毫损民之事!如水·马站户,与之除粮免差,粮资足以补办,祇应可抵里役。"⑦

他一方面认识到站户的苦痛和贫穷问题,另一方面又不认为这些问题起因于朝廷的政策失误。由于蒙古皇室实行的仁政政策,站户的穷困问题原因应在自己,他主张不能将这些责任都推卸到站赤制度上。除了这些研究中关注的"泛滥给驿"或者行政方面的失败等一些表面原因,郑介夫还提到了使得驿站陷入窘态的一些其他可能性。

本文将通过对站户的形成、发展过程中出现的多种问题和观点的陈述,引出对站户消乏的一些实际情况的讨论。为此第一部分研究了站户的成立过程以及其重要的制度变化。第二部分首先探讨了站户消乏现象发生的局面,并将动因分别从泛滥给驿和不可抗拒的要素两方面做了分析。通过这样的研究,可以明确地把握站赤制度的历史性轨迹,并更好地理解这一系列问题是如何对蒙古帝国产生影响的。进而希望能找到蒙古的和平和站赤消乏之间的均衡点。

---

① 党宝海:《元朝的站户制度及其性质》,《元史论丛》,第10辑,中国元史研究会,2005年。
② 一部分史学家将欧亚世界整体在政治、经济、文化等各方面得到统一,实现安定的状态称为"蒙古的和平"。(杉山正明:《大モンゴルの世界—陆と海の巨大帝國》,第229页,280—296页;金浩东:《蒙古帝国和世界史的诞生》,第139—140页)。
③ 《至正条格》《断例》5"职制·泛滥给驿站"条,第207—208页(以下引用自韩国学中央研究院编,《至正条格》(校注本),首尔:Humanist,2007);《站赤三》,第36页;《黑城出土文书(汉文文书卷)》(李逸友编著,北京:科学出版社,1991年),第175—176页 F116:W433等。
④ 金浩东:《〈至正条格〉的编纂和元末的政治》,《至正条格》(校注本),韩国学中央研究院编,Humanist,2007年,第388页。合赞汗(1295—1304在位)改革前伊利汗国的驿站制度紊乱原因为①使臣数量暴增;②地方官吏的不正(金浩东:《蒙古支配期西亚的驿站制及合赞汗的改革》,第8—9,11页)。
⑤ 陈高华:《论元代的站户》,第143页;李逸友:《亦集乃路的站赤》,第36页。
⑥ 《吏学指南》对"消乏"的定义为物力逐渐减少即为"消",家户困难无所财物则为"乏"(《吏学指南》(元)徐元瑞,元代史料丛刊《吏学指南·杂着·为政忠告·善俗要义》,杭州:浙江古籍出版社,1988年);《吏学指南》《征敛差发》(第124页):"消乏:物力渐减曰消,家贫无财曰乏。"
⑦ 《全元文》卷一二一八"元代奏议集录(下)·郑介夫1·太平策'大德七年'户计条",第62、64页。

二 站赤(jamči 站户)的成立和运营

1. 站户的设立

据《圣武亲征录》和《元史》记载,蒙古帝国的驿站是在元太宗窝阔台合罕(在位 1229—1241 年)登基当年的秋天最先开始设立的,① 但其实在成吉思汗时期驿站就已经出现了。邱处机(1148—1227)于太祖十四年(1219)谒见成吉思汗的途中,一行十人骑着 20 余匹驿马一路西行。② 南宋使臣赵珙也介绍了太祖十六年(1221)在蒙古帝国域内的华北地区使用驿马的情况。③ 耶律楚材(1189—1243)也在自己的《西游录》文集中陈述过成吉思汗时期有关驿站的情况。④

成吉思汗为了方便通报军情和运送物资,⑤ 在很多都市(belâd)设立了与其长度和宽度相应的站(yâms,蒙古语为 ǰam)。成吉思汗圣旨牌也证实了这些驿站的存在。⑥ 这些驿站所需的人丁家畜饮食等其他设备都是以记载的户口数(shomâr – e bakhsh)为基准向人民(ra'iyyat)征收的。⑦ 使臣们承担保护驿马的义务,站(yâm)和农民承担驿站运营的责任。农民的承担额则以蒙古帝国的税制"忽卜出儿"(qubchur)为基础确定。⑧ 这样的规定与将驿站描述成"安也"的《吏学指南》⑨一脉相通。虽然当时驿站无论从规模、组织,还是人员方面都还不尽完

---

① 《圣武亲征录校注》,第 80 页 a,"助贫乏,置仓廪,创驿站";《元史》卷二《太宗本纪》太宗元年秋八月己未条(第 29 页):"始置仓廪,立驿传。"
② 《长春真人西游记校注》上(王国维,《蒙古史料四种校注》,清华学校研究院,1926 年,第 24 页 a):"八日,携门人虚静先生赵九古辈十人从以二车,蒙古骑二十余,傍大山西行。"
③ 《蒙鞑备录笺证》《奉使》(王国维,《蒙古史料四种校注》,清华学校研究院,1926 年,第 16 页 b):"凡见马则换易,并一行人从,悉可换马,谓之乘铺马,亦古乘传之意";党宝海,《蒙元驿站交通研究》,第 20 页。
④ 默书民:《大蒙古国驿传探源》,第 20 页。
⑤ 设立驿站的目的在于政令的宣布和军情急事的报告。(《站赤》六,第 17 页 b,"立站之由,本以宣布政令,通报军情急事"。)虽说大多数研究者有强调这一点的倾向,(李云泉:《略论元代驿站的职能》,《山东师大学报》(社会科学报),1996 年第 2 期,第 35 页;丁忱:《元代文书驿传制度述略》,《文教资料》,2000 年第 2 期,第 156 页;Bertold Spuler, *The Muslim World Part II: The Mongol Period*, translated by F. R. C. Bagley, E. J. Brill, 1959, p. 7 等),驿站从设立阶段开始,其输送物资的作用也很重要。(薛培焕:《蒙元帝国仓库制的成立和运营》,首尔大学东洋史系大学院硕士学位论文,2009 年 2 月,第 65—74 页;贾洲杰:《河南元代站赤交通及意义》,第 93 页;党宝海:《蒙元驿站交通研究》,第 241—246 页)。
⑥ 羽田亨:《成吉思皇帝圣旨牌》,第 131—135 页;同氏:《蒙古驿传考》,第 9—10 页;党宝海:《蒙元驿站交通研究》,第 23—24 页。牌的正面由汉字写着"天赐成吉思皇帝圣旨疾",背面则用契丹文字刻着标示"走马"意义的文字。正面的同《蒙鞑备录》中提到的素金牌相对应。《蒙鞑备录笺证》《官制》(第 14 页 b 至第 15 页 a):"所佩金牌,第一等贵臣,带两虎相向,曰虎斗金牌,用汉字曰,天赐成吉思皇帝圣旨,当便宜行事。其次素金牌曰,天赐成吉思皇帝圣旨,疾。又其次,乃银牌,文与前同。"背面的契丹文字反映出契丹文化被蒙古所适用,"天赐"与匈奴以后的游牧民族传统相连。(参见所引羽田亨文)。
⑦ 'Alā' al-Dīn 'Atā-Malek Jūweynī, *Tārīkh-e Jahān-Gushā*, edited by Mohammad Qazvini, Tehran: Institute of Enteshārāt Negāh, 2009, pp. 133—134(以下标记为 Juvaini/Qazvini);Juvaini/Boyle, p. 33;金浩东:《蒙古支配期西亚的驿站制及合赞汗的改革》,第 6 页。
⑧ Juvaini/Qazvini, p. 134; Juvaini/Boyle, p. 34.
⑨ 《吏学指南》《府号》(第 20 页):"站驿:安也。船马车轿之所曰站,使客传舍曰驿。"

善,①但即使在札撒(yâsâ)中也收录了其运营规则。② 被称为"宣差"的蒙古使臣凭借其皇帝或国王派来的臣子的身份,但凡是经过的州、县或是军队营地都极受尊敬。③

驿站可以说是以整顿道路为立足点而形成的。成吉思汗曾希望用于(君主用)大路(shâhrâh)和公用道路(shâre'-e'âmm)上的刺和灰尘以及有害的事物都能被清除掉。④ 这样看来,具备帝国初期制度的基本框架特征的驿站的存在在一定程度上也称得上是一个"意外"了。这一点也被用于支持驿站的汉地影响说的一个依据。⑤

尽管父亲实行了驿站制度,但窝阔台合罕依旧将站(ǰam)的设立作为自己的一项功绩大书特书。《蒙古秘史》中对合罕的驿站设立过程的记录如下:

> 他(窝阔台合罕)认为,"使臣在行进的时候[对百姓进行强夺]沿着百姓[聚集的地方]而行进。这样一来使臣的行程也会被延误,同时对百姓(irgen)来说也是一件痛苦的事情。如今我们对其进行完善地整顿,在各地的千户们中指命站户(札木臣 ǰamučin)和马夫(兀剌阿臣 ula'ačin),设立站(ǰam)使得使臣在非紧要情况下投靠百姓(ulus-iyar)⑥[抢夺百姓]不要行进,依靠站让他们行进,怎么样?察乃(Čanai)和孛合答儿(Bolqadar)对这些事宜观察分析后对我们的提议是正确的","察合台兄(Ča'adaiaqa)请自行决定吧!

---

① 党宝海:《蒙元驿站交通研究》,第27页。有观点认为成吉思汗的驿站由于曾是帐幕的原因,因此是初步形态。但是以称为蒙古包和定住式建筑物的两个外形差异为基准,考虑驿站的发展程度是不稳妥的。很难说在草原上固定的建筑比游牧性的蒙古包更舒适或更进步。

② 在大札撒(the great yasa),成吉思汗下令苏丹设立站赤,为了使得圣旨能被迅速传达,并且合罕能更快地掌握各地的各项事宜。(哈敢楚伦:《浅谈成吉思汗大雅萨法典》,《蒙藏学术研究论丛》,台北:蒙藏委员会,1986年,第22页)

③ 《蒙鞑备录笺证》《奉使》(第16页b):"彼奉使,曰宣差。自皇帝或国王处来者,所过州县及管兵头目处,悉来尊敬,不问官之高卑,皆分庭抗礼。"默书民将"皇帝和国王"分别堪为成吉思汗和木华黎。(默书民:《大蒙古国驿传探源》,第22页)

④ Rashīd al-Dīn Fazl Allāh Hamadāni(704/1304), ed. Mahmmad Rawshan – Mastafā Mūsavī, *Jami al-Tavārīkh*, Vol. I, Tehran: Nasher al-Barz, 1373/1994, p.588(下为 Rashid/Rawshan);拉施特,金浩东译注,《成吉思汗纪》,四季节,2003,p.434;W. M. Thackston, English translation & annotation, *Jamiʻu't-Tawarikh: Compendium of Chronicles*, Massachusetts: Harvard University Press, 1999, pp.298-299(下为 Rashid/Thackston)。蒙古帝国初期盗贼胡作非为,使得商人很难安全通行。《元朝名臣事略·中书耶律文正王》(苏天爵辑撰,姚景安标校,北京:中华书局,1996年,第81页):"国初,盗贼充斥,商贾不能行。"因此成吉思汗在征服地的道路(râh-hâ)上设置哨兵(qarâul),以保护商人们的安全通行。(Rashid/Rawshan, Vol.1, p.472;《成吉思汗纪》,第309页)

⑤ 羽田亨认为蒙古驿制引入于中国。(羽田亨:《蒙古驿传考》,第1—3页)党宝海则主张驿站是受到阿拉伯的影响,否认了所有有关为使客提供饮食和马匹起源于游牧民族的生活方式的观点而强调汉地的影响(党宝海:《蒙元驿站交通研究》,第20页的注释②)。杉山正明则认为成吉思汗的驿站起源于契丹帝国的制度(杉山正明:《モンゴル帝国の興亡》(上),东京:讲谈社,1996年,第55页)。与此相反,据默书民的研究,在广阔的草原深感旅途疲惫的商人或迎见朋友,亦或是军队出征时,提供饮食和马匹是游牧民族的传统。只是在制度的这一角度无法逃避辽金的影响(默书民:《大蒙古国驿传探源》,第21—22页)。金浩东教授认为过着迁徙生活的蒙古游牧民建起了利用马匹的交通网,是一个很自然的结局(金浩东:《蒙古帝国和世界史的诞生》,第141页)。另一方面羽田亨引用 Mouradgea D'Ohsson 的研究,说明了志费尼和拉施特记录的"成吉思汗模仿中国制度"而设立驿站的事(羽田亨:《蒙古驿传考》,第3页),他的主张是不正确的,按他们的记录,对这些是没有提及的。

⑥ 柳元秀将这一部分理解为"不要沿着国家行进,沿着驿路行进的话难道不是对的吗?"(柳元秀译注:《蒙古秘史》,首尔:四季节,2005年,第299页)。但将"国家"理解成"百姓","驿路"理解成"站(驿站)"(Igor de Rachewiltz, *The Secret History of the Mongols: A Mongolian Epic Chronicle of the Thirteenth Century*, Vol.I, Leiden · Boston: Brill, 2004, p.215)才是妥当的。金浩东教授在最近的一篇论文中虽只提出"国家"的问题点(金浩东:《蒙古支配期西亚驿站制和合赞汗的改革》第3页注释9),著作中对此都有纠正(金浩东:《蒙古帝国和世界史的诞生》,第143页)。

若他认为被说的是恰当的,认为所言极是,那这样的事就从他开始实行吧!"然后派遣了他们。①

合罕欲通过把使臣的行程同民众隔绝开来以减少民众的痛苦。而这种方式不适用于任何提案,并且对于紧急的事务而言,使臣们依旧可以像从前那样"(强夺着)投靠百姓"②。窝阔台合罕于太宗七年(1235)九月下令说"军前来使,若遇不选是何作商贾回回人等,可夺马驰驿"③。简而言之,合罕的不得投靠百姓的主张,可以理解为一般使臣不得从普通民众处强夺马或其他物资的涵义。④ 成吉思汗时期的"凡见马则换易,并一行人从,悉可换马,谓之乘铺马"⑤,可谓是对窝阔台合罕所下禁令的进一步诠释。在这样的构思下合罕与其二兄长察合台商议后对驿站进行整顿与发展。

其间,驿站的研究者们以波斯语的记载和众多观察者的证言为基础,驳斥了《蒙古秘史》中所提到的窝阔台合罕自赞说的"我所做的第二件事是,使我们的使臣快马疾驰,并为了方便搬运所有物品(*kerek ǰarag-iyan*)而建立站(札木 *ǰamut*)"⑥。他们还驳斥《圣武亲征录》的"创驿站"和《元史》中"立驿传"的记录并向考证创设驿站的时期迈进。⑦ 但最能反映窝阔台合罕观点的《蒙古秘史》中,合罕是不主张创设驿站的。《蒙古秘史》第279—281章的内容提到,与其说是驿站的最初设立,不如理解为,立足于防止执行日常任务的使臣在路途中从百姓那里强夺马和物资,浪费时间和精力。当时清晰记得成吉思汗功绩的皇室成员和蒙古百姓,考虑到他们多数人所生存的环境,对窝阔台合罕的功劳过度虚假夸耀的可能性不大。

《蒙古秘史》的"傍译"与"总译"中,将 *ǰamučin*(札木臣)译为"站户"。站户的实例在太宗元年(1229)11月15日初次得到确认。⑧ 考虑到站官是在站户内选拔的这一点,⑨以及站赤官

---

① 《元朝秘史续集》2,第48页b—第51页b;Igor de Rachewiltz, *The Secret History of the Mongols*, pp. 214 – 215;《〈元朝秘史〉モンゴル語全單語・語尾索引》(栗林均・确精扎布编,仙台:東北大学東北アジアセンター,2001),第604—609页;柳元秀译注:《蒙古秘史》,2005年,第299—300页; Монголын Нууц Товчоо, Бүх Эрх Хамгаалагдсан, 2005, p. 285.
② 羽田亨认为紧急时候是可以调用人马和粮食的(羽田亨:《蒙古驿传考》,第4页)。
③ 《站赤》1(第12页):"太宗七年九月二十一日军前来使,若遇不选是何作商贾回回人等,可夺马驰驿。"
④ 余大钧译本:《蒙古秘史》(河北人民出版社,2001年,第489页)误读为"不得沿着百姓处来往"。对"ulus-iyar"(百姓依着)的误读导致了对蒙古驿站将人家和都市分开的误会。
⑤ 《蒙鞑备录笺证・奉使》(第16页b):"凡见马则换易,并一行人从,悉可换马,谓之乘铺马。"
⑥ 《元朝秘史续集》2卷,第55页a;Igor de Rachewiltz, *The Secret History of the Mongols*, Vol. I, p. 217;《〈元朝秘史〉モンゴル語全單語・語尾索引》,第612—613页;柳元秀译注:《蒙古秘史》,第301页。
⑦ 羽田亨:《蒙古驿传考》,第3—4页;党宝海:《蒙元驿站交通研究》,第19—22页等。羽田亨以合罕登基初期就引起征服战争为由,认为窝阔台合罕驿站于1234年首次设立。
⑧ 《元史》卷一〇一《兵志四》"站赤条"(第2584页):"太宗元年十一月,……站户每年一牌内纳米一石,令百户一人掌之";《站赤一》"太宗皇帝元年己丑十一月十五日条",第9页;陈高华:《论元代的站户》,第126页。《元史》卷一四九《郭宝玉传》中可以看出成吉思汗颁布的"条画五章"中对"站户"的存在和其选拔基准的说明(《元史》卷一四九《郭宝玉[德海、侃]传》,第3521页,"军户,蒙古、色目人每丁起一军,汉人有田四顷、人三丁者签一军;年十五以上成丁,六十破老,站户与军户同")。陈高华调查后表示这不能被认定为事实,对此笔者持相同观点。而与此不同,太田弥一郎认为此记录中一部分可以看为事实(太田弥一郎:《元代における站户の形态—马站户と水站户を中心として》,《東洋史研究》36(1),1977年,第37—38页)。
⑨ 《元典章》卷九《吏部三》"官制三・整治站官事理条"(第355页):"站户内选保站官,本欲优恤站户,诚为美意。"

等用语,①没有理由将站赤限制为站官。②《经世大典》中规定译为站赤,③《元史》中将其限定为一种行政制度(驿政)。④ 简言之,站赤原指"站户",即负担驿站用物资(首思 süsi 或祇应)的人们,该用语同时还包括站官以及驿传(驿站制度)。蒙古的站赤(jamči)被后来的汉人译为站户、站官、驿传(或驿站、驿政)。也就是说,虽认为成吉思汗的驿站和窝阔台合罕的站赤意思相近,但本质上是完全不同的。

据记载,窝阔台合罕登基年曾令"诸牛铺马站,每一百户置汉车一十具,各站俱置米仓,站户每年一牌(即 10 人⑤)内纳米一石,令百户一人掌之"⑥。站户的登场使得使臣人等⑦每人每天可分配肉一斤、面一斤、米一升、酒一瓶。州城官员等人则是自愿为使臣提供一些零碎的礼物。但站的使用者则无法得到过多的祇应或通过强制获得。祇应不得从与官有关的课程、税石、科差中支付。⑧ 这可以作为元朝在站户设立后,以日益增高的财政自立度为基础,将站赤与政府财政分开运营的旁证。站户的出现使得成吉思汗时期由农民负担的站役向站户分散,使得一般使臣无法强夺百姓,从这一点来看是很有意义的一件事。⑨ 这也曾是窝阔台合罕的站户设立的一个特别的理由。⑩ 虽有不少的学者认为窝阔台合罕的站户是对驿站制度的整顿和扩大,或认为是对其的正式的实施,⑪笔者认为这是不正确的。

---

① 《元典章》卷三六《兵部三》"驿站·使臣·职官占住馆驿条",第 1262 页。
② 党宝海:《蒙古钦察汗国的驿站交通》,第 5 页;金浩东:《蒙古帝国和世界史的诞生》,第 149 页;Igor de Rachewiltz, *The Secret History of the Mongols*, Vol.1, p.215. 陈高华认为《元朝秘史续集》2 的第 280 节中提到对"札木臣"和"兀剌阿臣"的分别对"站户"和"马夫"的汉字旁译是不正确的。札木臣认为管理驿站的人,即站官,而虽然兀剌阿臣则为管理铺马的人译为马夫,但实际上他主张称为元代站户(陈高华:《论元代的站户》,第 126 页的注释④)。阿八哈汗(Abaqa Qan 1265—1281 在位)将分析为教皇尼古拉斯三世(c.1210/1220-1280)的使臣发布的敕令的研究理解为 "*jamučin*" 是为驿站服务的人们(gens desservant les relais postaux)。*Jamuči* 在现代蒙古语中与标示"向导"的意思的 *jamči* 互相对应(Antoine Mostaert & Francis Woodman Cleaves, "Trois documents mongols des Archives secretes vaticanes," *Harvard Journal of Asiatic Studies*, Vol.15, No.3/4(Dec. 1952), pp.433 – 434, 438)。虽然羽田亨将其定义为"担当驿事务的人们"(羽田亨:《蒙古驿传考》,第 2、4 页),但在站户、站官、驿传的互相关系中并未对站赤进行正确的理解。
③ 《站赤一》(第 9 页):"站赤者,国朝驿传之名也。"
④ 《元史》卷一〇一《兵志四》"站赤条"(第 2583 页):"元制站赤者,驿传之译名也。……今故着其驿政之大者。"
⑤ 《元史》卷九八《兵志一》(第 2508 页):"十人为一牌,设牌头,上马则备战斗,下马则屯聚牧养。"
⑥ 《元史》卷一〇一《兵志四》"站赤条"(第 2584 页):太宗元年十一月,敕:"诸牛铺马站,每一百户置汉车一十具。各站俱置米仓,站户每年一牌内纳米一石,令百户一人掌之。"
⑦ 与《站赤》中记录的驿站使用者为"使臣人等"相反,《元史》规定为"北使臣"。参见《元史》卷一〇一《兵志四》"站赤条"(第 2584 页):"太宗元年十一月……北使臣每日支肉一斤、面一斤、米一升、酒一瓶。"羽田亨《蒙古驿传考》,第 5 页。
⑧ 《站赤一》"皇帝谕诏下项"(第 10 页):"[太宗元年]一使臣人等,每人日支肉一斤,面一斤,米一升,酒一瓶,仰如数支破。州城官员人等,如系使臣,如自愿馈献些小礼物者,听。不得附余多索,仍不得强行乞取。如违者,断按答奚罪庶。据上项对象,不得于系官课程、税石、科差内支破。"课程为盐、酒曲税等的专卖收入。税石则为在华北地区的地税和丁税,在江南地区则是秋税和夏税。科差指的是负担丝料、包银、力役的 *qubchur*(薛培焕:《蒙元帝国仓库制的成立和运营》,第 42 页)。
⑨ 站户设立和对其的祇应分例引入,在《耶律公神道碑》也可以看到。参见《全元文》卷八"宋子贞·中书令耶律公神道碑"(第 175 页):"始,诸王、贵戚皆得自起驿马,而使臣猥多,马悉倒乏,则豪夺民马以乘之,城郭道路,所至骚动。及其到馆,则要索百端,供馈稍缓,辄被棰挞,馆人不能堪。公奏给牌剳,仍定饮食分例,其弊始革。"
⑩ 对窝阔台合罕的站赤设置成果的误解由来已久。例如箭内亘在《蒙古秘史》、《经世大典》中所记录的,认为他的站赤设置事实是错误的(箭内亘:《元朝牌符考》,第 869—871 页)。
⑪ 默书民:《大蒙古国驿传探源》,第 23 页;党宝海:《蒙元驿站交通研究》,第 28—29 页;金浩东:《蒙古支配期西亚的驿站制及合赞汗的改革》,第 3 页等。

令人惊奇的是,窝阔台合罕将祗应的对象定位"使臣人等"。合罕训谕说:"使臣不经由铺路往来者,断按答奚①罪戾。无牌子有文字往来者,亦断按答奚罪。将带随投下②牌子文字往来人等,强要铺马取要口食者,仰收捉枷禁。擗逐根脚来历,明白端的缘由,至时免放。似此使臣人等,不为收捉。却称彼中骚扰,如此奏告来者,官员亦断按答奚罪。"③此敕令不仅提到合罕诸王的使臣,连类似使臣也被允许使用驿站。④

例如喜爱观看摔跤比赛(kushtī)的窝阔台合罕向驻屯西亚的绰儿马浑(Chormaqan 1221—1241)派遣了使臣要求其派来摔跤手。出身于哈马丹(Hamadân)的壮士费列(Fîla)和马合谋沙(Muḥammad Shâh)等30名摔跤手在来的路上由驿站提供驿马和粮食。⑤ 用车和牛将物品运给商贾、作客的人不能使用驿马,而传送丝线、颜色、物料的人,或者持有礼物、段匹而来的外国使臣、还有因紧急事务而来的人则可以被供给铺马。⑥ 相较于使臣在驿路上行进时必须同时携带牌子和铺马文书的情况,⑦运送颜色、丝线、酒食、米粟、段匹、鹰隼等皇室用品时,没有携带牌面和文字也可以使用车和牛。⑧

此后,驿站的使用条件有所调整。太宗五年(1233),据太原路达鲁花赤塔塔不花等的报告,太原府内的达鲁花赤和长期滞留的使客及诸投下人等所消费的酒肉、米面特别多,而那一年间消费羊高达1400余只。塔塔不花等上奏他们为自己提供粮食,不交祗应,并提议如此一来百姓才更舒适。因此窝阔台合罕下令往后只向使臣提供祗应。⑨这时有人上奏称运送皇室物资的时候,由于上贡御酒时没有御宝文字而不能及时提供铺牛使得运送被延误。合罕在太

---

① 按答奚罪(另按答奚戾)来源于蒙古语的"aldashi"(←алдах:"丢失[某东西]"的意思),标示对犯人实施死刑或没收其财产和人口。(《通制条格校注》卷二《户令》"户例条",第57—58页的注释110)。
② 对于"投下"的意义,参照 Ch'ch'iang Hsiao, *The Military Establishment of the Yuan Dynasty*, Cambridge·London: Harvard University,1978, p. 132 的注释69。
③ 《站赤一》"皇帝训谕下项"(第10页):[太宗元年]"使臣不经由铺路往来者,断按答奚罪戾。无牌子有文字往来者,亦断按答奚罪。将带随投下牌子文字,往来人等,强要铺马,取要口食者,仰收捉枷禁。擗逐根脚来历,明白端的缘由,至时免放。似此使臣人等,不为收捉,却称彼中骚扰,如此奏告来者,官员亦断按答奚罪。"
④ 羽田亨认为"使臣人等"理解为朝廷的使节,王族以下朝廷的官人等有功者,以及运送贡物的人(羽田亨:《蒙古驿传考》,第5页)。
⑤ Rashid/Rawshan, pp. 699-700;拉施特,金浩东译注:《汗的后裔们》,第138—139页。
⑥ 《站赤一》(第9—10页):"太宗皇帝元年己丑,十一月十五日,戒饬诸牛铺、马站。……除颜色、丝线、酒米、官中段匹系官物外,不得与驿马事件,每一百户站,置汉车一十具,各站俱起米仓,站户每年一牌内纳米一石,专令百户一人。用车牛送与商贾、作客之人,勿骑驿马,违者,断按答奚罪。如有送丝线、颜色、物料,并外国使臣将礼物、段匹,及有急速勾当来者,应付铺马。"
⑦ 使用驿站的凭据分为乘驿牌子和乘驿文书,其中后者更常用(羽田亨:《蒙古驿传考》,第10页;党宝海:《蒙元驿站交通研究》,第37—38页、第196—230页)。
⑧ 《元史》卷一〇一《兵志四》"站赤条"(第2584页):"[太宗]四年五月,谕随路官员并站赤人等:使臣无牌面文字,始给之驿官及元差官,皆罪之。有文字牌面,而不给驿马者,亦论罪。若系军情急速,及送纳颜色、丝线、酒食、米粟、段匹、鹰隼,但系御用诸物,虽无牌面文字,亦验数应付车牛。"
⑨ 《站赤一》(第11页):"[太宗]五年癸巳二月五日,圣旨据太原路达鲁花赤塔塔不花等奏:太原府内,见有达鲁花赤并久住使客、诸投下人等,取酒肉、米面数多,每年该羊一千四百余头。塔塔不花等,情愿自备粮食,不关祗应等物,如此,百姓似为容易,准奏。宣谕太原路,旧尝有旨:令课税所官二员支粮,余官不曾令支。今后往来使臣,依先例应付,余者尽行罢支。"

宗七年(1235)向送酒人发行御宝文字以鼓励更迅速的运送。①

但是很难认为牌子和札子的发行和使用制度得到贯彻。燕京路达鲁花赤秃鲁别迭儿(Tu-lu Begder)和管民官钢疙疸提到即使大部分的使臣没有牌子和札子,但依旧有增无减地利用驿马,因此请求针对那些对祗应、草料有更多要求的人们实行"禁约事"。因此合罕规定根据分例而支付祗应。"兼有长行马匹草料,自十月一日草枯时为始放支,至向前四月一日住支,每马一匹,依准大军体例,支料三升、草一秤,若十匹以上,不得支遣。本处如有官中勾当公事使臣,依例祗应,如无勾当,许令应付一日,次日不得支遣。如违,照依大札撒,将犯人枷锁前来断罪,出军之人,不在此限"②。

于是四方往来之使,"止则有馆舍,顿则有供帐,饥渴则有饮食,而梯航毕达,海宇会同"③。当时中外之事由驿传以达,而号令传布遽于星火。④

2. 站役规定的详细化

驿站规定在窝阔台合罕以后一再地发生变迁,这里将对典型的变化项目进行讨论。⑤ 合罕去世以后脱列哥那(Törgene)哈敦职权期间的甲辰年(1244)三月,东平府路万户总管军民长官严忠济上奏称,某投下居住在城郭的同时,又开了自己的店铺,拒绝协济本路的祗应。最终朝廷决定依照大札撒命其协济应付的祗应。⑥据《集史》所说,脱列哥那哈敦运用巧妙的计策,随心所欲地将王国掌握在手中,这些都为她职权期间带来了消极的评价。⑦ 但是当时所属诸王的户计被分配站役,诸王被控制的倾向在与窝阔台合罕家敌对的蒙哥合罕治世期间得到继

---

① 《站赤一》(第11—12页):"[太宗七年]六月十七日圣旨:据燕京咸得不奏告:每年进呈御酒,沿路官司,为无御宝文字,不肯疾早应付铺牛,以致迟带到阙事。今降御宝文字前去,仰元送酒人石抹神撒、堆剌儿等收此,仍仰经过去处,即便应付与铺头口者,不得迟滞。若因别事起要头口,并断按答奚罪戾。"

② 《站赤一》(第14页):"[太宗]十二年庚子十一月二十三日,奉圣旨:据燕京路达鲁花赤秃鲁别迭儿、管民官钢疙疸奏:过往使臣,多有无牌札,及增乘驿马,多索分例祗应、草料之人,乞禁约事,准奏。仰秃鲁别迭儿、钢疙疸等,委人辨验过往使臣,有无牌札,增乘驿马,及不合起马之人,并据合得分例祗应,照依已降分例支遣。兼有长行马匹草料,自十月一日草枯时为始放支,至向前四月一日住支。每马一匹,依准大军体例,支料三升、草一秤。若十匹以上,不得支遣。本处如有官中勾当公事使臣,依例祗应,如无勾当,许令应付一日,次日不得支遣。如违,照依大札撒,将犯人枷锁前来断罪。出军之人,不在此限。"

③ 《元史》卷一○一《兵志四》"站赤条"(第2583页):"于是四方往来之使,止则有馆舍,顿则有供帐,饥渴则有饮食,而梯航毕达,海宇会同,元之天下,视前代所以为极盛也。"法令中规定的食品和宿处不是一定无法被保障的(党宝海:《蒙古钦察汗国的驿站交通》,第3页)。但是在担保宿食和生命很困难的草原等地的长距离旅行中,极度缓和了这些危险的驿站的登场是非常特别的。

④ 《全元文》卷一二六六"苏天爵18·易州李氏角山阡表"(第359页):"岁乙未,始占驿传户版,时国家设都和林,中外之事由驿传以达,而号令传布遽于星火。"

⑤ 目前在站户制度的研究上偏重于罗列这样的制度,很难体现站赤制度的持续和变化(党宝海:《蒙元驿站交通研究》等)。

⑥ 《站赤一》(第15页):"甲辰年三月,朝命节该:据东平府路万户总管军民长官严忠济奏:随城郭居住,别投下开铺营运之家,不肯协济本路祗。准奏:仰照依元降大札撒协济祗应,如违治罪。"至治三年(1323)三月,诸王火鲁灰部对军户、驿户饥荒的赈济的事例(《元史》卷二八《英宗本纪二》至治三年三月丙辰条,第630页,"诸王火鲁灰部军驿户饥,赈之")。可以看到即使是诸王管辖的地区也已设立了站户。

⑦ Rashid/Rawshan, p. 799; 拉施特,金浩东译注:《汗的后裔们》,第280页、第18页注释17。与拉施特不同,志费尼记录说脱列哥那哈敦是一位非常贤明的,有能力的(nik dāhiye va kāfiye)女性,作为王子们的母亲,在窝阔台合罕死后从察合台和其他诸王中拥立了新的君主之前,她通过巧妙的方法(la tâyef-e hiyal va kiyâsat)掌管国事,用和善和礼物把握了一族人的心(Juvaini/Qazvini, p. 276; Juvaini/Boyle, pp. 239–241)。

承扩大,对于这一点很值得被关注。

贵由合罕(1246—1248在位)对于自己父亲的札撒,毫无修改地遵从了下来。他首先回收了诸王和高官们随意发行的支付命令书(barâbat)和牌子(pâizas)。① 取而代之的是将牙剌洼赤(Yalavach)、马思忽惕伯(Masud Beg)和阿儿浑阿合(Arghun Aqa)重新任命为总督,向他们所属的异密(amîr)和灭里们(malik)重新发行敕令(yarligh)②和牌子。③ 特别是阿儿浑没收诸王的敕令和牌子,并在诸王和高官聚集的地方上交给合罕,他的这些行为,可谓是他所有行为中最重要的一件事。与此相应的作为他的恩赐(soyurghâmishi),他与另外两位总督一起被特别地赐予了虎符(pâiza-ye sar-shir)④和敕令。⑤

拖雷的长子蒙哥(1251—1259在位)于壬寅年(1242)以来克服了太宗盛世衰退的局面,⑥于1251年在斡难河被诸王和大臣们推崇为合罕(皇帝)。⑦ 他在听了阿儿浑阿合等有关治国的财政、行政运营方面的报道后认为农民的离散起因于各种差役(ekhrâjât)和杂税(eltemâsât-e motelavven),因此议决开始实行"忽卜出儿"(qubchur 科差)税制。即以上到上户(mostaheri)下到贫民(darvishi)的所有民众为对象,根据贫富程度收取从10到1第纳尔(dinar)不等的包银法。⑧ 包银即充当劳役(hashar)和站(yâm)以及使臣祗应(kharj-e ilchiyân)的费用。⑨

---

① 虽然牌子被规定佩戴和返还,但仍有很多恩典特例,不少的使臣或军官在卸任后即懈怠返还牌子。虽然大汗下令要求整理牌子,但牌子滥用的弊端是无法完全消除的(箭内亘:《元朝牌符考》,第877—882页)。

② 突厥语中 yarligh 与蒙古语的 jarliq 相对应。札儿里(jarliq 圣旨)与天有很深的关联,不仅意味着只是执权者成吉思汗个人命令,而是意味着得到上天力量的合罕的话。札儿里,不指定为强制性的命令或是法定内容。而它与相伴着罚则的□asa□的性质是不同的。(チョクト(朝克图):《モンゴル帝国期におけるジャルリグについて—《モンゴル秘史》に見えるジャルリグとジャサグの関係を中心に—》,《内陸アジア史研究》21,2006年3月,第3—8页、第10页)

③ Juvaini/Qazvini, pp. 288 - 290; Juvaini/Boyle, pp. 255 - 257,508 - 509; Rashid/Rawshan, pp. 807 - 808;拉施特,金浩东译注:《汗的后裔们》,第289—289页;Rashid/Thackston, pp. 393 - 394;志费尼为"باصاحب مع'أزم Yalavāch"拉施特记录为"بصاحب Yalavāch",对此 Boyle 是"the Great Minister Yalavach",金浩东教授和 Thackston 则译为"Sahib Yalavach"。sāhib (Minister)称呼顾名思义在使用上需注意。

④ 万户、千户、百户分别区别为上、中、下。金虎符作为万户被派用的,符的下端刻有蜷曲老虎的形象,上端则镶有明珠,分为三珠、二珠和一珠。金虎符被称为虎头金牌(蒙古语 bars terigütü altan gerege)。千户佩带金符,百户佩带银符。(《元史》卷九八《兵志一》,第2508页:"万户、千户、百户分上中下万户金虎符,符跌为伏虎形,首为明珠,而有三珠、二珠、一珠之别,千户金符,百户银符; Ch'ch'iang Hsiao, The Military Establishment of the Yuan Dynasty, Cambridge · London: Harvard University, 1978, p.73, p.171 注释28)。古代波斯语中 shir(شير)指的是狮子和老虎。(Juvaini/Boyle, p. 257 注释30;箭内亘:《元朝牌符考》,第871—873页,注释1)。金浩东教授的译文中对其逐字翻译为"刻印着狮子头样子的金牌",虽说是正确的,但有可能引起对史实的误解(金浩东译注:《马可·波罗的东方见闻录》,首尔:四季节,2000年,第229—230页)。另外,元朝没有发兵和征兵为目的的、两分又勘合的符,只有征派驿马的牌子存在。简言之,史料中的"金虎符"、"虎符"可以理解为现实中的"金虎牌"、"虎牌"(箭内亘:《元朝牌符考》,第872页,第895—896页)。

⑤ Juvaini/Qazvini, p. 536;Juvaini/Boyle, p. 509.

⑥ 《元史》卷二《定宗本纪》定宗三年(第40页):"然自壬寅以来,法度不一,内外离心,而太宗之政衰矣。"评价对窝阔台合罕家门执政持否定态度,是对于蒙哥合罕以来拖雷家门的军主权承认其正当性的《元史》和《集史》的特征。

⑦ 《元史》卷三《宪宗本纪》宪宗元年六月条(第44页):"[宪宗]元年辛亥夏六月(部分略)复大会于阔帖兀阿阑之地,共推帝即皇帝位于斡难河。"据志费尼蒙哥合罕的执权日是1251年7月1日。(Rashid/Boyle,p.567).

⑧ 《元史》卷九三《食货志一》科差条(第2361页):"科差之名有二:曰丝料,曰包银。(部分略)包银之法,宪宗乙卯年始定之。初汉民科纳包银六两,至是止征四两,二两输银,二两折收丝绢、颜色等物。"《黑鞑事略》(彭大雅,徐霆疏证,北京:中华书局,1985年,第8页):"至若汉地差发,每户每丁以银折丝绵之外,每使臣经从调选军马粮食器械及一切公上之用,又逐时计其合用之数,科率民户。诸亡国之人,甚以为苦,怨愤彻天,终终无如之何也。"

⑨ Juvaini/Qazvini, pp. 542 -543;Juvaini/Boyle, pp. 516 - 517;金浩东:《蒙古支配期西亚的驿站制及合赞汗的改革》,第5页。

他还通过贵由合罕那样的方式宣布收回自成吉思汗以来,人民从朝廷和诸王处拿到的敕令和牌子等。① 使得诸王从此以后就各地方的行政问题而言,如果不过问合罕的大臣们,则无法发行或制成命令文。蒙哥合罕还下令大使臣们不得驾骑四匹以上的驿马,②并且在驿站之间行进的途中不得抢夺百姓的家畜。对于商人驾骑驿马的惯例,基于"商人们为了获得财物而活动,有什么理由驾骑驿马呢"的理由发出禁令。另外还规定使臣们不得进入任何都市,如果没有事务需处理即使是村落也同样不得进入,并且不得获取超过规定量以上的粮食。③ 即对于诸王和商人对驿站的使用蒙哥合罕欲进行从未有过的强力的控制。④

1260年三月登位后,忽必烈合罕(1260—1294年在位)首先针对驿站事务设置急递铺,⑤急递铺的作用是传达四方各地的文书。⑥ 它是以从开平府(中统四年上都)为中心延伸到燕京(至元四年大都)和京兆(现在陕西省西安市)的每10里或者每15、25里的距离和人口多少为基准而设立的。"于各州县所管民户及漏籍户内,签起铺兵。……铺兵一昼夜行四百里"⑦。五月份榆林和望云之间与望云站⑧一同建立了一个站。⑨ 望云站是用于军情、急速公事的海青站。⑩ 忽必烈紧接着引入了与一般乘驿牌子不同性质的海青牌。⑪ 这样的措施可以理解为在一方面防止了海青使臣在铺马并未疲惫时还强夺人马、骚扰百姓和旅客而胡作非为的同时,⑫也减少在明确区分海青使臣和普通使臣后一些使臣的不法行为。

站户相关的事务自中统元年(1260)五月二十一日圣旨颁布时开始讨论,要求站户在履行站役时,近处2日远处3日内应到达。⑬ 中统二年(1261)忽必烈下达圣旨提到:"据往来使臣,城子里没勾当的,休入去。如有勾当入城去的使臣,仰于盖下的,使臣馆驿内安下者。官员、民

---

① 《元史》卷三《宪宗本纪》宪宗元年夏六月条(第45页):"凡朝廷及诸王滥发牌印、诏旨、宣命,尽收之。"
② 《元史》中提到诸王的驰驿通常限为马3匹,远行的情况下也不得超过4匹。参见《元史》卷三《宪宗本纪》宪宗元年辛亥夏六月条(第45页):"诸王驰驿,许乘三马,远行亦不过四;诸王不得擅招民户;诸왕属不得以朝觐为名赋敛民财"。
③ 拉施特,金浩东译注:《汗的后裔们》,第334—335页;Juvaini/Qazvini, p.656; Juvaini/Boyle, pp.598—599。
④ 一个观点认为:蒙古驿传到蒙哥合罕时期都没什么变化,维持着极为简单的组织,从元朝发展完美的制度(羽田亨:《蒙古驿传考》,第11页),但对于忽必烈以前的驿站的贬毁是难以取得同感的。
⑤ 《元史》卷四《世祖本纪一》中统元年三月丙辰条(第65页):"置急递铺"。
⑥ 《元史》卷一〇一《兵志四》急递铺兵条(第2596页):"元制,设急递铺,以达四方文书之往来。"
⑦ 《元史》卷一〇一《兵志四》急递铺兵条(第2596页):"自燕京至开平府,复自开平府至京兆,始验地里远近,人数多寡,立急递站铺。每十里或十五里、二十五里,则设一铺,于各州县所管民户及漏籍户内,签起铺兵。……铺兵一昼夜行四百里。"
⑧ 《元史》卷四《世祖本纪一》中统元年三月丙辰条(第66页):"立望云驿,非军事毋辄入。"由于上都与蒙古的咽喉相关,京兆是通向四方的要镇,因此作为边境急务,有必要维持和大都的紧急联系。此后江淮(杭州路,袁州路等)以及江西也设置了急递铺(羽田亨:《蒙古驿传考》,第21、23页)。
⑨ 《站赤一》(第15页):"世祖皇帝中统元年五月,奉圣旨,于望云立一站。又于榆林望云之间酌中处立一站。"
⑩ 《站赤一》(第15页):"是月[中统元年五月]奉圣旨:'今后使臣、官员,除军情、急速公事,有海青牌者,入望云站,直截前来,其余使臣,仰榆林站官写桚絪询问,如无急速公事、海青牌者,不得纵令纵由望云,止令入大站。如违治罪。'"
⑪ 箭内亘:《元朝牌符考》,第883—887页;羽田亨:《蒙古驿传考》,第16—17页;党宝海:《蒙元驿站交通研究》,第196—199页。海青牌是圆形的,其上端有海青图案。箭内亘强调要区分海青牌和[海青]圆牌,[海青]圆牌则是平时使臣和军官使用的金虎符、金符、银符。
⑫ 《站赤一》(第17页):"[中统三年四月]若有军情急速公事,海青使臣径直望云、雕窝路上经行。若元骑铺马困乏,依例倒换。如马不乏,并不得强夺人马,因而骚扰百姓及过往客旅。"《元典章》卷三六《兵部三》"驿站、使臣、禁使臣条画条",第1264页。
⑬ 《站赤一》(第15页):"[中统元年五月二十一日]近者二日期,远者三日期,达于新站当役。"

户每的房子里,休得安下。……若城外立站,在城别无勾当公事,仰速便倒换合骑铺马,前去勾当,并不得辄入城中,迁延迟滞。若委是城中合有勾当,仰于系官馆驿内安下,并不得于官员、民户舍内安下……仍仰站赤人等依理验视,应付铺马、祗应。"①此圣旨改变了驿站设置在城内或城外,且虽窝阔台合罕后就出现了禁令,但使臣们仍不愿投宿在馆驿的现象。

中统四年(1263)年三月规定了以中书省乘骑的驿马数量为基础的长行马使臣及其随从,以及任务为传达文书的走卒(曳剌)和押送人等的分例。于换马处为正使臣提供粥食、解渴酒,为随从提供粥。于宿顿处正使臣可领取白米 1 升、②面 1 斤、肉 1 斤、③酒 1 升以及用于购买油、盐等的杂费 10 文,十月一日到一月三十日的冬季期间支付炭 5 斤。随从则可领取白米 1 升和面 1 斤。长行马使臣从十月到三月三十日可额外领取每匹马 12 斤草和 5 升饲料。④ 同窝阔台合罕相比,忽必烈合罕的祗应分例制度不仅在换马处提供粥,另一方面还额外在宿顿处提供用于购买油、盐等的 10 文杂费,冬天甚至提供炭火。这样的政策可以被认为是增进驿站的便利并防止一些任意的强夺的行为的措施。祗应分例多少对随后的物价上升起到了调整作用,只是变化不甚明显。⑤

每户站户最多可免 4 顷的税石(税粮),但与此同时需要负担铺马和祗应,超过 4 顷的土地则应全额支付其地税。⑥ 免除地税的代价是,站户应自主提供全祗应,而这样的规定于至元

---

① 《站赤九》"使臣驿内安下"(第 82 页):"中统二年,钦奉圣旨节该:'据往来使臣,城子里没勾当的,休入去。如有勾当入城去的使臣,仰于盖下的,使臣馆驿内安下者。官员、民户每的房子里,休得安下。'这般圣旨有来。今再行省谕:'经过使臣,今后照依已前圣旨体例行者。若城外立站,在城别无勾当公事,仰速便倒换合骑铺马,前去勾当,并不得辄入城中,迁延迟滞。若委是城中合有勾当,仰于系官馆驿内安下,并不得于官员、民户舍内安下,如违,治罪。仍仰站赤人等依理验视,应付铺马、祗应,如违,亦行治罪,无得违犯事。' 钦此。"
② 由《黑城出土文书》可知,不生产白米的地区的特性上,可以确认用在亦集乃路生产的谷物而充当祗应的意思(《黑城出土文书(汉文文书卷)》,第 140 页,F51:W5 之 1;李逸友:《亦集乃路的站赤》,第 35 页)。
③ 《元史》和《站赤》中都遗漏了在宿顿处为正使臣提供的"肉一斤"。(《元典章》卷一六《户部二》"分例·使臣·定下使臣分例条",第 568 页;党宝海:《蒙元驿站交通研究》,第 247 页注释①)。本文依据《元典章》的记录作了修改。向使臣提供的肉中有羊、猪、鸡、鹅、鸭和雁肉等。朝廷的使者或者诸王、驸马的大官,为蒙古使臣首先提供羊肉,为不吃死后的肉的[穆斯林]官员则是提供鸡肉。但是在江南等地羊肉价格很贵,因此他们除了一些特定的使臣,其他使臣都是享用猪肉(《站赤二》(第 37—38 页):"[至元十五年]七月,河南等路宣慰司,言:'今后,除朝廷大官、蒙古使臣及不食死肉官员,依例应付羊肉、活鸡,余者给猪肉";《站赤二》(第 47 页):"[至元十九年四月]二十三日,中书参知政事阿里奏:'江南省台、按察司、宣慰司、路府官署,但凡遣使就给铺马杌子。又使臣不食猪肉、鱼、雁、鹅、鸭等,必须羊肉。江南羊价,每日计钞七八十贯,实害站赤";《站赤三》(第 69—70 页):"是月(至元二十六年四月)(部分略)除随朝出使人员及诸王、驸马大官经过应付羊肉,余使各支猪肉,行移遍谕,依上施行";《站赤九》至元十九年六月条,第 88 页)。另外江南地区的驿站不时会提供鱼肉(薛培焕:《蒙古帝国(1206—1368)水产资源(鱼货)的利用》,*STRATEGY 21* 第 24 号,2009 年 12 月,第 160—162 页)。虽然一般性观点认为元代祗应的肉食中猪肉很多(党宝海:《蒙元驿站交通研究》,第 247 页),这是排除了以江南为中心的特定使臣后的使臣们为对象而言的。
④ 《元史》卷一〇一《兵志四》"站赤条"(第 2584 页):"世祖中统四年三月,中书省定议乘坐驿马,长行马使臣、从人及下文字曳剌、解子人等分例。乘驿使臣换马处,正使臣支粥食、解渴酒,从人支粥。宿顿处,正使臣白米一升,面一斤,[肉一斤]酒一升,油盐杂支钞一十文,冬月一日支炭五斤,十月一日为始,正月三十日终住支;从人白米一升,面一斤。长行马使赍圣旨·令旨及省部文字,干当官事者,其一二居长人员,支宿顿分例,次人与粥饭,每支给马一匹,草一十二斤,料五升,十月为始,至三月三十日终止,白米一升,面一斤,油盐杂用钞一十文。"《站赤一》"中统四年三月条"(第 18 页)。
⑤ 党宝海:《蒙元驿站交通研究》,第 251、255—258 页。
⑥ 《元史》卷一〇一《兵志四》"站赤条"(第 2585 页):"[中统]五年八月,诏:'站户贫富不等,每户限四顷,除免税石,以供铺马祗应;已上地亩,全纳地税。'"对于免除军户和站户的耕地 4 顷税收的问题别稿中将分析。

十八年(1281)也被再次阐明。而这时上都和榆林以北的站赤则不在适用对象范围内。① 此后虽围绕祗应负担主体的讨论一再出现，但世祖中期以后驿站的祗应费用向由除两都地域以外的官府支付的方向回旋。站户并非应由受到免除的首思，而是各种差役、和雇和买来负担。②

中统四年(1263)年四月开平站的站户有牛站人户充当，并在站周围的州城调集征用。③五月设立云州站时从南边的州城中户、上户中，每户抽选两名人丁充当站户。一方面马站户分担一匹马，④牛站户分担两只牛，另一方面凡是自各户选拔的可以承担站役的人，不论亲驱(户主本人)，每户两丁，其家属安置在设置了站的地方。⑤ 这样一来正式地将下户和贫民排除在站役的范围之外。然而"不问亲驱"的规定可以看成是使得富户通过和雇、和买的方式把站役转嫁到贫户，并且使得驱口⑥代替履行站役的祸根。事实上，富户通过贿赂官府而逃避站役，官府用下户充当人数。⑦《黑城出土文书》中记录唐兀惕人麦足朵立只答(Maizu Dorjda)的父亲麦足合干布(Maizu Heganbu)将汉人李保买来做驱口，而李保的儿子亦称布作为驱口代替麦足朵立只答去服站役。⑧

站户的差役的任务不固定，因此被分为正站户和贴站户。正站户和贴站户都记录在户籍(包银丁口鼠尾文册⑨)中，属州县官吏管理范围。⑩ 忽必烈提到"不要放出籍册内记载的人"而禁止站户的交替。此后成宗铁穆耳(1294—1307年在位)继承祖父的观念，要求特别是有气力的人，即富户，加强了对禁止他们从站户走出的管制。⑪ 据研究，属各站管辖的站户少则七八百户，多则二三千户。到了元代后期，站户的总数被推算最少30万户多则75万户，站户的

---

① 《元史》卷一〇一《兵志四》"站赤条"(第2586页)："[至元]十八年闰八月，诏：'除上都、榆林迤北站赤外，随路官钱，不须支给，验其闲剧，量增站户，协力自备首思当站。'"
② 至元后期以后，首思官给制度扎根，同时形成了驿马又站户负责，祗应又国家承担的形态。但由站户直接负担祗应的相对弱小的驿站依旧存在。虽然官给首思的驿站由兵部担任记账，直接负担首思的驿站在参与了记账后，要接受通政院的严格检查(党宝海:《蒙元驿站交通研究》，第117—118，126—129，258—266页；金浩东:《蒙古支配期西亚的驿站制及合赞汗的改革》，第17页)。
③ 《站赤一》(第18页)："[中统四年]四月二十八日，圣旨，谕中书省有该：'来奏：《开平站路断绝，有碍使臣客旅行程，乞安置事》今令此中讲究到立站去处，并令该户计牛马数目，开写前去，所据站户，或令随路减下牛站人户充当，或于附站近州城摽拨。'"
④ 有关站户的养马问题，参考下记录。《元典章》卷三六《兵部三》"驿站•站赤•立站赤条画条"(第1257页)："四户养马一匹。……今后站户，如遇买马，仰本管先行相视过然后，立契成交，须要根买年小肥壮无病堪耐骑坐者，无得听从。站户止图价少，滥买年老有病瘦弱马匹，目下虽省些小马价，不久倒乏官司，两不便当。"
⑤ 《元史》卷一〇一《兵志四》"站赤条"(第2584页)："[中统四年]五月，云州设站户，取迤南州城站户籍内，选堪中上户应当。马站户，马一匹，牛站户，牛二只，于各户选堪当站役之人，不问亲驱，每户取二丁，及家属于立站去处安置。"
⑥ 驱口为蒙古帝国正式编入户籍的一种奴婢。他们主要为战争俘虏，或是破产的良民，属于社会最下层人群(李逸友:《亦集乃路的社会情况》，《黑城出土文书(汉文文书卷)》，第37页)。
⑦ 陈高华:《论元代的站户》，第128页。
⑧ 《黑城出土文书(汉文文书卷)》，第154—157页，F116:W467，F116:W237，F116:W501，F116:W502；李逸友:《亦集乃路的社会情况》，第37页。
⑨ 《站赤一》(第21页)："至元二年正月六日，中书丞相线真塔察儿、平章阿合马等奏：'云州见设站户，乃迤南州城，远来之人，别无田产，宜令近县人户交换应当。乞召集各州县官吏，责民户见当包银、丁口鼠尾文册前来，品答定夺。'"
⑩ 党宝海:《蒙元驿站交通研究》，第120页。正站户指的是饲养站马，或直接从事站役的家户，从物质上支援正站户的家户称为贴站户。
⑪ 《元典章》卷三六《兵部三》"驿站、站户、元签站户不替条"(第1279页)："元贞元年三月二十三日，通政院，奏：'站户，在先薛禅皇帝圣旨里，籍册里入去了的，休交出去者，么道，圣旨有来。如今有气力的，站户出去了呵，站赤倒断了的般有气力呵，站户不交出去，依省在先圣旨体例，只教当站呵，怎生，奏呵，那般者。圣旨了也。'钦此。"

数量甚至超过了军户数量。①

至元八年(1271)三月,《户例》中的蒙古站户被要求明确地调查出身,在当时服役的地区像从前那样担当站役。对汉人站户而言,无论是否登录于户籍中,同原先户籍登载的记录做比较之后,担当与过去相同的站役。若无户数登记的话则要求缴纳科差。②

至元十三年(1276)南宋合并后江南地区的驿站制也被推行。至元十七年(1280)二月,忽必烈要求在江淮诸路增设水站。允许海青使臣和履行军务的使臣驰驿,与之相反,其余的使臣应从济州开始使用水路。③ 至元十九年(1282)在南方凡生产出田粮70石的人负担一匹站马。④ 至元二十五年(1287)二月,南方站户每70石粮规定可分马一匹。若10石以下则由八、九户,20、30石以上则是二三户共同分担。欲将税粮的全额充当驿站用,其结果是免除基本没有剩余粮食的站户的一体杂泛差役。可以缴纳70石以上100石以下食粮的户家独自承担站马一匹。⑤ 总而言之,北方的诸站是根据孳畜的多少分配站役,而南方则是以各地田亩为基准签拨。⑥

如上所述,忽必烈以已编成的站户为基础整顿和运营帝国的驿站。当时的驿站与连接以大都、上都等政治、军事、经济中心的干线路连接最紧密的。⑦ 特别是合罕兀鲁思(Qa'an Ulus)的驿站是以上都和大都为中心向四方扩散,其中在中国境内的南北陆路覆盖了河南全域,连接了中国南部近一半的领域。虽然驿站大部分设立在城镇沿边,也有一部分在村镇。利用驿站移动的速度很快,并且有利于沿路城乡的经济发展,特别是河南的开封就曾是结切点之一。正如连接保定和大名的14个驿站,本是承担战争技能的驿站,忽必烈在南宋合并以后考虑到经济和政治方面的需要进行了重组再编,使得驿站制度焕然一新。忽必烈的站户制度既是对窝阔台以后形成的站户制度的继承,同时也是同华北、江南地区经济条件进行的相应改善。

---

① 陈高华:《论元代的站户》,第127页;党宝海:《蒙元驿站交通研究》,第134—135页。
② 《通制条格校注》卷二《户令》"户例、站赤户条"(第18页):"[至元八年三月]蒙古站户,脚色明白,见<有>[在]当役去处,依旧当站。汉儿站户,无问附籍漏籍,于拨站户籍内查照相同,依旧当站外,查照不见户数,仰收系科差。"
③ 《元史》卷一〇一《兵志四》"站赤条"(第2585页):"[至元]十七年二月,诏:'江淮诸路增置水站。除海青使臣,及事干军务者,方许驰驿。余者自济州水站为始,并令乘船往来。'"
④ 《元史》卷一〇一《兵志四》"站赤条"(第2586页):"[至元]十九年四月……南方验田粮及七十石者,准当站马一匹。"
⑤ 《元史》卷一〇一《兵志四》"站赤条"(第2587—2588页):"[至元二十五年]二月,命南方站户,以粮七十石出马一匹为则,或十石之下八九户共之,或二三十石之上两三户共之,惟求税粮仅足当站之数,不至多余,却免其一切杂泛差役。若有纳粮百石之下、七十石之上,自请独当站马一匹者听之。"
⑥ 《站赤一》(第1页):"北方诸站,则验孳畜之多者应之;南方诸站,则验田亩签之。"只是,站户正如京兆府等事例中看到的那样,不仅有必要留意经济富强程度,丁数的多寡也应属于考虑的事实之一(太田弥一郎,「元代における站户の形态—马站户と水站户を中心として」,pp.37—38)。
⑦ David M. Robinson, *Empire's Twilight*: *Northeast Asia under the Mongols*, Cambridge & London: Harvard University Asia Center for the Harvard Yenching Institute, 2009, pp.50–51.

三 站户的消乏与其原因

1. 泛滥给驿：使臣与战争

一直到忽必烈时期,站赤制度不断地被改进。政策方案主要侧重于减轻驿站和站户的负担。站户的负担过大,在有识之士之间,也是人所周知的事情。胡祗遹(1226—1293)在《民间疾苦状》中指明:"站户既当马匹,又当祗应、酒食,委实重并困弊。"①答失蛮(Dashiman)的长子买奴(Mainu)在皇庆(1312—1313)初期作为监察御使巡回北平和和林时曾认识到在所有役中站赤是最繁重的。②

本章将具体分析,即使在历代蒙古大汗不断改善制度的情况下,站户消乏问题依然不断发生的原因。危素(1303—1372)认为蘸户凋敝的原因是陆路和水路间昼夜不分终日无间歇地来往的使臣。他甚至警告如果继续运营驿站,将危害兵部的存在。③

《至顺镇江志》中记载"皇元奄有区宇,薄海内外,罔不臣属,驿置之设,未有盛于今日者。疏寮邃室,以时其寒燠,丰廪厚饩,以给其饮食。使四方万里宾至,如归兹郡,乃当孔道,送往迎来,辙相结而舻相衔也。加以外郡、六驿复取役,于此故其供亿为尤重。(部分略)惟司牧者,有以恤之耳。"④在这个地方志中,也把四面八方来的宾客以及随之而来的迎送和祗应,作为站役加重的最重要的原因。

至大元年(1308)正月九日江浙行省的报告中具体记载了频繁的使臣往来而招致的铺马的数量。良乡站1307年九月到十二月的四个月间,一共使用了13300多匹马。这数据意味着四个月间每天大概110多匹马被使用。良乡站是由大都路管辖的十五站中的一站。良乡站中一共有的123匹马中,除了十几匹之外,其他几乎天天被使用着。中书省指责说各处而来的使臣们在回程中没能得到区分。所以按照使臣们的有无体例、快慢程度、是否发给铺马、发给铺

---

① 《全元文》卷一六六"胡祗遹·21·民间疾苦状",第590页。
② 《金华黄先生文集》卷24《宣徽使太保定国忠公神道第二碑》(第18页b—第19页a):"逮成宗宾天,从定国,迎武宗皇帝,入正大统,至大中,以积劳授御药局达鲁花赤。……皇庆初,擢监察御使,分巡类北平及林冤狱,而寘真杀人者于法,出其诬服者五人。念,民之受役,莫重于站赤,奏请,宣铃和林站首思,岁增给米连·帖干两站米百石,有贫乏而鬻其妻子以应役者,赎而归之。沙岭至上京,十一纳钵,所须柴薪,宜勿科于民,以纾其力。斡耳朵户,求运载和林官物者,宜禁止而雇募之直十万余锭,赋于站户,使蒙其利。上皆可。"
③ 《全元文》卷一四七四"危素7·兵部续题名记"[乙未至正十五年],第338—339页:"至正四年……呜呼!自国家用兵以来,诸司往往增置职员,而兵部为最多。虽曰最多,而王事靡监,至有未尝觐面者。……且本朝兵曹之职掌,其事非一。今日所当急者,乘传为先务,使者旁午道途,昼夜不息,刍粟踊贵,而蘸户凋敝,通变宜民,必有其说。……若复使之驰驱四方,则旷废天职,其敝有不可胜言者。"
④ 《至顺镇江志》卷一三"公廨·驿传条"(《宋元方志丛刊》,第2802页下b):"皇元奄有区宇,薄海内外,罔不臣属,驿置之设,未有盛于今日者。疏寮邃室,以时其寒燠,丰廪厚饩,以给其饮食。使四方万里宾至,如归兹郡,乃当孔道,送往迎来,辙相结而舻相衔也。加以外郡、六驿复取役,于此故其供亿为尤重。……惟司牧者,有以恤之耳。"

马的数量等区分之后,中书省推荐不是很紧急的使臣使用水路。①

至正十二年(1352)二月二十六日,御史台的报告很特别。御史台虽然关注了近年来持续的洪水和旱灾,但是却没有把此作为站赤消乏的原因,反而认为诸衙门泛滥给驿而致使使臣频繁,以至于站赤日渐消乏。衙门不顾站赤们的呼求,以勘察核定尚未完备为理由,使得他们在官府间数次地来往,浪费了好几年的时间。这使得站户的疲惫进一步加重。其中有的家户为了站役,让儿子做了人质,把女儿都卖了。最终甚至出现了抛弃家庭和生业的站户。②

至大四年九月,陕西行台监察御史袁承的报告中记载着:甘肃等地的驿路们作为西边的重镇,在临洮、土番(也标记为"吐蕃")的东西间往来的使臣们,每天至少使用100匹马,昼夜无休地奔走着。因为铺马的不足延误了使臣的行程,或者不小心选错了马的话,使臣们就辱骂鞭打站赤和州县官吏。深受其害的站户们甚至卖家产和子女。③干线道路上使者的频繁往来是驿骑大量死亡的原因,河南府的例子就是如此。④

对于驿站的使臣们的为非作歹,不仅仅体现在往来的频繁程度方面。延祐二年(1315)正月,余林驿(榆林驿)向监察御史提交的呈文中,就报道了使臣团长期投宿的事件。从宣徽院派遣来的和尚买得用等17个人骑着11匹马来到榆林驿就开始抽分征收羊马。每天在榆林驿支付铺马和分例。他们带着圣旨在居庸关以及与其临近的南口、北口、白羊口等地,一边征收羊马一边在榆林驿随心所欲地消费了半年分例。⑤至元二十一年(1284)七月,妓乐管勾张椿告发崔局长,说崔局长差遣他将手帕散给妓女,从人家获得钱物,另外崔局长还要求三名妓女与自己一起住在馆驿。以这次告发为契机,行御史台调查了妓女文历以及总管府批帖,检举揭

---

① 《元典章》卷三六《兵部三》"驿站·站赤·拯治站赤条"(第1258页):"至大元年五月,江浙行省,中书省咨:'于至大元年正月初九日,奏准下项事理,都省除外,咨请钦依施行。[一]件。因着使臣频并上头,站赤每哏生受有。良乡站里,去年九月至十二月,四个月间,起至一万三千三百余马来。各处差的使臣内,无体例的并多骑去铺马的人每多有。依着至元二十八年完泽丞相为铺马生受的上头,曾奏奉:世祖皇帝圣旨,将大都应有诸处来去,未回去的使臣分间来。俺如今也好生分间有体例、无体例的,紧的、慢的分间了不合与的不教与多要的铺马,教减了。不紧的使臣每,教水路里,相合回去,这般行呵,无体例多滥骑铺马的人每也,怕也者。'奏呵,奉圣旨:那般者。"

② 《南台备要》卷六(第7页ab):"至正十二年二月二十六日……切详,比年以来水旱。站赤,盖因诸衙门给驿泛滥,使客频繁,以致逼临日渐消乏。及至陈告到官,各处亲管州县官司,以保勘不完为由,故行迁调往复,动经数年,不能随即补替,致使站户愈加靠损。其中质男鬻女,应役者有之。抛家弃业,逃亡者有之。灼其民病,莫甚于斯。虽有旧章,不出一年,须要完备,多不遵守。"

③ 《站赤五》(第124页):"[至大四年]九月,陕西行台监察御史袁承呈:'甘肃等处驿路,系西边重镇,定西会州、平凉、泾邠通驿,临洮、土番东西往来之使,日逐起马不下百匹,昼夜未尝少息。常见铺马不敷,停留使客,或有非法选马,棰挞站赤及州县官吏,站户被害,鬻产破家,卖及子女,诚可哀悯。'"

④ 《全元文》卷一二六五"苏天爵17·元故亚中大夫河南府总管韩公神道碑铭"(第340页):"郡当西南孔道,使者交驰,驿骑多死。公核实驿户,得富实者若干,皆好久避役者,即日趣事,贫穷者悉听免归,而驿传始不乏矣。肇新驿舍及帏帐、衾褥、器皿,使者之至,如其家然。"

⑤ 《元典章》卷一六《户部二》"分例·杂例·禁治久食分例条"(第588页):"延祐二年正月,江南行台,准御史台咨:'承奉中书省札付,来呈:备监察御史呈:余林驿申:奉兵部别里哥该:有宣徽院节次差委和尚买得用等,一十一起,一十七人到驿,抽分羊马,日给铺马,关支分例。验得,轻赍圣旨,南北口白羊等处,抽分羊马。各人辄赴本驿住<頓>[顿],趁食分例半年,才行住罢。累申兵部,未蒙批降,追回元食首思,给付本站,各人罪犯,就便惩戒。其余站赤,有似此人数,拟合一体禁治相应,具呈照详。得此。……'"杉山正明:《大都と上都の間—居庸南北口をめぐる小事件より》,《モンゴル帝国と大元ウルス》,京都:京都大学出版社,2004年,第169—172页。对于南口、北口、白羊口的位置,参照杉山正明的上述论文(第181页)。另外,使臣团长期留宿的极端的例子,见河东山西道宣慰司管辖的晋阳驿的多出事例。特别是脱忽撒等与正使臣2名和下属1名,驾3匹马于至元十三年到达馆后,直到至元二十五年的13年间一直停留在晋阳驿(《站赤三》"至元二十五年六月条",第65—66页;党宝海:《蒙元驿站交通研究》,第253—254页)。

发了使臣中和妓女一起投宿馆驿的人,向他们和妓女一起征收了罚金。①

大德六年(1302)二月在陕西省土蕃宣慰司中曾经闹出,拆押进呈马匹和狗只的名叫曲术哥的人,为了获得更多的驿马私自篡改差札的事件。他将土蕃宣慰司签发的维吾尔语差札上面记载的"铺马九匹"改成了"起马一十匹"。而且将驿马"二十匹"改成了"三十匹",以此多收取了长行马骡十匹和其草料。②大德七年(1393)七月宣政院派遣的官员伯颜帖木儿(Bayantemur)在从西蕃回来的路上过度地置办了行李,多骑了兀剌赤(ularči)铺马一匹。③而铺马圣旨上必须有官府的印章,有人没有印章就使用铺马的事例也曾发生过。例如,F197:W26 文书里的铺马圣旨就只是在白纸上写上字,这个从侧面证明了,路总官府在没有印章的情况下随意调动铺马的事实。这也成为给驿泛滥的原因之一。④

使臣们不走规定的路线,抑或是偷走官府物品的事情也曾发生过。至元二十四年(1287)四月湖广省译史姚朵鲁朵海(*Yao Duluduqai)运送曲药(羌活)从南京回去的时候,不由正道驰驿,和温迪罕参政一起拿了家书和衣服经过襄阳府水站回到了湖广省。⑤延祐七年(1320)四月,悠闲的使臣以及回任的人员经由在军情或者紧急事务时使用的黎雅、建都、纳怜站道回到成都,致使站赤关闭。⑥

由于站户被过度压迫,馆人将使臣杀害的事件也发生过。一个中使(皇室里派遣的使臣)代替大汗去秦蜀的山川去进行祭祀。以延安驿的马跑得不够快为理由,下令跟从的人在馆人的耳朵上系上革带把他拴在柱子上,令其血流不止。馆人心怀恨意等待中使回到宿驿的时候,

---

① 《站赤九》"使臣索要妓女"(第 100—101 页):"至元二十一年七月,行御史台,据岭北湖南道提刑按察司申:'准分司官按察使周通议牒:近据管妓乐管勾张桩状告:崔局长,将手帕令桩散与妓女,人家取要钱物,并差人赍帖子,要妓女三名,赴馆驿内伴宿了。当次后崔局长再来,唤妓女三名,为是夜冥不曾差拨。因此将桩殴打,乞施行事。得此。除外追照得管勾张桩掌管差拨,妓女文历及总管府批帖,自至元二十一年正月十一日,至三月十五日,经过使臣,索要妓女宿馆内,知官职姓名四员。余只该不知使臣总差拨应付妓女八十八人,各各开写姓名,并伴宿月日夜数,就问得除事故外,妓女三十二名,各状供相同,仍审问并不得分文钞两。'"

② 《至正条格·断例5》"职制·增乘驿马·大德六年二月条"(第 209 页):"大德六年二月,陕西省咨:'土蕃宣慰司差押进呈马匹、狗只人曲术哥,将本司元给畏兀儿差箚上铺马九匹字样刮改,添写作起马一十匹。又将所进呈马二十匹,改作三十匹,及多要长行马骡一十匹草料。'刑部议得:'曲术哥所犯,量决八十七下。多余骡马,拟合纳官。'都省准拟。"

③ 《至正条格·断例5》"职制·增乘驿马·大德七年七月条"(第 209 页):"大德七年七月,御史台呈:'宣政院所委官伯颜帖木儿,西蕃勾当回还。因为行李沉重,多起兀剌赤铺马一匹。'都省议得:'量决四十七下,标附。'"

④ 李逸友:《亦集乃路的站赤》,第 34 页。

⑤ 《至正条格·断例5》"职制·枉道驰驿·至元二十四年四月条"(第 210 页):"至元二十四年四月,湖广省咨:'本省译史姚朵鲁朵海,因押运曲药,回还至南京,不由正道驰驿,却与温迪罕参<役>[政],稍带家书、衣服,经由襄阳府水站还省。'都省拟:'决四十七下,罢没。'"《至正条格》(校注本),第 210 页的第 123 条中"决四十,七下罢<没>[役]"读法的标点标示错误,内容方面不应是"罢役",而读为原文的"罢没"更为恰当(《至正条格》(影印本),第 68 页)。

⑥ 《至正条格·断例5》"职制·枉道驰驿·延祐七年四月条"(第 210 页):"延祐七年四月,兵部议得:'黎雅、建都纳怜站道,本以通报军情紧急重事,闲慢使臣、回任人员,往往不行经由新开、永宁、乌撒等处驿路,径直前来成都,靠损倒断站赤。今后云南省差使,事干军务,必合赴成都、兴元、安西等处勾当,经行建都纳怜站道。其余缓慢人员,如有违犯,以枉道例断罪。脱脱禾孙不行盘诘,减等治罪。'都省准拟。"《至正条格》(校注本)中"黎雅、建都、纳怜站道"的读法中由于"黎、雅、建都"是地名(参照《元史》卷 19《成宗本纪二》"大德二年春正月己酉条",第 417 页)。因此笔者认为读为"黎雅、建都、纳怜站道"更恰当。

那天深夜勒死了他。①

使臣纷繁的往来不是帝国末期才有的事情。② 太宗九年(1237)八月二十三日的圣旨中可以看见使臣们形形色色的样子。

> 若日间各路往来使臣,在城别无公事,不经站路走递,称有牌札,索取祗应。有公事使臣到城,走马二匹或三匹,却领不干碍十人二十人,及牵私己马匹,取祗应草料,应付诸牛羖羯等肉里,不肯食用,须要羊肉,纵与羊肉,却又称瘦。回□使臣到城。多称不食死肉,须要活羊,又不肯于馆驿内安下,止欲于达鲁花赤管民官家内止宿。如此刁蹬,公事了毕,推称事故,不肯起发。除正使臣应付与铺马外,其余亲随铺驴、车牛递送,须要铺马,若到前路站赤,又不交替递送,及有长行车具到城,又要倒换新车,及取绳索,如此骚扰。……③

另外由于诸王引起的泛滥给驿也不是什么新鲜事。窝阔台为了王国的统治和重要事项的处理,判断说诸王和合罕之间的频繁使臣来往是不可避免的。④至大元年(1308)四月,枢密院报告了由于诸王使用自己的印符乘驿,并且使臣来往四面八方,使得驿户们变得贫困缺乏。报告中还申请使用旧制来计算马的数量,并为此用玺书下令。⑤尤其是窝阔台死后,正如诸王各自随心所欲在各地下达文书(sawâd)和命令,在大汗不在的时候或者战乱时,诸王掠夺驿站的现象更频繁了。⑥

除了使臣们对驿站的掠夺,至元十年(1273)十月,中书省关于"此时军务方剧,窃恐所起数多,马匹疲瘦,久而失误公事"。的报告提醒了由于军事活动而导致的站赤困乏。当时,中书省建议,除军情或者重要的事务而派遣的使者可以铺马一到二匹,其余都应乘坐自己的马匹。并禁止乘驿人吏向站赤索要鞍辔、雨衣、毡褥等物品。⑦

---

① 《全元文》卷一二六三"苏天爵15·元故奉元路总管致仕工部尚书韩公神道碑铭[并序]"(第308页):"有中使代祀秦蜀山川,道出延安驿,以马不善驰,命从者以革带系馆人耳悬于柱端,挞之流血。馆人憾之,俟中使还宿驿,中夜入扼其吭以死,从者弗觉也。明日有司疑盗杀之,盗竟弗获,按其从者,诬服。中书命公验治,乃呼其众,告之曰:'中使过此曾虐汝乎?'众惊曰:'独尝困苦一馆人耳。'公徐召其人讯之,遂伏其辜,而从者获免。"

② 党宝海:《蒙元驿站交通研究》(第60页)。党宝海认为帝国初期皇室的特权、制度的缺乏,以及管理能力的不足是诱发给驿泛滥和站户贫困的原因。

③ 《站赤一》(第12—13页):"[太宗]九年丁酉,八月二十三日,奉圣旨:'若日间各路往来使臣,在城别无公事,不经站路走递,称有牌札,索取祗应。有公事使臣到城,走马二匹或三匹,却领不干碍十人、二十人,及牵私己马匹,取祗应草料。应付诸牛马羖羯等肉,不肯食用,须要羊肉,纵与羊肉,却又称瘦。回回使臣到城,多称不食死肉,须要活羊。又不肯于馆驿内安下,止欲于达鲁花赤管民官家内止宿。如此刁蹬,公事了毕,推称事故,不肯起发。除正使臣应付与铺马外,其余亲随铺驴、车牛递送,须要铺马,若到前路站赤,又不交替递送,及有长行车具到城,又要倒换新车,及取绳索,如此骚扰。……'"

④ 拉施特,金浩东译注:《汗的后裔们》,第87—88页;Rashid/Thackston, pp. 324 – 325.

⑤ 《元史》卷二二《武宗本纪一》"至大元年夏四月辛亥条"(第498页):"辛亥,枢密院臣言:'诸王各用其印符乘驿,使臣旁午,驿户困乏。宜准旧制,量其马数,降以玺书。'"

⑥ 拉施特,金浩东译注:《汗的后裔们》,第293页;Rashid/Thackston, p. 395.

⑦ 《站赤二》(第34页):"[至元十年十月]此时军务方剧,窃恐所起数多,马匹疲瘦,久而失误公事。宜令今后以军情要务遣使者,量起铺马一二匹,余事止乘己马相应。……又于站赤,取索鞍辔雨衣毡褥,动致弊坏。合无令乘驿人吏,自备鞍辔雨衣。"

我们可以通过至元二十四年间乃颜(?—1287)的叛乱和天历之内乱①来了解战乱和站户之间的影响关系。大德十年(1306)十一月辽阳行省报告因乃颜叛乱每年供给鹰鹞的女直(女真)、哈里宾(哈尔滨)、水达达(曾在黑龙江一带生活过的部族)等地的站赤渐渐变得困难缺乏。请愿按照前例给予铺马。成宗表示"非军情,钱粮急务,必合乘驿者,其余毋得滥给"。并认可了建议。② 天历二年(1329)六月,顺元州、思州、播州的诸驿由于兵兴(天历之内乱)而使马匹大量毙死,驿户变得贫乏。③ 蒙古帝国自从窝阔台以来一直奉行只要是军务、钱粮,不论乘驿的数量都一律允许,所以也可以预见到战乱年间驿站的疲乏。

元朝立即应对站户的消乏。蒙古皇室为了阻止使臣的泛滥,强化驿站的统制在交通要地设置了脱脱禾孙(todqarul)。脱脱禾孙由通政院和中书兵部统领,审问驿站的使用者,特别是使臣,并且判别奸伪。④

对于由生活艰难而逃亡的站户人员,蒙古朝廷随时补充一定的人数的站户来抚恤他们。⑤对于逃亡了一贫如洗的站户,管辖州县里直接检验并上报总管府。派遣五品以上的管民官亲自审查事实关系,写成原来征发的数量的增减,现在的人丁数和财产的目录,委托省部进行审查。监察御史、廉访司进行体察,如果报告和实际情况有所出入,则依据调查对象户数的多少,对负责保勘、体覆的官员进行惩罚问罪。张榜公开在任务中失败的人员,对当事者进行调动或者降职处理,对主要的典吏人处以停职。⑥

《至元新格》(至元二十八年)规定,驿站的所有给驿内容都要记录在账簿上,每一季都要

---

① 天历元年(1328)泰定帝也孙铁木儿的伊朗人宰相倒剌沙(Daula shah)在上都拥戴阿速吉八为大汗,而另一方面,在大都钦察(Kipchaq)军团长燕帖木儿拥戴武宗海山的二儿子图帖睦尔。同年八月双方展开了为期2个月的战斗,最终以文宗图帖睦尔胜利告终。然而1329年海山的长子和世瑓(Qoshila)在和林登上皇位,与图帖睦尔争夺大权。虽然图帖睦尔暂时将皇位让给和世瑓,和世瑓在八月于上都举办的宴会上死亡了。因此图帖睦尔得以再次登上大汗位。以上过程被称为"天历之内乱"(杉山正明,《モンゴル帝國の興亡》(下),第207—211页)。
② 《站赤五》(第114—115页):"[大德十年]十一月,辽阳行省,备诸王阿只吉令旨言:'在世祖时,女直、哈里宾、水达达等处,每年进送鹰鹞给驿。后值乃颜叛乱,站赤<因>[困]废。今来合无依旧应付铺马,进送鹰鹞,赴上通政院。'议得,大德十年五月十八日,奏准圣旨:'非军情,钱粮急务,必合乘驿者,其余毋得滥给。'呈奉省准,钦依施行。"由于乃颜叛乱而离散的站户再次被复归为站户。只是开元路的王雪儿等,以驿程过远为由而代替他们的例外是被承认的。参见《站赤六》(第143页):"[延祐元年十月]二十七日,中书省奏:乃颜叛乱时,水达达、女直等站开废,续为进呈海青。故收聚旧来站户,及金拨开元路,编民乃颜户计,同当站役。已经奏准:世祖皇帝圣旨,但是已定站户,诸人毋得替换。今辽阳行省来言:开元路官,以王雪儿等驿程遥远,拟于水达达万户内,拨一十五户,更代王雪儿等,共当站役。盖缘前站,乃世祖皇帝定制,毋得替换。是则水达达户内,不当差发,止合王雪儿等,依旧当站。奉圣旨准。"
③ 《元史》卷三三《文宗本纪二》"天历二年六月是月条"(第736页)"顺元、思、播州诸驿,因兵兴,马多羸毙,驿户贫乏,令有司市马补之。"
④ 《元史》卷九一《百官志七》(第2318页):"各处脱脱禾孙,掌辨使臣奸伪";《元史》卷一〇一《兵志四》"站赤条"(第2583页):"其官有驿令,有提领,又置脱脱禾孙于关会之地,以司辨诘,皆总之于通政院及中书兵部。虽说《至正条格》(校注本)(第210页注12)认为todqasun的意思派生于蒙古语"停止"todqa-,但笔者持有不同态度。todqa-为"判明、判别、检查"的含义,todqarul(脱脱禾孙)为"驿站监察官(inspecteurs relais de poste)"(Antoine Mostaert & Francis Woodman Cleaves, "Trois documents mongols des Archives secretes vaticanes," pp. 433 – 434, 436 – 437;党宝海:《蒙古钦察汗国的驿站交通》,第104—106,109页)。
⑤ 《站赤一》"经世大典"(第9页):"站户有阙乏逃亡者,则以时而金完周恤之。"
⑥ 《至正条格·断例5》"职制·体覆站户消乏·大德六年八月条"(第217页):"大德六年八月,兵部议得:'逃亡消乏站户,合令亲管州县保勘,具申总管府,委不干碍伍品以上管民官,亲行体覆是实,开具元金增损、目今实有丁产,申覆省部定夺。监察御史、廉访司体察,但不实,将保勘、体覆之官,验户多寡责罚,标附过名,任回降等迁叙。主典吏人勒停。'都省准拟。"

向所属的上级汇报。① 天历二年(1329)八月,图帖睦尔(在位 1328—1332)下令所有给付的驿马都要在上报以后才能发给驿马,派遣使臣。②

《黑城出土文物》(蒙古文书)F209:W68 中记录了从驿站使用骆驼,并且站户供给骆驼到驿站的内容。③ 由于其中没有记录日期,我们无法知道驿站的使用频度和骆驼的死亡和补给频度。《黑城出土文物(汉文文书卷)》的 F9:W107 中包括了半印号簿,马匹的结转额,亦集乃路所属的站的马匹数量,按照日期记载的马匹和草料消耗量。④但是所有的给驿都上报的措施反而或许可能会引起行政浪费和给驿的泛滥。一个研究中表明元祖时期制定的很多关于乘驿的规定代表了乘驿秩序的混乱。⑤ 还有另一个研究表明使臣数的暴增以及地方官的不正之风,使得驿站的经费十分不足。⑥

分明使臣们的频繁的往来和战乱而招致的给驿泛滥给了驿站巨大的负担。忽必烈在每次巡幸上都和大都的路上都要赐给站户们财物,常常对站户们哀怜的原因也在于此。⑦但是,就如前文中所提及的,蒙古朝廷通过周密的制度修正,尽力保护民力,民力决定了站户的承担。⑧事实上,似乎并不是所有的时候站户的情况一直如此恶劣。比如说,大德元年(1297)三月,通政院报告了汉地的站户之中,出现了富有的人变得贫困,困难的人反而变富有的逆转。⑨ 至元二十七年(1290)九月,丞相完泽等等的上奏中可以推测,哈尔滨地区的十二处狗站在平安无

---

① 《元典章》卷三六《兵部三》"驿站·给驿·给驿置历开附条"(第 1288—1289 页):"至元二十八年十二月,中书省,奏准至元新格内一款:诸事应差人给驿者,虽有元降马圣旨,皆须置历开附,每季申报合属上司。有不应给驿而给者,随即究问。行省差起数咨省。虽不给驿,其不须差人可办之事,凡于所属官司,毋使因而烦扰。"使臣的经由回数应于每个季节的下月十日前,由总府总和后向兵部报告,参见《元典章》卷三六《兵部三》"驿站·站赤·立站赤条画条"(第 1258 页):"至元 年 月……[一]使臣经过起数,仰总府取会,每季不过次月初十日已里申部,仍开使臣姓名并铺马数目、赍擎是何官司起马札子、来往某处勾当公事。"羽田亨:《蒙古驿传考》第 15 页。

② 《元史》卷三三《文宗本纪二》"天历二年八月丁酉条"(第 737 页):"丁酉,命阿荣、赵世安提调通政院事,一切给驿事皆关白然后给遣。"

③ 吉田顺一·チメドドルジ,《ハラホト出土モンゴル文书の研究》,东京:雄山阁,2008 年,第 77—80 页,第 304 页中 No.017 文书号数 F209:W68。

④ 《黑城出土文书(汉文文书卷)》,第 173 页,F9:W107。

⑤ 党宝海:《蒙元驿站交通研究》,第 277 页。作为参考,据大二年(1309)尚书省的报告,自成吉思汗以来,多达 9000 余条的政令中,未统一格例而实施法律的官吏任意判断其轻重,并加以处理。《元史》卷二三《武宗本纪二》"至大二年九月癸未条"(第 516 页):"又言:'国家地广民众,古所未有。累朝格例前后不一,执法之吏轻重任意,请自太祖以来所行政令九千余条,删除繁冗,使归于一,编为定制。'并从之。" Paul Heng-chao Ch'en, *Chinese Legal Tradition under the Mongols: The Code of 1291 as Reconstructed*, Princeton: Princeton University Press, 1979, p. 23).

⑥ 金浩东:《蒙古支配期西亚的驿站制和合赞汗的改革》,第 18 页。

⑦ 《站赤一》"佛家奴策"(第 1 页):"上都、大都,大驾经行,每遇巡幸,则先给官资,未尝不为站户惜也。"大汗的巡幸路为人民提供另外的特别的机会。窝阔台时期的一个贫民,向大汗行程路上摆放了几个锤子,因此从大汗处每个锤子获得银 1 巴里失(= 中统钞 100 两)。(Rashid/Rawshan, p. 687;拉施特,金浩东译注,《汗的后裔们》,第 120 页)。延祐六年(1319)十二月,仁宗令上都和大都在冬夏季节,在路上准备粮食,以供饥饿者吃。《元史》卷二六《仁宗本纪三》"延祐六年十二月癸酉条"(第 593 页):"敕上都、大都冬夏设食于路,以食饥者。"

⑧ 羽田亨:《蒙古驿传考》,第 15—16,20 页。

⑨ 《元典章》卷三六《兵部三》,"驿站·站户·分间站户事条"(第 1280 页):"大德二年三月,御史台,承奉中书省札付:'通政院呈:大德元年三月二十三日,本院官奏过事内一件:〈汉儿田地里有的站户,富的穷了也,穷的富了也。这底每差发觑了,贫的富的分拣,当差发呵,怎生?〉么道,奏呵,〈那般者〉。圣旨了也,钦此。'"

战事的情况下,向百姓们追缴站役和粮食时,没有什么问题。① 虽然当代很多有识之士,还有当今的一些研究者强调了很多站役的苦痛,当时本来就是从民户里面遴选出来的站户在租税负担的问题——实际上随着时期的不同会有一些不可避免的差异——原则上和其他的百姓没有什么差别。②

正如第一部分第 2 节中叙述的事实一样,叫做"不问亲躯"的站役制度下,富户可以通过差遣驱口来让其代替自己奉行站役。《黑城出土文书》中《麦足朵立只答站户案文券》里唐兀惕人麦足朵立只答的父亲麦足合干布将汉人李保作为驱口而购买了。李保的儿子亦称布作为驱口代替麦足朵立只答实行了站役。③

天历二年(1329)三月二十七日,甘肃省内岐王锁南管卜下属的火儿忽秃站和红城儿站因为和荆王也速不干(Yisubugan)下属的蒙古七站在一个路上相接,依据过去中书省的咨文报告,当年度的马料给予的时候两个站都公平地供给。但是兵部和甘肃省再次探讨后,发现了秦定四年(1327)冬天期间,料粟的供给不是常例,荆王位下的仓敖里的税石相当多而且管辖区内的军民最是富有。于是对其中断了供给。并决议其在天灾时,对于站赤管辖投下进行自行接济。④ 这一事件暗示了站赤消乏的时候,与灾难无关的投下也曾因为公平而受到过官钱的接济的可能性。而另外可以确定的是,荆王位下的军民,由于生活富足,具有了在灾害发生的时候,站赤所属地区自行抚恤的经济能力。

至元二十四年(1287)的一个故事里虽然不是直接说的站户的事例,但是描述了站户选中的一个驿人,在驿站运营过程中向特定的委托人提出重要的情报,以此获得了财物上的报酬。宗王乃颜图谋叛乱,前淮安王伯颜(1237—1295)受命于忽必烈合罕窥视其动态。他赐予驿人很多夏天衣服和冬天皮袭衣服。乃颜为伯颜大摆筵席,伯颜以大义说服乃颜。乃颜表面上听从他的话,实际上长时间地留住伯颜,在酒席快结束的时候,与从者一起通过三条不同的路一起逃了出来。驿人因为收取了衣物,所以在和他们交谈的过程中故意引发争执,拖延乃颜一行

---

① 《站赤四》(第 93 页):"[至元二十七年]九月,丞相完泽等奏:'哈儿宾地界,旧立狗站一十二所,前者安宁之时,当站粮石出于百姓。然其地不事耕稼,数年以来,站狗多死,至站无以交换。又赴前站转致损乏,站户苦之。臣与哈散议,每户以钞十锭为率,准赐物货。闻其俗用青珠,乞相兼与之。'奉旨准。"

② 羽田亨:《蒙古驿传考》,第 5 页。

③ 《黑城出土文书(汉文文书卷)》,第 154—157,F116:W467,F116:W237,F116:W501,F116:W502;李逸友:《亦集乃路的社会情况》,第 37 页。

④ 《站赤六》(第 161 页):"[天历二年三月]二十七日,中书省,准甘肃省咨:'锁南管卜岐王位下,火儿忽秃、红城儿两站,与荆王位下,蒙古七站,一路接连。见准都省咨文,接济马料,本投下二站,若蒙依例应副,似不偏负。送兵部拟,合比依前例,官为应副冬季三个月料粟相应。'省准拟。至天历三年正月,兵部别卷内,照得:'天历二年六月二十一日,甘肃省言:先为荆王也速不干位下,蒙古七站,求接济,量拟支拨冬季三个月料粟,六千三百石,为无见在。泰定四年折支价钱,致和元年,又行呈索依例支付。今照得元奉都省咨文,止是量拟拨泰定四年冬季三个月料粟,即非常例。本位下自有设置仓敖,岁收税石甚多,况荆王位下概管军民最为富庶。若以常例,官为支付马料,实是费耗官钱。本部议上项七站,既甘肃行省言料粟,自世祖皇帝以来,不曾应副。本位下多有钱粮,军民富庶,如遇天灾流行,站赤生受,合依行省所拟,从本投下自行接济相应。'都省准拟。……"

的行程,并向伯颜报告。①

天历三年(1330)三月的事例一样,由于站赤的消乏,回避给驿的情况也发生过。图帖睦尔上位后,给消乏站赤土地和谷物,并免除有身故或者葬礼的人民的站役。② 之后一部分站户估量着一直不相应站役。至大元年(1310)三月 抚州路崇仁县的站户杨汝玉作为马贴户而将田6 倾 70 亩 7 分 9 厘转入驿,免除了粮食 45 石 2 斗的税。马经常死去,生活开始变得艰难的时候,他又把土地卖给了谢正甫、周信甫等二十余户。这二十余户,离驿站很远,而且他们的土地保有量很少,没有负担站役的能力。中书省规定江南站户和苗粮户中因为生活艰难而贩卖土地的情况,买家先负担役,然后官府根据土地收税。③

上面是事例不过是个很片面的故事,但是说明了站户的经济水平不是一定的,而且经济能力也随着地区间的差异有所偏差。考虑到站户是中富户中选拔出来这一点,一些站户是可以负担得其使臣们的频繁的往来的。似乎也有一部分站户以消乏为理由,躲开站役。通过研究,元朝的拯救站赤的方针,最终没能获得理想的效果。④ 而连富有的站户们也无法逃避的贫困缺乏的原因到底是什么呢?

2. 不可抵挡的因素和祈祷

作为诱发站户消乏的根本问题,本论文欲就对行政方面的控制有限的不可抗力的角度进行讨论。首先需要讨论的是道路和驿站的选址现状。马可·波罗曾说道蛮子(Manzi)的所有地方道路都有所包装,在骑马或是步行的时候可以干干净净地行进。但是"因为包装道路上马无法驰骋前进",所以为了合罕传令可以顺利进行,在路的一边不包装。⑤ 在这里可以看出对以都市为中心的整顿状态的运送用车道和非整顿状态的使臣用马道进行区分的情况。

元贞元年(1295)六月,台官张间和云南省官也先不花(Esen Buqa)等就云南驿站的选址问题意见对立。从这样的论争中可以大体看出地势损伤马匹的事实。⑥ 接下来我们来探讨连接陕西行省和甘肃行省的驿路现状。经由宁州庆阳站赤,连接环州和宁夏萌井站的通向永昌的道路都是沙漠,路过沙漠的这条路远而险,沿路的人家甚至不生烟火,因此驿使需要自己负担首思并且不得不露宿和野食,马也时常没吃刍粟。这样的状况下疾跑几日后,人不免日益消

---

① 《元朝名臣事略》卷二《丞相淮安忠武王》(第 21 页):"[至元]二十四年,宗王乃颜将反,报者沓至。诏王觇之,多载衣裘以往,至其境辄赐驿人。乃颜燕王,王以大义语乃颜,乃颜阳应而阴欲执王,酒阑起出,与其从者潜分三道以逸,驿人以得衣裘故,争献马以递,遂脱追骑,以其实闻。"若是驿人不协力的话,驿站的使用者在行驶过程中不免遇上麻烦。比如在 1253 年末,一个驿人有意带领到达蒙古的鲁勃洛克一行人绕道而行,使得他们在寻找鲁勃洛克的指引者寻找直线路线的时候吃尽苦头。Willem van Ruysbroeck, *The Mission of Friar William of Rubruck: his Journey to the Court of the Great Khan Möngke,* 1253—1255, tr. Peter A. Jackson, London: Hakluyt Society, 1990, p. 170 (10)。
② 《站赤六》(第 168 页):"是月(天历三年三月)……兵部言:'以站赤消乏之故,不应给驿者,省官分拣。见于皇帝登宝位之诏,在前赐田收谷,身故送丧之人,不曾给驿。……'"
③ 《元典章》卷一九《户部五》,"田宅·典卖·站户卖讫田土随地收税条",第 712—713 页。
④ 陈高华:《论元代的站户》,第 143 页。
⑤ 金浩东译注:《马可·波罗的东方见闻录》,第 385—386 页。
⑥ 《站赤四》(第 93 页):"[元贞元年]六月七日,丞相完泽等奏:'云南驿站,台官张间,尝上言别有便道,因改立站。云南省官也先不花等,却言无益。以此奏遣普颜怯里迷失往视其地,今回称张间所言立站之地险恶,马匹伤损。已复旧道立站讫。'奉旨准。"

瘦,马也不免以死告终。① 至元二十九年(1292)属江西、湖广行省管辖的人烟稀少的深山中各站被建了起来。由于在马匹不足的情况下往来频繁,因此逃走的人时有出现。②

至元三十一年(1294)七月,据福建行省的上报,福建站赤的白砂站、小箬站的道路更为值得一看。这两个驿站道路险峻,奇石穷处。沿途经过磨天岭的这条山路高峻,上行时如向上登天,下行时如下入井,若遇雨天则不免有坠入溪谷,马匹或行人丧命的危险。福建作为不产马的极边地域,一匹马的价钱达中统钞20锭或甚至25锭。与至元三十年(1293)保定路的马价至少要八、九定相比,③福建的马价高出三倍之多。人民没有养马的经验,④并且由于地理原因,此处地热岚瘴,因此马易患疾病而倒死。因此最终每户不得不每年借钱买马,承担沉重的利息负担。⑤

据至正五年(1345)宋褧记载,在这样的整顿不完善的驿路上,行驶途中的困乏即使是合罕的出行也不可避免。蒙古大汗每年向上行次已是惯例。当合罕的乘舆行驶在大都和上都之间时,由于无法留宿在逆旅或室庐内,具帐帘自随而野处。⑥ 由于汲爨、寝兴、秣饲马等事,合

---

① 《站赤五》(第124页):"[至大四年]九月……往者经由宁州庆阳站赤,自环州至宁夏萌井站,以至永昌道路,尽皆沙漠,遥远艰阻,四无人烟,驿使自负首思,露宿野食,马乏刍粟。如此奔驰数日,是致人瘦马毙。"驿站在驿马日行距离间应设置1个以上的驿舍。虽然驿舍在方便的地区可以按需设置,但在荒凉的沙漠和通行、运送事故发生地区,其数显得略少(羽田亨:《蒙古驿传考》,第6—7页)。

② 《站赤八》(第64页):"[至元二十九年三月]元系江西、湖广两处行省,差设到江南新附户计,其各站为居深山,离家弯远,绝无火烟,及所设马匹不敷,频并走递,往往逃窜,委官专一提调,不能禁止,常是断绝站赤,若不添补整治不便";陈高华:《论元代的站户》,第129页。

③ 《站赤六》(第91页):"[至元三十年]是年,保定路庆都站……比年旱涝相仍,诸物腾踊,马价少者八九定。"太宗十年(1238)年末开始兴起和买,1匹马的价格为30两银子,1头牛的价格为20两。参见《大元马政记》"和买马"(严一萍选辑,台北:艺文印书馆,1971年,第4页a):"太宗皇帝十年戊戌六月二日……见得以南路分,马匹牛畜难得。今约量定立到,马一匹价,银三十两,每牛一头价二十两";《站赤一》(第13页):"[太宗]十年戊戌,六月二日圣旨……今约量定立到每马一匹,价银三十两,每牛一头,价银二十两。"

④ 蒙古人们对于养马非常有能力,而南人们则与他们正相反,因为养马而招致了疾病。参见《黑鞑事略》(彭大雅、徐霆疏证,北京:中华书局,1985年,第11页):"其马,野牧无刍粟。六月餍草始肥。……【霆尝考鞑人养马之法。自春初罢兵后,凡出战归,并恣其水草,不令骑动。直至西风将生,则取而鞯之,执于帐房左右,啖以些少水草,经月厩落,而日骑之数百里,自然无汗,故可以耐远而出战。寻常正行路时,并不许其吃水草,盖辛苦中吃水草,成月厩而生病。此养马之良法,南人反是,所以多病也。】"

⑤ 《站赤八》"福建站赤"(第74页):"于至元三十一年七月二十日,奏过事内一件:'……白砂、小箬二站,山岭峻路石犖确,俱系近年创开栈道紧临江岸,羊肠盘折崄路百余里兼怀安至水口,水势平坦,并无滩料,各站俱有设置站船。遇有朝廷往来使臣,不肯乘船,只要起马。其经磨天岭,山路高峻,上如登天,下如入井,凿山成路,石如钉刺。如值阴雨,坡峻路滑,马力不加,脚失跌于山涧,轻则损伤马匹,重则致伤人命。站马走递一遭,不死即病,至甚不便。又福建极边地岚重地,不系产马去处,每马一匹,不下中统钞二十锭,至二十五锭。此间新附人民,不一养马法度,又且地热岚瘴,易生疾病,频并倒死。每户岁买马数匹,揭借钱债,重出息利,先债未还,后复生,逼迫站户,典卖田产,是致消乏。若不更张,久可靠损站户,倒段站赤,诚为未便。'"

⑥ 合罕巡行期间停息的行在所被称为巴纳或者纳钵。虽大汗一行在某行在所停留期间据情况而有变化,至正十二年(1352)四月,妥欢贴睦尔合罕(1333—1370在位)在大口(今北京海淀区北部境界区)留宿了约2、3日。考虑到当时在24日期间移动了18个巴纳,最终到达上都的事实,妥欢贴睦尔一行人平均在每个行在所停留了一到两天(《全元文》卷一三八七"周伯琦1·扈从前集序"[至正十二年],第530—531页:"至正十二年……视事之第三日,实四月二十六日,大驾北巡上京,例当扈从。是日启行,至大口,留信宿。历皇后店、皂角、至龙虎台,皆巴纳也。国语曰巴纳者,犹汉言宿顿所也。……以是月十九日抵上京,历巴纳凡十有八,为里七百五十有奇,为日二十四")。巡行两都所需的时间单程为20—25天(金浩东:《蒙古帝国君主们的两都巡幸和游牧的习俗》,《中亚研究》7,中亚学会,2002年,第16页)。因此可以充分推测大汗一行的频繁移动以及其带来的痛苦。

罕乘舆一行无法舒适方便地行驶。合罕一行不仅需要受饿挨渴,不时遇到风霰霜露,马忽然陷入泥淖的事,其辛苦更是举不胜举。①

桥梁由道、②路的,道路由府、州、县的专任官员管辖,他们每年检查桥梁和道路的废坏并进行修理。这曾被认为是地方政府与中央进行沟通的课题。③ 鉴于对桥梁和道路的建设和维持需要大量人力及财力,其改建和维修并非顺畅进行。从江西地区出现的22处废驿的实例④可以看出合罕兀鲁思的所有驿站并非都是往来频繁。正如至元十八年(1281)的记录,站赤中既有往来频繁的地方也有相对冷清的地方。⑤

接着本文将探讨驼马的健康和草料的问题。1245年教皇英诺森4世(Innocent IV)的使臣柏朗嘉宾(Giovanni de Plano Carpini)为拜谒贵由合罕向蒙古出发,到达俄罗斯首都基辅(Kiev)时发生了这样一件事。在基辅柏朗嘉宾一行与千户长和其他贵族们讨论旅途。他们说若骑着柏朗嘉宾一行的马向蒙古人处行进的话他们都会死掉。不仅是因为雪积得很厚,他们的马无法像蒙古的马一样能扫除积雪找到积雪下面的草,还因为蒙古人没有谷草(straw)、干草(hay)和饲料(fodder),所以马们找不到可吃的食物。听了这些话柏朗嘉宾一行决定留下自己的马嘱咐给两名侍从照看。⑥ 柏朗嘉宾的这个故事说明了特别是在冬季赶集路上,为非蒙古马的普通马提供草料很困难的事实。

鲁勃洛克(William of Rubruck)也在访问蒙古的路途上因为马的问题吃尽了苦头。1253年9月中旬,为拜谒蒙哥合罕的位于伏尔加(Volga)江边的拔都(1208—1255)从斡耳朵出发于11月初到达肯切克(Kenjek),途中鲁勃洛克一行人分别一天换骑两三次马。但驿马们仍是在到达宿营地前频繁地疲惫不堪。他们虽然会用马鞭抽打马,但有时候为了减少马的疲劳,也将脱掉的衣服搭在那个拉着行李的马上,或者换着骑拉行李的马,亦或两个人共骑一匹马。⑦

延祐元年闰三月六日(1314.03.21),旭烈兀兀鲁思的哈儿班答(Kharbanda),即完者秃汗(1304—1316在位)的使臣全员骑着铺马,称要上贡豹子而向皇室驶来。然而马方从远来,马的脂肪层在翻越沙漠⑧的过程中过度消耗,其中过半的都死了。中书省称甘肃行省的官员会

---

① 《全元文》卷一二三三"宋褧3·上都分省左司椽题名记"[至正五年七月廿又七日](第341页):"天子岁幸上都。……无逆旅、室庐之安,具帐带自随而野处,凡汲爨、寝兴、秣饲马,乘舆不得便适,饥食渴欲,不时蒙犯风霰霜露,驰突泥淖尘氛中,其苦又不可言,故并书以慰之壁记之末。"1246年,访问贵由合汗的夏营地Syra Orda的柏朗嘉宾(1180—1252)一行遭到了强大风暴以及灰尘,遭受了很多痛苦(Christopher Dawson, *Mission to Asia*, Toronto · Buffalo: University of Toronto Press, 1980, pp. 5-6)。

② 道为元代检查行政区域的名称,分别有淮东道、淮西道和山南道。

③ 《全元文》卷一一九一"许有壬12·彰德路创建鲸背桥记"(第204页):"圣朝既平宋,经画遐迩,大郡小邑,枝疏脉贯,际天所覆,犹一人身焉。政令之宣布,商旅之通迁,水浮陆驰,舟格梁济,荒陬僻壤,无远不达,犹血气周流,百骸用康,一或壅塞,则身为之病矣。故桥梁若道、路,路若府、州、县,皆有官董之,岁时巡行,而察其废修,此朝廷着令为政之先务也。"

④ 许有壬:《至正集》卷五七《故通议大夫江西等处榷茶都转运使万公神道碑铭》(《元人文集珍本丛刊》,第6页a):"修废驿二十二。"

⑤ 《元史》卷一〇一《兵志四》"站赤条"(第2586页):"[至元]十八年闰八月,诏:'除上都、榆林迆北站赤外,随路官钱,不须支给,验其闲剧,量增站户,协力自备首思当站。'"羽田亨:《蒙古驿传考》,第19页。

⑥ Christopher Dawson, *Mission to Asia*, p. 52.

⑦ Willem van Ruysbroeck, *The Mission of Friar William of Rubruck*, p. 140 (6).

⑧ "川"指的是"沙漠"(陈得芝:《元岭北行省诸驿道考》,第13页)。在甘肃境内,为了通过沙漠等地,因此设置了甘肃过川军。参见《元史》卷二四《仁宗本纪一》"至大四年夏四月丁卯条"(第542页):"命中书省赈济甘肃过川军。"

在调查死去马匹的数量后补偿给相应的马价。① 使臣的行驶时期是阳历三月中旬,马之所以健康状况非常不好,是因为草地上还没有长出草,所以无法给马匹提供充足的草料的缘故。

大多数的站有其相应的牧马草地。② 亦集乃路所属的8个站的人户缴纳了祗应而誓约承担了羊4只、山羊10只、乳牛3只的放牧的责任,从任万奴的实例中可以从侧面证明驿站有其对应的草地。③ 然而由于牛马的流动量和季节原因也导致仅是牧马地的草是不够驿马吃的。青草生长期间不给马提供另外的草料。④ 自十月到三月末为长行马使臣提供的马匹为每匹马每天草12斤,料5升。⑤ 驿站用草料由站户提供和管理。⑥ 据王恽(1227—1304)所言,燕京、顺天等地通过"和买"购入的秆草的量每年至少600—700万秤。⑦

---

① 《站赤六》(第139页):"延祐元年闰三月六日,中书省奏:'宽彻言塔失之城立站,去年奏准:支给骆驼一百只,马三百匹,以充转送。随有使臣自哈儿班答来进豹子者,尽数起发铺马。其时马驼方从远来,膑力未充过川,其间毙者太半,未免将军人马匹当站,今存者又无几矣。臣等议谓死损铺马,不可不补置之。如令行省官验其倒毙之数,给价和买补置,庶几便当。'上从之。"

② 《元典章》卷三六《兵部三》"驿站·站赤·立站赤条画条"(第1257—1258页):"至元 年 月……[一]诸站元有牧马草地,仰管民官与本站官打量见数,插立标竿,明示界畔,无得互相侵乱,亦不得挟势冒占民田。如有种田与人,收到子粒,附簿收贮,不得非理破使。"忽必烈于中统三年(1262),为了使得军马的移动不给民众带来痛苦,因此下令要求每60、70里路在水草茂盛的地区设立营盘(军营),并向其派遣官员。参见《元典章》卷三六《兵部三》"驿站·使臣·禁使臣条画条"(第1263—1264页):"中统三年三月……[一]据征进往来军马,今后私经过去处,每六七十里,趁好水草地面,安置营盘一所,差蒙古、汉儿官员祗待。……"羽田亨:《蒙古驿传考》,第15页。

③ 《黑城出土文书(汉文文书卷)》,第112页,F9:W31。据《黑城出土文书》,由亦集乃路总管府管辖的站赤被称为"蒙古八站"。其分别在城站、盐池站、普竹站、狼心站、即的站、马兀木南子站、山口站和落卜克站。(《黑城出土文书(汉文文书卷)》,第30页,第174页的F2:W65(图版拾肆(1)。李逸友将"马兀木南子站"(ma u mu nam tsï)一部分误记为"马木兀南子站"。(参照吉田顺一·チメドドルジ,《ハラホト出土モンゴル文书の研究》,第107页注释)。

④ 《元典章》卷二二《户部八》"盐课·巡禁私盐格例条"(第875—876页):"至元二十三年,湖广行省据两淮都转运盐使司申:会验钦奉圣旨节该:巡盐底人每,交依旧行者。又钦奉圣旨节该:巡盐官吏弓手,如遇出巡,所在去处官司,支破饮食,每名支米一升,马支草料粟三升,虽多不过一十人。如青草时月,不须应付草料……"

⑤ 《元典章》卷一六《户部二》"分例·使臣·定下使臣分例条"(第568页):"长行马使臣……据马匹草料,亦依本部所拟支遣,马一匹,日支草一十二斤、料五升,自十月为头,至三月终住支。"参考《元典章》卷三六《兵部三》"驿站·使臣条画条",长行马匹料草项,第1264页。据太宗十二年(1240)圣旨,长行马的草料为草1秤(=15斤),料3升。参见《站赤一》(第14页):"[太宗]十二年庚子,十一月二十三日,……每马一匹,依准大军体例支料三升,草一秤。"

⑥ 《通制条格校注》卷一七《赋役》"上都站条"(第508页):"至元二十三年十二月二十六日,中省奏:'前者,站户每根底教管草料。么道……'"

⑦ 《秋涧先生大全集》卷八八《为取刈秋青草事》:"照得,每年和买应办秆草,不下六七百万秤,才方敷用。切见,燕京、顺天等处,蝗虫、水涝,若依年例和买,切恐临时耽误,合无籍。此秋间,令从长计置秋青等草,如法积垛,向前兼戴支持用度,官民侣为两便。据此合行具呈。"1秤为15斤(《汉语大词典》)秆草6、700万秤相当于约20834~24306匹马一年的食粮。

以不由站户管理的草料被糟蹋为理由而引进的和买制度①刺激了官吏的物欲,使得站赤疲惫不堪。中都的步站官吏王提领从百户冯百享等二十名处累次取敛钱物,用于买羊和酒而花掉了所有的草料钞。② 街下脚价的上升③同草料的踊贵一道加重了站户的负担。据至正五年(1345)资料称,虽使客的委积(储备粮草)费用自至元十三年(1276)以来每年仅有中统钞2000锭,但由于物价的暴涨,预算赢增值20000锭。④

从王恽的《为救治虫蝗事状》可知,应从别处寻找草料踊贵的直接原因。他将蝗虫和旱灾视为最严重的灾害。⑤ 天历二年(1329)六月二十六日,陕西省上报称:"奉元路在城并临潼、同官等二十三站,四年蝗旱,田禾不收,人自相食。"当时的现状是站户们因饥荒多半选择逃亡,⑥因此有必要将蝗虫灾害于马匹饲养问题关联起来考虑。至元十年(1273)八月编纂的《农桑辑要》⑦中鼓励人们在除了种麦的其余所有土地上需要秋耕。⑧ 秋耕一方面可以抑制杂草丛生

---

① 笔者认为中统三年(1262)是对和买草料存在的初次确认(《元典章》卷三六《兵部三》"驿站·使臣·禁使臣条画条"(第1264—1265):"中统三年三月……[一]近据和买草料、起运诸物,虽是官为支价,其搬运脚力,百姓亦是生受)。上都站在至元二十三年(1286)十二月二十六日选择了盐折和买草料(盐折草)(《通制条格校注》卷一七"赋役·上都条条"(第508页):"至元二十三年十二月二十六日,中省奏:……据上都大都站户,既是自备首思,钦依圣旨事意,除盐折和买草料依例出备外,其余和雇和买杂泛差役除免")。在合罕兀鲁思有市籴粮和盐折草两种和籴。盐折草法于大德八年(1304)规定了其则例。每年五月,有司向京师的民众支付河间盐后,大秋后根据民众各自被支付的盐数,向京师支付草以作马料。每2斤重量的盐折算10斤的草1束,每年所需的8百万束草算为4万引盐。参见《元史》卷九六《食货志四》"市籴条":"元和籴之名有二,曰市籴粮,曰盐折草,率皆增其直而市于民。……盐折草之法,成宗大德八年,定其则例。每年以河间盐,令有司于五月预给京畿郡县之民,至秋成,各验盐数输草,以给京师秣马之用。每盐二斤,折草一束,重一十斤。岁用草八百万束,折盐四万引云。"
② 《秋涧先生大全集》卷八八《弹步站官王提领不公事状》:"今体察得,中都管步站官吏王提领,催总把徐令史等,与自愿当站百户杨赆焦百户等,上下通同作弊于站户,百户冯百享等二十名处,累次取敛钱物,及克落给散草料钞,取受羊酒,逐节不公等事。据此合行纠弹。"
③ 江浙行省的东平路上脚价本来以1000斤、100里为基准,中统钞是10两,大德五年(1301)十二月涨到17两,参见《元典章》卷二六《户部十二》"科役·脚价·添支水旱脚价条"(第1006页):"大德五年十二月,江浙行省,准中书省咨:'兵部呈:奉省判本部呈:伯颜签省言扰民不便事内一件:东平路,起运诸物,元定千斤百里,中统钞一十两,草料踊贵,官吏脚价不敷。目今街下雇脚,千斤百里,该钞一十七两。若依街下脚价,中统钞一十七两,雇觅不致扰民。曹州申,今后千斤百里脚价例,量添一倍。汀州路申,如蒙照依街市,两平和雇相应。'"脚价变化参考薛培焕:《蒙元帝国的仓库制的设立和运营》,第67—69页。
④ 《圭斋文集》卷九《元翰林学士承旨荣禄大夫知制诰兼修国史赠江渐等处行中书省平章政事魏国赵文敏公神道碑》(四部丛刊初编,第10页a、第12页b):"至正五年春三月,今上皇帝。……洎入夏官,会天下驿置。凡使客委积之费,至元十三年以来,每岁仅支中统钞二千锭。物价腾踊,使客曰,增吏无以自给,物倍于民,不胜其<樱>[扰],请增至二万锭,用乃舒。"
⑤ 《秋涧先生大全集》卷八九《为救治虫蝗事状》:"盖闻,天灾流行。国家代有气和则致祥,气乖则致异,此必然之理也。然灾有大小,而蝗、旱为最。今会验得,随路府次申,蝗蛹生发,至今月内,计二万一千九百三十三顷四十三亩,除已绝外,未绝一万五千八百六十二顷三十亩。又有不见顷亩一百余处,炎炎不已,深为可忧。……"
⑥ 《站赤六》(第162页):"[天历二年]六月二十六日,中书右丞阔儿吉思等奏:'陕西省言:奉元路在城并临潼、同官等二十三站,四年蝗旱,田禾不收,人自相食。若不接济,即见废绝。每站乞与钞四百锭以赈之。奉旨若曰:百姓消乏至此,微惠何能得济?闻来使之言:谓站户饥荒,太半逃亡,于已拟各站四百锭钞之上,议增给之。仍启于皇太子,就彼差人前去接济,然后奏闻,既而中书复奏,每站增给钞,总为五百锭。'上从之。"
⑦ Thomas T. Allsen, *Culture and Conquest in Mongol Eurasia*, Cambridge: Cambridge University Press, 2001, pp. 118-119;宫纪子:《農桑輯要》からみた大元ウルスの勸農政策(上)》,《人文學報》93,京都大学人文科学研究所,2006年,第63—69页。
⑧ 《农桑辑要》1(元世祖敕司农司撰,中华书局)"耕垦、耕地条"(第10页):"凡地除种麦外,并宜秋耕。秋耕之地,荒草自少,极省锄工。"

而减轻锄头劳作,还可以"掩阳气于地中,蝗蝻遗种皆为日所曝死。"①但秋耕在畿内也是被限制的,②可以判断在驿马来往频繁的畿内生产官马用草料,秋耕是受限制的。简言之,秋耕禁令带来了温存幼虫、助长蝗虫发生的可能性。

  作为站户消乏的导火线,自然灾害不仅限于蝗虫。大德九年(1305)年十一月五日,据中书省的报道由于曾经的太原等地的地震③灾害,田禾无收,因此百姓不得不忍受饥饿。据说站户们在前一年(1304)为诸王阿只吉(Ajiqi: ? —1304)的使臣提供了750匹驿马,在当年的春夏季提供了340余匹,虽然平常不会发生这样的事,但由于驿马频繁往来站户困乏,也最终无法支应驿马。对此成宗铁穆耳和中书省认为问题的根本原因在于大枝的诸王不斟酌案件而随意派遣使臣,诸王、驸马和达鲁花赤等官员为了私事不顾远近随意遣使铺马。④中书省的首张上奏中虽提到地震和田禾不收,但合罕只是一味谴责阿只吉等诸王的不法行为,并未对其上奏过多留意,站户和中书省也不再论及前问题。

  虽然当权者欲尽力回避,但自然灾害为站户带来的打击绝不容小视。据延祐元年(1314)四月通政院的报告,从术赤兀鲁思的脱忽脱(Toqta: 1291—1312在位)大王位下出发的铁里干站在阔斡秃(köbügetü;现阿巴嘎旗 Abaqa),遭遇了席卷总共10个驿站的风雪和沙土,死了很多匹铺马。当时的状况是,若站户由于粮食和祗应不足而无法提供物质方面支持的话,则会变得更加困乏。因此为每站提供100石白米和100锭中统钞。⑤据英宗至治元年(1321)十月二十九日的报告,自延祐七年(1320)八月以来,由于甘肃地区遭受暴雪袭击,草死,不仅在官府没有刍粟,马匹也瘦弱,因此导致驿传被延迟。都省派遣通政院宣使朵儿赤(Dorji),从甘肃行省河东宣慰司发放提供粟料3,564石。⑥至治三年(1323)正月一日中书右丞相拜住(Baiju)及左丞速速(Susu)等上报说和林之南的沙兰秃(sharantu;翁金河东南部⑦)等6处马站由于连年

---

① 《元史》卷九三《食货志一》"农桑"(第2356—2357页)"仁宗皇庆二年……盖秋耕之利,掩阳气于地中,蝗蝻遗种皆为日所曝死,次年所种,必盛于常禾也。"
② 《元史》卷一六《世祖本纪十三》"至元二十八年秋七月壬戌条"(第349页):"壬戌,弛畿内秋耕禁";《元典章》卷二三《户部九》"农桑·劝课·农桑条"(第955页):"至大三年二月,尚书省奏:……[一]秋耕其利甚大,除牧养系官马驰去处,照依元行条画,秋耕一半,其余去处,随其风土,所宜听民尽力秋耕";《元史》卷九三《食货志一》"农桑条"(第2356页):"[至大]三年,申命大司农总挈天下农政,修明劝课之令,除牧养之地,其余听民秋耕。"
③ 《元史》卷二一《成宗本纪四》"大德七年八月辛卯条"(第454页):"辛卯,夜地震,平阳、太原尤甚,村堡移徙,地裂成渠,人民压死不可胜计,遣使分道赈济,为钞九万六千五百余锭,仍免太原、平阳今年差税,山场河泊听民采捕";薛培焕:《蒙古帝国(1206—1368)的水产鱼货使用》,第148页。
④ 《站赤五》(第113—114页):"[大德九年]十一月五日,中书省奏准事理,行移合属,钦依施行。一奏:'前者,太原等处地震,田禾不收,百姓阙食。站户自言:去年诸王阿只吉使臣给驿者,七百五十余起,今年春夏,凡三百四十余起,寻常无此。频数困乏不支。曩者聚会之时,虽尝奉旨令大枝诸王量事遣使,毋致冗乱,犹尚如此。今合以此缘故言于阿只吉,及诸王、驸马咸使闻知。奉圣旨,卿言是也,可谕之'。一奏:'诸王、驸马分地、城邑,及其余事务委命达鲁花赤等官,各给常行铺马令旨。其人以私,不以远近辄乘铺马,往还站赤消乏职有故也。乞拘收此等铺马令旨,今后各投下命官遣使常行起马之制,一切禁止。'奉圣旨准。"
⑤ 《站赤六》(第140—141页):"[延祐元年四月]七日中书省奏:'通政院言:脱忽脱大王位下,拨出铁里干站,自阔斡秃至小只,凡一十驿,今春值风雪沙土,铺马多倒死,站户乏粮祗应,无从所出。若不少加接济,愈见困乏。今议每站各与白米百石,中统钞百锭,令上都留守司、通政院差官给散之。上曰:可。'"
⑥ 《站赤六》(第156页):"照英宗皇帝,至治元年十一月二十九日。……延祐七年八月以来,雪重草死,官无刍粟,以致马匹瘦弱,迟误驿传,请接济事。都省差通政院宣使朵儿赤,赴甘肃行省河东宣慰司,给散讫粟料三千五百六十四石。"
⑦ 沙兰秃驿位于翁金河东南边的木怜站道。是蒙古大汗每年冬季和春季之间季节巡行时用的驿站(陈得芝:《元岭北行省诸驿道考》,第14—15页)。

风雪袭击,刍草不生,人马瘠乏。对此,派遣官员调查受灾户数,并为每户提供30 锭中统钞的援助。① 至顺元年(1330)八月河南府路的15 处车站、马站受西军侵略,使得当时干旱的现状雪上加霜,人民忍受饥饿,驿马也再无可食的草料。② 至正七年(1347)九月甲辰日,作物由于寒霜和干旱伤禾,朝廷向驿户发放赈济。③

从下列延祐二年(1315)三月二十四日木怜站的事例可以看出蒙古草原地区发生的几乎所有自然灾害。

> [延祐二年(1315)]三月二十四日,通政院,准木怜阿失不剌、察罕忽鲁浑、察罕憨赤海三站④言:"从壬子年至今天旱,刍草不生。去年递运军器,虽曾给散钞物,皆以销用。自冬徂春,连值大雪,黑风⑤飘散积草,铺马缺食倒毙,所存不过二三十匹。以供走递,大率赢瘠,亦将死损,驰驿者既已失误,递运又且住滞。"⑥

由于自然灾害而导致的站户疲乏无力不仅限于帝国末期。脱列哥那哈敦执权期的定宗三年(1248),由于大旱影响,河水干涸,野草自焚,10 匹牛马中有8 到9 只死亡,人无活路。而这也被认为是太宗盛世衰退的原因之一。⑦ 至元十六年(1279)九月临洮、巩昌、通安等10 个驿站向通政院上报称,由于遭受累年的雹雨、旱霜、薄收等灾害,农作物产量不足,草粮越来越难获得。然而乘驿却依旧频繁,因此死去的马匹数不胜数。虽然官司处要求购马以补充其数,但那些已变卖了本就所剩无几家产的深感冤枉和无辜的人户,多半选择了逃亡。⑧ 另外任何一个

---

① 《站赤六》(第156 页):"[至治]三年正月一日,中书右丞相拜住、左丞速速等奏:'和林之南,沙兰秃等六处马站,连年经值风雪,刍草不生,人马瘠乏。合无差官取勘户数,每户接济中统钞三十锭。'奉旨准。"
② 《站赤七》(第1 页):"[至顺元年]八月,兵部,奉中书省剳付:'河南省咨:河南道廉访司言:河南府路,车马站一十五处,西军劫掠,又值天旱,人民阙食,马无草料。宜比陕西省奉元等站例,接济一月料粟口粮。都省仰依上施行,差委宣使燕八哥,与河南府路录事司判官郭将仕,亲诣各站整治马匹。所辖州城,连年不收,西军劫讨,站户比之陕西尤甚。若候都省明文接济,切恐因而断绝驿道,失误走递,利害非轻。……'"
③ 《元史》卷四一《顺帝本纪四》"至正七年九月甲辰条"(第878 页):"甲辰,辽阳霜旱伤禾,赈济驿户。"
④ 阿失不剌站、察罕忽鲁浑站、察罕憨赤海站位于蒙古的戈壁沙漠(党宝海,《蒙元驿站交通研究》,第287—288 页)。
⑤ 本论文的黑风是春天在戈壁沙漠中发生的,三个木怜站的灾害报道上的记录时间是阴历三月二十四日(1315.04.28)称之为"戈壁沙漠沙尘暴"。春季戈壁沙漠发生的沙尘暴瞬间风速到达20 米/秒。(NHK World プレミアム 驚き!地球!グレートネイチャー「驚異の"黒い嵐"—モンゴル・ゴビ砂漠」,2012 年3 月18 日19:30 播出)。现代蒙古语中,хар сали(黑风)是"暴风,台风"的意思,代表沙漠的"沙尘暴"意思的单词是"уга1з"。(《新蒙汉词典》,北京:商务印书馆,1999 年,第1308、1172 页)。
⑥ 《站赤六》(第147 页):"[延祐二年]三月二十四日,通政院,准木怜阿失不剌、察罕忽鲁浑、察罕憨赤海三站言:'从壬子年至今天旱,刍草不生。去年递运军器,虽曾给散钞物,皆以销用。自冬徂春,连值大雪,黑风飘散积草,铺马缺食倒毙,所存不过二三十匹。以供走递,大率赢瘠,亦将死损,驰驿者既已失误,递运又且住滞。'"
⑦ 《元史》卷二《定宗本纪》定宗三年(第39—40 页):"是岁大旱,河水尽涸,野草自焚,牛马十死八九,人不聊生。诸王及各部又遣使于燕京迤南诸郡,征求货财、弓矢、鞍辔之物,或于西域回鹘索取珠玑,或于海东楼取鹰鹘,驼骑络绎,昼夜不绝,民力益困。然自壬寅以来,法度不一,内外离心,而太宗之政衰矣。"
⑧ 《站赤九》"站户不便"(第84—85、87—88 页):"至元十六年九月,通政院,据临洮府脱脱禾孙塔察儿,被临洮、巩昌、通安等十站申:……又值累年田禾雹雨、旱霜、薄收,阙少口粮,草粮艰得,走递频倂,倒死马匹数多。蒙官司勒令补买,应当不前,所有些小家产折解,货卖匀绝,枉冤无辜人户,太半在逃。及投充诸王位下昔博赤怯怜口人匠等事,不肯应当站役,以致逼唬站户,将男女典雇卖与他人,得到钞贷,补马草料口粮等用度。至元十四年、十五年,二次伯答罕土里作乱,人事不能活作。又蒙官司拘收讫马,每匹不下八九十两价钞。其邻站倒死,致将铺头匹、车杖顺带过站。及本处官司临站户,与民户一体科敛和买、和雇,一切大小杂役人夫,长行马匹草料等件差设,委实靠损,见在人户消乏,止难存止。"《站赤二》,第39—40 页;党宝海:《蒙元驿站交通研究》,第141—142 页。

站的废置都会导致驿路延长,最终使得疲惫不堪的驼马不得不死亡。①

　　针对说明自然灾害为站户消乏带影响的资料,同泛滥给驿相比,仅以笔者的管见也不能得到完全的确认。但通过多个实例可以对当时的现状进行推测。首先泰定三年(1326)二月昌平县(现北京昌平区西部)的事例可以说明薄收加重了驿站的负担。有报道称因昌平县站户的差役繁重,为准备祇应而使得物力消乏,因此最终导致逃亡和移居。中书右丞相塔失帖木儿(Tashi Temur)等认识到,往年昌平县的田禾不收而且为路当冲要,因此使得驿传加倍变得困难。②

　　至顺元年(1330)的事例可以推算出站户从消乏现象中得到恢复的期间。至顺元年九月铁里干、木邻等32个驿站自夏季到秋季不雨,牧畜多死,民人大饥。朝廷命令岭北行省抚恤每人2石粮食。③此诏书明确表明每人被提供2石粮食。但是考虑到当时的人口统计是以丁男为基准而选定的,因此2石的粮食其实可以看为每户人家的抚恤量。胡祗遹(1226—1293)认为忽必烈知政时每5人的家户每日食用1升食米,及每月30升(3斗=0.3石)。④ 另外至元二年(1265),曾有诸王兀鲁带(Ulughdai)为其部民中由于贫困而没有家畜的30724人每月提供2斗5升米,并持续支付4个月的事。⑤ 每月2斗5升米的量也可以被看做为每家户的抚恤量。即可推算出每家户每月的食米基准最少为0.25石。这样的基准量同铁里干、木邻等32处驿站的每户2石粮的抚恤量相比,为其8个月的分量。考虑到民户想上都缴纳税粮的初限为下一年5月的这一点,⑥可以推出至顺元年(1330)九月的每户的抚恤额为考虑到下年五月税粮入仓时期的分量。

　　那么对于人类的力量无法征服的自然灾害现象,蒙古的皇室和当代知识人是如何理解,又是如何进行克服的呢?蒙古的牧民们把天称为腾格力(tengeri),他们对天的敬畏是众所周知的。⑦ 这种观点在汉人身上也观察得到。至正二年(1342)王思诚在担任监察御史一职期间上

---

① 出师的人数依据所拥有的马匹和可以替换的马数而阻止其困弊。(《蒙鞑备录笺证》"马政",第12页b—第13页a,"凡出师人有数马,日轮一骑乘之,故马不困弊。")驿站的马匹在运营时,一半的马由附近的站户所饲养,按照顺序给使人供应。另外的一半则在驿站所属的草地上休养生息,每月进行替换。(羽田亨:《蒙古驿传考》,第19页)

② 《站赤六》(第158页):"[泰定]三年二月二十三日,中书右丞相塔失帖木儿等奏:'京畿道奉使宣抚言:昌平县站户,差役频数,自备祇应,以故物力消乏,渐致逃徙。臣等详исхід,往年其地田禾不收,又为路当冲要,驿传倍劳,累尝奏降钞定津济。今国家虽乏钱粮,亦宜赈恤,设若骤废,愈难整治,请发钞二千锭,委官验贫富多寡给散之。'奉旨准。"

③ 《元史》卷三四《文宗本纪三》"至顺元年九月丁未条"(第767页):"铁里干、木邻等三十二驿,自夏秋不雨,牧畜多死,民大饥,命岭北行省人赈粮二石。"

④ 胡祗遹:《紫山大全集》卷二三《匹夫岁费》(《文渊阁四库全书》集部·别集类,v.1196,首尔:骊江出版社,1988年,第38页a—第38页b):"父母妻子身,计家五口人,日食米一升,是周岁食粟三十余石。"

⑤ 《元史》卷六《世祖本纪》"至元二年闰五月辛亥条"(第107页):"辛亥,检核诸王兀鲁带部民贫无孳畜者三万七百二十四人,人月给米二斗五升,四阅月而止。"

⑥ 《元史》卷九三《食货志一·税粮》"至元十七年条"(第2358页):"输纳之期,分为三限:初限十月,中限十一月,末限十二月。初犯笞四十,再犯杖八十。成宗大德六年,申明税粮条例,复定上都、河间输纳之期。上都,初限次年五月,中限六月,末限七月。河间,初限九月,中限十月,末限十一月。"薛培焕:《蒙元帝国仓库制的设立和运营》第43页。

⑦ 《译语》((明)岷峨山人撰,1993年,第232页):"房称天为腾格力,极知敬畏。每闻雷声硫磕辄走匿,瞑目屏息,若将击己。每举大事必僇祭,率以汉人为牺牲。"蒙古人在占卜吉凶和进退、杀伐的时候看着羊的肩胛骨的裂样决定大事。喝酒前也先向天地洒酒以敬拜天地。每件事都要称天,如果打雷的话就不会进行军士搞活动。参见《蒙鞑备录笺证·祭祀》(第17页):"凡占卜吉凶、进退、杀伐,每用羊骨扇,以铁椎、火椎之看其兆坼,以决大事,类龟卜也。凡饮酒先酹之,其俗最敬天地。每事必称天,闻雷声则恐惧,不敢行师,曰天叫也。"

书称:"京畿去年秋不雨,冬无雪,方春首月蝗生,黄河水溢。盖不雨者,阳之亢,水涌者,阴之盛也尝闻一妇衔冤,三年大旱,往岁伯颜专擅威福[伯颜的专政期:1333—1340],雠杀不辜,郯王[就是彻彻秃(hechetü)]之狱,燕铁木儿宗党死者,不可胜数,非直一妇之冤而已,岂不感伤和气邪!宜雪其罪,敕有司行祷百神,陈牲币,祭河伯,发卒塞其缺,被灾之家,死者给葬具,庶几可以召阴阳之和,消水旱之变,此应天以实不以文也。"①

儒者的应天意识从基督教徒、忽必烈的译官爱薛(Isa:1227—1308)②处也可看出。大德八年(1304)在京师发生了地震,铁穆耳合罕身患疾病,中宫招来爱薛进行垂问。问曰"灾异殆下民所致耶?"爱薛对曰:"天地示警,民何与焉。"即使在成宗崩御后中宫依旧下旨要求寻找星历、秘文,而爱薛厉色拒之。③爱薛认为地震这样的自然现象是天地之警戒。皇后欲将灾难转嫁为百姓的责任,且把大汗死亡的原因归结于天地变化。这种态度与王思诚和爱薛的"天人感应观"非常类似。

至大二年(1309)十月某日武宗海山合罕(1307—1311在位)在诏书中下令说:"朕自临御以来,下诏万方,其所以抚安元元者,亦已至矣。而前岁江浙饥疫,今年蝗旱相,仍民或尽死,幸生者,流离道路。虽尝遣使分道赈恤,终恐未能户到,夫既罹是天刑。其轻触县纲者,必众有司,又以重法绳之,朕寔悯焉。其自十月十七日昧爽以前中外罪囚,大辟以下,已发觉,并从释免。"④

爱育黎拔力八达合罕(1311—1320年在位)在皇庆元年(1312)冬季为应对不降雪的气象反常,决定在岳渎(即五岳四渎)举行祈祷仪式。⑤他还在延祐三年(1316)夏六月,由于在上都停留期间每夜睡席不适而下令举行佛事。安童(Hantûn:1245—1293)的孙子,当时曾任太常礼仪院使的拜住(Baiju:1288—?)谏言了国用不足的理由,劝诫停止进行佛事。另外,担心被诛杀的人们和鼓励进行佛事的僧侣们反驳说:"国当有厄,非作佛事而大赦无以禳之。"⑥这段轶事是反映当时社会中,希望通过祭祀或是佛事等而除去自然灾害的天刑的意识的一个片段。

蒙古皇室欲通过祈祷和宗教行为而解决社会的、个人的不安的这个倾向性,忽必烈也并无不同。忽必烈在做任何事以前都要先数次问占筮,⑦对向五岳四渎派遣使臣去进行祭祀的事

---

① 《元史》卷一八三《王思诚传》,第4211页。
② 对于爱薛,参考金浩东:《蒙元帝国期一个色目人官吏的肖像——爱薛怯里马赤('Isa Kelemechi,1227—1308)的生涯和活动》,《中央亚洲研究》11,2006年。
③ 《元史》卷一三四《爱薛传》(第3250页):"[大德]八年,京师地震,上弗豫。中宫召问:'灾异殆下民所致耶?'对曰:'天地示警,民何与焉。'成宗崩,内旨索星历秘文,爱薛厉色拒之。"
④ 《元典章》卷三《圣政二》,"霈恩宥条",第102页。
⑤ 《元史》卷五〇《五行志一》(第1066):"皇庆元年,冬无雪,诏祷岳渎。"岳渎被称作五岳四渎。五岳指的是:东岳泰山、南岳衡山、西岳华山、北岳恒山、中岳嵩山,四渎是:长江、黄河、淮河、济水(《元史辞典》,第110、218页)。
⑥ 《元史》卷一三六《拜住传》"延祐三年夏六月条"(第3305页):"帝在上都,夜寐不宁,命作佛事。拜住以国用不足谏止之。既而惧诛者复阴诱群僧言:'国当有厄,非作佛事而大赦无以禳之。'拜住叱曰:'尔辈不过图得金帛已而,又欲庇有罪耶?'奸党闻之益惧,乃生异谋。"
⑦ 《松雪斋文集》卷九《通政院事领太史院事靳公墓志铭》(《四部丛刊》初编本,第6页b):"世祖皇帝,数召对占筮,有征自是。从车驾上下两都,岁以为常。"

业也花费了很多注意力。① 至元十五年 (1278),出身于康里 (Qangli) 的不忽木 (Bukhumu: 1255—1300) 被任命为燕南河北道的提刑按察副使。忽必烈合罕下令通事脱虎脱 (*Toqto) 护送西僧以进行佛事,西僧在返程路上通过真定的过程中打死了几名驿吏,而按察使甚至不敢审问被告发的西僧。对此不忽木接受了他的诉状并把西僧关入监狱。② 西僧杀害驿吏事件的原因可以说与蒙古皇室对西藏佛教的狂热信奉和偏爱③不无关系。

西藏佛教被蒙古皇室尊崇的事实众所周知。在大汗的后援之下,帝师和一般僧侣们举行大规模的法会,接受巨大的布施。④ 由此导致的来往于各站的西番僧人非常之多,且他们的马上负担过多行李的情况也一而再再而三时有发生。⑤ 延祐七年 (1320) 八月,江浙行省上报说:"如今,多寺院里,比及寺了骑铺马者,么道,各处与来的铺马圣旨多有,又把净水与来的铺马圣旨也多有。"建议废除被滥用的佛事用铺马圣旨。⑥ 仅大德九年 (1305) 一年期间,西藏僧侣 850 余人使用了铺马 1547 匹。⑦ 可以认为,本想从残酷的自然灾害中救济驿站和站户的合罕的这项仁政,却演变成频繁的祈祷和佛事,与合罕最初的意图大相径庭,最后又返回去加重了站户的负担。

使臣们频繁的往来使得站户变的穷困的事实不容怀疑,然而由于它的发生是断续性、散发性的,因此通过中央、地方行政系统等是可以解决大部分问题的。虽记录中没有明确显示,但

---

① 《元典章》卷三《圣政二》"崇祭祀条"(第 94 页):"至元三十一年四月,钦奉诏条内一款:'五岳四渎,遣使诣祠致祭其名山、大川、圣帝、明王、烈士,载在祀典者,所在长吏,除常祭外,择日致祭,庙宇损坏,官为修理。'钦此。"

② 《元史》卷一三〇《不忽木传》(第 3166 页):"[至元]十五年,出为燕南河北道提刑按察副使。帝遣通事脱虎脱护送西僧往作佛事,还过真定,棰驿吏几死,诉之按察使,不敢问。不忽木受其状,以僧下狱。"

③ 蒙古帝国中僧侣优待可从武宗极端性的圣旨里看出来:"殴西番僧者截其手,詈之者断其舌。" 这圣旨最终受到皇太子(后来成为仁宗)的劝解,没能真正实行(《元史》卷二三《武宗本纪二》"至大二年六月甲戌条",第 512 页,"皇太子言:'宣政院先奉旨,殴西番僧者截其手,詈之者断其舌,此法昔所未闻,有乖国典,且于僧无益。僧俗相犯,已有明宪,乞更其令。'……并从之";《元史》卷二〇二《释老传》,第 4522 页;大薮正哉:《元朝の宗教政策》,《元代の法制と宗教》,东京:秀英出版,1983 年,第 277—278 页)。

④ 文宗时期佛事是国家财政支出的五大用处之一(《元史》卷三四《文宗本纪三》"至顺元年秋七月庚午条"(第 760 页):"中书省臣言:'近岁帑廩虚空,其费有五:曰赏赐,曰作佛事,曰创置衙门,曰滥冒支请,曰续增卫士鹰坊。'");山本明志:《モンゴル時代におけるチベット·漢地間の交通と站赤》,第 96—112 页。

⑤ 《站赤五》(第 125 页):"[大四年]十月二十三日……又奏:'监察呈说:各站往来西番僧人尚多,伏望怜悯站户。令宣政院及西番官府,凡此往来者,研究分拣,果有德行僧人则来,余者禁止。马上囊橐,毋令过重,省惜铺马之力,诚为便益。奉圣旨准。'"

⑥ 《元典章》新集《兵部·铺马·僧俗人每乱骑铺马拘收条》(第 2177—2178 页):"延祐七年八月日,江浙行省,准中书省咨该:'准中书省咨:宣政院呈:延祐七年五月初一日奏:站赤为国家军情。大勾当的上头设立来也者,繁乱交骑么道设立来的不是有。如今,多寺院里,比及寺了骑铺马者,么道,各处与来的铺马圣旨多有,又把净水与来的铺马圣旨也多有。这般乱骑铺马呵,站赤怎生不消乏了?似这般乱骑铺马的交往罢了呵,怎生?奏呵,奉圣旨,你说的是有。那般体例,那里有。似那般与来的铺马圣旨,都拘收者。省官每根底说者,无您的文书,那里索铺马去呵,省家拘收者。通政院官人每根底说者,无您文书,索铺马去呵,他每拘收者。今后,西番地面里并这里僧俗人每根底,合与的圣旨检子,我根底听者。么道,圣旨了也。钦此。具呈照详咨,请钦依施行。'"

⑦ 《站赤五》(第 114—115 页):"[大德十年]五月十日,通政院使察乃言:迤西站赤不便,自大德九年至十年正月,西番节续差来西僧八百五十余人,计乘铺马一千五百四十七匹,至甚频数。"通过史料可以看出,虽然是"自大德九年至十年正月",根据山本明志的叙述,铺马运营的次数以一季为单位,不包括十年正月。所以察乃报告的数据时一个月平均西僧大概 70 名,铺马大概 128 头(山本明志:《モンゴル時代におけるチベット·漢地間の交通と站赤》,第 101—102 页)。党宝海认为在驿马滥用事例中最严重的就是西番使臣和僧人的铺马使用,并认为其原因是大汗的宠爱和信任(党宝海:《蒙元驿站交通研究》,第 242—243 页)。

一部分站户随地域不同,站役负担轻或者最终发家致富的例子也时有存在。这可以作为判定站赤在蒙古帝国正常行政体制下被运营、管理的证据之一,甚而至于某些站户以站户消乏为由逃避站役的事情也有存在。

但是沙漠和一部分地区的险峻道路,以及高温多湿的气候持续地损伤着大量的驼马。不仅如此,以蝗虫和灾害为代表的旱灾、洪水、寒霜、冰雹、暴风、暴雪、无雪等异常气候更是将广范围地区的站和站户逼入更长时间的贫困的状态。特别是蝗灾、旱灾不仅损坏农作物,对驼马用草料的繁育也是极度有害的。自然灾害还提高了马价、草料价和脚价。其结果不仅需要变卖家产,甚至会导致进入变卖妻子等不可挽回的后果,而最终不得不选择流亡之路。至元三十年(1293),保定路庆都站的情景可以密集地看出,官员和使臣频繁的往来、自然灾害、马价和草料价的上升等是导致平常的站赤陷入疲困的主要动因。

保定路的庆都站:"立本驿路当冲要,无时官使往来,供给繁重,铺马劳苦。缘立站之时,马价多不过十两,豆粟斗直三二分。比年旱涝相仍,诸物腾踊,马价少者八九定,又直收刷无从市易,豆粟斗直一两有余,比于初立增多,何啻数倍。站赤疲弊,职斯之由。切照每岁葡萄酒、酥油、水银、西天布、硫黄、西番僧皮、摧驮子、青麦、盐货等类,每运马八九十匹,岁计千余匹。上项诸名件,乃年例出产、职贡,难同驰驿急索之例。今后合无自初起程,如遇水路从舟起运,果值陆程隘道,以马接运,及至平川复以车力济之。且如车一辆用马六匹,可以抵乘驮马一十五匹,及牵引马八匹之力,省马一十七匹,以备驰驿之用,一年之内,可减起马八百余匹。"①

面对各种灾难的到来,蒙古皇室一方面发挥现实政治力以抚恤站户,另一方面又欲消除天刑的愤怒,阻止追加灾害以获得内心的平静,因此举行了各种祈祷、祭祀以及佛事。对于大规模的佛事,大汗和诸王等实施了应分的布施,僧人等对此也并无推辞那样的布施。正如拜住指责欲通过佛事解决国家灾难的僧侣们所言,"尔辈不过图得金帛而已,又欲庇有罪耶?"②僧侣们也在作为现实世界一员移动布施物资的过程中,再次加重了站户消乏。从另一角度来看,也可以理解为极度正常的国政运营导致了未曾预料到的站赤的贫困消乏。

四 结语

本文以蒙古帝国中站户的成立到其变迁过程为中心,着重分析了驿站行政的实际情况。正如强调的一样,蒙古的驿站是在成吉思汗时期第一次设立的。它是在万户的管理之下,主要作用是报告敌情和支持物资运输。民户是负担站役的主体。驿站虽不完整却和其他札撒一样具备了运营细则。

第二代合罕窝阔台继承了父亲的伟业,为了能加速使臣的往来速度和顺畅的物品运输,从民户中将站户分离出来。作为驿站看守的蒙古站赤,根据汉人的翻译,指的是在驿站负责祗应

---

① 《站赤四》,第91页。对于保定路庆都站的提案,兵部表示虽然可以减少马匹但是对于增加车船也是很难的是。通政院也对于减少铺马增设车站这件事表示了否定的看法,认为这是一件重复的事。
② 《元史》卷一三六《拜住传》"延祐三年夏六月条"(第3305页):"帝在上都,夜寐不宁,命作佛事。拜住以国用不足谏止之。既而惧诛者复阴诱群僧言:'国当有厄,非作佛事而大赦无以禳之。'拜住叱曰:'尔辈不过图得金帛而已,又欲庇有罪耶?'奸党闻之益惧,乃生异谋。"

的人,可译为站户,站官或者驿传。既存研究中对用语的定义多少有些混乱,在这里进行了再次考证。窝阔台合罕设置了站户,将站户和民户区分开来,管制着使臣们,使其无法任意抢夺百姓物资,就这点来说他的驿站具有进步性。很多学者将他的站赤理解为驿站制度的整顿或者驿站扩大的程度。这样的评价不正确。在驿站中,使臣和类似使臣的人每人每天可以定量获得肉一斤、面一斤、米一升、酒一瓶。战地来的使臣不仅是百姓,就连经商的回回人的马也可以抢来用作驰驿。皇室用的物资即使是没有牌面和铺马圣旨也通过驿站运送着。

《史集》中恶意描绘的脱列哥那哈敦在诸王所属的管辖范围内经商行为家门中附加站役,以此抑制诸王的特权。这种方式在蒙哥可合罕时期更扩大了。贵由合罕丝毫不变地尊崇父亲的札撒。他一边没收诸王和高官们任意发行的支付命令书和牌子,一边发行新勅命和牌子使驿站正常化。蒙哥合罕也将前任合罕和诸王的勅命和牌子回收了。他为了减轻贫民站役的负担,导入了一种叫包银法的忽卜出儿(qubchur)税。一方面将诸王的铺马数量限制到最多 4 匹,另一方面为了减轻站户的负担全面禁止商人的驿马使用。忽必烈合罕在北方诸站根据牲畜的多少,在南方诸站根据土地的田亩数,附加站役。站户从中户和上户里每一户中选别两名人丁。但是,由于只要是可以担当站役的人不问亲躯一律充员,所以打开了从富户到贫户转移站役的门户。原则上编入在包银、丁口鼠尾文册中的站户是禁止进行交换的。

以站户制为背景,使臣从住宿处能得到白米一升、面一斤、肉一斤、酒一升以及用于购买油和盐等杂费 10 文。从十月一日到一月三十日间可以领到五斤炭。长行马使臣从十月开始到三月三十日另外收到了每匹马 12 斤草和 5 升料。使臣住宿的时候,有时候是苇箔做屋顶的馆舍,休息的时候使用供帐(即蒙古包)。由此,使臣使用驿在广袤的地域之间的往来如同在同一区域中一样。①

但是当时的朝廷和有识之士都异口同声地评价所有役中最繁重的就是站赤。拥有 123 头马的江浙行省的良乡站从 1307 年 9 月开始到 12 月之间,每天 110 多匹马,大概四个月间一共运营了 13300 多匹马。像如此从四面八方来的使臣和宾客,还有由此而增加的祗应被指责为站赤消乏的主要原因。一些使臣在驿站中长期投宿,或者和妓女一起下宿,或者变更差箚来获取过多的驿马和祗应。他们逃离规定的驿路移动,或者抢夺驿站的财物,或者殴打站户。不仅如此,站户们也暴露在了站官的搜刮和战乱之中。这样的给驿泛滥现象使得站户的消乏日渐加重,有的站户把儿子当抵押,有的卖掉女儿来抵消站役,甚至有的人抛弃家庭和生业逃离。

使臣频繁的往来和战乱诱发了给驿的泛滥,乘驿的秩序陷入混乱,这些情况使得站户陷入困境,是不可否认的事实。但是通过改进行政体制和抚恤等措施还是可以改善很多方面的。另外,虽然很少见,汉地的站户中出现过贫富逆转的现象,也出现过财政高自立度的地区,一些驿站由于往来过少而被废除,或者转移到其他地区的事例也发生过。

相反,沙漠地区的热气,还有一些地区的险峻道路和高温多湿的气候持续威胁着大量马和骆驼,乃至人的性命。道路和气候的异常状况是连接大都和上都的巡行路上的,对于大汗和他的一行也毫无意外。无论如何,气象异变是和使臣的泛滥一样,引发站赤消乏的导火索。蝗虫、旱灾、洪水、霜冻、冰雹、暴风、暴雪、无雪、地震等自然灾害在广范围的地区,很长时间内,将

---

① 万斯同,"元有天下,薄海内外,人迹所及,皆置驿传,使驿往来,如行国中"(引用臧嵘:《中国古代驿站与邮传》,第 154 页)。

驿站和站户推向贫困潦倒。在蒙古的黑风和沙土也是对驼马健康有危害的原因。蝗虫和旱灾不仅对植物,驼马饲料的生长也有阻碍作用。这样作用使得站户的被害进一步加重。喂马用的放牧地和秋耕之禁有时候是诱发蝗虫灾害的结果。自然灾害让马价和草料价,脚价急增,最终还是成为了站户们的负担。

当遭受灾害时,蒙古皇室一边发挥现实世界中的政治能力对站户们进行抚恤,一边为了解开天刑之怒阻止附加灾害,为了获得心性平安,进行各种祈祷、祭祀和佛事。虽然祈祷和佛事对于解决不合农时的天气问题来说毫无用处,但是,祈祷和佛事过程中,作为现实人类僧侣和他们将取得的布施物资运送,又再一次将其中的负担压迫在了站户们的肩头。

有一种见解说是站户的消乏是民族的矛盾引起的。① 这虽然不是完全没有的事,但是站户的贫困其实是统治行为的产物。当时一个汉人有识之士认为"'民者,出粟米麻丝,作器皿,通货财,以事其上者也。'盖有户则有差,有地则有税,以至为军为站,出征给驿,普天率土,皆为一体。"②他认为所有向百姓征收的税役都是理所当然。忽必烈合罕在位前于 1247 年向张德辉(1195—1274)惊诧于"农家作劳,何衣食之不赡?"对此,张德辉回答"农桑,天下之本,衣食之所从出者也。男耕女织,终岁勤苦,择其精者输之官,余龌恶者将以仰事俯育。而亲民之吏复横敛以尽之,则民鲜有不冻馁者矣"。③按照他的回答来推测,百姓的贫困不过是正常的事情。

水灾、旱灾时,生产量的 80% 受到损伤时,税额全免。通过这样的政策我们可以推测出人民们最低生活的基本就是这个数据。而从生产量的 60% 收获的情况下需要缴纳全额的税额这一点来看,④百姓大概有 20% 水平的经济性的余裕。这一部分余裕大概就是被搜刮和征税的对象。

当时执政者和知识官僚认为,由于诸王等产生的使臣泛滥和他们的胡作非为是站户消乏最大主犯。由于紧急情况而优先传送军情和钱粮——特别是后者——这一制度,与站户的消乏也有不可分割的制度性的局限性。根据这样记录,一个研究评价称,以君主专制的官僚制度为基础的特权阶层恣意地破坏驿站制度。但是对于由于给驿泛滥而引发的乘驿秩序的混乱这一点,笔者的评价是,足够成为现实政治改善的目标。由此可以判断,相较于使臣的泛滥,相对更长时间更大范围内对站户产生影响损失的反而是自然灾害和道路条件等。

"攻击敌人或者袭击的状况下,蒙古人就像觅食的猛兽(*sebâ'*)一般,而在和平和安全有保

---

① 党宝海:《蒙元驿站交通研究》,第 66—76,376—378 页。
② 《全元文》卷一〇〇五"王结·善俗要义·十曰办差税"[军站钱附](第 339 页):"古人云:'民者,出粟米麻丝,作器皿,通货财,以事其上者也。'盖有户则有差,有地则有税,以至为军为站,出征给驿,普天率土,皆为一体。"
③ 《元史》卷一六三《张德辉传》(第 3823 页):"又问:'农家作劳,何衣食之不赡?'德辉对曰:'农桑,天下之本,衣食之所从出者也。男耕女织,终岁勤苦,择其精者输之官,余龌恶者将以仰事俯育。而亲民之吏复横敛以尽之,则民鲜有不冻馁者矣。'"
④ 《元典章》卷二三《户部九》"农桑·灾伤·水旱灾伤随时检覆条"(第 963 页):"至元二十八年,至元新格内一款:诸水、旱灾伤,皆随时检覆得实,作急申部,体分损八以上,其税全免,损七以下,止免所损分数,收及六分者,税既全征,不须申检。虽及合免分数,而时可改种者,但存堪信显迹,随宜改种,毋失其时。"

障的时日,他们就像奉献奶和毛和很多利益的羊一般。"①如志费尼(Juvaini)指出的一般,蒙古大汗作为帝国的统治者,为了挽回帝国的局限,现实政治中采取了行政性秩序的回复和物质性的抚恤,向着天刑的实行者腾格里采取的是祈祷和佛事。他们从来没有吝啬过这些为了保护站户的努力。综上所述,驿站行政是在自然灾害不怎么发生的平时,不顾泛滥的使臣和他们的骚乱毅然决然正常运行。虽然有将驿站比喻成人体血脉的说法②。但实际中的驿站,就好像在天空中点点闪着光芒的星星,亦像是围棋盘上的棋子③,是很多"点"的集合体。站赤制得益于那些满怀苦痛却偶有幸福的站户们的存在,才得以炫目耀眼。

---

① Juvaini/Qazvini, p.131;Juvaini/Boyle p.30. 南宋使臣赵珙也认为蒙古人的性情淳朴而古朴。由于背叛金国胡狄和叛亡的臣子们给蒙古人教化,他严厉地批判了这些人们给蒙古人引起了混沌并破坏了他们的天真(《蒙鞑备录笺证·奉使》(第17页):"大抵其性淳朴,有太古风,可恨金房、叛亡之臣教之。今乃凿混沌,破彼天真,教以奸计,为可恶也";箭内亘:《元朝牌符考》,第870页)。
② 《全元文》卷一一九一"许有壬12·彰德路创建鲸背桥记",第204页;党宝海:《蒙元驿站交通研究》,第2—3页。
③ 《站赤一》"经世大典"(第9页):"我国家疆理之大,东渐西被,暨于朔南,凡在属国,皆置驿传。星罗棋布,脉络通通,朝令夕至,声闻毕达。此又总纲挈维之大机也。"

大蒙古国戊戌选试与丁酉沙汰关系辨析

浙江省温州中学 方 军

蒙古人作为游牧文化的征服者,对被征服的农耕汉地的儒家文化隔膜甚深,在攻入中原最初的二十年尤其如此。当着武力征服之时,儒士横遭杀戮,固不如太平一犬。若干年后,虞集述及此,犹有余痛:"国朝(元朝)发迹大漠,(金朝)士大夫死以十百数,自古国亡,慷慨杀身之士未有若此其多也。"①而那些保全性命于乱世的儒士,在蒙古人眼里实在是百无一用,供职汗廷的耶律楚材便屡屡遭到这般诘难:"国家方用武,耶律儒者,何用?"②因此这一时期(1211—1234年左右),在中原的儒士看来,不啻"天纲绝,地轴折,人理灭"了!③然在灭金前后,儒家的境况出现了一线转机,其荦荦大端如设置十路征收课税所,以儒为之(1229);衍圣公职位的恢复(1233)及经济特权的取得(1237);④设立编修所与经籍所(1235);元好问羁管的解除(1235)等等。⑤ 相比之下,1238年蒙古国对儒士的首次考试更引人注目。1237年(丁酉年),窝阔台在耶律楚材等人的建议请求下诏令官员往各地遍试儒生,中试者可相应取得豁免差发的待遇,并可选充各地议事官。考试在第二年(戊戌年)举行,共取4030人,史称戊戌选试。⑥ 蒙古朝廷在丁酉年间还同时派人考试天下僧道,刷汰为避役而托庇寺观者,一般冠名丁酉沙汰。戊戌选试被认为是大蒙古国时期影响当时士人地位和前途的一个重要事件,以往研究者已着墨颇多。⑦ 但至今学界对其中一些史实仍有些不同看法,主要集中在以下两个方面:其一,戊戌选试是科举吗? 其二,戊戌选试与丁酉沙汰是何关系? 日本学者安部健夫认为"是恰以考试僧道的机会来考试儒生的,或许继僧道之后而考试儒生",又说"这种设想或许就是联系到僧道以及其他宗教者而想出来的";台湾学者萧启庆认为"这一次的考试儒生,原是与考汰僧、道合并举行";姚大力教授则认为,下诏汰选道释是在丁酉诏令后半年的戊戌夏四月,

---

① 虞集:《道园学古录》卷五《田氏先友翰墨序》,《四部丛刊》初编本。
② 宋子贞:《中书耶律公神道碑》,《国朝文类》卷五七,《四部丛刊》初编本。
③ 宋子贞:《中书耶律公神道碑》,《国朝文类》卷五七。
④ 关于衍圣公复爵的经过和意义,可见姚从吾先生的《金元之际孔元措与孔教在蒙古新朝的继续》(《姚从吾先生全集》,第七册,台北:正中书局,1982年)、陈高华的《金、元二代的衍圣公》(《元史研究论稿》,北京:中华书局,1993年)、萧启庆的《大蒙古国时期衍圣公复爵考实》(《内北国而外中国:蒙元史研究》,北京:中华书局,2007年)。
⑤ 元好问为一代文宗,其重获自由实有重大意义,因此单独表出。关于他自由的时间,笔者根据作于1235年的《学东坡移居八首》之八"永怀王与李,朔漠行当归。书来闻吉语,报我脱繁围"一诗及《望王李归程》"一褐霜寒晚思孤,眼中行李望归途。虞卿仲子死不朽,石父晏婴今岂无? 义士龙沙元咫尺,累臣驹隙自舒徐。何时斗酒欢相劳,惊看燕家头白乌"一诗而定的。(《元好问全集》卷二及卷八,太原:山西人民出版社,1990年)。
⑥ 《元史》卷二《太宗本纪》,北京:中华书局点校本;《元史》卷一四六《耶律楚材传》。
⑦ 萧启庆:《元代的儒户:儒士地位演进史上的一章》,《内北国而外中国:蒙元史研究》,北京:中华书局,2007年;姚大力:《元代科举制度的行废及其社会背景》,《元史及北方民族史研究集》第6期,1982年;安部健夫:《元代的知识人与科举》,《日本学者研究中国史论著选译》第5卷,北京:中华书局,1993年。

"两件事本来是分别决定的","后来人常常把诏试儒生看作选汰三教的组成部分,但如果仔细追溯一下汰僧、道的由来,就能发现它与选试儒生不完全是一回事",又说"对僧道主要是为了'汰',对儒生则主要为了选拔使用,二者亦不可同日而语"。

不难看出,姚大力认为两者之间实在无甚关系,而萧启庆与安部则认为有关系,安部把儒家放到从属的地位,萧先生则不作如是观,认为三者并行。但诸先生的论述未能解决下列问题:为什么丁酉年颁诏选试,①却迟至戊戌年才施行呢?笔者觉得两者的关系还尚未澄清。对于戊戌选试与丁酉沙汰的性质及意义,也尚有需进一步补充之处。至于汰僧道与选试儒士何者为先?笔者与姚先生的看法亦有不同。笔者以为,汰僧道在前,选儒士在后,二者之间有一内在联系,即汰僧道正是为了选儒士,也就是说,设计者耶律楚材实有这个意图:通过丁酉沙汰让一部分士人从寺观中脱离出来,再通过戊戌选试赋予他们与僧人、道士一样的权利。因此戊戌选试以及相关的丁酉沙汰应该视作是耶律楚材同道观争夺士人的重大事件。本文拟在诸学者已有研究的基础之上就此做一分析。

一

汰僧道和试儒士的大力提倡者首推耶律楚材。② 楚材,字晋卿,契丹皇室后裔,为辽太祖耶律阿保机的九世孙。他生长于一个充分汉化的契丹族家庭,其父耶律履"通六经百家之书",驾驭汉文的能力好生了得。楚材自幼学习汉文儒家典籍,浸淫日久,"博极群书,旁通天文、地理、律历、术数及释老、医卜之说",较比汉人亦不遑多让。当着金皇室迁都汴梁时,楚材未跟着宣宗蒙尘,中都陷落,失落与无奈交织如麻,遂皈依佛教,得侍曹洞宗宗师行秀(1161—1246,号万松老人),参禅三年,万松印可其为及门俗家弟子,法号湛然居士。万松"以佛治心,以儒治国"的主张甚契合楚材之心,他一面领悟禅机,一面不忘人间世,实践儒家学说。而机会竟在不久的将来光顾了,1218年他应成吉思汗之召来到了漠北,双方颇相得,大汗呼其"吾图撒合里"而不名。次年随成吉思汗西征,一去就是六七年,可见大汗对他的青眼有加。③ 正因为这个,他同黄金家族关系深密。

在窝阔台时期,他是有很高政治地位的。④ 丁酉年(1237)上陈时务十策,相当一部分被窝阔台采纳。⑤ 即使在脱列哥那时期,楚材本人仍受到"倚任和敬惮",耶律氏家族亦备受关照。⑥ 对他的许多政治主张对蒙古统治者的政策走向的影响,评价固不能过高,也不宜低估。

---

① 此诏书颁于丁酉年(1237)八月二十五日,见《庙学典礼》卷一《选试儒人免差》,杭州:浙江古籍出版社,1992年。
② 宋子贞《中书令耶律楚材神道碑》:"公初言,僧道中避役者多,合行试选。"(《国朝文类》卷五七,《四部丛刊》初编本)又《元史》卷八一《选举志》:"太宗始取中原,中书令耶律楚材请用儒术选士,从之。"
③ 王国维:《耶律文正公年谱》,《王国维遗书》,第9册,上海:上海古籍书店,1993年;《国朝文类》卷五七《故金尚书右丞耶律公神道碑》;《金史》卷九五《移剌履传》;《西游录》(向达校注,中华书局,2000年);《湛然居士文集》卷一四,《四部丛刊》初编本;《元史》卷二《太宗纪》;《元史》卷一四六《耶律楚材传》;宋子贞《中书耶律公神道碑》,《国朝文类》卷五七,《四部丛刊》初编本。另可看白寿彝主编《中国通史》第八卷,上海人民出版社,1997年。
④ 张帆认为:我们不应该因为楚材建言多无果而终就怀疑其在朝中的政治地位,见《元代宰相制度研究》,北京:北京大学出版社,1997年。
⑤ 宋子贞:《中书耶律公神道碑》。
⑥ 蔡美彪:《脱列哥那后史事考辨》,《蒙古史研究》第三辑,呼和浩特:内蒙古大学出版社,1989年。

与儒家的际遇大相径庭，僧道等宗教士则很早即受尊崇，这无疑是种因于蒙古人固有的萨蛮教（Shamanism）信仰及泛神论观念，这使得他们把各种教士都比作萨蛮，即"孛额"（bo'e），邱处机在成吉思汗眼里不过是汉地一位著名的"孛额"而已。① 全真教正是凭借"孛额"邱处机的"雪山讲道"②，而在诸多教派中独擅胜场。贞祐乱后，北方之氓之蚩蚩靡所底归，幸有全真可作庇护所，据当时人的观察，河朔之人十分之二都成了全真信徒。③ 以至有人直把长春真人的再生之功同汉地的世侯作比了，"在金之季，中原板荡，南宋屠弱，天下豪杰之士，无所适从。时则有若东平严公，以文绥鲁；益都李公，以武训齐。而重阳宗师长春真人，超然万物之表，独以无为之教，化有为之士，靖安东华，以待明主，而为天下式"。④ 楚材举目蒿莱，睹儒门淡泊，心有不甘，他一贯的宗教信仰和学术门派的背景使他与全真道家之间不可避免的产生了矛盾，戊子年（1228）刊行《西游录》，罗列邱处机十大罪状，极尽诋毁之能事，录如下："初进见，诏询其甲子，伪云不知。安有明哲之士，不知己之甲子者乎？此其一。对上以徽宗梦游神霄之事，此其二。自谓出神入梦是彼宗之极理，此其三。又云：圣贤提真性，遨游异域，自爱梦境，此其四。不识鲁直赞意，此其五。西穷昧谷，梵僧或修善之士，皆免赋役，邱公之奏，独请蠲道人差役，言不及僧。诏出之后，不得再度，渠辄违诏，广度徒众，此其六。又进表乞符印，自出师号，私给观额，古昔未有之事，辄欲施行，此其七。又道徒以驰驿故，悬牌驰骋于诸州，欲通管僧尼，此其八。天成毁夫子庙为道观，改寺院为庵观者甚多，此其九。又顺世之际，据厕而终，其徒饰词以为祈福，此其十。"⑤然诚如姚从吾先生认为"两人冲突的真正原因，实在只有第六项，'蠲免差役，言不及僧'，及第八、第九全真教扩张势力，改寺庙为道观两项罢了"⑥，其实两人的争锋早在西域时便已展开，《西域寄中州禅老士大夫一十五首》借《瑞应鹤诗》大做文章，多有他对全真的微词。而此时两人还唱和得不亦乐乎，这些诗仍保留在《湛然居士文集》中，不过诗题中已不言和邱处机韵，概以"和人"代之，可见楚材对邱处机衔怨之深。⑦ 邱处机一死，楚材就迫不及待地公开宣战了。全真教团的上层当然对耶律楚材也全无好感，李志常的《长春真人西游记》根本就未言及楚材，尹志平对他题紫薇观的诗也大不恭敬。⑧ 而楚材也自有手

---

① 札奇斯钦：《西域文化与中原文化对当年蒙古帝国的》影响，笔者从姚从吾先生的宏文《成吉思汗信任邱处机这件事对保全中原传统文化的贡献》（以下简称《贡献》）一文中看到札奇先生文章的主要论点；又可见姚从吾先生《成吉思汗时期的沙曼教》，二文俱见《姚从吾先生全集》，第6册，台北：正中书局，1982年。另可参见下面二文：札奇斯钦：《蒙古与西藏历史关系之研究》（台北：正中书局，1978年）之绪论《蒙古可汗们何以信奉了土番的佛教》；胡其德：《蒙古碑刻文献所见统治者的宗教观念与政策》，《海峡两岸蒙元史学术研讨会论文集》，清华大学编，2000年。

② 关于"雪山讲道"一事，姚从吾《贡献》一文第六章"邱处机雪山讲道与随军说教的成功"言之最详。姚先生针对邱处机的一句答话"山野奉诏而赴者，天也"说："首次谒见，第一句回答，即提出了一个天字，这似乎是邱处机幸运的开始。因为这个天字，是成吉思汗最喜欢听的。"忽必烈也很爱听，《元史》卷173叶李本传有一段话："初，李攻似道书，其末有'前年之师，适有天幸，克成厥勋'之语，世祖习闻之，每抚掌称叹。"这个"天"与他何干，他竟也称叹了。

③ 《元好问全集》卷三五《紫薇观记》，太原：山西人民出版社，1990年。

④ 山东邹县《重修集仙宫碑》，转引自陈垣《南宋初河北新道教考》卷二，北京：中华书局，1962年。

⑤ 向达校注：《西游录》。

⑥ 姚先生对十项进行了逐一批评，认为耶律楚材攻击多不切实际，可参见《贡献》一文第七部分的第五小节。

⑦ 《湛然居士文集》卷六。王国维：《耶律楚材年谱》之"谱余"3b已揭之。

⑧ 陈垣先生《耶律楚材父子信仰之异趣》已揭之。（《陈垣学术论文集》第一集，中华书局，1980年）。

段,对全真教团批评之、限制之,冯扬善提领关中三教或出于他的力荐,以期监督全真教团。①他对士流假以援手的大热情使他对儒士沦为佛道有不忍之心,他对人才的重视我们从《西游录》的治国方案中可见一斑,诸如"创学校,设科举,拔隐逸,访遗老,举贤良,求方正"皆是。②"避役者多"不过是一个借口,一种策略,因为当时的氛围是黄金家族多不知儒者为何物,他自己得以进身亦非假借儒家的一套,前人之述备矣。③

到了尹志平和李志常手里,全真势焰更炽,吸纳士人更多,"河南新附,士大夫流寓于燕者,往往窜名道籍"④。宋使徐霆在窝阔台七年(1235)顺访了长春宫,他看到:"长春宫多有亡金朝士,既免跋焦,免赋役,又得衣食,最令人惨伤也!"⑤此人失望到连被后辈文人大说特说的"国子学"都未写一笔。其实这些士人为僧为道,内心亦有甚多苦衷。元好问曾为一位已为黄冠的士人立小传:

> 王元粹,平州人,系出辽,世为衣冠,年十七八,作诗便有高趣。正大末遭乱只身北归,寄食燕中,遂为黄冠师。有"十月风霜侵病骨,数家针线补残衣"之句,亲旧有怜其孤苦,欲为之更娶,子正业已高举,主太极道院,竟不能自返。年四十余,癸巳九月病卒。⑥

耶律楚材好友张本沦为黄冠之事亦相当典型。张本,字敏之,金贞祐二年(1214)中辞赋高第,楚材和诗有"登科年甫冠"即指此,金正大九年(1232)三月曹王讹可出质,张本以翰林侍讲学士的身份从使北。曹王被留营中,张本赴阙,楚材和诗有"孤身朝北阙"即指此,结果被拘挚,赖真常的努力,得脱身,居燕京长春宫,隐为黄冠。真常同张本固然为同舍生,交情自好,然张本同楚材亦是早年相识,惺惺相惜,趣味更相投,集中和诗即达十二首之多,可为明证。楚材对张本是以"狂澜时既倒,木铎子宜当"相期的,然张本却不得不"仙观尝新欠,宫园醉晚凉",盖世间难还的莫是人情。楚材除了告诫一番"水国波奔激,仙乡路渺茫"亦无可如何。其实张本仍是心向孔子,对儒学仍是"造次毕于是,中心何日忘"的。张本之事也可视作耶律楚材同李志常争夺士人的一次大失败,此事对楚材的震动一定很大。⑦楚材宁不以救济斯文为己任!

二

乙未年未成功的考试僧道与戊戌选试是何关系?蒙古统治者下令考试僧道,据现有资料,

---

① 冯扬善与楚材的关系可由《湛然居士文集》中二人和诗而见一斑,冯扬善任提领关中三教,可见《元遗山》卷七。孙克宽《湛然居士集中的中原儒士初考》(《大陆杂志》,第12卷第6期,1956年)一文疑冯扬善为耶律楚材所荐,郑素春认为此举"可能有监督教团的作用",并见郑素春所著《全真教与大蒙古国帝室》(台北:学生书局,1987年)。

② 向达校注:《西游录》。

③ 唐长孺:《蒙元前期汉文人进用之途径及中枢组织》,《山居丛稿》(中华书局,1984年),另可见余大钧《论耶律楚材对中原文化恢复发展的贡献》,《元史论集》(人民出版社,1984年)并见韩儒林《耶律楚材在大蒙古国的地位和所起的作用》,《穹庐集》(上海人民出版社,1982年)。另对儒家地位的提升原因的分析可参见姚大力《元代科举制度的行废及其社会背景》,《元史及北方民族史研究集》第6期。

④ 王鹗:《大宗师真常真人道行碑》,《甘水仙源录》卷三,道藏要籍选刊六,上海:上海古籍出版社,1989年。

⑤ 王国维:《〈蒙鞑备录〉笺注》,《王国维遗书》卷十三。

⑥ 元好问:《中州集》卷七,《四部丛刊》初编本。

⑦ 《讷庵张先生事迹》,《甘水仙源录》卷七《中州集》卷七;刘祁《归潜志》卷十一《录大梁事》,中华书局点校本,1983年;耶律楚材:《湛然居士文集》卷九"和诗"。

最初为己丑年(1229),但未果。① 提倡者或为楚材。至乙未年(1235),②朝廷复下诏考试僧道,海云时住燕京大庆寿寺,声誉鼎著,同黄金家族的关系非同一般,万松等禅宗诸老共推他主持公道,他建议当时主持此事的中州大断事官忽秃忽,为皇帝祝寿的人越多越好,应从宽考试。后来大概一宽到底,结果是"虽考试亦无退落者"。在这篇海云传中有一句话:"况今圣明天子在上,如日月照临,考试僧道如经童之举,岂可以贤良方正同科。"③这句话似未引起研究者的注意。笔者以为对这句话可作这样理解:乙未年的考试僧道并非是为了沙汰,而是着眼于为政府选拔贤良方正之士,实是政府想从寺院甄别人才以为我用,这在海云看来,不啻是明火执仗地抢夺寺院的人才,故出来请命,认为既然是看看僧道是否合格,那么考察一下他们对经典背记得怎样已经足够。这样政府此次想把汰僧道和选人材合二为一的做法也就未见成效。戊戌选试便是因此应运而生的一条新思路,这条新思路便是:先试经汰僧道(士人未必尽通佛道经典,即使通的话,也可假此名正言顺得脱籍),再以论、经、诗赋三科考选士人(当然包括被沙汰的寄籍寺观的士人)。这就可以理解为什么丁酉年已经颁布《选试儒人免差诏》,却迟至戊戌实行,也就可以理解为什么先汰僧道,再进行士人的选试。这也可见楚材的良苦用心,实在是吸取了前车之鉴的。

那么乙未年(1235)考试僧道因禅僧海云的反对已经流为虚文,为什么仅隔一年要求沙汰的呼声复大煽呢?笔者以为跟丙申年(1236)之秋,尹志平云中试经有关。关于此事,王恽和弋毂的记载不同,王恽说:"丙申秋,(尹志平)奉旨试经云中,度千人为道士。"④弋毂则云"于云中选天下戒行精严之士为国祈福"⑤。试想云中一带哪来那么多精严之士?故弋毂讳言数目,在王恽看来,只不过是打着"为国祈福"的幌子广度道众罢了。王恽的看法应可代表同全真关系并不深密的士人,当然包括楚材的观感。楚材对全真本来意见极大,尹志平这么妄为,他何不借题发挥,作篇大文章呢?⑥

若要戊戌选试在较大程度上实现设计者的意图,就必须保证丁酉汰僧道的切实进行,据现有诗文,丁酉年汰僧道的力度应该不小,而不是像有的研究者所说的并未严格执行。⑦ 元好问《赠萧链师公弼》有"仙家近日多官府,黄帽青鞋归去来"句,又《寄汴禅师》有"斋粥空疏想君瘦,冠巾收敛定谁公",二诗小注皆云:时汰释老家甚急。⑧ 正好一佛一道,可见当时情形。又李俊民《重修悟真观记》云:"大朝(大蒙古国)丁酉,遣使马珍考试天下随路僧道等,共只取一千人,(李)德方中泽、潞二州选第一。"⑨悟真乃全真道观,可见全真亦进行了沙汰。李志常及

---

① 见《通制条格》卷二九"商税地税"条(方龄贵校注本,中华书局,2001年)针对"五十以下戒行清高"者,实际上就有沙汰之意。
② 萧启庆认为乙未当丁酉之误系,笔者觉得缺乏证据。见《元代的儒户》。
③ 释念常:《佛祖历代通载》卷二一《海云传》,《北京图书馆古籍珍本丛刊》本。另可见程钜夫《雪楼集》卷六《海云塔碑》,《元代珍本文集汇刊》本,台北图书馆,1970年。
④ 王恽:《秋涧先生大全集》卷五六《尹公神道碑铭并序》,《四部丛刊》初编本。
⑤ 弋毂:《清和尹宗师碑》,《甘水仙源录》卷三。
⑥ 耶律楚材同尹志平此前即有一次争锋,可见陈垣先生《耶律楚材父子信仰之异趣》。
⑦ 郭旃认为丁酉沙汰"因蒙古统治者此时经营汉地的政策粗疏",并未严格实行,见郭旃《金元之际的全真道》(《元史论丛》第三辑,中华书局,1986年)。萧启庆亦有类似看法,见《元代的儒户》。
⑧ 《元好问全集》卷三及卷八。考察此一时期历史,并联系元好问的出处行止,此二诗的写作时间定在丁酉大致不差。
⑨ 李俊民:《庄靖集》卷八,文渊阁《四库全书》本。

尹志平的道行碑都跳过丁酉,盖讳言此事。可能是因为沙汰影响了全真的发展,遂直接导致了戊戌正月尹志平的退位。虽然尹志平本无意主教之位,①而李志常又风头太健,"虽清和掌教而朝觐往来必以公,故公为朝廷所知,数数得旨玺书"②,其实早在清和掌教之前,李志常便上达天听,③而清和亦自觉此点,乙未赴祖庭时曾遗书冯志亨,自谓"年运而往","时不可不顺"④,但清和为何不在那时完成授受,而在戊戌之春,可以说直接种因于丁酉沙汰,因为此事关系教门前途甚大。⑤那么如何解释"戊戌夏四月,诏天下选试道释"呢?⑥其实这非沙汰,实是佛道一次高层选拔,看下句"进号(于善庆)通玄广德洞真真人"即知,联系《白云真人綦公道行碑》中"戊戌春,太宗诏选高教从掌教"⑦,意思更明白。从此亦可见,李志常一掌教,即刹住颓势。

那么戊戌选试与儒户设立又有何关系呢?萧启庆认为"儒人之取得和僧道相等的权利,而有儒户之设,是在窝阔台汗十年(1238),也就是所谓戊戌之试之后";安部认为"这次选拔的合格者们,以后来宪宗壬子年的户籍登记为契机,争取到了'儒户'的资格"。相比之下,安部立论谨慎一些,只限定为戊戌选试的合格者,⑧并不排除此前即有儒户之设。萧先生实际上是认为儒户之设在戊戌之后,笔者对此不敢苟同。宋渤撰《天乐真人道行碑》云:"癸巳,朝廷遣使区别四民,公在儒者籍。"⑨又李治所撰《真定府元氏县重修庙学记》云:"壬辰北渡,寓迹太原,窃谓彬蔚之风没齿不复见,而诏旨丁令令之辟学馆,复儒户者无旷岁。"⑩这表明早在戊戌之试前即有儒户之立,这点也是可以理解的,据陈高华先生的研究,在1235年的"乙未籍户"中,孔府即取得免当任何赋役的权利。⑪这可见至少在"乙未籍户"时,一些口碑流传,有靠山的儒士已取得了儒籍,并且已经取得丁酉诏令中所承诺的权利,因此笔者以为此次考试主要是针对下层士人,试想,如果像李治那样的名流参加考试,必能见诸载籍,又,这次考试对下层士人的震动可以从郝经身上看到,郝经在《铁佛寺读书记》里写道:"岁戊戌,经始知学,喜为诗文,适诏试天下士,第者复其家,驱者为良,遂为决科文。"郝经当时才16岁,其父不过是一个没有什么名气的教书匠,身体羸弱,家中又无劳力,家境是清贫的。⑫由此可见,戊戌选试实在是针对那些或声名不著,或为驱奴的儒士的,这也就可以解释为何中选者留名既少,事功又不

---

① 见弋毂:《清和尹宗师神道碑》,《甘水仙源录》卷三。又见赵著《佐玄寂照大师冯公神道碑》,《甘水仙源录》卷六。
② 见王鹗:《大宗师常真真人道行碑》,《甘水仙源录》卷三。
③ 前引冯志亨碑有"真常摄行此事已十年"的话,从1235年上推十年,则当1225年,亦即彼时李志常已颇具权势了。
④ 赵著:《佐玄寂照大师冯公神道碑》,《甘水仙源录》卷六。
⑤ 据《清和尹宗师神道碑》知尹是丁酉年秋被召还燕京的,又据作于丁酉年秋天的《清和真人北游语录序》(正统道藏,商务印书馆,1923—1926年)中"今真人退堂就闲,终日静坐"的话,似当时马上就完成了授受,可见情形的紧迫,戊戌年春天倒像是补一个仪式罢了。
⑥ 杨奂:《洞真真人于先生碑并序》,《甘水仙源录》卷三,又见《还山遗稿》上。
⑦ 《甘水仙源录》卷四。
⑧ 这可以在砚坚身上得到验证,《元故国子司业墓碑并序》云:"岁戊戌,公试西京,中选,岁壬子,诏实户口,公在真定,著儒籍,自是专以授徒为业。"苏天爵:《滋溪文稿》(陈高华、孟繁清点校本,中华书局,1997年)卷七。壬子儒户之设乃西域人高智耀的请命,参见《元史》卷一二四《高智耀传》。
⑨ 北京图书馆藏中国历代石刻汇编元代卷第48册第185页。
⑩ 《全元文》卷四七,南京:江苏古籍出版社,1999年。
⑪ 陈高华:《金元二代的衍圣公》,《元史研究论稿》,北京:中华书局,1991年。另可参见萧启庆的研究,见萧著《大蒙古国时期衍圣公复爵考实》。
⑫ 郝经:《陵川文集》卷二六,文渊阁《四库全书》本。

甚显。对于那些为了生存而寄籍寺观的儒士,现在中选后就可以取得同僧道一样的权利,他们还有什么留恋呢?为什么不被"沙汰",以求为世用呢?至于中选儒士据现有记载未发现有为僧为道的前历,大概是因为讳言的缘故。

另外,这次考试标准应比较低,"专治一科,能兼者听,但以不失文义为中选"①;年龄似亦无限制,如杨奂时年53岁,而董文用才15岁。② 这次考试似延至己亥(1239)年,李俊民《孟氏家传》述孟攀麟事云:"己亥,分三科试儒人,监试刘中优其等,充本符议事官。"③麻革亦述其已亥年夏赴试武川之事。④ 这些都可以看出楚材的坚持和苦心。

三

在此番儒道争夺的背景下,戊戌选试录取了四千多人,其中有四分之一原先是驱奴,这中间有多少是原先窜籍僧、道者,现在已无从知道,但此次考试按楚材意图本应可录取更多士人,皆因戊戌春李志常的掌教,阻断了沙汰僧道的进行,士源最终似无法保障。上述王元粹"竟不能自返",或许就是李志常的阻难。

然而争夺的最后结果,道家还是占了上风。究其原因,首先是耶律楚材的地位尽管如上所述,但他此时已经受到蒙古朝廷中西域头会箕敛的理财者的挑战,他们假借"扑买"的手段,以提高课税打动蒙古统治者,虽然楚材面折廷争,奥都剌合蛮还是成了胜利者。其后,楚材便基本以一个时政的批评者的姿态出现,与政治建设大致无关了。⑤

另外,当时耶律楚材同儒家的另一强力人物王檝的关系也不如从前,二人在对南宋战和的问题上截然分为两途,出使蒙古汗廷的南宋使者邹伸之便说:"鞑相移剌楚材曾上平南之策,与王檝议不合。"⑥不特此,因为在"投拜"与"讲和"上蒙古政权同南宋政权的分歧,导致王檝依违其间,"言于北则以为降,言于南则以为和",⑦最后被扣留而客死他乡。⑧ 这无疑削弱了儒家的争夺力,较比全真教团的蒸蒸日上,更是相形见绌了。

相反,全真教团愈益势大气粗,尽管耶律楚材以全真教隐蔽户口为由,得到窝阔台的支持而对它略有打击,但全真旋即扭转了局势,第二代掌教尹志平在丁酉年便被匆匆招回,紧接着戊戌年春天便离任,由更强力的李志常掌教。⑨ 全真教团在尹志平与李志常时期的贵盛,主要体现在以下三方面:第一,宫观增加颇多,据学者研究,1231年至1240年增加了40座,较比1221年至1230年的32座,1241年至1250年,1251年至1260年的各2座都要多;第二,全真

---

① 《元史》卷八一《选举一》。
② 《元史》卷一五三《杨奂传》;《元史》卷一四八《董文用传》。
③ 《庄靖集》卷八,文渊阁《四库全书》。
④ 麻革:《游龙山记》见刘祁:《归潜志》卷一二《附录》。
⑤ 《元史》卷一四六《耶律楚材传》。
⑥ 刘克庄:《真德秀行状》,《后村集》卷一六八,《四部丛刊》初编本。
⑦ 郝经:《陵川文集》卷三七《与宋国三省枢密院书》,文渊阁《四库全书》。
⑧ 陈高华:《早期蒙宋关系和"端平入洛"之役》,《元史研究论稿》;胡多佳:《早期蒙宋关系(1211—1241)》,《元史论丛》第四辑,北京:中华书局,1992年。
⑨ 《清和尹宗师碑》,《真常真人道行碑》,并见《甘水仙源录》卷三。

道士担任道官的职务增加了,这表明其与朝廷的关系更加密切;①第三,1240年,大皇后孛剌合真与诸合敦共颁御宝懿旨,命沁州管民官杜丰提领雕造道藏。② 其正健的风头又岂是儒家所能匹敌的?

综上所述,在大蒙古国之特殊的历史状况下,中原汉地儒道之间固然有合作,③但互相争锋也时时生发,围绕戊戌选试以及相关的丁酉沙汰而展开的斗争就是这种争锋的典型事例。从儒道斗争这一侧面,我们可以看出,汉地各种政治势力在蒙古入主中原的背景下固然可以互帮互助,共同为保护中原文化而努力影响蒙古统治者,抗衡漠北守旧势力,力拒西域色目投机之徒,赢取生存空间。但中原士人、僧、道各种势力由于不同的信仰、学术渊源或不同的政治观点,它们之间是时有微澜,甚至巨浪的。对于蒙古统治者而言,这种争斗是可以大大利用的,当然这些斗争必须在黄金家族的控制之下。④ 从这个意义上说,搞清戊戌选试和丁酉沙汰的真相对于全面把握大蒙古国时期的政治状况不无裨益。

---

① 郑素春:《全真教与大蒙古国帝室》。
② 关于赞助全真教团雕造道藏的"也可合敦"究竟是谁,蔡美彪先是认为乃脱列哥那(见《一二四○年济源十方大紫微宫圣旨碑》,《元代白话碑集录》之六,科学出版社,1955年),后来又否定己说,认为是大皇后孛剌合真(见《脱列哥那后史事考辨》),然海外学者如罗依果(Igor de Rachewiltz)持脱列哥那说,新近台湾学者郑素春仍取罗依果说(见《元代全真教主与朝廷的关系》)。关于杜丰,《元史》卷一五一有传。至于此时期全真教团贵盛的原因,笔者赞同前引郭旃文所说的"协助抚平'汉地'"与"祈天永命"两条。
③ 这方面有萧启庆的《大蒙古国的国子学——兼论蒙汉菁英的涵化与儒道势力的消长》及《大蒙古国时期衍圣公复爵考实》二文。二文均见《内北国而外中国:蒙元史研究》,北京:中华书局,2007年。
④ 成吉思汗召见邱处机的用意即非常明了,诏书中有"来从去背实力率之故,故久逸暂劳,冀心服而后已"之语。参见《长春真人西游记》,《王国维遗书》本。

前四汗时期汉文化在统治阶层中的传播与接受

河北经贸大学 默书民

元代是中国古代史上一个独具特色的时期,政治生活中具有明显的"二元性"①,社会文化生活方面"统合"程度不高,②但是元代又是一个多元文化同生共存的时期,各种文化之间的交流与融合始终在发展着。蒙元统治阶层秉持的草原游牧文化,与中原汉地的农耕文化格格不入,但是统治阶层对汉文化的吸收与容纳一直或急或缓地进行着。学者们关于两种文化之间的"涵化"以及金元时期的儒学,已有深入的研究。③ 本文拟对前四汗时期汉文化在统治者阶层的传播路径与接受过程略作叙述。本文所言的汉文化,④是广义的"文化",即生活在中原汉地民众创造的物质财富和精神财富的总和。

一 成吉思汗与汉文化的初步接触

生活在漠北草原上的蒙古部族,主要的经济生产方式是游牧。他们与中原汉地的交往很少,对汉文化的了解也有限。虽然在长期的历史发展过程中,中原汉地与漠北草原两大文化区域之间的文化、物质交流一直存在着,但汉文化留在游牧部族民众脑海中的印象,恐怕仅停留在物质文化层面,引起他们兴趣和关注的是汉地的富庶,即奢华金银器皿、精美的丝织品、丰富的粮食以及众多的人口。

脱颖而出蒙古部族首领铁木真,与统治中国北方的金王朝接触稍多,但也无缘深入汉地进一步了解汉文化。铁木真曾协助金朝丞相完颜襄攻击塔塔儿部,⑤因战功被金朝授予"札兀惕·忽里"的封号。⑥ 作为金朝藩属首领的铁木真,也仅于边界净州(治今内蒙古四子王旗西北城卜子村)向金朝贡献岁币,但并不能亲至汉地,"每岁,其王自至金界贡场亲行进奉,金人

---

① 张帆:《元朝的特性》,《学术思想评论》,1997 年第 1 期。
② 萧启庆:《元朝的统一与统和》、《内北国而外中国》,《元朝史新论》,台北:允辰文化实业股份公司 1999 年。
③ 罗贤佑:《元朝诸帝汉化述议》,《民族研究》,1987 年第 5 期;萧启庆:《元代蒙古人之汉学》、《论元代蒙古人之汉化》,《蒙元史新研》,台北:允辰文化实业股份公司 1994 年;李治安:《元代汉人受蒙古文化影响考述》,《历史研究》,2009 年第 1 期;陈得芝:《从元代江南文化看民族融合与中华文明的多样性》,《北方民族大学学报》,2010 年第 5 期;赵琦:《金元之际的儒士与汉文化》,北京:人民出版社,2004 年。
④ 本文所言的"文化"是指广义的文化,即人类在社会历史发展过程中所创造的物质财富和精神财富的总和。从文化的内部结构上来说,它大体包括三个层次:物质文化、制度文化和精神文化。物质文化,是可感知的、具有物质实体的文化事物。制度文化,是指各种社会规范,包括政治制度、经济制度、法律制度、婚姻制度、教育制度等。精神文化,既包括见之于日常起居动作之中的民风民俗,又包含人们在社会实践和意识活动中,经过长期孕育而形成的价值观念、思维方式等,其中价值观和思维方式是精神文化的核心部分。
⑤ 《元史》卷一《太祖纪》,北京:中华书局,1976 年,第 5 页。
⑥ 余大钧译注《蒙古秘史》第 134 节,石家庄:河北人民出版社 2001 年,第 170 页。

亦量行答赐,不使入其境也"①。

随着蒙古部族的统一,在铁木真领导下蒙古部族强大起来;而金王朝在金章宗死后,庸懦的卫绍王允济即位,蒙金势力对比发生了变化。统一漠北草原的铁木真,1206年建国立制,被尊为成吉思汗。强大起来的蒙古汗国,开始谋划对金朝的大规模掠夺。太祖六年(1211)二月,成吉思汗率大军攻金,九年(1214)三月围困金中都(今北京),迫使金宣宗求和,"奉卫绍王女岐国公主及金帛、童男女五百、马三千以献,仍遣其丞相完颜福兴送帝出居庸"。为避蒙古兵锋,五月金宣宗南迁南京汴梁(今河南开封),成吉思汗以金朝背盟为由,再次大举攻金,次年(1215)攻下中都城。金政权南迁,中都陷落,各地方官府军力孱弱,无心抵御蒙古大军的侵袭,纷纷投降以图自保,黄河以北地区几乎完全落入蒙古人手中。

成吉思汗帅蒙古大军进攻金朝,是广大的蒙古部众第一次近距离接触汉文化。汉地最吸引蒙古人视线的仅仅是——金帛、子女、牛羊马蓄。深入内地的蒙古大军所向披靡,攻下州县城池以后,大肆烧杀抢掠,然后扬长而去。据《元史·太祖纪》载,"是岁(太祖八年,1213),河北郡县尽拔,唯中都、通、顺、真定、清、沃、大名、东平、德、邳、海州十一城不下"。文人文集中对蒙古人杀掠的记载俯仰皆是,"金崇庆(金卫绍王年号,1212)末,河朔大乱,凡二十余年,数千里间,人民杀戮几尽,其存者以户口计,千百不一余"②。"自贞祐元年(1213)冬十一月至二年春正月,凡破九十余郡,所破无不残灭。两河、山东数千里,人民杀戮几尽,金帛、子女、牛羊马蓄皆席卷而去。屋庐焚毁,城郭丘墟矣"。"鞑人贪婪,初无远略,既破两河,赤地千里,人烟断绝"③。

蒙金战争对社会经济的破坏极其严重,蒙古军队所到之处不仅抢掠财物,而且还普遍存在着杀戮现象。文人刘因记述了保州(今河北保定)被屠的经过。"贞祐元年(1213)十二月十有七日,保州陷,尽驱居民出……是夕下令,老者杀。卒闻命以杀为嬉……后二日令再下,无老幼尽杀"。"保州屠城,惟匠者免。予冒入匠中,如予者亦甚众。或欲精择能否。其一人默语之曰,能挟锯即匠也……凡冒入匠中者,皆赖以生"④。蒙古军队在大肆杀戮时,对于工匠却网开一面。由此可见,蒙古部族初入中原时,对汉文化的了解仅停留在物质文化层面。他们感兴趣的是看得见摸得着的金帛、牛羊马蓄、子女以及拥有各种先进生产技艺的工匠。

对金朝的军事进攻和掠夺,使大量生活在中原汉地的各色人物,逐渐汇聚到蒙古统治者身边,通过这些人蒙古统治者阶层对汉文化的了解有所加深。汇聚在蒙古统治者身边,数量最多的是"投拜"而来的军事将领;其次是身怀各色技艺的匠人,他们凭借一技之长获得了蒙古贵族的信任。彼此间长期的密切接触和交流,促进了蒙古贵族对汉地文化的了解。

成吉思汗时期,聚集在蒙古统治者身边,对汉文化向蒙古统治阶层传播,发挥了重要作用的人首推耶律楚材。关于耶律楚材学者们已经作了深入研究,⑤此处仅就以他为中介的汉文

---

① 李心传:《建炎以来朝野杂记》己集卷一九《鞑靼款塞》,北京:中华书局,2000年,第849页。
② 刘因:《静修先生文集》卷九《武强尉孙君墓铭》,《四部丛刊》本。
③ 李心传:《建炎以来朝野杂记》己集卷一九《鞑靼款塞》,第850、852页。
④ 刘因:《静修先生文集》卷一七《孝子田君墓表》;《静修先生文集》卷二一《武遂杨翁遗事》。
⑤ 唐长孺:《蒙古前期汉文人进用之途径及其中枢组织》,《山居丛稿》,北京:中华书局,1989年;《耶律楚材在大蒙古国的地位和所起的作用》,《穹庐集》,石家庄:河北教育出版社,2000年;刘晓:《耶律楚材评传》,南京:南京大学出版社,2001年。

化传播活动略作叙述。

成吉思汗征召耶律楚材是因为他是契丹贵族后裔,并擅长占卜。成吉思汗发动对金朝战争,利用女真族与契丹族之间的矛盾,取得了很好的效果。女真族的金朝灭亡契丹辽国后,对契丹族执行严酷的民族歧视政策,契丹族和女真族之间民族矛盾尖锐。辽朝遗民对金朝政权有着切齿愤恨,当蒙古族兴起后,很多契丹人加入了反金行列,如耶律阿海、耶律秃花兄弟,石抹也先、石抹明安等人。作为契丹贵族后裔有着显赫身世的耶律楚材,自然会引起成吉思汗的注意。

除了民族因素外,成吉思汗召见耶律楚材另一个原因是因为他精通占卜。他自己曾作诗言:"自天明下诏,知我素通者"①,诗文对于被征召的原因已经讲得很清楚。耶律楚材虽有命世之才、廊庙之器,但他在成吉思汗时期的汗廷,仅是怯薛执事中一位负责汉字文书、擅长星相占卜的普通必阇赤。

耶律楚材的碑、传史料中记述了他在成吉思汗时期,做的值得称道的几件事情,也说明了他是作为一名有着特殊技艺"匠人"在发挥作用。到汗廷后的第二年,"己卯(1219)夏六月,大军征西,祃旗之际,雨雪三尺,上恶之。公曰:'此克敌之象也。'庚辰(1220)冬,大雷。上以问公。公曰:'梭里檀当死中野,已而果然'。""壬午(1222)夏五月,长星见西方。上以问公。公曰:'女直国当易主矣。'逾年而金主死。于是每将出征,必令公预卜吉凶,上亦烧羊髀骨以符之"②。以擅长占卜被召,在汗廷最值得称道自然也就是预言吉凶祸福。成吉思汗时期,耶律楚材虽以"治天下匠"自称,但他并不能参与军政事务的管理与决策。

成吉思汗时期,汉文化与游牧文化交流活动的一个重大事件,是成吉思汗与全真教丘处机的接触。关于全真教的研究,成果已经很多。③ 成吉思汗召见中国土生土长的全真教领袖丘处机,为全真教的发展提供了极大空间,全真教也在重建中国北方社会秩序中发挥了重大作用。那么,是什么因素促使成吉思汗召见这位汉地宗教领袖的呢?耶律楚材在《西游录》中有这样的解释,"昔刘姓而温名者,以医术进。渠谓丘公行年三百,有保养长生之秘术,乃奏举之。诏下,征至德兴。丘公上表……愿且于德兴盘桓。表即上……命仆温言答之,欲其速致也"。"壬午之冬十月,上召丘公以问长生之道。所对皆平平之语,言及精神气之事"④。

耶律楚材与丘处机之间有过激烈冲突,但耶律楚材所言成吉思汗召见丘处机是为了求长生之药并不假。丘处机门徒所作游记中也有同样的记载。丘处机一行,在觐见成吉思汗前,曾先见过成吉思汗的幼弟斡赤斤(斡臣大王),"七日,见大王,问以延生事"。见到成吉思汗后,"上劳之曰:'他国征聘皆不应,今远蹈万里而来,朕甚嘉焉。'对曰:'山野奉诏而赴者,天也。'上悦,赐坐。食次,问:'真人远来,有何长生之药以资朕乎?'师曰:'有卫生之道,而无长生之药。'上嘉其诚实,设二帐于御幄之东以居焉"⑤。两种史料对于成吉思汗向丘处机讨要长生不老之药记述并无二致。

---

① 耶律楚材:《湛然居士文集》卷一二《怀古一百韵寄张敏之》,北京:中华书局,1986年。
② 宋子贞:《元文类》卷五七《中书令耶律公神道碑》,《四部丛刊》本。
③ 陈垣:《南宋初河北新道教考》,《明季滇黔佛教考(外宗教史论著八种)》,石家庄:河北教育出版社,2000年;张广保:《金元全真道内丹心性学》,上海:三联书店,1995年;郑素春:《全真教与大蒙古国帝室》,台北:台湾学生书局,1987年。
④ 耶律楚材:《西游录》(下),北京:中华书局,2000年,第13页。
⑤ 李志常:《长春真人西游记》卷上,《丘处机集》附录一,济南:齐鲁书社2005年,第207、218页。

丘处机随后向成吉思汗讲解的"卫生之道",主要是全真内修的基本原理,即外修阴德,内固精神,并建议成吉思汗改善汉地的统治秩序。道教称这次会谈为"雪山论道",甚至将此次会谈的作用提升至丘处机"一言止杀"的高度。

丘处机以他的内丹心性学,劝说正忙于军事征服的成吉思汗,接受外修阴德内固精神,无异于圆凿方枘。在完全不同的文化背景中成长起来的两个人,很难通过简单的接触就能在思想认识上产生相互认同。丘处机滔滔不绝讲完后,成吉思汗说:"谆谆道诲,敬闻命矣。斯皆难行之事,然则敢不遵依仙命、勤而行之? 传道之语,已命近臣录之简册,朕将亲览,其有玄旨未明者,续当请益焉。"①"斯皆难行之事",便是成吉思汗对丘处机说教的定位。

与成吉思汗短暂接触后,丘处机返回中原,此后成吉思汗与丘处机再没有直接交流的机会,汗廷中也没有留下丘处机的门徒弟子。作为汉文化组成部分的全真教,此时尚难对蒙古贵族产生影响。思想认识上没有太多的相互认同,并没有造成彼此间的冲突。蒙古统治者对于教义深奥的各种宗教,均给予优待宽容,道教作为其中的一种,自然也优待有加。丘处机从成吉思汗处讨来了护持圣旨,为道教在中原发展争得了巨大空间。道教的迅猛发展为保存汉地文化、重建汉地统治秩序起了巨大作用。

成吉思汗追求长生久视,显然是受到了汉人刘仲禄的怂恿。据耶律楚材讲,刘仲禄是"以医术进"。据《至元辨伪录》言,"刘温字仲禄者,以做鸣镝幸于太祖,首信僻说,阿意甘言,以医药进于上"②。即刘仲禄不仅是成吉思汗的一名保健医生,还具有制造"鸣镝"的技艺。可见,在维护身体健康方面,发达的汉地医术,也是蒙古统治者青睐的一种技艺。成吉思汗时期,已经有多位汉地医师来到黄金家族成员身边。丘处机西行回程时,曾与窝阔台侍医郑景贤有诗词唱和,"三太子之医官郑公途中相见,以诗赠云"。

《长春真人西游记》中记载了丘处机与成吉思汗见面之初的对话。译者问曰:"人呼师为腾吃利蒙古孔(译语谓天人也),自谓之邪? 人称之邪? 师曰:山野非自称,人呼之耳。译者再至,曰:旧奚呼?"奏以"山野四人事重阳师学道,三子羽化矣,惟山野处世,人呼以先生"。上问镇海曰:"真人当何号?"镇海奏曰:"有人尊之曰师父者、真人者、神仙者。"上曰:"自今以往,可呼神仙。"这些对话说明,成吉思汗见到丘处机之前,对全真教所知甚少。

从有限的史料记载来看,成吉思汗对汉文化的了解和接受,仅仅停留在物质文化层面。他感兴趣的是可感知的物质实体,是看得见、摸得着的文化事物。至于制度层面甚至更深层次的精神层面的汉文化,尚不能引起他的兴趣。

二 窝阔台接受制度层面汉文化的尝试

成吉思汗死后,窝阔台即汗位。窝阔台身边汇聚了数量可观的了解汉地文化的各色人物。在他们的影响下,蒙古大汗对汉文化的了解有了进一步的加深,接受汉文化的层次也有了进一步的提高。这其中起了重要作用的是已经在汗廷服务多年的耶律楚材、粘合重山、杨惟中、刘敏、郑师真等人。

---

① 耶律楚材:《玄风庆会录》,《丘处机集》,第141页。
② 《大元至元辨伪录》卷三。

耶律楚材在窝阔台继承汗位的关键时刻,发挥了一些积极推动作用。因为他以擅长占卜著称,在确定推举窝阔台即汗位的日期时,起了促进作用。据李微所撰墓志言:"己丑(1229)秋,公奉遗诏立太宗,择定八月二十四日,诸皇族毕至。至二十二日,尚犹豫不决,公曰:'此社稷大计,若不早定,恐生他变。'睿宗曰:'再择日如何?'公曰:'过此日皆不吉。'至日,公与睿宗翼太宗登宝位。"①"过此日皆不吉",促成窝阔台尽早登位。

窝阔台的即位仪式,据汉文史料,耶律楚材似乎成功地将汉地对皇权的尊崇礼仪移植到了蒙古汗廷。耶律楚材神道碑记载:"己丑,太宗即位,公定册立仪礼,皇族尊长,皆令就班列拜。尊长之有拜礼,盖自此始。"②《元史·耶律楚材传》更记载了此事的一些细节,"立仪制,乃告亲王察合台曰:'王虽兄,位则臣也,礼当拜。王拜,则莫敢不拜。'王深然之。及即位,王率皇族及臣僚拜帐下。既退,王抚楚材曰:'真社稷臣也。'国朝尊属有拜礼自此始"。《元史·太宗本纪》中也记载,"始立朝仪,皇族尊属皆拜"。

但是,据波斯文史料,窝阔台即位并没有完全遵从汉地的仪式。"于是大家从头上摘下帽子,把腰带搭到肩上……察合台汗拉着窝阔台合罕的右手,拖雷汗拉着左手,他的叔父斡惕赤斤抱住[他的]腰,把他扶上了合罕的大位。拖雷汗举起杯子,御帐内及御帐四周的人们全体九次跪拜,为国家祝贺他[登]上大位,称他为合罕"③。《世界征服者史》中也有类似记载,"按蒙古旧俗,他们脱掉帽子,把皮带扔向肩后;就在626/1228 – 9 年,察合台引着他的右手,斡赤斤引着他的左手,把他拥上宝座,既有老成持重的赞助,又有鼎盛青春的扶持。兀鲁黑那颜举杯,宫廷内外的人都三次跪拜,发出祈祷……他们遵称他为合罕,按照往习,所有王公,对合罕表示忠诚,在斡耳朵外三次向太阳叩拜;然后,他们再入内,举行欢乐的盛会"④。

蒙古部族推选首领的仪式,在窝阔台即汗位以前,缺乏详细的史料记载,仅《蒙古秘史》中稍有提及。当铁木真被推举为乞颜部的汗时,《蒙古秘史》第 123 节记载了阿勒坛、忽察儿、薛扯·别乞等人的誓言。铁木真派人将此事报告给客列部的脱斡邻勒汗(王汗)时,脱斡邻勒汗也强调:"希望你们不要违反立汗的协议,不要破坏盟约。"⑤《蒙古秘史》第 141 节还记载了札木合被拥立为古尔汗时,"这[十一个]部落[的人们],会聚于阿勒灰泉,商议拥立扎只剌惕氏人札木合为汗,一同斩杀公马、母马,互相立誓结盟"。由这两处记载来看,推选部族首领活动中,首领与被推选者之间建立誓约是蒙古人的传统。

当然,推举出首领后的宴饮欢庆,也有悠久的历史。《蒙古秘史》第 57 节记载了忽图剌被立为汗的情景。"由于俺巴孩·合罕曾提名合答安、忽图剌二人[中的一人为继位者],全体蒙古人、泰亦赤兀惕部人便聚会于斡难河畔的豁儿豁纳黑草原,立忽图剌为合罕。蒙古人的庆典,为舞蹈、宴饮以志欢庆……[蒙古人尽情]舞蹈,在繁茂的大树周围践踏出能盖没肋骨的深沟和盖没膝部的尘土"。结合此后贵由、蒙哥即位时中外史料的记载,周良霄对蒙古大汗的推选程序和仪式做过简要归纳:在全体贵族参加的忽里台上,公推大汗。被推选者照例要再三辞让,然后表示接受。君臣之间确立盟誓,履行传统的宗教仪式。最后是新汗大行赏赍,全体参

---

① 《元朝名臣事略》卷五《中书耶律文正王》,北京:中华书局 1996 年,第 76 页。
② 宋子贞:《中书令耶律文公神道碑》,《元文类》卷五七,《四部丛刊》本。
③ 《史集》第 2 卷,北京:商务印书馆,1985 年,第 30 页。
④ 《世界征服者史》,呼和浩特:内蒙古人民出版社,1980 年,第 217—218 页。
⑤ 余大均译注:《蒙古秘史》第 126 节,石家庄:河北人民出版社,2001 年,第 155 页。

加者欢宴庆祝。①

从窝阔台的即位来看,虽然程序和仪式主要是按蒙古人传统进行,但其中也包含有汉文化因素,即对新大汗三跪九叩的朝拜形式。耶律楚材在窝阔台即汗位这个重大问题上,不仅发挥了擅长占卜预言的优势,催促早日举行即位大典,而且尝试了将制度层面的汉文化成功移植到了蒙古汗廷。三跪九叩朝拜新君的仪式,大概是蒙古统治者阶层吸纳制度层面汉文化的初始。

窝阔台登上汗位后,由于耶律楚材为其尽早即位起了积极促进作用,故而耶律楚材取得了窝阔台的宠信,"命河北汉民以户计,出赋调,耶律楚材主之"②。耶律楚材在汗廷中的地位,也由掌管文书的普通必阇赤,上升为必阇赤长。

受到大汗宠信的耶律楚材,开始进一步向窝阔台推荐汉地的制度文化。"条便宜一十八事颁天下,其略言:'郡宜置长吏牧民,设万户总军,使势均力敌,以遏骄横。中原之地,财用所出,宜存恤其民,州县非奉上命,敢擅行科差者罪之。贸易借贷官物者罪之。蒙古、回鹘、河西诸人,种地不纳税者死。监主自盗官物者死。应犯死罪者,具由申奏待报,然后行刑。贡献礼物,为害非轻,深宜禁断。'帝悉从之,唯贡献一事不允"③。耶律楚材的"便宜一十八事",主要是恢复汉地旧有统治秩序,但是这些措施对于蒙古统治者来说,却是全新的陌生的。

耶律楚材向蒙古统治者推荐汉地制度文化,最为成功的是在一定程度上恢复了制度化的赋税征收。蒙古贵族占据汉地已经有十余年的时间,但"仓廪府库,无斗粟尺帛",以致有蒙古人认为,"虽得汉人亦无所用,不若尽去之,使草木畅茂,以为牧地"。当蒙古族统治集团搜刮汉地财富不得法,一筹莫展之时,耶律楚材乘机提出了赋税征收的制度化措施,以及任用汉地儒生的建议。"公即前曰:'夫以天下之广,四海之富,何求而不得? 但不为耳,何名无用哉。'因奏:'地税、商税、酒、醋、盐、铁、山泽之利,周岁可得银五十万两,绢八万匹,粟四十万石'。上曰:'诚如卿言,则国用有余矣。卿试为之。'乃奏立十路课税所,设使副二员,皆以儒者为之"④。"辛卯(1231)秋八月,上至云中(今山西大同),诸路所贡课额银币及仓廪米谷簿籍,具陈于前,悉符元奏之数。上笑曰:'卿不离朕左右,何以能使钱谷流入如此,不审南国复有卿比者否?'公曰:'贤于臣者甚多,以臣不才,故留于燕。'上亲酌大觥,以赐之"⑤。课税所的设立,实际上是借鉴了金朝转运司的经验。⑥

或许是接受汉地经济制度的巨大成功,进一步促使窝阔台接受耶律楚材推荐的汉地行政管理制度。窝阔台时期,大蒙古国尝试着在原有大断事官之下,在原来的怯薛必阇赤的基础上,建立了中枢行政机构——中书省。⑦ 三年辛卯"秋八月,幸云中。始立中书省,改侍从官

---

① 周良霄:《蒙古选汗仪制与元朝皇位继承问题》,《元史论丛》第 3 辑,北京:中华书局 1986 年,第 34 页。
② 《元史》卷二《太宗本纪》,第 29—30 页。
③ 《元史》卷一四六《耶律楚材传》,第 3457 页。
④ 宋子贞:《中书令耶律公神道碑》,《元文类》卷五七。
⑤ 《元史》卷一四六《耶律楚材传》,第 3458 页。
⑥ 《元朝名臣事略》卷一三《廉访使杨文宪公》,第 257 页。
⑦ 关于大蒙古国窝阔台时期的中枢机构的变化,可参见李涵:《蒙古前期的断事官、必阇赤、中书省和燕京行省》,《元史论集》,北京:人民出版社,1986 年,第 141—151 页;札奇斯钦:《说元史中的"札鲁忽赤"并兼论元初的尚书省》、《说元史中的"必阇赤"并兼论元初的中书令》,《蒙古史论丛》,台北:学海出版社,1970 年,第 233—463 页;张帆:《元代宰相制度研究》,北京:北京大学出版社,1997 年,第 3—6 页;姚大力:《从大断事官制到中书省》,《蒙元制度与政治文化》,北京:北京大学出版社,2011 年,第 195—218 页。

名,以耶律楚材为中书令,粘合重山为左丞相,镇海为右丞相"①。从怯薛执事必阇赤分化出来这个中书省,不仅仅负责汗廷的文书工作,还主管汉地的赋税征收,以及汉地官员的考核。张荣治济南,"中书考绩,为天下第一"②。

当然,此时的政务机构——中书省,还仅仅是雏形。在蒙古统治者的认知结构中,这个"中书令"只不过是一个大必阇赤。当时亲至北方的南宋使臣记载:"移剌及镇海自号为中书相公,总理国事……鞑人无相之称,只称之曰必澈澈者,汉语令史也,使之主行文书尔";"霆见其上至下,则称小名,即不曾有姓,亦无官称……若宰相,即是楚材辈,自称为中书相公;若王檝,则自称银青光禄大夫、御史大夫、宣抚使、入国使尔;初非鞑主除授也";"鞑人初未尝有除授及诸俸,鞑主亦不晓官称之义为何也"③。虽然大蒙古国的统治者对于结构复杂的汉地行政管理制度的认知非常有限,但是在耶律楚材试行制度化赋税征收取得巨大成功之后,进一步接受他的建议,仿效汉地行政制度,对结构功能相对简单的蒙古大断事官制度做出某些改进也属情理之中。

汉地政治文化的一个显著特点是中央集权,这与基于草原游牧的分封制存在尖锐冲突。接受汉地的政治制度对蒙古统治集团来说,比接受汉地经济制度更困难。耶律楚材推荐实行汉地政治制度的活动,遭到统治集团的阻挠。他提出的"长吏专理民事,万户府总军政,课税所掌钱谷,各不相统摄"政策,表面是抑制各地军阀世候等地方势力,实则也会伤及部分黄金家族成员的利益。"权贵不能平,燕京路长官石抹咸得不激怒皇叔,俾专使来奏,谓公悉用南朝旧人,且渠亲属在彼,恐有异志,不宜重用;且以国朝所忌,诬构百端,必欲置之死地。事连诸执政,时镇海、粘合重山实为同列,为之股栗,曰:'何必强为更张,计必有今日事。'"此记载说明,大蒙古国各种利益集团,对于耶律楚材推行汉地政治制度文化的猜忌和不满。由于耶律楚材受到窝阔台汗的宠信,幸免于难,"上察,见其诬,怒逐来使"④。

在耶律楚材向蒙古统治集团推介制度层面汉文化的活动中,熟悉汉地文化的粘合重山也发挥了很大的作用。"立中书省,以重山有积勋,授左丞相。时耶律楚材为右丞相,凡建官立法,任贤使能,与夫分郡邑,定课赋,通漕运,足国用,多出楚材,而重山佐成之"⑤。

耶律楚材在向蒙古统治者推荐制度层面汉文化中,较成功的是赋税征收的制度化。与赋税征收相关联,蒙古统治者也接受了中原传统的按户编定户籍的制度。因为在一定程度上接受了汉地的赋税征收制度,大蒙古国在汉地的分封制度也吸收汉文化因素。在汉地实行的五户丝制,就是对原有蒙古分封制的改造。

耶律楚材神道碑记载:"甲午(1234),诏括户口,以大臣忽觇虎领之。国初方事进取,所降下者,因以与之。自一社一民各有所主,不相统属,至是始隶州县。朝臣共欲以丁为户,公独以为不可。皆曰:'我朝及西域诸国莫不以丁为户,岂可舍大朝之法,而从亡国政耶?'公曰:'自古有中原者未尝以丁为户,若果行之,可输一年之赋,随即逃散矣。'卒从公议。"

在完成了中原括户以后,仿照成吉思汗在草原上的做法,窝阔台将中原民户在宗亲之间进

---

① 《元史》卷二《太宗纪》,第31页。
② 《元史》卷一五〇《张荣传》,第3558页。
③ 《黑鞑事略笺证》,《王国维遗书》,第13册,上海:上海古籍出版社,1983年。
④ 宋子贞:《中书令耶律公神道碑》,《元文类》卷五七。
⑤ 《元史》卷一四六《粘合重山》,第3466页。

行了分配。"(丙申)秋七月,忽覩虎以户口来。上议割裂诸州郡,分赐诸王、贵族以为汤沐邑。公曰:'尾大不掉,易以生隙,不如多与金帛,足以为恩。'上曰:'业已许之。'复曰:'若树置官吏必自朝命,除恒赋外,不令擅自征敛,差可久也。'从之"①。《元史·太宗纪》记载:"耶律楚材言非便,遂命各位止设达鲁花赤,朝廷置官吏收其租颁之,非奉诏不得征兵赋。"窝阔台时中原的分封活动,在耶律楚材建议下,将草原兀鲁思分封制与中原传统的封君食邑制相糅合,形成了五户丝制。

耶律楚材因为具有特殊的技艺(星相占卜),获得统治阶层的赏识和信任,进而在窝阔台时期参与了国家事务的管理。制度层面的汉文化,通过耶律楚材这个中介,部分内容被蒙古统治者接受。当然,蒙古统治者对汉地制度文化的接受,并不是一帆风顺的。制度文化的传播即便是在窝阔台全力支持时,也依然会遇到种种非议;当失去了最高统治者的支持,对汉地制度文化认知尚浅的统治集团,便会将刚刚接受的部分汉地制度搞的千疮百孔。

窝阔台接受制度化赋税征收措施,是基于制度化征收能最大限度的满足他们搜刮财富的需求。当出现比耶律楚材推荐的措施或方法,更能有效满足他们追求财富的欲望时,耶律楚材头上的光辉就黯淡了下去。安天合引荐奥都刺合蛮以增加一倍的数量扑买课税,"楚材极力辨谏,至声色俱厉,言与涕俱。帝曰:'尔欲搏斗耶?'又曰:'尔欲为百姓哭耶?姑令试行之。'楚材力不能止"②。耶律楚材推荐的赋税征收制度,遇到了竞争对手。他主持恢复起来的赋税制度遭到严重破坏。

在耶律楚材建议下,加入了汉文化因素的五户丝制,也严重偏离了"各位止设达鲁花赤,朝廷置官吏收其租颁之"最初的设计。其中,拨赐术赤系后王的山西南部地区的情况最为严重。"平阳一道,隶拔都大王……近岁公赋仍旧,而王赋皆使贡金,不用银、绢杂色,是以独困于诸道……民淳吏质,而一道课银独高天下,造为器皿,万里输献,则亦不负王府也,又必使贡黄金"。"今王府又将一道细分,使诸妃、王子各征其民,一道州郡至分为五、七十头项,有得一城或数村者,各差官临督……况自贡金之外,又诛求无艺乎"③。从山西南部的情况来看,受封者是将中原的五户丝分封,等同于草原兀鲁思分封了。在山西南部拔都封地内,分封制中的汉文化因素已经荡然无存了。

汉地制度层面的文化是否被蒙古统治者接受,主要取决于他的实用价值,而且这种实用价值要能收到立竿见影的效果。当蒙古人对搜刮汉地财富一筹莫展之时,耶律楚材介绍的制度化赋税征收立即被接受。但是,耶律楚材建议设立汉式行政中枢机构,以及限制地方世侯权力,加强中央集权的管理制度,因为对统治集团的益处,不能在较短的时间内显现出来,统治者对此就显得并不那么热心。

窝阔台时期,在必阇赤基础上产生的行政中枢机构雏形——中书省,此后并没有得到完善和发展,而蒙古大断事官的分支机构,却逐步扩展到大汗直辖的农耕区,中原汉地出现了燕京行尚书省。原来归中书省统属的诸路课税所也划归燕京行省管辖,如河南课税所长官杨奂,

---

① 宋子贞:《中书令耶律公神道碑》,《元文类》卷五七。
② 《元史》卷一四六《耶律楚材传》,第3463页。
③ 郝经:《郝文忠公陵川文集》卷三二《河东罪言》,《北京图书馆古籍珍本丛刊》(91),北京:书目文献出版社,第766页。

"在官十年,乃请老于燕之行台"①。

窝阔台汗后期,耶律楚材实际上失去了窝阔台的信任,以他为中介向蒙古统治阶者传播汉文化的活动也随之停滞。此后,在汗廷熟悉汉文化且得到统治者信任的是杨惟中。"耶律楚材罢,遂以公为中书令,领省事。太宗崩,太后称制,公以一相负任天下"。从杨惟中传记资料来看,虽然他年龄很小时就生活在蒙古宫帐中,但他能读书,对汉文化并不陌生。他的神道碑中言:"金末,公以孤童子事太宗,自知读书,有胆略,太宗器之。"②由于记载简略,未见他主动向蒙古统治阶层传播汉文化。但他在蒙古国子学创建方面发挥了些作用③。蒙古国子学的设立,对汉文化的传播作用不容置疑,但产生的影响要在以后历史发展中才能显现出来。

窝阔台在漠北草原建和林城作为政治中心,这或许是受到汉地和西域文化的影响。当时,主持和林兴建的是汉人刘敏。刘敏与杨惟中类似,也是自幼便生活在汗廷,后为大汗怯薛。"帝宴诸将于行营,敏随之入,帝见其貌伟,异之,召问所自,俾留宿卫。习国语,阅二岁,能通诸部语,帝嘉之,赐名玉出干,出入禁闼,初为奉御"。刘敏后从成吉思汗西征,立有战功。"己丑(1229),太宗即位,改造行宫幄殿。乙未(太宗七年,1235),城和林,建万安宫,设宫闱司局,立驿传,以便贡输。既成,宴赐甚渥"。深受蒙古统治者信赖且通晓蒙古语言的刘敏,在汉地统治秩序恢复中发挥过巨大作用。成吉思汗时期,"癸未(1223),授安抚使,便宜行事,兼燕京路征收税课、漕运、盐场、僧道、司天等事"。窝阔台晚年,"辛丑(1241,太宗十三年)春,授行尚书省"④。由于史传材料简略,刘敏在汉文化传播方面,到底发挥了哪些作用已经无从知晓。

在没有大众传播手段的古代社会,向对文字没有太多兴趣的蒙古统治者传播汉文化,最有效的传播形式恐怕是人际传播。取得他们的信任,长期生活在他们身边,是人际传播得以发生并产生效果的先决条件。在窝阔台汗时期,具备这一条件的人物,除了耶律楚材,就是窝阔台的侍医郑师真。

郑师真,字景贤,河北邢台人。有关他的碑传史料已经不存。窝阔台为宗王时郑师真就已在他身边。丘处机西行时,郑师真曾有诗相赠。⑤姚燧称他大节有三"一曰廉,太宗赐银五万两,辞;今上赐钞二千缗偿责,辞。二曰让,太宗再富以地,比诸侯王封,再辞;贵以上相,位两中书右,又辞。三曰仁,金以蹙国,汴都尚城守,太宗怒其后服,拔将甘心,公怫逆曲折陈解,城赖不屠,所全无虑数十万人"⑥。由此可见郑师真巨大的人格魅力,并且深受窝阔台汗的信任和器重。

耶律楚材向窝阔台传播制度层面的汉文化,郑师真的作用不可或缺。耶律楚材与郑师真诗词唱和有75首,约占耶律楚材现存诗篇的十分之一,二人关系密切。耶律楚材曾诗言"托身医隐君谋妙,委迹儒冠我计疏"⑦。仔细品味这两句诗,其意含有在向窝阔台推荐介绍汉文化时,郑师真比耶律楚材更易发挥作用。在许多情况下,一位"医官"的话,对窝阔台可能更具

---

① 《元朝名臣事略》卷一三《廉访使杨文宪公》,第257页。
② 郝经:《陵川集》卷三五《故中书令江淮京湖南北等路宣抚大使杨公神道碑》。
③ 萧启庆:《大蒙古国国子学》,《蒙元史新研》,第78页。
④ 《元史》卷一五三《刘敏传》,第3609—3610页。
⑤ 李志常:《长春真人西游记》卷上,《丘处机集》附录一,第221页。
⑥ 姚燧:《姚燧集》卷三《郑龙冈先生挽诗序》,北京:人民文学出版社,2011年,第60页。
⑦ 耶律楚材:《湛然居士文集》卷三《和景贤韵三首》。

影响力。① 由于史传散佚,这位御医在汉文化传播中的具体作用,已无从探知。

不仅窝阔台身边有精通医术的汉人,察合台身边也有汉人医师。察合台的两个辅弼之一维即儿,就是察合台身边汉人医生的侍者。那位医生死后,侍者就成了察合台的一个异密忽倧黑那颜的牧人。有一天,察合台突然向那个年老而有经验,并熟悉往事的札剌亦儿部人忽倧黑那颜,仔细询问起成吉思汗的一些情况以及他每年征服了什么地区时,忽倧黑那颜记不太清了,而这位牧人因为有逐日写日记的习惯,将事情原委讲的一清二楚,随后这位牧人便成了察合台的近臣。可见,这个被称为维即儿的汉人,也应该是一位知识分子,只是已经不知道他汉语名字。

被称为维即儿的这位汉人知识分子得到察合台信任,获得了很大权势。他"是个矮个子,其貌不扬,但舌锋甚为锐利,随机应变,对答如流……他的地位之高,使他处于大部分异密之上"。汉文化通过维即儿向察合台传播成为可能。

据《史集》记载:"当时有一种习俗,君主所说的每一句话都要逐日记载下来,凡他们所说的言词,大部分有条有理而且含义深奥,所以每个[君主]都指定一个近臣记录他的话。察合台的话由上述维即儿记录。"察合台在世之时,维即儿一直在他身边有很大的影响。② 从《史集》的记载来看,记录察合台言行的制度,应该始于维即儿做了他的近臣以后。如果此前也有这种制度的话,察合台就不必去问询忽倧黑了。这种逐日记载君主言行的活动,也在窝阔台的汗廷施行,负责记录窝阔台言行是镇海。由近臣记录君主言行的"习俗",很容易让我们联想到中原王朝的起居注,或许这两者中间有着某种联系。

窝阔台时期,因统治者身边各类通晓汉文化人的推荐,统治集团接受了某些制度层面的汉文化。但他们对汉文化的了解还不深入,接受制度层面汉文化还处于尝试性阶段。但在窝阔台时期,统治集团接受物质层面汉文化水平进一步提高,具体表现为儒士也受到了类似匠人般的保护。

耶律楚材推行十路课税所颇有成效,儒士的行政才能得到蒙古统治者的认可,儒士也同匠人一样,成为战争中免于被屠杀的对象。蒙古大军攻占汴梁时,"避兵在汴者户一百四十七万,仍奏选工匠、儒、释、道、医、卜之流,散居河北,官为给赡。其后攻取淮汉诸城,因为定例"③。金朝灭亡后,蒙宋之间随即发生军事冲突。杨惟中在随阔出太子进攻南宋时,着意保护各类技艺人员。"阔出太子伐宋,命公于军前行中书省。克宋枣阳、光化等军,光、隋、郢、复等州,及襄阳、德安府,得名士数十人,收集伊洛诸书,载送燕都"④。"乙未(1235),诏二太子南征,俾公(姚枢)从杨中书即军中求儒、道、释、医、卜、酒工、乐人"⑤。南宋理学之士赵复,就是当时受到保护各类有技艺的人员,蒙古人对儒学不甚了了,更不可能理解理学;即便是汉人知识分子姚枢、杨惟中等人当时对理学也一无所知,但战争中保护各类技艺人员的政策,客观上促成了理学北传。

---

① 孟繁清:《太医郑师真》,《金元时期燕赵文化人》,石家庄:河北教育出版社,2004年。
② 《史集》第二卷,商务印书馆,1985年,第185—187页。
③ 宋子贞:《中书令耶律公神道碑》,《元文类》卷五七。
④ 郝经:《陵川集》卷三五《故中书令江淮京湖南北等路宣抚大使杨公神道碑》。
⑤ 姚燧:《姚燧集》卷一五《中书左丞姚文献公神道碑》,第215页。

三 忽必烈对制度层面汉文化的吸纳与蒙哥汗的排拒

1241年二月窝阔台死后,乃马真临朝称制。1246年七月,窝阔台长子贵由即汗位。贵由短命,三年后去世。拖雷长子蒙哥,在术赤系宗王拔都支持下,1251年六月取得汗位,大蒙古国汗位由窝阔台系转到托雷系。自窝阔台去世,直到蒙哥继位,这十年是大蒙古政局最为混乱的时期。从有限的中外史料记载来看,汉文化对最高统治者几乎没有任何影响。但是汉文化在蒙古统治阶层中的传播,并没有因政治混乱而停滞。汉文化传播的最大成效是雄才大略的宗王忽必烈对汉文化的部分认同和接受。蒙哥继承汗位后,忽必烈积极试行汉地制度文化。

窝阔台在乙未括户的基础上,进行了丙申分封。在耶律楚材建议下,吸收了汉地传统的食邑制度,中原汉地的封户并没有像草原兀鲁思部民那样与受封者产生很强的人身依附关系。但丙申分封后,中原的封户还是与封主之间建立起制度性联系。政治上的这种特殊关系,为受封者接触汉地文化提供了便利。丙申分封前,蒙古贵族接触汉文化具有很大偶然性的,汉地的分封为蒙古贵族接触汉文化提供了某种制度基础。数量更多的具有深厚汉文化修养的各色人员,大量汇聚到蒙古贵族身边,为汉文化的传播提供了更广泛的渠道。斡赤斤之孙塔察儿即从自己封地中征召知晓文字的必阇赤,"岁庚子(1240),皇大弟国王令旨于益都路取秀才三名,赐行省选差,赴北,充塔察国王位下为头必阇赤长。于同列府事及文墨语言一切应酬无所不统"①。

蒙古宗王与中原封地之间的政治联系,为他们接触汉地文化提供便利。但是,这种接触能否促进他们接受汉地文化,接受汉文化的程度如何,却受多种因素的制约和影响。就现存史料来看,蒙古宗王中与汉文化接触最早并深受汉文化影响的是拖雷系的忽必烈。关于忽必烈的汉化以其潜邸旧侣,学界早有论述,②本文主要考察他接受汉文化的过程。

忽必烈接触汉文化始于向临济宗领袖海云大师咨询佛法。禅僧海云与蒙古贵族的接触较早,1219年在木华黎受命经营山西时,史天泽将海云印简与其师中观推荐给木华黎。成吉思汗对这师徒二人也有所了解,曾命使臣传旨给木华黎:"尔使人来说底老长老、小长老,实是告天的人。好与衣粮养活者,教做头儿。多收拾那般人,在意告天。不拣阿谁休欺负,交达里罕行者。"太宗七年(1235),海云曾奉旨考试僧徒。可见,海云印简在蒙古贵族阶层中有较高声誉。1242年,未满而立之年的宗王忽必烈,延请海云大师赴漠北讲授佛法。

佛教虽源于古印度,但是在中国流传过程中已与中国文化紧密结合在一起,汉传佛教已经成为汉文化不可或缺的组成部分。对汉传佛教有高深造诣的海云大师,就成为忽必烈接受汉文化的领路人。海云在讲授佛法大意过程中,因势利导地向忽必烈介绍了汉文化在提供统治经验方面的巨大价值。

海云大师在讲授佛法时与忽必烈曾有这样一段对话。忽必烈问海云:"佛法中有安天下之法否?"海云回答:"包含法界,子育四生,其事大备于佛法境中。此四大洲,如大地中一微尘

---

① 方回:《潍州防御使兀林答儶神道碑》,《益都金石记》卷四。
② 姚从吾:《忽必烈对于汉化态度的分析》,《东北史论丛》(下),台北:中正书局,1976年,第376—401页;萧启庆:《忽必烈潜邸旧侣考》,《元代史新研》,台北:新文丰出版公司,1983年,第263—301页。

许,况一四海乎?若论社稷安危,在生民之休戚,休戚安危皆在乎政,亦在乎天。在天在人,皆不离心……我释迦氏之法于庙堂之论,在王法正论品。理固昭然,非难非易,唯恐王不能尽行也。又宜求天下大贤硕儒,问以古今治乱兴亡之事,当有所闻也。"①从忽必烈提出的问题来看,他早已留意大蒙古国的治理问题。从海云的回答来看,重点在于启发他关注"生民之休戚",并建议他向大贤硕儒咨询"治乱兴亡"的历史经验。忽必烈广泛延请四方文学之士讲论治道,与海云印简禅师的启发不无关系。

忽必烈向海云请教佛法时,海云不仅讲解佛法,同时也讲授为政之道。如海云大师南返临别时,"王问:'佛法此去如何受持?'师曰:'信心难生,善心难发,今已发生,务要护持。专一不忘,元受菩提。心戒不见,三宝有过。恒念百姓不安,善抚绥,明赏罚,执政无私,任贤纳谏。一切时中,常行方便,皆佛法也。'"在忽必烈与汉文化之间,海云不仅是中介,更是启蒙者。当然,对忽必烈接受汉文化起关键作用的还是忽必烈有"安天下"的志向,以及他优异的个人品格和性格。

在忽必烈接触汉文化过程中,除了海云大师以外,另一位起了巨大作用的人就是刘秉忠。海云大师应忽必烈之招北上,路过云中时,刘秉忠(子聪)"留住南堂,讲习天文、阴阳、三式诸书"。海云一见,奇其才,"因携公偕行"。"至,见公洒脱不凡,及通阴阳、天文之书,甚喜。海云南归,公逆见留。自是礼遇渐隆。因其顾问之际,遂辟用人之路,暇中则读书穷易,讲明圣人学"②。刘秉忠虽为僧人,但是"于书无所不读,尤邃于《易》及邵氏《经世书》,至于天文、地理、律历、三式六壬遁甲之属,无不精通。论天下事如指诸掌"③。海云大师离开忽必烈后,刘秉忠就成了忽必烈了解汉文化的中介。博学多识,尤其是精通术数的刘秉忠,成为了忽必烈值得信赖的幕僚。

赵璧,也是很早就来到忽必烈身边的汉族知识分子。据赵璧神道碑言,"年二十三,有荐闻于上,召至行宫"。赵璧,卒于至元十三年(1276),时五十七岁。据此推算,赵璧应是1242年前后来到忽必烈身边,即与海云大师、刘秉忠大体同时。忽必烈"爱其精敏,但以秀才呼。首下汉境,征四方名士。自后王府,事咸与焉"④。《元史·赵璧传》记载:"世祖为亲王,闻其名,召见,呼秀才而不名,赐三僮,给薪水,命后亲制衣赐之,视其试服不称,辄为损益,宠遇无与为比。命驰驿四方,聘名士王鹗等。又令蒙古生十人从璧受儒书。敕璧习国语,译《大学衍义》,时从马上听璧陈说,辞旨明贯,世祖嘉之"⑤。从赵璧的碑传资料来看,忽必烈对年轻的赵璧十分赏识和信任。赵璧习"国语"后,与忽必烈的交流将更加频繁和直接,更加有利于赵璧向忽必烈传播汉文化。忽必烈继汗位前,赵璧也一直追随在他左右。长期的交流以及彼此信任,赵璧对忽必烈了解、接受汉文化起了巨大作用。

忽必烈本人有"安天下"的大志,那么来到他身边的海云、刘秉忠、赵璧等人向他传播、介绍汉地制度文化、统治经验,也就顺理成章了。内在动因和良好的外部条件相辅相成,向忽必烈传播汉文化,收到了良好效果。"上之在潜邸也,好访问前代帝王事迹,闻唐文皇为秦王时,

---

① 念常:《佛祖历代统载》卷二一。
② 张文谦:《故光禄大夫太保赠太傅仪同三司谥文贞刘公行状》,《藏春集》卷六附录。《元人文集珍本丛刊》。
③ 《元史》卷一五七《刘秉忠传》,第3688页。
④ 张之翰:《大元故荣禄大夫中书平章政事赵公神道碑铭》,《张之翰集》,长春:吉林文史出版社,2009年,第213页。
⑤ 《元史》卷一五九《赵璧传》,第3747页。

广延四方文学之士,讲论治道,终致太平,喜而慕焉"①。对唐太宗的事迹的了解及仿效,说明忽必烈对汉文化有了初步的认同。广延四方文学之士,进一步扩大了忽必烈对汉文化的接触,同时加深了他对汉文化的了解。

甲辰(1244)冬,忽必烈派遣赵璧、许国祯延请居于保州(今河北保定)颇有声望的金代状元王鹗来到藩邸。"既至,上一见喜甚,赐之坐,呼状元而不名。朝夕接见,问对非一,凡圣经所谓修身、齐家、治国、平天下之道,无不陈于前,上为之声动"。忽必烈对王鹗爱护备至,"恐年老不可再历冬寒",遣使护送王鹗南返。"仍命近侍阔阔、柴祯等五人从之学"②。

从中原汉地来到忽必烈身边的各色人物,对忽必烈了解、认同汉文化,发挥了极大的作用。1247年遣使招张德辉至王邸。"既见,王从容问曰:'孔子没已久,今其性安在?'对曰:'圣人与天地终始,无所往而不在。王能行圣人之道,即为圣人,性固在此帐殿中矣。'王曰:'或云辽以释废,金以儒亡,有诸?'对曰:'辽事臣未周知,金季乃所亲睹,宰执中虽用一二儒臣,余则武弁世爵,若论军国大计,又皆不预,其内外杂职,以儒进者三十之一,不过阅簿书,听讼理财而已。国之存亡,自有任其责者,儒何咎焉!'……王问:'农家作劳,何衣食之不赡?'对曰:'农桑,天下之本,衣食所从出。男耕女织,终岁勤苦,择其精美者输之官,余麄恶者将以仰事俯畜。而亲民之吏复横敛以尽之,民则鲜有不冻馁者矣。'"③从忽必烈与张德辉的对话来看,忽必烈对汉文化的核心内容——儒学,对辽、金统治灭亡的原因,以及汉地民众的生活状况,已经有较深入的了解。张德辉留侍忽必烈年余,"每进见,延访圣贤道德之奥,修身治国之方,古今治乱之由,详明切直,多所开悟。故呼字赐坐,赍赐之礼殊渥"。

蒙哥即汗位前,忽必烈作为一位生长在漠北的普通宗王,通过长期与来自汉地各色人物的交往,逐渐了解熟悉了汉文化。汇聚在他身边熟悉汉文化的小规模智囊团,是他了解汉文化的桥梁。汗位转入拖雷系后,忽必烈地位骤升。对汉地文化、汉地实际情况有较深入了解的忽必烈受命治理汉地,开府金莲川。受命治理汉地后,幕府人员急剧增加,萧启庆先生称为潜邸旧侣发展的第二期。④ 延揽到各色人才,长期受汉文化熏染的忽必烈,初步尝试用汉法治汉地。这种尝试在邢台、河南、关中的治理上,取得了很好效果。

忽必烈用汉法治汉地试点,表明他对汉文化的接受和认同,已经深入到制度文化层面。在蒙古统治集团对汉文化尚不甚了了的大背景中,忽必烈实为凤毛麟角的极少数派。忽必烈以汉法治汉地的试点工作,虽然取得很好效果,但在大汗蒙哥制局"钩考"的干扰下而夭折,忽必烈也被夺去军权。万般无奈之下,忽必烈听从了幕府成员姚枢建议,"尽王邸妃主自归朝廷,为久居谋","世祖见宪宗,皆泣下,竟不令有所白而止,因罢钩考局"⑤。

引起大汗蒙哥与宗王忽必烈之间冲突的直接原因是财富的争夺,作为宗王的忽必烈,掘取了本属于汗廷的财赋。《元史·不忽木传》记载了至元末期忽必烈与不忽木两人之间的一段对话,从君臣对话中可以体会出当时冲突的原委。"帝每顾侍臣,称塞咥旃之能,不忽木从容问其故,帝曰:'彼事宪宗,常阴资朕财用,卿父所知。卿时未生,诚不知也。'不忽木曰:'是所

---

① 《元朝名臣事略》卷一二《内翰王文康公》,第238页。
② 《元史》卷一六〇《王鹗传》。
③ 《元朝名臣事略》卷一〇《宣慰张公》,第206页。
④ 萧启庆:《忽必烈潜邸旧侣考》,《元代史新研》,台北:新文丰出版公司1984年,第270页。
⑤ 《元史》卷一五八《姚枢传》。

谓为人臣怀二心者。今有以内府财物私结亲王,陛下以为若何?'帝急挥以手曰:'卿止,朕失言。'"

蒙哥与忽必烈对汉文化认同上存在巨大差异,这或许是两人产生冲突的深层次原因。蒙哥汗即位前,忽必烈对汉文化的认知已深入到制度文化层面,而大汗蒙哥尚停留在直观的物质文化层面。蒙哥即位后,河西儒者高智耀入见,言:"儒者所学尧、舜、禹、汤、文、武之道,自古有国家者,用之则治,不用则否,养成其材,将以资其用也。宜蠲免徭役以教育之。"帝问:"儒家何如巫医?"对曰:"儒以纲常治天下,岂方技所得比。"帝曰:"善。前此未有以是告朕者"①。从宪宗与高智耀的对话可知,宪宗对汉文化所知甚少。

蒙哥即位前夕,也曾向受忽必烈赏识的汉人,访问为政之道。如深受忽必烈器重的王鹗也曾被蒙哥招聘,"庚戌(1250)春,宪宗遣故参知政事李舜咨以安车来征,公同玉峰、魏璠应召,访及军国大计,称旨,将任以政,公力辞而还"②。赵璧追随忽必烈多年,蒙哥对他的才能也应早有耳闻,"宪宗即位,召璧问曰:'天下何如而治?'对曰:'请先诛近侍之尤不善者。'宪宗不悦"③。从这两条史料来看,蒙哥与汉地士人之间的关系较为疏远。彼此之间没有融洽的人际关系,就不能形成有效沟通和交流。当然,宪宗蒙哥也就无从了解汉文化。

宪宗蒙哥虽然对汉文化所知不多,但并非碌碌之辈。《元史·宪宗纪》记载,宪宗蒙哥"刚明雄毅","初,太宗朝,群臣擅权,政出多门。至是,凡有诏旨,帝必亲起草,更易数四,然后行之。御群臣甚严"。可见,蒙哥汗是受到了良好的蒙古文化教育,颇具领导才能的统治者。但蒙哥与汉地知识分子关系疏远,对汉文化缺乏了解,当然也就无法认同汉文化,无从吸收丰富的汉地统治经验。对于蒙哥汗来说,他只能效法祖、父两辈人的统治经验以及草原传统,故而蒙哥身上具有鲜明的草原统治者的色彩,"性喜畋猎,自谓遵祖宗之法,不蹈袭他国所为"④。

四 总结

两种不同质的文化发生接触、碰撞时,最先被感知、接受的是物质层面的内容。蒙古大军进入中原汉地,最吸引他们的是财富,其次是汉地先进的技艺,具有各种技艺的工匠也是他们掠夺的重点。先进技艺不仅仅限于手工业,医术、术数也属于技艺的一种。在接受物质文化层面上,成吉思汗、窝阔台、蒙哥和忽必烈是没有多大差别的。不同时期、不同的个体都对物质层面的汉文化,表现出极大兴趣。

接受汉地制度层面的文化,首先要对此有所了解和感兴趣。对于大多数蒙古统治者来说,他们自身的文化与汉文化之间差异巨大,精致的汉地制度文化不能引起他们的兴趣,接受汉地制度层面的文化有着重重障碍,两种文化之间的交流在当时并不那么顺畅。文化的制度层面是精神层面的外在表现形式,每项制度都是基于某种思想观念设立的。对汉文化没有长期接触,没有一定深度的了解,很难认识到某种制度设计的必要性和重要性。在前四汗时期,接受

---

① 《元史》卷一二五《高智耀传》。
② 《元朝名臣事略》卷一二《内翰王文康公》,第239页。
③ 《元史》卷一五九《赵璧传》,第3747页。
④ 《元史》卷三《宪宗纪》,第54页。

制度层面汉文化的两次尝试都以失败告终。这说明制度层面的文化,在不同质的文化体系之间的传播和接受,需要有一定的基础。

实用性是不同质的文化之间接受和吸纳基本动因。当文化的接受方认识到外来文化的实用价值时,就能较为主动接受、吸纳这种文化或这种文化中的某些部分。窝阔台即位之初,耶律楚材提出的赋税制度化征收之所以被接受,就基于这种制度设计在搜刮汉地财富方面,比当时通行直接掠夺更有实用价值。蒙哥汗终止了忽必烈以汉法治汉地的试点,也是他没有认识到忽必烈这样做的意义和实用价值(因为增加的赋税收入,大多偷偷流入了王府,而不是归入汗廷)。

在前四汗时期,汉地文化与草原游牧文化之间的另一个契合点,就是共同的对神秘的超自然力量的恐惧。蒙古部族流行的萨满教是多神信仰,他们对各种宗教都采取了宽容、接纳的态度。无论是汉地全真教,还是佛教禅宗,在蒙古统治者眼中都有告天祝寿的作用,汉地宗教领袖在蒙古统治者眼中等同于通天的萨满教巫师,故而受到尊敬。蒙古的巫术与汉地的星相、术数,都是对变化莫测的神秘的超自然力量(天意)的揣摩。蒙古统治者对汉地的占卜、星相、术数都表现出极大的兴趣,这也成为他们了解汉文化的一个起点。

额济纳 阿拉善 杭锦

内蒙古大学　亦邻真　著
北京大学　　陈晓伟　译①

1980 年,由额济纳旗和阿拉善左、右旗组建为阿拉善盟。这两个旗名引发人们追索的兴趣,下文谨就所知稍加讨论。

一　额济纳

位于内蒙古最西端的额济纳旗(Eǰen-e qosiɣu),原为额济纳土尔扈特旗(Eǰen-e Torɣud qosiɣu),这个名称有着颇为丰富的历史内涵。

有人认为,"额济纳"一名即蒙古语的 eǰen-ü 或 eǰen-e。也有人认为,该名起源于伏尔加河(Iǰil müren)的 iǰil。但这些说法都是误解。

按额济纳,元代("元"当时在蒙古文中写作 Ön)写作 AISIN-A。元顺帝时期,1362 年所立《大元敕赐追封西宁王忻都公神道碑》的畏兀体蒙古文碑文第 37 行记载:Tuqluq edöged-tür AISIN-A čölge-yin dzunggon(意为"秃鲁为今亦集乃路之总管")。这句话里,Tuqluq 为人名,AISIN-A čölge 即亦集乃路,dzunggon 是汉文"总管"的音译。路作为行政单位,要比行省小,而较州、县大。据元文宗时期的统计,整个元朝设有 11 个行省,下辖 185 个路。总管是路级行政机构的最高长官,虽然同时还设有由蒙古人或色目人担任的达鲁花赤,但原则上由总管负责处理实际事务。

接下来讨论"亦集乃"一名。

虽然该词在畏兀体蒙古文中写作 AISIN-A,但是实际上读作 Idzine。古代畏兀体蒙古文是以 S 字符来记写[dz]、[ts]、[s]、[š]、[ʒ]及松音[z]等辅音。例如,将"曾子"拼写为 SINKSI,是因为 S 可以记写[dz]音;将"仓"写为 SANK 时,以 S 记写[ts]音;"海山"写作 QAISAN 时,以 S 记写[š]音;"壬子"译为 SIM quluɣan-a ǰil,是因为 S 记写[ʒ]音;而 BASAR 一词中,以 S 记写[z]。故当时"亦集乃"的汉语读音是 izinai。

Idzin-e 是西夏语,意为"黑水"。西夏语称"水"为 idzi,称"黑"为 nhiya。由于西夏语的定语大多后置,所以 idzi nhiya 即指"黑水"一词。"亦集乃城",当时汉语亦意译为"黑水城"。今人对这个词首先作出正确解释的是西夏学学者 N·A·聂夫斯基。蒙古人常误认为西夏(Tangɣud)与藏族(Töbed)是一回事,其实西夏和藏族是两个不同的民族,西夏语虽然是汉藏语系的一个分支,但是与藏语有着不小的区别。西夏语的遗存,现在有木雅语、嘉戎语。

---

① 本文系 2012 年度"博士研究生学术新人奖"成果。

1032—1227年间,党项人建立国家,史称"西夏"。这个西夏政权以银川作为统治中心,辖地包括今天的宁夏、甘肃以及内蒙古伊克昭盟、阿拉善盟和巴彦淖尔盟西部地区。该政权后来在成吉思汗的大举进攻下灭亡。

亦集乃城的废墟一直保留至今,现名"哈剌浩特"(蒙古语"黑城"之意)。此地汉代称作"居延",有世界闻名的"居延汉简"。西夏政权曾在此设立威福军。元世祖时置亦集乃路于此,隶属甘肃行省,令二百汉军屯田九十余顷。

由于"亦集乃"一名原读作 Idzine,所以后来蒙古人书写时就随其口语发音,写成了 Ejen-e(额济纳)。

"额济纳"一名与土尔扈特(Toryud)发生联系,已经是清代的事情了。土尔扈特部是四卫拉特(Oirad)之一。16世纪,四卫拉特主要游牧于今天的新疆地区,其中和硕特据乌鲁木齐,绰罗斯(准噶尔)驻伊犁,杜尔伯特在额尔齐斯河流域,土尔扈特占有塔尔巴哈台。1620年,土尔扈特的首领和鄂尔勒克率领部众移牧于伏尔加河流域,其孙阿玉奇自立为汗。后阿玉奇之侄阿喇布珠尔带领部属前往西藏朝觐达赖,因卫拉特部内讧而受阻,遂归附清朝,此事发生在17世纪60年代。雍正九年(1731),阿喇布珠尔之子丹忠因慑于准噶尔部的威胁,向清廷请求内迁,清廷将额济纳之地划给丹忠驻牧。额济纳土尔扈特旗因此而设。

那么,"土尔扈特"是何义呢?按 Toryud 是出自记录口语的托忒蒙古文的写法,书面语原作 Torqaɣ-ud。Torqaɣ(秃鲁花)为突厥语,即"站岗的人",指皇帝及大臣的日间侍卫亲军。成吉思汗以及元朝时期,皇帝的怯薛中有贵族子弟组成的 Torqaɣ-ud,汉语音译为"秃鲁花",意译为"质子军"。土尔扈特的传说中说,他们是客列亦惕部(Kereid)王罕的后裔。然而,以 Torqaɣ-ud(秃鲁花)作为部落姓氏之名应该是元朝以来的事情。

二 阿拉善

阿拉善(Alašan)即贺兰山,这在今天已无争议,为学界所普遍接受。在蒙古人最早的史书《元朝秘史》中有 Alašai(阿剌筛)之名,旁译为"贺兰山"。这是"阿拉善"最初的蒙古文写法。

那么,为何称"贺兰山"为 Alašai 呢?按"贺兰山"原本为突厥语和汉语的复合词汇。据唐代地理文献《元和郡县图志》"贺兰山"条云:"山有树木青白,望如驳马,北人呼'驳'为'贺兰'。"唐代的"北人"当指突厥和回纥等突厥民族。因此,毫无疑问,"贺兰"是突厥语 ala 一词的音译。突厥语的 ala 与蒙古语的 alaɣ(斑驳)同义。所以有些蒙古人把 alašan 说成 alaɣšan,可以说是得要领的。šan 即汉语"山"。由于中世纪时西北汉语方言中的音节末辅音 n、ng 不甚稳定,当进入到北方民族语言时,常出现 n、ng 脱落或者变型的情况。例如,在古回鹘文中,"三藏"写作 SAMCO,"高昌"写作 QOCO。因此"山"有可能被讹读为 šai。

天长日久,当地的土著民迁走了,而别的部落移居到这里,致使阿剌筛(alašai)—阿拉善(alašan)的原义湮没无闻。后人在谈及这一名称时,也有依照民间传说解释为"屠宰"(alaši)的,但那不过是出于俗词源学或民间传说的认识,而不能成为对地名的正确解释。

甚至还有人试图把"贺兰"和"匈奴"联系到一起加以解释,不过这种做法有过于脱离客观依据的危险。

阿拉善蒙古人属于和硕特部,和硕特的首领是成吉思汗之弟哈布图·哈萨尔的后裔。1677年,准噶尔部噶尔丹·博硕克图汗进攻和硕特部,夺取青海湖附近地区,杀掉了和硕特部首领鄂齐尔图·彻辰汗。鄂齐尔图的从子和罗理·巴图尔·额尔克济农率部众万余户归降清朝,康熙皇帝将阿拉善之地划为其驻牧地。以和罗理之部众编为阿拉善额鲁特旗,是1696年的事情。

阿拉善旗长期为一个单独的旗,直到1961年才划分为左、右两旗。"十年浩劫"期间,右旗被划入甘肃,左旗则划归宁夏。众所周知,"文革"结束以后,得益于党中央十一届三中全会所制定的正确方针政策,阿拉善二旗才于1978年重新回归内蒙古自治区。

三 杭锦

杭锦旗隶属伊克昭盟,而杭锦后旗的前身是1942年设置的米仓县,1953年更今名,今属巴彦淖尔盟。

杭锦旗,清代称鄂尔多斯右翼后旗。杭锦旗札萨克首领的血统,可追溯至达延汗第三子巴尔斯博罗特之后裔额璘臣济农的从子札木素公。

"杭锦"(Qanggin)一词并非出自蒙古语,而是源于突厥语。这个地名关系到古老的历史。突厥有Qangli(康里)部,此名意为"有车的"。有关这个部落的历史记载十分丰富,享誉国际的敦煌文献中的P·1283号《北域诸君主王统志》,大概是9世纪前后的古藏文文献,其中提到牧羊部落Qara Qangliγ(哈剌·康里)。拉施特《史集》对康里(Qangli)部也有专门的记述。据《金史》卷121记载,12世纪后半叶,乃蛮、康里"户三万余求内附"。《元史》卷130说,成吉思汗幼年时,康里部曾是克烈部脱斡邻勒汗—王汗的同盟者。《元朝秘史》把"康里"记作"康邻"(Qanglin),附加词尾音节末辅音n,是当时蒙古语的习惯。例如,将Qasi(河西)读作Qasin,就带有词尾辅音n。Qanglin这一写法,在《蒙古源流》的早期抄本中被忠实地保留下来。

在元代,康里人属于色目人。在元武宗时期,将康里兵士专门组编为"康礼卫"。康里人中出了一个赫赫有名的不忽木,他的儿子巎巎以精通汉文而负有盛名。

Qanglin又作Qanggin。《元史》卷121《速不台传》中有"杭斤"一名,因为这篇传记是以忽必烈汗时期王恽所撰的《大元光禄大夫平章政事兀良氏先庙碑铭》为蓝本写就的,说明"康邻"又作"杭斤",时间不会晚于忽必烈汗时期。《蒙古源流》后期抄本也将Qanglin写作Qanggin,其1777年的汉译本作"杭锦",这与今天的汉文写法相同。出现这种写法和读法的原因,大概与Qanglin、Qanggin的词根都是qang有关。Qanglin < Qangli < Qangliγ,其中包含后缀-liγ(相当于蒙古语的tu/tü、tai/tei),而Qanggin可能是qang的复数形式。依蒙古语直译,Qanglin即"有车的",Qanggin即"众车"。

在元代,康里人曾充任蒙古皇帝的亲卫军,后来同化于蒙古人中。杭锦(Qanggin)之名渐渐地被鄂尔多斯的某鄂托克使用,最后成了鄂尔多斯的一个旗名。

"杭锦"一名,见证了在蒙古民族形成过程中,不同历史时期非蒙古民族人口融入的事实。这说明,蒙古人乃单一血统民族的观点与历史事实实在相去太远。

（本文原为蒙古文，题为 *Eǰen-e · Alašan · Qanggin*，原刊于 Öbör Mongγol-un Nutuγ Usu（《内蒙古地名》）1981 年第 2 期，署名 Aradnakarba（阿剌忒纳嘎儿巴），后收入《亦邻真蒙古学文集》，内蒙古人民出版社，2001 年，第 179—187 页。译文承中国社会科学院民族学与人类学研究所乌兰老师译审，谨致谢忱。）

陕西渭河流域"蒙古族村"——拜家村源流小考①

内蒙古师范大学 谢咏梅

一 引 言

2006 年《西部时报》曾有一则报道,题目为《八旬老翁掀开蒙古族村面纱》,开篇即以"'蒙古族村'——拜家村"为题予以介绍。② 报道中所说八旬老翁就是拜国良先生,他曾于 2000、2001 年在《陕西史志》上陆续发表《陕西省的蒙古族村大荔县拜家村》和《拜柱其人其事其墓》两篇文章。③ 拜家村就是拜氏族人聚居的家族村落,位于渭河以北,洛河以南的沙苑地带,今辖于陕西省渭南市大荔县官池镇。此后,渭河流域的"蒙古族"村落及自称蒙古后裔的拜姓人群被世人所关注。

陕西省大荔县这些"蒙古人",正是生息于同治年间回民起义的发源地沙苑一带。因此早在 20 世纪 50 年代末,当代中国著名民族学家马长寿先生曾在其《同治年间陕西回民起义历史调查资料初稿》中即注意到这一蒙古族群体。1956 年至 1957 年,他们对陕西、甘肃两省十余县、市的回、汉族各界人士进行调查时便提及陕西省大荔县的蒙古人:

> 至(同治元年——引者)六月初一,回众由杨村一带攻打朝邑。路过的村庄有些是汉人,有些是一种汉化了的蒙古人,他们逃入了南山。这一带的汉人和蒙古人素与回回不睦。每逢唱戏不给回民看。当地的拜家、铁家、达家、沙家,原来都是元代蒙古人的后裔。附近汉人们常说:"不是回回,是奥台"。此"奥台"即是指蒙古人而言。④

从这些记载中可知,在陕西省大荔县有若干个村落,居住着已经汉化了的蒙古人,他们分别姓拜、铁、达、沙。马长寿曾亲自走访拜家村,目睹拜姓残存家谱和祖先图案以及碑铭,并说:"结合这些史料看,这一带的拜、铁、达等姓的确是蒙古人,他的祖先是在明代初年从河北涿州

---

① 本文系国家社科基金一般项目"蒙古札剌亦儿部及当代遗存研究"(10BZS048)之阶段性成果。
② 石俊荣、拜晓安:《八旬老翁掀开蒙古族村面纱》,《西部时报》,2006 年 3 月 22 日 07 版。
③ 拜国良:《陕西省的蒙古族村大荔县拜家村》,《陕西史表》,2000 年第 1 期,第 53—54 页;《拜柱其人其事其墓》,《陕西史表》2001 年第 1 期,第 52—53 页。收入《桑榆晚晴》,2001 年,第 6—8 页。笔者于 2012 年 2 月 13 日访问拜国良先生。
④ 马长寿主编:《同治年间陕西回民起义历史调查记录》之"大荔县调查记录",《陕西文史资料》第二十六辑,西北大学历史系民族研究室调查整理,陕西人民出版社,1993 年,第 104 页。此处所言奥台,疑似蒙古语敖特尔(otor)之陕西方言化,敖特尔是指游牧时可移动居所。在内蒙古土默特地区有许多以牧业为特征的地名,其中即有"袄太"之地名,(中共呼和浩特市委党史资料征集办公室、呼和浩特市地方志编修办公室编:《呼和浩特史料》第三集,1983 年,第 369 页)概与"奥台"同音不同字,在陕西汉地概指蒙古人。

迁到这里的。"①在1997年出版的《陕西通史》中对这一带蒙古人,尤其对拜姓蒙古人的来源有了以下记载:

> "在今大荔县南的管子池(今名官池)、帖家村和拜家村,居有达、帖、拜3姓,共4000多户。此3姓均原为蒙古人,都是明初从河北涿州(今河北涿县)迁来的。拜姓家谱记其家族原系蒙古木华黎之后裔,元大德(1297—1307年)、至治(1321—1323年)年间,改姓拜。明初,其祖先拜笃麟降明,奉命由涿州迁居大荔沙苑至今。拜家与达家世为婚姻,世与汉族通婚。由此也大致窥见陕西地区蒙古人融入汉族之轨迹。"②

以上记载叙述大荔县南三姓蒙古人的由来,还具体说明其中拜姓乃元朝开国名将木华黎的后裔。关于拜氏源流,拜东涛《拜姓家族》、拜怀德《家之源流》等资料均有所叙述。2012年2月9日—13日,笔者对位于陕西省渭南市大荔县官池镇的拜家村进行了考察,并在前人研究的基础上,结合相关历史资料试图对其源流作进一步探讨。③

二 有关大荔南三姓源自蒙古的传说和记载

(一)传说与家谱

在拜家村及其近边村落,民间盛传:"帖、答、拜不用猜,就是蒙古人"的传说④。这些蒙古人虽已融入汉文化当中,并在关中地区与众多汉族一同生息繁衍数百年之久,然而,这些传说促使他们仍不得不关注自己的族源,而使这些传说更具说服力的是流传至今的拜氏家谱。

家谱是梳理聚族而居的血缘群体的族人之间的关系以及探本溯源的重要依据⑤。有关渭河流域拜姓家族的渊源,流传至今的《陕西同州府大荔县洛南兴平村高阳里拜八家》(下简称《拜氏家谱》)家谱中有所记载,该家谱是拜氏二十三世族长拜世孝(字谟堂)于民国九年(1920)所修⑥。兴平村是指清末民国时期拜家村。拜家村拜氏族人共分六门十八户,每一户皆有家谱,又称户谱,《拜氏家谱》除了文本,还配有祖影,即延请画匠根据家谱所记载的族人世系而绘制祖先画像,由上而下,男左女右,依次排列,着以色彩,附以姓名,十分生动。当地又称其为"影轴",绘有始祖以来各祖先画像的"影轴"称为"总影轴"或"神轴"。家谱与"影轴"由户脑,即长子收藏,分家时要另绘分支祖影,称为传影。每逢过年或遇有婚丧大事,都要悬挂"神轴",由家族成员跪拜祭奠祖先⑦。今唯有流传于世的"拜八家"户谱,记载了拜氏一世至二十七世的衍传脉络,其中有谱序、例仁、例义、世系、世系、世传、外传、谱训等谱八条,成集于道光八年(1828)。此外拜家村还藏有一幅"总影轴",即当地人所谓的"神轴"。

家谱"谱序"中写道:

---

① 马长寿主编:《同治年间陕西回民起义历史调查记录》之"大荔县调查记录",《陕西文史资料》第二十六辑,西北大学历史系民族研究室调查整理,西安:陕西人民出版社,1993年,第117页。
② 张岂之、史念海、郭琦主编:《陕西通史》第13卷"民族卷",西安:陕西师范大学出版社,1997年,第241页。
③ 沿着此线路我们搜集了相关资料,并于2012年2月9日—13日,笔者对陕西渭南市大荔县官池镇拜家村进行了考察。
④ 受访者:拜武成,84岁,拜家村村民,笔者于2012年2月12日进行访问。
⑤ 段友文:《黄河中下游家族村落民俗与社会现代化》,北京:中华书局,2007年,第472—473页。
⑥ 该家谱现存同族拜志俊手中,2012年2月11日,笔者在拜家村对拜志俊进行了访问,并有幸翻阅该家谱。
⑦ 受访者:拜武成,同注④。

> "详察关中望族,惟拜姓从蒙古迁入中原,自元初有谓孔温者……生子木华黎,好武骑……至七世,有东平王拜住者,顺宗时,当选驸马,武艺精通,镇守北边,封镇国将军,后以拜为姓,迁冯翊(同州—引者)大荔居焉。户大族繁,孙支繁衍……"

家谱"世繇"中又载:

> "余拜族者,始祖居蒙古,允称巨室之家,世仕元朝,累列大臣之选……如始祖一世忠宣公,二世忠武公,三世忠定公,四世武靖公,五世忠宪公,六世忠简公,七世忠献公,均佐天庭,两世为相,继辅君国……"

家谱的"世系表"中还列出祖先的名讳:始祖孔温、二世木华黎、三世孛鲁、四世霸都鲁、五世安童、六世兀都带、七世拜住、八世笃麟。笃麟又称拜笃麟,是为拜家村开基祖。"神轴"正中上方写有"历代祖先神主"字样,右侧最上方依次排列七代世祖遗像,分别为孔温、木华黎、孛鲁、霸都鲁、安童、兀都带与拜住。可知,在清代拜氏族人不仅确知该族系源自蒙古且清晰地记忆着祖先世系。家谱"世繇"中所提及的忠宣,"谱序"和"世系表"中所列的"孔温",即《元史·木华黎传》中的孔温窟哇,据黄溍所作《拜住神道碑》,追溯拜住祖先之名和谥号,六世祖孔温窟哇谥忠宣,五世祖木华黎谥忠武,高祖孛鲁谥忠定,曾祖霸都鲁谥忠靖①,祖安童谥忠宪,父兀都台谥忠简,拜住本人,泰定元年(1324)谥忠献②。世次与"世系表"和"世繇"完全符合,而"世系表"和"世繇"中的始祖(一世)至七世,名字与谥号的对应也可得到《拜住神道碑》的证实。

家谱中多处记载拜住谥号为"忠献"。据《元史·拜住传》载,泰定初年赠拜住"清忠一德[佐运]功臣、太师、开府仪同三司、上柱国,追封东平王,谥忠献"③。但是,据黄溍所作《拜住神道碑》载,在元顺帝年间(缺年—引者),又加赠"孚道志仁清忠一德功臣,进封郓王,改谥文忠,太师、开府仪同三司、上柱国如故"④。从黄溍所做《中书右丞相赠孚道志仁精忠一德功臣太师开府仪同三司上柱国追封郓王谥文忠神道碑》题中亦可见一斑。《元史·拜住传》则仅载拜住于"至正初,改至仁孚道一德佐运功臣,余如故",显然残缺,可知,家谱中拜姓七世以上的记载疑可能参考了《元史》当中的相关记载而得以补充。

(二)清与民国时期方志与碑铭记载

清与民国时期纂修的大荔县方志以及清道光年间拜住奉旨入祀碑铭当中亦可寻得拜氏族源。清道光三十年(1850)所绘《清代大荔南乡图》中,朝邑界沙苑一带标有兴平村,其西南为杨村屯,两村之间则写有"拜家"二字,属大荔南乡⑤。清光绪十一年(1885)修《大荔县续志》之保甲总图、(清光绪)第十二(杨村)保图中之第3甲即为兴平村⑥,俗称拜家村。可见拜家

---

① 此处谓霸都鲁为孛鲁子,钱大昕《元史氏族表》则记为孛鲁孙(廿五史补编本,上海:开明书店制版,1937年,第2页)。此处记载符合《元史》及黄溍《拜住神道碑》。参见拙文《札剌亦儿部若干家族世系》,《元史论丛》第十三辑,天津:天津古籍出版社,2010年,第181页。
② 黄溍:《中书右丞相赠孚道志仁精忠一德功臣太师开府仪同三司上柱国追封郓王谥文忠神道碑》(即《拜住神道碑》),《金华黄先生文集》卷二四(《四部丛刊》初编本,第1—5页上)。
③ 《元史》卷一三六《拜住传》,第3306页中华书局点校本,1976年。
④ 黄溍:《中书右丞相赠孚道志仁精忠一德在功臣太师开府仪同三司上柱国追封郓王谥文忠神道碑》,《金华黄先生文集》卷二四,《四部丛刊》初编本,第6页上。
⑤ 熊兆麟《大荔县志》卷一,道光三十年(1850),第6—7页。
⑥ 周铭旂《大荔县续志》,清光绪十一年(1885)第1—2页;12—13页。

村在清代已成为拜姓族人聚居的家族村落俗称。《大荔县续志》中又记:

> "拜住世居蒙古,其先木华黎,从太祖开拓疆宇,祖安童,相世祖……明洪武中其孙(即拜住孙——引者)克昌始自平江迁葬于同州华志乡,在今县南乡之兴平村,子孙因以为姓,故兴平亦称拜家村。"①

这里所说兴平村即今拜家村的前身。明代五柳村(拜家村)属同州,南华志乡下辖13里之一。同州于雍正十三年(1735)升府,以本州地改置大荔县。② 乾隆三十四年(1769),大荔县设军屯性质的22屯、10营、12寨。道光三十年(1850),废里存乡,以乡辖村,兴平村(拜家村)属南乡34个村之一。光绪二年(1876),又改行保、甲制,兴平村属十二保(驻地杨村)6甲之一。民国初沿用清制。民国二十八年(1939),又改行乡、保、甲制,乡设乡公所。民国三十四年至三十八年(1945—1949),兴平村属渭阳乡(驻地阳村)一保4村。1949年3月4日大荔县解放,县人民政府成立后,全县设10个区、69个乡、161个村,兴平村正式批准更名为拜家村。③ 从这段资料可以窥知,在清代已确知拜氏族人源自蒙元勋臣木华黎。

民国二十六年(1937)的《续修大荔县旧志存稿》中述及当地宗教时写道:

> "沙南又有蒙族三姓,曰铁、曰答、曰拜,自前明由燕地迁居本县,其人壮实耐劳,与汉族渐习联络,久通婚姻。"④

可知直至民国仍旧认可拜姓为蒙古族。

此外,《大荔县续志》载拜住曾于"道光五年(1825)入祀忠义孝悌祠"⑤。其"祠祀志"中也载,忠义孝悌祠是于同治八年(1869)由邑绅李春源捐资重修,并列有入祀功臣,其中即见"元右相东平王忠献公拜住"之名⑥。据《续修大荔县旧志存稿》卷六"祠祀志"载,在忠义孝悌祠内有雍正年间所立碑,刻有入祀者姓名,但因拜忠献公等人是晚于道光年间方入祀,碑中不见其名:"然,升堂瞻仰,巍巍一主,大书官爵封谥,曰拜忠献神位。"《续修大荔县旧志原稿》已迟至抗日战争开始的1937年编纂,据作者当时了解,"祠内寓公则春秋并无官绅致祭。惟拜裔多人按季罗拜……忠献公福寿多男,子孙籍兴平村者数百家……"⑦

清道光年间拜住不仅奉旨得以入祀大荔县忠义孝悌祠,而且当时还立有碑,题为"先忠献公奉旨入祀记",曰:

> ……若拜忠献公,元之世臣也,考《元史》,自忠宣孔温窟哇佐太祖,传忠武木华黎,忠定孛鲁俱封鲁国王,武靖霸都鲁,忠宪安童、忠简兀都带,盖七祀而至忠献,俱封东平王……盖自道光五年十一月廿四日奉旨于天庭准行冯翊,⑧即将忠献公列于大荔县忠义

---

① 周铭旂修:《大荔县续志》卷一〇《耆旧传上·元》,清光绪十一年(1885),第7页。
② 《清史稿》卷六三《地理志》,北京:中华书局,第2095页。
③ 《大荔县地名志》,转引自拜东涛《拜姓家族》(内部资料)。
④ 《续修大荔县旧志存稿》卷四"土地志·风俗二·宗教",陕西省印刷局承印,1937年,第5—6页。
⑤ 周铭旂修:《大荔县续志》卷一〇《耆旧传上·元》,清光绪十一年(1885),第7页。
⑥ 周铭旂修:《大荔县续志》卷六《祠祀志》,清光绪十一年(1885),第4页。
⑦ 《续修大荔县旧志存稿》卷六《祠祀志—续编》,陕西省印刷局承印,1937年,第1页。
⑧ 冯翊,同州古郡名。

祠内,设位致祭,提名石碑,俾得流传永久……①

最近发现的于民国十二年(1923)所立"大乡望昌生拜公暨配薛孺人墓表"中也明确记载墓主拜昌生是"元右相东平王拜忠献公十六世之裔"②。从这些大荔县方志与碑铭记载,我们不难看出,在清与民国时期拜姓家族人丁兴旺,且以蒙元勋臣拜住的后裔自居。

三 有关拜姓迁出地考

(一)迁自燕地河北涿州说

《续修大荔县旧志存稿》说:沙南蒙古族"自前明由燕地迁居本县"。马长寿《同治年间陕西回民起义历史调查记录》中则说,大荔县境内的蒙古人的祖先是"在明代初年从河北涿州迁到这里的"③,上引:《陕西通史》沿其说:此三姓蒙古人"都是明初从河北涿州(今河北涿县)迁来的。"

三姓蒙古人何以从涿州迁来? 可能与拜住家族的封地有关。安童的碑、传记载,至元二年(1265),安童出任中书右丞相,增赐食邑至四千户。④ 未指明食邑所在。拜住的神道碑则指出"别赐忠宪王开国元勋命世大臣之碑,敕翰林侍讲学士元明善制为铭辞,树于王所食采地范阳之通逵"⑤。元朝大都路领十州,其中涿州以范阳县为倚郭,所以范阳就是指涿州。⑥

然而,与拜住碑所记不同,收入《元文类》的《丞相东平忠宪王碑》则载"碑建大都良乡之通逵"。《元史·英宗本纪》却说"敕立故丞相安童碑于保定新城"⑦。清乾隆年间直隶总督某欲立碑刻已文,有州判张某说保定府新城多旧石刻,可取为碑材,即派人访寻,先找到碑趺,然后在一里外找到碑身,阳面是蒙古书,翻看背面,额云:"大元敕赐开国元勋命世大臣之碑",碑文记建碑地点与《英宗纪》所说新城相同,而不是《元文类》所载碑文的良乡。据见过碑拓的钱大昕解释:"板本云'碑建大都良乡之通逵',石刻作'新城'者,初拟立石良乡,后乃定于新城也。其地曰高碑店,盖以此碑得名,距涿州三十里,实新城县之西北境也。"⑧

拜住碑说他本人"葬于大都宛平县□□乡田村之原"中缺二字。元大都路直辖六县,宛平"与大兴分治郭下",相当于今天的北京东西城区。

---

① 50年代末,马长寿于兴平村村公所门口看到此碑并摘录碑文,并整理刊出。参见马长寿:《同治年间陕西回民起义历史调查记录》,载《马长寿民族学研究著作选》,上海人民出版社,2009年,第261页。该碑是民国年间重修后的石碑。后因渭河冲击,被掩埋于田地里。2009年11月被拜家村村民拜顺平挖掘,今置于其家门前,碑已两处断裂,但字迹仍清晰可辨,笔者于2012年2月11日曾前去考察该碑。

② 该碑于2011年被拜家村卫生所拜明旗医生发现于村头墓园。笔者一行于2012年2月11日曾考察该碑,并首次解读碑铭。

③ 马长寿主编:《同治年间陕西回民起义历史调查记录》之"大荔县调查记录",《陕西文史资料》第二十六辑,西北大学历史系民族研究室调查整理,西安:陕西人民出版社,1993年,第117页。

④ 《国朝文类》卷二四《丞相东平忠宪王碑》,《四部丛刊》本,第4页下、第9页;《元史》卷一二六《安童传》,第3081页。

⑤ 黄溍:《中书右丞相赠……追封郓王谥文忠神道碑》,《金华黄先生文集》卷二四,第2页下,《四部丛刊》本。

⑥ 《元史》卷五八《地理一》:"大都路……领院二。县六。县六:大兴,赤。宛平,赤。与大兴分治郭下。……州十:涿州,下。……领二县:范阳,下。倚郭"(第1347、1348页)。

⑦ 《元史》卷二七《英宗本纪一》,至治元年十一年丙申,第615页。

⑧ 钱大昕《潜研堂金石文字跋尾》卷19/16下1,《石刻史料新编》25册,台北:新文丰出版公司,1986年,第18983页。

《拜氏家谱》序中有关于拜住的记载:惟忠献公"为仁宗、英宗之佐","不意小人道长,君子道消","英明犹陷,开天降地,御葬于所建之都;忠献亦遂致命成仁"。这几句正是述说拜住与英宗于至治三年(1323),在以铁失等为首的党羽所发动的"南坡之变"中遇害之事①。至治初年,年少的拜住为左丞相辅佐英宗实行新政,引起皇太后答己和右丞相铁木迭儿的反对。至治二年,铁木迭儿与答己虽然相继死去,但以铁失为首的余党乘英宗、拜住等自上都南返途中发动政变,杀害了英宗与拜住。马长寿曾访问拜家村拜锡麟,得知:"初,拜姓与帖姓不睦,原因是拜住丞相当年是被帖失御史刺死的,有此世仇,故不婚姻,直到清光绪年间两姓才开始通婚"②。谱序又说:拜住"筮葬于所封之域",就是说他死难后葬在自己的封地内,应与安童一样葬于"所食采地",联想起《元文类》碑称安童"碑建大都良乡之通逵",良乡也是大都路所辖六县之一,位于宛平县之南,相当于现今北京的郊区县,很可能拜住碑文中的"宛平县"之后脱"南"字,"乡"之前脱"良"字。也就是元明善草撰安童碑文时初拟立碑的地点。他们家族树碑或墓地所在的良乡、涿州(范阳)和新城(今县城就在安童碑所在的高碑店),正好都在北京到保定的大道(通逵)上,世祖赐予安童"所食采地"大概就在以涿州(范阳)为中心,北至良乡,南至新城这片范围内。

由此可见,拜姓等三姓蒙古人是从燕地—河北涿州迁来的说法是有可能的。

(二)迁自平江之说

《拜氏家谱》序文记载七世祖忠献公,即拜住,"有上相平江之封,万亩之田敕赐"。接着说:"故瑞兆公遂隐居不仕。""迨明朝革命,原自平江潜遁冯翊(同州)"。谱序前文则具体提到所迁县和村:"后以拜为姓,迁冯翊大荔兴平居焉。"家谱中的"世系"记载略有不同,称拜住于至治二年,"薨于燕京,归葬于平江"。其子笃麟当时改姓,取拜住之"拜"字为姓,称拜笃麟"自明永乐初年,将忠献公之灵柩,即从平江迁葬冯翊所属沙苑南,渭水北,近阳村,兑山震向,立为先祖茔"。

至治三年(1323),英宗等自上都南返途中,铁失等发动"南坡之变"杀害了英宗与拜住。南坡在上都以南,今内蒙古正蓝旗境内,不是家谱所载拜住所薨的"燕京",如前引拜住碑文所示,葬地在大都宛平县南良乡,即今北京东西城区,并不在平江。

除了家谱记载之外,清光绪十一年(1885)修《大荔县续志》中也记拜住孙克昌于明洪武中"始自平江迁葬于同州华志乡"③。克昌是笃麟子芳华,曾任浙江布政。④

笃麟,应即拜住次子笃麟铁穆尔(又作笃恰帖木儿、笃恰铁木儿,笃鹿帖木儿)。《拜住神道碑》载,长子答利麻硕理,在拜住死难几年后病故。次子因牙纳硕理,文宗时赐名笃麟铁穆尔。十一岁时,袭父兄环卫职,佩虎符,任宗仁蒙古卫亲军都指挥使。他任环卫也见于《元史·文宗本纪》,载有"赐怯薛官笃怜铁木儿玺书"之事。⑤ 文宗即位后的天历二年,设奎章阁学士院,"命儒臣进经史之书,考帝王之治"。又"设奎章阁授经郎二员","以勋旧贵戚子孙及近

---

① 《元史》卷二八《英宗本纪二》,第623页。
② 马长寿主编:《同治年间陕西回民起义历史调查记录》之"大荔县调查记录",《陕西文史资料》第二十六辑,西北大学历史系民族研究室调查整理,西安:陕西人民出版社,1993年,第118页。
③ 周铭旂修:《大荔县续志》卷一〇《耆旧传上·元》,清光绪十一年(1885)。
④ 拜世孝:《陕西同州府大荔县洛南兴平村高阳里拜八家》之"世系",1920年。
⑤ 《元史》卷三六《文宗本纪五》,至顺二年三月丙申条,第802页。

侍年幼者肄业",他也以勋旧子孙和近侍的身份被文宗"命受经于奎文阁"①。以后他历任崇福司使(从二品)、太常礼仪院使(正二品)、太禧宗禋院使、大宗正府也可札鲁忽赤、宣徽院使、知枢密院事②(以上皆从一品),其间曾两度入翰林兼国史院和蒙古翰林院,出任院首长翰林学士承旨。至正八年(1348),顺帝敕翰林院臣黄溍撰写拜住神道碑文,并特旨笃麟铁穆尔迁大司农。③ 顺帝于至正元年,改奎章阁为宣文阁,有时来宣文阁"阅经史,以左右儒臣为经筵官,日侍讲读"④。"选中书、枢密、御史台、翰林国史之臣以见职知兼经筵"。至正七年(1347)正月,笃麟铁穆尔曾与右丞相别儿怯不花奏请敕赐经筵题名碑,这时他的官职是翰林学士承旨知经筵事。⑤ 至正十三年,笃麟铁穆尔又以宣政院使知经筵事。⑥ 枢密院是元朝的最高军事机构,两翰林院是蒙汉最高文字学术机构,也就是说,他曾分别出任文武国家机构的首长。黄溍称赞他"端粹博硕,尚文而下士","人以为能世其家"。文宗还封赐他一个汉人字号"明良"⑦。

从文宗到顺帝在位期间,现存若干条有关笃麟铁穆尔的怯薛轮值史料(天历元年十二月二十七日——至正十二年闰三月十六日),其中6条可确认麟铁穆尔为第三怯薛长。⑧ 怯薛,负责宫城防卫,怯薛长则需三日轮值,不得离开宫城,不可能迁居外地。拜笃麟之名,可能是因迁居陕西的后人仍记得笃麟铁穆尔之父"拜住"的盛名,以其名首字"拜"为姓,并按汉人的习惯,将笃麟铁穆尔缩留二字,故改为拜笃麟。《陕西通史》说"元大德(1297—1307年)、至治(1321—1323年)间,改姓拜"不知何据?可能因这时正值拜住在世,将蒙古名"拜住"理解为姓拜名住了。

那么,拜住父子究竟与平江有何渊源关系?据《元史·拜住传》载,至治二年(1322)六月壬寅,英宗"敕赐平江腴田万亩。拜住辞曰:'陛下命臣鳌正庶务,若先受赐田,人其谓何?'帝曰:'汝勋旧子孙,加以廉慎,人或援例,朕自谕之。'"⑨接着在七月丁未日,作出"赐拜住平江田万亩"的决定。⑩ 这与家谱所记"平江之封,万亩之田"完全吻合。

天历二年(1329),文宗即位,又宣布"旧赐拜住子笃麟帖木儿平江田百顷(即万亩官田—引者),官尝收其租米,诏特予之"⑪。顺帝元统二年(1334)四月,中书省据户部上呈的文书,向皇帝建议:前朝给贵族勋臣和寺院"元拨赐与来的地土,验数还官"。其中就包括"拜住丞相的一百顷田内,五十顷还官"⑫。以上事实皆说明拜住父子在平江有田地,平江与其家族

---

① 《元史》卷八八《百官志》,第2222页、卷三三《文宗本纪二》,第732页。
② 《元史》卷四一《顺帝本纪四》,至正五年:"是岁,宣徽院使笃怜铁穆迩知枢密院事。"第874页。
③ 黄溍《拜住神道碑》《金华黄先生文集》卷二四,"四部丛刊"本,第6页下。
④ 汪克宽:《宣文阁赋》,《环谷集》卷一,康熙刻本。又《全元文》第52册,第90页。
⑤ 许有壬:《敕赐经筵题名碑》,《至正集》卷四四台湾元人文集珍本丛刊本。又《全元文》第38册,第315页江苏古籍出版社。
⑥ 《元史》卷四三《顺帝本纪六》,至正十三年二月壬戌,第908页。
⑦ 吴当:《明良诗》,《学言稿》卷一,《四库全书》本。
⑧ 萧启庆:《内北国而外中国:蒙元史研究》(下册),北京:中华书局,2007年,第539页。有关笃麟铁穆儿番直日次,请参见叶新民:《关于元代的"四怯薛"一文》。洪金富:《元朝怯薛轮值史料考释》,见《"中研院"历史语言研究所集刊》74~2(2003年)。
⑨ 《元史》卷一三六《拜住传》,第3304页。
⑩ 《元史》卷二八《英宗本纪二》,第623页。
⑪ 《元史》卷三三《文宗本纪二》天历二年三月甲戌,第732页。
⑫ 《至正条格》校注本卷二六,韩国学中央研究院编,2007年,第59—60页。

确有关系。

家谱中又载"不意小人道长,君子道消",拜住"遂致命成仁",正是说拜住与英宗于至治三年(1323)年,在以铁失等为首的逆党所发动的"南坡之变"中遇害之事。① 南坡在上都以南,今内蒙古正蓝旗境内,与家谱所载拜住所薨"燕京"之地尚有一段距离。

四 何人何时始迁陕西冯翊

拜姓蒙古人何时并由何人开始迁往陕西也有不同的说法。前引谱序在提到拜住被害后说:"故瑞兆公遂隐居不仕。""迨明朝革命,原自平江潜遁冯翊(同州)"。家谱中的"世繇"记载略有不同,称拜住其子笃麟当时改姓,取拜住之"拜"字为姓,称拜笃麟,"自明永乐初年将忠献公之灵柩即从平江迁葬冯翊所属沙苑南渭水北"。《大荔县续志》则说拜住孙克昌于明洪武中"始自平江迁葬于同州华志乡"②。克昌为笃麟子芳华,曾任浙江布政。

从以上记载看,始迁冯翊的有"瑞兆公"、拜笃麟和拜住孙克昌三种说法。时间则有"迨明朝革命"、"洪武中"和"永乐初年"三说。先分析家谱中"世繇"的记载,笃麟铁穆尔文宗时十一岁,袭父兄环卫职,如按天历二年(1329)文宗正式即位时算,他应生于1319年,永乐初年(1403-)已有八十多岁,恐已不在世。按《大荔县续志》的说法,是拜住之孙克昌才始迁同州,他曾任浙江布政,就是说降明后还出任过官职。

至于自平江迁出之说颇值得斟酌,虽然拜住父子曾受赐平江田,但这不等于太宗丙申年受赐投下分地。皇庆二年(1312)朝廷发现,凡赐给"江南平江等处系官地内,拨赐与了诸王、公主、驸马并寺观、诸官员每的地土,他们自委付着管庄的人每,比官司恣意多取要粮斛分例骚扰"。因此建议:"佃户合纳的租粮,官仓里收了,各枝儿却于仓里验着纳来的数目关支。"③也就是说,受赐田地的主人并不直接收租,而是由官仓代收。前述天历二年文宗即将"旧赐拜住子笃麟帖木儿平江田百顷,官尝收其租米,诏特予之"就是在拜住被害后,其子还年幼,直到这时才将官家代收的租米交还给他们。

平江即今苏州,是江南鱼米之乡,有南宋大量官田,元朝将这些田土陆续分赐给诸王、贵戚、勋臣和寺院,多达五百顷的有四五家,未闻有人移居平江。联系序文所说考虑,很可能是"故瑞兆公""自平江潜遁冯翊",此瑞兆公不知何人? 或只不过是拜住家派驻平江收租的家人,顶着拜住的声名,将主人笃麟铁穆尔冠姓为拜,按蒙古人以部落主人氏族为姓的习惯,从此改汉姓拜。拜住葬地在他的神道碑中有明确记载,因此家谱所言"归葬于平江"之说并不可靠。联系到拜姓从涿州迁来的另一传说,恰巧涿州也是元世祖赐给安童食邑四千户所在,拜笃麟或其子孙某一人不可能分身两处,但这两处都可能有拜住的属人,可能在明朝,他们或有可能分别从两地迁往陕西,故留传着来自两处的矛盾记载和传说④。

然而今拜家村村民当中不仅有来自平江之地的相关故事流传,拜氏老人们对当年村头的

---

① 《元史》卷二八《英宗本纪二》,第623页。
② 周铭旂修《大荔县续志》卷一〇《耆旧传上·元》,清光绪十一年(1885)。
③ 《至正条格》校注本,卷二六,韩国学中央研究院编,2007年,第57—58页。
④ 今江苏等地仍有拜姓,传说是木华黎后裔,笔者尚未及调研。

拜氏坟园记忆犹新。《拜氏家谱》开篇就绘有"拜氏始祖坟图",右侧附有"兴平村西南,渭水北,粤稽百世始祖平阳坟"字样。图中绘有四座古墓,配有墓碑。上首一座据说是拜住母亲坟,另三座并列排于其下,其中即有拜住墓。道光十二年(1833),皇帝谕旨,在拜住坟前树一通天碑,碑额上镌刻"圣旨"两个大字,碑文坚写"皇清敕旌元右相东平王忠献公墓"①。1957年因在黄河修建三门峡水库,大荔县开始修筑渭河防洪大堤,拜家村按规划整体向北移十华里,仍称拜家村。村里至今仍保留着搬迁时村民自己拍摄的坟园照片。此外,《坟图》之后还另有《拜氏家庙图》。

所谓"敕旌"是清朝的一种制度。雍正二年(1724)皇帝谕令"旌表节义"。礼部遵旨议定:行令各省府州县于学宫内建忠义孝悌祠。乾隆四十一年(1776)上谕:"前以明季殉节诸臣,各为其主,义烈可嘉。""复念建文革除之际,其臣之仗节死难者……成仁取义,岂可令其湮没,自当一体议谥。"于是礼部遵旨奏定:凡明代及以前"异代之臣",因各省府州县俱有忠义祠,令有司在诸臣原籍设牌入祠。敕下翰林院撰拟专谥及通谥文各一篇,交礼部刊发直省,令所在按式成造木榜,填书某官姓名谥字,附载事实于后,悬诸祠内,"以发幽光而昭公道"。"其有后裔尚存,愿于祠、墓自行镌立碑石者听"②。由于乾隆时才敕旌"异代之臣",因此忠义孝悌祠内雍正年间所立石碑,不见拜住之名。拜住本是蒙古人,原籍不在陕西,但大荔有人自称他的后裔,而拜住在元朝官至一人之下的右丞相,又是同皇帝一起殉难,事迹载于正史。道光间大荔县响应朝廷敕令表彰忠义,当然府、县官要将拜住上报朝廷。上报的事实根据皆来源于拜家的传说和家谱,并非另有史源。道光五年(1825),入祀忠义孝悌祠。同治八年(1869)又重修后,正式列名于"入祀功臣"之中。拜姓人因有朝廷表彰,于是既建家庙,又修祖坟,因此到道光年间在墓前镌立石碑,光祖耀祖。

实际上,拜氏迁冯翊后,世代为农民,家世凭口耳相传,久之传说难免失真。《拜氏家谱》的序文正反映了这种情况。如误口温窟阿为口温,说他世祖时参与平宋,又说木华黎与伯颜开西域等等,虽与史实不符,然所列世系不误,人名虽有简略,基本上没错。拜家村流传一首民谚——"帖丞相,拜驸马,答国公"。传说拜姓祖先是"忠臣"或朝廷驸马,被铁姓的祖先杀害。《拜氏家谱》谱序中也有"东平王拜住者,顺宗时,当选驸马,武艺精通,镇守北边"的记载。这段话所说时间和职守都和《元史》不符,但在黄溍的《拜住神道碑》中却能曲折印证。英宗曾"诏姻宗室女",可能因拜住恪守札剌亦儿人"亲连天家,世不婚姻"的传统而拒绝了此次婚姻。③ 此事却被视为当选驸马成为佳话流传于子孙后裔当中。

以上数例,恰恰反映出这批蒙古人对数百年前自身的来历,仍残留着模糊的记忆。某些完全与《元史》吻合的现象反而靠不住。如拜住的母亲克烈氏,同拜住一样,不可能葬于平江。由于她"年二十二,寡居守节"。对拜住从生活到为官处世皆进行严格的教育。故《元史·拜住传》称:"拜住之贤,母之教也。"④她的事迹完美体现出清代崇尚节妇的标准,因此亦有可能虚构一座拜住母之墓。又如清朝大荔县忠义孝悌祠中"入祀功臣"的牌位,以及"敕旌"拜住的

---

① 拜东涛:《拜姓家族》(内部资料)。
② 光绪《钦定大清会典事例》卷四四四《礼部·群祀·(春秋祭八旗左右翼及)直省府州县立忠义孝弟祠节孝祠》。中华书局影印。
③ 黄溍:《拜住神道碑》,《金华黄先生文集》卷二四,《四部丛刊》初编本,第5页上。
④ 《元史》卷一三六《拜住传》,第3306页。

墓碑,皆称为"元右相东平王忠献公",也完全符合《元史》的记载,殊不知元顺帝时,拜住的爵位已由二字东平王进封一字"郓王,改谥文忠"①,却被《拜住传》漏载。若拜住后人有谱牒在身,决不会将这件有关祖宗荣耀的重要史实弄错。可见墓碑的称谓是在受"敕旌"时据《元史》记载镌刻的。

拜家村村民中传说自平江迁来的拜住母子墓,更应该是为适应当地表彰忠臣、节妇而建的衣冠冢。

五 结语

自明初以来,自认为蒙元勋臣拜住后裔的拜姓子孙一直生息繁衍于渭河以北、洛河以南沙苑地区,聚族而居,形成黄河中下游典型的拜氏家族村落——拜家村。在不同时期,拜家村虽然有着不同的称呼,但一直俗称拜家村,1949年后正式成为村名。在50年代民族识别时拜姓族人均被划为汉族。今拜家村聚居4000余拜氏族人,主要以农业为生。

由于长期浸润汉文化,拜家村拜姓族人拥有着浓厚的宗族意识,有自己的《拜氏家谱》,现存道光八年(1828)编修和民国九年(1920)重修的家谱,除文本流传外,家中还有祖影,即影轴或神轴,供后人记忆和祭拜。家谱中图绘着曾有过的祖先坟园和"拜氏家庙"。据老人们回忆,除了家庙,每逢佳节拜姓族人都要去大荔县"忠义孝悌祠"祭拜祖先。每年大年初一或清明,也要去祭拜祖坟。

80年代以后,随着改革开放,中国农村出现了寻根问祖的热潮。元朝北归时留居汉地的蒙元后裔们也开始寻找自己的根,开始了自我认识过程。拜姓于2002年编撰《拜氏家谱》、2005年10月在陕西省大荔县召开了拜姓家族历史研讨会,2006年有探讨本族源流的《拜姓家族》等资料编成。在外地,还有《江苏省苏中拜氏家族家谱》等也陆续问世。

然而,这些留居汉地的蒙元后裔在以汉族的宗族观念追溯祖先时,却遇到一个与其他汉族邻里不同的族源问题。据拜家村老人们回忆,小时候不仅他们自己,周边人也都知道他们拜姓人是蒙古人,残留的零星记忆使这些后裔们开始踏上"寻根问祖"之路,经一些族人的努力使世人开始关注这一蒙元后裔群体。但由于种种客观原因,陕西渭河流域拜姓蒙古人仍以这一纠结的身份存在至今。

拜姓作为札剌亦儿部木华黎后裔,从而使他们与河南洛阳——南阳市李氏家族;福建泉州燕山脚下小坝村出姓家族;山东——阜新李姓蒙古人一起,构成留居汉地的木华黎后裔之四大主体。通过对他们系统而深入的探讨,可以进一步认识留居汉地的木华黎后裔,乃至北方民族后裔的历史发展轨迹。关注这个问题,可为我们梳理和认识中国内地与蒙元帝国遗产之间的关系,以至对研究蒙元以来中国的民族融合与发展,以及多民族国家的形成提供一个新的思路。②

---

① 黄溍:《中书右丞相赠孚道志仁精忠一德功臣太师开府仪同三司上柱国追封郓王谥文忠神道碑》,《金华黄先生文集》卷二四,《四部丛刊》初编本,第6页上。

② 笔者前去陕西省渭南市大荔县官池镇拜家村考察之际,得到了西安交通大学医学院教师杨志平、拜家村拜志乾、拜明旗等诸多先生的大力支持,尤其感谢杨志平老师不仅提供给我诸多资料,并陪同我辛苦考察。在论文写作过程中也得到了周清澍先生诸多启发和帮助,论文才得以完善,一并表示诚挚的谢意。

成吉思汗时期的哈剌鲁人

——以海押立、阿力麻里地区的哈剌鲁人为中心

新疆大学 马晓娟

哈剌鲁,即唐之葛逻禄,是中古时代蒙古草原和西域历史上非常重要的突厥语部族。蒙古元朝时期,汉文文献中多将其记为哈剌鲁、合儿鲁、哈儿鲁、匣剌鲁、柯耳鲁、哈鲁、阿儿鲁、哈剌奴、罕禄鲁等,其皆为拉丁文 KARLUK 的音译转写。学界关于哈剌鲁人的探讨已有了相对丰富的研究成果,然而对其研究时段却主要集中于唐代和元代,唐元之间哈剌鲁人的研究则显薄弱。本文拟以西辽末期,成吉思汗兴起时期分处海押立、阿力麻里的哈剌鲁人归附成吉思汗的相关情由作以探讨。

一 海押立(Kayalik)阿儿思兰汗(Arslan Khan)家族的归附

海押立,汉文文献中亦作"海牙里"。为突厥语,意为"有秃岭之地"、"有峭壁之地"①。此城的具体位置,现已无从考起。其大致范围在巴尔喀什湖东南 Kopal 附近。据《伊斯兰百科全书》"Kayalik"词条作者所言,"海押立"首次在历史上被提及即是作为哈剌鲁人首领阿儿思兰汗的统治地而出现。巴托尔德认为海押立城在 12 世纪以前并未修建。② 张岩先生则认为此城属于阿力麻里,可能形成于 8 世纪中叶,即葛逻禄人在哈萨克草原建立葛逻禄汗国前后。③ 可见,欲以说明海押立城的由来似乎已是难事。

毋庸置疑的是,西辽末期,海押立的统治者为哈剌鲁人阿儿思兰汗。对此家族,杨志玖先生以及杨毓骧和温琪宏先生已作过专门探讨。笔者拟在前人研究基础上,就其相关问题作进一步的梳理和探析。

1. 归附之背景。

首先,其宗主国西辽帝国的颓势。13 世纪初,原本就已充满内忧外患的西辽帝国,此时却更以高压方式统治属国、属部,致使各种矛盾错综交织,帝国内部不满情绪日渐激增。于阗算端(Sultan)趁西辽国势衰弱便不再服从菊儿汗(Gür-Khan),而菊儿汗认为阿儿思兰汗亦有二心,便征召其从讨于阗,企图乘机加害。幸有西辽将领塔阳古与阿儿思兰汗相交甚好,将菊儿汗企图加害于他的消息相告,并献计以饮鸩自杀的方式保全其子能承袭王位。阿儿思兰汗不得已自尽后,④菊儿汗命其子继位,仍号"阿儿思兰汗",并继续派遣少监督其国。西辽少监在

---

① 刘迎胜:《察合台汗国史研究》,上海:上海古籍出版社 2006 年 12 月版,第 606 页。
② [苏]巴托尔德著,罗致平汉译:《中亚突厥史十二讲》,北京:中国社会科学出版社 1984 年 8 月第 1 版,第 156 页。
③ 张岩:《阿力麻里古城的历史演变》,《新疆大学学报》1996 年第 1 期。
④ 美国学者保罗·D·布尔勒(Paul. D. Buell)认为阿儿思兰汗大约死于 1205 年。见氏著,陈一鸣译:《蒙古早期对西伯利亚与突厥斯坦的扩张(1207—1219 年):重现历史》,《蒙古学信息》,1997 年第 4 期。

海押立专横暴虐,欺压居民。

其次,蒙古势力的崛起。西辽统治昏庸衰落之际,成吉思汗已崛起于蒙古高原,随着对蒙古高原各部的降服,其威名传布四方。志费尼说:"直到成吉思汗的威名及其兴起的消息传遍四方。故此,因菊儿汗的监护官对百姓越发专横暴虐,他被阿儿思兰汗的儿子所斩,后者接着投奔成吉思汗的宫廷,在那里蒙受恩渥。"①而以杀宗主国西辽少监来向蒙古人表效忠的做法,应始自畏兀儿亦都护。据载西辽在畏兀儿境内也指派了少监来监国,当亦都护听说了成吉思汗的伟大、坚强、慷慨好义,便倾向成吉思汗方面,杀死了少监,派使者到成吉思汗处。② 这应当对当时同属西辽属国的海押立阿儿思兰汗政权产生了一定的影响,进而在阿儿思兰汗向蒙古人表归附时,也出现了"杀少监"的一幕。这里需要说明的是,《史集》载1211年春,海押立阿儿思兰汗先到怯绿连河向成吉思汗表归顺,之后才是畏兀儿亦都护到达表示归顺。③ 但这并不能证明哈剌鲁人先于畏兀儿人归附成吉思汗。同样是《史集》所载,畏兀儿亦都护就杀死西辽少监,派遣使者往成吉思汗处,发生于1209年,而此时成吉思汗亦向亦都护派遣了两位使臣。因此,畏兀儿人于1209年就已向蒙古表示了归顺。此外,至元七年(1270)高丽国王觐见世祖时,受世祖诏谕有云:"汝内附在后,故班诸王下。我太祖时,亦都护先附,即令齿诸王上,阿思兰后附,故班其下,卿宜知之。"④亦可证畏兀儿亦都护是先于阿儿思兰汗归顺的。

再次,蒙古人对乃蛮人屈出律的征服,是海押立哈剌鲁人做出归附蒙古人决定的重要原因。《元朝秘史》记载成吉思汗命大将忽必来(Qubilai)出征哈剌鲁部时,阿儿思兰汗方才归附。⑤ 据此,有学者认为忽必来远征海押立哈剌鲁人,究其实是为了追击屈出律等人。⑥ 笔者赞同这一观点。关于成吉思汗派军追击蔑儿乞部余众与乃蛮屈出律的经过,《元朝秘史》、《世界征服者史》、《史集》、《元史·太祖纪》以及《圣武亲征录》都有记载。

比对上述五种史料,发现两个问题:

第一,关于蒙古军追击蔑儿乞残部与屈出律至也儿的石河的时间,《秘史》将其记为1205年,⑦《元史·太祖纪》与《亲征录》记为1208年冬天;⑧《世界征服者史》和《史集》两部穆斯林文献未提及具体时间。学界采《元史·太祖纪》与《亲征录》的说法,记此事发生于1208年冬,⑨如此,待屈出律最终逃至西辽菊儿汗处应即1209年。⑩

第二,关于屈出律在逃离也儿的石河前往西辽的过程。《秘史》述其经过委兀儿(即畏兀

---

① (伊朗)志费尼著,何高济汉译本:《世界征服者史》,呼和浩特:内蒙古人民出版社1980年5月版,第86页。
② (波斯)拉施德主编,余大钧、周建奇译:《史集》第一卷第二分册,北京:商务印书馆1983年9月版,第211页。
③ (波斯)拉施德主编,余大钧、周建奇译:《史集》第一卷第二分册,第226页。
④ 《元史》卷七《世祖纪四》至元七年二月乙未条,第128页。
⑤ 乌兰校勘:《元朝秘史》,北京:中华书局2012年,第312页上。
⑥ 周清澍:《元蒙史札》,呼和浩特:内蒙古大学出版社2001年,第247页。
⑦ 乌兰校勘:《元朝秘史》,第247页。
⑧ 《元史》卷一《太祖纪》,第14页;《王国维遗书·圣武亲征录校注》(据商务印书馆1940年版影印本),上海:上海古籍书店印行,1983年9月版,第58页下。
⑨ 刘迎胜:《察合台汗国史研究》,第24页。魏良弢:《中国历史——喀喇汗王朝史、西辽史》,北京:人民出版社2010年9月版,第316页。Michal Biran, *The Empire of the Qara Khitai in Eurasian History*: *Between China and Islamic World*, New York: Cambridge University Press, 2005. p. 75 – 6. ([以色列]彭晓燕:《欧亚历史上的哈剌契丹》)周清澍:《元蒙史札》,第247页。
⑩ V. V. Barthold, tr. by. Minorsky, *Four Studies on the History of Central Asia*, vol. 1. p. 106.

儿)、合儿鲁兀惕(即哈剌鲁)。① 两部穆斯林文献的记载相似:即先逃往别失八里再到苦叉最后逃至菊儿汗处。② 那么,蒙古史料所言屈出律经过之地"委兀儿"、"合儿鲁兀惕"能否与穆斯林史料中的"别失八里"、"苦叉"相对应呢?别失八里即北庭,畏兀儿五城之一,为畏兀儿之首府。这可以与《秘史》之"畏兀儿之地"对应。"苦叉",即今新疆库车。这似乎很难与"合儿鲁兀惕",即哈剌鲁人的地界对应。但在撰于10世纪末北宋太宗时代的《西天路竟》及王延德出使高昌后所撰的《西州使程记》③中记有"割禄"、"割鹿国"。"割鹿国"即指哈剌鲁人政权,其所在位置应是今新疆阿克苏、温宿、乌什一带。④ 阿克苏、温宿、乌什在库车以西。时至13世纪初,汉文史籍曾记载的"割鹿国"是否仍然存在,已不明了,但不可否认的是,自库车再往西去应是哈剌鲁人活动的范围。因此,《秘史》直接以"合儿鲁兀惕"来描述,或也反映了当时蒙古人对哈剌鲁人活动地域的认识。而据穆斯林史料载屈出律逃经"苦叉"继而逃往西辽,那势必经过哈剌鲁人的活动地界。根据《世界征服者史》的后续报道,得知屈出律为了取信菊儿汗获得军权,曾表示自己的许多部众遍布于叶密立、海押立、别失八里。⑤ 由此可以想见,叶密立、海押立、别失八里应该正是屈出律逃奔西辽的所经之地,因此才会有其部众滞留于上述地区。而其中海押立正是哈剌鲁人阿儿思兰汗政权的所在地。

屈出律逃经海押立时并未受到阿儿思兰汗的阻击,或许还与该家族有过交集。据巴托尔德的发现:"纳萨维(Nasawi)这位作为熟知花剌子模国内部事务且与花剌子模沙派往屈出律的一位使者有私人联系的历史学家,曾在其书中提到,屈出律曾与海押立阿儿思兰汗的一个儿子马木都汗(Mamdu-khan)结为联盟。也就是说屈出律曾在七河地区得到过反抗西辽统治的穆斯林属国的协助,并在其帮助下掠夺了西辽在讹迹刊的宝库。"⑥ 这应是巴托尔德在《蒙古入侵时期的突厥斯坦》一书中所说:"1210年屈出律在七河流域北部的哈剌鲁人协助之下所取得的成功以及他对葛儿罕设于讹迹刊的金库的劫掠"⑦的依据所在。由此推断,或许正是由于屈出律逃经海押立时与当地阿儿思兰汗有过接触,才会有后来阿儿思兰汗之子马木都汗(Mamdu-khan)与屈出律的结盟。如若巴托尔德提供的信息真实可靠,上述的推断可以成立,那么关于海押立阿儿思兰汗的归附,正如《秘史》的记载,即成吉思汗命忽必来出征哈剌鲁部时,阿儿思兰汗方才表归顺。原因在于,阿儿思兰汗家族与成吉思汗的死敌乃蛮人屈出律有关联,所以才会派兵征服。

基于上述,亦可见海押立阿儿思兰汗的归附与畏兀儿亦都护的归附背景是不同的。畏兀

---

① 札奇斯钦译注:《元朝秘史新译并注释》,台北:联经出版社,1979年,第277页;阿尔达扎布《新译集注〈蒙古秘史〉》,呼和浩特:内蒙古大学出版社2005年12月版,第371页;乌兰校勘:《元朝秘史》,北京:中华书局2012年,第247页。The secret History of Mongols, tr. by Francis Woodman Cleaves, Published for the Harvard-Yenching Institute by Harvard University Press Cambridge, Massachustts London, England,1982. p.133. The secret History of Mongols-A Mongolian Epic Chronicle of the 13th Century, tr, by Igor de Rachewiltz, volume2., Brill Leiden, Boston,2006. p.733.
② 《世界征服者史》,汉译本,第72页。《史集》第一卷第二分册,汉译本,第248页。
③ 钱伯泉:《〈王延德历叙使高昌行程所见〉的笺证和研究》,《西域研究》2010年第4期。
④ 黄盛璋:《敦煌写本〈西天路竟〉历史地理研究》,《历史地理》1981年11月创刊号。
⑤ 《世界征服者史》(上册),汉译本,第71页;《史集》第一卷第二分册,汉译本,第250页。
⑥ V. V. Barthold, tr. by. Minorsky, *Four Studies on the History of Central Asia*, vol.1. p106.
⑦ [苏]巴托尔德著,张锡彤、张广达汉译:《蒙古入侵时期的突厥斯坦》,上海:上海古籍出版社2007年6月版,第414页。

儿地区的归附,诚然是由于蒙古高原北部强大的乃蛮部被成吉思汗所灭后,畏兀儿地将直接与蒙古相接,面对如此强大的统治者,脱离地缘上相距较远,政治上已在崩溃边缘的宗主国西辽的统治是明智之举。而阿儿思兰汗则是在考虑了各方势力的基础上做出归附的决定。相比于畏兀儿境地,海押立在地缘关系上近邻着西辽统治中心。其外部各方形势,如1210年花剌子模沙摩诃末于伊拉米什草原打败了西辽大将塔阳古,①从而获得"第二个亚历山大"的称号,但这并未给西辽王朝造成重大的创伤,菊儿汗快速集结了一支三万人的队伍再度攻下叛变的撒麻耳干。此时的屈出律尽管四处掳掠西辽领土,甚至夺取了西辽在讹迹刊的宝库,但最终在八剌沙衮遭到菊儿汗的打击,败北而还。② 可见,无论是具有共同信仰且势力渐盛的花剌子模,抑或曾相互结盟且异军突起的屈出律,此时都无法使海押立摆脱西辽的昏暗统治。是故,海押立阿儿思兰汗选择归附蒙古是为识时务者。

2. 归附后海押立之领属。

1211年春,阿儿思兰汗在大将忽必来的引领下率大批人马前往怯绿连河觐见成吉思汗。成吉思汗因阿儿思兰汗不战而降,十分优待,并赐婚与他。③ 但因降附在畏兀儿亦都护之后,故其位序亦低于亦都护。④ 归附后的阿儿思兰汗被遣返回海押立,只留下随从的部分军队。⑤ 那么,归附之后海押立的领属关系有了怎样的变化?

1219年蒙古西征之前,成吉思汗分封诸王。⑥ 根据这次划分,成吉思汗长子术赤的分地为"从海押立和花剌子模地区,伸延至撒哈辛和不里阿耳的边境。向那个方向尽达鞑马蹄所及之地"⑦。可见海押立最初是划分给术赤的。姚大力先生认为:"海押立的阿儿思兰汗归附成吉思汗后成了后者的驸马。志费尼的意思,或理解为术赤领地从海押立地面外开始而不含海押立。若是,则海押立恰恰位于三王分地的结合部。只是当蒙哥以讹迹刊封授阿尔思汗后人时,它方才被划入窝阔台家族领地之内。"⑧笔者赞同姚大力先生对志费尼原文的理解,术赤领地从海押立地面外开始而不含海押立。基于畏兀儿亦都护、哈剌鲁阿儿思兰汗先后主动归附蒙古,进而皆与蒙古皇室结成姻亲,成为黄金家族的驸马,阿儿思兰汗理应享有与畏兀儿亦都护相同的待遇——海押立应该作为直接受蒙古大汗统治的藩属而存在,且保留阿儿思兰汗家族原有管辖地区的世系统治权力。

1219年成吉思汗准备西征花剌子模沙摩诃末,"当他抵达海押立地时,该地诸王中有阿儿思兰汗率师从那里随汗出发……从别失八里有亦都护率师与他会合,从阿力麻里前来的是昔

---

① 《蒙古入侵时期的突厥斯坦》,汉译本,第185页。
② 《世界征服者史》汉译本,第417,72页。
③ 《元史》卷一《太祖纪》,第15页。《世界征服者史》,汉译本,第88页。乌兰校勘:《元朝秘史》,第312页上。关于阿儿思兰汗所娶之女是否为成吉思汗之女,诸书记载不一。杨志玖先生在《阿儿思兰汗家族事迹杂考》一文中做了辨析,基本认定所嫁蒙古女为成吉思汗之女,但究竟是哪位还有待进一步证实。见氏著《元代回族史稿》,天津:南开大学出版社2003年7月版,第425—426页。
④ 《元史》卷七《世祖纪四》至元七年二月乙未条,第128页。
⑤ 塔不台率领的本部族军留于蒙庭。见(元)黄溍:《金华黄先生文集》卷四三《太傅文安忠宪王家传》。
⑥ 参见姚大力《论蒙古游牧国家的政治制度》,南京大学博士研究生毕业论文,1986年8月。刘迎胜《察合台汗国史研究》,第59—66页。
⑦ 《世界征服者史》,汉译本,第45页。
⑧ 姚大力:《论蒙古游牧国家的政治制度——蒙元政治制度研究之一》,打印本,第199页。

格纳黑的斤及久经沙场的战士。因有这些人马,他的队伍倍增"①。可见,蒙古西征之际,海押立是为兵源集结地。

至窝阔台时期,拉施特在《史集》中叙述窝阔台登临大汗而召开忽邻勒塔会议时,说到:"当严寒减退,初春来临之时,全体宗王和异密们,便从(各)方(各)隅,来到老营和大斡耳朵。术赤的儿子们斡儿答、拔都、昔班、别儿哥、别儿哥彻儿、不花-帖木儿从钦察来到;察合台和(他的)所有的子孙们从海押立来到;窝阔台合罕及其子孙们从叶密立和忽巴黑(即《元史·太宗纪》'霍博之地'。——汉译者)来到;他们的叔父们斡惕赤斤、别勒古台那颜以及他们的堂兄弟,即哈赤温的儿子额勒只带那颜从东方来到;异密们和军队将校们从四面八方来到怯绿连地区。称号为也可那颜或兀鲁黑那颜,即自己(父亲)的家室和主营(禹儿惕)之长的拖雷汗,则早已在那里了。"②

志费尼对此亦有记载:"大家都离开自己的斡耳朵,动身参加这次忽邻勒塔。从钦察各地来的是术赤的儿子们:斡鲁朵(Hordu)、昔班军(Sibaqan)、唐古忒(Tangut)、别儿哥(Berke)、别儿哥察耳(Berkechar)、脱哈帖木儿(Togha-Temur);来自忽牙思的是察合台;来自叶密立河霍博的是窝阔台;从东方来了他们的叔父:斡赤斤、别里古台那颜(Belgutei Noyan)、按只带那颜(Elchitei Noyan)、也苦(*Yeku)、也孙哥(*Yesungei);留守各地的异密、那颜,也从别的地方到来。至于兀鲁黑那颜及其诸弟,他们已在成吉思汗的斡耳朵。"③

上述记载,可以作为判断窝阔台即位之初蒙古诸王分地的大致所在。然而,拉施特笔下察合台和其子孙从海押立前往忽邻勒塔会议,而志费尼则记其由忽牙思前往。我们知道,志费尼(1226—1283)于1252—1253年开始撰写《世界征服者史》,至1260年后停笔。作者精熟中亚历史,所记内容大部分是亲身见闻,故非常详细、确实,尤其是成吉思汗西征、旭烈兀西征和蒙古对波斯的统治等部分。拉施特(1247—1318)于1300年奉合赞汗旨开始主持编纂《史集》,至1311年完成。《史集》作为伊利汗国的官修国史,大多利用了伊利汗宫廷档案,以及波斯、阿拉伯历史著作,其中志费尼的《世界征服者史》为其重要参考资料。④ 由此,或许应该判断拉施特记载有误,而以志费尼所记为准。毕竟志费尼还曾告知,阿力麻里地区才是察合台始封地,而阿力麻里和忽牙思是其春夏两季的驻跸之地。⑤

窝阔台去世后,在选立贵由为继承人的过程中,蒙古统治层内部的相互斗争就已拉开帷幕。而在位时间不久的贵由汗(1246—1248)突然去世,将蒙古大汗继承权的争夺推向高潮。志费尼记载关于窝阔台系后裔伙同察合台系诸王欲为争夺汗位而发动阴谋叛乱一事时,说到:"又因在别处的一些人还没有到来,(诸王)对他们的阴谋和诡计仍不放心,他们因此把不怜吉带(Burilgitei)那颜和一支由十土绵勇敢青年和英雄突厥人组成的军队派往位于别失八里和哈剌和林之间的兀鲁黑塔黑(Ulugh-Tagh),杭海(Qanghai)和横相乙儿(Qum-Sengir)地区,以此一个捏儿格(nerge)可以从那里伸延到弘吉阑斡兀立(Qonghuran Oghul)的捏儿格(nerge),后者驻在海押立境内,并已把他的捏儿格扩展至斡答剌之地。同时也可(Yeke Noyan)那颜和两

---

① 《世界征服者史》,汉译本,第96页。下划线为笔者所加。
② 《史集》,汉译本,第二卷,第29页。
③ 《世界征服者史》,汉译本,第215页。下划线为笔者所加。
④ 陈得芝主编《中国通史》第八卷《中古时代·元时期(上)》,第三章:国外资料。
⑤ 《世界征服者史》,汉译本,第321页。

土绵人马被派到吉利吉思和谦谦州(Kemchihüd)的地方。"①

弘吉阑,术赤长子斡耳达(Orda)之第三子,斡耳达死后,他是白帐汗②。由此看来,贵由汗死后诸王争夺汗位之时,术赤家族势力进驻于海押立。

经过三年的相互斗争,在术赤系拔都汗的鼎力支持下,蒙古汗权从窝阔台系转到了拖雷系手中。1251年,拖雷之子蒙哥登上蒙古帝国的汗位。继而着手对那些参与以及未参与反对他即位阴谋的窝阔台系诸子孙,或给予打击诛杀或采取怀柔以分而治之的措施。《元史》载,蒙哥"分迁诸王于各所:合丹于别石八里地,蔑里于叶儿的石河,海都于海押立地,别儿哥于曲儿只地,脱脱于叶密立地,蒙哥都及太宗皇后乞里吉忽帖尼于扩端所居地之西"③。伯希和据此判断海押立属于窝阔台汗家族的分地。而瓦萨夫告诉我们海押立地区是位于海都与察合台汗国都哇领地的边界线上④。近来邱轶皓博士研究认为:"必须注意的是也儿的石河、海押立都是术赤家族的传统势力范围。而别失八里则由大汗的代理人牙剌洼赤进行管理,故此举包含着将窝阔台家族置于大汗和术赤系的监视之下的用意。"⑤

1253年法国传教士鲁布鲁克游经此处时,说到:"在那里,我们来到一个称为海押立(Cailac)的大市镇,这里有一个市场,许多商人成群地到那里去。我们在这个市镇休息了十二天,等待拔都的一个书记前来,他是来协助我们的向导处理到达蒙哥宫廷后的种种事务的。这个地区向来被称为兀鲁忽隆(Organum),并且向来有它自己的语言和文字,但是现在这个地区已经全部被突厥蛮占领。……据人们告诉我,由于那个地区的人向来是很好的音乐家,或许因此之故,所以他们被称为兀鲁忽纳(Organa)。"⑥

由此看到,据鲁布鲁克所闻海押立之地向来又被称之为"兀鲁忽隆"。"兀鲁忽隆/兀鲁忽纳"为察合台之孙哈剌旭烈妃子的名字。英人道森所编《出使蒙古记》对其解释为:"这个地区的名称来自它的统治者的名字,即察合台汗继承人的寡妻。"⑦周良霄先生对此作进一步解释:"鲁布鲁乞东使经过这一地区时,正是兀鲁忽纳执政时期。据《史集》兀鲁忽纳为斡亦剌部人。鲁布鲁乞认为 Organa 得名于拉丁语 organist(音乐家或乐器演奏者),当然是不正确的。"⑧如若鲁布鲁克的听闻不误,道森及周良霄先生对其解释正确,那么这表明海押立在划归海都之前是受察合台汗国领属。由此,似乎又说明上文提到拉施特之记载——"察合台和(他的)所有的子孙们从海押立来到"窝阔台登汗位的忽邻勒塔会议,是有道理的。

究竟该如何理解海押立领属状况? 由于史料欠缺,笔者仅作如下推测:海押立作为阿儿思兰汗家族原辖地,成吉思汗保留其世系统治权力,使其成为直属于蒙古大汗的藩属。随着西征

---

① 《世界征服者史》,汉译本,第690页。下划线为笔者所加。
② 弘吉阑,为弘吉剌惕的单数形式,事实上,弘吉阑之祖母唆鲁欢(Sorghan,术赤之妃)、其母(《史集》失载其名,原为术赤之妃,术赤死后,斡耳达续娶之)均为弘吉剌部人。转引自刘迎胜《察合台汗国史研究》,第119页,注释1。
③ 《元史》卷三《宪宗纪》,第45页。
④ *The Encyclopaedia of Islam* (New edition), Volume Ⅳ, Leiden E. J. Brill, 1997. p. 808-809. "Kayalik".
⑤ Tajziyat al-Amṣār wa Tazjiyat al-Aʾsār, Jeld. 1, p. 50. 转引自邱轶皓:《蒙古帝国的权利结构(13—14世纪)——汉文、波斯文史料的对读与研究》,复旦大学博士毕业论文2011年,第59页。
⑥ [英]道森编,吕浦译,周良霄注:《出使蒙古记》,北京:中国社会科学出版社1983年,第154页。下划线为笔者所加。
⑦ *The Mongol Missions*, tr. ed. by C. Dawson, London, 1955, p. 137, note 2.
⑧ 周良霄注:《出使蒙古记》,第154页,注释79,见第248页。

之际海押立成为蒙古兵员集结地后,海押立地区应有成吉思汗诸子势力驻入,因此有史载,贵由汗时术赤之孙弘吉剌驻军海押立境内。成吉思汗死后,窝阔台即位,海押立理应继续直属蒙古大汗。由于海押立、阿力麻里两地早先均受治于哈剌鲁人阿儿思兰汗家族辖下,两地无论在地理位置(尽管无法确知海押立的具体位置)、历史渊源以及民族构成上应当是相近的。而阿力麻里作为察合台始封地,驻跸地,此一时期对海押立的影响应比蒙古大汗更甚。蒙哥汗即位后将海押立明确划归窝阔台后王海都,三王势力于海押立形成交集。上文提到,蒙哥汗分迁诸王是对未参与反对他即位阴谋的窝阔台系诸子孙采取的分而治之的怀柔措施,邱轶浩博士认为:"此举包含着将窝阔台家族置于大汗和术赤系的监视之下的用意。"笔者以为或许还有一层意义——由于术赤系与察合台系关系历来不甚融洽,蒙哥汗迁海都于海押立以形成三王间相互制约与平衡的局面。

3. 阿儿思兰汗及所部哈剌鲁人之归属。

按照蒙古人的习俗,其所征服的定居民族聚居的农耕区和城郭,都将作为成吉思汗黄金家族的公共财产而由家族成员共同分享。草原地区划分给诸王,定居的城镇不在诸王封地之中,归帝国最高统治者支配。基于此,蒙哥汗将海押立地区划分给海都,将讹迹刊作为封邑赠予阿儿思兰汗。这可视作蒙哥汗对阿儿思兰汗家族的一种补偿。然而,又需要解决两个问题:首先,中亚地区有两处同名为"讹迹刊"的城,蒙哥汗赠予的这块封地究竟是指哪个讹迹刊? 其次,阿儿思兰汗及所率的哈剌鲁人归属何处?

巴托尔德认为蒙哥汗赠予阿儿思兰汗(西辽末期饮毒自尽之"阿儿思兰汗"之子)的"讹迹刊"是拔汗那的首府,即位于中亚费尔干纳盆地,今吉尔吉斯之乌兹根(Özkend)①。波伊勒则认为是锡尔河畔的讹迹刊,绝非指拔汗那(Farghana)的讹迹刊(今吉尔吉斯的乌兹根 Uzkend)②。杨志玖先生在《阿儿思兰汗家族事迹杂考》一文中认同波伊勒的观点:"中亚锡尔河畔的讹迹刊即是赠予阿儿思兰汗的封邑地。"③然而学者们都未给出判断的依据。就志费尼所作波斯原文来看,也很难判断蒙哥汗赠予的"讹迹刊"究竟是指哪一个。暂存疑置此。

而蒙哥汗将讹迹刊作为封邑赠予阿儿思兰汗,是史料中关于海押立阿儿思兰汗的最后记载,此后下落不明。近来,杨毓骧、温琪宏先生根据大理州文联编《大理古佚书钞》中收录的《淮城夜语·狮子王墓》一文中发现阿儿思兰汗最终去向。④

《淮城夜语·狮子王墓》:

> 元初,忽必烈平滇,军中有色目军三千骑。军中大将本狮子国国王。狮子国为忽必烈灭,国王归顺而善战,屡立战功,隶兀良合台。后驻龙尾城,死葬青龙山秋草堂。正德初,墓为蒙化忽学海盗伐,被守哨执,按律斩于市。狮子王墓,圆形,高八尺,径丈二,有墓门入,中有石床。王尸仰卧,为无肚肠干尸,个头高大,白绫缠之,内置金银葬品皆被盗劫,缴

---

① 《中亚突厥史十二讲》,汉译本,第195页。
② 《世界征服者史》,汉译本,第88页,注释6。
③ 杨志玖:《元代回族史稿》,第425页。据此,杨志玖先生认为"阿儿思兰及其子一直住在海押立地方未动的。"这说明,在杨志玖先生看来海押立与锡尔河畔的讹迹刊相距不远。海押立城所在具体位置不可考,目前仅知其所在的大致范围在巴尔喀什湖东南 Kopal 附近,锡尔河畔也只是地域范围,以此来判断两座具体位置都不可考的"海押立"与"讹迹刊"相距不远,似有不妥。但也只能存疑至此。
④ 杨毓骧、温琪宏:《赛典赤·瞻思丁与哈剌鲁部阿儿思兰汗》,《云南民族大学学报》2004年第6期。

获后入库。另有狮子国文书一部,人均不识其字。西番古剑二柄,异于常剑,剑锋钝而锥形。尸体有奇香涂抹而无臭,有铠甲一副、马镫一对、酒一坛,后封存。时隔两年,墓又被盗,抛尸于野,为兽撕啃。①

据此,杨、温二位认为:文中"狮子国国王"即海押立哈剌鲁人首领阿儿思兰汗。阿儿思兰汗部下三千色目军随忽必烈前往云南征伐,后由兀良合台统率留守云南,未随忽必烈北撤,"驻龙尾城,死藏青龙山秧草塘"。由此推算阿儿思兰汗死于1257年前后,享年61—63岁。

大理州文联编《大理古佚书钞》一书,收录了明朝人李浩、玉笛山人、张继白分别著述的《三迤随笔》、《淮城夜语》、《叶榆稗史》。据《大理古佚书钞》编者介绍《淮城夜语》作者玉笛山人真名李以恒,字静瑛,明代贡生。其祖公李浩,江苏江宁人,随明将沐英攻滇,任"军中司文",于永乐十八年(1420)著《三迤随笔》。外族公张继白,云南大理人,著《叶榆稗史》。李以恒三代都擅长记叙小品,辑录成书。

而近来有学者根据梁启超先生提出的辨识伪书的公例为线索,从六个方面对《大理古佚书钞》进行全面考察,提出二十多条批驳,指出该书是一本20世纪70年代以后成稿的伪书。②因此,再细看《狮子王墓》的描述:"狮子国为忽必烈灭"一句显然失实。海押立阿儿思兰汗家族于1211年主动归附成吉思汗,并非为忽必烈所灭。"有墓门人,中有石床"应是附会中亚地区的丧葬习俗;"白绫缠之"确系回回人之装束。因此,仅据真伪性尚存疑的《大理古佚书钞》来断定阿儿思兰汗所踪是不可靠的。蒙哥将讹迹刊赐予阿儿思兰汗作封邑后,阿儿思兰汗及其所部最终去向依旧不明了。

二 阿力麻里(Almaliq)斡匝儿(Ozar)家族的归附

关于阿力麻里的地望及相关史实,前贤已做大量研究。③ 张承志先生说:"阿力麻里之重要也正在于伊犁河谷的重要,必须认识到阿力麻里含义的辽阔。"正如《西域地名》对其解释:"阿力麻里"实有两层意思,其一指代阿力麻里城,其遗址在今霍城东十三公里之阿尔泰地方;其二又是一地域名,凡塔勒奇山、克干山以南,汗腾格里山以北,包括今伊犁专区,皆属于阿力麻里范围。④ 阿力麻里地区的忽牙思(Quyas)和普剌(Pūlād)两城与哈剌鲁人有着密切关系。

据志费尼的叙述,在菊儿汗统治时期,阿儿思兰汗的统辖地包括海押立、阿力麻里以及普剌地区。到了后期,势力缩限于海押立,而阿力麻里及普剌地区则由另一哈剌鲁人——斡匝儿(Ozar)取而代之。斡匝儿便是来自阿力麻里(Almaliq)地区的忽牙思(Quyas)之地。此人盗马贼出身,因受到当地歹徒的拥戴而变得强大。后来逐渐将势力扩展到首镇阿力麻里,甚至攻占

---

① 大理州文联编:《大理古佚书钞》,昆明:云南大理出版社2002年,第434页。
② 侯冲:《〈大理古佚书钞〉是伪书辨》见http://www.fjdh.com/wumin/2009/04/21255863747.html。由杨晓春老师提供此条线索,谨此致谢!
③ 岑仲勉:《阿里马城》,收于氏著《中外史地考证》,北京:中华书局1962年,第599-606页;黄文弼:《元阿力麻里古城考》,《考古》1963年第10期;张承志:《关于阿力麻里、普剌、叶密立三城的调查及探讨》,《中国民族史研究》,北京:中国社会科学出版社,1987年,第149—153页;刘迎胜:《察合台汗国史研究》,第599—600页。
④ 冯承钧、陆峻岭编校:《西域地名》,北京:中华书局,1982年,第3页。

了普剌(Pūlād)。① 据贾玛尔·喀尔施(Jamal Qarshi)的记述,阿力麻里的这位哈剌鲁人首领的名字称为"布札儿"(Buzar),②又称作脱斡邻汗(Toghril Khan)。

然而,关于斡匝儿的情况,汉文史料中并无记载,仅见于两种穆斯林史料,即志费尼《世界征服者史》和贾玛尔·喀尔施的《苏拉赫词典补编》(Malahefat al-Surah)。

《世界征服者史》的史料价值前文已述,其历来备受治蒙古史学人的重视。《苏拉赫词典补编》作者贾玛尔·喀尔施于628/1230—31年出生在阿力麻里。先仕于该城主、哈剌鲁首领昔格纳黑的斤(Siqnaq Tegin)及其继承者,1263年移居可失哈儿,从事宗教、文化活动,曾游历锡尔河流域各地,并在海都处服务过。此书是他用阿拉伯文为自己的波斯文作品《苏拉赫字典》(Al-Surah fi al-Ligha)补写的内容,是于13—14世纪之交,在忽阐河以东草原地区写成的唯一流传至今的史料,其重要性首先表现在研究蒙古兴起和强盛时代特别是13世纪后半期的中亚历史上。③ 由于此二种史料在关于斡匝儿家族事迹的记载方面,有矛盾亦有互补之处,因此,前人在相关论述中往往是采取将两种史料相裁合的方式来叙述。下面笔者拟对比上述两种史料,进而梳理斡匝儿归附成吉思汗的相关情节。④

其一,关于斡匝儿归附成吉思汗的情况。志费尼说:"屈出律屡次攻打他(斡匝儿——笔者注),但屡次败北。于是,斡匝儿派一名使者往朝成吉思汗,上报有关屈出律的情况,自称是世界征服者的臣仆。他受到恩宠和抚慰以示奖掖;并奉成吉思汗之命,与术赤结为姻亲。"喀尔施说道:"脱斡邻汗与屈出律汗·撒乞思处于敌对之中。他们相距半个月的路程或更近些。脱斡邻汗曾将儿子昔格纳黑的斤作为卫士、将女儿兀鲁黑合敦(Ulugh Khatun,突厥语,大皇后)作为礼物送给成吉思汗,希求亲善融洽,以便在同自己难以对付的敌人相遇之时得到他[成吉思汗的支援]。当时他与蒙古人相距半年路程或更远些,路途的遥远及屈出律为邻的现实,使脱斡邻汗的选择十分不易。"然而,斡匝儿返抵故土后,便在其狩猎之处被屈出律捕获。屈出律乘机再次围攻阿力麻里,遭到阿力麻里人的顽强抵抗,终未能攻取阿力麻里城。

其二,关于屈出律擒杀斡匝儿一事。志费尼记叙为,当斡匝儿作为藩属的基础巩固后,遵成吉思汗之命,亲身赴朝,在那里得到礼遇和赏赐。临行时成吉思汗嘱咐其戒猎。然而当其返回阿力麻里,又热衷于狩猎,最终在一次毫无戒备的狩猎场上被屈出律士兵擒获。屈出律缚斡匝儿往攻阿力麻里城,围攻之际听说蒙古军将至,于是在撤离回师途中将其斩杀。喀尔施则叙述为:"当时屈出律设下埋伏,在他狩猎之处抓住了他,将他杀害,使他鲜血流出。然后围攻[脱斡邻汗的]城镇。"

---

① 《世界征服者史》,汉译本,第86页。
② 伯希和在《金帐汗史评注》第158页中对斡扎儿的名字的两种写法从突厥语的角度作了讨论。斡扎儿(Ozar)在突厥语中意为"他逃"、"他得救"。死于公元744年的后突厥汗国乌苏米施(Ozmis)的名字与这个词是同根词。而布札儿(Buzar)在突厥语中意为"他破坏"。其同根词字祖黑(Buzuq)曾在《乌古斯可汗传》中被用作与"三箭"(üči Oq)相对的突厥部落集团的名称。因为这两种写法在突厥语中都有意义,所以很难从语义的角度来决定取舍。它们是否是同一个人的不同名字,尚不能确定。转引自刘迎胜《至元初年以前的垂河流域及其周围地区》,《蒙古史研究》第四辑。
③ 以上两种史料的相关介绍,参见陈得芝主编:《中国通史》第八卷《中古时代·元时期(上)》,第三章:国外资料;刘迎胜:《察合台汗国史研究》之《引言·基本史料》;华涛译:《苏拉赫词典补编》,《元史及北方民族史研究集刊》第十、十一期,1986年7月版,1987年12月版。
④ 以下两种史料的对比内容,分别来自《世界征服者史》,汉译本,第87—88页;华涛译:《苏拉赫词典补编》,《元史及北方民族史研究集刊》第十一期,第92页。下文不再逐一标注。

其三,关于屈出律围攻阿力麻里城一事。志费尼告知:"屈出律的士兵用链子缚着他(斡匝儿——笔者注),把他带到阿力麻里门前。阿力麻里人关闭城门,跟他们交战。但这时候他们突然得到蒙古军到来的消息,于是,他们离阿力麻里回师,把俘虏斩于途中。"喀尔施告诉我们,屈出律在杀害斡匝儿之后,围攻阿力麻里城。他用尽心力,从夏末至秋天大地封冻,纵然一再拼死进攻,也没能征服它,正是因为脱斡邻汗之后撒勒必·吐儿罕指挥勇士们坚守,又当屈出律听说盟友东喀喇汗王穆罕默德·本·玉素甫被可失哈耳的一些首领所杀害,便从阿力麻里前往可失哈耳为其报仇。此后,成吉思汗便派哲别率军去为脱斡邻汗向屈出律讨还血债。

综上可知:斡匝儿是在不断遭受来自屈出律的攻击下,选择归附成吉思汗;而且在被屈出律捕获擒杀前,斡匝儿就已亲往入觐向成吉思汗表示了归附。

那么,斡匝儿于何时归附成吉思汗呢?显然,斡匝儿被杀的时间应该是其归附时间的下限。对此,上述两种史料有不同的记载:志费尼说是在屈出律攻阿力麻里城不得,听说蒙古军到来而撤退途中将其斩杀;喀尔施却说屈出律先杀斡匝儿而后围攻阿力麻里城的。据此,问题则集中在屈出律是何时开始攻打阿力麻里。志费尼的叙述中没有具体时间记载。再看喀尔施的《苏拉赫词典补编》,其中告知:屈出律的盟友东部喀喇汗王穆罕默德·本·玉素甫于伊斯兰历607年(相当于公元1210.6.25至1211.6.14)被可失哈耳的一些首领所杀害。屈出律得知此消息后便离开阿力麻里前往可失哈耳为盟友报仇。① 据此,屈出律攻打阿力麻里在前,为其盟友东部喀喇汗王穆罕默德·本·玉素甫之死报仇在后。那么穆罕默德·本·玉素甫亡于何时?国内西域史专家魏良弢先生以及中亚史专家彭晓燕博士都曾做过讨论,认为东部喀喇汗王穆罕默德·本·玉素甫死于1211年。② 也就是说,屈出律离开阿力麻里往可失哈耳为盟友报仇的时间不应晚于1211年,那么屈出律围攻阿力麻里以及杀害斡匝儿的时间也应不晚于1211年。由此,斡匝儿归附成吉思汗的时间应在1211年或1211年以前。对此,巴托尔德亦有类似论述,认为:"屈出律乘布扎尔出猎之际擒而杀之。这些事都发生在屈出律远征喀什噶尔以前,亦即约在1211年以前。"③

综上所述,笔者认为斡匝儿大抵于1211年以前归附成吉思汗,这显然早于海押立阿儿思兰汗的归附。

三 阿儿思兰汗家族与斡匝儿家族对比研究

基于上述两大家族相关史事的梳理和讨论,为了更准确地把握其与蒙古帝国之关系,笔者拟对这两大家族再做对比分析。

---

① 华涛译:《苏拉赫词典补编》,《元史及北方民族史研究集刊》第十一期,第92页。
② 魏良弢:《中国历史——喀喇汗王朝史、西辽史》,第100页、第317页。魏先生在这两处的表述稍有差异:第100页:"据普里查克研究,是穆罕默德·本·玉素甫,但是当地贵族并不欢迎他,设下阴谋,在他入城时将他刺死于城门中。<u>这一事件被认为发生于1211年,西部喀喇汗王朝灭亡</u>。"第317页:"但喀什噶尔的贵族们并不欢迎他(即摩诃末·本·玉素甫——笔者注),设下阴谋,当他入城时被刺死于城门洞中。<u>这一事件发生在1211年,东部喀喇汗王朝至此也结束了自己的统治</u>。"彭晓燕:《欧亚历史上的哈剌契丹》,第81页:"可失哈耳城的贵族们反抗穆罕默德·本·玉素甫的统治,<u>于1211年夏天将其杀害于城门,又一说为王宫圆屋顶上</u>。"(注文中下划线为笔者所加)
③ 《蒙古入侵时期的突厥斯坦》,汉译本,第456页。

首先,关于海押立、阿力麻里两地哈剌鲁人的来源。

通过以上对海押立、阿力麻里地区的论述,可知两地的形成与发展皆与哈剌鲁人有联系。至西辽末期,我们首次发现海押立作为哈剌鲁人首领阿儿思兰汗(Qarluq khans①)的统治区被提及,以及阿力麻里地区成为哈剌鲁人斡匝儿家族统治区。根据志费尼的记述,西辽时代,海押立、阿力麻里以及普剌地区曾一度都在哈剌鲁人阿儿思兰汗的统治之下。由于相关史料缺乏,在学者相关研究中却呈现多种推论,如下:

魏良弢先生提出,在西辽初期耶律大石为了彻底解决其属国东部喀喇汗王朝与葛逻禄/哈剌鲁人之间的矛盾冲突,从而采取迁徙的方式——将东部喀喇汗王朝辖境内八剌沙衮的葛逻禄/哈剌鲁人迁往海押立,使之成为独立的行政实体。可见,在魏先生看来,海押立葛逻禄/哈剌鲁汗国正是由耶律大石以强制性的行政措施而促成的。至于西辽末期海押立的哈剌鲁首领阿儿思兰汗究竟与耶律大石时期迁移至海押立的葛逻禄/哈剌鲁人有何关系,则无从知晓。在此,若根据魏先生推断,西辽时期八剌沙衮的葛逻禄/哈剌鲁人显然与海押立的葛逻禄/哈剌鲁人有着密切联系。

刘师迎胜据贾玛尔·喀尔施记载:"阿力麻里的哈剌鲁人首领、昔格纳黑的斤之子答失蛮的斤于回历657年(1258年12月29日—1259年12月17日)逝于虎思八里(按,即虎思窝鲁朵),被运回阿力麻里,埋葬在宫中其父的陵墓里。"认为:斡匝儿后人的势力一度从阿力麻里扩展至虎思八里。在蒙古时代,阿力麻里与虎思八里为同一支哈剌鲁人所据。②

彭晓燕博士的论著提供了更多西辽时期葛逻禄/哈剌鲁人的历史细节,其中就海押立、阿力麻里及普剌地区葛逻禄/哈剌鲁人的统治的出现,她认为:或许正是葛逻禄/哈剌鲁人的宗主国以迁徙的方式,将其从统治中心地带迁往他处(即海押立、阿力麻里及普剌)来解决属国、属部之间的矛盾冲突,继而产生了上述几个葛逻禄/哈剌鲁人统治区。③

其次,两大家族归附成吉思汗的情况。

从史料记载来看,关于阿儿思兰汗家族的归附情况,汉文、穆斯林以及蒙文史料都有记载。④ 而斡匝儿家族的情况仅见于两种穆斯林史料中。这从一侧面也反映了斡匝儿家族势力不及阿儿思兰汗家族影响广泛。就归附时间来看,阿力麻里斡匝儿家族的这一支哈剌鲁人先于海押立阿儿思兰汗家族归附成吉思汗。

这里需提及一点:作为曾附属于西辽帝国的畏兀儿亦都护和海押立阿儿思兰汗,在归附成吉思汗一事上,都有以杀所在地西辽少监向成吉思汗表示归诚之举。而在阿力麻里斡匝儿归附的过程中,未见此举。笔者以为,这说明西辽统治者并未在阿力麻里设置安排代表其利益的少监。作为游牧帝国的西辽,其统治特点在于:未将帝国划分为各独立省;其属国内部享有自治权;在各附属国内部安排菊儿汗的代表。⑤ 巴托尔德在《七河地区历史概要》中说到:"我们在菊儿汗的国家里,以后至少可以看到附庸领主对帝国首领三种程度的附庸关系,像蒙古在俄

---

① V. V. Barthold, tr. by. Minorsky, *Four Studies on the History of Central Asia*, vol.1. p.103.
② 刘迎胜:《察合台汗国史研究》,第21、547页。
③ 详见彭晓燕:《欧亚历史上的哈剌契丹》,第115页。
④ 《元史》卷一《太祖本纪》,第15页;《世界征服者史》汉译本,第86页;《史集》汉译本,第一卷第一分册,第247页;第一卷第二分册,第226页;札奇斯钦译注:《蒙古秘史新译并注释》,第352页。
⑤ 《中亚突厥史十二讲》,汉译本,第128—129页。

罗斯的统治一样:葛逻禄汗,像撒麻耳干的领主一样,应是忍受菊儿汗的长驻代表在自己身边;对另一些[附庸],如花剌子模沙,只是定期派出收纳贡赋的官员;有一些[附庸],如布哈拉的宗教首领——他曾有段时间把世俗权力集中到自己手中——则获得了自己为哈剌契丹收纳贡赋的权力。"① 借由巴托尔德的观点,或许更能理解彭晓燕博士的说法:"直至屈出律得势于西辽,海押立地区阿儿思兰汗的统治领域依旧包括有除海押立之外的阿力麻里以及普剌。而葛逻禄/哈剌鲁人斡匝儿只是一名地方叛乱分子,乘西辽统治秩序动荡剧变,地方统治者阿儿思兰汗前往归附成吉思汗之际,攫取了阿儿思兰汗在阿力麻里及普剌地区的统治权力。"② 由此,在斡匝儿归附过程中之所以没有杀西辽少监一事,是由于当时哈剌鲁人阿儿思兰汗的领地除了海押立,还包括阿力麻里地区在内。想必阿儿思兰汗的宫邸应是在海押立,西辽派驻的少监自然亦在海押立。

表示归附后,成吉思汗于阿力麻里设置了达鲁花赤。据李志常记述,当长春真人一行至阿力麻里城,"铺速满国王暨蒙古塔剌忽只领诸部人来迎"③。可见,1222年前后阿力麻里当地不仅有自己的统治者"铺速满国王",又有蒙古派驻的达鲁花赤(塔剌忽只,darukhachi)管理着阿力麻里。巴托尔德说到,"阿力麻里的达鲁花赤乃蒙古政权在中亚文明地区设置的第一位代表。畏兀儿境内还不曾设置这种代表"④。同样的,海押立境内亦无达鲁花赤的设置。尽管无法确知成吉思汗在阿力麻里设置达鲁花赤的时间,但对比畏兀儿境内、海押立境内无达鲁花赤设置,可有以下认识:

其一,同为蒙古兴起初期主动归附的畏兀儿、海押立和阿力麻里地区与乃蛮人屈出律之间的关系。也儿的石河之战后,屈出律与蔑儿乞人残部曾逃经畏兀儿境内。文献记载蔑儿乞残部遭畏兀儿亦都护巴而术阿而忒的斥驱逐,尽管未载屈出律的情况,想必应该与蔑儿乞是同样的遭遇。进而逃经海押立之地,前文已述此时屈出律与阿儿思兰汗家族有过接触,后来还曾有结盟关系。屈出律逃至西辽获取菊儿汗信任后,便选择对斡匝儿所在地阿力麻里进行不断侵扰。可见,对于蒙古庇护下的畏兀儿,屈出律没有足够的实力与之抗衡;借由阿儿思兰汗家族与屈出律的关系,屈出律应该不会对海押立地区采取进攻措施。而盗马贼出身,且窃取阿儿思兰汗统治权占据阿力麻里的斡匝儿,自然成为屈出律以图重振西辽统治而首选的打击对象。⑤ 也正因此,进一步印证了斡匝儿是先于阿儿思兰汗归附蒙古,因为只有成吉思汗才能解救其于屈出律的打击。成吉思汗在阿力麻里派驻达鲁花赤,一方面是代表其统治以震慑屈出律;另一方面开启了蒙古人在阿力麻里镇守和管理的历史。

其二,畏兀儿亦都护、海押立阿儿思兰汗以及斡匝儿后人昔格纳黑的斤都与蒙古黄金家族结有姻亲关系,同样作为驸马家族,而仅在斡匝儿家族所在地阿力麻里设达鲁花赤,或也说明畏兀儿和海押立享有的政治权利及所处的地位明显大于且高于阿力麻里斡匝儿家族的。

最后,归附以后的两大家族。

---

① V. V. Barthold, tr. by. Minorsky, *Four Studies on the History of Central Asia*, vol. 1, p. 103;魏良弢:《中国历史——喀喇汗王朝史、西辽史》,第284页。
② 彭晓燕:《欧亚历史上的哈剌契丹》,第81页。
③ 《长春真人西游记校注》,《王国维遗书》第13册,上海:上海古籍书店,1983年。
④ 《蒙古入侵时期的突厥斯坦》,汉译本,第455页。
⑤ 彭晓燕:《欧亚历史上的哈剌契丹》,第81页。

1. 阿儿思兰汗与斡匝儿后人的境遇。关于阿儿思兰汗家族相关人物,前文述及多人,此处再稍作梳理。首先,"阿儿思兰汗"应视为海押立哈剌鲁人首领的世系称号,而非真实姓名。文献记载中首次出现的"阿儿思兰汗",即在西辽末期菊儿汗企图加害,后服毒自杀以保全家族王位之阿儿思兰汗。此阿儿思兰汗可能有两个儿子,其一是曾与屈出律结盟的马木都汗(Mamdu-khan),另一位是在阿儿思兰汗服毒自杀后,继承其位的儿子,仍号"阿儿思兰汗"。当然,这里不排除马木都汗就是后来继位之"阿儿思兰汗"的可能。但考虑到马木都汗曾与蒙古人的仇敌屈出律有过盟友关系,首先不可能得到西辽菊儿汗的同意而令其继父位统治海押立,而后更不可能得到蒙古人的原谅。所以,此二人并非同一人。其中前往归附成吉思汗的"阿儿思兰汗",真实姓名已不可考,仍以"阿儿思兰汗"称之。1211年春,阿儿思兰汗前往怯绿连河投附成吉思汗,①后极受礼遇,娶皇室女子为妻,成为成吉思汗家族的驸马,最后遣返海押立。② 此后参与蒙古军的西征。至1252年,蒙哥汗将海押立划分给海都,以讹迹邗作为封邑赠予阿儿思兰汗家族。其后,阿儿思兰汗所踪不甚明了。

关于斡匝儿家族。斡匝儿归附成吉思汗后,回到故地于狩猎过程中遭屈出律擒杀。其生有九子,分别为:洪都札蒇力,昔格纳黑的斤,阿合马的斤,忽辛的斤,苏莱曼的斤,朱法哈尔的斤,达乌德的斤,秃剌干的斤和乌赤·阿勒台的斤。另有一女,兀鲁黑合敦。其中曾将儿子昔格纳黑的斤作为卫士、将女儿兀鲁黑合敦作为礼物送给成吉思汗以表臣服。③ 据志费尼的记述,斡匝儿死后,昔格纳黑的斤奉成吉思汗之命继其父位继续治理阿力麻里,随之娶术赤之女为妻。④ 这应发生在成吉思汗时代。而巴托尔德根据贾玛尔·喀尔施的记载,说道:"昔格纳黑的斤婚配术赤女,乃窝阔台继位以后的事情"⑤。总之,斡匝儿家族后人亦成为黄金家族的驸马。昔格纳黑的斤与术赤女不鲁汗别吉生有一子,名叫伊利布塔儿,贾玛尔·喀尔施曾担任过其教师。昔格纳黑的斤于伊斯兰历648年(相当于公元1250.4.5至51.3.25)于蒙哥汗继位之地去世,其子答失蛮的斤将其运回阿力麻里安葬。于是答失蛮的斤继位,据贾玛尔·喀尔施描述答失蛮是一个狡捷、冒险的青年,慷慨大方,乐于献身,颇具策略手腕。他于伊斯兰历657年(相当于公元1258.12.29至1259.12.17)卒于虎思八里,被运回阿力麻里,埋葬在宫中其父的陵墓里。伊利布塔儿于伊斯兰历673(相当于1274.7.7至1275.6.26)去世。⑥

2. 两大家族都曾参加成吉思汗的西征大军。1219年夏,成吉思汗率大军准备西征。⑦ 次年驻夏于也儿的石河,而后向西南行至海押立,阿力麻里的昔格纳黑的斤、畏兀儿的亦都护巴而术阿而忒的斤以及当地的哈剌鲁部阿儿思兰汗各统所部与成吉思汗会师。⑧ 关于随蒙古军西征,据术兹贾尼的记载,阿儿思兰汗提供兵力为6000人;亦都护与昔格纳黑的斤所部兵力现

---

① 《元史》卷一《太祖纪》,16页;(元)黄溍:《黄金华文集》卷二四《宣徽使太保定国忠亮公神道碑》、卷四三《太傅文安宪王家传》。
② 《世界征服者史》,汉译本,第88页;札奇斯钦译注:《蒙古秘史新译并注释》,第352页。
③ 华涛译:《苏拉赫词典补编》,《元史及北方民族史研究集刊》第十一期,第92、95页。
④ 《世界征服者史》,汉译本,第88页。
⑤ 《蒙古入侵时期的突厥斯坦》,汉译本,第456页。
⑥ 华涛:《苏拉赫词典补编》,《元史及北方民族史研究集刊》第十一期,第95页。
⑦ 《元史》卷1《太祖纪》,第20页。
⑧ 《世界征服者史》,汉译本,第96页;《史集》,汉译本,第一卷二分册,第272页;

已无从考知。① 可见,相比于亦都护与昔格纳黑的斤所部兵力无记载,这在一定程度上反映出蒙古西征之际,阿儿思兰汗家族的势力是较强的。

3. 两大家族发源地的变迁。进入蒙古时代,海押立作为阿儿思兰汗家族发源地,从归附之初直属蒙古大汗成吉思汗;至蒙古西征之际,成为蒙古西征军的集结地,诸子势力开始进驻此地;至1252年,蒙哥汗正式将海押立划归窝阔台后王海都,形成三王——术赤、窝阔台、察合台家族势力交集于此的局面。据鲁布鲁克描述,海押立城是拥有繁荣市场的大城镇,并且此处还有三座佛教寺庙。尽管如此,海押立的宿命如同八剌沙衮城,在14世纪上半叶就趋向衰落。② 巴托尔德根据鲁布鲁克的报道,认为位于伊犁河北部的七河地区绝没有遭受军事袭击,许多城市的消失是由于蒙古游牧民的占据使得农业在一定程度上衰减,耕地转变成为牧场。③ 而作为牧地的海押立地区,最终成为察合台汗国的属地。

斡匝儿家族的领地阿力麻里地区,在成吉思汗分封时,成为其次子察合台的分地,忽牙思则是察合台兀鲁思大斡耳朵的驻地。据李志常记述,阿力麻里城保有当地的统治者"铺速满国王",说明斡匝儿家族的统治并未因归附成吉思汗而被取缔,而是保存下来,并且其在阿力麻里的统治维持了较长时间。④ 需要说明的是,这位国王应该是昔格纳黑的斤家族的成员,代昔格纳黑的斤暂管阿力麻里。因为长春真人一行至阿力麻里是在1222年前后,正值蒙古西征之时,昔格纳黑的斤正在成吉思汗西征军中。

综上所述,可知西辽末期、成吉思汗兴起时期的哈剌鲁人互不统属,各自为政。正基于此,使哈剌鲁人分批且在不同情势下选择归附蒙古。此外,不排除还存有分散的哈剌鲁人零星投附蒙古人。对此,将有待做进一步的探讨。

---

① 《蒙古入侵时期的突厥斯坦》,汉译本,第459页。
② *The Encyclopaedia of Islam* (New edition), Volume Ⅳ, Leiden E. J. Brill, 1997. p. 808 – 809. "Kayalik".
③ V. V. Barthold, tr. by. Minorsky, *Four Studies on the History of Central Asia*, vol. 1. p. 49; p. 122.
④ 华涛译:《苏拉赫词典补编》,《元史及北方民族史研究集刊》第十一期,第95页。

蒙古肃良合氏的来源

内蒙古大学　额尔敦巴特尔

在蒙古族中,有不少肃良合氏的人。17 世纪的蒙文文献中就有一些肃良合氏蒙古人的记载。萨冈彻辰《蒙古源流》(以下简称《源流》)中多次出现"肃良合"人的记载,如:(一)已未年(1433),太松台吉自立为太松合罕(汉籍中的脱脱不花汗),封其弟阿黑巴儿只为吉囊,出征四瓦剌部。瓦剌方面派出阿卜都剌·扯臣到阿黑巴儿只处,挑拨他和其兄太松的关系。[阿黑巴儿只]就在当天夜里派肃良合人(Solongqas)忽都巴哈、火你赤兀氏猛可二人随阿卜杜剌·扯臣回去,与四瓦剌联合起来。① (二)阿黑巴儿只继位为汗,与其子哈儿忽出黑皆先后被瓦剌人所杀。瓦剌也先汗之女薛扯克妃子是哈儿忽出黑之妻,已有七月身孕,也先说:"如果薛扯克生的是男孩就杀了他。"薛扯克生下一个男孩,送到也先的祖母撒木儿公主处,公主[给他]起名叫伯颜·猛可(即蒙文史籍中把秃猛可 – 达延汗之父),交给肃良合人桑哈勒都儿的妻子哈喇黑臣太夫人来抚养。② (三)太松合罕之子莫兰台吉,由毛里孩王拥立为合罕。肃良合人忽都巴哈来到莫兰合罕处,说:"毛里孩王与撒蛮地王妃合谋,已经带兵前来征伐你。"又到毛里孩王那里说:"莫兰合罕说要杀了你",挑起双方的争斗,结果莫兰合罕兵败被杀。毛里孩得知真象,将忽都巴哈割舌杀死。③ (四)清朝统一全国,顺治皇帝七岁时登上大明皇帝的金位,绥服了南边八十万汉人、西边下康的二十六万吐蕃、北边四万瓦剌、东边三万白肃良合、中央四省满洲和六万蒙古人。④"白肃良合"就是当时蒙古人对朝鲜的称呼。比《源流》早出的无名氏《黄金史纲》和《黄史》中也有肃良合氏蒙古人的记载。在当今蒙古语中,仍以 Solongos(Solongo 的复数形式)称呼朝鲜人。肃良哈作为蒙古人对高丽的称谓,最早以汉译"莎郎合思"(Solangqas)的复数形式见于《元朝秘史》第 274 节,旁译为"高丽"。13 世纪中期曾到蒙古旅行的西方人柏朗嘉宾和卢布鲁克的著作中,也按照蒙古人的叫法将高丽称为"Solangi"或"Solanga"⑤。有关这一时期的历史,《源流》出现了这样的记载:"壬子年……[主上 – 成吉思汗]三十一岁时,向日出的方向进发,远征兀捏干江。因江水上涨,主上在岸这边住营,遣使臣前去传谕:给我交纳贡赋!不然就开战。肃良合的察罕合罕惊惧,把肃良合—簸里乞的带儿·兀孙的女儿忽阑·豁阿献给了[主上]……就这样收服了三省的白色肃良合人众。[主上]在那里一住就

---

① 乌兰:《〈蒙古源流〉研究》,沈阳:辽宁民族出版社,2000 年,第 273 页。
② 乌兰:《〈蒙古源流〉研究》,第 277 页。
③ 乌兰:《〈蒙古源流〉研究》,第 280 页。
④ 乌兰:《〈蒙古源流〉研究》,第 476 页。
⑤ Christopher Dawson:〈The Mongol Mission〉,第 5 页、第 143 页;吕浦译,周良霄注:《出使蒙古记》,北京:中国社会科学出版社,1983 年,第 6 页、第 160 页。

是三年。"①《蒙古源流》和它以前成书的《黄金史纲》、罗氏《黄金史》也有这样的记载。但是，它们说的所谓成吉思汗亲征高丽一事，与史实不符。《蒙古秘史》、《元史》、《史集》、《高丽史》等书均无记载。成吉思汗在1204年娶忽阑哈屯后的三年间，又有一些列重大军事活动：击败篾里乞部，杀其首领脱黑脱阿；征服乃蛮部；征西夏；擒札木合；1206年在斡难河源即大位。可能《源流》作者和他以前的十七世纪蒙古史家，对高丽已没有什么清楚的认识，把它同蒙古地区的某些部落混淆不清，把肃良合同献出忽阑哈敦的篾儿乞混为一谈。②但是有人仍据《蒙古源流》等的记载，认为蒙古的"肃良合"姓与蔑儿乞部有关系。也有人认为，蒙古"肃良合"姓与"索伦"族有关系。不过，索伦一名没有那样悠久的历史，索伦的名称始于明末清初。清代文献中的索伦是指从黑龙江以北南迁的西伯利亚狩猎民族，分布在现今嫩江流域及内蒙古自治区呼伦贝尔盟地区。③笔者认为，蒙古人的肃良合氏的起源与十三、十四世纪大量入居元朝的高丽移民有关系。

一 蒙元时期的高丽移民

元太祖十一年（高丽高宗三年，1216），反抗蒙古的契丹军队在辽东不能立足，窜入高丽，肆行杀掠。1218年，为了追剿契丹叛军，蒙古元帅哈真和札刺统领蒙古、东夏联军，进入高丽，这是蒙古与高丽发生正式交往的开始。蒙古从此不断遣使向高丽索贡。④1224年，蒙古使者著古与（jegüi～jengüi?）自高丽返国途中被害，两国遂绝交，此后七年不通往来。1229年，窝阔台继位，遣撒礼塔等统大军攻取辽东，1231年，以蒙古使者著古与被杀事件为借口侵入高丽，"取四十余城……设官分镇其地"⑤，传旨迫使高丽投降，并在索要金银物品之外，又要求将"国王、诸王、公主、郡主、大官人、童男五百个、童女五百个""送来"，还要求遣送"诸般工匠"、"刺绣妇人"⑥。1233年，高丽人洪福源、毕贤甫在西京（今平壤）发动叛乱，被政府派军镇压下去。洪福源于是率领所召集的高丽北部民户投奔蒙古，驻于辽阳、沈阳之间。1234年，蒙古任命洪福源为"管领归附高丽军民长官"，并担负着"招讨本国未附人民"的任务。自元定宗贵由二年（1247）至宪宗蒙哥八年（1258），凡四次命将征高丽，凡拔其城十有四。⑦仅1254年一年，高丽被掳男女就达二十万六千八百余人。⑧此外，很多投降蒙古军队的高丽军人，也迁入元朝境内。例如，太宗十年（1238），赵玄习、李元佑率二千名高丽人投降蒙古，迁入东京，受洪福源节制。⑨ 中统元年（1260），忽必烈即位，恰逢高丽高宗死，忽必烈遣兵护王倎归国袭位，是为高

---

① 乌兰：《〈蒙古源流〉研究》，第153页。
② 乌兰：《〈蒙古源流〉研究》，第204页。
③ 清代文献中的"索伦部"，广义包括达斡尔族、鄂伦春族和鄂温克族，专指则是鄂温克族。参阅《中国大百科全书·民族卷》，北京：中国大百科出版社，1986年，第113页"鄂温克族"条。
④ 《高丽史》卷二二《高宗世家一》，戊寅五年十二月己亥朔，首尔，韩国亚细亚文化社，1972年，上册，第447页。
⑤ 《元史》卷二《太宗本纪》，北京：中华书局，1976年，第31页。
⑥ 《高丽史》卷二三《高宗世家二》，壬辰十九年春正月，上册，第462页。
⑦ 《元史》卷二○八《高丽传》，第4610页。
⑧ 《高丽史》卷二四《高宗世家三》，高宗四十一年十二月甲子，上册，第488页。
⑨ 《元史》卷二○八《高丽传》，第4610页。参阅周采和：《洪福源一家与元丽关系》（韩文），《蒙丽战争时期的撒里答与洪福源》，韩国慧眼出版社，2009年，第224—269页。

丽元宗。同时下诏许高丽"完复旧疆,安尔田畴,保尔室家"①,蒙丽关系从此进入了一个新阶段。至元七年(1270)二月,高丽元宗向元世祖请求联姻。忽必烈为了加强对高丽的控制,让高丽全力支持他进攻南宋、日本的计划,决定许以幼女忽都鲁揭里迷失下嫁。十二年(1275)五月,高丽忠烈王尚忽都鲁揭里迷失公主(元赠齐国大长公主),元丽两国在已有的政治同盟的基础上,又增加了一重婚姻关系,从此两个王室成了"一家",揭开了为时近百年联姻关系的序幕。自忠烈王起至恭愍王(1352—1374)止的高丽七王中五位尚公主七人(元代诸王之女皆称公主,因此不论高丽王室成员所尚是否为帝女,皆得称"驸马")。高丽和元朝的交往,已由宗主和外藩的关系转变为姻亲的关系。②元丽王室之间特殊的政治关系,为两国人民大量的往来创造了条件。入居元朝的高丽人士包括官吏、僧侣、学生、质子、商人、士兵、宦者、妇女、普通百姓等,数量非常之多。③有元一代,在大都生活着大批高丽人。他们主要是进入元朝政府任职的官吏、妇女、宦者、僧侣、商人等。有相当数量的高丽人在元朝各级官府中担任了或高或低的职务。桂栖鹏《高丽人入仕元朝考论》一文,对71名仕元高丽人进行了考察,④当然仕元高丽人应远不止七十一人。如世祖忽必烈的外甥——忠宣王王璋(蒙古名为益智礼普化)长年在以驸马、沈王身份侨居大都期间,他身边总有一批从臣,如,权汉功、白颐正、崔诚之和李齐贤等人。

蒙古统治者很早就将向高丽索要童女,令高丽作为贡品进纳。高丽王室和官员为了讨好元廷,有时也主动进献。在《高丽史》《高丽史节要》等史书中,有关元廷索女、高丽献女的记载不计其数。⑤元中期以后,宦官与宫女一样,成为元廷经常索取和高丽不时献纳的贡品,据《庚申外史》记载:"(至正二年)秋,监察御史言:宦官太盛,宜减宦官额并宫女,盖时宦者多高丽人为之也。"⑥高龙普、朴不花等人就是其代表人物。⑦

在元朝宫廷中,有的宫女已晋升为后妃。《元史·后妃表》记载太祖第四斡耳朵有一位锁郎哈妃子。⑧锁郎哈可能不是人名,锁郎哈妃子意思就是高丽妃子。关于成吉思汗有高丽妃子,史无明文。蒙元"后妃之制","其居则有曰斡耳朵之分;没,复有继承守宫之法"⑨。即每个大汗各有几个斡耳朵,由其后妃分别居住,拥有各自的民户和牲畜财产。每个斡耳朵主人去世后,由其他或下代大汗的后妃继承,称为"守宫"。太宗丙申年(1236)岁赐,太祖四大斡耳朵与诸王、贵戚一样,同样可享受诸州民户分赐。至元十八年(1281)又分拨江南户钞,这时太祖后妃不可能在世,实际是由后代大汗的后妃继承。以第四斡耳朵为例,也速干皇后是出身塔塔

---

① 《高丽史》卷二五《元宗世家一》,元宗元年夏四月丙午,上册,第506页。
② 萧启庆:《元丽关系中的王室婚姻与强权政治》,《内北国而外中国:蒙元史研究》,北京:中华书局,2007年,下册,第770—784页。
③ 有关高丽人入居元朝的研究有很多,参见舒健:《入居元大都的高丽人》,《元史论丛》第十三辑,天津古籍出版社,2010年,第105页。
④ 桂栖鹏:《高丽人入仕元朝考论》,浙江大学韩国研究所编:《韩国传统文化》(历史卷),北京:学苑出版社,2000年。
⑤ 参阅柳洪烈:《元朝的高丽贡女》,(韩国)《震檀学报》第18号,1957年,第27—46页;喜蕾:《元代贡女制度研究》,北京:民族出版社,2003年。
⑥ 权衡:《庚申外史》,《丛书集成》初编本,第9页。
⑦ 傅乐淑:《元代宦祸考》,《元史论丛》第2辑,北京:中华书局,第157—166页。
⑧ 《元史》卷一〇六《后妃表》,北京:中华书局,1976年,第2697页。
⑨ 《元史》卷一〇六《后妃表序》,第2693页。

儿部的太祖妃,以下11人均不见于各种史料的太祖后妃名单中,应是"继承守宫"的后代大汗的后妃。锁郎哈妃子名列最末,已是若干代子孙的后妃。《后妃表》明记各斡耳朵后妃名单中"位号之淆,名分之渎,则亦甚矣",仍将"其氏名之仅见简牍者",一并抄录,因此闹出将儿媳、孙媳、曾、玄、远孙媳列为太祖后妃的笑话。

14世纪以后,元朝诸帝和皇室成员大多娶有高丽女子,可考的有武宗、仁宗、明宗、惠宗、爱猷识理达腊、安西王阿难达等人。①在大都的贵族官宦之家,普遍都娶高丽女子为妻妾,养高丽侍婢。"京师达官贵人,必得高丽女,然后为名家"②,"北人女使,必得高丽女孩童……不如此,谓之不成仕宦"③。以上考订独缺文宗,据载:文宗曾"以宫中高丽女子不颜帖你赐燕铁木儿,高丽国王请割国中田为资送,诏遣使往受之"④。文宗宫中有高丽女子赐给大臣,应该身边还另有高丽宫妃。此事震动高丽国王,在当时应是高丽国中一件大事。高丽李谷也说:"高丽妇女在后妃之列,配王后之贵,而公卿大臣多出于高丽外甥。"⑤此外,元朝的辽阳行省沈阳路和辽阳路和山西、河北、山东等地都居住着许多高丽人。⑥

二 元朝时期肃良合氏的高丽人

高丽人奇氏完者忽都是元顺帝妥欢贴睦尔的皇后。奇氏,出身寒微。元统元年六月,顺帝即位,宦官徽政院使高丽人高龙普(蒙古名秃满迭儿)荐奇完者忽都入元朝宫廷,最初只是一个宫女,主掌供奉和侍候顺帝的茶道。奇完者忽都"性颖黠,日见宠幸"。后至元六年(1340),奇氏为顺帝生下皇子爱猷识理达腊。这样,蒙古皇室中也有了高丽人血统。母以子为贵,奇氏被立为第二皇后。至正十三年(1353),爱猷识理达腊立为皇太子。至正二十五年(1365),奇氏立为皇后,由摄太尉持节授以玉册、玉宝,册文中说:"咨尔肃良合氏,笃生名族,来事朕躬。"在立奇氏为皇后的诏书中说:"改奇氏为肃良哈氏。"⑦顺帝的诏书,将奇氏这个类似汉人的姓改用蒙古语,成为称呼全体高丽人的族名,认为这是"名族",而且规定了Solangqa的标准汉译用字。此外,《元史》中出现使用以钦定族属肃良哈为姓氏的人有朴赛音不花。此人姓从高丽本民族为"朴",名从蒙古语Sain - buqa,意为好公牛,又仿效汉族士人字德中。《传》文称他为"肃良合台人"。古代蒙古人表述姓氏时,在族名之后续接姓氏后缀,男性的姓氏后缀作 - dai/dei,女性姓氏后缀作 - jin。朴赛音不花是高丽人,所以说他是肃良哈人 - Solangqadai。朴赛音不花,初入宿卫为速古儿赤,即"掌内府尚供衣服"的怯薛执事,他可能也是因奇后的引荐而入宫充当宿卫,后授官利器库提点,又任为奇后专设的资政院判官,迁主管军事的同知枢密院事。曾出任高丽的合浦全罗等处军民万户。再任大司农、岭北行省平章。至正二十四年(1364),

---

① 叶泉宏:《明代前期中韩国交之研究》,台北:台湾商务印书馆,1992年,第5页。
② 权衡:《庚申外史》,第21页。
③ 叶子奇《草木子》,中华书局,第63页。参见喜蕾:《元代高丽贡女制度研究》,第64—92页。朴元吉:《大元帝国的高丽出身皇后——达麻实里》,首尔(韩国)《蒙古学》第24号,第205—225页,2008年。
④ 《元史》卷三五《文宗本纪》,至顺二年四月戊申,第782页。
⑤ 李谷:《代言官请罢取童女书》;《高丽史》卷一百九,《李谷传》,下册,第389页。
⑥ 吴松弟:《蒙(元)时期朝鲜半岛对中国的移民》,《韩国研究论丛》第二辑,第305—306页。
⑦ 《元史》卷一一四《完者忽都皇后奇氏传》;卷四六《顺帝本纪》,第971页。

改翰林学士承旨。再迁集贤院大学士、宣政院使、中书平章政事。二十八年,明兵逼大都,领兵数百人守承顺门,城陷被执,不屈被杀。①

由于成吉思汗时代蒙古已同高丽直接接触并互相往来,Solangqa 一词早已出现在元代文献中,如漠南五投下亦乞列思部中,开国功臣成吉思汗妹婿孛秃的曾孙就以高丽的族名命名为锁郎哈,他的女儿就是武宗皇后,明宗的生母,顺帝的祖母。②

蒙古汗国对高丽的军事行动中,蒙古地区陆续吸收了大批的高丽人口。高丽与元朝的特殊政治关系,为两国人口的大量流动创造了条件,入居元朝的高丽人部分被吸收进蒙古民族之中。在元末明初的政局动荡中,进入蒙古地区的高丽人与其他汉、女真、西夏、畏兀儿、哈刺鲁、钦察、康里、阿速、斡罗思等民族和国家的人口一样,最终与蒙古人融为一体。高丽的族名肃良合(Solangqa)随之变成了蒙古人当中的姓氏。③

学者一般认定 17 世纪的阿黑巴儿只兄弟是元朝汗裔,因此,《源流》中出现的阿黑巴儿只手下的"肃良合人忽都巴哈"很可能是随元顺帝北奔之高丽人的后裔。据《蒙古族姓氏研究》,在内蒙古自治区蒙古肃良合氏人主要分布在鄂尔多斯市伊金霍洛旗、乌审旗、鄂托克前旗,锡林郭勒盟镶黄旗、苏尼特右旗、太仆寺旗及阿拉善盟等地。④

根据以上考证及讨论,可知蒙古的"莎郎合思"(Solangqas)不是源自蒙古的古老部落所形成的姓氏,而是元朝灭亡以后形成的。在蒙古民族中"肃良合"氏的产生,反映了蒙古与高丽的历史关系,反映蒙古族的形成不仅融合了古代蒙古高原的民族和部落,也融合了其他远征所至东西方众多其他民族。

(在本文写作过程中,周清澍先生给予宝贵建议,谨致谢意。)

---

① 《元史》卷一九六《忠义·朴赛音不花》,第 4435 页。
② 《元史》卷一一八《孛秃传》,第 2923 页。
③ 参见亦邻真(署名 Aradanakarba):《蒙古人的姓氏》(蒙文),《亦邻真蒙古学文集》,呼和浩特:内蒙古人民出版社,2001 年,第 57—61 页;乌兰:《关于蒙古人的姓氏》,《蒙元史暨民族史论集》(纪念翁独健先生诞辰一百周年),北京:社会科学文献出版社,2006 年,第 101—108 页。
④ 奥都·博·苏达那木道尔吉:《蒙古族姓氏研究》(蒙古文),沈阳:辽宁民族出版社,2007 年,第 734—737 页。

《元史》有关巩昌汪氏记载辨正六则

呼和浩特职业学院 赵一兵

明初宋濂等奉敕修撰之《元史》,因成书仓猝,剪裁失当,以致史实讹误、译名混乱、纪事重复、体例乖舛,历来为学者所诟病。故《元史》甫告修成,即有是正之论、补遗之编。入清之后,学者对《元史》之考异、辨误及至重修之作,更不鲜见。即以有关巩昌汪氏事迹之记载而言,虽经前人多所辨误勘正,今为学人所习用之中华书局标点本《元史》仍有若干可商榷之处。今仅就标点本《元史》有关巩昌汪氏记载的若干舛误,本诸"贤者识其大,不贤者识其小"之旨,比勘《元史》的相应记载,参稽相关碑志,略事辨正,并以就教于大方之家。

一

《元史》卷四《世祖纪一》:中统元年五月乙未,"以总帅汪良臣统陕西汉军于沿河守隘"①。

中统元年"九月丁卯,帝在转都儿哥之地,以阿里不哥(遗)[违]命,下诏谕中外。……是月,阿蓝答儿率兵至西凉府,与浑都海军合,诏诸王合丹、合必赤与总帅汪良臣等率师讨之。丙戌,大败其军于姑臧,斩阿蓝答儿及浑都海,西土悉平"②。

以上两处"总帅汪良臣",不确。据《元史》卷一五五《汪良臣传》,良臣于"癸丑岁,以德臣荐,为巩昌帅,领所部兵屯田白水,蜀边寨不敢复出钞略。宪宗亲征,军至六盘,良臣还巩昌,供亿所需,事集而民不扰,诏权便宜总帅府事"③。岁癸丑为1253年。宪宗亲征,军至六盘,据《宪宗纪》载,应在宪宗八年四至七月间。"夏四月,驻跸六盘山。……秋七月,留辎重于六盘山,率兵由宝鸡攻重贵山,所至辄平"④。则良臣于宪宗八年(1258)四至七月间,始被"诏权便宜总帅府事"。据王鹗撰《汪忠烈公神道碑》,宪宗八年戊午(1258)十一月,汪德臣以巩昌便宜都总帅充先锋,随蒙哥汗南下征蜀,九年六月,病逝于围攻合州钓鱼山城之役。⑤ 而由其长子汪惟正权袭其职。《元史》卷一五五《汪惟正传》载:"父卒于军,皇侄寿王俾权袭父爵,守青居

---

① 中华书局1976年版标点本《元史》,第66页。以下所引《元史》,均为中华书局标点本,不另标明。
② 《元史》卷四《世祖本纪一》,第68页。
③ 《元史》卷三《宪宗纪》,第51页。
④ 《元史》卷三《宪宗纪》,第51页。
⑤ 张维:《陇右金石录》卷五王鹗撰《汪忠烈公神道碑》:"戊午,上亲征,次汉中,公朝于行在。……冬十月八日,驾幸益昌……十有一月八日,进攻长宁,拔之。……车驾顺流东下,诏以公为御前先锋……遂抵钓鱼山。其守将王坚素恃江险,公力战,夺战船数百余艘,杀伤不可计。公遣人谕以祸福,攻围凡五阅月不下,公……单骑逼城下呼坚曰:'我来欲活汝一城军民耳!'语未毕,几为飞石所中,公遂感疾。……俄以疾薨,实己未六月二十一日也,春秋三十有八。"见《中国西北文献丛书》第182册,兰州:兰州古籍书店1990年影印本。

山。世祖即位,遂真授焉。"①《元史》卷四《世祖纪一》亦载:中统元年五月乙未,"以汪惟正为巩昌等处便宜都总帅"②。可知,中统元年忽必烈即位前后,汪惟正袭父职为巩昌等处便宜都总帅,驻守青居山。而汪良臣以权便宜都总帅府事统领巩昌府事宜。故而良臣在中统元年九月奉命与诸王合丹、合必赤及陕西四川宣抚司八春等大败阿蓝答儿、浑都海军于姑臧,"斩阿蓝答儿及浑都海,西土悉平"③。"捷闻,赐金虎符,权便宜都总帅"④。即在平定阿蓝答儿、浑都海,立下大功之后,方才重授"权便宜都总帅。"中统二年,"火里叛,复讨平之。入觐,赐燕,屡称其功,良臣拜谢曰:'臣奉诸王成算,何功之有!'世祖嘉其能让,复赐金鞍、甲胄、弓矢,转同佥巩昌路便宜都总帅"⑤。《元史·世祖纪一》亦载:"二年六月丙辰,以汪良臣同佥巩昌路便宜都总帅,凡军民官并听良臣节制。"⑥

《元史》卷一六二《李忽兰吉》载:"至元元年,入觐,命与同佥总帅汪良臣还蜀,守青居。"⑦可知至元元年(1364)时,汪良臣仍为同佥巩昌路便宜都总帅。

据王鹗应汪惟正之请撰于至元四年(1267)的《汪忠烈公神道碑》载,汪良臣于至元四年时为军前便宜都总帅。⑧而据《元史·汪良臣传》,此时良臣已被元廷授为"阆、蓬、广安、顺庆等路征南都元帅"。⑨则"征南都元帅"似系朝廷命官,"军前便宜都总帅"乃系世职。

良臣首任巩昌等处便宜都总帅应在至元九年。《元史·汪良臣传》载:"九年,复授良臣昭勇大将军、巩昌等二十四处便宜都总帅,兼本路诸军奥鲁总管。"⑩

---

① 《元史》卷一五五《汪惟正传》,第3655页。又,张维《陇右金石录补》载商挺撰《故资德大夫中书左丞行陕西四川中书省贞肃汪公神道碑》亦云:"公讳惟正,字公理,忠烈公之冢嫡。……戊午岁,忠烈公扈从[宪宗皇帝入蜀,攻钓鱼]合州,薨于军。公在襄武诸伯叔及门下将吏李庭玉等以公应嗣奏于行在所,有旨召公,未及觐见,[宪宗弃群臣。请于]皇姪寿王,乃以公袭爵,佩其金虎符,始入蜀,守青居山。庚申,[今上即位,建元中统,立]陕西四川宣抚司治长安。是年,公真授巩昌等二十四处便宜都总帅。"事实上,商挺所撰之神道碑即《元史·汪惟正传》的史源。见《中国西北文献丛书》第182册,兰州古籍书店,1990年影印本。
② 《元史》卷四《世祖纪一》,第66页。
③ 《元史》卷四《世祖纪一》,第68页。
④ 《元史》卷一五五《汪良臣传》:"世祖即位,阿蓝答儿、浑都海逆命,劫六盘府库,西陲骚动,诏良臣讨之。……获阿蓝答儿、浑都海,杀之,西鄙辑宁。捷闻,赐金虎符,权便宜都总帅。"第3653—3654页。
⑤ 《元史》卷一五五《汪良臣传》,第3654页。
⑥ 《元史》卷四《世祖纪一》,第71页。
⑦ 《元史》卷一六二《李忽兰吉传》,第3793页。
⑧ 张维:《陇右金石录》卷五《汪忠烈公神道碑》:"公兄忠臣殁于副都总帅,弟直臣殁于中翼总领,佐臣殁于奥鲁都总领,良臣,军前便宜都总帅;翰臣,摄其职;清臣率巩昌。兄弟七人殁于王事者半,可谓忠义一门,虽王清之于汉,卞壶之于晋,宜无少让。岁丁卯(至元四年,1267),嗣帅走书数千里,持门下士潘珍所为行状乞铭于余,曰惟正不孝,不幸先人早逝世,惟平昔为国忠节,身名俱荣,章章在人耳目,窃欲刻诸贞石,以慰哀思,非大手无可托者。予于中统二年承乏翰林,奉旨为义忠武烈作追封谥草,雅知二公之忠。五年,始识今帅于上都,帅来拜谢,且以碑铭见属,予诺之。今兹来请,义不容辞,乃即其状而铭之。"
⑨ 《元史》卷一五五《汪良臣传》:"中统二年,火里叛,复讨平之。入觐,赐燕,屡称其功,良臣拜谢曰:'臣奉诸王成算,何功之有!'世祖嘉其能让,复赐金鞍、甲胄、弓矢,转同佥巩昌路便宜都总帅。宋将昝万寿帅战船二百,泝江而上,欲掩青居。良臣伏甲数十艘其后,身先逆战,万寿败走,伏发,几获之。三年,授阆、蓬、广安、顺庆等路征南都元帅府。良臣以钓鱼山险绝,不可攻,奏请就近地筑城曰武胜,以扼其往来。四年春,良臣攻重庆,命元帅康士秃朵驱,与宋将朱禩孙兵交,良臣塞其归路,引兵横击之,断敌兵为二,敌败走趋城,不得入,尽杀之。至元六年,授东川副统军。"(第3654页)
⑩ 《元史》卷一五五《汪良臣传》,第3654页。

二

《元史》卷五《世祖纪二》:中统四年春正月乙巳,"敕总帅汪忠臣、都元帅帖的及刘整等益兵付都元帅钦察,戍青居山"①。此处称汪忠臣为"总帅",亦不确,应为"副总帅"或"副都总帅"。汪忠臣,《元史》无专传。据《元文类》卷六十二姚燧撰《便宜副总帅汪公神道碑》,汪忠臣字汉辅,汪世显长子。窝阔台汗七年(1235)十一月,时任金巩昌便宜都总帅的汪世显降蒙。②后汪世显从阔端经略川蜀,以长子忠臣留质窝阔台处,以次子德臣留质阔端处。癸卯岁(1243年)汪世显卒,阔端承制以德臣袭父职,为巩昌等处便宜都总帅,而以忠臣为巩昌元帅知府事。宪宗二年壬子(1252),"俾权都总帅事。""中统之元,制以公为副都总帅"。忠臣以至元丙寅(至元三年)四月五日(1266年5月11日)卒于副都总帅任上。③

三

《元史·世祖纪七》载:至元十五年夏四月"甲子,命不花留镇西川,汪惟正率获功蒙古、汉军官及降臣入觐"。④笔者以为这里的"汪惟正"应为"汪良臣"。关于此点,笔者已有专文考订,⑤兹撮要介绍如次:

从窝阔台汗八年(1236)汪世显从阔端入蜀,至元世祖至元十五年(1279)四川最终平定的约43年中,巩昌汪氏祖孙三代"父死子继",始终在四川前线效力,除汪德臣死于合州钓鱼山之役外,德臣兄弟七人"殁于王事者半"⑥,而"取蜀之役,资粮甲兵之赋,始终毕给"⑦,在蒙元时期攻取四川之役中发挥了极其重要的作用,为四川地区的最终平定立下卓著勋劳。故于至元十五年(1278)夏四月甲子,四川初告平定不久,⑧元廷即有"命不花留镇西川,汪惟正率获功蒙古、汉军官及降臣入觐"之举,然此处之"汪惟正"实应为"汪良臣"。

据《元史》卷一五五《汪良臣传》载,汪良臣于至元十年被忽必烈亲召入觐,"授镇国上将军、枢密副使、西川行枢密院事",倚以方面之重。⑨《元史》卷八《世祖纪五》亦云:至元十年夏四月"辛丑,罢四川行省,以巩昌二十四处便宜总帅汪良臣行西川枢密院,东川阆、蓬、广安、顺庆、夔府、利舟登陆统军使合剌兴东川枢密院,东川副统军使王仲仁同金行枢密院事,仍命汪良臣就率所部军以往"⑩。良臣经略西川事迹,《元史》中多有记载,兹不备举。

---

① 《元史》卷五《世祖纪二》,第91页。
② 《元史》卷二《太宗纪》:窝阔台汗七年"十一月,阔端攻石门,金便宜都总帅汪世显降"。(第34页)
③ 《国朝(元)文类》卷六二姚燧撰《便宜副总帅汪公神道碑》,《四部丛刊》初编本。
④ 《元史》卷一〇《世祖纪七》,第199—200页。
⑤ 《元史论丛》第十一辑载拙文《〈元史·世祖本纪〉"汪惟正入觐"条辨正》,天津:天津古籍出版社,2009年。
⑥ 《元文类》卷六二。又见姚燧《牧庵集》卷一六《便宜副总帅汪公神道碑》,《四部丛刊》初编本。
⑦ 虞集:《道园学古录》卷六《汪氏勋德录序》。
⑧ 《元史》卷一〇《世祖纪七》:至元十五年三月"甲午,西川行枢密院招降西蜀、重庆等处,得府三、州六、军一、监一、县二十、栅四十、蛮夷一"。(第199页)
⑨ 《元史》卷一五五《汪良臣传》,第3654页。
⑩ 《元史》卷八《世祖纪五》,第149页。

至元十三年(1276)正月,伯颜率大军进次临安北郊之皋亭山,宋主遣使奉表纳降。① 而四川战事则因东、西两川行枢密院争功邀利,以致延滞战局。两院合兵数万围重庆而久攻不下,重庆东南屏障泸州亦得而复失。② 元廷乃于至元十三年四月"丙子,省东川行枢密院及成都经略司,以其事入西川行院",以一事权。③ 十四年八月,更"命丞相不花等行枢密院于西川",取代原行院忽敦,以示威重。④ 同年,再命李德辉以安西王相兼任西川行枢密院副使,驻成都筹措军饷,居间调停。⑤ 而良臣则仍以枢密副使行西川枢密院事与不花、德辉共同主持四川军务。此一调整立见成效,四川战局顿为改观。至元十四年,元军收复泸州,十五年春,再围重庆,"逾月拔之"⑥。三月"甲午,西川行枢密院招降西蜀、重庆等处,得府三、州六、军一、监一、县二十、栅四十、蛮夷一"⑦。四川初告平定。

　　固然,自至元七年始,汪惟正即统巩昌军征略东川,且多有建树。史载:"至元七年,宋人修合州,诏立武胜军以拒之。"⑧ 至元六年,汪良臣"授东川副统军。八年,兄子惟正请于朝。谓良臣久劳戎行,乞身代之"⑨。至元九年,惟正"率兵掠忠、涪","两川枢密院合兵围重庆,命益兵助之,惟正夺其洪崖门,获宋将何统制"⑩。至元十三年闰[三]月丙申[朔],"东川行枢密院总帅汪惟正略地涪州,克山寨豁洞凡二十有三所"⑪。然至至元十四年三月,汪惟正奉命自东川移镇巩昌。《元史》卷九《世祖纪六》载:至元十四年三月"癸丑,命汪惟正自东川移镇巩昌"⑫。

　　由上考辨,似可推知:至元十五年四月甲子"命不花留镇西川,汪惟正率获功蒙古、汉军官及降臣入觐"的记载中的"汪惟正"应为"汪良臣",因此时惟正已移镇巩昌,且于是年春,率巩

---

① 《元史》卷九《世祖纪六》,第176页。
② 《元史》卷一六三《李德辉传》:至元"十二年,诏以王相抚蜀。时重庆犹城守不下,朝廷各置行枢密院于东、西川,合兵万人围之。德辉至成都,两府争遣使咨受兵食方略,德辉戒之曰:'宋已亡矣,重庆以弹丸之地,不降何归。政以公辈利其剽杀,民不得有子女,惧而不来耳。……况复军政不一,相訾纷纷,朝夕败矣,岂能成功哉!'德辉出,未至秦,泸州叛,而重庆围果溃,再退守泸州"。(第3816—3817页)
③ 《元史》卷九《世祖纪六》,第181页。
④ 《元史》卷一六六《刘恩传》:至元十二年,"安西王遣使召恩之六盘山,问曰:'江南已平,四川未下奈何?'恩曰:'若以重臣之不徇私者督责之,则半年可下矣。'王即遣恩与府僚术儿赤乘传以闻,帝然之,命丞相不花等行枢密院于西川,授恩同金院事"。(第3896页);《元史》卷九《世祖纪六》:至元十四年"八月戊午朔,诏不花行院西川"。(第192页);《元史》卷一二九《也速答儿传》:"忽敦以兵二万会东川行枢密院合答围重庆,岁余不下,帝命行枢密使不花代将。"(第3146页)
⑤ 《元史》卷一六三《李德辉传》:至元"十四年,诏以德辉为西川行枢密院副使,仍兼王相。诸军既发,德辉留成都给军食。"(第3817页)
⑥ 《元史》卷一六三《李德辉传》,第3817页。
⑦ 《元史》卷一○《世祖纪七》,第199页。
⑧ 《元史》卷一五五《汪惟正传》,第3656页。
⑨ 《元史》卷一五五《汪良臣传》第3654页。
⑩ 《元史》卷一五五《汪惟正传》,第3656页。
⑪ 《元史》卷九《世祖纪六》,第181页。
⑫ 《元史》卷九《世祖纪六》,第189页。

昌军会合安西王相府兵,平定留守六盘山的宗王秃鲁的叛乱。① 而良臣则以枢密副使行西川枢密院事与同为西川行院的不花共同主持西川军务。这里既言命不花留镇西川,则由良臣率获功蒙、汉军官及降臣入觐乃顺理成章。而王磐所撰《赵国忠献公(董文炳)神道碑》恰可证实此一推断,碑文云:

    公(董文炳)以累岁南方驱驰,积劳成疾,时时发动,戊寅岁(至元十五年,1278)夏稍缓,赴上都,以西方未定,恳请西行。上慰之曰:'汉人中,如卿忠孝者不多见矣。卿且安居,善调摄。'八月,授签书枢密院事。二十八日天寿节,上寿赐宴,上命公坐总帅汪良臣、右丞吕文焕、左丞夏贵暨诸侍卫将军之上,宠异之。宴罢暮归,病势有加,……九月十三日……夜半后薨。②

《元史》卷一五五《汪良臣传》亦载:至元十五年春,元军围攻重庆,"张珏悉众鏖战,良臣奋击,大破之,身中四矢。明日,督战益急。珏所部赵安开门纳降,珏潜遁。良臣禁浮掠,发粟赈饥,民大悦。四川悉平,捷闻,世祖喜甚,召良臣入觐,授资善大夫、中书左丞、行四川中书省事"③。与前揭《元史·世祖纪七》载:至元十五年夏四月"甲子,命不花留镇西川,汪惟正率获功蒙古、汉军官及降臣入觐"显为一事矣。

屠寄恐亦见及此点,故其在《蒙兀儿史记》卷六四《汪世显等传》所附汪良臣传中,将前引《元史·世祖纪七》所载至元十五年夏四月"甲子,命不花留镇西川,汪惟正率获功蒙古、汉军官及降臣入觐"一事与《元史·汪良臣传》所载"四川悉平,捷闻,世祖喜甚,召良臣入觐,授资善大夫、中书左丞、行四川中书省事"一事折中为"四川悉平,捷闻,忽必烈汗喜甚,诏良臣偕惟正及蒙兀汉军有功将士入觐。特拜良臣中书左丞行四川省事于成都。附阶资善大夫"。④ 可谓独具只眼,用心良苦,然良臣正不必"偕惟正"入觐,而是亲率获功蒙古、汉军官及降臣入觐。

四

《元史》卷一三二《步鲁合答传》:世祖至元"十一年,行院汪田哥以兵围嘉定,步鲁合答即率其众攻九顶山,破之,嘉定降。"又同卷《探马赤传》:"至元九年,从行省也速带儿征建都……

---

① 张维:《陇右金石录补·汪贞肃公(惟正)神道碑》:"皇子安西王既胙土秦蜀,因巩人之思公,乃召公还。十四年冬十月,诏王北伐。明年春,公方禀事于王相府,藩王土鲁叛于六盘。王相府以安西监郡别速带领兵数千而西,以公为副。监郡不娴军事,军行乱次。越三日,公曰:'兵不可无律也。'始正部曲行阵,击[刁斗],设营卫,监郡倚公为重。抵平凉,先以檄征巩兵,是日至者八十人,皆健斗者。公曰:'得此足用,吾无忧矣。'至六盘,叛者据西山。公分安西兵为左、右翼,独以巩兵居中。前未至里许,皆下马,持弓矢。公方与督战中贵上食,中贵变色辞谢,公曰:'无恐,第观士战。'彼遣百骑突我,公令曰:'引满毋发。'将及,公又令曰:'视必中而发。'又渐逼,众矢齐发,饮镞者三之一焉,驰还。公麾兵逐之,争走险,我登则彼下,我下则彼登,三逾山而[北]追至武延川之萧河。先获叛弃燕只哥,继获土鲁。"此事又见《元史》卷一六三《赵炳传》:至元"十四年,加镇国上将军、安西王相。王府冬居京兆,夏徙六盘山,岁以为常。王既北伐,六盘山守者构乱,炳自京兆率兵往捕,甫及再旬,元恶授首。十五年春,六盘再乱,复讨平之。王还自北,嘉赏成功,赍赐有加。"(第3837页);《元史》卷一六二《李忽兰吉传》:至元"十五年,秃鲁叛于六盘山,忽兰吉以延安路军,会别速台、赵炳及总帅府兵于六盘,败秃鲁于武川,俘其孥,还,承制授京兆延安安凤翔三路管军都尉,兼屯田守卫事。"(第3794页)

② 引自《全元文》卷六二,册2,第290页。原文见1934年《续修藁城县志》卷一二。又见清同治本《畿辅通志》卷一七二。

③ 《元史》卷一五五《汪良臣传》,第3655页。

④ 《蒙兀儿史记》卷六四《汪世显等传》,上海:上海古籍出版社、上海书店《元史二种》本,1989年,第461页。

又从行院汪田哥、忽敦等,攻嘉定、重庆、泸、叙诸州,以功兼崇庆府达鲁花赤。"①此二处"行院汪田哥",显误,而应是汪良臣。据《陇右金石录》卷五《汪忠烈公神道碑》,德臣字舜辅,赐名田哥,为汪世显次子。"岁癸卯(1243),义武公薨,命袭父爵,佩虎符,时年二十有二。""戊午(1258),上亲征","诏以公为御前先锋","遂抵钓鱼山。其守将王坚素恃江险,公力战,夺战船数百余艘,杀伤不可计。公遣人谕以祸福,攻围凡五阅月不下,公……单骑逼城下呼坚曰:'我来欲活汝一城军民耳!'语未既,几为飞石所中,公遂感疾。""俄以疾薨,实己未六月二十一日也,春秋三十有八"②。即西元1259年7月12日。③ 故至元十一年时德臣早已去世,且德臣亦未任过行院。而《元史》卷一五五《汪良臣传》载:"至元九年,复授良臣昭勇大将军、巩昌等二十四处便宜都总帅,兼本路诸军奥鲁总管。明年,召入,帝曰:'成都被兵久,须卿安集之。'授镇国上将军、枢密副使、西川行枢密院事,蜀人安之。十一年,进攻嘉定,昝万寿坚守不出,良臣度有伏兵,大搜山谷,果得而杀之,进垒薄城。万寿悉军出战,大破之,伏尸蔽江,万寿乞降,良臣奏免其死,居民按堵。良臣统兵顺流而下,紫云、泸、叙相继款附。还围重庆。"④据此可知,世祖至元十一年任西川行院者为汪良臣,且于是年确有进攻嘉定之举。则《步鲁合答传》之"行院汪田哥"为"汪良臣",应无可置疑。同理,探马赤之随也速带儿征建都,既在至元九年,则又从行院汪田哥、忽敦等,攻嘉定、重庆、泸、叙诸州,必在至元九年之后,参以前引良臣传所记,则探马赤所从之"行院汪田哥",亦当是"汪良臣"。

五

《元史》卷一三三《拜延传》:"又从行省也速带儿攻嘉定,从行院忽敦取泸、叙,攻重庆,数有功,十二年,行院承制以为东西两川蒙古汉军万户。总帅汪田哥用兵忠州,命拜延将兵二千,往涪州策应之。宋人伺田哥回,以舟师顺流而下,邀于青江,拜延引兵驰赴……十九年,从总帅汪田哥入见,升怀远大将军、管军万户,改赐金虎符,卒。"⑤此三处"总帅汪田哥"均误,应为汪德臣即汪田哥之子"汪惟正"。据《元史·汪惟正传》,惟正于宪宗九年"父卒于军,皇侄寿王俾权袭父爵,守青居山"。中统三年,被世祖"诏还巩昌"⑥。"至元七年,宋人修合州,诏立武胜军以拒之"⑦。又据《元史·汪良臣传》载,"至元六年,授东川副统军。八年,兄子惟正请于朝。谓良臣久劳戎行,乞身代之"。至元九年,惟正"率兵掠忠、涪"⑧。"未几,两川枢密院合兵围重庆,命益兵助之,惟正夺其洪崖门,获宋将何统制"⑨。元廷设东、西两川行枢密院事在至元十年,《元史》卷八《世祖纪五》载:至元十年夏四月"辛丑,罢四川行省,以巩昌二十四处便宜总帅汪良臣行西川枢密院,东川阆、蓬、广安、顺庆、夔府、利州等路统军使合剌行东川枢密

---

① 《元史》卷一三二《步鲁合答传》,第3211页。
② 《陇右金石录》卷五《汪忠烈公神道碑》。
③ 据方诗铭、方小芬编《中国史历日和中西历日对照表》换算,上海:上海辞书出版社,1987年,第553页。
④ 《元史》卷一五五《汪良臣传》,第3654页。
⑤ 《元史》卷一三三《拜延传》,第3225页。
⑥ 《元史》卷一五五《汪惟正传》,第3654页。
⑦ 《元史》卷一五五《汪惟正传》,第3656页。
⑧ 《元史》卷一五五《汪惟正传》,第3656页。
⑨ 《元史》卷一五五《汪惟正传》,第3656页。

院,东川副统军王仲仁同佥行枢密院事"①。而两川枢密院合围重庆,事在至元十二年。《元史》卷一六三《李德辉传》载:至元"十二年,诏以王相抚蜀。时重庆犹城守不下,朝廷各置行枢密院于东、西两川,合兵万人围之。"②至元十三年闰[三]月丙申[朔],"东川行枢密院总帅汪惟正略地涪州,克山寨豁洞凡二十有三所"③。十四年三月"癸丑,命汪惟正自东川移镇巩昌"④。可知,汪惟正自至元七年始至十四年移镇巩昌,都在以总帅身份统巩昌军攻略东川。故《拜延传》所云至元十二年用兵忠州之"总帅汪田哥",当为"总帅汪惟正"。

六

《元史》卷一五五《汪良臣传》:"中统二年,火里叛,复讨平之。入觐,赐燕,屡称其功,良臣拜谢曰:'臣奉诸王成算,何功之有!'世祖嘉其能让,复赐金鞍、甲胄、弓矢,转同佥巩昌路便宜都总帅。宋将昝万寿帅战船二百,沂江而上,欲掩青居。良臣伏甲数十艘其后,身先逆战,万寿败走,伏发,几获之。三年,授阆、蓬、广安、顺庆等路征南都元帅府。良臣以钓鱼山险绝,不可攻,奏请就近地筑城曰武胜,以扼其往来。四年春,良臣攻重庆,命元帅康士秃先驱,与宋将朱禩孙兵交,良臣塞其归路,引兵横击之,断敌兵为二,敌败走趋城,不得入,尽杀之。至元六年,授东川副统军。"⑤仅从上述行文看,接着"中统二年"纪事之后,即云"三年,授阆、蓬、广安、顺庆等路征南都元帅。"接着云"四年,良臣攻重庆"。再后"至元六年,授东川副统军"。则中间之"三年",极易使人理解为"中统三年",实际上,此处之"三年",应为"至元三年"。

"征南都元帅府"设在青居山城(在今四川南充县南三十五里)。青居山城原为宋四川制置使余玠于淳祐二年(1242)镇戍四川后,为防御蒙古择险要之地所筑山城,宋移顺庆府治其上,是南宋所谓御蜀"八柱"之一。⑥ 因合州钓鱼城是宋东川重镇重庆的主要屏障,而"清居去顺庆平土二十里","其南即合"。⑦ 具有非常重要的战略地位。故蒙古军于蒙哥汗八年(1258)迫降青居后,即由"兵号劲果"⑧的巩昌汪家军驻守。蒙哥汗九年(1259)六月汪德臣病逝于围攻钓鱼山之役,汪惟正因"皇侄寿王俾权袭父爵,守青居山"⑨。中统元年(1260),元廷在青居山立征南都元帅府,⑩以巩昌等处便宜都总帅汪惟正、副总帅汪忠臣与蒙古将领都元帅

---

① 《元史》卷八《世祖纪五》,第149页。
② 《元史》卷一六三《李德辉传》,第3816—3817页。
③ 《元史》卷九《世祖纪六》,第181页。
④ 《元史》卷九《世祖纪六》,第189页。
⑤ 《元史》卷一五五《汪良臣传》,第3654页。
⑥ 苏天爵:《元朝名臣事略》卷一一《左丞李忠宣公》:"宋臣余玠议弃平土,即云顶、运山、大获、得汉、白帝、钓鱼、青居、苦竹筑垒,移成都、蓬、阆、洋、夔、合、顺庆、隆庆八府州治其上,号为八柱,不战而自守矣。"(北京:中华书局点校本,1996年,第213页)
⑦ 《国朝(元)文类》卷六二姚燧撰《便宜副总帅汪公神道碑》,《四部丛刊》初编本。
⑧ 《元史》卷一五五《汪惟正传》,第3656页;苏天爵:《元朝名臣事略》卷一一《参政商文定公》,中华书局点校本,第220页。
⑨ 《元史》卷一五五《汪惟正传》,第3655页。
⑩ 《元史》卷六〇《地理三》:"顺庆路,下。唐为南充郡,又改(梁)[果]州,又改充州。宋升顺庆府。元中统元年,立征南都元帅府。至元四年,置东川路统军司,后改东川府。十五年,复为顺庆。二十年,升为路,设录事司。"(第1439页)

钦察共同戍守此地。①

《元史》卷五《世祖纪二》云:中统三年十月"庚午,敕巩昌总帅汪惟正将戍青居军还,屯田利州"②。而《元史》卷一五五《汪惟正传》则称:中统三年,"诏还巩昌。"总之,惟正于中统三年即不再戍守青居,而由其伯父汪忠臣率巩昌军与蒙古都元帅钦察共同戍守青居。《元文类》卷六二姚燧《便宜副总帅汪公神道碑》载:"中统之元,制以公为副都总帅,从所志贰贞肃,同戍清居。""后诏贞肃还巩昌,公独保戍三年……且以久劳于边,代以忠惠。还之巩昌,俾副都总帅,由行省受命。还得疾秦亭,归至古漳故第而卒,年止四十八。"据此可知,在汪惟正"诏还巩昌"抑或还屯利州之后,汪忠臣"独保戍"青居"三年",则应至至元二年(1265)。后"以久劳于边"而"代以忠惠","忠惠"者,汪良臣之赠谥也。③而汪忠臣在还归巩昌途中得疾,"归至古漳故第而卒"。前引姚燧《便宜副总帅汪公神道碑》云,汪忠臣"卒以至元丙寅四月五日"即至元三年四月五日(1266年5月11日)。综上所论,可知汪良臣"授阆蓬广安顺庆等路征南都元帅"而代汪忠臣统巩昌军戍守青居之"三年",应是"至元"三年而非"中统"三年。

---

① 《元史》卷一五五《汪惟正传》,第3656页;《元史》卷四《世祖纪》,第66页;《牧庵集》卷一六《便宜副总帅汪公神道碑》:"中统之元,制以公为副都总帅,从所志贰贞肃,同戍清居去";《元史》卷一六二《李忽兰吉传》(第3792—3793页):"己未(1259)六月,总帅汪德臣殁于军,命忽兰吉以其军殿后,……遂与蒲察都元帅守青居。"同卷校勘记(第3813页):"[三]遂与蒲察都元帅守青居:按本书卷五《世祖纪》中统三年十月丁卯条有'都元帅钦察戍青居山',卷一六一《杨大渊传》有'青居山征南都元帅钦察'。蒙史改'蒲'为'钦',疑是。"又《元史》卷四《世祖纪一》(第71页):中统二年六月戊午,"秦蜀行省言青居山都元帅钦察等所部将校有功,诏降虎符一、金符五、银符五十七,令行省诠定职名给之"。又《元史》卷一六一《杨大渊传》(第3778页):中统三年"冬,大渊入觐,拜东川都元帅,俾与征南都元帅钦察同署事"。

② 《元史》卷五《世祖纪二》,第86页。

③ 《元史》卷一五五《汪良臣传》:至元十八年夏"疾卒,年五十一。赠仪同三司,谥忠惠"。(第3655页)

宋元时期中日通关文书初析

上海大学 赵莹波

日本《大宰府天满宫史料》收录有大量的第一手史料,这些史料涵盖了从飞鸟时代到德川幕府时代(约536年—约1599年)的历史记录及其与唐、宋(金)、元、明并包括高丽、新罗等国家和朝代在各领域交流的丰富史料。尽管有些史料在中国文献中也有载录,但在版式、行文断句等方面往往出现差异。无疑,这批史料对东亚海域圈的历史和中日交通的研究均有价值,弥足珍贵。其中,相当于宋元时期的一些国书以及通商通关等史料大致涉及两国的政治、经济和文化交往三个层面。兹略作如下分析和梳列。

一 准外交层面文书往来

唐末,唐朝国力衰竭,日本对唐政策也发生了一系列微妙变化。公元894年,日本右大臣菅原道真被任命为下任遣唐使,但他以"大唐凋敝之具矣……度度使等或有渡海不堪命者,或有遭贼逐亡身者,唯未见至唐,有难阻饥寒之悲"为由,上书请求中止"遣唐使"。第二年,日本朝廷采纳了菅原道真的建议,下令中止历经200多年的"遣唐使"①。此后,日本统治者仅和高丽、渤海等极少数几个国家保持官方往来,②对唐宋则采取政治回避的方略,外交政策转向消极。自此,中日两国大致处于一种没有正式邦交的状态,直至明朝永乐时期,正式的国家交往才得以恢复。③

与日本的外交政策形成鲜明对比的是,宋朝的对日政策则显得比较积极主动,例如,北宋初期和末期连续多次利用宋商,让其携带国书出使日本,以图沟通政治和经济往来。④ 现以日本《大宰府天满宫史料》第五卷中收录的一份"大宋国明州牒日本国"为例,其文如下⑤(其中部分异体字改为通用简体字,竖排变为横排,其中或许有错文、错标点,但原文、原标点暂不改动。下同):

---

① 《日本书纪》,《太宰府天满宫史料》卷三,太宰府天满宫藏版,1964年,第74页。
② 《朝野群载》二十 异国高丽牒记载,《太宰府天满宫史料》卷五,第342页:"承历四年(1080)九月四日癸巳,关白藤原师实的第に参会して,高丽国回牒のことを议定す"。《日本略记》(《太宰府天满宫史料》卷三,第89页):"公元895年,菅原道真奉旨在'鸿胪馆'设宴款待渤海大使裴颋","宽平七年五月七日癸亥,渤海客来、着鸿胪馆、十五日辛未、参议左大辩菅原(道真)朝臣向鸿胪馆、赐酒馔于客徒"。
③ 田中健夫:《善邻国宝记新订续善邻国宝记》东京:集英社刊行 1995年 第109页。
④ 《百练抄》(《太宰府天满宫史料》卷五,第323页):"承保二年十月二十六日,霁,未刻许右大殿(源师房)令参内给,予御供入参,今日阵定,大宋国皇帝付成寻阿阇梨弟子等归朝,被献经论锦等,可纳否事,十一月五日,右大臣(源师房)仰外记,令勘申大宋国货物以何物可被赠答哉云云先例。"
⑤ 《水左记》,《太宰府天满宫史料》卷五,第356页。

【资料一】
　　大宋国明州牒日本国
　　　　常州勘会先差商客孙忠等,乘载日本国通事僧仲回及朝廷回赐副物色前去,至今隔岁月,未见回还,访闻得在彼载,有本朝商人刘琨父子□□说事端勘(欺),或本国致迁延,久不为发遣,须至公文。
　　牒具如前事,须牒
　　日本国,候牒到请状,捉逐人国客商舟船,穿送赴州,依凭依法断,遣状其孙忠等,亦请疾发遣,回归本州岛,不请留滞,谨牒。
　　元丰肆年陆月初贰日牒
　　　　权观查推官权节□推莱畜
　　奉议郎签书节度判官厅公事花返
　　朝奉郎通判事州事胡山
　　朝议大夫知军州事王正

　　该明州牒遵照唐代以来的牒式,开头发出者("大宋国明州")和接受者("日本国")十分明确,末尾又有"谨牒"、发出的日期(元丰肆[1081]年陆月)。另外,在行文的排列方式方面,"日本国"等文字换行顶格书写。由此可见,宋朝是以平等姿态和日本交往的。① 文书发出人为"朝奉郎通判事州事胡山"和"朝议大夫知军州事王正"。

　　这份明州牒主要有两项内容:①询问宋商孙忠的下落;②请求捉拿滞留在日本的宋商刘琨父子并遣送他们回国。由此牒获悉,稍前宋朝曾派遣宋商孙忠作为国使携带国书及回赐物出使日本,同船还搭载有日本通事僧仲回,《宋史》也有关于此事相关记载。② 不料时隔数月,既不见孙忠归国,又未收到日本的返牒,因此再度遣使携国书查询孙忠下落。值得注意的是,大宰府史料不仅保存了这份明州牒,还在其后附录有日本朝廷对此事的态度以及对宋商孙忠和刘坤的存问记录,我们从中可一探此事件的历史原委:"付牒商人王瑞也,又存问日记,人徒教名府解,孙忠、刘琨,又吴济参来存问日记府解,予定申云,事趣同右兵卫督源朝臣定申,件孙忠持参锦绮,返牒于今迟迟,二个度牒状所持来也,但今度牒状之中,依孙忠诉,被捉刘琨子族者,遣问此由于孙忠,若无所陈者,付他商客可遣返牒状欤。"③

　　这位源朝臣(源师房④)的定申"件孙忠持参锦绮,返牒于今迟迟,二个度牒状所持来也"可证明孙忠是代表宋朝持国牒而来,并携带有回赐给日本的唐锦等物。但也正因如此,日本才迟迟未肯复牒,从而导致宋朝再次遣宋商王瑞为使,携国书赴日寻找孙忠。

　　日本究竟为何不肯接受宋朝的回赐? 由附录可知,日本朝廷针对宋商国使携国书而来,专

---

① 宋代对牒文的程式有规定,平行牒的程式是先开列文件责任者官府名称,接着用牒字作为行文动词,下面空格多少不等,再写受文者官府名称。这种空格称为空阙,或称空抬,是对受文者表示尊敬。然后另行起叙述文件内容,最后用"谨牒"二字结尾。"年月日牒"字样单作一行,年月日后书写文件责任者官衔、姓和签押。上行的牒程式与平牒相同,只结尾用牒上字样。下行的牒程式也基本相同,开头一行中间不空格,结尾用"故牒"二字。
② 《宋史》卷四九一《外国七·日本》,北京:中华书局,1977 年。文称:"元丰元年,使通事僧仲回来,赐号慕化怀德大师。明州又言得其国太宰府牒,因使人孙忠还,遣仲回等贡絁二百匹、水银五千两,以孙忠乃海商,而贡礼与诸国异,请自移牒报,而答其物直,付仲回东归,从之。"
③ 《水左记》,《太宰府天满宫史料》卷五,第 356 页。
④ 《白练抄》:《太宰府天满宫史料》卷五,第 132 页。

门召开公卿合议会议研究"阵定",认为"唐朝与日本和亲久绝,不贡朝物,近日频繁有此事,人以成狐疑"①,所以久拖不回。日本自取消"遣唐使"以来,和唐宋的政治交往基本中断,而此次宋朝突然遣使赠物,且"近日频繁有此事",便使得日本疑窦顿生,未敢轻率返牒;所谓"不贡朝物",表明日本承袭"和亲久绝"的成例,拒绝与宋朝的正式交往,继续采取一种盲目自信、孤立的外交策略。

尽管如此,日本永保二年(宋元丰五年,1082年)日本朝廷最终由右大辨匡房书写返牒,并装入以五色漆封好的木函中付予孙忠。② 可见,这是一件由日本官方正式回复宋方的外交公函。然而,应该注意的是,双方往返的文书涉及的仅仅限于商务活动中出现的人事遣返问题;就宋方而言,文牒由与日交通的主要港口所在地明州(今浙江宁波市)这一地方官府发出并委托宋商传递;日本方面虽由朝廷出面,然而是在宋方"二个度牒状"持来、"返牒""迟迟"不行情景下被迫作出的回应。我们知道,唐末以来中日正式国交虽然中断,但双方的经济依赖更甚,文化交往也无法割断,在这种情况下,双方逐步形成了一种特殊的交往形式。这种形式,不妨拟为"准外交"形式。

如果说,经济交往的"准外交"形式主要出现在宋代的话,那么,入元以来在政治层面也出现了一种可视为"准外交"性质的交往形式,这种形式先是遣国使直接传达,在遭拒绝后,再以逼迫藩属高丽的间接方式予以传达。

元朝的直接遣使是在至元三年(1266)八月,由兵部侍郎黑的充国信使、礼部侍郎殷弘为副使。③ 这份"国书"内容如下:

【资料二】

上天眷命

大蒙古国皇帝、奉书

　　日本国王:朕惟自古小国之君,境土相接,尚务讲信修睦,况我
祖宗受天明命,奄有区夏,遐方异域畏威怀德者,不可悉数。朕即位之初,以高丽无辜之民,久瘁锋镝,即令罢兵,还其疆场,反其旄倪。高丽君臣,感戴来朝,义虽君臣,而欢若父子。计
王之君臣,亦已知之。高丽,朕之东藩也。日本密迩高丽,开国以来,时通中国,至于朕躬,而无一乘之使以通和好。尚恐
王国知之未审,故特遣使持书布告朕心,冀自今以往,通问结好,以相亲睦。且圣人以四海为家,不相通好,岂一家之理哉? 以至用兵,夫孰所好,
王其图之。不宣。

　　至元三年八月　日

这份国书《元史》卷六中亦有载录,文字完全一致。不过,显然出于一般性排版的需要,《元史》的排列使我们无从窥探作为正式国书所显示的当时政治交往的实态。为此,本文照录

---

① 《水右记》,《太宰府天满宫史料》卷五,第323页。
② 《白练抄》五 白河天皇 永保二年二十一日,遣大宋返牒孙忠遣归本朝事,右大辨匡房朝臣书之"。《太宰府天满宫史料》卷五,第365页。
③ 《元史》卷六《世祖本纪三》,北京:中华书局,1976年,第111页。

日本《大宰府天满宫史料》第八卷①的原件以展示这份国书的原貌:第二行"大蒙古国皇帝"顶格书写,而接受者"日本国王"则换行空一格书写,这既表示对日本的尊重,又显示二者的地位不同。接下来的"王之军臣"和"王国知之未审"等文字都是换行顶格书写,这似乎表明,于威逼对方臣服的同时,又以顶格书写的形式,传达"自今以往,通问结好,以相亲睦"的愿望。

日本文永五年(1268)戊辰日本收到国书后,即由大宰府上报镰仓幕府和京都朝廷,结果,认为"其书以失礼"而"不及返翰"②。国使无功而返。

至元四年六月,元世祖再遣黑的携诏书给高丽国王王植,责其劝说日本。于是,同年九月,高丽国王王植派遣使朝散大夫尚书礼部侍郎潘阜等携高丽国书出使日本,奉劝日本与元朝通好。王植在给日本国王的高丽国书中,称本国已禀"蒙古大朝"为正朔,规劝日本也"仰其德化",奉正朔与之通好。这份高丽国书收录在《大宰府天满宫史料》第八卷中,内容如下:③

【资料三】

高丽国王 王植。

右启、季秋向阑,伏惟

大王殿下。起居万福,瞻企瞻企。我国臣事。

蒙古大朝,禀正朔,有年于兹矣。

皇帝仁明,以天下为一家,视远如迩,日月所照,咸仰其德化。今欲通好于

贵国,而

诏寡人云:"海东诸国,日本与高丽为近邻,典章政理,有足嘉者。汉唐而下,亦或通使中国,故遣书以往,勿以风涛险阻为辞。"其旨严切。兹不获已,遣朝散大夫尚书礼部侍郎潘阜等,奉

皇帝书前去。且

贵国之通好中国,无代无之,况今

皇帝之欲通好

贵国者,非利其贡献,但以无外之名,高于天下耳。若得

贵国之报音,则必厚待之。其实与否,既通而后当可知矣。其遣一介之使,以往观之何如

也。惟贵国商酌焉。拜覆、

日本国王左右、

　　(文永四年)

至元四年九月 日 启

从格式看,这份由高丽发给日本的国书与上一件"蒙古大朝"发往日本的国书略有区别,即后者以"上天眷命"与"蒙古国皇帝"并列、第三行"日本国王"内缩进一字的方式表明两者的尊卑地位,但后文所及"(日本)王"均顶格。而前者,即这份国书的发出者"高丽国王"和接

---

① 《蒙古国牒状》,东大寺尊胜院藏所藏。参见《太宰府天满宫史料》卷八,第132页。《元史》卷六《世祖本纪三》,第111页。

② 《历代镇西志》八,《太宰府天满宫史料》卷八,第145页。

③ 《蒙古国牒状》,东大寺尊胜院藏所藏。《太宰府天满宫史料》卷八,第137页。

受者日本"大王殿下"均顶格书写,在以后的行文里,凡"蒙古大朝"、"皇帝"、"贵国"和"日本国王"皆换行顶格书写,由此看来,"蒙古大朝"和"皇帝"的规格并未突出。但如果与至元六年(1269年)高丽与日本独立交往的一份牒文("1269年高丽国庆尚道按察使牒")相比较,后者"高丽"、"日本国"、"本朝"和"贵国"均顶格,第五行之"顷者、北朝皇帝欲通好"不仅直指蒙古大朝为"北朝",且未顶格书写。这份由高丽地方政府(庆尚道)发出、①独立与日本交往的牒文的意味有点耐人寻味。

以上元朝和高丽两份传递给日本的牒书有以下两个特点:(1)皆由朝廷重臣作为国使携带传递;(2)内容皆以政治诉求为主,并含有最后通牒或施压意味。而日本的反应是,要么久拖迟复,要么断然拒绝。表达的仍然是唐后期以来采取的"政治上回避,经济上融入"的对华方略。有鉴于此,本文将宋元时期中日间的这种关系也视为准外交层面的往来。

二 经济层面的通商文书

日本虽然在政治上采取回避态度,但在经济层面上却主动接纳和融入宋元的经济体系。宋朝商船在日本通关"存问"时,需要出示由市舶司开具的"公凭",即官方的身份证明。如果"公凭"上记载的连续两次来日的年限不够二年,将会受到日本专门针对宋商的"年纪制"②禁令的惩罚,并面临被遣返的危险。日本《大宰府天满宫史料》第五卷中收录了两份宋商携带的市舶司公凭,一份是对宋商陈文祐"存问"的记录,其中提到陈文祐携带的"大宋国奉国军市舶司公凭",另一份是李充"提举两浙路市舶司公凭"。

第一份材料涉及的时间是公元1027年(日本万寿四年)八月,内容如下:③

【资料四】

> 万寿四年,四月三十日丁酉……头中将显基传下大宰府解、肥前国解文,大宋国商人解文云,可定申可安置哉否事,大宰府解 大宋国福州商客陈文祐等参着事,一枚肥前国所进宋人陈文祐等到来解文一通,存问同文祐来由日记一通,同文祐所进大宋国奉国军市舶司公凭案一枚,同文祐等所进船内徒交名一枚,新人宋人六十四人形体衣裳色绘图一枚,同文祐等所进货物解文一枚,同文祐等所进和市物解文,文祐等申云,文祐诚虽假名宋人,从幼小之时,存买卖之心,数度参来,经回当朝,深蒙德化,去年八月十三日离日本岸,解缆之后,欲早入唐之处,于途中遭逆风,数日漂流,同九月九日强罢着大宋国明州,其后无止经留,中心所思,只欲皈参之志也。

在这份由大宰府提交给朝廷的存问记里,含有"大宰府解、肥前国解文,大宋国商人解文"等三份文书。这表明陈文祐商船是在肥前国(今日本佐贺县)松浦郡所部柏岛靠岸的,对他进

---

① 至元六年,高丽在给日本太宰府的"高丽国庆尚道按察使牒"中,仍称元朝为"北朝皇帝",这也说明地方一级的外交文书交流中,还并没有完全秉承元朝为正朔。见(韩)张东翼撰,郭万平译《1269年大蒙古国中书省牒与日本方面的反映》一文,《元史及民族与边疆研究集刊》第十九集,上海古籍出版社,2007年,第147—160页。
② 年纪制是日本在延喜年间(901—923)制定出的一项限制外国海商赴日的制度,其中,宋商船来日本的频度被限定在两年以上,笔者注。
③ 《小右记》,《太宰府天满宫史料》卷五,第51页。

行通关"存问"的也是当地肥前国衙官员。当然,这些行为都必须得到大宰府的许可。①

这份存问记还有陈文祐商船在接受"存问"检查时提交的通关文书含如下内容:①大宋国奉国军市舶司公凭案一枚;②船内徒交名一枚;③新人宋人六十四人形体衣裳色绘图一枚;④所进货物解文一枚;⑤和市物解文。所谓"新人宋人",是指从未去过日本的新船员,因此他们需要提交"形体衣裳色绘图",即本人的体貌特征图,相当于现在的护照。由此可知,此次和陈文祐一起前来的新船员共有六十四位,他们持有"大宋国奉国军市舶司"发给的"公凭"。按北宋建隆元年置"明州奉国军",熙宁七年隶属两浙东路府。南宋绍兴三年(1133)置沿海制置使,辖温、台、明、越四郡。南宋庆元元年(1195),明州升为庆元府。②

公元1105年(宋徽宗崇宁纪四年,日本长治二年),宋商李充商船抵达筑前国(今福冈县西北部)那珂郡博多津志贺岛,并在那里接受通关"存问",随船携带由"提举两浙路市舶司"开具的"公凭"。李充的这份"提举两浙路市舶司公凭"收录在日本《大宰府天满宫史料》第六卷中,内容如下:③

【资料五】

公凭

提举两浙路市舶司

据泉州客人李充状,令将自己船壹只,请集水手,欲往日本国,博买回货,经赴赴明州,市舶务抽解,乞出给公验前去者。

二人货船物

自己船壹只

纲首李充 梢工林养 杂事庄权

部领兵弟

第一甲 梁富 蔡依 康佑 陈富 林和 郡胜 阮佑 炀元 陈从 住珠 顾再
王进 郭宜 阮昌 林旺 黄生 强宰 关从 吴满 陈佑 潘祚 毛京
阮聪

第二甲 尤直 吴添 陈贵 李成 翁生 陈珠 陈德 陈新 蔡原 陈志 顾章
张太 吴太 何来 朱有 陈光 林弟 李添 杨小 彭事 陈钦 张五
小陈珠 陈海 小林弟

第三甲 唐才 林太 阳光 陈养 陈荣 林足 林进 张春 萨有 张武 林泰
小陈贵 王有 林念 生荣 王德 唐兴 王春

货物

象眼四拾匹 生绢拾匹 白绫贰拾匹 瓮坑贰拾床 瓮堞壹百床

一、防船家事 锣壹面 鼓壹面 旗伍口

一、右刻本州岛物力户 郑裕 郑郭仁 陈佑 参人委保

---

① 太宰府建立于7世纪的奈良、平安时代,直到12世纪一直是管理九州地区的重要政治、经济的政府所在。当时中国、高丽和日本接触时,太宰府亦是重要的涉外商业、谈判窗口和接待渡来人的地方。
② 《宋史》卷二七八,列传三七:"庆元府,本明州,奉化郡,建隆元年,升奉国军节度"。
③ 《朝野群载》卷二〇,《太宰府天满宫史料》卷六,第167页。陈高华、吴泰著的《宋元时期的海外贸易》(天津人民出版社,1981年)第75—76页引用的这份公凭录自《朝野群载》。

一、本州岛令 给杖壹条 印壹颗
一、今捻坐 敕条下项

诸商贾于海道,典贩经州,投状,州为验实条送,愿发舶州置簿抄上,仍给公据,方听行,回日公据,纳任舶州市舶司,即不请公据而擅行,或乘船自海道入界河,及往登莱州界者,徒二年不请公据而未行者减贡等,往大辽国者徒参年,仍奏裁,并许人告捕,给船物半价充赏,内不请公据未行者,减坛行之半,其已行者,给赏外船物,仍没官,其余在船人,虽非船物主各杖捌拾已上,保人并减犯人参等,

勘会旧市舶法,商客前虽许至三佛齐等处,至于高丽·日本·大食诸番,皆有法禁,不许,缘诸番国,远隔大海,岂能窥伺中国,虽有法禁,亦不能断绝,不免冒法私去,今欲除此界,交趾外其余诸番国,未尝为中国客者,并许前去,随不许典贩兵甲器仗,及将带女口奸细并逃亡军人,如建应一行所有之物,并没官,仍捡所出,引内外明声说。

勘会诸番船州商客,愿往诸国者,官为捡校,所去之物及一行人口之数,所旨诸国,给与引牒,付次捻印,其随船防盗之具·兵器之数,并量历抄上,候回日照点,不得少欠,如有损坏散失,亦须有具有照验一船人保明文状,方得免罪。

勘会商贩人,前去诸国,并不得妄称作奉使名目,及妄作表章,妄有称呼,并共以商贩为名,如合行移文字,只依陈诉,州县体例,具状陈述,如番商首领,随船来诸国者,听从便诸商贾贩诸番回,贩海南州贩及海南州贩人,贩到同,应抽买,辄隐避者,谓曲避诈匿,讬故曰石,期传送,私自贸易之类,前纲首·杂事·部领·梢工令亲戚管押同,各徒贰年,配本城,即雇募人管押而所雇募,徒人倩人①避免,及所倩人,准比邻州编管,若引领停藏,负载交易并贩客减壹等,余人又减贰等,番国人不坐,即在船人,私自犯,准纲法坐之,纲首·部领·梢工·同保人不觉者,杖壹百以上,船物不分纲首余人及番国人,壹人有犯,同住人虽不知情,及余人知情,及余人知情并准此,给赏外并没官,不知情者以已物参分没官,诸海商舶货,避抽买舶物,应没官而已,货易转卖者,计直于犯人者,名不近理不足,同保人备偿,即应以船物给赏,而同于令转卖者,转卖如法。

诸商贾由海道,贩诸番者,海南州县曲,于非元发舶州舶者,抽买讫,报元发皱,验实销籍,诸海商冒越,至所禁国者,配千里,即冒止所禁州者,徒贰年,配伍佰里,若不请公验物籍者,准行者徒壹,邻州编管,即买易物货,而辄不注籍者,杖壹佰,同保人减壹等。

钱帛案手分 供在判 注在判 押案宣在判 厉在判 勾抽所供在判 孔目所捡在判 权都勾丁在判 都孔目所在判

右,出给公凭,付纲首李充,收执禀前,须敕牒指挥,前去日本国,经他回,赴本州岛市舶务,抽解,不得隐匿透越,如违即当依法根治,施行。

当长治二年

崇宁四年六月日给

朝奉郎通判明州军州管勾学事兼市舶谢在判
宣德郎权发遣明州军州管勾学事提举市舶彭在判
宣德郎权发遣提举市易等事兼提举市船徐
承议郎权提举市舶郎

---

① 倩人捉刀:倩:请;捉刀:代人执笔作文。请人代写文章。

这份"公凭"以李充为首的赴日商船显示的大致信息：① 大约有 70 多位船员；② 装载象眼、生绢、白绫、甕垸和甕堞等货物。③ 配备锣、鼓、旗帜等防范突发事故的器具；④ 有关担保人；⑤ 明州发放的杖壹条、印壹颗；⑥ 纲首和船员所要遵守的海外贸易法则。最后附有明州市舶司四位官员的署名。

这份李充"公凭"原由陈高华、吴泰转录自日本学者森克己的《日宋贸易の研究》，[①]森氏的这份公凭引自《朝野群载》卷二〇《大宰府附异国大宋商客事》，署名三善为康辑。而《朝野群载》则见载于大宰府史料的第六卷，这就是本文上面引录的文字。此外，今宁波博物馆还藏有该公凭的原件副本复印件，两者所列人名差别较大，现表列如下：

	大宰府史料所录《朝野群载》"公凭"	宁波博物馆所藏"公凭"原件副本复印件
总兵	弟	吴弟
第一甲	郡胜	郡滕
	炀元	杨元
	顾再	顾冉
第二甲	尤直	左直
	吴添	吴凑
	李添	李凑
		陈志、张五、小陈珠、陈海、小林弟
第三甲	林足	林定
	张春	张泰

由此表可见，包括纲首李充、梢工林养、杂事庄权和部领兵吴弟四人在内，船上共计 70 人。其中有九人名字出现误记，而且，宁波博物馆"公凭"中第二甲中"陈志、张五、小陈珠、陈海、小林弟"五位船员的名字亦为原件所缺。这大概是日方转录时出现的笔误，但也可能是宋商出于规避日本"年纪制"禁令的需要、故意易名而造成的。[②]

李充于宋徽宗崇宁四年到达日本，在这份"提举两浙路市舶司公凭"上，时间的落款既有宋朝"崇宁四年"年号，又有日本"长治二年"年号，只是日本年号的字体比宋朝年号字体小一号。众所周知，市舶司"公凭"是代表国家的官方文书，上面只能标注自己国家的年号，因此，双年号的出现，或者是一种友好的表示，或者是在日本要求下不得不作出的一种妥协。这在其

---

① 森克己：《日宋贸易的研究》，国立书院，1948 年，(1975 国书刊行会新订版)第 39 页。
② 宋商进入日本开展贸易时，要经过日本的入国海关的检查、公卿合议讨论，才能够被批准留下进行货物交易。日本当时颁布的"年纪制"的禁令规定：外商同一人(和船)连续来日的间隔不能少于两年。因此为了躲避"年纪制"的禁令，以达到多次赴日的目的，宋商常常使用改名字方法。详见赵莹波：《宋代对日贸易中宋商易名现象探析》，《中州学刊》，2012 年 5 月第 3 期，第 158—161 页。

他文书中也不乏其例,①其间透露出的信息,也可引起一定注意。

前面提到,拒绝正式的国家交往是日方一直采取的基本国策,然而,就在前一份文书提到的陈文佑抵达日本的前一年,《宋史》中却出现这一样一则记载:"天圣四年(1026)十二月,明州言日本国太宰府遣人贡方物,而不持本国表,诏却之。其后亦未通朝贡……"②显而易见,"不持本国表"而"贡方物"乃自相矛盾。这只能说明,到明州来的日本人很可能是一种个人行为;所谓"太宰府遣人贡方物"或则是这位日本人的自称,或则是明州的一厢情愿之词。"不持本国表"当然不能成为国家间的正式交往,中方只能"诏却之"。退而言之,如果是太宰府既想通过"贡方物"而达到某种目的,又以"不持本国表"的方式坚持一贯的外交方略、回避正式国家层面交往的话,这同样是中方所不能接受的。

总体而言,宋代两国间的经济交往,也可视为一种"准外交"性质。

元代初期曾多次直接或通过高丽向日本传递国书,奉劝和逼迫其"奉正朔",但未见成效,从此两国政治交恶并两次爆发战争,其外交渠道也彻底断绝。日本虽然拒绝和元朝政治接触,但在经济上却主动出击,积极开展对元贸易,而元朝方面则积极予以回应,至元十四年(1277),即两国第一次战争爆发后的第三年,日本商船就持黄金来交易铜钱,元朝当即表示同意。③ 次年,元世祖忽必烈"诏谕沿海、通日本国人市舶",表达了和日本的通商意愿,此后,亦商亦盗的祸端虽屡屡出现于沿海,但元朝仅着重于增兵布防,保持警惕,对日本商船的通商活动则始终未予拒绝,如至元二十九年(1292)对前来四明(旧宁波府别称)④和大德十年(1306)对抵达庆元(即宁波)⑤的日船,即为显例。甚至,至大元年(1308)发生日商焚掠庆元的严重事件⑥后,通商也似未中绝。

有元一代,日方几乎没有正式遣使来华通问,双方"无国交"似为基本事实,⑦因此,日本官方不太可能为其商人签发入元通商、通关文书。另一方面,与宋代不同的是,由于元初实行了强硬的对日政治威压并两次发兵侵日,所以,元朝的商人不可能像宋代那样进入日本行商,众所周知的新安海底沉船,⑧一般认为是日本的偷渡船;如果是中国商船的话,也只能是中国赴日的走私船。日本学者木宫泰彦认为,数十年间,日本来到元朝的商船,除至正二年(兴国二年,1341年)派遣的天龙寺船比较特殊外(义指与隋唐、明代一样,属官遣船),其余都是私人商

---

① 《朝野群载》二〇《异国高丽牒》,《太宰府天满宫史料》卷五,第325页记载:日本承历三年,高丽国王派商人王则贞携带国书来日本寻求治疗风疾的名医时,其国书落款用日本年号,标为"承历三年",不过在日本年号的旁边又注明了该年的干支年"己未年十一月"。这种标记的国书在中外关系史上可以说是十分罕见。可能高丽和日本两国在文书交往中双方都标记着对方的年号,也可能高丽是应日方要求才加标注日本年号,因为,既然有求于人,就必须展现出一种低姿态。
② 《宋史》卷四九一《外国传七》。
③ 《元史》二〇八《外夷传·日本》。
④ 《元史》卷一七《世祖本纪十三》。
⑤ 《元史》卷二一《成宗本纪四》。
⑥ 《元史》卷九九《兵志二·镇戍》。
⑦ 参见高荣盛:《元代海外贸易研究》,四川人民出版社,1998年,第86页。
⑧ 1976年,韩国新安郡海域发现亚洲最大的古代国际贸易沉船,这一发现在国际考古学领域引起强烈反响。从沉船的遗物可知,此船是14世纪早期,大约1323年前后(有木牌上保留"至治叁年"的墨迹),从中国的庆元(宁波)出发前往日本的商船(因为一些被当作货物标签的木牌上仍有墨迹可认,其中有写着"东福寺"等日本货主的字样),途中因台风等原因,最终沉没在高丽的新安外方海域。沉船及其遗物的打捞、发掘,充分说明了当时东亚贸易交流的情况。

船,往来极为频繁,"几乎每年不断,恐怕是日本各个时代中商船开往中国最盛的时代"①。日本学者藤家礼之助甚至认为,"在整个镰仓时代,我国与中国王朝没有一次官方的邦交往来,但在经济上却可以说几乎完全纳入了中国的经济体制之中"②。所以,元代两国间的经济交往褪去了"准外交"的形式与性质,其交往基本属于一种非官方的私人行为。

三 文化层面的僧侣通关文书往来

宋朝初期,常有日本官方派遣的入宋僧携带"大宰府官符"或当朝大臣写给宋朝寺庙高僧的亲笔信赴五台山巡礼。后来这种"派遣僧"越来越少,大多数僧人由于得不到官方的批准和官牒,只能采取偷渡的方式入宋求法,抵宋后,这些"偷渡僧"只需撰写一份表文以表明自己的身份。

(一)"派遣僧"嘉因的入宋"太政官符"

公元 983 年(宋雍熙三年、日宽和二年),日僧奝然奉命赴五台山巡礼,随后又搭乘宋商郑仁德的商船回国,奝然在郑仁德归宋之际,又派自己的弟子嘉因随郑仁德商船入宋求法。日本《大宰府天满宫史料》第四卷中收录有太政官下达给大宰府的嘉因入宋官符,内容如下:③

【资料六】

太政官符太宰府

应为使传灯大法师为嘉因重发遣大唐令供养五台山文殊菩萨兼请度新译经论等事

从僧二口　童子二人

右,得入唐归朝法桥上人奝然奏状称,奝然为遂宿愿,去天元五年蒙允许宣,渡海入唐适参五(台)山,巡礼文殊圣迹,更观大宋朝,请来折本一切经论艺藏亦,抑寔虽致巡礼传法之功,未遂财施供养之愿,归朝之后,虽驰愿心于五台清凉之云山,系供养于一万文殊之真容,未遂件愿心,因之差嘉因法师,重欲发遣,今件嘉因,久住东大寺,苦学三论无相之宗教,同往西唐国,共受五部秘密之灌顶,非啻学显学密之法,兼以解汉地之语,然则足为译语者也,望请天恩,下给宣旨于大宰府,随郑仁德等归船,发遣大唐,令供养文殊菩萨,兼请度新译经论等,将奉祈圣皇宝祚,且遂宿愿遗余者,左大臣(源雅信)宣,奉敕,依请者,府宜承知,依宣行之,符到施行。

右中辨正五位上兼行大学头平朝臣　　　　　　　　正六位上行右少史穴太宿祢

永延二年二月八日

该"官符"要点是:随同嘉因入宋的还有两位僧人和两名童子,他们一行五人乘坐宋商郑仁德的船入宋。"解汉地之语"的嘉因同时兼"译语者";赴五台山的主要目的是"供养文殊菩萨,兼请度新译经论"。所谓"依请者,府宜承知,依宣行之,符到实施"表明这是一份通过申请并得到日本朝廷批准、由太政官④下达给大宰府的官符;"官符"后面还有朝廷大臣右大辨平氏和右少史穴太宿祢签名。时间是日本历永延二年(988 年,宋端拱元年)。这份"官符"作为嘉

---

① 转引高荣盛:《元代海外贸易研究》,第 92 页。
② (日)藤家礼之助:《日中交流二千年》,张俊彦,卞立强译本,138 页。转引高荣盛:《元代海外贸易研究》第 93 页。
③ 《续左丞抄》一,《太宰府天满宫史料》卷四,第 183 页。
④ 太政官是日本根据律令制建立的掌管司法、行政、立法的最高国家机构。长官为太政大臣。

因入宋的凭证,相当于官方"介绍信"和"护照"。

该官符中的"去天元五年蒙允许宣,渡海入唐适参五(台)山,巡礼文殊圣迹,更观大宋朝"实指奝然于日本历天元五年(983年,宋984年)的奉旨入宋,换言之,他们师徒二人都是受官方委派的"派遣僧"。《宋史》上也有关于奝然的相关记载,现转录如下:①

【资料七】

(雍熙)二年(985年—著者注),随台州宁海县商人郑仁德船归其国。后数年,仁德还,奝然遣其弟子喜因奉表来谢曰:"日本国东大寺大朝法济大师、赐紫、沙门奝然启:伤鳞入梦,不忘汉主之恩;枯骨合欢,犹亢魏氏之敌。虽云羊僧之拙,谁忍鸿霈之诚。奝然诚惶诚恐,顿首顿首,死罪。奝然附商船之离岸,期魏阙于生涯,望落日而西行,十万里之波涛难尽,顾信风而东别,数千里之山岳易过。

由此可推测,至少在宋朝初期,日本还有官方正式委派的入宋"派遣僧"。同类事件又另见于宋真宗景德元年(1004)前后的史料记载。《宋史》曰:"景德元年,其国僧寂照等八人来朝,寂照不晓华言,而识文字,缮写甚妙,凡问答并以笔札。诏号圆通大师,赐紫方袍"②,《大宰府天满宫史料》第四卷亦予印证:③

【资料八】

长保四年(1003年,咸平四年—著者注)三月十五日,入道前参河守定基 法名寂昭 上状向大宋国,巡礼五台山,六月十八日道途,天下上下举首,向圣人房受戒,世人云,是真仙也。

显然,寂照是于1003年上书本国朝廷请求"入宋求法,巡礼五台山"的,并且在他去港口的途中,受到天下人的顶礼膜拜,这充分证明寂照是堂而皇之地奉旨赴宋求法的。次年,寂照等八人来华获礼遇,"诏号圆通大师,赐紫方袍"。可见,中日两国史料都证明至少宋朝初期有日本"派遣僧"入宋求法,而且他们都持有大宰府颁发的"公检"、"官符"。这种现象可以视为前代"遣唐使"的一种延续形态。如果说,唐后期以来中日国交基本中断的话,那么,在僧侣交往的这一领域仍一度存在一种非政治性的正式外交往来。这一交往人员,包括了下面提到的由日方朝廷大臣出具推荐信的僧人。

(二)"派遣僧"念旧所携带的入宋推荐信

公元1016年(宋真宗大中祥符九年,日本长和四年),日僧念救赴五台山求法时,携有两封日本当朝左大臣藤原道长分别写给五台山高僧诸德和正在五台山修行的日本高僧圆通大师的亲笔信。前者见载于《大宰府天满宫史料》第四卷:④

【资料九】

本朝僧念救至,分诸德和尚之书札三缄,一事披而见之,虽无鱼兹之面亲,各欢鸟篆之颐指,抑大慈寺是智者之遗风,谁不感于万里,推草创于盛陈,其华构之(于)颠越,今有重营之议,遥翘助念,既谓道场,何别远近,仍以任土之有,聊宛满山之求,夏热,伏惟诸德道

---

① 《宋史》卷四九一《外国七》。
② 《宋史》卷四九一《外国七》。
③ 《百练抄》,《太宰府天满宫史料》卷四,第134页。
④ 《御堂殿消息》大须本,《太宰府天满宫史料》卷四,第433页。

议体兼胜,然而间以云天,奈驰恋何,行李难通,问松容而郁陶,浪鲛为镇,伤(蟄)鳖背之渺望,不惶旁报,旨趣一揆,勒念救还,不宜,谨言。

长和四年六月　　日　　　　　　　日本国左大臣藤原道长
大宋国天台山诸德和尚　庵下

在这份推荐信中,藤原道长不仅表达了对诸德长老的崇敬之情,也隐含有对念救的托付之意。

(三)"偷渡僧"戒觉的入宋"表文"

后来,日本这种"派遣僧"就渐渐地消失了。由于日本政府颁布了禁止日本国民和官员出国的"渡海制"①,僧人们得不到官方的批准和官牒,只能"偷以渡海",入宋求法。诚寻是当时最有名的日本"偷渡僧",据《大宰府天满宫史料》记载:"阿阇梨诚寻者,本天台宗之人,智证大师之门徒也,往大云寺,智行兼备,早遂大业,居大日位,公请年久,名誉日新,暮年归心,菩提,只行法花法,为体清凉山,私附商客孙忠商船,偷以渡海。"②

诚寻在《参天台五台山记》中如是写道:"延久四年(公元1072年、宋熙宁二年——著者注)三月十五日乙未,寅时,于肥前国松浦郡壁岛,乘唐人船,一船头曾聚字曾三郎 南雄州人,二船头吴涛字吴十郎 福州人,三船头郑庆字郑三郎 泉州人,三人同心令乘船也……拭泪离去,辰时依西风吹,不出船,在壁岛西南浦,法华法后夜经第六卷如意轮供,海边人来时,诸僧皆隐入一室内,闭户绝音,此间辛苦不可宣尽……船头等皆悦给物,密密相构也,终日闭户,极以难堪,闭户绝音。"③海边人来时则"隐入一室内"的窘状,生动表明诚寻等是"私附"宋人商船的"偷渡僧"。

虽属"偷渡",但入宋后,诚寻等不仅未受慢待,甚至还受到宋朝皇帝的敕封。据《宋史》记载:"熙宁五年,有僧诚寻至台州,止天台国清寺,愿留。州以闻,诏使赴阙……神宗以其远人而有戒业,处之开宝寺,尽赐同来僧紫方袍。"④

另一位著名的"偷渡僧"是乘坐宋商刘琨父子商船来华的日本延历寺僧人戒觉。刘琨父子即前文明州牒中提到的经宋日两国合作被遣返的在日宋商。戒觉最初也向日本朝廷申请入宋求法,但同样遭到拒绝,最后,他们师弟三人只好于永保二年(1082年,宋元丰五年)乘坐即将被日本遣送回国的刘琨父子的"回却船"⑤,偷渡到明州。戒觉在《渡宋记》中这样描述当时的情景:"依恐府制,隐如盛橐卧舟底,敢不出,嗟有大小便利之障,仍不用饮食,身懲懲如经三个年。"⑥

"依恐府制"之"府制"大概应该就是日本延喜年间颁布"渡海制"。抵宋后,戒觉也向宋朝提交了表明身份的表文:⑦

【资料十】

日本国天台山延历寺僧传灯大法师位戒觉言,窃以远方异俗来朝入观,巡礼圣迹名山

---

① 参见森克己:《日宋贸易の研究》第83页,第五章《寛平・延喜における贸易统制の改革》。
② 《续本朝往生传》,《太宰府天满宫史料》卷五,第289页。
③ 《参天台五台山记》,《太宰府天满宫史料》卷五,第286页。
④ 《宋史》卷四九一《外国七》。
⑤ 回却船:指被遣送回国的船。
⑥ 《渡宋记》,《太宰府天满宫史料》卷五,第361页。
⑦ 《渡宋记》,《太宰府天满宫史料》卷五,第361页。

例也,近则阿阇梨诚寻去熙宁五年,赐 宣旨遂心愿先了,是以长别父母之邦,遥从商客之便,龄及衰老,更无归乡之望,魂销阳荻,何有怀土之思,故五台卜终焉之地,宜通道超上人之微言也,山者天台山者,以自宗之源,欲礼智者大师之遗像也,抑小僧俗姓中原,洛阳城人也,父卒之后虽立身,心动于中,遂遁世,便于延历寺久汐法水之流,屡愁生涯之限,落忏悔罪障之泪千万行,朝夕露寒,修赡养世之业四十年,香火烟老者也,随身显密杂法文并灌顶道具等色目在别纸,所从弟子二人,僧隆尊·沙弥仙势等也,伏愿,曲 鸿慈,垂纶言,不堪恳欸上表以闻矣,日本国天台山延历寺僧传灯大法师位戒觉诚惶诚恐顿首首首死罪罪罪谨言,

　　　元丰五年九月十八日　　日本国天台山延历寺僧传灯大法师位某表

可见,"渡海制"的颁布,不仅迫使求法的日本僧人"私附"偷渡入宋,而且也不敢返回故乡,即所谓"是以长别父母之邦,遥从商客之便,龄及衰老,更无归乡之望,魂销阳荻,何有怀土之思,故五台卜终焉之地"。由于没有日本官方的"公检"或"官符",戒觉只好自撰表文,以期得到登陆的许可。

其实,宋朝寺院和日本寺院彼此都保存有互相来往的记录。公元1242年(宋淳祐二年、日仁治三年),日僧圆尔得知宋朝径山发生火灾后,动员在日宋商谢国明捐赠木材上千根。东京国立图书馆藏的《无准师范尺牍》中就有"淳祐三年径山发生火灾之际,承天寺圆尔送再建木材千根"①的记载。公元1249年(宋淳祐九年、日长建元年年),宋僧无准师范特意就此向谢国明赠送《宣城虎图》以表达谢意。②

有证据表明,中国天台山与日本天台山、京都以及博多寺院彼此来往频繁。因此,戒觉即便是偷渡,入宋朝亦无障碍,也不用担心会给本国添麻烦。他有令人夸耀的延历寺僧人的身份,因此不但没有被遣送,而且还受到优待。

有元一代,日僧入元,除了从事文化交流之外,同时还兼顾两国经贸往来,身份亦僧亦商。14世纪前半,镰仓幕府以幕府和大寺社的名义,向元朝派遣所谓的"寺社造营料唐船","东福寺船"、"建长寺船"、"住吉神社船"、"天龙寺船"等寺庙商船相继入元。公元1323年(元至治三年、日元亨三年),"东福寺派遣唐船,但在归途中沉没"③。公元1325年(元泰定二年、日正中二年),日本幕府为了获得建长寺的营造费,派建长寺船入元。④ 公元1332年(元至顺三年、日正庆元年),幕府为了筹建摄津住吉神社的费用,遣商船入元。⑤ 公元1342年(至正二年、日北朝康永元年、南朝兴国二年)秋,遣天龙寺船一艘入元。⑥

天龙寺船是一种获得幕府保护的日本官方商船,纲司由寺院推荐,幕府任命,不管贸易成败,回国时以收入5000贯为契约成为纲司,"造天龙寺宋船壹艘事、为纲司可渡宋候由、申请候上者、不谓商卖之好恶、归朝之时现钱五千贯文可令进纳寺家候、仍请文如件"⑦。

---

① 《圣一国师年谱》1242(仁治3)。
② 服部玄三氏藏,无准师范尺牍《禅林墨迹》一九。
③ 榎本涉:《日本遠征以後的元朝の倭船対策》,日本歴史研究,2001年10月470号。
④ 《中村文书》,参见榎本涉:《日本遠征以後的元朝の倭船対策》,日本歴史研究,2001年10月470号。
⑤ 《摄津住吉神社文书》,榎本涉:《日本遠征以後的元朝の倭船対策》,日本歴史研究,2001年47号。
⑥ 《天龙寺造船记录》,榎本涉:《日本遠征以後的元朝の倭船対策》,日本歴史研究,2001年10月4号。
⑦ 《春屋妙葩在辑录日记里有关于天龙寺造营记录》,木宫泰彦:《日化文化交流史》东京,富山房,1987年,第418页。

在日本史料《春屋妙葩在辑录自记里有关于天龙寺造营记录》中,还记载有天龙寺方丈梦窗疏石写给幕府将军足利直义的书信以及将军的回信。他在信中请求政府建造二艘"宋船",入元开展贸易。梦窗疏石的书信如下:①

【资料十一】

宋船往来事、有其沙汰元弘以后中绝,经十年被举行之条、时节可为何条哉否、度度有评定、群议不一揆'诸人讴歌区也、剩御文谈之次、被访明经明法两道人人毕、其又太略异议也、有范围朝臣独不可有子细候由被申之、尊卑之说共以不同也、判断之所存不一决、然而国师不可苦候由、被执申之、任智者远虑可被免许之由、治定了、

宋船二艘事、为当寺造营要脚、所被免许也、早致用意、明年秋可被放洋由、可被仰纲司候,恐惶谨言。

历应四

十二月二十三日

    天龙寺方丈(籔石)   直义 在 判

该书信足以证明"天龙寺船"是由日本官方认可并受其保护的商船。而足利直义给梦窗疏石的回信也同样印证了这一点:②

【资料十二】

就彼状先被渡一船、仍被举纲司至本、则被成御教书,

造天龙寺宋船壹艘事、任本寺之吹举、为纲司可被致沙汰之状如件

    同二五日   直(义)

信中的"造天龙寺宋船壹艘事、任本寺之吹举、为纲司可被致沙汰之状如件"证明天龙寺商船的建造以及用途是经过幕府将军过问和批准的。

由于两国政治交恶的政治背景和史料记载的欠缺,僧侣通关文书的具体状貌尚难以确证,但根据以上两国寺庙文书交往以及日本僧侣和朝廷高层书信往来的记载可大致推断,日本寺庙商船入元时,不会携带政府的通关文书;日本寺庙和僧人可能会利用唐、宋以来寺庙交往的历史渊源这一特殊关系,一定程度上扮演了日本官方的代理人角色而呈现一种半僧半商、半官半僧的模糊形式。或许,这正是日本朝廷或幕府利用寺庙船通商的初衷吧。

四 结语

唐朝末年以来,中日两国虽长期处于无正式邦交的状态,但交往并未中断,根据《大宰府天满宫史料》所载两国交涉的文书进行初步考察,本文将这种交往拟为一种"准外交"性质,表现在政治领域,这种"准外交"状态显示的是,宋代由与日交通的主要港口所在的明州主动出面,由赴日宋商携带牒书与日方交涉引渡滞留日本的宋商,而牒文显示的主要是一种平等的国交关系。日方则对此类行为多次予以"阵定"后回以"返牒"。

元代初年,元政府单方面要求日本"奉正朔",在威压无效的情况下,乃逼迫高丽转达这一

---

① 《春屋妙葩在辑录自记里有关于天龙寺造营记录》,木宫泰彦:《日化文化交流史》东京,富山房,1987 年,第 418 页。
② 《春屋妙葩在辑录自记里有关于天龙寺造营记录》,木宫泰彦:《日化文化交流史》东京,富山房,1987 年,第 418 页。

要求。但在以文书的形式诉求这一意愿时，仅在形式上突出"大蒙古国"的位置。经济层面的交往方面，宋代也可归纳为"准外交"性质，体现在文书上，现存宋代的"公凭"具有代表性。由宋商携带"公凭"赴日贸易可能是一种常态，日方则以"存问"的方式予以检查通关。而"不持本国表"可能是来华日本商旅的基本方式。元代两国政治交恶，持"公凭"进行经济交往的方式很可能都不存在于双方，偷渡、走私可能是常规性的通商途径，交往基本褪去了"准外交"性质。

　　文化层面（本文主要以入华求法的日本僧人为例）的交往可能有一定特殊性。现存文书显示，至少至宋真宗时期，尚有持"太政官符"的日本僧人入宋求法，即存在日本官方正式派出的"派遣僧"，真宗后期则出现由日本朝廷大臣出具亲笔信的方式，推荐高僧入宋巡礼。这两种形式甚至都可视为一种正式的官方外交性质。此后，或许在延喜时期制定的"渡海制"的作用下，"派遣僧"逐渐消失。日本僧人多搭承宋商船只"偷以渡海"。或许是僧侣交往的传统关系的作用，偷渡僧入宋后往往出具自己撰写的"表文"即受到中方的礼遇。

　　有元一代，入元日僧同时兼顾贸易活动，其中，天龙寺船是一种获得幕府保护的日本官方商船。由于两国政治交恶的政治背景和史料记载的欠缺，僧侣通关文书的具体状貌尚难以确证，但可大致推断，日本寺庙商船入元时，不会携带政府的通关文书；日本寺庙和僧人可能会利用唐、宋以来寺庙交往的历史渊源这一特殊关系，一定程度上扮演日本官方的代理人的角色。这种半僧半商、半官半僧的模糊形式，或许正是日本朝廷或幕府利用寺庙船通商、竭力回避正式官方交通的一种形式。

《杨庭璧平寇记》再考

——忽必烈朝海上势力的一个事例研究

(日本)同志社大学 向 正树

元代初期,一群高级将领带着行省宰相的头衔,率领诸军征讨南宋。平定了江南后,他们就承担了江南地区的行政。① 这些行省宰相和他们控制下的集团也负责元朝对外出征和与东南亚~南印度国家的外交关系的构筑。而且向元朝投降的地方人群,既被编入到源于远征军组织的江南行政机构中,也从事了沿海地区的平定、统治和对海外诸国的招谕、出兵。这两种不同来历的人群结合起来而成为一个集体,在蒙元帝国边缘地区一起发挥着调节帝国内外之间的政治外交、经济贸易关系的作用。这样的各种集团和人群的结合关系的阐明是正确估价蒙古海上势力的重要基础。②

笔者曾利用碑文、地志类等地方文献来分析在元代主要港口泉州推进招谕、出征的蒙古将军唆都与南宋末期泉州的外来商人蒲寿庚集团及有关人群的结合关系,试图阐明忽必烈时期中国海上势力的一个来历和具体情况。其中包括了《杨庭璧平寇记》和其他相关资料的分析以及其史料价值的探讨。不过,那时候无法亲眼看见《杨庭璧平寇记》原碑,只能参考地志等资料中的录文,因而这些资料中用字的异同所导致的一些问题并没有得到完全解决。幸亏笔者在2009年访问广东、海南两省时,有机会到肇庆七星岩对原碑进行考察。与此同时,我翻阅海南地志时又发现证明"杨庭璧"在该岛活动的新史料。

本稿首先弥补一下笔者曾经对该碑文做过的解释,③然后提及后来通过实地考察《杨庭璧平寇记》原碑以及探寻相关资料中所获得的新发现,最后再探讨《杨庭璧平寇记》所提供的信息能阐明的历史事实。

---

① 堤一昭:《元朝江南行台の成立》,《东洋史研究》54-4,1996年,第71—102页;堤一昭:《大元ウルス治下江南初期政治史》,《东洋史研究》58-4,2000年,第1—32页。
② 近年,一些中日学者逐渐展开忽必烈时期在江南以及东南沿海地区活动的个别集团的事例研究,发掘了许多重要的例子。陈高华:《元代的航海世家澉浦杨氏—兼说元代其他航海家族—》,《海交史研究》,1995年第1期;植松正:《元初における海事问题と海运体制》,京都女子大学东洋史研究室编,《东アジア海洋域圏の史的研究》,京都女子大学研究丛刊39;高荣盛:《シハーブッディーンと元代の行泉府司》《内陆圏海域圏交流ネットワークとイスラム》(九州大学21世纪COEプログラム(人文科学)东アジアと日本—交流と变容—)森川哲雄・佐伯弘次(编),福冈,椋歌书房,2006年,第93—117页;四日市康博:《元朝宫廷における交易と廷臣集团》《早稻田大学大学院文学研究科纪要》45-4,2000年,第3—15页;四日市康博:《元朝南海交易经营考—文书行政と钱货の流れから—》《九州大学东洋史论集》34,2006年,第133—156页;四日市康博:《元朝とイル=ハン朝の外交・通商关系における国际贸易商人》,《内陆圏海域圏交流ネットワークとイスラム》森川哲雄・佐伯弘次(编),2006年,第11—32页。
③ 向正树:《クビライ朝初期南海招谕の实像—泉州における军事・交易集团とコネクション—》,《东方学》116辑,2008年,第132—134页。

一 《杨庭璧平寇记》解释

根据《元史》卷二一〇《外夷三·马八儿等国》(《马八儿传》)的记载,我们已经知道在至元十六—十七年(1279—1280)、十七—十八年、十八—十九年、十九—二十年,杨庭璧曾四次出使印度东南岸的马八儿(Ma'bār)和西南岸的俱蓝(Kūlam,Quilon),奉旨在航海途中"招谕"诸国。①

但是对于杨庭璧的身世与经历,除去《元史》卷一二九《唆都传》(第3152页)中所提及的,杨廷壁(非杨庭璧)在至元十四年(1277)平定福建北部时曾为唆都的部将外,其他的就一无所知了。②

可事实上,能提供相关线索的石刻史料是存在的。那就是位于广东省肇庆市北郊七星岩摩崖石刻中的《杨庭璧平寇记》。对于该石刻,有很多种记录。管见所及,以下记载已得到确认。

①《广东通志》卷二一五(阮元撰,道光二年刊,同治三年重刊本)
②《高要金石略》卷四(彭泰來撰,清刻本)
③《高要县志》(何元等纂,道光六年序刊;马呈图等纂修,宣统年间刊,1938年重刊)
④《肇庆府志》卷二一(屠英等修,道光十三年修,光绪二年重刊本)
⑤《广东碑刻集》(谭棣华、曹腾骓、冼剑民编,广东省博物馆丛书,广东高等教育出版社,2001年,第679页)

虽然一直以来,都无人指出该石刻与杨庭璧之间的关联性,但《广东碑刻集》认为该石刻是元初期的碑文,由此大大拉近了与杨庭璧之间的联系。因此,我们根据《广东碑刻集》的解释,对该书录文进行分析,判断该碑刻所载是否真的就是杨庭璧的功绩。

古、端两邑,三四年来,为獠寇突境,日以杀戮掠卖为事,乡民苦不忍言。己丑冬杪,东平路恩州杨廷璧,字君璋,以昭勇大将军、广南西道宣慰使,奉省檄督师而来。庚寅上元日即破贼矣。端民均拜更生,镌此以纪实云。时庚寅孟夏晦前一日。

〇"古、端两邑",是指古州、端州。古州靠近贵州,在宋代时被设为州,元代设置八蛮洞军民长官司,明代设置蛮夷长官司。该州是被称为"溪洞蛮"的非汉族人聚居的地区,由于与"獠寇"的关系而被提及。碑刻中最核心的端(州)是肇庆的旧称。虽然"邑"一般是对县城的雅称,但因石刻位于肇庆,所以这一推测也是毋庸置疑的。

〇"獠",《广东通志》中提到"獠寇即为猺寇",是指大量居住在广西的以现在的瑶族为中心的群体。之所以统称"獠",也许是因为还包括了瑶族以外的其他民族。

〇"东平路恩州"、"广南西道宣慰使",均为元代特有的行政区划或官职名称。由此可以

---

① 陈高华:《印度马八儿王子孛哈里来华新考》,《南开学报》1980年第4期(《陈高华文集》,上海辞书出版社,2005年,第361—367页);辛岛升:《十三世紀末における南インドと中国の間の交流—泉州タミル語刻文と元史馬八儿伝をめぐって—》,《榎博士頌寿記念東洋史論叢》,汲古書院,1988年,第77—104页;深见纯生:《元代のマラッカ海峡—通路か拠点か—》《東南アジア—歴史と文化—》33,2004年,第100—118页;马娟:《马八儿国与元朝之往来及其相关问题》,《兰州大学学报》(社会科学版),2005年第2期,20—25页。
② "(至元十四年)唆都趋建宁、遇宋兵于崇安、军容甚盛。令其子百家奴及杨庭璧等数队夹击之。"

得知该石刻是属于元代的。尤其这恩州,是元代时隶属东平路的分散领地。

○"庚寅年",元代(世祖以后)的庚寅年只有元世祖的至元二十七年(1290)或者是元顺帝的至正十年(1350)。清代的①《广东通志》、②《高要金石略》、③《高要县志》、④《肇庆府志》都认为是至正十年。因为②③④都依据①,而①则参考《七星岩志》,所以可以肯定"至正十年"说的来源就是《七星岩志》。① 撰写①的阮元(依照《七星岩志》)判断"字君璋"为"李君璋(李璋)"的错字。李璋这一人名见于元代虞集的《道园学古录》卷三九"跋济宁李璋所刻九经四书"。② 但是很明显此人与刻文无关,因此像这样的校订是不合理的。该书同一卷中带有至正元年日期的"广西都元帅章公平傜记"记录了元统年间平定瑶族的事件,有可能是被此记录误导了。在⑤《广东碑刻集》(目录29页)中记载的至元二十七年才是正确的。

根据以上的考察,该刻文描述了己丑年即至元二十六年(1289)广南西道宣慰使杨廷璧奉行省的檄文来到肇庆,并于至元二十七年平定"獠"的事迹。因此,可以肯定的认为这个杨廷璧就是《马八儿传》中的杨庭璧其人。

二 "宣慰使"杨庭璧的活动范围

据《元史》卷一二《世祖本纪》(第250页)记载,杨庭璧于至元二十年(1283)正月从招讨使变成宣慰使并奉命出使俱蓝。担负南海方面任务的人,作为宣慰使,拥有军队,用于平定广东、广西周边地区的情况并不罕见。例如,《元史》卷一一《世祖本纪》至元十八年十一月己巳条(第235页)中记载,孙胜夫和尤永贤从占城回来后担任广东宣慰使。此外,《广东通志初稿》卷一一《名宦》中记载的塔剌海哈(合鲁人)也作为广东宣慰使,在为占城远征军运送兵粮的过程中,平定了在广东北部南雄遭遇的"山獠"。对于杨廷璧这一人物,若史料上没有其他的可确认记载,《杨庭璧平寇记》就是记载杨庭璧归来后活动的重要史料的可能性非常高。

《马八儿传》中的杨庭璧在《唆都传》中因避讳也写作"杨庭壁"③,因此肇庆七星岩摩崖石刻中假如被写作"廷璧",也不足为怪了。2009年8月29日,笔者访问了肇庆,见到了这一石刻。发现原文与前文记载的几乎一样,只是石刻中并不是"廷璧"而是"庭璧"(参看文后所附图版和原文转写)。

如前所述,《马八儿传》中的杨庭璧带有"宣慰使"的官衔,而七星岩石刻的杨庭璧则带有"广南西道宣慰使"。与七星岩的《杨庭璧平寇记》相隔只有两年的至元辛卯(二十八年,公元1291年)在海南岛率领"黎兵"的"广西宣慰杨廷璧"很可能是同一人。曾经多次出海并且在肇庆平"獠"的杨庭璧,通过接触异文化的丰富经验,可能大大提高了率领非汉人士兵的实际能力。据邢梦璜《至元癸巳平黎碑记》④说:

---

① 据《肇庆府志》卷二一《艺文》,"《七星岩志》16卷,国朝(清)韩作栋撰"。
② "承直郎松江府上海县尹李君璋、以广东元帅宣慰王公都中书访集于临川山中而相告曰……"
③ 关于"璧"字的避讳,有如下例子。据《欧陂渔话》卷一说,文天祥的后裔文衡山(1470—1559)"初名璧,字证明,因文信国(天祥)子璧仕元,不欲与同名,故以字行"(王彦坤编著《历代避讳字汇典》,郑州:中州古籍出版社,1997年,第19—20页)。元代汉人之间也有这种感情? 七星岩原碑中以小字刻着"庭璧",而且仔细看的话可以发现那部分有像用刀类摩擦的痕迹。可以推想最初根本没有刻字或刻别的字(比如"廷璧"),后来以小字刻"庭璧"了。
④ 明谊修,张岳松纂《琼州府志》卷三八《艺文》,《记》,15叶(道光二十一年修,光绪十六年补刊本)。

至元辛卯……十一月壬子,至师。以〔陈〕仲达嗣谦亨领万户,墨缞即戎,继厥先志。分命副元帅王信、伯颜、于思、万户教化、杨显祖、韩旺领蒙古汉军、顺化军,广西宣慰杨廷璧、副使林应瑞、副万户泰彪、千户蔡有闻等领诸黎兵,镇抚高祐领帐前拔都军、南番兵。

可惜,目前对原碑的所在没有线索(估计已经不存在了),现在没有办法确认地志录文中的"廷"字在原碑中怎么写的。但多亏录文的记载,我们能够将杨庭璧活动的时间和空间追踪得更远。其时间拖延到至元二十八年,其空间延伸到海南岛。

表一 "杨庭璧"讳的异同

《元史》卷二一〇《马八儿传》	庭璧
《元史》卷一二九《唆都传》	庭璧
《杨庭璧平寇记》(原碑)	庭璧
《广东通志》卷二一五(同治三年重刊本)	廷璧
《高要金石略》卷四(清刻本)	廷璧("璧"字有欠笔,"玉"成为"王")
《高要县志》(道光六年刊本)	廷璧
《肇庆府志》卷二一(道光十三年修)	廷璧
《广东碑刻集》	廷璧
《至元癸巳平黎碑记》(《琼州府志》)	廷璧

三 杨庭璧的经历

在《元史》卷一二九《唆都传》显示杨庭璧与唆都的关系。那么为什么原本看起来与大海没有什么关联的杨庭璧会被四次派遣到马八儿呢?为了回答这个问题,我们需要进一步探寻他从前的经历。对此笔者已经做过探讨,[①]经过上面所述的新发现后笔者的看法没有太大的变化。为了促进更多考证,下面再次提及其要点。

忽必烈时代的南海政策,之所以在主要贸易据点泉州(今福建省泉州市)开展,其原因在于蒙古族将军唆都的部属以及南宋末期的泉州外来商人蒲寿庚的关联群体。

让我们先来看看,作为元代南海诸国招谕最初的核心人物,唆都及其部下到底有什么样的经历和性格。

据《唆都传》记载,唆都是蒙古札剌亦儿氏人,任忽必烈的"宿卫",远征云南花马国(公元

---

① 向正树《クビライ朝初期南海招谕の実像—泉州における軍事・交易集団とコネクション—》,《东方学》116辑,2008年,第128—129、132—134页。

1253),平定了山东汉人军阀李璮的叛乱(1262)等。① 之后又把于南宋在边境秘密贩马的三千名"恶少年"入"籍"为兵,并率其中千人成为千户,驻守于河南的对抗南宋军事据点之一的蔡州。至元五年(1268)以后,跟随"总帅"史天泽,活跃于元朝征服南宋的首战——襄阳包围战,至元八年(1271)得到800名东平兵,升为总管。至元九年,征服襄阳后再获得兵卒五千,"入觐"并晋升为招讨使。唆都的军队就这样仅经一代就建立了。

之后,跟随代替史天泽成为远征军总帅的伯颜和阿术,渡过长江继续东进,攻下建康(今南京),担任建康宣抚使并驻扎当地。② 建康的宋军在投降后,被分别吸收进元军的各个万户中,建康宣抚司将蒙古军、汉军和刚刚投降的宋军(新归顺军队)编成混合部队,承担平定周边地区的派遣任务。③ 此时建康宣抚司长官唆都的麾下也吸收了新归顺的军队,水上作战能力得到了提高。这支建康军不久由其子百家奴继承。④ 此后唆都率领水军活跃于临安(杭州)攻略战以及占领临安后平定周边地区的战斗中,唆都军队在水上的作战能力为其在之后活跃于南海奠定了基础。

至元十四年(1277)唆都出任福建道宣慰使,在江西行省参政塔出的指挥下,追赶逃跑的南宋二王,向南前进,在平定浙江南部、福建时,救出了被南宋军包围的降元泉州商人蒲寿庚,平定了漳州、潮州、广州等沿海诸城。至元十五年(1278)"入觐",与蒲寿庚一同出任泉州行省左丞,开始着手南海招谕。

唆都及其军队的经历,完全就是吞并南宋后企图向海外扩张的蒙古海上势力形成发展史的微缩模型。那么,在至元十四年(1277)时已经成为唆都部将的杨庭璧,是在什么时候加入他的麾下的呢?

如果《杨庭璧平寇记》就是有关杨庭璧的事迹,那么他的籍贯就应是"东平路恩州"。这对于杨庭璧的经历来说具有非常重大的意义。根据《元朝名臣事略》卷七之二《丞相史忠武王》的记载,东平路的军队原本是由史天泽统帅的。⑤《元史》卷一二九《唆都传》(第3151页)中记载,至元六年(1269)襄阳一战中,在攻破范文虎的水军后,唆都从史天泽那里获得了800名东平兵卒。可以认为杨庭璧作为当时统帅东平路军队的史天泽的部将,与自己的部队一起转移到了唆都的指挥下。

王恽在《论大作水军事状》中,记述了有关以史天泽的军队为核心组成的武卫军(后来的

---

① 花马国位于云南西北部丽江的巨津州东南(松田孝一:《云南行省の成立》《立命馆文学》,1980年第255、266页,注25、27)。《元史》卷一二〇《镇海传》(第2964页)中有关于镇海之子勃古带"跟随世祖出征花马、大理"的记载,这个"宿卫"指的是即位之前忽必烈的怯薛。在1338年的蒙汉合璧碑文中,汉语"宿卫"也是对应着蒙语的怯薛(kesig)(Francis Woodman Cleaves, "The Sino-Mongolian Inscription of 1338 in Memory of Jigüntei", *Harvard Journal of Asiatic Studies* 14(3-4), 1951, pp.1-104)

② 《至正金陵新志》卷一〇《兵防志·国朝兵戍大略》:"(至元十二年二月)立建康宣抚司、招安江东诸路。以万户廉希宪,招讨唆都兼宣抚使。"

③ 《至正金陵新志》卷一〇《兵防志·国朝兵戍大略》:"至元乙亥,马步军副总管沿江制司都统徐王荣及翁都统以诸军数万人纳款,军各分隶诸万户,与蒙古,汉军相杂,号新附军。"

④ 根据《元史》卷一二九《唆都传附白家奴传》(第3154页)中记载,百家奴与父亲唆都一起攻下建康后,成为管军总把统率全军,十三年更率领新归顺的军队,跟随阿术平定了扬州周边地区,之后晋升为管军总管,承袭了唆都的郢复二州招讨使、建康宣抚使之职。

⑤ "己丑(公元1229年),授真定、大名、河间、济南、东平五路万户。"

侍卫亲军)在中都进行模拟水战训练的情况。① 实际上元朝很早就已经开始培养水军将领。②杨庭璧之所以被派遣到俱蓝,或许也是因为他是训练有素的水军的将领。

结语

隶属于唆都军队的杨庭璧被提拔负责元朝的南海政策一事,与从幕后支持该政策实行体制的关系网之间的联系,有着重要的意义。但是,杨庭璧的活动并不仅限于作为唆都部下的范畴。以泉州为据点实施初期南海政策的唆都以及他的盟友蒲寿庚,都与杨庭璧远征南印度没有任何关联。③ 并且杨庭璧的活动已经超出福建,涉及广东、海南岛。这些活动的开展,除了他自身作为水军将领的能力外,与史天泽(1275年去世)军队之间的联系也是不可忽视的。以从祖辈开始就有以东平路为根据地,历任福建行省、江浙行省长官等职,在沿海部拥有极大权力的忙古带的事例,④ 这种东平本地人之间的关系,或许也在幕后影响着元朝的南海政策及中国东南沿海地区的军事政策。

---

① 《秋涧先生大全文集》卷八六(高桥文治编《乌台笔补の研究》,汲古书院,2007年,第261页)。
② 萧启庆:《蒙元水军之兴起与蒙宋战争》,《汉学研究》第8卷第2期(16号),1990年,第177—200页。
③ 向正树:《クビライ朝初期南海招谕の实像—泉州における军事・交易集团とコネクション—》《东方学》116辑,2008年,第127—145页。
④ 《元史》卷一三一《忙兀台传》,第3186页。

肇庆七星岩摩崖石刻《杨廷璧平寇记》现状
（2009年8月29日，笔者拍）

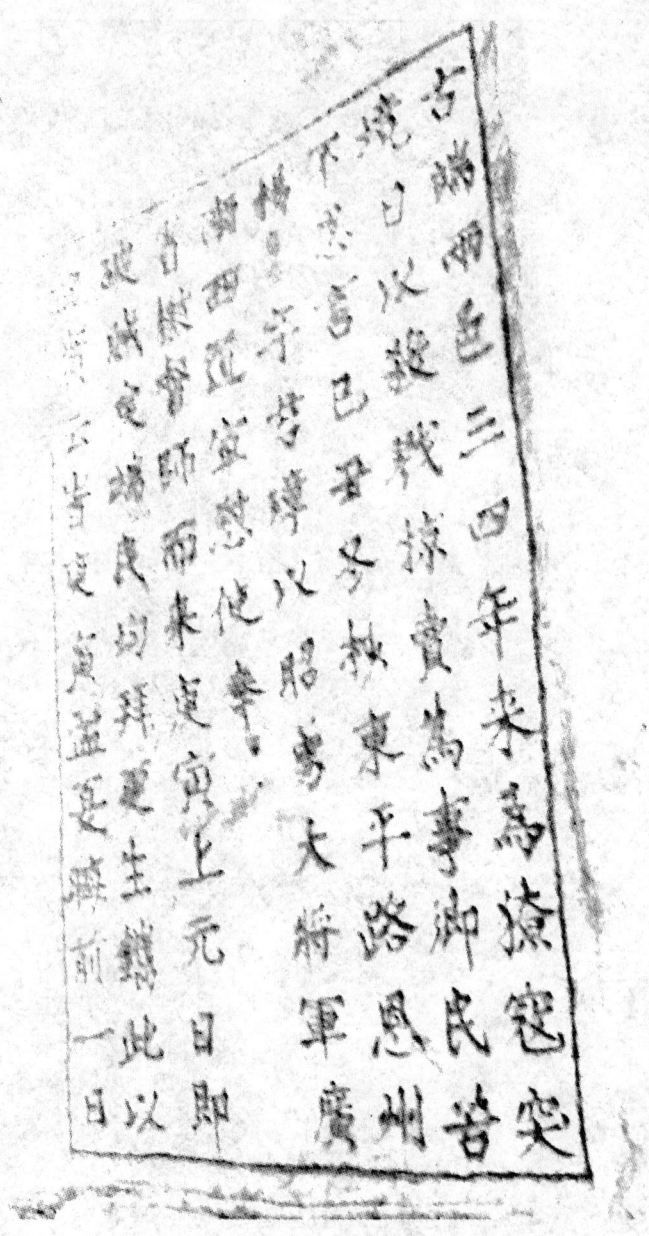

肇庆七星岩摩崖石刻《杨廷璧平寇记》碑影

古端兩邑三四年來為獠寇突
境日以殺戮掠賣為事鄉民苦
不忍言己丑冬杪東平路恩州
楊庭璧字君璋以昭勇大將軍廣
南西道宣慰使
省檄督師而來庚寅上元日即
破賊矣端民均拜更生鐫此以
紀實云岂庚寅孟夏晦前一日

论元末高邮之战及其影响

安徽大学 张金铣

至正十四年(1354)十二月,元顺帝罢免丞相脱脱兵权,导致高邮城外元军大乱,军事形势骤变。此后元朝兵威不振,内部矛盾进一步激化,"天下之事遂不可为"①,农民起义壮大起来,最终元朝统治被推翻。高邮之战成为元末农民战争的转折点。

一 元末红巾起义爆发与高邮战前形势

红巾起义是元代规模最大的农民起义,也是历史上著名的农民战争。战争是由当时激烈的阶级矛盾和民族矛盾引发的。元末流传一首小令:"堂堂大元,奸佞专权。开河变钞祸根源,惹红巾万千。官法滥,刑法重,黎民怨。人吃人,钞买钞,何曾见?贼做官,官做贼,混愚贤,哀哉可怜!"②变钞即变更钞法。至正十年(1350),吏部尚书偰哲笃建议印造"至正交钞"以摆脱财政困境。新钞一贯合铜钱千文,折准至元宝钞二贯,同时铸造"至正通宝"钱,与历代铜钱并用。新钞大量印造,造成物价踊贵,"京师料钞十锭,易斗粟不可得","所在郡县,皆以物货相易,公私所积之钞,遂俱不行,人视之若弊楮,而国用由是遂乏矣"③。"开河"即整治黄河。至正四年五月,黄河在白茅堤、金堤等处决口,"方数千里,民被其患,五年不能塞"④。十一年四月,元顺帝根据丞相脱脱建议,任命贾鲁为工部尚书兼总治河访使,征发汴梁、大名等十三路民工15万人,庐州等地戍军18翼2万人供役。工程始于四月二日,至七月完成疏通故道(南河),开始堵塞决口,修筑北岸堤防,十一月全部完工,"决河绝流,故道复通"⑤。

"变钞"、"开河"虽非元末起义爆发的原因,但直接促成红巾起义的爆发。"变钞"加剧经济衰退和朝廷财政拮据,而在"开河"过程中,"朝廷所降食钱,官吏多不尽给,河夫多怨"⑥。当时河南、江淮、江西地区白莲教流行,白莲教首领韩山童、彭莹玉等宣称,"弥勒佛降生"和"明王出世"。在宣传教义时,他们结合社会不平等的现实和民族矛盾,"倡言天下大乱"⑦,组织和培养一批骨干力量,为起义做宣传和准备。治河开工前,韩山童等人凿好独眼石人,在其背上雕刻"莫道石人一只眼,此物一出天下反"十四字,埋于工地黄陵岗,同时散布民谣:"石人

---

① 叶子奇:《草木子》卷三上《克谨篇》,北京:中华书局,1959年。
② 陶宗仪:《南村辍耕录》卷二三《醉太平·小令》,北京:中华书局,2004年。
③ 宋濂:《元史》卷九七《食货志五》,北京:中华书局,1976年。
④ 《元史》卷一三八《脱脱传》。
⑤ 《元史》卷六六《河渠志三》。
⑥ 《草木子》卷三上《克谨篇》。
⑦ 《元史》卷四二《顺帝纪五》。

一只眼,挑动黄河天下反。"①至正十一年(1351)四月,开河民工挖出独眼石人,群情振奋,以为天下即将动乱。五月初,韩山童、刘福通等三千人聚众于颍州(今安徽阜阳)颍上县白鹿庄,以"复宋"为口号,举行起义。轰轰烈烈的元末农民战争开始了。

起义队伍主要有四支。一支是刘福通领导的北方红巾。白鹿庄聚众后,韩山童被官府捕杀,刘福通等人冲出包围后,重新组织起义,占领颍州。枢密院同知赫厮、秃赤率领6000名阿速军及汉军前来镇压,结果一触即溃。刘福通很快夺取朱皋、罗山、真阳、确山等地。九月,占领汝宁府及息州、光州等地,"众至十余万"②。起义军头裹红巾,烧香拜佛,称作"香军",或者"红军"、"红巾"。同年八月,麻城邹普胜、罗田徐寿辉等起兵于蕲州(今湖北蕲春),十月攻占蕲水,建立政权,推徐寿辉为皇帝,邹普胜为太师,国号天完。次年正月,分兵四出,攻占湖北大部分地区,然后进军湖南、江西,深入福建、广西等地,宣称"摧富益贫"③,称之为"南方红巾"。此外在河南、湖北一带还有"南锁红军"和"北锁红军"。至正十一年十二月,王权(布王三)、张椿等起兵攻占邓州、南阳,称北锁红军,攻占唐、嵩、汝等州以及河南府,进逼滑州、浚州等地。次年正月,孟海马等起兵攻占襄阳,称"南锁红军",旋克房、归、均、峡等州及荆门。当年八月,受北方红巾影响,邳州人李二(芝麻李),与社长赵均用、彭大等起兵占领徐州及临近宿州、五河等地,从之者十余万人,"烧香聚众"。次年二月,定远(今属安徽)富豪郭子兴等起兵,攻占濠州(今安徽凤阳),郭子兴称元帅,亦以红巾为号。

各地起义爆发,元廷最初有些措手不及。但很快在中书右丞相、太师脱脱主持下组织反攻。"是时河南兵起,湖广、荆襄皆陷,而两淮亦骚动。④ 至正十二年闰三月,元朝析河南行省置淮南行省,"治扬州,辖扬州、高邮、淮安、滁州、和州、庐州、安丰、安庆、蕲州、黄州"⑤,分别围剿境内红巾。同时调四川行省添设参知政事答失八都鲁、平章咬住东出川陕,陕西行省平章月鲁帖木儿、知枢密院事老章进讨南阳、襄阳,又以纳麟为南台御史大夫兼太尉,总制江浙、江西、湖广三省军马,进剿各地抗元武装。

元廷为缓和民族矛盾,下诏招揽汉人、南人做官,"南人有才学者,依世祖旧制,中书省、枢密院、御史台皆用之"⑥。随朝诸司,各举堪充地方守令者二人,多者不限。但实际上对汉人、南人更加猜忌。"脱脱议军事,每回避汉人、南人"⑦。又通过卖官、募捐等方式组织和支持地主武装。沈丘(今安徽临泉)畏兀儿世家察罕帖木儿与罗山人李思齐纠集万人,袭破罗山,元廷授察罕帖木儿汝宁府达鲁花赤,李思齐汝宁府知府。至正十二年八月,脱脱率军进攻徐州,因官军不服水土,募集濒海盐丁五千人,又任土豪王宣募城市游民三万人为军。此外,又在许多地区设立义兵万户府,"募土人为军,免其差役,令讨贼以自效。因其乡人自相团结,号毛葫芦,故以名之"⑧,用来对付农民红巾军。

---

① 《元史》卷六六《河渠志三》。
② 张廷玉:《明史》卷一二三《韩林儿传》,中华书局,1974年。
③ 陈让:嘉靖《邵武府志》卷一二《寇警》,上海古籍书店影印天一阁本,1964年。
④ 《元史》卷一九四《赵琏传》。
⑤ 《元史》卷四二《顺帝纪五》。
⑥ 《元史》卷四二《顺帝纪五》。
⑦ 权衡撰,任崇岳笺证:《庚申外史笺证》卷上,中州古籍出版社,1991年。
⑧ 《元史》卷四三《顺帝纪六》。

在元军大举进攻之下,红巾损失很大。至正十一年九月,元廷以御史大夫也先帖木儿知枢密院事,与卫王宽彻哥率诸卫十余万人进攻河南。十月,又令知枢密院事老章增援河南。十二月,元军攻破上蔡(今属河南),俘杀红巾将领韩咬儿。次年三月,元军攻陷汝宁。随后红巾军在沙河袭杀知行枢密院事巩卜班,也先帖木儿被迫退兵,但受察罕帖木儿、李思齐牵制,北方红巾无力对外进攻,亳州、安丰也遭到元军围攻。至正十二年八月,脱脱亲率大军出征徐州,九月攻破徐州,芝麻李被杀,"追擒其伪千户数十人,遂屠其城"①,改徐州路为武安州。赵均用、彭大等投奔濠州郭子兴。脱脱随后返回大都,由工部尚书贾鲁与知枢密院事月阔察儿围攻濠州。次年正月,贾鲁在军前病死,濠州之围始解。

与此同时,在荆襄地区和汉水流域的南锁、北锁红巾,也遭到四川行省参知政事答失八都鲁等军分路围剿。至正十三年五月,答失八都鲁攻占襄阳,布王三被杀,北锁红巾失败。十四年正月,答失八都鲁攻占峡州,南锁红巾也全部失败。南方红巾发展很快,夺取很多城池,但多得地不守。北方红巾受挫后,各路元军分道围剿,赵普胜、李普胜等部红巾被迫退守巢湖。至正十三年十一月,元江西行省右丞火你赤攻占瑞州,彭莹玉等重要将领被杀。十二月,各路元军合围天完政权,攻占蕲水,擒杀天完官员四百多人,随后元军夺取武昌、汉阳诸路,"寿辉遁去"②,率众逃入黄梅山区及沔阳湖区,从而元末农民战争进入低潮。

二 张士诚起兵与高邮之战

就在农民战争遭受严重挫折时,泰州张士诚等人举行起义。张士诚原是泰州白驹盐场(今属江苏东台)船工,"以操舟运盐为业",屡受土豪欺凌。③ 至元十三年正月,张士诚与其弟士义、士德、士信及李伯升等18人,杀死弓手丘义及土豪,募集盐丁起兵。四月,攻占泰州、兴化,结寨于德胜湖,"有众万余"④。淮南行省进讨不克,乃命高邮知府李齐前往招抚,"士诚因请降,行省授以民职,且乞从征讨以自效"⑤。行省以参知政事赵琏镇守泰州,并敦促北征濠、泗红巾,张士诚遂再次起兵,攻破泰州,杀死赵琏。五月,攻占高邮、宝兴等地,又杀高邮知府李齐。淮南行省再派照磨盛昭前来招降,许以"水军万户",亦遭到拒绝。

至正十四年正月,张士诚在高邮称"诚王",建国号"大周",年号"天祐"。张士诚本人非白莲教徒,其武装不属红巾系统,但其起兵打乱了元朝进剿计划。二月,元朝改湖广行省平章政事苟儿为淮南行省平章政事,率兵攻高邮。时枢密院都事石普随主将镇守淮安,赴京谒见中书右丞相脱脱,建言:"高邮负重湖之险,地皆沮洳,骑兵卒莫能前,与普步兵三万,保取之。高邮既平,则濠、泗易破,普请先驱,为天下忠义倡。"⑥脱脱乃命石普权山东义兵万户府事,招募步兵万人先行。参议中书省事汝中柏裁其半数,又令听淮南行省节制。石普率兵南进,袭取高邮门户宝应,攻拔十余寨,兵分三路攻至高邮城下。城外张士诚守兵败退城中。"普先士卒躐

---

① 《元史》卷一三八《脱脱传》。
② 《明太祖实录》卷八,庚子年五月,台北历史语言研究所影印本,1984年。
③ 《明史》卷一二三《张士诚传》。
④ 《明太祖实录》卷二五,吴元年九月。
⑤ 《元史》卷一九四《赵琏传》。
⑥ 《元史》卷一九四《石普传》。

之,纵火烧关门,贼惧,谋弃城走"①。行省平章苟儿令蒙古千骑前来争功,遭到城内矢石还击,骑兵受惊后撤,自相践踏,守军趁势出城掩杀,石普战死城下。六月,张士诚派兵进攻扬州,淮南行省平章政事达识帖睦迩率军迎战,"败绩,诸军皆溃"②。顺帝再命江浙行省参知政事佛家闾会同淮南行省攻张士诚,但高邮城池依然坚守如故。

高邮地处运河中段,张士诚占领后,"把截要冲,南北梗塞"③,引起元廷不安。九月,元顺帝以中书右丞相脱脱总领诸王各爱马、诸省各翼军马共四十万,④号称百万,大举南征,"旌旗累千里,金鼓振野,出师之盛,未有过之者"。十一月,脱脱领兵抵达高邮城外,"连战皆捷"⑤,但城内守军顽强抵抗。部将董抟霄建议:"天兵南下,势如破竹。今老师费财,何面目归报天子,不若先攻其易。"随后脱脱分兵攻取六合、盐城、兴化等城,切断张士诚外部援军。高邮被困四十余日,危在旦夕,"城中几不支,日议附降",但张士诚"又恐罪在不赦",不敢投降。⑥ 十二月,元顺帝突然下诏削夺脱脱兵权,顿时引起元军大乱。

脱脱被贬是元朝政治腐败和内部斗争的结果。《新元史·脱脱传》评论:"元统以后,宰相互相倾轧,成为风气,虽以脱脱之贤,亦不免于任爱憎、售恩怨,此其所以败也。"至正九年,脱脱复任宰相,以康里人哈麻、雪雪有援救之恩,擢升哈麻为中书右丞。脱脱信用中书参议汝中柏,"平章以下见其议事,莫敢异同,惟哈麻以有德于脱脱,不为之下"⑦,汝中柏遂在面前诋毁脱脱。至正十三年八月,脱脱"出哈麻为宣政院使,又位居第三,哈麻由是深衔脱脱"⑧。此后,哈麻迎合顺帝追求声色,推荐西天僧教顺帝"演揲儿",脱脱对此深恶痛绝,欲将哈麻赶出朝廷。脱脱出征高邮后,顺帝以哈麻为中书平章政事。哈麻趁机报复,唆使监察御史袁赛因不花弹劾脱脱:"脱脱出师三月,略无寸功,倾国家之财以为己用,半朝廷之官以为自随。又其弟也先帖木儿庸材鄙器,玷污清台,纲纪之政不修,贪淫之心益著。"⑨袁赛因不花先后三次上奏弹劾,顺帝乃令也先帖木儿都门听旨,以宣徽使汪家奴为御史大夫。紧接着,顺帝下诏,以脱脱出师三月,劳师费财,坐视寇盗,恬不为意,削夺官爵,安置于淮安路,弟御史大夫也先帖木儿安置宁夏路;以河南行省平章政事泰不花为本省左丞相,中书平章政事月阔察儿加太尉,集贤大学士雪雪知枢密院事,代脱脱总领军事。诏书至军中,参议龚伯璲劝告脱脱:"将在外,君命有所不受。且丞相出师时,尝受密旨,一意进讨可也。诏书且勿开,开则大事去矣。"脱脱回答:"天子诏我而我不从,是与天子抗也,君臣之义何在!"⑩诏书既读,脱脱将铠甲、良马分赠诸将,各部兵马移交中书平章政事月阔察儿。

诏书到达前,哈麻派人告诫在都从征将领家属,令其暗地讽告将领:"诏书且至,不即散者

---

① 《元史》卷一九四《石普传》。
② 《元史》卷四三《顺帝纪六》。
③ 《南村辍耕录》卷二九《纪隆平》。
④ 《草木子》卷三上《克谨篇》:"丞相脱脱太师统四十万出征,声势赫然";"朝廷命脱脱讨之,王师号百万,声势甚盛"。
⑤ 《元史》卷一三八《脱脱传》。
⑥ 《庚申外史笺证》卷上,郑州:中州古籍出版社,1991年。
⑦ 陈邦瞻:《元史纪事本末》卷二三《脱脱之贬》,上海:上海古籍出版社,1995年。
⑧ 《元史》卷二○五《奸臣传》。
⑨ 《元史》卷四三《顺帝纪六》。
⑩ 《元史》卷一三八《脱脱传》。

当族诛!"当脱脱交出兵权后,元军大乱,"大军百万,一时四散"①。客省副使哈剌不花见状,大呼:"丞相此行,我辈必死他人之手,今日宁死丞相前!"遂拔刀自刎而死。城中守军闻元军混乱,"勇气百倍,出城拒敌。诸卫铁甲军抱不平者,尽皆散去,或相聚山林为盗,高邮不可得而复矣"②。高邮之战以元军溃散而结束。

三 高邮之战的社会影响

高邮之战后,脱脱解职后安置淮安路,寻改亦集乃路。随后由于统治内部矛盾激化,对脱脱惩处不断加重。至正十五年三月,御史台臣以脱脱罪重罚轻,迁往云南镇西路安置,抄没家产,其弟也先帖木儿发配至四川碉门,长子哈剌章安置肃州,次子三宝奴安置兰州。不久又迁脱脱于阿轻乞之地。当年十二月,哈麻矫诏杀脱脱于云南。脱脱被害后,哈麻担任中书左丞相,其弟雪雪为御史大夫,"国家事尽归其兄弟二人"③。顺帝本人只顾寻欢作乐,听任哈麻等人为所欲为。这时皇太子爱猷识理达腊权力上升,哈麻与雪雪谋立爱猷识理达腊,以顺帝为太上皇,哈麻妹婿秃鲁帖木儿密告顺帝。顺帝将哈麻、雪雪二人免官流放,途中将二人杀死。此后在朝廷逐渐形成支持太子和支持顺帝的两大势力。拥护皇太子一派以搠思监、朴不花为首,拥护顺帝的则以顺帝母舅老的沙、秃鲁帖木儿一派,两派互相争斗,且与地方军阀勾结,最后同归于尽。中书左丞相太平(贺惟一)不愿卷入纷争,也被逼自杀。

元廷阵前易帅,导致全军解体。"其散而无所附者,多从红军,铁甲一军入襄阳,号铁甲兵者是也"④。元末权衡评论高邮之战时说:"是时高邮围困已甚,脱脱分兵定真州,平六合,及将攻滁、濠,远近凛然,国势渐张,而哈麻邪谋,遂至危亡不救,可胜惜哉!"⑤从此"元兵不复振矣"⑥,元朝再也不能集中军队镇压各地起义军。元末朝臣也多将兵势不振归结为高邮之战和临阵易帅。至正二十二年,监察御史张冲为脱脱鸣冤,"诏复脱脱官爵,并给复其家产。召哈剌章、三宝奴还朝"⑦。至元二十六年,监察御史圣奴、也先、撒都失里等上疏:"奸邪构害大臣,以致临敌易将,我国家兵机不振从此始,钱粮之耗从此始,盗贼从横从此始,生民之涂炭从此始。设使脱脱不死,安得天下有今日之乱哉!"⑧至正后期,主要依靠地方武装来维持其统治,但这些地方武装如察罕帖木儿、答失八都鲁、李思齐、张良弼等逐渐崛起,形成新的军阀集团。察罕帖木儿被山东红巾刺杀后,其养子扩廓帖木儿(王保保)和答失八都鲁之子孛罗帖木儿成为最有势力的军阀,李思齐是与察罕帖木儿比肩的军阀,张良弼则是依靠镇压西路红巾军而发展起来的。他们为了争夺地盘,不听朝廷调遣,常年混战。皇太子爱猷识理达腊为夺取帝位,拉拢扩廓帖木儿作为外援,支持顺帝的御史大夫老的沙则依靠孛罗帖木儿来对抗。争权夺利

---

① 《庚申外史笺证》卷上,郑州:中州古籍出版社,1991年。
② 《南村辍耕录》卷二九《纪隆平》。
③ 《元史》卷二〇五《奸臣传》。
④ 《庚申外史笺证》卷上,郑州:中州古籍出版社,1991年。
⑤ 《庚申外史笺证》卷上,郑州:中州古籍出版社,1991年。
⑥ 钱谦益:《国初群雄事略》卷七《周张士诚》,北京:中华书局,1982年。
⑦ 《元史》卷一三八《脱脱传》。
⑧ 《元史》卷一三八《脱脱传》。

的斗争旷日持久,终于不可收拾。直到明太祖朱元璋北伐,军阀混战还处在难分难解的状态。

元军高邮溃败,为抗元队伍带来了发展契机,成为元末农民战争的转折点。北方红巾趁机收复失地。至正十五年二月,刘福通从砀山(今属安徽)夹河迎韩山童之子韩林儿到亳州,推戴为皇帝,号称"小明王",建立韩宋政权,随后大破河南平章政事答失八都鲁于许州长葛(今属河南)。十六年九月,刘福通分兵三路北伐,意欲包围大都,推翻元朝统治,三路北伐虽未成功,打击了元朝在北方的统治,为南方红巾发展创造了条件。南方红巾也在高邮战后重整旗鼓。至正十五年正月,徐寿辉部将倪文俊攻取沔阳,又在汉川大败元军,杀威顺王宽彻不花之子报恩奴、接待奴、佛家奴。随后倪文俊又攻克襄阳、中兴、武昌、汉阳等地。十六年正月,天完政权迁都汉阳,并进军四川、湖南、江西、浙东等地。

张士诚利用高邮元军混乱之际,"乘间奋击,元兵溃去,由是复振"①。次年,淮东发生饥荒,张士诚遣其弟士德由通州(今江苏南通)渡江,取常熟。至正十六年二月,"高邮张士诚陷平江路据之,改平江路为隆平府,遂陷湖州、松江、常州"②。七月,攻占杭州,"南侵江浙至绍兴,北逾江淮,抵徐州,至济宁之金沟"③。濠州郭子兴、朱元璋也趁机相南方发展,占领滁州。至正十五年正月,郭子兴病死,韩宋政权以其长子郭天叙继任都元帅,张天佑、朱元璋分别为右、左副都元帅。六月,朱元璋收抚俞通海巢湖水师,渡江攻占采石镇,夺取军事重镇太平。九月,进攻集庆(今江苏南京),郭天叙、张天佑战死。次年二月,朱元璋打败元军,攻占集庆,杀南台御史大夫福寿,随后控制江南部分地区。韩宋政权设立江南行中书省,以朱元璋为平章政事。其时南方红巾内讧,倪文俊谋杀徐寿辉不成,被部将陈友谅杀死,陈友谅又杀徐寿辉,史称"友谅有权术,兵强一时,及弑主称帝,群下多不服而叛,遂至灭亡"④。而张士诚"外迟重寡言,似有器量,而实无远图"⑤,对元朝或降或叛。元朝内部军阀混战,无暇顾及南方局势。朱元璋稳扎稳打,积蓄力量,最后担负起推翻元朝、统一全国的历史使命。

---

① 《明史》卷一二三《张士诚传》。
② 《元史》卷四四《顺帝纪七》。
③ 《明太祖实录》卷二五,吴元年九月。
④ 《明太祖实录》卷一三,癸卯八月。
⑤ 《明史》卷一二三《张士诚传》。

平江路税粮考述

——元代海运基地系列研究之二

河北师范大学 孟繁清

宋代以来,"长三角"地区,②尤其是浙西所辖的杭州(治今浙江杭州)、湖州(治今浙江湖州)、嘉兴(治今浙江嘉兴)、平江(治今江苏苏州)、建德(治今浙江建德东北梅城镇)、镇江(治今江苏镇江)等路与松江府(治今上海松江)、江阴州(治今江苏江阴)等地,一直是国家重要的产粮区。宋人范成大《吴郡志》引民间谚语称:"天上天堂,地下苏杭";"苏湖熟,天下足"③。元人任仁发则进一步解释说:"天下仓廪所积,悉仰给于苏湖水田之利,故曰'苏湖熟,天下足'。"④元代的海运粮,主要来自江浙地区。所有这些,都给人们一种印象,江浙地区,尤其是平江等地的税粮负担是十分沉重的。

但平江等地的税粮到底有多少?和北方普通农户相比情况如何?政府对平江等主要产粮区采取了哪些保护性措施?本文对此作了初步考察。

一

平江路的税粮数额,作者尚未在元代文献中见到全面具体的记载。⑤ 明人王鏊撰〔正德〕《姑苏志》卷一五《田赋》在讲到明朝之前税赋时说:"然考之旧志,宋元岁数在苏者,宋三十余万石,元八十余万石。""(元)延祐四年(1317)行经理之法,悉以上、中、下三等八则计亩起科","(元)延祐四年(1317)夏税丝二万二千四百斤,秋租粮八十八万二千一百石,轻赍二千二百定(所入与宋倍蓰)"⑥。《吴郡志》记宋淳熙十一年(1184)"苗三十四万三千二百五十六石……"⑦王鏊《姑苏志》记载:"宝祐初(宝祐元年为公元1253年)苗额二十八万八千六百石有奇。五年(1257),增为三十万三千三百八十石为定额。自后岁实征……苗米二十八万三千九百石,续管二万三千三百石,赡军米九千四百石各有奇。"⑧南宋平江府与元代平江路辖境相

---

① 该文是国家社科基金课题"元代交通史(10BZS029)"的阶段性成果。
② "长三角"地区,即长江三角洲地区,包括上海、江苏省的南京、镇江、扬州、苏州、无锡、常州、南通、浙江省的杭州、嘉兴、湖州、宁波、绍兴、舟山等14个市。见厉以宁主编《区域发展新思路》,经济日报出版社2000年,第76页。
③ 范成大:《吴郡志》卷五〇《杂志》,江苏古籍出版社,1999年,第669页。
④ 任仁发:《水利集》卷五,《四库全书存目丛书》影印明抄本,第121页。
⑤ 台湾"中央"图书馆藏朱熹《中庸或问》等元公文纸印本保存有部分江浙行省所辖路、府、州户口、钱粮资料,限于条件,作者尚未能读到。
⑥ 王鏊:〔正德〕《姑苏志》卷一五《田赋》,文渊阁四库全书本。
⑦ 范成大:《吴郡志》卷一《户口租税》,第6页。
⑧ 王鏊:《姑苏志》卷一五《田赋》。

同。南宋税粮三十万石左右，元代为八十八万余石，故有"倍蓰"之说。①

元顺帝时，随着人口的增加与垦田面积的扩大以及政治动乱局面的逐渐形成，平江路税额有一定增加。郑元祐《长洲县达鲁花赤元童君遗爱碑》说："独长洲旧为平江望县……其秋输粮夏输丝也，粮以石计至三十有万……故每岁将终，大府往往械系县长贰，俾之督税不少贷……"②而黄溍至正十三年（1353）在《嘉议大夫礼部尚书致仕干公（文傅）神道碑〔铭〕》中则说"长洲……岁输秋租至四十万石"③。郑元祐《送刘长洲》诗亦云："中吴号沃土，壮县推长洲。秋粮四十万，民力罢诛求。"④杨维桢《长洲县重修学宫记》（至正十年）甚至说："长洲地下而水悍，岁赋五十万硕……"⑤文人与地方官员在讲到地方税赋负担时，往往夸大其辞，这种情况屡见不鲜。但元后期平江地区税粮不断有所增加，当是事实。郑元祐《长洲县儒学记》转引长洲县官员的话说："国家疆理际天地，粮饷之富，吴独擅天下十之五，而长洲一县又独擅吴赋四之一……"⑥长洲一县税额权以三十万石计，平江路二县四州的税额也应在120万石以上，是没有问题的。

据《元史·地理志》记载，平江路有466 158户、2 433 700口。⑦延祐经理后，税粮88万余石，平均每户不足2石。而正常年间，元政府规定，北方普通民户，每丁每年税粮2石。如每户平均以1.5丁计，税粮应为3石。显然，北方民户税粮负担，要比平江地区重得多。张士诚攻占平江前，即使平江路税粮超过了120万石，每户平均亦在3石上下，与北方民户大体相当。

我们还可以以江浙行省与腹里地区的户均税粮情况做些比较。据《元史·地理志》记载，江浙行省约5 233 562户。各路具体情况，如下表。

据《元史·食货志》载，江浙行省岁入粮4 494 783石，⑧平均每户负担税粮不足0.87石。中书省所辖腹里地区的人口，据邱树森、王颋先生估算，除去人烟稀少、失去记载的德宁路、净州路、泰宁路、集宁路、应昌路、全宁路、宁昌路与砂井总管府等七路一府人口外，其最高年份当有人户二百万户以上。⑨腹里地区税粮为2 271 449石，⑩如以二百万户计，每户平均接近1.14石，是超过江浙行省户均0.87石水平的。

---

① "倍"为一倍，"蓰"为五倍。文人常以"倍蓰"表示数倍。宋为30余万石，元为88万余石，接近宋时的三倍，故有是说。
② 郑元祐：《郑元祐集》卷一一《长洲县达鲁花赤元童君遗爱碑》，徐永明点校，杭州：浙江大学出版社，2010年，第270页。据该文记载，元童任长洲县达鲁花赤是后至元三年（1337）前后。
③ 黄溍：《黄溍全集》下册《嘉议大夫礼部尚书致仕干公（文傅）神道碑〔铭〕》，王颋点校，天津：天津古籍出版社，2008年，第695页。
④ 郑元祐：《郑元祐集》卷一《送刘长洲》，第12页。
⑤ 杨维桢：《东维子文集》卷一二《长洲县重修学宫记》，《四部丛刊》本。
⑥ 郑元祐：《郑元祐集》卷九《长洲县儒学记》，第211页。
⑦ 《元史》卷六二《地理志五》，中华书局点校本，第1493页。
⑧ 《元史》卷九三《食货志一》，第2360页。
⑨ 邱树森、王颋：《元代户口问题刍议》，《元史论丛》第2辑，北京：中华书局，1983年。
⑩ 《元史》卷九三《食货志一》，第2360页。

元代江浙行省各路（府、州）人口统计表

行政区划	户数	口数	行政区划	户数	口数
杭州路	360 850	1 834 710	徽州路	157 471	824 304
湖州路	254 345①		饶州路	290 226	2 049 567②
嘉兴路	192 186③		集庆路	214 538	1 072 690
松江府	163 931④		太平路	76 202	446 371
平江路	466 158	2 433 700	池州路	68 547	366 567
常州路	209 732	1 020 011	信州路	132 290	662 258
镇江路	103 315	623 644	广德路	56 513	339 780
建德路	103 481	504 264	铅山州	26 035	
江阴州	53 821	300 177	福州路	298 571	1 536 059⑤
庆元路	241 457	511 113⑥	建宁路	127 254	506 926
衢州路	108 567	543 660	泉州路	89 060	455 545
婺州路	211 118	107 540	兴化路	67 739	352 534
绍兴路	151 234	521 588	邵武路	64 127	248 761
温州路	187 403	497 848	延平路	89 825	435 869
台州路	196 415	1 003 833	汀州路	41 423	238 127
处州路	132 754	493 692	漳州路	21 695	101 306
宁国路	232 538	1 162 690			
			总计		5 190 821

[注]资料来源：《元史》卷六二《地理志五》，并据《至元嘉禾志》卷六《户口》（《宋元方志丛刊》本）、吴松弟《中国人口史》第3卷辽宋金元时期（第318—327页，复旦大学出版社，2000年）相关内容对嘉兴路、饶州路、福州路的户数、口数做了订正。

通常情况下，某一地区的人口发展状况，与当地的生存环境有着密切关系。我们在《平江路的人口发展——元代海运基地系列研究之一》一文中曾经指出："平江路的人口，不仅其总量为全国各路之冠，其发展速度也超过了周边其他地区。"吴松弟先生对江南部分地区的人口密度做过考察，在江浙地区，嘉兴路（含松江府在内，治今浙江嘉兴）至元二十七年（1290）每平方公里63.5户，居第一位；平江路同年每平方公里为58户，居第二位⑦（这或许与平江路内有较大的太湖水域面积有一定关系）。嘉兴、平江人口密度领先于江南其他地区，这也从一个侧面反映了当地生存环境的优越。到明代，苏州府的人口数量长期停滞不前，也从一个侧面反映

---

① 至顺钱粮数。
② 《地理志》原作"户六十八万二百三十五，口四百三万六千五百七十"。疑此为福建闽海道肃政廉访司所辖宁国路、徽州路和饶州路三路户口之合。故减去宁国路与徽州路的户口，则为户290 226，口2 049 567，此即饶州路户口数。
③ 《地理志》原作"户四十二万六千六百五十六，口二百二十四万五千七百四十二"。据《至元嘉禾志》，减去松江府234 470户，则为192 186户。
④ 至顺钱粮数。
⑤ 《地理志》原作"户七十九万九千六百九十四，口三百八十七万五千一百二十七"。疑此为福建闽海道肃政廉访司所辖八路户口之合。故将另外七路户、口数减去。
⑥ 据《地理志》所载口数，每户平均约2.12口。疑记载有误。
⑦ 吴松弟：《中国人口史》第3卷，复旦大学出版社，2000年，第474—475页。

了"苏松田赋之重"等因素所产生的消极影响。

至正十六年（1356）张士诚攻占平江后，税粮数额可能又有不少增加。谢应芳《呈府侯书》在讲到明初崑山州税粮送纳情况时说：

> ……切见崑山州岁解秋粮八十余万石，旧年本州遵奉上司所行，每粮一石起科水脚米一斗。各保人户赴京纳粮，其所用水脚，俱系自行出备。当时有司失于申明，不能办，致令催粮里长人等，破家荡产，累遭杖责，监系囹圄，受罪数月，逃亡缢死者不知其数。直至今年八月，钦遇赦恩，才方释免。切详上司允行，每粮一石科米一斗，既是明白水脚，盖以人户赴京送纳，远涉江湖，艰难重费，以此粮米为稍水船脚之用，其理显然。上年官司所收，不见如何用度，即系重征于民，未经定夺开除。况今洪武元年，见奉上司明文，起科船料，令佃户自办人船，送纳官粮，又每石收铜钱五十文，及以官粮二百五十石起科水夫一名，赴京畿漕运司应役。上项元科水脚粮米，有司一概征收，使民不支。官无用度，非上司允行之意。人民受害，下情不能上达，良可哀咨。……备申上司详议，为民除免，甚副圣天子忧恤斯民之美意……①

谢应芳这篇呈文，旨在请求苏州知府免除民众"每粮一石科米一斗"的水脚粮米。呈文的时间，应在洪武元年（1368）、洪武二年之间，因洪武二年崑山州已改为崑山县，②呈文不可能再用"崑山州"、"本州"之类的称谓。谢应芳未对"八十余万石"的岁解秋粮数额发表不同意见，或许可以表明"八十余万石"的秋粮是张士诚以来的旧额，而非明朝的新政。但这一数额和［洪武］《苏州府志》中所记崑山县的秋税粮相比较，竟高出三十余万石，③令人费解。是谢应芳记载有误，还是这"八十余万石"中包含着其他州县的税粮，或是另有原因，有待进一步探讨。另外，从呈文中的"其他州县事亦一体"④一语看，平江路其他州县的情况，与崑山州也大体相同，只是目前尚无具体数字可考。

综上所述，延祐经理后，平江路税粮88万余石，平均每户不足2石，明显低于北方负担。顺帝前期，平江税粮有不少增加，户均税粮负担与北方普通民户大体相当。张士诚攻占平江后，税粮可能又有所增加，但具体数额有待进一步考证。

二

我们还可以从每亩平均租税额的角度，进一步考察元代平江路的税粮问题。

据卢熊《苏州府志》记载，包括崇明县在内的苏州府，共有田土6 749 000亩余，⑤如减去崇明县的236 063亩，约为6 512 937亩。我们权以这一数字作为元代平江路的田土面积。如前所述，延祐经理后，秋租粮为882 100石，平均每亩税粮约为0.135石；顺帝前期，如以岁赋150万石计，平均每亩税粮约为0.23石。

---

① 谢应芳：《龟巢稿》卷一二《呈府侯书》，《四部丛刊》三编本。
② 《明史》卷四〇《地理志一》，中华书局点校本，第919页。
③ 据卢熊［洪武］《苏州府志》卷一〇《税赋》，崑山县秋粮税额为514 260石余。
④ 谢应芳：《呈府侯书》。
⑤ 亩后尾数从略。下同。据该志所记苏州府各县田土面积之合，应为6 759 000亩余，错在何处，不得而知，故仍以此数计。

在苏州府所有 6 749 000 亩余中,含官田 2 990 607 亩余,约占田土总数的 44.3%;民田 2 094 551 亩余,约占 31%;抄没田 1 663 840 亩余,约占 24.7%。① 其中官田,似为元代的官田,抄没田中绝大部分应为明初籍没的元贵族豪绅及逃亡民户的土地。浙西地区是官田集中的地区,从现有资料看,平江路可能是官田比例最高的地区之一。平江路税额较高,与此密切相关。

由于土地肥瘠、水利条件以及时间、地域等方面的差别,官田租额亦多少不等。少则亩租不足 1 斗,多则 1 石以上。从现有文献看,卢熊《苏州府志》依然是我们了解元代平江路官田税粮比较全面的参考资料。

如前所述,《苏州府志》中的"官田",似为元代的官田。为此,我们首先将该志《税粮则例》中有关官田的内容,转述如下:

长洲县官田:503 964 亩。起科则例 10 等:亩租依次为 7 斗 3 升、6 斗 3 升、5 斗 3 升、4 斗 3 升、3 斗 3 升、2 斗 3 升、2 斗、1 斗 3 升、5 升、3 升。平均约为 3 斗 3 升。

吴县官田:227 439 亩。起科则例 11 等:7 斗 3 升、6 斗 3 升、5 斗 3 升、4 斗 3 升、3 斗 3 升、2 斗 3 升、2 斗、1 斗 3 升、5 升、3 升、1 升。平均约为 3 斗。

吴江县官田:450 970 亩。起科则例 11 等:7 斗 3 升、6 斗 3 升、5 斗 3 升、4 斗 3 升、3 斗 3 升、2 斗 3 升、2 斗、1 斗 3 升、5 升、3 升。平均约为 3 斗。

嘉定县官田:1 418 672 亩。起科则例 8 等:7 斗 3 升、6 斗 3 升、5 斗 3 升、4 斗 3 升、3 斗 3 升、1 斗 3 升、5 升。平均约为 3 斗 8 升。

崑山县官田:687 826 亩。起科则例 12 等:7 斗 3 升、6 斗 3 升、5 斗 3 升、4 斗 3 升、3 斗 3 升、2 斗 3 升、2 斗、1 斗 3 升、1 升、5 升、3 升。平均约为 3 斗 2 升。

常熟县官田:362 940 亩。原科田起科则例 10 等:7 斗 3 升、6 斗 3 升、5 斗 3 升、4 斗 3 升、3 斗 3 升、3 升、2 斗 3 升、1 斗 3 升、5 升、3 升。平均约为 3 斗 4 升。开耕田每亩科 4 斗。②

上述 6 县官田起科则例无大区别。每亩最高都是 7 斗 3 升,最低为 1 升或 3 升,平均在 3~4 斗之间。我们知道,洪武年间的平江路税粮较之元代已有大幅度的增加,③其中官田起科则例亦当有所提高。在此背景下,官田每亩平均税粮仍在 3~4 斗之间,这个数字应该说还是比较低的。

我们还可以从其他一些元代方志中,了解一下江浙官田的起科标准。据《至顺镇江志》记载,江淮财赋府在镇江的纳粮田产约 4 000 顷,夏税(大麦、小麦等)与秋租(粳米、籼米、糯米等)约 31 000 余石,平均每亩不足 1 斗。④ 庆元路 2 700 余顷官田,秋租粮 48 000 余石,平均每亩约 1 斗 8 升。⑤ 当然,也有的地方官田租额较高,如鄞县官田 52,661 亩余,秋税粮约 35,140 石,平均每亩约 6 斗 7 升。⑥ 其中原因,有待探讨。地方志通常由政府主持编修,统计范围较

---

① 卢熊:《苏州府志》卷一〇《税赋》。
② 卢熊:《苏州府志》卷一〇《税赋》。
③ 卢熊:《苏州府志》记载的各县税粮合计为 234 万余石,相当元延祐经理后 88 万余石的 2.7 倍,相当元顺帝前期税额近 2 倍。关于明代苏、松税粮,可参见周良霄:《明代苏松地区的官田与重赋问题》,《历史研究》,1957 年第 10 期。
④ 俞希鲁:《至顺镇江志》卷五《田土》、卷六《赋税》,江苏古籍出版社,1999 年。
⑤ 马泽修、袁桷纂《延祐四明志》卷一二《赋役考》,《宋元方志丛刊》本,北京:中华书局,1990 年影印。
⑥ 《延祐四明志》卷一二《赋役考》。

大,因而相对比较可靠。

在儒家民本思想的主导下,文人们的记述则更多是些官田租重、民不堪负的个案。如贡师泰《上虞县核田记》载:"……又距县西南数百步有湖曰'西溪',当故宋时,民有思其高仰以为田者,或献之福邸。内附后,籍入皇太后宫,亩岁输谷二石二斗,曰'籍田'。"① 元明善《太师淇阳忠武王碑》在谈到赐田租入时也指出:"万亩之田,岁入万石。"② 据此,每亩租额亦为一石。这虽是概说,但也反映了赐田租额之高。更有甚者,则"不问凶荒水旱岁,岁纳亩粮须石半"③。

元代文献中,官田租重的评论很多。谢应芳《上奉使宣抚书》云:"……然民疾苦岂止于斯,如公田之重租宜减……"④ 虞集《天水郡侯秦公神道碑》云,抚州(治今江西临川市西)之属县宜黄、乐安,"常租之外,带耕没官之田,田薄而租重,倍于正数……民甚苦之"⑤。吴澄《题进贤县学增租碑阴》云:"惟豪民私占田取其十之五以上,甚矣,其不仁也。耕者不堪,逃亡荒废者过半。"⑥ 孔齐《至正直记》卷三《势不可倚》云:"溧阳之民有以田土妄献于朱、张二豪者,遂为户计",及至"朱张皆构祸,籍其户口财产以数百万计……而投户计者,隶为佃籍,增租重赋,倍于常民"⑦。吴师道《国学策问四十道》也指出,元代官田,"输纳之重,民所不堪"⑧。松江地区也是官田比较集中的地区,"岁输粟三十万石,而宋季公田、曹氏湖田,额重租耗,民多闭偿"⑨。我们不能否认上述资料的真实性。但这些资料渗透着作者很多的人文关怀,当属事实。

和上述资料相比较,俞希鲁《至顺镇江志》中一件皇庆二年(1313)八月江浙行省关于浙西地区公田来历与租重的公文,用来说明官田佃户的实际处境,可能更具有普遍性:

……至元十五年,钦奉诏书,节该:"浙西公田,可权以旧例,召佃客耕种,合得岁课,十分内减免二分,听从人户自行量概,两平收受,仍令有司选廉干官以主之。"钦此。仰见朝廷已知公田不可久远定例,所以有"权"之一字,减以二分。然自十五年至今,三十六年,未蒙定夺,则不可谓之"权"矣。元贞元年,又将亡宋元放一分半米斛收科,入额比附。岁减二分,只有半分之宽,又不可谓之减二分矣。兼设立行大司农司、劝农营田司,将实荒公田,逼令人户开耕,抱荒作熟,科征粮米,或拨充职田,或改种香糯。近年,又分拣贾似道公田,隶财赋提举司另管。因此,公田一向重困。且以金坛一县公田言之,亡宋元卖户止二百余家,抱田输纳。归附以来,各家消乏逃亡,累及官府。大德辛丑(1301)、乙巳(1305),两蒙本路并宪司体知其害,申奉省札,委官挨问,撤佃计一万五千余户,皆系农田细民,本自贫窭,又作公田。初非见其有利,情愿请佃开耕。官司因租粮无所归著,挨究得此人或见种其田,或元种其田,或曾受其田,或典卖其田,勾追到官,置局监禁,日夜拷打,逼勒承认。亩纳五斗之上。及至秋成,催租勾扰,赴仓送纳,又有船脚加耗仓用,得米一石

---

① 贡师泰:《贡师泰集》卷七《上虞县核田记》,《贡氏三家集》,长春:吉林文史出版社,2010年,第317页。
② 元明善:《清河集》卷二《太师淇阳忠武王碑》,藕香零拾本。
③ 朱德润:《存复斋文集》卷一〇《官买田》,《四部丛刊》续编本。
④ 谢应芳:《归巢稿》卷一二《上奉使宣抚书》,《四部丛刊》三编本。
⑤ 虞集:《天水郡侯秦公神道碑铭》,《虞集全集》下册,王颋点校,天津:天津古籍出版社,2007年,第1113页。
⑥ 吴澄:《草庐吴文正公文集》卷二九《题进贤县学增租碑阴》,明成化本。
⑦ 孔齐:《至正直记》卷三《势不可倚》,《宋元笔记小说大观》(六),上海:上海古籍出版社,2001年,第6628页。
⑧ 吴师道:《吴礼部文集》卷一九《国学策问四十道》,续金华丛书本。
⑨ 贡师泰:《贡师泰集》卷一〇《奉训大夫绍兴路余姚州知州刘君墓志铭》,《贡氏三家集》,第386页。

上下,方可输正米五斗。况本县田土硗瘠,水旱易灾,车救费工,所收微薄。佃户终岁勤苦,尽田内所得子粒,输官不敷。拖欠无纳,父子妻女,累累禁系,枷扒拷打,抑逼追徵。十户九空,无可陪纳,上催下併,遂将家业变卖。无资产者,卖子鬻妻。或弃家就死者有之,抛家失所者有之。水旱之年,又有告灾不免之数,受罪陪纳之苦。言及公田,孰不怨恨?言及公田,谁肯耕作?佃户逃移,田土荒白,租额亏欠,有科无征。年终不能成就,里正被其捶挞,出售田园,准折牛具,回易粮米,代替送输。役户有破荡之惨,府县有揭闭之忧。上司逐年但有通关之取获,不知民间之辛苦……①

这件公文为我们透露出如下两点信息:(一)官田佃户数量很多。金坛县共有耕种田地约 10 060 顷,官田地(包括江淮财赋府)约 2 280 顷,不足耕种田地的 23%,而官田佃户 1.5 万余户,约占金坛 3.25 万民户的 46%,②比例很高。这些官田佃户佃种官田,并非出自自愿,大多是被逼无奈。(二)官田佃户要负责将官田租送交指定地点,"船脚加耗仓用"等均由个人负担,所以"得米一石上下,方可输正米五斗"。因此,仅凭租额,还不能准确反映佃户的负担。这件公文同样充满了作者的感情色彩,夸张之处自属难免,但基本情况应与实际相距不远。如果我们以[洪武]《苏州府志》中的官田税额与浙西其他地区的官田税额相比较,情况并非十分悬殊。

以上所引,大都是反映官田租重的资料,但这只是问题的一个方面。问题的另一方面是当地亩产量的多少。曹贯一《农业经济史》以为,"南方大体是亩产二石,个别地方,如太湖流域,有亩产三石的"③。但也有一些学者估计,元代江浙地区水稻亩产量(元制),上田为五到六石,中田三到四石,下田二到三石。④ 平江路紧靠太湖,自然条件优越,亩产应在 4~6 石之间。以 70% 的出米率计算,每亩产米应为三、四石左右。以此计算平江路的官田税额,并不是太高。

为了充分利用太湖水利而防止水旱灾害,以提高稻米产量,太湖下游的平江人沿袭了宋代曾广泛采用而备受争议的"围田"生产方式。据《苏州府志》记载:"……元则有田围,二县四州共计八千八百二十九围。吴县九百一十七围,长洲县一千七百八十八围,常熟一千一百一十一围,吴江三千二百六十八围,崑山一千六百四十五围,嘉定一百围。延祐四年(1317 年)行经理之法,悉以上中下三等分则,计亩起科苗税。"⑤元人王祯在述及"围田"这种生产方式时没有重复宋人那些批评性言论,他说:"筑土作围,以绕田也。盖江淮之间,地多薮泽,或濒水,不时淹没,妨于耕种。其有力之家,度视地形,筑土作堤,环而不断,内容顷亩千百,皆为稼也。后值诸将屯戍,因令兵众分工起土,亦效此制。故官民异属。"王祯还写诗称赞这种农业生产方式:"度地置围田,相兼水陆全";"俱乐耕耘便,犹防水旱偏"⑥。宋代,这种生产方式曾广泛出现在两淮地区,到元代,浙西地区应用已十分广泛,对农业生产显然起到了积极作用。

---

① 俞希鲁:《至顺镇江志》卷六《赋税》,第 247—249 页。着重号为引者所加,标点亦有所改动。
② 俞希鲁:《至顺镇江志》卷三《户口》,卷五《田土》。
③ 曹贯一:《农业经济史》,北京:中国社会科学出版社,1989 年,第 694 页。
④ 陈得芝主编:《中国通史·中古时代·元时期(上)》,上海:上海人民出版社,1997 年,第 718 页。
⑤ 《苏州府志》卷一〇《赋税》。
⑥ 缪启愉、缪桂龙:《东鲁王氏农书译注》,《农器图谱集之一·围田》,上海古籍出版社,2008 年,第 361—362 页。

三

海运开始后,为保证包括平江在内的江浙地区的农业生产正常进行,从而保证海运粮的充分供应,元朝政府对江浙地区受灾民众的赈济与税粮蠲免比较重视。因此,在考察平江税粮时,我们不应忽略这一政府行为对税粮征收的影响。下面,我们将根据《元史》所载政府赈灾方式与力度的不同,分三个阶段对此做一历史性回顾。

(一)第一阶段:至元十九年(1282)至至大四年(1311)。

海运开始后不久,忽必烈即注意到了对江浙灾民的赈济。至元二十四年(1287),"浙西诸路水,免今年田租十之二"①。至元二十五年(1288)四月,尚书省臣言:"……今杭、苏、湖、秀四州复大水,民鬻妻女易食,请辍上供米二十五万石,审其贫者赈之。"帝是其言。② 至元二十九年(1292)六月甲子,"平江、湖州、常州、镇江、嘉兴、松江、绍兴等路水,免至元二十八年田租十八万四千九百二十八石"。同月,"湖州、平江、嘉兴、镇江、扬州、宁国、太平七路大水,免田租百二十五万七千八百八十三石"③。闰六月,"太平、宁国、平江、饶、常、湖六路民艰食,发粟赈之。"至元三十年(1293)二月,"减河南、江浙海运米四十万石"④。世祖一朝,至元二十九年(1292)对江浙地区的赈济与蠲免,是力度较大的一次。

至元三十一年(1294)四月,成宗即位于上都(今内蒙古正蓝旗东北闪电河北岸)。大德五年(1301)六月,"平江等十有四路大水,以粮二十万石随各处时直赈粜"⑤。第二年六月,"湖州、嘉兴、杭州、广德、饶州、太平、婺州、庆元、绍兴、宁国等路饥,赈粮二十五万一千余石"⑥。大德七年(1303)闰五月,"平江等十五路民饥,减直粜粮三十五万四千石"⑦。这年六月,"浙西淫雨,民饥者十四万,赈粮一月,仍免今年夏税并各户酒醋课"⑧。十月,"以江浙年谷不登,减海运粮四十万石"⑨。大德八年(1304)十一月,政府又决定"增海漕米为百七十万石"⑩。

成宗即位之初,海运量迅速下降,因而对江浙的赈济与蠲免也相应减少。大德五年(1301)之后,海运量迅速回升,蠲免与赈济规模也开始恢复。

大德十一年(1307)五月,武宗即位。同年七月,"江浙水,民饥,诏赈粮三月,酒醋、门摊、课程悉免一年"⑪。"江浙、湖广、江西属郡饥,诏行省发粟赈之"⑫。"是月,江浙、湖广、江西、河南、两淮属郡饥,于盐茶课钞内折粟,遣官赈之"⑬。八月,"浙东、浙西、湖北、江东郡县饥,遣

---

① 《元史》卷一四《世祖纪十一》,第 303 页。
② 《元史》卷一五《世祖纪十二》,第 311 页。
③ 《元史》卷一七《世祖纪十四》,第 363 页。
④ 《元史》卷一七《世祖纪十四》,第 370 页。
⑤ 《元史》卷二〇《成宗纪三》,第 435 页。
⑥ 《元史》卷二〇《成宗纪三》,第 441 页。
⑦ 《元史》卷二一《成宗纪四》,第 452 页。
⑧ 《元史》卷二一《成宗纪四》,第 453 页。
⑨ 《元史》卷二一《成宗纪四》,第 455 页。
⑩ 《元史》卷二一《成宗纪四》,第 461 页。
⑪ 《元史》卷二二《武宗纪一》,第 484 页。
⑫ 《元史》卷二二《武宗纪一》,第 485 页。
⑬ 《元史》卷二二《武宗纪一》,第 485 页。

官赈之"①。九月,"江浙饥,中书省臣言:'请令本省官租,于九月先输三分之一,以备赈给。'"②十月,中书省奏:"常岁海漕粮百四十五万石,今江浙岁俭,不能如数,请仍旧例,湖广、江西各输五十万石,并由海道达京师。"从之。是月,"杭州、平江水,民饥,发粟赈之"③。十一月,"杭州、平江等处大饥,发粮五十万一千二百石赈之"④。次年(至大元年1308)正月,"绍兴、台州、庆元、广德、建康、镇江六路饥,死者甚众,饥户四十六万有奇,户月给米六斗,以没入朱清、张瑄物货隶徽政院者,鬻钞三十万锭赈之"⑤。六月,中书省臣言:"江浙行省管内饥,赈米五十三万五千石、钞十五万四千锭、面四万斤。又,流民户百三十三万九百五十有奇,赈米五十三万六千石、钞十九万七千锭、盐折直为引五千。"⑥武宗即位之初,即遇到严重自然灾害,政府赈济力度亦比较大。

至大四年(1311)三月,仁宗即位。十二月,"浙西水灾,免漕江浙粮四分之一,存留赈济"⑦。

总的看来,从世祖至元二十四年(1287)开始,到仁宗即位之初,元政府对江浙地区的自然灾害比较重视,采取的措施大致有:(1)直接发粟赈灾,且数额较大;(2)赈粜或随时值赈粜;(3)减免田租及其他税课负担;(4)适当减少海运量或由江西、湖广等地补运。如至元二十九年(1292)江浙大灾后,第二年的海运量便由一百四十万余石,减至九十万余石。大德十一年(1307)大灾后,海运粮也由一百六十余万石减至一百二十余万石,其中还包括了湖广、江西的各五十万石。⑧

(二)第二阶段:皇庆元年(1312)至至顺四年(1333)。

从仁宗时期开始,《元史》中有关江浙地区自然灾害的记载逐渐减少,政府赈灾力度也在逐渐减弱。如英宗至治二年(1322)十一月,"平江路水,损官民田四万九千六百三十顷",而政府也仅仅是"免其租"⑨,而未采取其他任何赈济措施。文宗天历元年(1328)十二月,"杭州、嘉兴、平江、湖州、镇江、建德、池州、太平、广德等路水,没民田万四千余顷"⑩。次年四月,江浙行省面对"池州、广德、宁国、太平、建康、镇江、常州、湖州、庆元诸路及江阴州饥民六十余万户"的严重局面,也仅"赈粮十四万三千余石"⑪。

从海运数量看,至治二年(1322),平江路水灾十分严重,但次年的海运量仍高达二百八十余万石。天历元年(1328)大面积水灾,饥民多达六十余万户,天历二年(1329)海运粮却破纪录地达到三百五十余万石。天历二年(1329)之后,政府往往仅以削减漕运的方法来应对江浙

---

① 《元史》卷二二《武宗纪一》,第486页。
② 《元史》卷二二《武宗纪一》,第487页。
③ 《元史》卷二二《武宗纪一》,第489页。
④ 《元史》卷二二《武宗纪一》,第491页。着重号为引者所加。
⑤ 《元史》卷二二《武宗纪一》,第494页。着重号为引者所加。
⑥ 《元史》卷二二《武宗纪一》,第499页。着重号为引者所加。
⑦ 《元史》卷二四《仁宗纪一》,第548页。
⑧ 参见默书民《元代海运粮食数量的变化》,《元史及民族史研究集刊》第16辑,南方出版社,2003年。
⑨ 《元史》卷二八《英宗纪二》,第625页。
⑩ 《元史》卷三二《文宗纪一》,第724页。
⑪ 《元史》卷三三《文宗纪二》,第733页。

饥荒，而很少发粮赈济。天历二年（1329）十月，"命江西、湖广分漕米四十万石，以纾江浙民力"①。三年（1330）二月，中书省言："江浙民饥，今岁海运为米二百万石，其不足者来岁补运。"②三月，"广德、太平、集庆等路饥，凡数百万户"③。闰七月，"杭州、常州、庆元、绍兴、镇江、宁国诸路及常德、安庆、池州、荆门诸属县皆水，没田一万三千五百八十余顷。松江、平江、嘉兴、湖州等路水，漂民庐，没田三万六千六百余顷，饥民四十万五千五百七十余户，诏江浙行省以入粟补官钞三千锭及劝率富人出粟石赈之"④。九月，江浙行省无奈之下又提出："今岁夏秋霖雨大水，没民田甚多，税粮不满旧额，明年海运，本省止可二百万石，余数令他省补运为便"⑤，而未提出其他任何赈济措施。至顺二年（1331）八月，中书省提出："明年海运粮二百四十万石，已令江浙运二百二十万，河南二十万。今请令江浙复增二十万，本省参政杜贞督领"⑥，为朝廷采纳。就在这年八月，"江浙诸路水潦害稼，计田十八万八千七百三十八顷"⑦。受灾面积之大，历史少见，而政府却不能采取任何有效的赈济措施。中书省的办法依然是将江浙海运量转移给其他地区一部分。这年十月，中书省提出："江浙平江、湖州等路水伤稼，明年海漕米二百六十万石，恐不足，若令运百九十万，而命河南发三十万，江西发十万为宜。又，遣官赍钞十万锭、盐引三万五千道，于通、漷、陵、沧四州，优价和籴米三十万石。又，以钞二万五千锭、盐引万五千道，于通、漷二州，和籴粟豆十五万石；以钞三十万锭，往辽阳懿、锦二州，和籴粟豆十万石。"⑧得到朝廷批准。同月"吴江州大风雨，太湖溢，漂没庐舍孳畜千九百七十家，命江浙行省给钞千五百锭赈之"⑨。虽然只是赈钞，未必能起多大实际作用，但在当时，已是比较少见的赈济了。

至顺三年（1332）八月，文宗去世。九月，"平江、常州、镇江三路，松江府、江阴州，中兴路之江陵县，皆大水"⑩。十月，宁宗即位，朝廷拿不出赈济办法，只好于同年十月宣布："以江浙岁比不登，其海运粮不及数，俟来岁补运。"⑪这只是暂缓交纳，而非蠲免。

从仁宗到文宗、宁宗，海运量始终在二百四十万石至三百五十余万石间高位运行。面对江浙地区的自然灾害，政府已很少赈济。政府的赈灾方式，或是适当减少海运数量（但始终未低于二百四十万石），或是今年削减而明年补运；或是由江浙之外的其他地区补运；能发些赈钞给灾民，就算是政府的恩典了。

（三）第三阶段：元统元年（1333）至至正二十八年（1368）。

至顺四年（1333）四月，顺帝即位于上都。十月，改元元统。十一月，江浙旱饥，"发义仓

---

① 《元史》卷三三《文宗纪二》，第742页。
② 《元史》卷三四《文宗纪三》，第752页。
③ 《元史》卷三四《文宗纪三》，第755页。
④ 《元史》卷三四《文宗纪三》，第764页。
⑤ 《元史》卷三四《文宗纪三》，第765页。
⑥ 《元史》卷三五《文宗纪四》，第789页。
⑦ 《元史》卷三五《文宗纪四》，第790页。着重号为引者所加。
⑧ 《元史》卷三五《文宗纪四》，第792页。
⑨ 《元史》卷三五《文宗纪四》，第792页。
⑩ 《元史》卷三七《宁宗纪》，第810页。
⑪ 《元史》卷三七《宁宗纪》，第812页。

粮,募富人人粟以赈之"①,而政府则不再出粮赈济。元统二年(1334)三月,"杭州、镇江、嘉兴、常州、松江、江阴水旱疾疫,敕有司发义仓粮,赈饥民五十七万二千户"②。同年五月,中书省又提出:"江浙大饥,以户饥者五十九万五百六十四,请发米六万七百石、钞二千八百锭,及募富人出粟,发常平、义仓赈之,并存海运粮七十八万三百七十石以备不虞。"③得到朝廷批准。面对如此大面积的饥荒,政府虽有七十八万余石的储备,但只拿出六万余石进行赈济,不足部分,只好靠民间的常平仓、义仓粮以及富人出粟解决。这实际上也只是张空头支票。

后至元二年(1336)十一月,"松江府上海县饥,发义仓粮及募富人出粟赈之"④。这年,"江浙旱,自春至八月不雨,民大饥"⑤,政府无计可施,及至后至元三年二月,政府才"发钞四十万锭,赈江浙等处饥民四十万户,开所在山场、河泊之禁,听民樵采"⑥。但,即使在如此艰难情况下,搠思监拜江浙行省参知政事,仍以"海运为重","所漕米三百余万石,悉达京师"⑦。至正元年(1241)四月,"两浙水灾",仅"免岁办余盐三万引"⑧。十月,中书省仍提议:"海运不给,宜令江浙行省于中政院财赋府拨赐诸人寺观田粮,总运二百六十万石。"⑨第二年六月又提出:"江浙拨赐僧道田还官征粮,以备军储。"⑩至正八年(1248)四月,"平江、松江水灾,给海运粮十万石赈之"⑪。面对国家日益加剧的政治动乱和用粮困难,至正十四年(1254)十一月,朝廷又诏命:"江浙应有诸王、公主、后妃、寺观、官员拨赐田粮,及江淮财赋、稻田、营田各提举司粮,尽数赴仓,听候海运,以备军储,价钱依本处十月时估给之。"⑫至正十五年六月,江浙省臣又提出:"至正十五年税课等钞,内除诏书已免税粮等钞,较之年例,海运粮并所支钞不敷,乞减海运,以甦民力。户部定拟本年税粮,十月开仓,尽行拘收;其不敷粮,拨至元折中统钞一百五十万锭,于产米处籴一百五十万石,贮濒河之仓,以听拨运。"⑬但至正十六年(1356)后,张士诚攻占平江,海运基地为张士诚所控制,持续了七十余年的海运已不能正常进行。

从以上叙述中我们不难看出,顺帝至正十六年(1356)前的海运,因国势日衰,已很难再保持一种上升的势头,年运量维持三百万石已非易事。对包括平江在内的江浙灾民的赈济次数少,数量也有限。政府所能采取的主要措施,一是发常平仓、义仓等民间储备,或是募富人之粟以赈济,而这种赈济在当时情况下实际上很难落实;二是征用诸王、公主、后妃、官员、寺观及各财赋府租税粮米,权充海运,然后再以时值偿还其主;三是以"和籴"方式尽可能多搜刮一些粮食。从其他地区调运或补运的方式也很少见诸记载。

---

① 《元史》卷三八《顺帝纪一》,第819页。
② 《元史》卷三八《顺帝纪一》,第820页。
③ 《元史》卷三八《顺帝纪一》,第822页。
④ 《元史》卷三九《顺帝纪二》,第831页。
⑤ 《元史》卷三九《顺帝纪二》,第837页。
⑥ 《元史》卷三九《顺帝纪二》,第838页。
⑦ 《元史》卷二〇五《奸臣·搠思监传》,第4585页。
⑧ 《元史》卷四〇《顺帝纪三》,第861页。
⑨ 《元史》卷四〇《顺帝纪三》,第862页。
⑩ 《元史》卷四〇《顺帝纪三》,第864页。
⑪ 《元史》卷四〇《顺帝纪三》,第882页。
⑫ 《元史》卷四三《顺帝纪六》,第916页。
⑬ 《元史》卷四四《顺帝纪七》,第925页。

至正十六年(1356)后,海运万户府迁往庆元(今浙江宁波)。① 至正十九年(1359)后,张士诚、方国珍答应合作向政府提供部分粮食,但每年仅十余万石,平江这一当年的海运基地,已成为张士诚割据政权的中心。张士诚、方国珍向元廷提供了一些粮食,但毕竟无法挽救元朝的厄运。1368 年,元王朝终于走到了它统治的尽头。

　　但取而代之的朱明王朝,不仅没有给平江人带来些许光明,反而是更加沉重的税粮负担。民间以为,"太祖(即朱元璋——引者)愤其城久不下,恶民之附寇,且受困于富室,而更为死守,因令取诸豪族租佃簿历付有司,俾如其数为定税,故苏赋特重,惩一时之弊"②。其实情未必如此。朱元璋和他的对手,哪个不是通过战争手段以决胜负?为何偏偏对张士诚属下的苏松地区如此仇视?其实无非是看准了太湖之滨这块富饶之地可以为他提供更多的税粮。"贡赋出天下,东吴最丰赢"③;"吴承平久,户口殷盛"④;"浙西民物蕃盛,储积殷富"⑤,正好可以满足朱元璋的贪婪之心。所以明代"苏松田赋之重"未必与战争中的恩怨有多少关系。

　　在平江发展史上,元代无疑是十分显著的一页。作为海运基地,它受到的朝廷的眷顾是异乎寻常的。在很长时期内,平江路的户均税粮负担明显低于北方普通民户,该路人口的迅速增加,也从侧面反映出该地生存环境的相对优越。从每亩税粮数量看,平江路一般在 1~3 斗之间。官田税额高一些,但平均也仅为三、四斗左右。太湖之滨水利条件好,亩产量较高,税粮通常为亩产量的十分之一左右,和传统的"十税一"的原则无大区别。当然,送纳负担也很重,但这种情况,在南方、北方是普遍的,非独平江如此。元政府对平江等主要产粮区的自然灾害始终比较关注,并采取过许多赈济措施,这在元朝前期比较明显。元顺帝时,国势日衰,政府对民众的疾苦往往置若罔闻。比较而言,对平江地区的关注还算是比较多的。

---

① 参见《移建海道都漕运万户府记》碑,章国庆编著《天一阁明州碑林集录》,上海古籍出版社,2008 年,第 57—59 页。
② 祝允明:《野记》卷一,《四库全书存目丛书》子部,第 240 册,第 20 页上。
③ 涂颖:《简漕府刘经历》,《草堂雅集》中册,杨镰、祁学明、张颐青整理,中华书局,2008 年,第 658 页。
④ 《明史》卷一二三《张士诚传》,中华书局点校本,第 3694 页。
⑤ 《明太祖实录》卷二五"吴元年九月",台湾"中研院"历史语言研究所校订本,第 370 页。

谈元代分产案中的"分家"问题

台湾"中研院" 洪丽珠[①]

一 绪论

分家是历代都在发生的事情,只是称法或有不同,例如别籍异财、异爨、分另、析产等等。分家之时或分家之后的财产问题,往往是亲属之间诉讼的根源,《吏学指南》亦云:"争罪曰狱;争财曰讼。"[②]唐、宋分家律法大致无异,《唐律疏议·户婚·子孙别籍异财》曰:"诸祖父母、父母在,而子孙别籍、异财者,徒三年。别籍、异财不相须,下条准此。"〈疏议〉曰:"不相须"指"籍别财同"、"户同财异"两者有一,就构成此罪。同条又规定:"若祖父母、父母令别籍以及子孙妄继人后者,徒两年;子孙不坐。"[③]这是对于直系分家(生分)的规定,明显地别籍与异财不一定同时进行,生分只能异爨,无法别籍。学者阐释此法:"凡祖父母、父母令子孙别籍、不论是否分异财产,均得此罪;反之,虽祖父母、父母令子孙异财,但只要未别户籍,即不成罪。"[④]而家长(祖父母或父母)过世、服阕之后,兄弟叔侄等就可以合法的别籍或别籍异财,这是旁系的分家,它的内容可能有别籍而共财、别籍与异财、只别籍(家长在时已生分)。

元代承接金律、宋法,加上蒙古原有传统的影响,它的分家法令有变化吗?理论上有几种可能:变化很大、变化很小、维持不变,而这三个可能性都应该有原因,尤其是在非汉族王朝之下。如果是维持唐律以降的基调,这是因为汉法的同化力量吗?如果产生了变奏,是对蒙古法的靠拢吗?抑或就像人类学家所言之"涵化"(acculturation),两种文化之间的激荡,产生了新的旋律?

本文初步尝试从法规切入,作为回答上述问题的基础,说是基础一方面是切入点尚不完备,一方面也是处理这个问题必经的过程。除了法规,也透过多变的社会现实,观察它与法规之间的距离远近,所谓的社会现实,就史料来说不外乎判例,也就是法规的实践层面,而法律与用法之间的关系,可能有两种状况:判例完全循着法规、判例悖离法规而部分用法官己意(例

[①] 新竹清华大学历史所博士。现从事南港"中央研究院"历史语言研究所国科会计划博士后研究。本文承蒙史语所柳立言先生主持之"中国近世分家史料读书班"讨论内容启迪与指正,谨谢。
[②] 徐元瑞:《吏学指南(外三种)》之《狱讼》,杨讷点校,杭州:浙江古籍出版社,1988年,第94页。
[③] 长孙无忌:《唐律疏议》卷一二《户婚上·子孙别籍异财》,刘俊文点校,北京:法律出版社,1986再版,第257页。窦仪等撰、薛梅卿点校:《宋刑统》卷一二《户婚律·父母在及居丧别籍异财》(第221页)、《户婚律·卑幼私用财分异财产》(第221—222页),北京:法律出版社,1999年。
[④] 刘俊文撰:《唐律疏议笺解·户婚上·子孙别籍异财》,北京:中华书局,1996年,第938页。

如循俗、循礼,乃至徇私、曲法等),其中当有悖离的状况发生,就应该试着回答为什么会有这样的状况产生?以今日的例子来看,法规与用法本来就常常存在距离,有时是误用法,有时是不依法,因此我们也可以想象元代的案例与律法之间也不免有这样的问题,法律的存在本来就会有遵守与违反的种种状况,而会成为案例,通常是案件产生了以何判决的争议,例如中央与地方不同调;或者案件的代表性强,可用以作为之后类似案件的标准;抑或案情特殊,惊世骇俗等,总之,本文只是一个粗浅的尝试,可以解决的问题很少。先了解元代载有明文的分家法规有哪些,它们跟唐、宋以来的分家法之间有何沿革关系,再透过案例的分析观察用法的层面,并与现今元代分家法的学界研究成果有所对话。

二 分家法规的沿革

目前见到与元代分家有关的诸般规定,依照时间先后顺序整理,并扼要讨论其意义:【表一】

时间	条文	意义
1. 至元七年 (1270)	"析居户体例": 以蒙哥壬子年(1252)所抄户籍为准。 a. 同居可两愿析户 b. 异居、共财可"两愿"析户 c. 异居、分财可"自愿"析户(单方面)	这是针对兄弟叔侄等旁系分家的规定。显示在家长死亡后,家族的模式存在籍、居、财之间不同组合的分异状况,一般皆认为此法规有促进析户之作用。下面将会对此进行讨论。
2. 至元八年 以 前 (1271)	《元典章·户部·户计·父母在许令支析》条:"唐律:'祖父母、父母不得令子孙分另(、)别籍。'"	唐律与泰和律参用。差异在于《泰和律》针对女真人,允许祖父母、父母在日令子孙别籍,汉人则适用唐律。
	旧例(《泰和律》):"女真人,其祖父母、父母在日,支析及令子孙别籍者,听。又条:'汉人不得令子孙别籍,其支析财产者,听。'"	按:依据《唐律疏议》、《宋刑统》条文,祖父母、父母只要不令子孙别籍,异财与否皆不禁止。《元典章》所录唐律,则提到不得令分另、别籍,分另所指为何?是别居异财?还是分另别籍所指就只是别籍?无法确定。
3. 至元八年	《元典章·户部·户计·父母在许令支析》条:"拟合酌古准今,自(1271)后如祖父母、父母许令支析、别籍者,听。违者治罪。"	废止《泰和律》。却将原本金律的别籍异财规定一体适用,即父母在日令支析(异财)、别籍。《大元通制·条格》内容只有"支析"两字,未知是支析=支析别籍之简称,抑或编纂国家法典时法规又有更动。
	《通制条格·户令·亲在分居》条:"拟合酌古准今,如祖父母、父母许令支析者,听。违者治罪。"	
4. 至元十一年 以 前 (1274)	《元典章·户部·田宅·家财□诸子均分财产》条:"已经分另,尊卑及嫡庶若有自愿同居、身亡无后者,财产并入同居之家,其异居应继亲属不得争告。"	这是从案例中得到的法规,史料中称为"例"。针对分产之后再同居的兄弟叔侄,身后无人继承所遗财产的相关处置办法。

续表

时间	条文	意义
5. 至元十一年	《通制条格·户令·亲在分居》条："禁约'父母在堂之家,其兄弟诸人不许异居,着为定式。'"	至元八年之法改变了宋代以来祖父母、父母在,子孙不得别籍异财的传统,主要是因应增户的需求,而到了至元十一年的禁约,则又使元代回归以同居共财为主流的法律规定。①
6. 至元廿五年(1288)	《元典章·户部·户计·分析·禁治父子异居》条："新附江南地面,多有所生儿男娶妻之后,与父母另居。……即今昆仲虽有析居之例,尚违友爱之道,是以君子耻为,岂有父子另居之礼。……今后若有似此违犯之人,痛行治罪,庶望渐生孝道。部拟:正人伦、厚风俗,国家之所先务。……拟合移咨各省,令所在官司遍行诲谕。如委有不孝不悌之人,自有常刑。"	此条的"昆仲虽有析居之例"指的应是至元七年的〈析居户体例〉所允许之旁系分家。矛盾的是,如果说法规是促进了析户,那么就教化来说,却又不利于友爱之伦,因此究竟析居户体例是否真的促进了旁系分家?异居＝另居;析居之例(不悌)／另居之礼(不孝),显然异居所指不光是字面上的分开住居,而包含了别籍。宋代法有明文,父母在不别籍,而元代却说江南"多有所生儿男娶妻之后,与父母另居",显示法规与社会实况之间的差距。
7. 延祐六年(1319)	《元典章·户部·父母未葬不得分财析居》条："除蒙古、色目例从本俗,别无定夺。其余人凡居父母之丧,葬事未毕,弟兄不得分财、异居。虽已葬讫,服制未终而分异者,并行禁止。" 《元典章·新集至治条例·户部·田宅·家财·父母未葬不分异》条："除蒙古、色目例从本俗,别无定夺。其余人凡居父母之丧,葬事未毕,弟兄不得分财、异居。虽已葬讫,服制未终而分异者,并行禁止。"	这两条内容完全一样。故"分财析居"＝"分异"＝"分财异居"无疑。宋代有言:"士庶之家,应祖父母、父母未葬者,不得析居。"② 延祐六年这条规定明显是宋代法规的延续。映证清人所认知:"至正三年…纲常皆出于天…国人不拘此例,诸国人各从本俗,是汉南人当守纲常"因此有中书左丞提出应该一律守纲常。③

根据表格内容所示,除了 1. 与 4. 之外,皆是与直系分家或生分有关的法规。比较明显而有意义的变化,一如刘晓先生所曾指出,至元八年到至元十一年明文放宽唐、宋以来的生分规定,允许祖父母、父母在可令子孙别籍、异财,一体适用于汉族,这可说是一大变革。

在此试图讨论的是《元典章》与《通制条格》对同一条法令记载的差异,以及至元十一年的"父母在堂之家,兄弟诸人不许异居"与至元八年"祖父母、父母在许令支析、别籍"两法之间的关系。《通制条格》:

  至元八年六月,尚书省:御史台呈:监察御史体究得,随处诸色人等,往往父母在堂,子

---

① 刘晓:《试论累世同居共财在元代的发展及其特点》,《中国经济史研究》,2001 年第 1 期,第 141—148 页。
② 李焘:《续资治通鉴长编》卷一二○"仁宗景佑四年正月乙未条",新定本,台北:世界书局,1964 年,第 2820 页。
③ 孙承泽:《元朝典故编年考·国从礼制》卷八,文渊阁四库全书,第 109 页。

孙分另,别籍异财,实伤风俗。送户部讲究得"旧例:祖父母、父母不得令子孙别籍,其支析财产者,听。"今照得士民之家,往往祖父母、父母在日,明有支析文字,或未曾支析者,其父母疾笃及亡殁之后,不以求医侍疾、丧葬为事,止以相争财产为务。以此参详,拟合酌古准今,如祖父母、父母在,许令支析者,听,违者治罪。都省准拟。

至元十一年正月,中书省:御史台呈:切闻为人子者,养亲当致其乐,不敬其亲谓之悖礼。伏见随路居民,有父母在堂兄弟往往异居者,分居之际,置父母另处一室,其兄弟诸人分供日用。父母年高,自行拾薪、取水、执爨为食。或一日所供不至,使之诣门求索;或分定日数,令父母巡门就食,日数才满,父母自出,其男与妇亦不恳留。循习既久,遂成风俗,甚非国家所以孝治之意。今后禁约:"父母在堂之家,其兄弟诸人不许异居,着为定式,如此庶使人子竭养亲之心,父母享终身之乐。"都省准拟。①

法规内的词汇有许多近似或同义词。引文中的第一段,即是表格中3.《通制条格·户令·亲在分居》所摘录的史料来源,看起来是与3.《元典章·父母在许令支析》为同一条规定,但是在法条的关键文字上,有所差异,究竟《通制条格》的"许令支析"与《元典章》的"许令支析、别籍",两者之间只是省略的问题? 抑或意义确实不同? 如只是省略,亦即支析 = 支析别籍,那么至元八年就是改变了唐宋以来关于生分的规定,也就是放宽了生分条件,异财之外还可以别籍。第二段的至元十一年"父母在堂,其兄弟诸人不许异居",则是针对至元八年法规而来,异居二字就应该等同于"支析别籍",也就是说至元十一年,法规改为不许别籍异财,如此一来,至元十一年法已经不只是回归到唐、宋法律对于生分的基本规定,实际上是比唐、宋以来的法规更为严格。这样的改变所为何来? 可能性有多少? 笔者认为"父母在堂之家,其兄弟诸人不许异居",从前后文来看,目的在于维持孝养,也就是要有稳定的供养与子女在旁晨昏定省,显然必须同居共财才能达到这样的目的。当然传统的同居共财作为一种家庭形式,内涵其实相当复杂,例如宋代同居共财之下亦有私财的存在,②许多大家族同居一处却各爨,各房相对维持着一种经济上的独立,可以推想元代必然也大同小异,政府如果要保障年老的父母有子女的孝养,那么显然的还是得针对生分的规定着手,鼓励同居共财,才能有利于保障父母的奉养,因此"异居"二字,不能仅仅理解为分居,而是别籍异财,禁止异居,就是父母在必须同居共财,相对于唐宋法规,祖父母、父母在可令子孙异财,不能别籍的规定,似乎趋严。

要言之,至元十一年的法规中,"异居"一词有两种可能:一、字面上的意思,就是父母在,子女不能与父母分开居住,但是如此一来,不仅《通制条格》中前后文的对应关系难通,也就是"异居"与"支析"(或"支析、别籍")之间为什么要放在一起对照,另外也表示维持了至元八年父母在允许别籍异财的规定,既然可以异财,政府所期望的孝养似乎也很难达到目的。二、异居 = 别籍异财(支析别籍),那么也就是至元八年的法规,只实行到了至元十一年,就又改为父母在,禁止别籍异财,但是究竟是有条件的禁止(与唐、宋律法相同,家长允许的话,还是可以异财),即回归到原来的唐、宋生分法律,还是趋于严格的一律禁止,因为词汇的关系,一时难解。如果从表格中6.至元二十五年与7.延祐六年的禁令与法条看,第二种可能性就大幅增加,因为6.的禁约显然是针对社会实况而来,也就是现实社会中依然不时进行着法规所不允

---

① 方龄贵:《通制条格校注》卷三《户令·亲在分居》,北京:中华书局,2001年,第28—29页。
② 柳立言:《宋代同居制度下的所谓共财》,收入《中研院历史语言研究所集刊》65.2(1994年),第253—305页。

许的父子异居,延祐六年的法条,则是禁止父母尚未服阙之前兄弟分产、异居,那么反推之,也就是父母在,一样是不能分财异居。

这些疑惑说明了法规的用语,其实并不是一般所认知的那么精确,也不能只从字面理解,有许多近似或替换词。至于究竟至元十一年是回归唐、宋生分规定,还是较之更为严格,则有待更多资料来论证。

三 旁系分家法规的问题

元代《通制条格·户令·户例》与《元典章·户部户计·抄数后分房者听》所载之《析居户体例》,规范了析户(别籍)的条件,是关于旁系分家的法规。至元七年(1270),忽必烈下令拟出便民的析居户法规,都省以(宪宗蒙哥)壬子年(1252)圣旨为据,拟定三条例如下:①

1. 同姓叔侄兄弟,壬子年同籍,至今同户〔同居〕当差者,止〔合〕令依旧一户当差。如有两愿析户者,听。→【即同居者(依照义意,应指同居、共财者)可两愿(户长、户下两方同意)析户。换言之,已经异居者更可两愿析户。】

2. 同姓叔侄兄弟,壬子年同籍、异居,同户当差,虽是异居,未经分另〔者〕,两愿析户者,听。→【即异居、共财者可两愿析户。换言之,异居、别财者更可两愿析户。】

3. 同姓叔侄弟兄,已有支析文字、另居文书【《通制条格》此句为"已有支析文字并另书"】,或无文字,已经分另、异居者,虽是壬子年同籍,一户当差,不以户长并户下,自愿析户者,听。→【即无论有无立下分产、分居文书,只要已经实际分财、异居,则户内只要户长或户下一方自愿,即可析户。】

《析居户体例》可表格化分析如下:【表二】

籍	居	财	析户的条件
a. 同籍	同	同	须户长与户下双方均同意(两愿)
b. 同籍	异	同	同上(两愿)
c. 同籍	异	异	只需任何一方同意(自愿)

※此表格系据柳立言教授主持之"法制史读书班"所研读讨论的内容,在此谨谢。

其中最核心的析户考虑是什么?依照上表以一般民户为例,a. 和 b. 的情况可能为父母死后,兄弟子侄继续同籍共财,甚至累世同居共财。c. 的情况则可能是父母死后,兄弟子侄同籍异财,或累世同籍而不完全共财(可能有部分公产,但各房拥有自己的私财),所以显然析户的考虑主要是以是否异财为核心,还未异财的状况下,析户的条件很严格,必须双方面同意,才能够别籍,也就是说基本上只有一方想析户的话,在没有异财的状况下,法规压抑到的是想析户

---

① 以《元典章》为本,〔〕内字据《通制条格》补,【】内字则为说明。参见《元典章》(故宫景印元刊本)户部卷之三《户计·分析·抄数后分房者听》,第12页。方龄贵:《通制条格校注》卷二《户令·户例》,第11—14页。

这一方的意愿,唯有已经异财的情况下,才是真正的"从民便"。

运用《析居户体例》作为史料的研究成果,认为此条的作用会促进析户,即促进"个体家庭"的发展,①但是细究之,恐怕不尽然。实际上它究竟有利还是不利于析户?令人诧异的是,析户的条件是趋于严格,它对于想要析户的一方显然比较不利,而对不想析户的一方来说,却比较有利,亦即1252年之后,还未分财的旁系家庭,受限于析居户体例之下,反而比较有利于继续维持同籍共财的形态,法律的效果可能不仅无法促进析户,而是压抑"户长愿户下不肯从顺,户下愿户长却不从顺"的分家纷争。

令人不解之处也在此,根据立法之前的圣旨条画:"壬子年(1252)合并抄上户计,自愿析居各另者,听从民便。"也就是说原本的圣旨确实是往放宽析户条件的方向指引,但是不知道为何都省最后却议出了个趋于严格的条款,反而不利于还合户的叔侄兄弟想析户的意愿,除非他们已经分产,不然要"两愿"才能别籍,等于不愿意别籍的一方,拥有"最高否决权"。

就政治背景来看,至元七年最受瞩目的政治动向就是新立尚书省,由阿合马出任平章,得到忽必烈的信任与授权,宰相虽然是儒治派的安童,但在理财至上的风气中,难免受制,由背景来推测,如果是理财派之意,那么是不是压抑析户意愿,维持同居共财(同籍),对于某些特定户计来说,比较能够有利于政府的赋税需求,例如军户?如果代表的是儒治派的理念,是不是认为同居共财的传统可以减少分家纠纷,以及维持友悌之风?抑或都省曲解大汗的用意?最后一个可能性应该不高,一方面法规制定之后,也得皇帝首肯,再者这些色目理财高手,对于与财税项目息息相关的户籍、户计制度,理当拿手,无意中曲解的可能性很低。透过政治背景来猜测《析居户体例》为何趋严而非放松,在本文无法得到确切答案,因此与其说是解释,不如说是提出一个疑问,抛砖引玉。也就是为何都省所议出的法规与大汗的原意如此相悖,而忽必烈却同意施行?有一点倒是需要说明,至元七年《析居户体例》成立;至元八年则废止《泰和律》,并且放宽生分的条件,就是祖父母、父母可令子孙别籍异财,可以想见,家长在子女别籍的可能性不高,但是异财的阻力少了,故如果至元八年之后,祖父母、父母在时分产的情况渐多,那么《析居户体例》虽然在法规上不利于析户,但是单单对于已经异财但同籍的旁系兄弟叔侄这一群体,确实保障的是想别籍的一方。

四　分产案与分家法规

为了解用法与法规之间的距离,借由分产案件来看分家法规如何在实际上适用。本文选择的是军户的分产案件,一方面不同的户计可能会影响到分家法规的适用,不能将所有户计混为一谈;再者,军户对元廷来说是国力的基础,也是兵源的保证,军户的分家可能会影响到所需承担的户计义务,是否会因此有法令以外的考虑?这也是选择军户分产案件的原因。

先看至元十一年(1274)的一个案件,内容表格化如下:②【表三】

---

① 刘晓:《试论累世同居共财在元代的发展及其特点》,第142页。
② 《元典章》户部卷之五,第10页,《田宅·家财·诸子均分财产》。方龄贵,《通制条格校注》卷4,第179页,《户令·亲属分财》。

案题	诸子均分财产	
判决时间	至元十一年六月十六日(1274.7.21)	
地点	彰德路	
原告	褚克衡,男性	被告之弟
被告	褚克衍,男性	原告之兄
案由	至元六年二月,兄弟已家财分另,(父)褚监军际留与生娘阿刘并老娘娘阿田养老事产,(阿刘、阿田亡后)兄褚克衍拘占,不肯分割	
援用法、例	1."已经分另,尊卑及嫡庶若有自愿同居、身亡无后者,财产并入同居之家,其异居应继亲属不得争告"之例 2."诸子均分"之法	
审理单位	彰德路	理由: a. 分另之后,阿田、阿刘与褚克衍同居,其人必有昏定晨省之礼,以此将元分店舍、田产分付褚克衍收管,一处侍养尽终。 b. 褚克衍见收阿田遗留下分书为验,即系分另之后,再愿同居。 c. 依例:"已经分另,尊卑及嫡庶若有自愿同居、身亡无后者,财产并入同居之家,其异居应继亲属不得争告" 拟判: 房屋田产:断付褚克衍承继为主。 驱口:今既分主阿刘等身故,逐人合为良民,每年津贴军役两便。
	尚书省、户部	理由: a. 却缘此例系处分"弟兄经另,在后愿同居、身亡无后者,财产并入同居之家",今阿刘、阿田具系不应分财产之人,止是际出养生。 b. 今(阿田、阿刘)身死之后,又兼同户应当军役。 判决: 据元得褚克衍、褚克衡户下财产,理合令诸子均分。

此案干连者关系图如下:【图一】

谈元代分产案中的"分家"问题

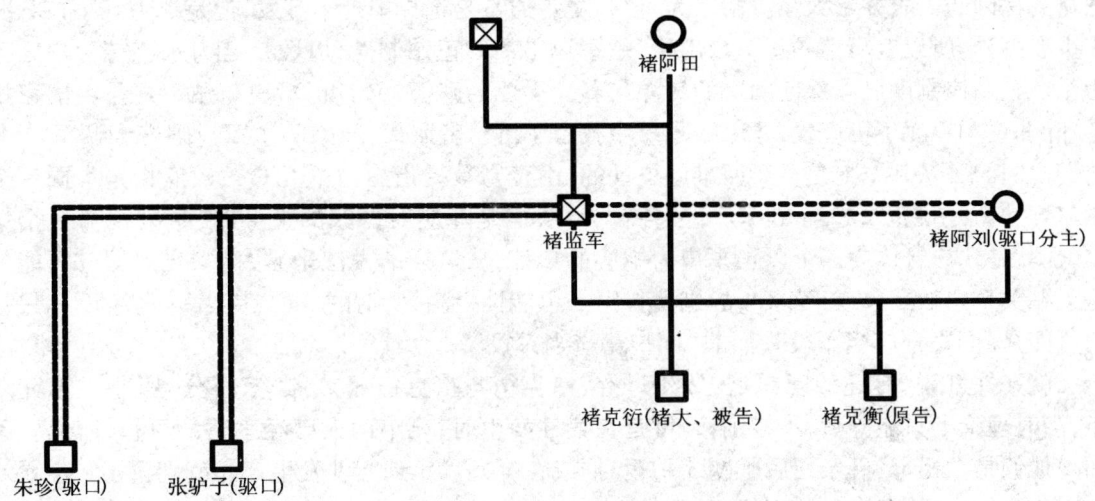

此案件为中央推翻了地方的原判,原因是对于适用何法的看法不同,地方先用了"已经分另,尊卑及嫡庶若有自愿同居、身亡无后者,财产并入同居之家,其异居应继亲属不得争告"之例为据,判决养老产归属于同居的褚大,中央则用"诸子均分"法推翻原判,主要理由是所用之例不符合此案,财产的性质是未分之财。案件起源为父亲褚监军死后两兄弟"家财分另",时间是至元六年,理论上当时通行的是金律,也就是"汉人不得令子孙别籍,其支析财产者,听",因此褚氏兄弟应是经过祖母阿田(祖母)、母亲阿刘的同意而别居异财,两位女性尊长则与老大褚克衍继续同居,并把养老产归入褚大户下。问题发生在两位女性尊长相继过世之后,她们的养老之资顺理成章地被老大继续占有,异居的弟弟因此提出了告诉,这个案子被研究宋代分家制度的学者称为"二次析产"的范例。①

养老产分为两部分:房屋田产与驱口。驱口在分主皆已过世之后从良编户,府司与都省意见相同,也不是两兄弟争夺的对象。问题在房屋、田产,最初地方官府认为,这符合"已经分另,尊卑及嫡庶若有自愿同居、身亡无后者,财产并入同居之家,其异居应继亲属不得争告"之例,将养老产判给与母亲、祖母同居的褚克衍,认为此案具有"已经分另"、"自愿同居"、"异居应继亲属不得争告"等条件,但是中央推翻了这个拟判,认为此例"系处分弟兄经另""身亡无后者",财产才入同居之家,而阿刘、阿田与褚大并非同辈,更没有无后,养生之产并非应分人所得之产,还是父财,也就是说彰德路的用法,是张冠李戴,曲法判决。

此案中有一句话颇为费解。都省提到"又兼同户应当军役"的理由,因为主词在史料中被省略,究竟是指谁与谁同户应当军役?虽然此句接在阿田、阿刘之后,但是似乎不太可能指阿田、阿刘与褚克衍同户应当军役,而比较可能是指两兄弟同户应当军役,又根据案件内容,两兄弟确定已分产、异居,那么难道还未别籍吗?《析居户体例》来看,已经分产、异居的同姓兄弟叔侄,是有可能还未别籍,而且如果已经别籍,同户应当军役又何解?同户指的就是同籍吗?

如果回过头去看至元七年的《析居户体例》,既然两兄弟在父亲死后已经异财、异居,至少在一年之后,不管是否别籍,只要有一方想析户,就可以达成目的,况且已经异居、异财,现实上

---

① 邢铁:《家产继承史论》,昆明:云南大学出版社,2004年再版,第16页。

285

同籍的诱因与需求并不太强。褚家为军户,军户通常是选择中户来签发,但是财力和丁口状况多少有差异,所以有所谓的正军户出丁、贴军户出钱的正贴制度,以数户之力来支持一户之丁为军。正贴户制度可以保证国家的兵源与养兵需要的财源,而且正军户与贴军户是由国家指定,除非正军户无丁可应役,才由贴军户中找有丁可出者取代,原来的正军户则变为贴军户,①他们之间的关系基本上是世袭而难以更动的,洪金富教授指出:"这几户被政府指定为同一个军户",也就是说正军户与贴军户,虽各自为户,但是在应对国家的义务时,是被视为一个单位,也就是几户合体为一个以正军户为中心的户计,从这样的说法来看,褚家兄弟即有可能就是正贴关系中的贴户或正军户,故别籍异财的可能性极高,所谓的"同户应当军役"的"户",指的可能是"同军户应当军役",而非"同户籍应当军役"。

就案件来说,有趣的问题是:父死母存,褚克衍与褚克衡兄弟将"家财分另"是在至元六年,当时理论上只能异财,不能别籍,可是在案件发生时,兄弟两人已经别籍的可行性极高,不知道他们是在祖母、母亲死后服阕才别籍,抑或在至元六年到案件发生期间就别籍了? 至元八年废止金律之后,允许生分别籍,是否就是他们别籍的时间点? 如果不是,显示民间实况与法规之间存在矛盾。再者,哥哥褚克衍在祖母、母亲死后意图独占她们的养老之资,初判得直,再判败诉,理由何在? 洪金富教授认为褚家原本在褚监军还在时,可能是独户军户,"待兄弟分另后,始改为兄弟两人一正一贴的合户军户",因此所谓的"同户",指的正是"合户军户"②。也就是说兄弟闹上官府之前,就已经析户,如果还是独户军户,也就是只有一户负担军役,没有正贴关系,那么"今'父亲'身死之后,兼同户'一正一贴'应当军役",与"元得褚克衍、褚克衡(两户)户下财产"两句之间,就可能会产生矛盾之感。而初判所引用的法条明明提到"身亡无后者",祖母、母亲是女性,难合"无后"之说,即便无后只是一种俗说,阿刘却明明有褚克衍、褚克衡两子,何来无后? 引用此判例究竟根据为何,地方官府如何可以如此曲法? 不待都省之推翻,地方会如此援引法规,可说怪异。

从彰德路与尚书户部所引用法规与判法的差异,可以看到一些问题:地方与中央对于采用哪一条法规,确实可能南辕北辙,如果没有上诉的人力物力,那么褚家弟兄可能只能吞下这闷亏,这是地方官员的法律素质低落,即俗称的恐龙法官? 还是中央对于法规的宣传不够,以至于地方引法受限? 或者因为分家法的变动频繁,地方无所适从所致? 就今人的眼光看来,褚家兄弟的案件并不复杂,而且关于养老产的性质,显然元代也完全沿袭了唐、宋律法,被视为未分的父财,女性尊长只有用益权,没有处置权,但是为何地方会舍诸子均分这样显而易见的法规不用,而用了一条不知从何而来的判例作为依据,这是判例才能够看到的问题与法律实践时的状况。

另有一军户争产立嗣案件,表格化如下:③【表四】

---

① 陈高华:《元代的军户》,《元史论丛》第一辑(1982年),第72—90页。洪金富:《元代汉军军户的正贴结构与正贴关系》,《"中研院"历史语言研究所集刊》80:2(2009年),第265—289页。
② 洪金富:《元代汉军军户的正贴结构与正贴关系》,第271页,注19。
③ 《元典章》户部卷之五《田宅·家财·寡妇无子承夫分》,第8页。

案题	寡妇无子承夫分	
发生时间	至元八年（1271）	同年废止《泰和律》
地点	不明。（此时元军尚未征服南宋，应在北方）	
原告1	杨阿马，女性	被告之嫂
被告	杨世基，男性	原告之小叔
原告2	杨玙，男性	杨世基之男
案发原由	案1：小叔杨世基取走亡兄杨世明抛下家财、房屋，带走侄女兰杨，又将兄妾陈住儿收继。 案2：杨玙主张自愿承当伯母杨阿马一分军役，取得伯父所遗房院	
援引法条	寡妇无子，合承夫分	
审理单位	户部	案1拟判： a. 杨世明一分财产并陈住儿，追付阿马收管，兰杨令与伊母同居。 b. 兰杨日后召嫁，令阿马、杨世基一同主婚。杨阿马受财外，应有财产，杨阿马并女兰杨却不得非理破费销用。阿马身死之后，至日定夺（杨世明所遗财产）
	枢密院	案2拟判： 依户部所拟相应（杨阿马称：乞将亡夫财产分付，情愿将一分军役依例津济当军之人）
	尚书省	准呈施行

案件中户部所引法条："寡妇无子，合承夫分"，很明显源自唐、宋最重要的一条分产法：

> 户令：诸应分田宅者及财物，兄弟均分，妻家所得之财，不在分限。兄弟亡者，子承父分。兄弟具亡，则诸子均分。其未娶妻者，别与娉财。姑姐妹在室者，减男娉财之半。寡妻妾无男者，承夫分，若夫〔之〕兄弟皆亡，同一子之分。①

寡妻是代位承分，目的是维持丈夫一房的传统，故寡妻最终应交给她或他人替死者树立的嗣子来继承这分财产。② 寡妻可以靠自己的嫁妆或这分夫产供养自己，却不是真正的继承。杨世基违法将已经分家亡兄的财产据为己有，一并带走兄长之女，可能也是要强化自己取走这分财产的合理性，但是户部判决寡妻杨阿马代位承夫分于法有据，因此必须把这分财产还给阿马，但判决也说明了寡妇承夫分的局限，杨阿马不仅"不得非理破费销用"，女"兰杨日后召嫁"，阿马也要与小叔杨世基一同主持，不能单独做主。除了财产之外，还有案内案，小叔之子杨玙提出承担阿马一户军役的主张，但是要求取得伯父杨世明之房院，似乎杨玙是要求入籍继嗣，伯母阿马的回应有点模棱两可，她依然主张掌握夫产主控权，"情愿依例津济当军之人"，所指之例，应是贴户之例，当军之人是谁？似乎没有直接答应杨玙的诉求，枢密院亦以户部的判决为主，也就是由杨阿马收管财产。杨世明与杨世基兄弟的分家状况很明显的是分居、分产，更已经别籍立户，否则小叔之子无需提出承户要求。因此杨世明一分财产只能依法由寡妻

---
① 窦仪等撰、薛梅卿点校：《宋刑统》卷一二《户婚律·卑幼私用财产分异财产》，第221—222页。
② 屈超立、季怀银：《宋代民事法律》，张晋藩主编《中国民法通史》，福州：福建人民出版社，2003年，第602页。

承分,小叔依法不能取走兄长一房的财产,这是法规的延续。

阿马无子寡妻的身份,使案件的处置除了财产之外,还得顾虑到承嗣问题,小叔对于兰杨未来是召婿或出嫁,不仅有权利参与,阿马如果要立嗣承户,小叔之子也是第一人选。禁止立异姓子之法虽无证据遍行全国,只有至元廿九年(1293)在福建行省的建议下,曾经针对福建地区甚或江南下过禁令,①但明显地改变了唐、宋以来允许有条件(三岁以下遭遗弃者)立非同宗者为嗣子的法律。到了明代,即已明确规定应继之人,必须是昭穆相当的同宗侄,次及远房同宗或同姓。② 如果推论元代为禁立异姓子之法从宋到明之间的过渡期,应不致大谬。

元代曾有案件牵涉到异姓之子与同宗亲侄争产,③地方官府从人伦之道考虑,以祭非其鬼的观念一度想更改嗣子,将财产的十分之八判给同宗侄,并由其继承家户,十分之二给异姓养子,作为归宗补偿,但是异姓养子为死者生前亲自抄籍立嗣,早已改为同姓,也必然曾为死者服丧,更重要的是,同宗侄家与伯父家"破籍更户已久",是析户、异居、分产的完整分家状态,中央据此判定于法于情都应该保障这位异姓养子的权利,由其继承家业,承户当差。亦即地方官府以人伦凌驾于法规之上,而中央的判决一方面考虑到道理上嗣子入籍已久;法律上为死者生前所立;实际上两家也别籍异财日久,早已疏离,故不管于法、于情、于实,都必须保障异姓养子的权益,所谓的祭非其鬼之伦理观,就被远远地抛在后头了。保障死者生前所亲立异姓养子的权利,是唐、宋法律的沿袭,但是从案件的审理与判决可以发觉,法规的沿袭过程并非毫无阻力,地方的官府是第一线的执法者,假设没有上诉到中央,那么地方就此判决养子归宗,恐怕民众所认知的相关"法律"就会渐渐远离国家真正的法规。

有学者指出,析产合户是明代家庭结构中的一种重要类型,就是已经析分家财的家庭,在官方的户籍上登记在同一户下,缓解了一直困扰传统家庭发展的两难矛盾,兼顾了血缘亲情产生的向心力和财产私欲产生的离心力。④ 这种同籍异财或同居异财的准分家模式,从元代的《析居户体例》就可见端倪。明代此种家庭型态发展,不一定是起源于元代,但是元代就有这样的家庭模式,答案应该是肯定的。家庭形式的发展顺应的是社会的变迁,因此中古的同居共财早在宋代就有走向别籍异财的趋势,也因此政府才会不断的奖励累世同居之家,或者矜奖分产之后再同居的义门,将之视为古风美德,而元代政府或许有增户的需求,所以提供了祖父母、父母在可令别籍异财的法规,但也很快又因为要兼顾社会稳定与家庭伦理,重新立下"父母在、不异居"的禁令,这种法制上的多变,或许是一种"倒退",却也是一种治理风格上的务实表现。

五 结论

分家在唐、宋以来与别籍异财几乎画上等号,同居共财这种家庭型态,作为别籍异财的对

---

① 《元典章》户部卷之三《户计·承继·禁乞养异姓子》,第13—14页上。
② 李东阳奉敕撰、申时行奉敕重修:《大明会典·户口一·户口总数》,台北:新文丰出版公司,1976年,第350—352页。
③ 《元典章》户部卷之三《户计·承继·异姓承继立户》,第15页下—第16页上。
④ 范红军、贺军妙:《明代析产合户的家庭结构》,《河北师范大学学报(哲学社会科学版)》,2006年第4期,第129—134页。

立面，也使别籍与别居同体。概念上，自然而然的别籍当然异财、同居也就共财，可是事实上，如同法制学者所注意到的所谓同居之下的"共财"实际上也能以共财之下有私财的方式存在，同样的，所谓的分家，其实质也远比别籍异财要来得复杂，并且相关词汇并不精准。笔者认为分家模式的多样性，当然不是开创于元代，只是因为元代在立法上、判例上恰好呈现了这些模式。在宋代的争产案件中，身份、财产性质乃至伦理关系对于审理与判决有着不可撼动的影响，法、理、情结合较为紧密，目前可见的判例，都是足为楷模的判决，很少像元代的案例中地方与中央用法上完全不同调，更直接把地方官府在执法上的种种缺失浮上台面。这可能也是因为元代大部分的案件都必须上报，地方官员因此殆忽职责，把判决的责任往上推，也正因为上报的案件数量暴增，中央不胜其扰，故凡案依法规办理，反而成为最直截了当与提高效率的方法。地方官员因为直接接触民众，或许较有机会体察人情、习俗，又或者因为主观伦理、个人私欲，而曲法、枉法、逾法，但中央政府的主要目标通常只有一个，就是快速的解决案件，"凡案依法"或许就是他们找到的最好方法，但凡案依法或许也会产生其他问题。

家庭纠纷闹上官府，宋代的审理者可以遵循的不只是法（制度），有时候也必须衡量人情与天理，尤其是儒家的某些传统观念，常常在判决上扮演着关键角色，甚至逾于当时的法规（当然理、礼、俗也都可能已经入法），法、理、情的运用，较具弹性，但这需要「明公」，才能由此致「清明」，否则心证的运用可能导致更大的问题。元代地方官员的来源非常复杂，教养背景差异很大，期待他们可以善用法、理、情三者的平衡，常常是缘木求鱼。元代在法令上，确实一度改变了唐、宋以来禁止别籍的规定，在法律上对于分家有推波助澜之效，虽然后来又立下父母在，不异居的禁令，但是同居之下各种模式的分家还是可以弹性进行，而分家的核心显然还是在财产是否分异，籍与居的状态，似乎就相较不那么重要了。

元初至元年间"南学北来"问题新探①

——以北方儒学格局变迁对忽必烈心态的影响为叙述中心

北京邮电大学 刘成群

窝阔台汗时期,阔出伐宋,在德安俘虏了一位理学家赵复,使第一次"南学北来"得以形成,所谓"姚枢、窦默、许衡、刘因之徒得闻程、朱之学,以广其传,由是北方之学郁起"②。忽必烈平定南宋后,分裂已久的中国南北混一。南方士人逐渐北来,以致又一次出现了"南学北来"的趋向,其中以至元二十三年(1286)程钜夫奉诏江南求贤最为标志。此次求贤得赵孟頫、叶李等二十余人,一些士人因此在元廷初露头角。"南学北来"一语最先由孙克宽提出,他认为至元年间的"南学北来"是朱子之徒"来订正北方的儒学"③。王忠阁认为元灭南宋后,"南方由朱熹加以完善并发展的道学开始北上"④。查洪德认为"忽必烈灭宋及其后的程钜夫江南求贤,大批南方文人北上,则是第二次学术文化的大融会"⑤。对此,我们的问题是:这次"南学北来"发生在怎样的历史语境当中?至元年间真的有朱子理学的再度北上么?关于这两个问题,上述几位学者并没交代清楚或论证明白。

学界讨论南士境遇、心态的文章已有很多,涉及的是他们的价值选择,这其实是"南学"本身的问题。关于"北来"——向元廷政治格局的融入,统治者何如选择恐怕才是最为关键的问题。从这一角度进行研究的成果虽不多见,但也有两篇发人深省。如姚从吾指出,忽必烈对南方士人并无鄙弃之举,反而多次网罗,其目的显然是为了稳定江南的政局。⑥ 陈得芝指出,忽必烈做出求贤江南的决断,除为了安定江南,同时也有"充实其统治机构,扩大统治的阶级基础"⑦的构想。上述研究对于解释至元间"南学北来"的成因都有一定的贡献,但"南学北来"无疑是一个复杂的问题,一方面或几方面的看法都不足以成为其结论,我们在这里试图从一个新的视角——元初北方儒学格局变迁对忽必烈心态的影响——进行考察,以期得到"南学北来"更为饱满的面相,并能回答我们前面提出的两个问题。

---

① 国家社科基金青年项目《元代新安理学研究》(11CZS023)阶段性成果。
② 黄宗羲、全祖望:《宋元学案》,北京:中华书局,1982年,第2995页。
③ 孙克宽:《元代汉文化之活动》,台北:台湾中华书局,1968年,第198页。
④ 王忠阁:《元代文化心理散论》,《苏州大学学报》1999年第3期,第72页。
⑤ 查洪德:《理学背景下的元代文论与诗文》,北京:中华书局,2005年,第12页。
⑥ 姚从吾:《忽必烈平宋以后的南人问题》,陈捷先、札奇斯钦编:《姚从吾先生全集》第7卷,台北:正中书局,1981年,第1—86页。
⑦ 陈得芝:《程钜夫奉旨求贤江南考》,《蒙元史研究丛稿》,北京:人民出版社,2005年,第543、546页。

一 忽必烈对其潜邸儒士集团的信任与倚重

1251年,蒙哥被拥立为汗后面临着很多不稳定因素。为了确保拖雷一系对于权力的绝对垄断,他部署旭烈兀西征以稳固帝国西翼,同时派忽必烈总领漠南汉地军国庶事以维护帝国东翼的安定。其实,忽必烈对汉地的兴趣早在其总领漠南前就已见端倪了,如《元史·世祖本纪》云:"岁甲辰(1244),帝在潜邸,思大有为于天下,延藩府旧臣及四方文学之士,问以治道。"①到其总领漠南时,他的周围已形成一个主要由汉人儒士构成的潜邸集团了。

关于这个潜邸集团,学界也多有瞩目,其中以萧启庆的研究最可称道。萧启庆着眼于忽必烈政权由草原本位向以农业文明转化的过程,详细探讨了这一转化过程中汉人儒士所起的作用。他指出忽必烈潜邸幕僚可考的大约有60余人,其中汉人儒士占绝大多数。汉人儒士依据学术、言论、进用途径及相互关系又可分为三个集团:(一)邢台集团,主要人物有刘秉忠、张文谦、李德辉、刘肃、李简、王恂等;(二)正统儒学集团,主要人物有姚枢、杨惟中、窦默、许衡等;(三)以汉地世侯为中心的金源遗士集团,主要人物有张德辉、宋子贞、商挺、王鹗、杨奂、贾居贞、徐世隆等。② 这三个集团虽有所区别,但也有很多的共同点:他们都属于北方儒士,均崇尚经世致用之学。正如孙克宽总结说:

> 元代的北方之儒,其学术精神,亦有其独特之点,那就是富于救世与用世的精神,所学也多注意于经世实用之学。③

像宋子贞、贾居贞等东平儒士就以吏事为进身之本,他们对钱谷转输、刑赏伐阅十分熟稔,这种熟稔甚至进一步升格为治术谋略。在这种大风向的影响下,即使是醇正如许衡者,身上也无法避免经世的味道,《元史》本传云:

> (许衡)寻居苏门,与枢及窦默相讲习。凡经传、子史、礼乐、名物、星历、兵刑、食货、水利之类,无所不讲,而慨然以道为己任。④

忽必烈在潜邸花大力气培养这样一个幕府集团有其政治目的,他深知蒙古人缺乏治理汉地的经验,而任用汉人治理不失为事半功倍的良策。在这种观念的驱使下,忽必烈派出汉人儒士去治理邢州、河南、京兆、怀孟等地,并营建了后来作为上都的开平城,都取得了很好的实绩。这些地区在后来成为忽必烈争夺帝位的根据地。⑤ 不仅如此,潜邸儒士在跟随忽必烈所进行的历次战役中也均大显身手,如在大理、鄂州之役以及与阿里不哥争夺汗位的战争中,董文用、商挺、杨惟中、郝经、姚枢、赵良弼、张文谦、赵璧等都有非凡的表现,显示出高超的治术与权谋,尤其是对军务的襄赞,更是可圈可点。⑥ 在汉人儒士的鼎力辅助下,忽必烈战胜了阿里不哥取得了汗位,并有恃无恐地挑战了蒙古传统的"忽里勒台"(蒙语 quriltai,即选举蒙古大汗及商讨

---

① 宋濂等:《元史》卷四《世祖本纪》,北京:中华书局,1976年,第57页。
② 萧启庆:《忽必烈"潜邸旧侣"考》,《元朝史新探》,台北:新文丰出版公司,1983年,第263—301页。
③ 孙克宽:《元代汉文化之活动》,第210—211页。
④ 《元史》卷一五八《许衡传》,第3717页。
⑤ 赵琦:《金元之际的儒士与汉文化》,北京:人民出版社,2004年,第160—164页。
⑥ 淮建利:《元初北方儒士历史价值新论——从儒士在元初征战中的作用谈起》,《江汉论坛》2006年第2期,第99—103页。

军政的贵族会议)体制。①

自蒙金开战以来,华北一域遭受了无尽的蹂躏,所谓"凡廿余年,数千里间,人民杀戮几尽"②,这种情形是任何一个汉人儒士都不愿看到的,他们无论出身、学术有如何不同,但有一点却是相似的,即希望尽早结束战争状态,还汉地百姓一个太平世界。这种心态使他们不约而同地把希望寄托在接受汉法的忽必烈身上,他们希望借助这个强人的大手笔廓清寰宇,所以都甘于为忽必烈出谋献策、奔走前后,这种共同的努力在一定程度上遮掩了他们内部的分歧。

总之,汉人儒士们表现出的谋略与所做出的贡献,使得忽必烈对他们格外垂青。在这一阶段,忽必烈对汉人儒士无疑是信任且倚重的。

二 忽必烈对中统至元时期北方儒士们的不满

中统元年(1260),忽必烈在开平即汗位,以王文统为中书平章政事。王文统上台后,颁布条画、发行交钞,并设十路宣抚司统摄各地钱谷大计。当时忽必烈与阿里不哥交战,急需中原地区战备物资的支持。在王文统的经营下,政府的财政收入大增,这无疑正中忽必烈下怀。但王文统一味理财的做法却与主张舒缓民力的理学士大夫们发生了抵牾。

姚枢、窦默、许衡等人都属于与赵复渊源很深的正统理学士大夫,他们虽在天下板荡时表现了经世的一面,但其学术底子却是性命道德之旨,虽不能说一以朱子为归,但大致路径却是一致的。他们对王文统罔顾民力的措施提出了尖锐的批评,以往诸儒为了帮忽必烈上位而暂时合作的局面到此分道扬镳。为了保证理财工作顺利进行,王文统自然要采取措施。作为当时儒臣首领的姚枢以宣抚东平的名义被排挤出局,姚枢曾一语道破玄机:"文统新当国,彼将以我夺其位。"③窦默、许衡与姚枢同为正统理学之代表,声气互通,姚枢受挫,二人自然也不可避免:

中统元年,世祖即皇帝位,召至京师。时王文统以言利进为平章政事,衡、枢辈入侍,言治乱休戚,必以义为本。文统患之。……未几,衡亦谢病归。④

(窦默)在帝前,复面斥文统曰:"此人学术不正,久居相位,必祸天下。"帝曰:"然则谁可相者?"默曰:"以臣观之,无如许衡。"帝不悦而罢。文统深忌之……默俄谢病归。⑤

郝经在观念上与正统理学家十分接近,故《宋元学案》将其列于《鲁斋学案》当中。由于与姚枢、许衡辈相得,故也在王文统的打击对象之内,其神道碑记载,郝经使宋被扣属于"时相王文统忌公众望"而"排置异国"的阴谋。⑥ 除此以外,出身邢州的张文谦因与王文统在"量减税赋"的问题上发生冲突,也受到了冲击,只得外出为官。

---

① 关于忽必烈挑战"忽里勒台"和阿里不哥交战的经过,详见莫里斯·罗沙比:《忽必烈和他的世界帝国》,赵清治译,重庆:重庆出版集团,2008年,第50—60页。
② 刘因:《静修先生文集》卷四《武强尉孙君墓铭》,《丛书集成》初编本,上海:商务印书馆,1936年,第76页。
③ 姚燧:《姚文公牧庵集·中书左丞姚文献公神道碑》,《北京图书馆古籍珍本丛刊》本,第2册,北京:书目文献出版社,1987年,第80页。
④ 《元史》卷一五八《许衡传》,第3717—3718页。
⑤ 《元史》卷一五八《窦默传》,第3731—3732页。
⑥ 卢挚:《翰林侍读学士郝公神道碑》,《国朝文类》卷五八,四部丛刊初编本。

至于王文统与正统理学士大夫抵牾的原由,我们还得从两者不同的学术背景说起。蒙古初期的儒学大致可分为两大系统,一是随赵复北来的朱子理学,为许衡、姚枢等人所承继,讲究心性义理、内圣外王;另一派则承接金源文化之余绪,①甚至有一些人本身就是金朝的士大夫。这一派儒士多与山东世侯尤其是东平严氏相联系。所专精者,一是辞赋制科,由元好问上接苏轼,讲究的是文章粲然,可在宫廷充当文学侍臣,掌管制诰仪轨;一是吏事治术,可在机构中为令史椽曹,负责书簿钱粮。这派儒士的代表有元好问、宋子贞、贾居贞、王磐、王鹗及王恽,王文统自然也在其中。他们与正统理学家多不相谐,②王文统与正统理学家之间扞格不通自在情理当中。

中统三年(1262),一个偶然事件的发生使正统理学家受制的态势得到改观,这就是益都李璮的突然叛乱。王文统系李璮岳丈,因而受到牵连被杀。王文统被杀后,许衡等人的地位有所上升。如姚枢在中统四年(1263)升任中书左丞;许衡则屡被召见,参与定朝仪、定官制,并在至元七年(1270)升任中书左丞;窦默也被召还,"赐第京师,命有司月给廪禄,国有大政,辄以访之"③。

不过,这批理学士大夫并非忽必烈心仪的对象。至元初期,对忽必烈诱惑最大的乃是平定南宋,战争需要巨额钱谷支撑,理财问题依然是帝国关注的重心。许衡等人絮絮叨叨的"治心慎独"之言、"舒缓民力"之议,对忽必烈来说,毋宁是施政的障碍。当宋元战事日迫,亟需理财能臣时,许衡之流就不能不被拿掉了。至元八年(1271),许衡改任集贤大学士,兼国子祭酒;至元十年(1273),姚枢改任昭文馆大学士,详定礼仪事。如此闲职,已经很明显地昭示出忽必烈对他们的不满了。

至元初期"世祖急于富国",于是"众咸称其能"的费纳克忒(今乌兹别克塔什干西南)人阿合马登上了历史舞台。至元元年(1264),忽必烈拜阿合马为中书平章政事,专事理财。由此到至元十九年(1282)被杀,前后秉政近20年,拉施特甚至称"异密阿合马光荣地履行了宰相职责约二十五年"④。在此期间,儒臣如安童、廉希宪、许衡等都受到他不同程度的排挤和打击。

不过,许衡等理学士大夫的努力还是收到了一些效果:金源文化的影响在逐渐消退,一些崇尚文章治术的儒士越发变得理学化了,如本与刘秉忠同调的张文谦"晚岁笃于义理之学,枢衣鲁斋,求是政之,有自得之趣"⑤。一批蒙古贵族如安童、和礼霍孙、不忽木等人也加深了对儒学的理解,尤其是培养出了一个崇尚儒学的关键性人物——太子真金。真金长期与儒臣姚枢、窦默、许衡、王恂等人接触,耳濡目染,崇尚汉法之意便由此而生。

---

① 靖康后,中国南北分裂,两地思想学术的发展也出现了不小差异。南宋理学在王学、洛学的升沉消长中艰难成长着,最终出现了迅速扩张的态势。而金朝流行的依然是传统的经注、辞章及治术之学。正所谓"有宋南渡以后,程学行于南,苏学行于北",与南宋大多数注重先内圣而后外王的理学家不同,金代的北方之儒多着眼于传统主义的文章治术,有发展为技术型官僚的诉求。见翁方纲:《石洲诗话》卷五,北京:人民文学出版社,1981年,第162页。
② 譬如赵复与元好问就曾互有指责,赵复曾戒元好问"博溺心、末丧本",而元好问曾骂"缓步阔视,以儒自名"的赵复一系"窃无根源之言,为不近人情之事,索隐行怪,欺世盗名"。见《元史》卷一八九《儒学传》,第4315页;元好问:《元好问全集》卷三二《东平府新学记》,太原:山西古籍出版社,2009年,第730页。
③ 《元史》卷一五八《窦默传》,第3732页。
④ 拉施特:《史集》,余大钧等译,北京:商务印书馆,1986年,第344页。
⑤ 李谦:《中书左丞张公神道碑》,《国朝文类》卷五八,《四部丛刊》初编本。

至元十九年固属多事之秋,其中足以引发政坛海啸的事件莫过于阿合马被杀了。阿合马被杀后,忽必烈以和礼霍孙为右丞相,全面处理阿合马理财集团。所谓"阿合马之弊政尽为和礼霍孙所划革"①,此时的和礼霍孙位高权重,且服膺儒学,于是在其周围迅速形成了一个儒治集团。除了左丞相耶律铸外,其成员还有张文谦、张雄飞、崔彧、何玮、杨恭懿、徐琰、董文用、王构等。之所以出现这样一个集团,与忽必烈对理财集团的暂时失望大有关联,当然也不能忽略这个集团背后支持者——真金发挥的巨大作用。② 在忽必烈的默许和真金的支持下,和礼霍孙带领着这个集团掀起了一个倡导儒治的小高潮。③

　　自和礼霍孙至元十九年四月任右丞相到至元二十一年十一月罢去,共主政两年有余。在这两年多的时间里,和礼霍孙及其同志们采取了一系列的措施,纠正理财集团带来的弊政:政治上,裁汰阿合马余党,罢冗官,并禁止官吏恃强扰民;经济上,整治钞法,均赋役,乃至养济贫民、赈济灾民,并在大都路稽查隐漏田土,实行"履亩收税";文化上,则以崇儒为导向,以衍圣公孔洙为国子祭酒,并令诸路岁贡一儒,直至请设科举。这些政策与阿合马时代不择手段一味理财的做法大相径庭。

　　至元二十一年(1284),和礼霍孙请行科举,激起了忽必烈的怒火。因为对日本、缅国、安南连年用兵,导致政府财政上入不敷出。和礼霍孙等人那套烦人的儒家说教与在财税聚敛上的无能表现,使得忽必烈的视线逐渐移向了卢世荣的富国之论。十一月十八日,和礼霍孙在与卢世荣廷辩失败后黯然离去,维系了两年之久的儒治集团轰然倒塌,《元史·张雄飞传》云:"二十一年,卢世荣以言利进用,雄飞与诸执政同日皆罢。"④可见,无论是王文统当国,还是阿合马执政,提倡儒治的儒士们都公开反对过一味理财而不纾民力的做法,他们为此进行过种种斗争,在客观上成为了忽必烈穷兵黩武政策的绊脚石,招致忽必烈的不满也就不难理解了。

　　和礼霍孙儒治集团失败后,卢世荣上台理财。卢世荣被杀后,出身噶玛洛部落的吐蕃人桑哥上台理财。可见,忽必烈的理财理念是一贯到底的,北方儒士们的不配合甚至是阻挠让忽必烈大为光火,被疏远在所难免。忽必烈曾说过:"朕左右复无汉人,可否皆自朕决"⑤,有学者认为这则材料表明忽必烈的得力文臣或去世或衰老,治国人才严重缺乏。⑥ 但事实却并不如此,忽必烈说这话的时间是在至元二十二年(1285)六月,距和礼霍孙儒治集团下台只有一年的时间,集团成员不是不堪任用,只是这些阻碍理财的儒臣们已不符合忽必烈心中的标准了。

　　蒙元统治者们注重网罗人才,他们认为:"得着贤能,不要使远离自己;得着贤能,用宝贝换取(他们的)喜悦。"⑦但他们关于贤能的标准却与儒士们有所不同,他们对高玄义理兴趣不

---

① 柯劭忞:《新元史》卷一九七《和礼霍孙传》,上海:开明书店,1935年,第391页。
② 对于理财集团沮挠汉法的行为,真金甚为恼怒,他曾用弓击破阿合马的脸,并当着忽必烈的面拳殴其人。和礼霍孙上台后,真金即鼓励说:"汝任中书,诚有便国利民者,毋惮更张。苟有沮挠,我当力持之。"真金还对儒臣何玮、徐琰说:"汝等学孔子之道,今始得行,宜尽平生所学,力行之。"见拉施特:《史集》,第341页;《元史》卷一一五《裕宗传》,第2890页。
③ 关于这个儒治的小高潮,历来多被研究者们所忽略,只有李治安先生注意到了这一现象,他在《忽必烈传》中以《和礼霍孙以儒治国及失败》为题目讨论了这一问题,但惜乎文章篇幅太短,很多问题根本没有来得及展开就草草结束了。李治安:《忽必烈传》,北京:人民出版社,2004年,第611—613页。
④ 《元史》卷一六三《张雄飞传》,第3822页。
⑤ 《元史》卷一三《世祖本纪》,第277页。
⑥ 陈得芝:《程钜夫奉旨求贤江南考》,《蒙元史研究丛稿》,第546页。
⑦ 札奇斯钦:《蒙古黄金史译注》,台北:联经出版事业公司,1979年,第48—49页。

大,"名士大儒恐怕未必是蒙古帝王心中理想的政治人才,连汉臣孟攀麟也有这种看法"①。有无实际的治术才是蒙元统治者们最为关心的内容,像王文统、阿合马、卢世荣、桑哥等理财之臣乃至刘秉忠等潜邸幕僚皆是因有实际的治术才被忽必烈重用的。倘若没有掌控刑名钱谷的吏才,辞赋绚烂成为粉饰太平的文学侍从也是可以的。忽必烈潜邸中的幕僚多承金源余绪,擅长治术文章,这正是忽必烈乐于接受的。那批儒士对他的支持也给他留下了极为美好的印象。但中统至元以来,政治变迁以及理念行为的变化使北方儒士们有意无意地走向了忽必烈的对立面,这招致了忽必烈对他们的反感,同时也更加深了对以往那批竭力支持自己的治术文章之儒的怀念。

三 忽必烈求贤江南的实际心态与"南学北来"的困境

在对北方儒士失望情绪的主导下,忽必烈开始尝试把眼光放在南方儒士那里。《元史·世祖本纪》云:

> 集贤直学士程文海言:"省院诸司皆以南人参用,惟御史台按察司无之。江南风俗,南人所谙,宜参用之便。"帝以语玉速铁木儿,对曰:"当择贤者以闻。"帝曰:"汝汉人用事者,岂皆贤邪?"②

单看忽必烈的口吻,显然对北方汉人带有了成见。当然,对北方汉人成见愈深,他对南人的渴望就会愈加深一层。当有台臣对任用南人提出异议时,他竟大发雷霆。《元史·程钜夫传》云:

> 命(程钜夫)为御史中丞,台臣言:"钜夫南人,且年少。"帝大怒曰:"汝未用南人,何以知南人不可用! 自今省部台院,必参用南人。"③

在和礼霍孙儒治集团失败后的两三年中,忽必烈对南人儒士的渴望达到了最大值。终于在至元二十三年(1286)三月,他派出程钜夫奉特用汉字书写的求贤诏前往江南网罗人才。其对象即求"大而可以用于时,细而可以验于事"的"好人"④,而不再是以往求得的术数之士。⑤可见是专以南人儒士为目标了。⑥ 不仅如此,忽必烈还指名道姓要罗致赵孟頫、叶李二人。

---

① 王明荪:《元代的士人与政治》,台北:台湾学生书局,1992年,第142页。
② 《元史》卷一四《世祖本纪》,第287页。
③ 《元史》卷一七二《程钜夫传》,第4015页。
④ 程钜夫:《雪楼集》卷一○,景印文渊阁《四库全书》,第1202册,台北:台湾商务印书馆,1983年。
⑤ 攻下临安后,忽必烈曾多次在江南寻找"得道高人",即"通晓天文历数"的卜筮人氏。蒙古民族信奉萨满教,崇拜长生天(蒙语 Mongke Tangri),通晓星算占卜则可视为通天。耶律楚材得幸于成吉思汗就是因为历算术数。忽必烈同乃祖一样,对于术数神秘之士情有独钟,如其最为宠信的刘秉忠就精通天文、地理、律历、三式六壬遁甲之属。在江南能得到刘秉忠一样的"得道高人"再好不过了。在忽必烈的精心罗致下,一批南方的方技之士结伴北来,引起北方儒臣的反感。如太常寺里聚集的江南堪舆之士就因龙岗遗灾而建议忽必烈迁都。此举遭到了北方儒臣廉希宪、张易、张文谦等人的反对。见苏天爵:《元朝名臣事略》卷七《平章廉文正公》,上海:商务印书馆,1936年,第113页。
⑥ 忽必烈政府中最早进入的南人除了一批投降的将领和官僚外,就是一些术士,儒士们一直迟迟不曾精心罗致,程钜夫就曾为此而质问过忽必烈:"臣往在江南屡闻明诏,一则曰'求好秀才',二则曰'求好秀才',而好秀才致之陛下者几何人?"礼霍孙儒治尝试失败后,忽必烈终于下定决心往江南寻觅理想儒士了,程钜夫奉诏求贤就是以儒士为搜寻目标的。忽必烈对此次求贤充满期待,据程钜夫回到大都时已天黑,"时宫门已闭,世祖闻之喜甚,不觉起立曰:'程秀才来矣!'"见柯劭忞:《新元史》卷一八九《程钜夫传》,第377页。

程钜夫此次奉诏求贤的目的主要是选拔御史行台、按察司的堪用之才,在其所罗致的二十余人中,果然有一些人得到了在上述机构中任职的机会,如张伯淳授浙东按察司知事,凌时中授淮东按察司知事,胡梦魁授广西按察司佥事,曾冲子授福建按察司佥事等。这些职位并不高,如按察司知事只是正八品的幕长而已。此次求贤的最大收获乃是使元廷得到了赵孟頫(替代未应招的赵孟蒾)、叶李两位南人儒士。值得注意的是,与赵孟頫、叶李一同北来的还有一位著名的人物,即理学家吴澄。

赵孟頫为胜国王孙,宋太祖子秦王德芳之后,又因其外貌"神采秀异,珠明玉润",是以赢得了忽必烈的欣赏,使之坐于叶李之上。是时值忽必烈立尚书省,命赵孟頫草诏,诏成,忽必烈览而喜曰:"皆朕心之所欲言者"①,赵孟頫的文学才华得到了统治者的首肯。当时,赵孟頫并未受官,盖年轻气盛,议钞法又议刑法,是以招致了汉人官吏的不满。忽必烈欲授之吏部侍郎,结果遭到了参议高明的反对,遂授从五品的兵部郎中。在兵部任职期间,赵孟頫主管驿站事务,这只是一个高级一点的吏职而已。赵孟頫早年就曾担任过真州司户参军,又因其师承永嘉之学,②是以对汲汲事功的吏曹并不排斥。但赵孟頫身上又有传统儒士讲求立身和关心民瘼的一面,所以对桑哥不择手段的理财行为,他的态度显然是消极的。为了能在元廷立足,他又不得不违心地去配合。可能是道义上的拘牵或是由于其他原因,在来大都后的几年间,赵孟頫身上事功的一面展开得并不充分。

与其相反,另一位南人儒士叶李积极配合了桑哥的理财行为。叶李少与朱熹后裔朱清从学于太学博士施南学,曾伏阙上书攻贾似道。宋亡后元廷授其奉训大夫、浙西道儒学提举,不就。后应招至大都,向忽必烈建议:"各道儒学提举及郡教授,实风化所系,不宜罢。请复立提举司,专提调学官,课诸生,讲明治道,而上其成才者于太学,以备录用。凡儒户徭役,乞一切蠲免。"③晚年又尝曰:"吾世业儒。"赵孟頫也曾谈及:"李所读之书,即臣所读之书。"④以上种种,可见其儒学底色。不过,与诸多深溺心性的南方理学家不同,叶李更究心治术,刚到大都时,他即被忽必烈"询以治道安出",叶李"历陈古帝王得失成败之由",应答称旨,得到忽必烈首肯,不但"赐坐锡宴",而且"更命五日一人议事"。不久,叶李又献策平定乃颜之乱,使得忽必烈对其更为倚重:"帝以其谋谕将帅,师果奏捷。自是帝益奇李,每罢朝,必召见论事。"此后,叶李又参与了更定至元钞法等重大问题。忽必烈在他身上似乎找到了潜邸儒臣们的遗迹,因而爱不释手,"凡有军国大事,(忽必烈)必问:'曾与蛮子秀才商量否?'盖指李也"⑤。得到忽必烈垂青,叶李自是官位亨通,不几年便升至尚书右丞,在权势最大的尚书省中居桑哥、铁木尔、阿鲁浑萨理之后的第四位,地位高过所有的北方儒士。自此,叶李成为桑哥最得力的助手,一直

---

① 杨载:《大元故翰林学士承旨荣禄大夫知制诰兼修国史赵公行状》,《全元文》第25册,南京:江苏古籍出版社,2001年,第580页。
② 赵孟頫曾问学于吴兴老儒敖继公,敖继公"长于三礼",为"主礼乐制度以求见之事功"的永嘉学者薛季宣之后学。受师承影响,赵孟頫表现出礼乐事功的一面并不奇怪,如其论至元钞法、定大裕之礼都符合永嘉学理。不过,赵孟頫毕竟成长于宋末朱子学如日中天的大语境中,受朱熹影响也不在小,他注意到"朱子留心《尚书》虽久,未遑成书",便顺着朱熹怀疑古文《尚书》为伪的思路撰《尚书集注》一书。见《宋元学案》卷五二《艮斋学案》;赵孟頫:《重辑尚书集注序》,载卞永誉:《式古堂书画汇考》卷一六,《四库全书》本。
③ 《元史》卷一七三《叶李传》,第4048页。
④ 杨载:《大元故翰林学士承旨荣禄大夫知制诰兼修国史赵公行状》,《全元文》第25册,第582页。
⑤ 陶宗仪:《南村辍耕录》,北京:中华书局,1959年,第324页。

到其败落。

赵孟頫与叶李甫入大都之时,忽必烈显然更属意赵孟頫,但随着对二人了解的加深,忽必烈的视线逐渐转向了叶李。在赵孟頫任兵部郎中期间,忽必烈就已向他表达"朕独爱之(叶李)"①。我们在前面已指出,在忽必烈心中,"好秀才"一定得是深谙治术的实用之才,而不是一味和他空谈道德的腐儒。叶李系儒士兼有吏治之术,这恐怕就是忽必烈心中理想的儒士了。

赵孟頫亦有吏治之术,但似乎没太发挥出来,《元史》本传称:

> 前史官杨载称孟頫之才名颇为书画所掩,知其书画者不知其文章,知其文章者,不知其经济之学,人以为知言云。②

赵孟頫精通诗文律吕,书画更是当世无双,其人到大都后,曾以书画积极营建自己的交际圈,所谓"名士大夫相知之厚与挟贵而来者,间亦欣然行笔"③,其影响不言而喻,乃至方回都十分看重其"善书"的政治资本,所谓:"省台要官俱可得,还自管城子中出。"④

忽必烈一直对"艺术人"十分感兴趣。⑤ 所谓"艺术人",即通晓礼仪乐律、能诗善画之属,集贤院与翰林兼国史院的大门基本向这些人敞开。在忽必烈早期就有一些受金源"辞赋制科"文化影响的儒士充当过文学侍从,其主要任务是润色鸿业,忽必烈对此是乐于接受的。至元中后期,两院(集贤院与翰林兼国史院本为一署,至元二十二年分为两院)又容纳了一些极具文艺气质的南人,如程钜夫、赵与𤫊、陈孚、汪元量等。赵孟頫对诗文书画的精通,无疑使其成为"艺术人"的最佳人选。所以到了至元二十七年(1290),也就是北来后的第三年,忽必烈便让他卸下政务专门充当集贤直学士了。

与赵孟頫一同北来的还有吴澄,吴澄乃有元一代最具影响的理学家,正所谓"皇元受命,天降真儒,北有许衡,南有吴澄"⑥。吴澄第一次北来时虽尚未有后来的名气,但其已作《道统图》,已校群经,其理学大厦已初具规模。但吴澄此次北来并未授官,其年谱记载:

> (至元)二十四年丁亥春适燕,程公疏上所荐士以复命,终不舍忍公,公微知之,力以母老辞,遂治任南归。⑦

关于吴澄南归之举,有学者认为"当时对元朝还没有建立起忠诚"⑧,把吴澄南归的原因归结为主观故意,这恐怕有失偏颇。吴澄一生曾数次受挫南归,又数次迎难北上,从其屡挫屡进的人生经历来看,吴澄第一次北上亦应抱有积极的用世态度。至于南归的真正因由,估计是其理学的内倾性⑨为统治者所不喜。滞留大都期间,吴澄曾向赵孟頫抱怨过:"吾之学无用也,迂

---

① 《元史》卷一七三《叶李传》,第4050页。
② 《元史》卷一七二《赵孟頫传》,第4023页。
③ 柳贯:《柳待制文集》卷一九《跋赵文敏行书千文》,《四部丛刊》初编本。
④ 方回:《桐江续集》卷二四,《四库全书》本。
⑤ 至元十六年(1279),忽必烈"诏遣牙纳术、崔彧至江南访求艺术之人"。谢枋得也曾谈到自己被"求艺术人者物色之。"见《元史》卷一〇《世祖本纪》,第214页;谢枋得:《叠山集》卷四,《四部丛刊》续编本。
⑥ 揭傒斯:《吴澄神道碑》,《揭傒斯全集》,上海:上海古籍出版社,1985年,第454页。
⑦ 危素:《临川吴文正公年谱》,《北京图书馆藏珍本年谱丛刊》本第36册,北京:北京图书馆出版社,1999年,第327—328页。
⑧ 方旭东:《吴澄评传》,南京:南京大学出版社,2005年,第5页。
⑨ 蒙培元指出,吴澄认为词章记诵、政事功业皆非实学,而"致内之知"才是根本学问。蒙培元:《理学的演变——从朱熹到王夫之戴震》,福州:福建人民出版社,1984年,第206—207页。

而不可行也。"①这恐怕并非仅是牢骚之语,非常有可能就是忽必烈本人的看法。元末笔记《农田余话》一书云:

> 赵文敏孟頫、胡石塘长孺至元中有以名闻于上被召入见。问文敏会甚么,奏曰:"做得文章,晓得琴棋书画。"次问石塘,奏曰:"臣晓得那正心、修身、齐家、治国平天下本事。"时胡所戴笠相偏敧,上曰:"头上一个笠儿尚不端正,何以治国平天下。"竟不录用。②

此段记载未必实有发生,但对忽必烈心态的刻画可谓入木三分,发人深省。

理学家吴澄被迫南归,而赵孟頫、叶李均被留在了元廷。赵孟頫系儒士兼艺术人,是以在桑哥理财期间逐渐淡为文学侍从;叶李系儒士兼有吏治之术,因而官位亨通。忽必烈求贤江南的心态,由此可见一斑。

程钜夫作为质子降元时只有十几岁,而后长于元廷,耳濡目染,已深受其文化的影响,他曾批评"以标致自高,以文雅相尚,无意乎事功之实"的文儒清谈误国,而对元政权重事功的取向表示赞同,如其云:"国朝合众智群力壹宇内,自筦库达于宰辅,莫不以实才能、立实事功,而清谈无所用于时。"③在这种观念的主导下,程钜夫的荐举恐怕也是有所选择的。在他推荐的二十余人中,吏治之才占绝大多数,除有私人关系的同学吴澄和拒不应召的谢枋得外,并无一个真正意义上的理学家。而当时王应麟、胡三省、马端临、金履祥等大儒俱在人世,且不曾老朽,而不见征召。征召了一个吴澄,却不录用,致其南还。所以说真正意义上的南学(如朱学及陆学)在这一阶段并未北来,而至元年间的"南学北来"也不是真正意义上的"南学北来"。

如前所述,忽必烈寻求的理想南士仍是治术文章之士,这也是导致真正意义上的南学未能"北来"的一个重要原因。赵孟頫、叶李等人的北上并非是真正意义上的"南学北来",不仅如此,他们为了立足元廷而配合桑哥的行为更是加深了北方儒士对南人儒士的敌意。忽必烈去世后,北方儒士的势力重新高涨,南人儒士因而被排挤孤立,一度式微,正所谓"自世祖以后,省台之职,南人斥不用"④。在这种状况下,南方理学若想北上更是难上加难了。一直到元仁宗时期,南方理学与北方儒学的隔膜还十分明显,吴澄国子监改革失败即是明证。⑤ 南方沉溺心性道德的理学被统治阶层理解固是不易,被北方学者接纳也很是困难,是以在元代中期,一批向元廷进军的南方新锐开始搁置晦涩的义理思辨,开启了使理学"流而为文"⑥的统一实践。

---

① 赵孟頫:《松雪斋文集》卷六《送吴幼清南还序》,《四部丛刊》初编本。
② 长谷真逸:《农田余话》卷下,《四库全书存目丛书》,子部第239册,济南:齐鲁书社,1995年。
③ 程钜夫:《雪楼集》卷一四《送黄济川序》,《四库全书》本。
④ 《元史》卷一八七《贡师泰传》,第4295页。
⑤ 刘成群:《吴澄国子监改革与元代的儒学生态》,《成大历史学报》,第42号,台南:成功大学历史系,2012年,第151—174页。
⑥ 在文学层面,北方士人与南方士人可能更容易消除隔阂达成共识,包弼德认为金末士人就有一种对"斯文"价值的共识。对纯文学的爱好,把女真统治者、汉族士人、契丹人、渤海人都结合在了一起。见 Peter K. Bol, "Seeking Common Ground: Han Literati Under Jurchen Rule," *Harvard Journal of Asian Studies*, 47:2 (Dec., 1987), pp. 483–493.

元代山东平原县庙学建设的个案分析

台湾成功大学　许守泯

一　前　言

元顺帝至元五年（1339）三月，山东曲阜宣圣庙完成重修，御史大夫别里怯不华、脱脱（1314—1355）等人，同奏御史台，请立碑以诏来者。此碑由翰林学士欧阳玄（1283—1357）为文，奎章阁学士院巎巎（1295—1345）为书，侍御史张起岩（1285—1353）为篆，并以中统楮币二万五千缗作为立碑经费，碑文《曲阜重修宣圣庙碑》后来收录于欧阳玄的《圭斋文集》。① 此事过后五年，同样于山东，距离曲阜北方约188里的山东平原县，则有山东恩县人司廙，于顺帝至正三年（1343）十二月，为平原县重修庙学一事撰写了《平原县修庙学记》。②

这两件事看似并无关联，但若将之置于元朝"尊崇儒学"的脉络下思考，或者可以反映蒙元统治者在某种意义与程度上对于儒学的重视。不过，也诚如学者所指出：蒙古统治者对儒学的尊崇，很多场合是出于粉饰文治的实用主义的需要。③ 例如孔子故居曲阜庙学的维护修缮，理应为元廷所重视，然而实际过程则颇有曲折。陈高华认为，其实曲阜孔家在世祖忽必烈（1215—1294）统治时期遭受冷落，孔府和孔庙是一片萧瑟景象。到了成宗铁穆耳（1265—1307）即位，诏曲阜、上都、大都诸路府州县庙学、书院以学田、贡士田的收入作为春秋二丁、朔望祭祀与修完庙宇之用，于是"自是天下郡邑庙学，无不完葺，释奠悉如旧仪"④。而曲阜孔庙则于大德二年到五年（1298—1301）进行全面整修，接下来顺帝妥欢贴睦尔（1320—1370）元统二年（1334），再一次大规模整建，⑤此即上述欧阳玄所记《曲阜重修宣圣庙碑》之事。

从曲阜庙学的修缮，多少显示出蒙元统治者"尊崇儒学"的文治态度。曲阜庙学由于地位特殊，因此受到统治的重视。但是，其他地区的庙学又是如何？是否成宗之后"天下郡邑庙学无不完葺"？例如上述提到的山东平原县，明显不如曲阜庙学受到统治高层"注目"，其庙学建设又是如何？

笔者认为，讨论一个地方性的庙学建设过程所呈现的问题，或者能反映元代"尊崇儒学"的实际状况而有所进一步思考。换言之，庙学建筑趋于完备，不但可视为蒙元代统治者"尊崇

---

① 欧阳玄：《曲阜重修宣圣庙碑》，《圭斋文集》卷九，《四部丛刊》本，第34页a—第37页b。
② 司廙：《平原县修庙学记》，收入清·黄怀祖修、黄兆熊纂：《乾隆平原县志》（中国地方志集成，山东府县志辑，南京：凤凰出版社，2004年）卷一〇，第14页a—第16页a。以下简称《乾隆平原县志》。
③ 陈高华、张帆、刘晓：《元代文化史》，广州：广东教育出版社，2009年，第170页。
④ 宋濂等：《元史》卷七六〈祭祀五·郡县宣圣庙〉，北京：中华书局，1995年，第1901页。以下简称《元史》。
⑤ 陈高华：《金元二代衍圣公》，《元史研究论稿》，北京：中华书局，1991年，第332—341页。

儒学"的表现,同时更是提供实践儒学教化、培育人才(诸如仪式、讲学),所需要的空间;反之,庙学建筑不完善,必然影响儒学教化的施行。

因此,本文尝试以同样位于山东,但不如曲阜醒目的平原县"庙学"为对象,探讨其建设的状况,并将之置于"蒙元统治对'尊崇儒学'之实践"的脉络下考察。而此处"建设",主要指庙学建筑的"整建",包括"重建"、"新建"以及"维修"。

本文将以五篇有关平原县庙学的碑记文为主要分析讨论资料。除了以上司廙的《平原县修庙学记》,另有四篇相关碑记文。按照撰写时间顺序,这五篇依次为:成宗元贞元年(1295)李谦(1233—1311)的《平原县修庙学记》;①成宗大德五年(1301)李思诚的《重修庙学碑阴记》;②成宗大德十年(1306)王构(1245—1310)的《平原县尹纥石烈君新政碑》,③以及顺帝至元元年(1335)王士元(1295?—1355?)的《重修宣圣庙碑》;④最后顺帝至正三年(1343)十二月司廙的《平原县修庙学记》。其中王构之文并不与庙学建设直接相关。

二 元代的庙学建筑

进入讨论平原县的庙学建设之前,首先必须了解元代庙学的建筑结构。

庙学是依附于孔庙以传授儒家伦理的学校,而元代庙学包含一切形式的儒学,包括国子学、路学、州学、县学、社学等,因此学者认为元代"庙学即儒学"⑤。以下根据现代学者的研究讨论,整理并简述元代的庙学建筑结构:⑥

元代庙学建筑,庙学周围有围墙,正门为"棂星门",入门跨过"泮池",穿越"仪门",即进入主体的"庙"与"学",以及其他"教学生活辅助设施"等三部分。"庙"位于学校中心,一般是"前庙后学"、"左庙右学",或因元人尚右而"右庙左学"。

"庙"为祭祀场所,又有大成殿、礼殿、夫子庙、先圣庙、宣圣庙、文庙、孔子庙等称呼。主体包括"殿"、"两庑"(或"从祀廊")、仪门(又称"戟门"),以及祭器库、乐器库、神厨、更衣所、肃容所等建筑。

"学"包括明伦堂、学斋与尊经阁。学斋是明伦堂的附属建筑,教师的教学活动与生员的学习生活主要在此进行。另外,有的学斋也具备宿舍的功用。虽然明伦堂、学斋都是讲学之处,但是明伦堂通常为学官、地方官主持讲学的场所,学斋则偏向日常的教学活动。

尊经阁在明伦堂后方,又有稽古阁、御书阁、经史阁、文昌阁、观海阁、九经阁、斯文楼等称呼,是乃藏书之所。申万里认为,一方面由于工程浩大,地方儒学往往无法负担建筑经费,一方

---

① 李谦:《平原县修庙学记》,收入(清)黄怀祖修、黄兆熊纂:《乾隆平原县志》(中国地方志集成·山东府县志辑,南京:凤凰出版社,2004年)卷一〇,第11页a—第12页b。以下简称《乾隆平原县志》。
② 李思诚:《重修庙学碑阴记》,《乾隆平原县志》卷一〇,第12页b—第13页a。
③ 王构:《平原县尹纥石烈君新政碑》,《乾隆平原县志》卷一〇,第38页b—第40页a。
④ 王士元:《重修宣圣庙碑》,《乾隆平原县志》卷一〇,第13页a—第14页b。
⑤ 庙学与儒学关系的讨论,请参阅申万里:《元代教育研究》,武昌:武汉大学出版社,2007年,第三章,第150—153页。
⑥ 此处主要根据申万里、胡务的讨论整理而来。申万里:《元代教育研究》,第四章,《元代儒学的建筑布局》,第297—327页;胡务:《元代庙学——无法割舍的儒学教育链》,成都:四川出版集团巴蜀书社,2005年,第一章,《元代庙学的结构和祭祀》,第1—30页。

面宋元之际儒学藏书毁损严重,因此尊经阁在元代庙学建筑中并不普遍。①

先贤祠或乡贤祠,祭祀对象包括宋元列入孔庙从祀的知名儒士、对地方儒学教育有贡献的儒士与官员。但只祭祀于地方庙学。

文昌祠与土祠,祭祀文昌君与土地神。

学官厅舍,儒学学官办公与居住之处。

其他还有公厨(庖)、食堂、浴室(湢)、仓库(庾、库)、碑亭、杏坛等。

总之,理论上完整的庙学建筑结构应具备上述内容。但是事实上,每个地方的庙学建筑多少都有差异,要趋于完备并不容易。

三 平原县的庙学建设

(一)平原县与庙学

元代平原县隶属中书省德州,是个不到二千户的"下县"②,战国赵公子胜封为平原君,食邑在此,始见"平原"之名。由于县境无山,地势砥平,又有大河缭绕的影响,常有水患,因此平原往昔又有"泽国"之称。③ 平原地当南北驿途之冲"北拱京师、燕赵等处","南通行省行台、闽广、海南诸道",因此成为"递运钱帛、飞报军情"的中继站,也是簿书狱讼的征发会遣,与行李往来公务繁剧的转运点。④ 本地风俗,向称"习尚敦厚,民皆务本"⑤。

元代平原县庙学建设的大致过程,可先从地方志进行初步了解。清代修纂的《乾隆平原县志》卷四〈学校志·学宫〉记载如下:

> 庙学在县治南隅,宋明道中建。金承安五年修,后毁于兵。邑儒士蒋文、霍存倡募为殿庑。至元七年达鲁花赤札忽儿为讲堂、学舍。元贞元年达鲁花赤札木合、县尹张元规、主簿马汝弼增修,规制始备(有碑,编修李谦撰记,见艺文)。大德五年,达鲁花赤望家奴、县尹许宗吾继为修缮(教谕李思诚撰记在前,碑阴见艺文)。元统中,县尹张仲鉴重修(有碑,副使王上〔士〕元撰写记,见艺文)。至正二年县尹晁邦直又修(有碑,司业司庑〔廙〕撰记,见艺文)。明洪武二年重修。……⑥

从这段文字约略可知明朝以前平原县庙学建设的梗概:平原县庙学始建于"宋明道中","明道"为北宋仁宗年号,只有二年,因此推测创建时间大约在明道一、二年之间(1032—1033)。接着到了金章宗承安五年(1200)才又出现修建的讯息,但是这中间距离将近167年,加上经历金宋战争,庙学不可能一直安然无恙。金章宗承安五年修建之后"毁于兵",指的应是蒙金战争。后来由于当地儒士蒋文、霍存的倡议,于是修建了"殿"与"庑",时间点应为金元之际,处于"无政府"状态的时候。入元之后,从至元七年(1270)到至正二年(1342)约72年间,平原

---

① 申万里:《元代教育研究》,第313页。
② 《元史》卷五八《地理一·中书省·德州》,第1370页。
③ 《乾隆平原县志》卷一《疆域志·沿革》,第2页a;《疆域志·形胜》,第5页a—第5页b。
④ 李忽都不花:《便移站赤去思碑》,《乾隆平原县志》卷一〇,第40页a;李谦:《平原县修庙学记》,《乾隆平原县志》卷一〇,第11页b。
⑤ 《乾隆平原县志》卷一《疆域志·川泽》,第6页a;《疆域志·风俗》,第11页a。
⑥ 《乾隆平原县志》卷四《学校志·学宫》,第1页a—第1页b。

县庙学则至少经历至元七年(1270)、元贞元年(1295)、大德五年(1301)、元统年间(1333—1334)、至正二年(1342)五次整修。

此外,从文中的小字注明,可知《乾隆平原县志》《学校志·学宫》这段记载即根据李谦《平原县修庙学记》、李思诚《重修庙学碑阴记》、王世元《重修平原宣圣庙碑》,以及司廙《平原县修庙学记》四文简化而来。

《乾隆平原县志》《学校志·学宫》这段以"时间"与"官员"为主体的叙述方式,显示从官方(也就是方志修纂者)的角度,认知并强调"官员"于庙学建设中的所扮演的重要角色。

(二)政令变化

的确,官员,尤其地方官员,对庙学建设责无旁贷,然而其如何作为,则与政令的指示密切相关。元代要求地方官员注意庙学的问题,世祖忽必烈于中统二年(1261)曾颁布圣旨保障孔庙:

> 先圣庙,国家岁时致祭,诸儒朔释奠,宜恒令洒扫修洁。今后禁约诸官员、使臣、军马毋得于庙宇内安下,或聚集理问词讼,及亵渎饮宴,管工匠官不得于其中营造,违者治罪。管内凡有书院,亦不得令诸人搔扰,使臣安下。钦此。①

可以注意的是,这道圣旨强调的重点在于"禁止",禁止官员、使臣、军马在庙学内从事聚集、问讼、饮宴、营造等活动,借以维持安宁与秩序。但是,官员究竟应该主动做什么,并不明显。

到了至元六年(1269)四月,中书省奉旨订定例条,要求(或可说指导)官员要有具体作为,"该做什么"的规定才较为明确:

> 提刑按察司官所至之处,劝课农桑,问民疾苦,勉励学校,宣明教化。若有利害可以兴除者,申台呈省。钦此。……今移文各路,如遇望朔,自长次以下正官、首领官,率僚属吏员,俱诣文庙烧香。礼毕,从学官、主善诣讲堂,同诸生并民家子弟愿从学者,讲议经史。更相授受,日就月将,教化可明。人才可冀外,据所在乡村镇店,选择有德望学问,可为师长者,于农隙之时如法训导,使长幼皆闻孝悌忠信廉耻之言。……②

中书省要求两类官员有所作为,一是"提刑按察司"。这是至元六年正月所设置的地方监察体系。③ 为何要求提刑按察司"勉励学校,宣明教化",中书省认为:

> 随路虽设有学官,其所在官司,例皆看同泛常,不为用心勉励,以致学校之设,有名无实。由是吏民往往不循礼法,轻犯宪章,深不副朝廷肃清风俗、宣明教化之意。④

这段文字显示:由于"所在官司,不为用心勉励",使得学校无法发挥"肃清风俗"、"宣明教化"的作用,导致吏民不遵守礼法,轻易触法,从另一角度来说,"儒学教育"的治理方式效果不彰,因此加入新设地方监察体系的协助。

另外一类即为地方官员。正官(诸司为头之官)、首领官(吏属之长)被要求的具体作为有三项,即"祭拜仪式"(烧香)、"讲学"(讲议经史)、"选择人才"(择有德望学问者)。可是这三项与庙学建设并无直接关联。

---

① 佚名:《庙学典礼》卷一《先圣庙岁时祭祀禁约搔扰安下》,王颋点校本,杭州:浙江古籍出版社,1992年,第12页。以下简称《庙学典礼》。
② 《庙学典礼》卷一《官吏诣庙学烧香讲书》,第12—13页。
③ 《元史》卷六《世祖三》,第121页。
④ 《庙学典礼》卷一《官吏诣庙学烧香讲书》,第13页。

至元二十年(1283),由于浙东宣慰石国秀献江南学田而引发争议,中书省重申至元十三年以来有关学校经费的规定:

<u>江南赡学田产所收钱粮</u>,令所在官司拘收见数,明置簿籍,另行收贮,<u>如遇修理庙宇</u>,春秋释奠,朔望祭祀,学官请给住坐生员食供,申覆有司,照勘端的,依公支用。若有耆宿名儒实无依倚者,亦于上项钱内酌量给付养赡。毋令不应人员,中间费钱粮。①

此处明示学田收入的使用项目之一,即为修理庙宇之用。至元二十九年(1292)四月,针对石国秀献学田事件所衍生的问题,再次强调:

……属孔夫子庙底田底根脚里,不自官司底来,是秀才每置来底田地,同和尚、先生田地一般,已前中书省、御史台奏奉圣旨,分与秀才每。如今皇帝可怜呵,依在前体例里,分付与各处孔夫子庙秀才每为主。每年那田地里出来底钱粮呵,<u>修理孔夫子庙</u>、春秋祭丁、朔望祭祀者,交教养人材者。若有穷寒年老、无依靠底好秀才每呵,那底每根底养赡者。这般行呵,是的一般。钦奉圣旨:那般者。钦此。②

迨至元三十一年(1294)四月,成宗铁穆耳即位,七月宣示对庙学、书院的重视,再次诏曰:

至元三十一年七月……曲阜林庙,上都、大都、诸路府州县邑庙学书院,照依世祖皇帝圣旨,禁约诸官员使臣军马,毋得于内安下,或聚集理问词讼、亵渎饮宴、工役造作、收贮官物等。〔以上为世祖忽必烈中统二年圣旨主要内容〕。其赡学地土产业及贡士庄田,外人毋得侵夺,所出钱粮以供春秋二丁朔望祭祀及师生廪膳。贫寒老病之士为众所尊敬者,月支米粮优恤养赡。<u>庙宇损坏,随即完修</u>。作养后进,严加训诲,讲习道艺,务要成材。若德行、文学超出时辈者,有司保举,肃政廉访司体覆相同,以备擢用。……③

除了遵行世祖中统二年(1261)颁布庙学不受骚扰、不做他用的圣旨,成宗态度上继续保障学校经费,以及经费使用项目的规定。而其中"庙宇损坏,随即完修"一语,可以认为再度强调与呼应至元二十年以来对有关庙学建设问题的明确指示。

(三)政令与建设

从以上所列几条相关政令,可看到从世祖到成宗即位,蒙元统治者面对儒学学校诸多问题中的庙学建设多少有所关切,其焦点在于整修经费来源的保障,而且"所在官司"负有责任。那么,政令与平原县的庙学建设关系又是如何?

1. 世祖时代

首先,从本文所使用的五篇碑记文撰写的时间来看,三篇完成于成宗时代,两篇在顺帝时代。相较之下,世祖忽必烈在位时期平原县的庙学建设状况略显模糊。根据李谦《平原县修庙学记》所载:

县故有学,居城东南陬,毁于金季之兵。初,儒士蒋文、霍存,倡邑人爰举斯役,为殿三间,贤庑略备。至元七年,县达鲁花赤札忽儿始辟讲授之室,以舍诸生。④

李谦为郓州东阿人(山东)。世祖初为东平府教授,后荐召为翰林应奉,累升翰林侍读,以翰林

---

① 《庙学典礼》卷一《都省复还石国秀等所献四道学田》,第19页。
② 《庙学典礼》卷四《庙学田地钱粮分付与秀才每为主》,第73—76页。
③ 方龄贵校注:《通制条格校注》卷五《学令》,北京:中华书局,2001年,第210页。
④ 李谦:《平原县修庙学记》,《乾隆平原县志》卷一〇,第11页b。

承旨致仕。① 据此记载可知,金朝末年平原县庙学曾毁于战乱,而朝代鼎革之际,政权尚未确立时,地方官员无法派任,此时参与庙学建设的是楚蒋文、霍存两位"儒士"与地方人士,合力完成"殿三间,贤庑略备"的工程。目前尚不清楚这两人是怎样的"儒士",不过他们能够号召地方人士进行工程,至少在当地应具有某种程度的声望地位,也可能原本担任金朝当地的学官。这次工程"略备"而已,应是颇为简易。

有了简易的"殿"与"庑",至元七年(1270),平原县达鲁花赤札忽儿辟建"讲授之室","以舍诸生"。② 从辟建的时间至元七年考虑,札忽儿的作为非常可能是因为对于前面所提到至元六年(1269)中书省要求地方官对庙学必须有"具体行动"的一种响应。

2. 成宗时代

(1)元贞元年

接续札忽儿之后,整建平原县庙学的地方官员为达鲁花赤札木合、县尹张元规、主簿马汝弼。其实札忽儿与札木合之间,应还有一位达鲁花赤"大孙",但目前对庙学建设有何作为皆无所知。③ 李谦《平原县修庙学记》说:

> 以故殿卑陋,规制狭隘,不足展礼容,相与图议曰:圣代崇尚文治,吾邑虽褊小,有人民社稷,亦古者子男之国,揣分思职在兴学,为不可缓。……撤故殿一新之,为闬闳,为斋序,为庖,为库,不逾岁工作告成。④

札木合等人到任之后,见到庙学简陋而整建。李谦的记文撰于成宗元贞元年(1295)四月,而这次的整建时间"不逾岁",因此推测札木合等人应是成宗元贞元年到任。⑤

前面提到成宗至元三十一年(1294)四月即位,七月宣示对庙学的重视,包括"庙宇损坏,随即完修",次年改元元贞。因此,札木合等人整建庙学之举,可以反映三件事:其一,金末元初儒士楚蒋文、霍存"略备"的殿、庑,以及至元七年鲁花赤札忽儿辟建的讲室,想必确实简陋。其二,从至元七年(1270)达鲁花赤札忽儿辟建学斋之后,中间经历大孙,到札木合到任(1295),大约二十五年时间,平原县的庙学可能没什么建设。其三,札木合等人响应新皇即位的兴学号召,而采取整建庙学的行动。换言之,李谦表面叙述札木合等人具有"以故殿卑陋,规制狭隘,不足展礼容"的理念背后,不能忽略圣旨或政令对地方官的要求,甚至可说这才是最主要的因素。而这一点,从李思诚的《重修庙学碑阴记》可获得说明:

> 乙未之春,前平原县官僚<u>钦膺诏旨</u>,倡邑中贤豪捐金割俸,市材鸠功,撤宣圣故庙像,轮奂一新,宏敞峻整,有光于前,邻邑罕比。翰林学士李野斋〔即李谦〕既为文以表之。……⑥

"乙未"即成宗元贞元年(1295)。李思诚明确指出前平原县官僚札木合等人"钦膺诏旨"而有这次的整建工程。

此外,李谦之所以撰写《平原县修庙学记》乃由于"教谕高从正不远千里来京师,请志其事

---

① 《元史》卷一六〇《李谦》,第3767—3768页。
② 李谦:《平原县修庙学记》,《乾隆平原县志》卷一〇,第11页b。
③ 见《乾隆平原县志》卷六《职官》,第7页a。
④ 李谦:《平原县修庙学记》,《乾隆平原县志》卷一〇,第11页b、第12页a。
⑤ 《乾隆平原县志》卷四《职官》记载达鲁花赤札木合、县尹张元规"俱元贞元年任"。
⑥ 李思诚:《重修庙学碑阴记》,《乾隆平原县志》卷一〇,第12页a。

于石"①,从另一角度解读,或可视为平原县响应政令的具体存证。

(2)大德五年

前述《乾隆平原县志》《学校志·学宫》记有"大德五年,达鲁花赤望家奴、县尹许宗吾继为修缮",注明"教谕李思诚撰记在前,碑阴见艺文"。目前笔者可见即李思诚撰于大德五年(1301)的《重修庙学碑阴记》。此外《乾隆平原县志》的《职官》也注明达鲁花赤望家奴与县尹许宗吾"以上二人见大德五年续修学碑,旧志阙"。"旧志"指明朝万历十八年(1590)修的《平原县志》,并未收录"续修学碑"②,《乾隆平原县志》也未收录。因此不清楚望家奴、许宗尹于大德五年"续修庙学"的有何作为。

李思诚是山东益都人,大德五年他担任平原县的儒学教谕。③ 据其《重修庙学碑阴记》所载,其实元贞元年札木合主持的工程并没有完成,必须到大德五年才得以继续。这是由于一位"傅公","按巡部属"来到平原县,对札木合的调任导致未能完成的庙学工程表示遗憾,因此训谕地方官(应该就是达鲁花赤望家奴、县尹许宗吾)完工。《重修庙学碑阴记》的叙述如下:

<u>历五星霜</u>,而郡守内翰傅公至。公,文章经济才也。<u>因按巡部属临是邑</u>,来谒奠,顾而叹曰:"若人也,功至是,<u>遽于去任,不克竟愿</u>,良有憾焉。任其后者,何忍坐视。"遂谕监县令簿司属,众皆忻应,分工董役。<u>不再月,凡前政之未备者悉备之</u>。

这篇记文写于成宗大德五年,距离元贞元年(1295)约七年。从"历五星霜"推测,札木合可能于工程开始后两年调任。这位"傅公"不知何许人,但应是来到平原县巡视的监察系统官员。所以在"傅公"的"关切"下,未竟工程约莫一个月完成。

大德五年的时间点有何意义?首先若从这位"傅公"的职务考虑,或可有如下推测:《庙学典礼》中收录大德三年、四年的公文,有《廉访分司举明体察》一项,再要求地方监察体系把选用儒人的相关问题当成考察重点;④同为大德四年,也有《成宗设立小学书塾》一项,明令于每社设立一所学校,选择通晓经书者为儒师,于农闲时期令子弟入学。⑤ 这两项虽是出自江浙地区儒学相关的公文,⑥但应该是全国性的政令,而且前者又点名为监察体系官员的职责。因此,当这位"傅公"来到平原县因为考察或贯彻这两项儒学政令,而连带注意到该县庙学未完工的状况,于是训谕地方官改善,这样的推测或许并非不可能。

其次,大德五年,甚至连同前次元贞元年的整建,也可以认为与前言提到由于成宗即位宣示尊孔,曲阜庙学于是从大德二年(1298)至五年(1301)进行修缮工程,平原县地方官对于这段时期尊孔政令之下修缮曲阜庙学的呼应。

---

① 李谦:《平原县修庙学记》,《乾隆平原县志》卷一〇,第 12 页 a。
② 《乾隆平原县志》:《平原县旧志序》(第 1 页 a—第 2 页 a)、《重修平原县志序》(第 1 页 a—第 2 页 a)。笔者检视今存万历十八年《万历平原县志》缩片,并未见〈续修学碑〉这篇碑文。缩片藏于台北"中研院"傅斯年图书馆,编号 MFC0801。
③ 根据李修生主编:《全元文》卷一一一三"李思诚",南京:凤凰出版社,2004 年,第 48—49 页。以下称《全元文》。
④ 《庙学典礼》卷六《廉访分司举明体察》,第 130—132 页。
⑤ 《庙学典礼》卷六《成宗设立小学书塾》,第 134—136 页。
⑥ 关于《庙学典礼》一书内容公文的问题,请参考宫纪子:《モンゴル时代の出版文化》第 6 章,《"庙学典礼"札记》,(名古屋:名古屋大学出版会,2006),第 302—325 页。

3. 顺帝时代

(1) 元统年间

庙学整建与圣旨政令联系的状况,也出现于顺帝元统年间的修缮。王士元撰于顺帝至元元年(1335)的《重修宣圣庙碑》载:

> 平原,今邑之一,当燕齐之冲,而密迩邹鲁,宣圣庙在邑巽方,创于有宋,中丁变故,芜废者在。金承安五年,皇元元贞乙未,尝再新之,迄今又四十稔。……元统中,曹南张仲鉴以名臣轨孙来尹是邑……三献官奉,从以志士豪民之助,贸材甓,募匠力,朝而听讼,晡而抚工。……不踰时而告厥成功。……①

王士元为恩州人,曾任"民甸副使"②,他因为学谕陈容的请托而撰此碑文。③ 由文中可知,王士元略过大德五年完成后续工程不谈,认为自成宗元贞元年(1293)札木合等人修建平原县庙学之后,接下来较大规模的整建出现于"元统年间"。"元统"为顺帝妥欢贴睦尔(1320—1370)即位采用的第一个年号,但只有元年(1333)与二年(1334)。从成宗元贞元年(1293)到顺帝元统年间(1333—1334)约四十年。元统年间,张仲鉴担任平原县尹时再次整建庙学。根据王士元的叙述,张仲鉴由于庙学祭祀圣贤时观察到"何祠宇之陋如是?"于是决意整修。但是同样的,顺帝即位之初,元统二年二月"诏内外兴举学校",十二月"诏整治学校"④。因此,张仲鉴之举,可以认为因为见到四十年未曾整修葺的故陋庙学而有兴学校之心,但同时更可能配合着诏令而来。

(2) 至正二年

当然,并非每次平原县的庙学修建都与圣旨诏令明显联系。顺帝至正二年(1342)平原县庙学再次整建,距离元统年间约十九年。至正三年(1343)十二月,司廙受平原县教谕卢彦实与儒士董士能之请,撰写《平原县修庙学记》,提到:

> 至正二年秋八月,县尹晁邦直惧夫岁久,日入于坏,议所以修复之。询谋金同,乃资禄廪,市材甓,躬自董督,刻意专勤,以完旧益新为己任。⑤

司廙,山东恩县人,至治元年辛酉(1321)科进士。至正元年(1341),由国子监丞出任燕南廉访佥事,六年任国子司业,仕至礼部尚书,其兄司庠亦为进士。⑥ 他与晁邦直曾同为国子生,算是具有同学之谊。县尹晁邦直见到庙学年久失修,因此倡议修复。考察至正元年、二年并未见到颁布兴学校的相关圣旨政令。不过,"至正"是顺帝排除权臣伯颜势力之后所采用年号,而协助顺帝铲除伯颜势力的脱脱则是亲近汉法的蒙古权贵。顺帝即位诏书有言:……其以至治七年为至正元年,与天下更始。⑦

如此政治上之"更始"是否"带动"地方官员(例如晁邦直)主动注意庙学的修缮。虽无直接证据,却颇有想象空间,耐人寻味。

---

① 王士元:《重修宣圣庙碑》,《乾隆平原县志》卷一〇,第 13 页 b。
② 《全元文》卷一二四 "王士元",页 510。《全元文》作"王世元",应误。
③ 王士元:《重修宣圣庙碑》,《乾隆平原县志》卷一〇,第 14 页 a。
④ 《元史》卷三八《顺帝一》,第 820、825 页。
⑤ 司廙:《平原县修庙学记》,《乾隆平原县志》卷一〇,第 15 页 b。
⑥ 萧启庆:《元代进士辑考》,台北:中研院史语所,2012 年,第 192 页。
⑦ 《元史》卷四〇《顺帝三》,第 860 页。

根据以上分析,元代平原县主要可见的五次庙学整建行动(至元七年、元贞元年、大德五年、元统年间、至正二年),多少都见到与元廷政令呼应的痕迹。只是这种的状况却往往隐藏于碑记文之后,撰写者李谦等人并不直接道出,而多着墨于地方官员"尊崇儒学"的理念之上。

(四)整建内容与官员职责

1. 整建内容

(1)世祖时代

平原县地方官员呼应政令而建设庙学,但是究竟整建了哪些内容也可以注意。最初金末元初战乱之际,儒士蒋文、霍存倡建庙学,建有"殿三间,贤庑略备",应是修建大成殿与从祀廊。作为庙学的核心,大成殿为官员举行"春秋释奠"、"朔望祭祀"等必要仪式之所在,具有尊崇儒学的象征意义,因此修建大成殿有其重要性与优先性。而至元七年(1270)达鲁花赤札忽儿辟建"讲授之室",才有讲堂,这意味着出现教学场所之后才能够进行常态讲学。不过这段时期的"殿"、"庑"与"讲室"都相当简陋。

(2)成宗时代

到了成宗元贞元年,札木合等人主持平原县庙学整建,根据李谦与李思诚两篇碑记文的叙述,"撤故殿一新之"、"撤宣圣故庙像,轮奂一新,宏敞峻整,有光于前",即重建之前简陋的大成殿,重塑孔子像。另外,还修建了"闳闼"(大门),"斋序"(学舍),"庖"(厨房),"库"(仓库)。如此,平原县的庙学建筑结构才较为完整,《乾隆平原县志》就认为这次的整建"规制始备"。不过,根据李思诚《重修庙学碑阴记》所言,这次修建仍有未尽之处:

> 惜垣墉、丹臒、讲所、阶砌未克备,以代去,功绪中辍。

外围的墙垣、粉刷(丹臒)、讲室、台阶等工程未臻完备,札木合就已调任。经过五年之后于大德五年才由于"傅公"的监察而促使完工。此事已于前文有所讨论,不再赘述。不过值得一提的是,这次工程"不再月,凡前政之未备者悉备之"①,也就是约末一个月时间可以完成的工程,为何因札木合调任而停顿了五年?

此外,这里要补充大德五年(1301)以后有关平原县庙学整建的其他信息。《乾隆平原县志》《职官》登录"望家奴"之后达鲁花赤为"速敦",县尹为"纥石烈延年",注明"见《纥石烈新政碑阴》,俱大德中任"②,虽然《纥石烈新政碑阴》阙佚,但《平原县尹纥石烈君新政碑》则留存,作者王构,山东东平人,弱冠任东平行台书记。至元十一年(1247)应召入大都,授翰林国史院编修官,历任翰林侍讲学士等职。成宗时代任翰林学士,纂修《世祖实录》。武宗即位,拜翰林学士承旨,修《成宗实录》。至大三年(1310)卒。③《平原县尹纥石烈君新政碑》撰于大德十年(1306)二月。文中提到:

> 尹纥石烈君……增辟儒官,勖而生讲肆,按图为礼器三百,时祀无阙。④

"礼器三百",包括爵、杯、香炉、烛台、簠、簋、笾、筐、豆、盘、香案桌、沐牲桶、焚帛架、木烛台、红缎帐幔等。⑤ 连接上述"傅公"于大德五年训谕平原县地方官完成庙学未竟工程之后,接着县

---

① 李思诚:《重修庙学碑阴记》,《乾隆平原县志》卷一〇,第12页b。
② 《乾隆平原县志》卷六《职官》,第7页a。
③ 《元史》卷一六四《王构》,第3855—3856页。
④ 王构:《县尹纥石烈君新政碑》,《乾隆平原县志》卷一〇,第38页b—第39页a。
⑤ 《乾隆平原县志》卷四《学校》,第5页a—第5页b。

尹纥石烈延年的对庙学的政绩，主要是增建讲室与制作礼器。至于达鲁花赤速敦有何建树并不清楚。

(3) 顺帝时代

达鲁花赤速敦、县尹纥石烈延年之后，《乾隆平原县志·职官》登录的达鲁花赤为"蒙干禄普化"，注明"见元统中《修学碑阴》。以上二□，旧志阙"①。可见顺帝元统年间(1333—1334)，鲁花赤蒙干禄普化似应对于庙学有所作为，因此记载于《修学碑阴》文。目前笔者未见此碑文，暂且不论。不过就时间来看，王士元于元统年间(1333—1334)写的《重修平原宣圣庙碑》指的应该是同一件事，而且王士元对平原县庙学整建历史的叙述方式，强调出这次整建的重要：

……宣圣庙在邑巽方，创于有宋，中丁变故，芜废者再。金承安五年，皇元元贞乙未(元年，1295)，尝再新之，迄今又四十稔。……②

王士元略过至元七年、大德五年两次整建，可推想在其认知中，这两次整建的状况并不足称道。本次元统年间的整建，焦聚于县尹张仲鉴等人的贡献：

圣有殿，贤有庑，席师有堂，生业有斋。门垣庖廪，诸礼器井井咸备。③

由此可知，到了顺帝初年，平原县庙学的结构，"庙"（大成殿）与"学"（明伦堂）皆具规格，师生的生活设施业已成立。

约十年之后，顺帝至正三年(1343)十二月，司廙撰写《平原县修县学记》。文中并未提及此前平原县庙学的修建过程，仅言"平原县庙学，宋、金故基，兵毁之余，再经营建"，略过之后四次整建，而把撰写重点放在至正二年(1342)八月以县尹晁邦直为主的修缮。其内容：

<u>正殿完饰</u>，巍然焕然，<u>两庑撤而新之</u>，远逾旧制。七十子之徒，及历代名儒有功于世教者，<u>复其绘像而列焉</u>。内外有门，周围缭垣，讲堂斋舍，<u>疏圮者莫不葺理固密</u>。……④

从行文看来，这次整建重点在于"修饰与维修"（正殿完饰、疏圮者莫不葺理固密），以及"部分更新"（两庑撤而新之、复其绘像而列焉），意即在原有的建筑基础上进行整建，但以"修饰与维修"为重点。

从以上的整理可知，元朝平原县庙学的整建，从金元之际本地儒士蒋文、霍存倡募建筑殿、庑，至成宗元贞元年才"规制始备"，之后大德五年、元统年间以及至正二年的整建工程则以补工、修缮为主。下一次的整建信息，则是出现于明朝洪武二年(1369)，距至正二年(1342)二十七年。⑤

2. 官员职责

(1) 考课

由以上讨论所获得之初步印象，平原县的庙学建筑结构乃透过逐次整建而渐臻完善，实为漫漫道路，而且地方官的整建举动则多少"响应"着相关政令的颁布。此外，从考课与职务的

---

① 《乾隆平原县志》卷六《职官》，第7页a。
② 王士元：《重修平原宣圣庙碑》，《乾隆平原县志》卷一〇，第13页a。
③ 王士元：《重修平原宣圣庙碑》，《乾隆平原县志》卷一〇，第13页b—第14页a。
④ 司廙：《平原县修县学记》，《乾隆平原县志》卷一〇，第15页b。
⑤ 《乾隆平原县志》卷四《学校志·学宫》，第1页b，载"洪武二年重修"；卷一〇《艺文上》有明人赵见图撰《重修庙学记》。

角度,也能辅助说明地方官员对庙学整建的微妙立场。

元初一开始就以"户口增"、"田野辟"、"词讼简"、"盗贼息"、"赋役均"——"五事"当作考核地方官员的标准,基本上以财政(户口增、田野辟、赋役均)、治安(词讼简、盗贼息)为主。考课成绩牵涉迁转:五事备者为上选,升一等;四事备者,减一资;三事有成者为中选,依常例迁转;四事不备者,添一资。五事俱不举者,黜降一等。① 到了元代后期顺帝至正四年(1344),"兴学校"才列为考课项目之一,成为"六事"②。"兴学校"尚未成为考核项目之前,面对现实的升迁问题,地方官员如何于明定的"考课五事"与不列其中的"兴学校"安排"轻重缓急",颇耐人寻味。从考课的现实处境以安排事务的处理顺序,对地方官而言是种选择。或者可以认为,平原县地方官的庙学整建之举,多出现于相关圣旨政令颁布之后,未尝不是面对另一种"考课"的现实考虑。这一点,其实刘敏中(1243—1318)已观察到"各处牧民之官竞以修建文庙为事"作为业绩而忽略人才作养的现象。③

其实,平原县地方官处理地方事务的现实与艰巨,碑记文的撰写者以另外的书写方式表达于字里行间。例如,李谦《平原县修庙学记》言:

……然县有剧易,事有繁简,处剧若易,理繁犹简者,非才有余刃能然乎!平原当南北驿途之冲,簿书狱讼,征发会遣,与夫行李往来,日不暇给。今达鲁花赤札木合、尹张元规、簿马汝弼方为县倅惚,能知以兴化劝学为己任,其贤矣哉。④

王构《平原县尹纥石烈君新政碑》曰:

平原县剧,地居南北之冲,尹纥石烈君恭宽惠和,公贞峻洁,而济之以敏干。⑤

王士元《重修平原宣圣庙碑》云:

平原,今邑之一,当燕齐之冲,而密迩邹鲁。……元统中,曹南张仲鉴以名臣轨孙来尹是邑……朝而听讼,晡而抚工。馆客之暇而辄董役,虽吏牍山积,驿使星骛,而经营之勤,亦无顷刻闲。……是役也[指修庙学],汶上张凯元主邑簿,莱芜潘居敬参幕,是实协赞之。……⑥

司廙《平原县修庙学记》道:

今晁侯处亲民之职,当驿途之冲,征赋浩穰,期会峻急,狱讼纠纷,簿书杂沓,无难剧繁,无恤倥偬,而方以庙学为务,可谓知本者矣。⑦

以上碑记文的撰写者李谦等人皆提到身为地方官所必须执行的职责,尤其山东平原县位处交通要冲的特色,更加重事务的繁剧。因此,若非有相当有能力者,也许难以应付。换个角

---

① 《元史》卷八二《选举二》,第2038页。
② 张金铣:《元代地方行政制度研究》,合肥:安徽大学出版社,2001年,第239—241页。"兴学校"成为"六事",作者以《元史》卷四一《顺帝四》(第869页):"四年……辛巳,诏:'定守令黜陟之法,六事备者升一等,四事备者减一资,三事备者平迁,六事俱不备者降一等。'"以及明人陶庵《陶学士集》(《四库全书》本)卷一〇《孔庙赋》(第21页a)"至正四年,朝议以六事课守令,增'兴学'之目遴铨。"两条资料说明。
③ 刘敏中:《九事》,《中庵先生刘文简公集》卷一五,《北京图书馆古籍珍本丛刊》,北京:书目文献出版社,1988年,第398页。
④ 李谦:《平原县修庙学记》,《乾隆平原县志》卷一〇,第11页a—第11页b。
⑤ 王构:《平原县尹纥石烈君新政碑》,《乾隆平原县志》卷一〇,第38页a。
⑥ 王士元:《重修平原宣圣庙碑》,《乾隆平原县志》卷一〇,第13页b—第14页a。
⑦ 司廙:《平原县修庙学记》,《乾隆平原县志》卷一〇,第16页a。

度来看,撰写者笔下这几位致力庙学建设的地方官员,可认为正是能执行户口增、田野辟、词讼简、盗贼息、赋役均"五事"考核标准之外,而从事兴学之务。撰写者的书写则以对比的方式突显地方官"尊崇儒学"的难能可贵而加以赞扬,官员考课的现实并不会出现于行文之中。

因此,由官员的职责与考课,吾人对于平原县庙学建设的缓慢与曲折之因,或能有进一步的理解。

(2)经费

不像曲阜孔庙有历日银赞助维修经费,①筹款进行庙学建设也是地方官员的职责。

前文提到元廷明令学田收入的使用项目之一即作为修缮之用。申万里指出,金朝时北方儒学学田不多,蒙金战争期间学田更是大部分易主,因此元初北方儒学学田很少,至元年间有些地方为儒学拨田。成宗即位颁布圣旨拨荒闲土地作为学田,于是很多儒学得到官拨的学田。②

根据现有资料,元代平原县庙学有无学田并不清楚。目前可见的记载是明朝万历四年(1576)知县王维藩捐俸购买一顷二十亩的学田。③ 至于元代这几次的庙学整建经费来源记载,元贞元年:

逮札木合、元规、汝弼偕至……乃共割俸币。邑之<u>尚义者</u>,闻风胥劝,<u>输所有</u>,唯恐其后。其司出纳、董营度,则择谨厚者授之,伐石于山,市材于民……④

乙未之春,前平原县官僚钦膺诏旨,<u>倡邑中贤豪</u>,捐金割俸,市材鸠工……⑤

元统年间:

……<u>三献官奉,从以志士豪民之助</u>,贸材甓,募匠力……⑥

至正二年:

……<u>乃资禄廪</u>,市材甓,躬自董督……⑦

从这些记载可知平原县庙学建设的经费来源,不外乎先是透过地方官员"抛砖引玉"的捐俸之举,然后向地方人士"募款",进行工程。

因此,除了响应政令而进行庙学建设,更现实的问题则是地方官员必须筹款,这成了职责之一。筹款主要来自地方人士的捐献。这里或许反映两个问题:一是平原县没有学田,一是平原县有学田,但其收入并不足以支付庙学整建工程。政令与现实颇有落差。由于地方人士(尚义者、贤豪、志士豪民)的支持,能够成为地方官政绩的庙学建设才足以完成。但是,碑文撰写者所要表达的,则是以代表统治者的"政令"、"地方官"为主的政绩,"地方人士"为辅的响应。

---

① 王恽:《用历日银修祖庭孔庙事状》,《秋涧先生大全集》卷八五,《四部丛刊》本,第7页a、b。
② 申万里:《元代教育研究》,第350页。
③ 《乾隆平原县志》卷四《学校》,第8页b。
④ 李谦:《平原县修庙学记》,《乾隆平原县志》卷一〇,第11页b。
⑤ 李思诚:《重修庙学碑阴记》,《乾隆平原县志》卷一〇,第12页b。
⑥ 王士元:《重修平原宣圣庙碑》,《乾隆平原县志》卷一〇,第13页b。
⑦ 司廙:《平原县修庙学记》,《乾隆平原县志》卷一〇,第15页b。

四　小结

元朝《经世大典》有云：

> 有国家者，通祀仲尼于天下，其来尚矣。我国家定中国，庙祀如故而学隶焉。舟车所至，凡置郡县之地，无大小，莫不皆有庙学。[①]

《经世大典》此语，可谓蒙元统治者"尊崇儒学"政策之下，呈现庙学普及化的傲人成果。只是，"凡置郡县之地，无大小，莫不皆有庙学"之外，庙学是否发挥作用也应值得关注，而庙学能否发挥作用的基本重点之一，在于建筑结构的完备程度，建筑结构的完备程度则有赖于地方官员的施政效率。

本文以元代山东平原县的庙学建设为个案，讨论一个地方庙学的建设过程所呈现的问题，有如下几点观察：

首先，平原县庙学建设，根据本文使用的碑记文数据显示，有元一代共有世祖至元七年（1270）、成宗元贞元年（1295）、成宗大德五年（1301）、顺帝元统年间（1333—1334）、顺帝至正二年（1342），五次主要整修工程。其中成宗元贞元年的整建，庙学结构才算"规制始备"。元贞元年之前的建设简陋，之后则多为装饰与维修。平原县庙学建筑的完备乃透过逐次整建而来。

其次，这五次整建工程的时间，大致与元廷颁布尊崇儒学（孔子）的圣旨或政令有所连接。平原县地方官员因为政令而执行庙学建设，理所当然。其他地方的庙学建设极可能亦是如此。但碑记文资料往往略过这点，撰写者着重于该地方官员"尊崇儒学"的一面。

又，牵涉地方官迁转的考课内容，"兴学校"并非主要考虑。但是碑记文内容则呈现对地方官整修庙学的大力赞扬，则可视为地方官五事考课额外的成就，因此可贵。

由此可推测，平原县的庙学建设，许多时间处于不够完备，以及有待维修的状态。如此，庙学作用可以发挥到什么程度，颇可怀疑。当然，所谓"作用"的定义因人而异：统治者、地方官、地方人士，各有不同。对统治者而言，做到"凡置郡县之地，莫不皆有庙学"——有个主要建筑物，已是非凡成果；地方官进一步能"完旧益新"也是不错的业绩，地方人士则可满意于"视其规模，甲于临邑"，这些都是"作用"，但却仅是某种层面的"儒治"。

当然，不同地方的庙学建设状况可能有同有异，而同异之意义何在、显示元朝儒学统治政策的什么现象，存在讨论空间。因此，本文无意、也无法以山东平原县庙学建设作为具有普遍性的代表，而是透过个案的分析讨论，借此进一步接近元代"尊崇儒学"背后的现实。

[①] 《经世大典序录·礼典总序·宣圣庙》，收入《国朝文类》卷四一，《四部丛刊》本，第 11 页 a。

元代的岳渎祭祀——以济渎庙为中心①

(日本)明治大学 樱井智美

一般来说,元代对中国传统祭祀的态度,很不热情,特别是不重视中国的郊祀祭祀。② 其实现存蒙元时代的礼制资料相当缺乏,我们只能收集零散的资料来探讨整个"元代礼制"③。并且,到现在为止,日本的专家对蒙元时代的祭祀研究,偏于从蒙古的游牧文化角度来分析,似乎没有在中国史的脉络上观察分析和研究。因此,笔者认为还有研究元代礼制和祭祀的必要。

在多种类的祭祀之中,本稿拟主要对元代的岳渎祭祀进行初步研究。近二十年来,日本学者池内功、森田宪司等人对此课题进行了有关研究。池内分析了忽必烈统治时期蒙古朝廷采用中国祭祀的顺序和理由等,并指出忽必烈积极实行了岳渎祭祀。森田则考察了元代代祀方式的岳渎祭祀。④ 最近,中国也有学者们着手研究元代岳渎祭祀。其中,马晓林的研究极有系统且相当全面。他首先整理了元代岳渎祭祀的地点和代祀的路线、使臣,然后说明地方官员实行的常祀和临时性的祭祀,最后分析了元代中后期的祭祀演变。⑤ 本稿的内容虽然与这些研究有些重复,但特别提出了元代与中国其他时代的关于祭祀的比较的观点,具有不同的视角。因此,笔者不担心重复,将重新梳理元代岳渎祭祀的情况,冒昧地提出笔者的观点和课题。

我们目前可以看到当时在寺庙和祠庙里所刻立的各种碑文,其中很多碑文已被收录于金石书和地方志里,也有现存于全国岳渎遗址里的。笔者在此通过分析这些碑刻的内容、石碑的多少等等,探讨以下四个问题:第一,蒙元政权对岳渎的祭祀是何时、由谁开始。与其他的中国传统祭祀比较,元代的祭祀情况有什么特征。第二,五岳四渎五镇四海之中,在济渎庙进行的祭祀有什么特征? 其原因何在。第三,看看历代王朝对岳渎祭祀的情况,与其他时代进行比较,元朝对岳渎祭祀的态度有什么特征。第四,分析元代岳渎祭祀的意义,特别是就中国史的脉络上分析元代岳渎祭祀的意义是什么。

---

① 本文系日本学术振兴会科学研究费补助金(22720273)资助的部分研究成果。本文成稿之时,得到林韵柔博士汉语校对方面的帮助,特记鸣谢。
② 沟口雄三、丸山松幸、池田知久编《中国思想文化事典》东京:东京大学出版会,2001年7月,第274页。
③ 陈戍国:《中国礼仪制史(元明清卷)》,长沙:湖南教育出版社,2002年2月,第2页。本稿中的"元代"包含1271年建立国号以前的情况。
④ 池内功:《フビライ朝の祭祀について》,平成2年度(1990)科学研究费补助金总合研究(A)研究成果报告书《中国史における正统と异端》(2),1991年,第55—71页;森田宪司:《元朝における代祀について》,《东方宗教》98,2001年11月,第17—32页。
⑤ 马晓林:《元代岳镇海渎祭祀考述》,《中国史研究》2011年第4期,第131—144页。马晓林最近着重地进行元代国家祭祀的研究,并于2012年完成了博士论文。承蒙马先生于2012年8月在天津举办的"元代国家与社会国际学术研讨会"上惠赐复印本。谨在此表示感谢之意。

一 蒙元政权开始岳渎祭祀的状况

中国的礼制上最重要的国家祭祀,不用说是郊祀和宗庙的祭祀。但是元朝对这些祭祀很不重视,《元史·祭祀志》虽记载:"自世祖以来,每难于亲其事。英宗始有意亲郊,而志弗克遂。久之,其礼乃成于文宗。至大间,大臣议立北郊而中辍,遂废不讲"①,但是其实至文宗至顺元年(1330)才开始有皇帝亲自郊祀。皇帝开始亲祀宗庙也很晚,除了元贞元年(1295)十月成宗临时亲享大都太庙②之外,"武宗亲享于庙者三,英宗亲享五。晋王在帝位四年矣,未尝一庙见。文宗以后乃复亲享"③。

相对于这些国家祭祀,蒙古皇族的岳渎祭祀早就开始。1249年拖雷妃唆鲁古唐下令:"凡海岳灵山及玄教祠堂,遣近侍护师悉降香以礼之"④,在京兆府的一个道观里也有此时唆鲁古唐所颁付的懿旨碑刻。⑤ 至于皇帝进行的岳渎祭祀是从宪宗蒙哥开始。1251年,宪宗"诏征(全真教的)真常真人(李志常)以白金五千两,佩金符,代巡祀岳渎,凡在祀典者,靡神不举"⑥。此外,宪宗翌年"始以冕服拜天于日月山。其十二日,又用孔氏子孙元措言,合祭昊天后土,始大合乐作牌位,以太祖、睿宗配享"⑦。可见此时使用的冕服和音乐都是中国式的。由此,我们可以认为宪宗已经积极采用了中国方式的祭祀。1256年在开平府建筑开工之时,"皇太弟忽必烈"让道士们进行祷告,之后又派遣道士和府僚们到五岳四渎举行祭祀。⑧ 其后,即皇帝位的世祖忽必烈开始重视岳渎祭祀,几乎每年让道士和官僚们到当地的岳渎庙代表皇帝进行祈祷祭祀。这样看来,我们可以认为岳渎祭祀就是元朝最早开始且最积极实行的中国式祭祀。

那么,元朝最早开始岳渎祭祀的原因是什么呢? 池内功从蒙古人的观念来分析这个现象。蒙古统治者认为某一个地方都有当地固有的土地神,中国地区(汉地)也不例外。为了获得中国山川的护助来统治中国天下,他们接受中国崇拜山川的祭祀,而且实施岳渎祭祀的理由与蒙古古来的礼俗和拜天观念并没有矛盾。池内功又认为蒙古人既是外来民族统治者,肯定有通

---

① 《元史》卷七二《祭祀志一》,北京:中华书局,1976年,第1779页。
② 《元史》卷一八《成宗本纪一》(第397页):"冬十月癸卯,有事于太庙。中书省臣言:'去岁世祖、皇后、裕宗祔庙,以绫代玉册。今玉册、玉宝成,请纳诸各室。'帝曰:'亲享之礼,祖宗未尝行之。其奉册以来,朕躬祝之。'命献官迎导入庙。"
③ 《元史》卷七二《祭祀志一》,第1779页。
④ 徒单公履:《冲和真人潘公神道之碑》,李道谦:《甘水仙源录》卷五,道藏要籍选刊6,上海:上海古籍出版社,1989年,第732页。关于早期岳渎祭祀的情况,参看森田宪司:《元朝における代祀について》,《东方宗教》98,2001年11月,第19—21页。
⑤ 《重阳延寿宫牒》(陈垣编纂、陈智超、曾庆瑛校补《道家金石略》,北京:文物出版社,1988年,第768页):"随路于五岳四渎,但有圣像房子里,代礼行降御香,赍奉皇帝圣旨节该,(后略)"。
⑥ 李鼎撰《重修终南山上清太平宫记》(《道家金石略》,第520页)以及王鹗:《玄门掌教大宗师真常真人道行碑铭》(《甘水仙源录》卷三,第715页,《道家金石略》第579页)等也有相关的记载。参见森田宪司:《元朝における代祀について》,《东方宗教》98,2001年11月,第20页;刘江:《元宪宗元年李志常代祀岳渎考》,熊铁基、麦子飞主编《全真道与老庄学国际学术研讨会论文集》,武汉:华中师范大学出版社,2009年5月,第378—387页。
⑦ 《元史》卷七二《祭祀志一》郊祀上,第1781页。
⑧ 王博文撰《创建开平府祭告济渎记》,北京图书馆金石部编《北京图书馆藏历代石刻拓本汇编》郑州:中州古籍出版社,1992年,第48册,第19页;《道家金石略》,第865页;参看樱井智美《〈创建开平府祭告济渎记〉考释》,《元史论丛》,第十辑,北京:中国广播电视出版社,2005年,第363—372页。

过祈祷祭祀汉人古来尊崇的自然神的办法,以获得汉人支持自己的打算。①

在此,笔者想再补充一个看法。笔者要指出蒙古统治者和道教集团关系很好的背景。自从成吉思汗召见长春真人丘处机以后,蒙古朝廷开始对北方道教全真教采取保护政策,全真教集团的势力也越来越强。宪宗即位后,全真教的掌教李志常在华北地区获得了很大的权益。宪宗和在潜邸的世祖意识到全真教的权利过大,便通过所谓'道佛论争'打压他们的势力。其后世祖对道教教团保持了冷静的态度,不过他的儿子裕宗真金和孙子成宗铁穆耳即位以前都尊崇道教,后代皇帝也一直保护道教集团。② 另一方面,中国的岳渎信仰与道教有相当密切的关系。所以,元代初期的道士们在岳渎祭祀中承担了重要作用。《元史·祭祀志五》"岳镇海渎"条记载元代岳渎镇海祭祀的方式:

> 又以驿骑迂远,复为五道,道遣使二人,集贤院奏遣汉官,翰林院奏遣蒙古官,出玺书给驿以行。中统初,遣道士,或副以汉官。至元二十八年正月,帝谓中书省臣言曰:"五岳四渎祠事,朕宜亲往,道远不可。大臣如卿等又有国务,宜遣重臣代朕祠之,汉人选名儒及道士习祀事者"③。

可见1251年宪宗让李志常代祀岳渎以来,虽然道士们有势力的变化,但一直承担元代的岳渎祭祀。

二 元代济渎祭祀的特征和重要性

据《元史》记载,中统二年(1261)设立了元代代祀岳渎镇海制度,并在至元二十八年(1282)为五岳、四海和四渎神加了尊号,大德二年(1298)为五镇神加了尊号。④ 元朝同时对整个岳渎赐加封号,但是朝廷派遣使者至各个岳渎庙祭祀的频率,以及祭祀情况似乎并不一致。笔者在本文以北渎济渎庙,便是利用关于济渎庙的祭祀石碑内容,探究祭祀情况。

首先笔者要指出,岳渎镇海的18种庙藏元代祭祀碑刻之中,关于济渎庙的祭祀碑刻是最多的。虽然其他岳渎镇海之中,曲阳北岳庙、登封中岳庙、辽宁北镇庙和广州南海庙等,也藏有较多的元代石碑和祭祀资料,但是与济渎庙有关的石刻资料特别的多。以前笔者统计了济渎庙的祭祀碑刻。结果到清代留下起码35个祭祀碑刻,现在可见至少也有15块碑刻的内容被人们所知。⑤ 那么,其原因何在呢?

先从地理的角度来看,济渎庙在今河南省北部的济源,就是济水的水源附近。济源位于太行山的东南山脚,西边翻过太行山就达山西南部,南边渡过黄河就达洛阳等河南的重要地区,自古以来的交通要地,而且离长安、开封等历代王朝的帝都不远。济渎庙所在的地区,从国家

---

① 池内功:《フビライ朝の祭祀について》,平成2年度(1990)科学研究费补助金总合研究(A)研究成果报告书《中国史における正统と异端》(2),1991年,第55—62页。

② 关于元代全真教和蒙古政权的关系,参看高桥文治:《モンゴル時代道教文書の研究》,东京:汲古书院,2011年12月。

③ 《元史》卷七六《祭祀志五》岳镇海渎,第1900—1901页。

④ 《元史》卷七六《祭祀志五》岳镇海渎;参见樱井智美:《元代の北岳庙祭祀とその逐行者たち》,气贺泽保规编《中国石刻资料とその社会:北朝隋唐期を中心に》,东京:明治大学东アジア石刻文物研究所、汲古书院,2007年9月,第123—125页。

⑤ 樱井智美:《クビライの华北支配の一形象:怀孟地区の祭祀と教育》,《骏台史学》124,2005年3月,第33—36页。

经营的角度来看,在元代也位处重要的地域。进一步说,济渎庙所在的元代怀孟路附近,即是黄河从往南到往东拐弯的地方,是全真教非常流行的地域。济渎庙也与其他民间祠庙一样,与道士们相关的活动很兴盛。①

但是怀孟地区在皇室也有很特别的地位。1256 年,即位之前的世祖建立了开平府,获得怀孟地区以为分地。在此以前此地也曾分封给睿宗拖雷一家。世祖即位以后,他的儿子裕宗、裕宗的儿子顺宗答剌麻八剌、顺宗的儿子武宗海山等,均继续保持在这一区域的权益。裕宗在至元九年(1282)主持了济渎庙的祭祀,②裕宗的弟弟那木罕也两次在济渎庙降香。③ 由此可见,济渎庙的所在地,即是皇室中心人物的分地,这一侧面肯定与济渎祭祀活跃有很深的关系。

除此之外,笔者还要指出另有一个济渎庙祭祀活跃的原因,便是济渎庙一直留在中国统一王朝的领域下。这方面的问题将在后文进行探讨。

三 历代王朝对岳渎祭祀的态度

中国的五岳四渎祭祀是中国传统祭祀之一,从秦汉时代开始,历代皇帝或亲自参加祈祷或派遣官员进行相关仪式。其中,秦始皇帝、汉武帝、唐高宗、武后、玄宗和宋真宗实行了大规模祭祀活动,即封禅。他们进行封禅的目的,一方面是祈祷不老长寿,一方面是解决政治问题。随着时代的变迁,国家祭祀的意义也产生了变化,能让民众闻见国家行事的意义越来越重要。比如说,宋代举办郊祀时,朝廷意识到在开封进行郊祀有给民众感受皇帝的威仪之意。乙坂先生亦强调元代的游皇城等祭礼,也包含着如此让民众和汉人知识分子看到的意义。④ 笔者认为历代王朝,尤其是元朝祭祀岳渎的行为,也和游皇城一样,意味着让地方的汉人民众看到统治政府的威信。

隋唐时期,朝廷建立了系统性的岳渎祭祀制度。⑤ 唐武后垂拱四年(688),中岳封了中天王号以后,玄宗对所有岳镇海渎都赐与王号或公号,宋真宗以后的宋代皇帝也反复加了尊号。事实上,唐朝崩溃以后,宋朝和金朝都无法统治整个中国,有的岳镇海渎位在统治领域外。但不管领域的大小,各自王朝都要对整个岳镇海渎举办了祭祀活动。⑥ 北宋时,北镇医巫闾山是

---

① 赵卫东详述了全真教与济源的密切关系。参见赵卫东:《金元全真道在济源的传播(一)》,《济源职业技术学院学报》,2012 年第 1 期,2012 年 3 月,第 8—13 页;赵卫东:《金元全真道在济源的传播(二)》,《济源职业技术学院学报》,2012 年第 2 期,2012 年 6 月,第 1—6 页。

② 李惟深《皇太子燕王嗣香碑》,《道家金石略》,第 1102 页;参见樱井智美、姚永霞:《元至元九年'皇太子燕王嗣香碑'をめぐって》,《骏台史学》145,2012 年 3 月,第 23—49 页。

③ 至元二十三年(1286)二月《皇子北安王降香记》,《北京图书馆藏历代石刻拓本汇编》第 48 册,第 100 页;二十四年闰二月《皇子北安王降香记》(未能得见录文。参看黄叔璥撰《中州金石考》卷五《怀庆府济源县》,《石刻史料新编》,台北:新文丰出版公司,1977 年,第 18 册,第 13704 页;顾燮光撰《河朔访古新录》卷一一《济源县》,《石刻史料新编》,第二辑,台北:新文丰出版公司,1979 年,第 12 册,第 8937 页)。

④ 乙坂智子:《元大都の游皇城—'与民同乐'の都市祭典—》,今谷明编《王权と都市》,京都:思文阁出版,2008 年 3 月,第 170—208 页;乙坂智子:《圣世呈祥の证言—元大都佛教祭典と称贺汉诗文—》,《史境》56,2008 年 3 月,第 41—65 页。

⑤ 樱井智美:《クビライの华北支配の一形象:怀孟地区の祭祀と教育》,《骏台史学》124,2005 年 3 月,第 28—31 页。

⑥ 吉川忠夫《五岳と祭祀》(《现代哲学の冒险 15 ゼロ・ビットの世界》,东京:岩波书店,1991 年 4 月,第 213—282 页)介绍从三国时代到南北朝时代的祭祀岳渎的情况。

在辽朝的统治下,观念上的西海也不在宋朝的统治下。所以宋朝对北镇医巫闾山与北岳恒山一起并于定州北岳庙进行"望祭",对西海与河渎一样于河中府河渎庙举行望祭。① 金朝只控制中国北部,南岳、南镇、南海和南渎都在南宋的统治下。所以金朝对"其在他界者遥祀","立夏,望祭南岳衡山、南镇会稽山于河南府,南海、南渎大江于莱州"②。相反地,从南宋的立场来看,除了南方的岳镇海渎以外,大部分的岳渎镇海都在南宋领域外。所以南宋当初采用了在杭州举办郊祀时,与五方帝同样陪祀的办法;而对从前在山东进行的东海祭祀,改在明州的行庙里举行国家的祭祀。③ 由此可见,宋朝和金朝重视实施整体岳渎的祭祀。那么,国家重视岳渎祭祀的意义何在呢?

南宋灭亡以前的蒙古政府也采用了权宜的办法。1251 年李志常主持岳渎祭祀时说明:"自恒而岱,岱而衡,衡隶宋境,公尝奏可于天坛望祀焉。既又合祭四渎于济源,终之至于嵩,至于华,皆如恒岱之礼"④。可见他们也认为五岳四渎是一套。再者,汉族士人认为统治中国的政府应该崇拜中国的土地神,举办岳镇海渎的常祀。宋初,秘书监李至言:

> 按五郊迎气之日,皆祭逐方岳镇海渎。自兵乱后,有不在封域者,遂阙其祭。国家克复四方,间虽奉诏特祭,未着常祀。望遵旧礼,就迎气日各祭于所隶之州,长吏以次为献官。⑤

李至认为"克复四方"的王朝应该实施岳渎常祀。这里所提的"四方"观念非常复杂。以下列举几个类似、相关词汇的例子:

"四海":《尚书》虞书·大禹谟:文命敷于四海,祗承于帝。
"奄有":《毛诗》大雅·皇矣:受禄无丧,奄有四方。
《毛诗》商颂·玄鸟:方命厥后,奄有九有。
《尚书》虞书·大禹谟:皇天眷命,奄有四海,为天下君。
"富有":《汉书》卷 56《董仲舒传》:贵为天子,富有四海。
"光有":《左传》昭公 28 年:昔武王克商,光有天下。(杜预注:光,大也。)
《史记》卷 23《礼书 1》:至于高祖,光有四海。
《后汉书》卷 1 下《光武帝本纪下》:高祖圣德,光有天下。

从这里知道"四方"、"四海"和"天下"不是指具体的地方,而是指中国皇帝圣德所涉及的范围之意。但是在汉代、隋唐时代和宋代的文献里,很容易看到"富有四海"或"奄有四方"这样的表达;而在三国时代和南北朝时代等中国分裂的时候,各自王朝则一般不采用这种表达。宋太祖即位后,乾德、开宝年间开始了岳渎的行礼,并且下令重修历代帝王和五岳四渎的祠庙。由此可知,朝廷认为"奄有四方"的中国王朝统治者应该实施按礼制进行的国家祭祀,岳渎祭祀

---

① 《宋史》卷一〇二《礼志五·吉礼五》岳渎,北京:中华书局,1977 年,第 2485—2486 页。
② 《金史》卷三四《礼志七》岳镇海渎,北京:中华书局,1975 年,第 810 页。
③ 《宋史》卷一〇二《礼志五·吉礼五》岳渎,第 2488 页;绍兴七年,"太常博士黄积厚言:'岳镇海渎,请以每岁四立日分祭东西南北,如祭五方帝礼。'诏从之。乾道五年,太常少卿林栗言:'国家驻跸东南,东海、南海,实在封域之内。自渡江以后,惟南海王庙,岁时降御书祝文,加封至八字王爵。如东海之祠、但以莱州隔绝,未尝致祭,殊不知通、泰、明、越、温、台、泉、福,皆东海分界也。绍兴中金人入寇,李宝以舟师大捷于胶西,神之助顺,为有功矣。且元丰间尝建庙于明州定海县,请依南海特封八字王爵,遣官诣明州行礼。'诏可。"
④ 王鹗:《玄门掌教大宗师真常真人道行碑铭》。
⑤ 《宋史》卷一〇二《礼志五·吉礼五》岳渎,第 2485 页。

也不例外。那么,蒙古人建立的元朝情况如何呢?

　　元世祖登位的诏书里,表示了尊崇中国祀典的态度。① 他一面完善岳渎常祀的制度,②一面派遣使者到当地的岳渎庙,代表皇帝进行祈祷祭祀(参看第一章)。至元二十八年(1291)为五岳、四海和四渎神加尊号时,强调"岳渎四海皆在封宇之内"③。元代的官僚们意识到元朝统治了整个中国,相对于此,他们认为金朝无法统治整个中国,宋朝也有领土问题的失策。《金史》卷六〇《交聘表上》序言里,表现出元人的看法:

　　　　宋之失计有三,撤三关故塞不能固燕山塞,汴京城下之盟竭公私之帑以约质,立梁楚而不力战而江左称臣。金人岂爱宋人而为和哉。策既失矣,名既屈矣,反使高宗立归德,不得河北,可保河南、山东。不然,亦不失为晋元帝,其孰能亡之。金不能奄有四海,而宋人以尊称与之,是谁强之邪。④

元代中期以后,中国士人的看法里,确立了"世祖皇帝奄有四海"的观念,⑤官僚们也常以"圣朝奄有四海"⑥来表达。以虞集(1272—1348)为例,他就反复利用"奄有四海"、"奄有中华"的表达方式。⑦ 元朝是"肇基朔方,奄有四海"的王朝,这是元代士人的统一看法。元朝极为重视岳渎祭祀的理由也在这里。元代整个五岳四渎五镇四海都在领域之内,"既有江南,乃罢遥祭"⑧。诸如北镇医巫闾山在广宁进行祭礼,南海、东海都能在唐代原来的地方举办祭祀。元朝始创"遥祭北海于登州界"的意思,正是清朝在青海湖湖滨祭祀西海的意思一样,意在炫耀广大的领土。

　　蒙古帝国一般认为是世界史脉络中的"大一统"王朝。但是,在蒙元统治下的中国士大夫眼中看来,蒙古帝国恢复了中国境内的统一,结束了三百五十多年的南北分割,这一事实肯定

---

① 《大元圣政国朝典章》卷三《圣政二》崇祭祀,故宫博物院藏元刻本,1976年景印,17b:"庚申年(1260)四月,钦奉诏书内一款,五岳四渎、名山大川、历代圣帝明王、忠臣烈士,载在祀典者,所有官司岁时致祭。"
② 《元史》卷七六《祭祀志五》岳镇海渎常祀,第1902页:"至元三年(1266)夏四月,定岁祀岳镇海渎之制。"
③ 《大元圣政国朝典章》卷三《圣政二》崇祭祀(17b):"至元二十八年二月,钦奉皇帝圣旨,朕惟,名山大川,国之秩祀。今岳渎四海皆在封宇之内,民物阜康,时惟神休,而封号未加,无以昭答灵贶。可加上东岳,为天齐大生仁圣帝,南岳,司天大化昭圣帝(中略)。加封江渎,为广源顺济王(中略),东海,广德灵会王(中略)。仍告遣官,诣神致告,以称朕敬恭明神之意。主者施行。"
④ 《金史》卷六〇《交聘表上》序言,第1385—1386页。
⑤ 《元史》卷三八《顺帝本纪一》至顺四年六月己巳条(第816—817页):"四年六月己巳,帝即位于上都,诏曰:'洪惟我太祖皇帝,受命于天,肇造区夏,世祖皇帝,奄有四海,治功大备,列圣相传,丕承前烈。我皇祖武宗皇帝入纂大统,及致和之季,皇考明宗皇帝远居朔漠,札牙笃皇帝戡定内难,让以天下。(后略)'"。
⑥ 《宪台通纪》至正五年四月中书省咨,《永乐大典》卷二六〇八《不拘月日》(王晓欣点校,杭州:浙江古籍出版社,2002年,第119—120页):"御史台呈至正四年十二月二十一日本台官奏:监察御史呈:'(前略)近自元统年间诏旨天下省台该并依世祖皇帝定制,伏睹圣朝奄有四海,爰立省部台院总摄机务。至于钱粮、选法、礼乐、刑政,纠劾不法,一切军国重事,靡不关系,所设官吏,若非才德兼茂者,难膺斯任,实要且重,比之其他衙门大不相侔。(后略)'"。
⑦ 虞集:《御马五云骥图赞》(《道园学古录》卷二一,《四部丛刊本》影印至顺二年(1331)刊本,9b):"我国家肇基朔方,奄有六合,千乘万骑,风焱电驰,武功告成,礼文毕备,百年涵煦之久,万物生息之繁,于斯盛矣。"《奉元路重修先圣庙学记》(同书卷35,3b):"我国家龙飞朔方,奄有中夏,世祖皇帝既定大统,人文津兴,学校之设为急先务。"《通议大夫佥河南江北等处行中书省事赠正议大夫吏部尚书上轻车都尉追封颍川郡侯谥文肃陈公神道碑》(同书卷42,1a):"昔我世祖皇帝缵太祖之丕绪,用宗亲英贤之辅,奄有四海,底定中原,乃议礼制,度考文,以成万世之业。方在潜邸,已得姚公枢公茂、许公衡仲平、杨公果正卿、商公挺孟卿、王公鹗百一、窦公默子声、王公磐文炳、徐公世隆威卿诸贤,置诸帷幄,尊礼而信任之。暨登极改元,则皆在辅相论思之列矣。"
⑧ 《元史》卷七六《祭祀志五》岳镇海渎常祀,第1902页。

有更重要的意义。笔者认为,中国的五岳四渎等岳渎包含的概念与领域统治的观念之间,存在着很密切的关系。元代统治者重视岳渎祭祀的背景,应该有汉族士大夫和民众的支持与赞成。

四 研究元代岳渎祭祀的意义和课题

元代岳渎祭祀的具体情况,除了四时的常祀是由地方官负责进行之外,关于代祀岳渎祭祀的过程,已有森田宪司、马晓林利用碑刻与文集资料来进行研究。据此可以知道,皇帝下令举办行祀或代祀的时候,首先选出主持人,赐给香币。使者利用驿传设施到达目的地岳渎庙,与地方的官员、管理祠庙的住持和提点等一起行礼。如有必要,相关人员会建立纪念碑。① 有的时候,朝廷让主持人在大都的道观实行祭祀,之后再将他派遣到岳渎庙。关于主持祭祀的人员,也有相关的规定。事实上,集贤院和翰林院的官员承担的例子最多。道士也参与祭祀是元代代祀的一个特征。但是道士主持行祀的比率,随着时间的推移,越来越低。② 派遣使者进行代祀时,或有使者承担巡察地方的风俗、岁时等业务,③也有使者顺便游览名胜古迹,路上回家探亲的例子。

此外,行祀的频率也有变化。据研究,不同的岳渎镇海都有不一样的特征。济渎的行礼在世祖时最活跃,而北岳、北镇、南镇和南海的行礼好像在元末顺帝的时期最盛行。④ 那么各个岳渎祭祀所举办的契机是什么呢? 有时是在洪水、旱害和战争等困难之际祈祷平安,有时是有皇帝等皇族的要求。但是笔者还没分析整个岳渎祭祀的原因。笔者打算通过梳理整个元代的岳渎镇海祭祀,分析祭祀的原因。到目前为止,关于元代的岳渎祭祀的问题,主要是从蒙古人统治者的观点来进行研究,似乎还没有从中国祭祀和礼制的变化这一角度来研究的人。⑤ 如果分析整个岳渎祭祀的原因和过程,可以由大局着眼,探究从唐代到明代的祭祀制度之变化。

元代的岳渎祭祀明显有让民众看到皇帝和皇室荣耀的意义。所以元朝特别在王朝有困难时重视岳渎祭祀。据《析津志·祠庙仪祭》记载:

> 五岳四渎五镇四海、名山大川,上降御香,用文翰清望之臣,每岁驰驿至彼,代祀行礼。比年,除南海、南镇依旧祝香遣使由海道就彼致祭,其余十七处合祭。择静洁处所,平章等

---

① 森田宪司:《元朝における代祀について》,《东方宗教》98,2001年11月,第21—23页;马晓林:《元代岳镇海渎祭祀考述》,《中国史研究》2011年第4期,第133—138页。
② 《元史》卷七六《祭祀志五》岳镇海渎:"既而,又以驿骑迂远,复为五道,道遣使二人,集贤院奏遣汉官,翰林院奏遣蒙古官,出玺书给驿以行。中统初,遣道士,或副以汉官。"至元二十八年正月,帝谓中书省臣言曰:"五岳四渎祠事,朕宜亲往,道远不可。大臣如卿等又有国务,宜遣重臣代朕祠之,汉人选名儒及道士习祀事者。";森田宪司:《元朝における代祀について》,《东方宗教》98,2001年11月,第24—25页;马晓林:《元代岳镇海渎祭祀考述》,《中国史研究》2011年第4期,第137—138页。
③ 金文京(金海南):《水户黄门漫游考》,东京:新人物往来社,1999年1月;森田宪司:《元朝における代祀について》,《东方宗教》98,2001年11月,第25—26页;马晓林:《国家祭祀、地方统治与其推动者:论元代岳镇海渎祭祀》,《西南大学学报》2011年第5期,第194页。
④ 森田宪司:《元朝における代祀について》,《东方宗教》98,2001年11月,第31—32页;饭山知保、井黑忍、船田善之、小林隆道《北镇访碑行报告(附:北镇访碑行现存确认金元碑目录)》,《史滴》28,2006年12月,第1—15页。
⑤ 马晓林:《国家祭祀、地方统治与其推动者:论元代岳镇海渎祭祀》(《西南大学学报》2011年第5期,第193—196页)已指出岳镇海渎祭祀的一些固有特点,为朝廷御地方、宣扬统治秩序提供了便利,因而岳镇海渎成为蒙古朝廷统治汉地的一条纽带。这个观点与中国的礼制的关系之间有什么关系,我要继续研究。

官初献,台官亚献,集贤院官终献。所据宪官合行典礼。

在元末社会混乱的情况下,朝廷很难继续原来派使代祀的行礼方式,除了南海、南镇以外,好像都在大都实行合祭。但是笔者要强调到南海、南镇运用海运也要派遣使者的事实。笔者认为明初洪武帝完善礼制时,积极采纳岳渎祭祀的原因,是基于对元代岳渎祭祀的重视。洪武帝创始了"以岳镇海渎及天下山川城隍诸地祇合为一坛,与天神埒,春秋专祀"的制度,①不仅针对国内的山川,也对蕃国的山川展开朝廷的祭祀。② 由此,笔者认为在元代完全确立了岳渎祭祀与天下观念之间的密切关系。关于明代如何继承元代岳渎祭祀的问题,则有待进一步探讨。

---

① 《明史》卷四九《礼志三·吉礼三》岳镇海渎山川之祀,北京:中华书局,1974年,第1283—1284页,有回顾历代岳渎祭祀的发言:"洪武二年,太祖以岳渎诸神合祭城南,未有专祀。又享祀之所,屋而不坛,非尊神之道。礼官言:'虞舜祭四岳,王制始有五岳之称。周官,兆四望于四郊。郑注,以四望为五岳四镇四渎。诗序巡狩而礼四岳河海,则又有四海之祭。盖天子方望之事,无所不通。而岳镇海渎,在诸侯封内,则各祀之。秦罢封建,岳渎皆领于祠官。汉复建诸侯,则侯国各祀其封内山川,天子无与。武帝时,诸侯或分或废,五岳皆在天子之邦。宣帝时,始有使者持节祠岳渎之礼。由魏及隋,岳镇海渎,即其地立祠,有司致祭。唐宋之制,有命本界刺史、县令之祀,有因郊祀而望祭之祀,又有遣使之祀。元遣使祀岳镇海渎,分东西南北中为五道。今宜以岳镇海渎及天下山川城隍诸地祇合为一坛,与天神埒,春秋专祀。'遂定祭日以清明霜降。前期一日,皇帝躬省牲。至日,服通天冠绛纱袍,诣岳镇海渎前,行三献礼。山川城隍,分献官行礼。是年命官十八人,祭天下岳镇海渎之神。帝皮弁御奉天殿,躬署御名,以香祝授使者。百官公服,送至中书省,使者奉以行。黄金合贮香、黄绮幡二、白金二十五两市祭物。"

② 《明太祖实录》卷四八,洪武三年正月庚子条,台北:"中研院"历史语言研究所影印抄本,1962年,第4页;卷九七,洪武八年二月癸巳条;《大明集礼》卷一四《吉礼一四》专祀岳镇海渎天下山川城隍《代祀外夷山川碑文》,嘉庆九年(1530)刊本,第20页。

李槃与刘秉忠文集

北京大学 党宝海

元人苏天爵编《国朝名臣事略》卷七《太保刘文正公》是刘秉忠的简传。传记的基本资料是王文忠公(王磐)撰《神道碑》和韦轩李公撰《文集序》,辅以张忠宣公(张文谦)撰《行状》、徒单公履撰《墓志》和鲁斋(许衡)《文集》中的记述。①

本文拟对《国朝名臣事略》中提到的韦轩李公进行考辨,并讨论关于刘秉忠文集编纂、流传的概况,就教于师友。

一

根据《国朝名臣事略》的体例与行文习惯,"韦轩"显然不是李公的名字。尽管在元代前期的文献中"韦轩李公"、"李韦轩"多次出现,但很少提到他的确切名字。在元代后期文集中我们看到了明确记载。虞集《道园类稿》卷四六《都漕运副使张公墓铭》写到,世祖朝都漕运副使张仲温至元十四年丁母忧,持丧三年,服除后"无复仕进之意"。"布衣幅巾,遂隐不复出"。由于他和朝中文人多有交往,其隐居之举得到文士们的赠诗十七首:

  在廷文学之臣,咸赠以诗。今其家所存,则有左山商公挺孟卿、韦轩李公槃德新、阎公复子静、王公之纲子维、杨公文郁从周等齐、鲁之士十数人,蜀人唐公方子静、吴人刘公梦炎、赵公与票,存者凡十七篇。大抵善其知几,而贤其高举远引而去之也。②

这十七首赠诗一直收存在张家。张仲温之孙张汝楫,"幼以亲戚家子事清河元文敏公。文敏以为才,使从事于上都留守,擢户部。又出官承事郎、大都警巡副使,得从中朝名公游。文敏故人、玄教大宗师吴公全节在朝廷最久,知运副旧事,问诸汝楫,归而求之,得所谓十七篇者。"当时的一些著名文人传阅了这些诗篇,还为此举行了一次雅集,共赋新篇。虞集写道:

  予与文敏忝同门之友,与吴公咏叹焉,则至顺壬申之岁也。是岁,从而赋诗,则东平蔡公文渊,尝从游于前十七人者也。次之者,延祐初科进士张公起岩、马公祖常、欧阳公玄及馆阁诸人,又一时文学之盛矣。

虞集无疑看到过至元年间"在廷文学之臣"写给张仲温的那些赠诗,他关于写诗诸人的记载应是准确可靠的。那么,韦轩李公就是元初的著名文人李槃,字德新。

元末熊梦祥《析津志》亦可作为旁证。尽管这一珍贵的文献散佚已久,但《永乐大典》摘录

---

① 苏天爵编《元朝名臣事略》(即《国朝名臣事略》),姚景安点校本,北京:中华书局,1996年,第111—114页。
② 《道园类稿》卷四六,《元人文集珍本丛刊》影印明初覆刊元至正刻本,第6册,第366页。原文"赵公与票"当作"赵公与㤗"。

了大量《析津志》的内容。《永乐大典》卷四六五三"天"字韵下"顺天府"条抄录了《析津志》有关元代文士的记载。《永乐大典》这一卷的原书已佚,只留下清人缪荃孙的抄本,现藏北京大学图书馆。① 抄本所录《析津志》在众多元代文士中提到了"幸轩李槃"②。此处的"幸轩"无疑是抄录者的笔误,因字形相近,误将"韦(繁体'韋')"写为"幸"。北京图书馆善本组整理的《〈析津志〉辑佚》利用了缪荃孙抄本,也沿袭了抄本的错误。③

赵琦在专著《金元之际的儒士与汉文化》中对李槃的事迹做了考订,她注意到上引《〈析津志〉辑佚》的记载,但未做辨析。④ 这就使"韦轩李公"的若干事迹有所遗漏。下文以赵琦的研究为基础,略作补充。⑤

李槃,字德新,号韦轩。⑥ 河北真定人。⑦ 定宗三年(1248),张德辉向忽必烈举荐了李槃。⑧ 此后,他被忽必烈之母唆鲁禾帖尼指定为幼子阿里不哥的讲读。"宪宗南征,留季弟阿里不哥居守北庭,及讣闻,遣其用事臣脱忽思征兵河朔,大肆凶暴。真定名士李槃,尝以庄圣太后命侍阿里不哥讲读,及脱忽思至真定,怒槃不附己,械系之狱,燕南诸路震骇,无所控语。公[廉希宪]闻,访槃于狱,言于上,释之,民情大悦"⑨。从这件事可以略见李槃在真定当地的社会声望。

至元元年八月,蒙古诸王设僚属及说书官,李槃成为皇子忙安的说书官。忙安应为世祖忽必烈之子忙哥剌,后封安西王。⑩

元初陕西著名文士李庭《寓庵集》中收有《送李德新北上》诗,诗中写道:⑪

不蹑槐华二十年,静中却遂读书缘。共知骥伏须千里,谁料鹏搏又一天。

有诏特超毛义檄,更寒休计广文毡。此行要试经纶手,好整巍冠入讲筵。

上文已指出,李槃字德新。《送李德新北上》当是李庭送别李槃之作。从诗歌内容,特别是"此行要试经纶手,好整巍冠入讲筵"一句判断,此诗应作于至元元年,即李槃被选为皇子说书官之时。从这首诗我们可以看出李庭对受赠诗歌的李德新有很高的评价和期许。李庭一生宦迹、交游除短期在山西外,基本都在陕西。他和李槃是何时相识、相知的呢?笔者推测李槃被廉希宪拯救出狱后,曾作为幕僚追随廉希宪在陕西为官,得以结识当时在京兆府为讲议的李

---

① 此抄本1983年曾由北京大学出版社影印出版,但书名误作《顺天府志》。这个错误已由姜纬堂先生指出,见《辨缪钞〈顺天府志〉的来历——影印〈永乐大典〉失收一例》,《文史》第32辑(1990年)。
② 上引《顺天府志》,北京大学出版社,1983年,第207页。
③ 《〈析津志〉辑佚》,北京古籍出版社,1983年,第153页。
④ 赵琦:《金元之际的儒士与汉文化》,北京:人民出版社,2004年,第275、328页。
⑤ 王德毅等编《元人传记资料索引》(北京:中华书局,1987年)没有收录翰林学士李槃的传记资料。
⑥ 前引虞集《道园类稿》卷四六《都漕运副使张公墓铭》。
⑦ 前引《元朝名臣事略》卷七《平章廉文正王》,127页;《元史》卷一二六《廉希宪传》,北京:中华书局,1976年点校本,第3086页。
⑧ 前引《元朝名臣事略》卷一〇《宣慰张公》,207页;《元史》卷一六三《张德辉传》,3824页。参见前引赵琦《金元之际的儒士与汉文化》,第127页。
⑨ 前引《元朝名臣事略》卷七《平章廉文正王》,第127页。事迹见《元史》卷一二六《廉希宪传》,第3086页。
⑩ 《元史》卷五《世祖纪二》,第99页。参见前引赵琦《金元之际的儒士与汉文化》,第291页。
⑪ 李庭:《寓庵集》卷二"七言律诗",《元人文集珍本丛刊》影印《藕香零拾》本,第1册,第14页。

庭。① 这一推论尚待今后深入发掘史料证明。

至元五年,张德辉"举可任风宪者"数人,其中包括李槃,②但他并未获得任命。③ 约至元前期,李槃曾为蒙哥汗太医使颜天翼撰写神道碑,当时的署衔为宣抚副使,无法知晓他任该职的确切时间。④ 至元十一年,李槃奉敕为全真道士姜善信撰《敕赐靖应真人道行碑》,时任翰林直学士,文散官为朝列大夫。⑤ 至元十二年正月,李槃奉忽必烈之命,为刘秉忠撰《赠仪同三司太傅谥文贞制》。⑥ 同年,李槃以翰林直学士的身份,与翰林国史院编修官王构一起,到亡宋"搜择儒艺之士"⑦。至元十三年春,他们来到杭州,大将董文炳"谓之曰:国可灭,史不可没。宋十六主,有天下三百余年,其太史所记具在史馆,宜悉收以备典礼。"于是李槃、王构"得宋史及诸注记五千余册,归之国史院。"同时搬运回京的还有"三馆图籍、太常天章礼器仪仗"⑧。至元十五年,李槃升任翰林侍讲学士。⑨ 是年,奉命撰《左丞董文炳赠谥制》。⑩

李槃曾为行六部尚书、云中李某撰写过神道碑;⑪为大护国仁王寺总管李明之写过瑞鹤诗,李明之即至元十六年被任命为大护国仁王寺总管府总管的李光祖。⑫ 当时与他一同赋诗的还有翰林王鹿庵(王磐)、商左山(商挺)"诸大老"。⑬ 李槃还和在朝的诸多名士参与大都名僧普仁组织的雪堂雅集,写下歌咏的诗篇。⑭ 至元十八年,忽必烈下诏焚毁道藏经书,至元二十二年,命翰林院文臣撰文记载此事,参与撰文的翰林院臣多达九人,分别为唐方、杨文郁、王

---

① 廉希宪是元世祖中统年间在陕西地区位高权重的大臣。详见前引《元朝名臣事略》卷七《平章廉文正王》、《元史》卷一二六《廉希宪传》。
② 前引《元朝名臣事略》卷一〇《宣慰张公》,第 210 页。参见前引赵琦《金元之际的儒士与汉文化》,第 275 页。
③ 据《经世大典》"御史台"条,至元五年首任 12 位汉人监察御史分别为王炳、李天辅、韩彦文、李祐、高从道、梁贞、杨之奇、孙公亮、段禋、王恽、王君佐、唐天英,无李槃。见《永乐大典》卷二六〇七"台·御史台二"引《经世大典》,北京:中华书局,1986 年影印本,第 2 册,第 1277 页。这条史料承刘晓先生教示,谨致谢忱!
④ 《(嘉庆)邢台县志》(道光丁亥年补修)卷七《人物志》节录李槃撰《颜天翼神道碑》。
⑤ 胡聘之编撰《山右石刻丛编》(光绪二十七年刻本)卷二七《敕赐靖应真人道行碑》。关于道士姜善信,可参看蔡美彪《八思巴字碑刻文物集释》,北京:中国社会科学出版社,2011 年,第 12 页。
⑥ 赠谥制撰写时间,见张文谦《故光禄大夫太保赠太傅仪同三司谥文贞刘公行状》,收入《藏春诗集》卷六,《北京图书馆古籍珍本丛刊》91 册影印明弘治印天顺刻本,第 228 页。制文见苏天爵编《国朝文类》卷一一《太保刘秉忠赠谥制》,《四部丛刊》影印元至正二年刻本,亦见上引《藏春诗集》卷六《赠仪同三司太傅谥文贞制》,第 221 页。文字互有异同,详见下文校勘本。
⑦ 袁桷:《清容居士集》卷三二《翰林承旨王公请谥事状》,《四部丛刊》影印元刊本。
⑧ 《元史》卷一五六《董文炳传》、卷一六四《王构传》,第 3672、3855 页。参见前引赵琦《金元之际的儒士与汉文化》,第 275 页。据前引苏天爵编《国朝文类》卷七〇明善《藁城董氏家传》,当时李槃为翰林直学士。前引袁桷《清容居士集》卷三二《翰林承旨王公请谥事状》载:"董寿公某曰:'故宋图籍、礼器具在,宜收其秘书省、天章阁、翰林、太常,考集目录,宋史异日必修纂。'遂悉辇归于朝。"
⑨ 王恽:《玉堂嘉话》卷三"望拜行在礼仪"条:"至元十五年戊寅正月甲寅、乙酉朔,同李侍讲德新、应奉李谦,陪百官就位,望拜行在所。"杨晓春点校本,北京:中华书局,2006 年,86 页。
⑩ 赠谥制撰写时间,见元明善《藁城董氏家传》,收入前引苏天爵编《国朝文类》卷七〇。制文见前引《国朝文类》卷一一《左丞董文炳赠谥制》。
⑪ 张之翰:《西岩集》卷一五《乐善堂记》,影印文渊阁《四库全书》本。
⑫ 《元史》卷一〇《世祖纪七》,第 215 页。
⑬ 程钜夫:《雪楼集》卷二九《白鹤歌》,《元人珍本文集汇刊》影印明洪武本。
⑭ 姚燧:《牧庵集》卷三一《跋雪堂雅集后》,查洪德点校本《姚燧集》,北京:人民文学出版社,2011 年,第 472—473 页。关于雪堂雅集和僧人普仁,见王恽《秋涧集》卷一八《题雪堂雅集图》、卷四三《雪堂上人集类诸名公雅制序》、卷五七《大元国大都创建天庆寺碑铭并序》,《四部丛刊》影印明弘治翻刻元本。

构、赵与㮘、李谦、阎复、李涛、李槃、王磐。这篇记文后刻于《圣旨焚毁诸路伪道藏经之碑》。①该文撰者之多,实属罕见。对此,清人钱大昕评论说:"词臣奉敕撰文,一篇只一人任之,此碑列名者九人,它碑未有其比。"②在文首具名的撰者虽多,但碑中行文却常以王磐之名为之。由此判断,上述文臣应是按地位由低到高的次序排列的,李槃在其中仅次于王磐。

约至元二十二年后,李槃自翰林院致仕返乡。③至元二十七年年末,他为中奉大夫、湖北道宣慰使赵椿龄撰写了墓碑文。④至元后期,李槃还曾为信武将军张智荣撰《世德碑》,至元三十年张氏立碑于山东安丘。⑤

至元三十一年,姚燧在去江西南昌的途中,与故湖北道宣慰使赵椿龄之子、江州总管赵瓛结识,相交投洽,赵瓛请姚燧为父亲赵椿龄撰写墓志铭,"出故李君槃所撰墓碑,尤未有墓铭"。姚燧看到李槃所写碑文,同意撰写墓志,"今日燧直翰林,视槃翰长为同事、同阶、同时而同治者,槃铭公于昭昭,燧不能暴之于幽乎?……乃叙之"。据姚燧所撰墓志,赵椿龄卒于至元二十七年十月十二日,李槃为他写墓碑必在此后不久。在这篇约撰于至元三十一年的《赵椿龄墓志》中,姚燧称李槃为"故李君槃",估计李槃逝于至元二十七年末到至元三十一年之间。⑥

李槃长期供职翰林,撰写的文章必定不少,但流传至今的极为有限。《全元文》卷七五一收入李槃作品三篇,分别是上文提到的《太保刘秉忠赠谥制》、《左丞董文炳赠谥制》、《敕赐靖应真人道行碑》。⑦(嘉庆)《邢台县志》卷七《人物志》节录李槃撰《颜天翼神道碑》,虽是节文,但保存了颜天翼生平梗概。孟繁清教授研究颜氏家族史时曾撰文介绍,可参看。⑧

二

李槃为河北真定人,在仕宦生涯中得到刘秉忠好友张德辉不止一次的举荐,他和河北士人必有密切交往。至元十二年李槃奉命撰写《太保刘秉忠赠谥制》应不是偶然的。

现存最早的制文文本为苏天爵编《国朝文类》卷一一中的《太保刘秉忠赠谥制》,明天顺刻

---

① 全文见念常《佛祖历代通载》卷二一,《北京图书馆古籍珍本丛刊》77册影印元至正刻本,第426—428页。文中"赵与㮘"脱文为"赵与";"李涛"误为"李铸";"李槃"、"王磐"分别写作"李盘"、"王盘"。在文末王磐之名写作"磐"。李涛为元世祖时期文臣,在忽必烈称帝之前,曾和李槃一道,被张德辉举荐。见前引《元朝名臣事略》卷一〇《宣慰张公》,207页;《元史》卷一六三《张德辉传》,第3824页。钱大昕根据元碑拓片,正确录出了全部词臣之名,见《潜研堂金石文跋尾》卷一八《焚毁诸路伪道藏经碑》,《嘉定钱大昕全集》本,南京:江苏古籍出版社,1997年,第6册,第487—488页。
② 前引钱大昕《潜研堂金石文跋尾》卷一八《焚毁诸路伪道藏经碑》,第488页。
③ 前引张之翰《西岩集》卷三《送周学士致政南归》诗有这样的诗句:"朝廷养老非为名,正要元气相支撑。翰林既署集贤立,惜哉诸公引退如晨星。敬斋纳印去已久,鹿庵祖帐传为荣。近年亦有李韦轩,今日又见周堽陵。堽陵抗章乞致仕,年去七十犹不二。角巾故里给半俸,未老得闲尤盛事。"诗中的敬斋为李冶,鹿庵为王磐,周堽陵为周砥。
④ 前引姚燧《牧庵集》卷二八《中奉大夫湖北道宣慰使赵公墓志铭》,查洪德点校本《姚燧集》,第430—432页。
⑤ (万历)《安丘县志》卷四"古迹考第三",《四库全书存目丛书》史200"地理类"影印明万历刻本;毕沅等编:《山左金石志》卷二二《张氏世德碑》,收入《石刻史料新编》第一辑影印清刻本。
⑥ 前引姚燧《牧庵集》卷二八《中奉大夫湖北道宣慰使赵公墓志铭》,查洪德点校本《姚燧集》,第430—432页。关于李槃卒年的讨论,承学友毛海明提示,谨致谢忱!
⑦ 《全元文》24册,南京:江苏古籍出版社,2002年,第162—165页。
⑧ 孟繁清:《蒙元时期的颜氏三碑》,《中国史研究》2009年3期,第168页;同作者《内丘扁鹊庙的元代碑刻》,方铁、邹建达主编《中国蒙元史学术研讨会暨方龄贵教授九十华诞庆祝会文集》,北京:民族出版社,2010年,第122、125页。

本《藏春诗集》卷六也收入这篇制文,题为《赠仪同三司太傅谥文贞制》,但文字略有差异,后者在文书格式上保留了较多原貌,个别文字亦优于《国朝文类》本。对两种文本加以对勘、校补,可以基本恢复制文。以下录合校本,文字差异列入注释:

> 长生天气力里,大福荫护助里,皇帝圣旨:①臣以忠孝而事上,贵输献纳之诚;上以礼义而遇臣,思笃始终之爱。视死之日,犹生之年。故光禄大夫、太保、参领中书省事②刘秉忠,学窥天人,识贯今古。邃冲而有守,安静而无华。昔侍潜藩,稔闻高论。适当三接之际,恳上万言之书。盖将举天下而措诸安,以戒为人主者果于杀③。朕嗣服而伊始,卿尽力以居多。盖得卿实契于朕心,而独朕悉知于卿意。事皆有验,人匪他求。周旋三十年,不避其难;削切数百奏,各中其理。共成庶政,方图任于旧人;谁谓昊天④,不慭⑤遗于一老。兴言及此,何日忘之!载惟台辅之尊,厥有泉扃之贲。是用锡之纶命,峻一品之华阶;襚以衮衣,蹑三槐之正位。复加显号,允答殊勋。惟尔英灵,识予哀宠。可赠仪同三司、太傅,谥文贞⑥。准此。⑦

根据苏天爵编《国朝名臣事略》卷七《太保刘文正公》,李槃曾为刘秉忠的文集撰写了序言。这篇序言的篇幅较长,《国朝名臣事略》节录了其中的三段,涉及刘秉忠建言设邢州安抚司,整顿邢州治理;随忽必烈出征大理、南宋;营造开平城等事迹。这些序文中的记述显示出李槃对刘秉忠的生平了解颇深,两人应有密切的交往。

刘秉忠生前撰有大量诗文,现在留存的只有诗集。⑧《全元文》卷一一五收录刘秉忠的作品三篇,分别为《陈治要》、《郝文忠公传》、《常氏孝感碑》。⑨ 第一篇《陈治要》文字与《元史》卷一五七《刘秉忠传》所载奏文相同,⑩却录自明万历三十三年刊《荆川先生右编》,选本不当。《郝文忠公传》录自1918年刊《霸县志》,文章记述了至元十二年郝经去世的情况。此文显然不是刘秉忠所作,因秉忠逝于至元十一年。第三篇《常氏孝感碑》录自1944年刊《同官县志》,文末有"至元八年总管五路奥鲁万户刘秉中撰"字样。刘秉忠的生平事迹很清楚,至元八年至十一年去世,一直为光禄大夫、太保、参领中书省事,与此处的总管五路奥鲁万户刘秉中并非一人。从辑佚状况可以看出,刘秉忠传世的文章是极为稀少的。

《元史·刘秉忠传》记载:"秉忠自幼好学,至老不衰,虽位极人臣,而斋居蔬食,终日澹然,不异平昔。自号藏春散人。每以吟咏自适,其诗萧散闲淡,类其为人。有文集十卷。"⑪此处提到的十卷文集,没有流传下来。

---

① 长生天气力里大福荫护助里皇帝圣旨,《国朝文类》本无;据《藏春诗集》本补。
② 参领中书省事,《国朝文类》本作"参领中书省事";《藏春诗集》本无。刘秉忠逝世前任此职,应属赠谥制的原文。
③ 果于杀,《国朝文类》本作"果于毅";《藏春诗集》本作"果于杀",意较长,据改。
④ 昊天,《国朝文类》本作"旻天";《藏春诗集》本作"昊天",意较长,据改。
⑤ 不慭,《国朝文类》本作"不憖",意较长;《藏春诗集》本作"不慭"。
⑥ 文贞,《国朝文类》本作"文贞公",与《赠谥制》文体不协;《藏春诗集》本作"文贞"。
⑦ 准此,《国朝文类》本无;据《藏春诗集》本补。
⑧ 关于刘秉忠诗文的存佚状况,参见查洪德《刘秉忠文学文献留存情况之考查》,《文献》2005年第4期。
⑨ 《全元文》第3册,南京:江苏古籍出版社,1999年,第456—462页。
⑩ 《元史》卷一五七《刘秉忠传》,第3688—3692页。
⑪ 《元史》卷一五七《刘秉忠传》,第3694页。

元人商挺编《藏春诗集》六卷,卷一至卷五为刘秉忠的诗词,卷六附录制书、传记、行状、碑铭、祭文等,并不包括刘秉忠的文章。此书的元本今不存,明天顺五年(1461)处州知府马伟曾校订刊刻该书,可略见元本面貌。马伟刻书的版片后归马秉衡,弘治年间又在顺德(今河北邢台)重印。这个明刻本每卷正文前皆题:"中书参知政事鲁国文定公左山商挺孟卿类稿,中顺大夫浙江处州府知府瀛海马伟廷彦校正。"①书前有阎复于至元丁亥年(二十四年,1287)撰写的序言,序言并没有提及刘秉忠的文集,只是说:

  太傅文贞公学参天人,思周变通,早慕空寂,脱弃世务,一旦遭际圣主,运应风云,契同鱼水。……其谥曰文,不亦宜乎?至于裁云镂月之章,阳春白雪之曲,在公乃为余事。公殁后十有四年,是集始行于世。夫人窦氏暨其子璋,介翰林待制王之纲求为叙引。晚生愚陋,诚不足知公万一,姑以时论所同然者,附诸编末云。②

阎复的序文除了表明他与刘秉忠并无深切交往外,还说明这部由他作序的著作只是汇集"裁云镂月之章,阳春白雪之曲"的诗词集。

刘秉忠的诗集还有二十二卷本。在明人焦竑《国史经籍志》卷五"集类·别集"、清初黄虞稷《千顷堂书目》卷二九"别集类"中有著录。③

除六卷本和二十二卷本的诗集之外,黄虞稷《千顷堂书目》卷二九还提到了刘秉忠的《文集》十卷。如果和同时提及的《诗集》二十二卷合并,可得总集三十二卷。④

近代著名藏书家傅增湘在《藏园群书经眼录》卷一五著录了三十二卷本《刘文贞公全集》:"旧写本,十一行二十字。卷一至十二诗,卷十三以后皆文。前有同邑云龙山人李冶序。(古书流通处送阅。壬戌)。"⑤此处提到的《刘文贞公全集》诗集十二卷,文集二十卷,合三十二卷,与黄虞稷《千顷堂书目》著录的情况不同。《藏园群书经眼录》著录《刘文贞公全集》为旧写本,前有同邑云龙山人李冶序。上文提到,《国朝名臣事略》卷七《太保刘文正公》节录的刘秉忠文集序为韦轩李槃所作,并非所谓"云龙山人李冶"⑥。这部三十二卷本《刘文贞公全集》的来历和内容值得推敲。可惜壬戌年(1922)傅增湘所见《刘文贞公全集》三十二卷旧写本至今未见,不得其详。

不过,无论《元史》还是《千顷堂书目》,在刘秉忠留有十卷本文集这一点上是一致的。《四库全书总目提要》卷一六六"集部·别集类十九"著录刘秉忠《藏春集》六卷,浙江鲍士恭家藏本。该书关于刘秉忠文集有这样的评论:刘秉忠"所著文集,见于本传者十卷。今此本只六卷,乃明处州知府马伟所刊。前五卷为各体诗,末一卷为附录诰敕、志文、行状,而不及所著杂文。故秉忠所上《万言书》及其他奏疏见于本传者,概阙焉。盖文已佚而仅存其诗,故卷目多

---

① 前引《藏春诗集》,《北京图书馆古籍珍本丛刊》影印明弘治印天顺刻本。
② 前引《藏春诗集》,第171页。
③ 焦竑:《国史经籍志》卷五,《丛书集成初编》排印本,第4册,第275页。黄虞稷:《千顷堂书目》卷二九,瞿凤起、潘景郑整理本,上海古籍出版社,2001年,第716页。
④ 前引黄虞稷《千顷堂书目》,第716页,刘秉忠"《藏春诗集》六卷,商挺编;又《文集》十卷,又《诗集》二十二卷"。
⑤ 《藏园群书经眼录》卷一五"集部四",北京:中华书局,1983年,第5册,第1297页。
⑥ 按,李冶晚年隐居于河北元氏县封龙山中,与张德辉、元裕交游,时人号为龙山三老。见《元史》卷一六三《张德辉传》,第3826页。此处署云龙山人,疑误。

寡与本传不合也"①。显然,四库馆臣认为《元史》所记的文集十卷为诗、文合集,佚去文四卷,剩诗词、附录六卷。这种看法似不确。

《国朝名臣事略》卷七《太保刘文正公》节录的李槃撰刘秉忠文集序文说明,刘秉忠的文集至少曾经编集过,它和阎复作序的《藏春诗集》并非同书。

---

① （清）永瑢等撰《四库全书总目》,北京:中华书局,1965年,影印清浙江杭州本,第1422页。

《国朝文类》元明诸板本杂考

南开大学 魏亦乐

《国朝文类》明以前板本,今存者两种,皆元刻,一为大字本,学人习见者,即景入《四部丛刊》初编之元至正二年西湖书院刊,明成化九年补刊本;一为翠岩精舍小字本,[①]属元建阳坊刻,据传有建阳刘君佐翠岩精舍牌记,[②]今全秩仅藏重庆市图书馆,学者无法利用。

此书板本源流,诸家目录提要亦多,多据藏家自藏之本,除《钦定四库全书总目》卷一六七《集部·总集类》著录外,另计有《楹书隅录》卷四、《仪顾堂续跋》卷一四、《涵芬楼烬余书录》、《著砚楼读书记》等,最详尽者为清钱泰吉《甘泉乡人稿》卷四,对此书四种元、明刊本有详尽考论。诸家意见较统一,于其板本源流所述相仿。今公共图书馆存同板之书亦多,北图、辽图、南图、中国台湾以及日本、美国等地图书馆皆存,多为明印本,据传静嘉堂文库藏有一元刊元印本,为陆心源皕宋楼藏书,未知真伪。[③] 鄙人以山东聊城杨氏海源阁藏本(现藏中国国家图书馆,《中华再造善本》有仿制品,可使用,下称"海源阁本")及国家图书馆藏《丛刊》景印底本(下称"涵芬楼本")为参照,并辅以钱泰吉批校明修德堂本《元文类》,考究该书板本相关问题,不当之处,敬请批评。[④]

一

诸家提要于此书现存元刻二本之刊刻时间判断较为一致,皆云翠岩精舍本较今所见大字

---

① 吉林省图书馆有残本,为蒋汝藻旧藏,见王国维编《传书堂善本书志·集部·总集类》著录。
② 《潜研堂文集》卷二七《跋胡氏诗传附录纂疏》,言及建安刘君佐翠岩精舍本,钱泰吉亦引此说。该书坊刻书,今可见者如元胡一桂《诗集传附录纂疏》,亦此建阳书坊本,有"泰定丁卯仲春翠岩精舍新刊"牌记,行款"每叶二十六行,行二十四字",与钱泰吉《甘泉乡人稿》卷四《跋元翠岩精舍所刊苏氏文类》(清同治十一年钱应溥刻本)相同。
③ 此说据严绍璗编:《日藏汉籍善本书录·集部·总集类》第1927—1928页著录,中华书局,2007年1月版。此书被揭有抄袭阿部隆一之处,故我们不可妄断其是否为经眼之后的著录,抑文钞公之所为。后文引此书亦会对相关问题进行辨析,出处同此,不赘。
④ 海源阁本、涵芬楼本、钱泰吉批校本均为国家图书馆善本古籍阅览室缩微胶卷,编号分别为:SB03623;SB07848;SB03039

本早,以其残西湖本卷四十一之叶五十九至叶七十六,故有此说。① 因此,该本被认为是此书现存最早的板本。关于这个板本,目前仅有清钱泰吉批校本(此本有俞樾粘签,以晋藩本校之。)过录了大多数异文,朱笔翠岩本,墨笔西湖本及其据本集校语,全卷前补《公文》二道。今以此本为据,管窥翠岩本一二如下。

钱氏论述翠岩本已详,现存诸问题中,唯此本刊刻时间未知,因笔者未寓目重庆图书馆藏原书,且钱泰吉过录牌记内容时,独缺刊刻时间,仅有"至□□□□翠岩精舍新刊"字样,我等可推知其定晚于元统二年,因据钱校及《楹书隅录》卷四杨彦和跋,此本但有王理元统二年四月《序》,无陈旅元统二年五月《序》、三年三月王守诚《跋》,然下限为何时,据现有文献无法推论。据钱氏著录之一"至"字,且从陈旅《序》中所载"廷论以《文类》犹未流布于四方也,移文江浙行省锓诸梓",可知陈旅作《序》时,即元统二年已有中书省移文行省,至于此移文是否为西湖本前所附第一道《公文》,不详,然可能性较大,因《公文》中有"抑亦铅椠相继,可望于后人"和"得此,都省今将文类检草,令收管赍咨,顺带前去"之语,而且,虽然后至元二年公文未说明其呈奉中书省咨文的时间,但我们也可看出其公文呈递手续繁杂,机构间扯皮,刊刻钱粮均不到位,拖上三年也非没有可能。由此可知,后至元二年西湖书院本可能是该书首次刊刻,用为江南儒学之教材。据《公文》,后至元二年西湖书院本刊刻时亦无卷四十一之缺板,想是翠岩精舍所据可能是该本刊行,牌记中之时间当为后至元某年或至正元年所刻,格式当同上文提到同板,为年号、干支、季(或月)。至于为何翠岩本缺一《序》一《跋》,因为陈旅《序》之写作时,其任官职为国子助教,在大都,其中透露了中书省令江南诸道刊板之情况上已引用,其《序》和写于元统三年王守诚跋②均无法在此时由江南诸道刊板,即使陈旅在元统二年任江浙儒学副提举,其《序》之补刊于是书初板也不一定来得及。而两《序》极有可能留在了苏天爵在大都的家,而一起被黄溍发现,并补刻入板。对此,现有一旁证,即海源阁本二《公文》紧接陈旅《序》后,而非今习见《丛刊》景印本在卷首。(自然,钱泰吉将《公文》补钞入卷首或是因修德堂本无之。当然,其看到的西湖本和《丛刊》景印本顺序相似也非没有可能。)

对此书诸板本具体篇目之存佚状况,诸家略有争议,而该问题与是书板本源流密切相关。叶盛《水东日记》卷二五《苏天爵元文类》③条有云:

> 尝见至正初浙省元刻大字本,有陈旅序,此本则有书坊自增《考亭书院记》、《建阳县江源复一堂记》,并《高昌偰氏家传》云。

---

① 此为钱泰吉《甘泉乡人稿》、杨氏《楹书隅录》所论,其亲见翠岩小字及大字本,故有此说,应可信。以今北图、上图存清钱泰吉批校本《元文类》观之(底本为明末修德堂本),其校文所录为翠岩、西湖二本,上图藏本为唐仁寿过录,有其跋语,亦言今存西湖本刻于翠岩本之后,因翠岩本无至正二年补刊一十八板,故此建本或据其初刻本翻刻可知。杨氏说见杨绍和编《楹书隅录》卷五《集部·总集类》,国家图书馆出版社景印周叔弢批校本。又见王绍曾、崔国光等辑校:《订补海源阁书目五种》中《楹书隅录》卷四之"元本《国朝文类》七十卷目录三卷三十六册"条。下文引此条者与后者出处同。另,唐仁寿过录本鄙人未见,唯陈先行主编《中国古籍稿钞校本图录·校本》(第三册,上海书店出版社,2000年)第898—899页有此本图录,虽不全,然就其公布之照片所示书后跋语,与上引《甘泉乡人稿》卷四之跋语、国家图书馆藏钱泰吉亲笔批校本跋语相同。

② 王守诚、苏天爵同修三史,故此序或在大都作。

③ 中华书局标点本。

审其意,其所见当为一坊刻本,或为元书坊刻本。① 此说四库馆臣引之并表赞同,见《总目》。② 钱泰吉对此诸本文章存佚亦有记录,言"修德堂本十八卷《李节妇冯静君赞》,六十九卷《李节妇传》,七十卷《高昌偰氏家传》,翠岩本无,西湖本但有《李节妇传》。十九卷《考亭书院记》,叶氏《水东日记》谓书坊自增者,则翠岩所有而西湖所无也。叶氏所见《建阳县江源复一堂记》,余所见本俱无之"③。陆心源《仪顾堂续跋》卷一四"元椠元文类跋"条说诸篇存佚约略相同,言其见一明初坊刻细字本,行款、字体未知,多"卷十八李节妇、冯静君两《赞》,卷七十《高昌偰氏家传》、卷十九《建阳江源复一堂记》,似皆书贾所妄增"。(两《赞》实为一《赞》)杨彦和反对叶氏之说,言其亲见翠岩本,并对其自藏另一种元书坊刻本有如下论述:

此本每半叶十三行,行二十四字,板式、字体均与翠岩本无异。……唯卷十八《李节妇赞》,卷三十一《建阳县江源复一堂记》,卷六十九《李节妇传》,卷七十《高昌偰氏家传》皆翠岩本所无,而《李节妇传》则西湖本亦有之。……此本殆从翠岩本翻雕,而刊时在西湖本初刻之后,未补之前,故陈、王《序》、《跋》均依西湖本补入,《军制》以下之文,则仍阙如也。至《李节妇赞》诸篇,想又由他本搜集者。叶氏《水东日记》曰:……云云,殊不尽然。叶氏所见仅西湖本,不知《考亭书院记》翠岩本已有之矣。况元刊诸本互有差池,自是各从所据,非出一源,不得谓西湖本所无者,即属书坊妄益也。④

此说亦有问题。此本今似已不存,我们仅能自此提要中挖掘信息。诸家言篇目存废情况淆乱,今列表以清眉目:

诸家著录中所见篇目存佚情况表

	翠岩精舍本	西湖书院本	海源阁另一元刻本	叶盛藏本	陆氏言明初细字本	后出板本及其位置
卷一八《李节妇冯静君赞》	无	有,《目录上》题为《李节妇赞》	有	未知	有	有,卷一八最后一篇
卷一九《考亭书院记》	有	无	有	有	有	后刻源出西湖本者皆无
卷三一《建阳县江源复一堂记》	无	无	有	有	有	后刻源出西湖本者皆无

---

① 今《箓竹堂书目》与《文渊阁书目》几乎相同,有学者怀疑其为伪本,今不引其为据。叶氏藏书甚夥,有元刻坊本不足为奇。

② 今可见《四库》本有三,即渊、津、《荟要》本。此篇三本书前《提要》及武英殿、浙江书局本《总目》,天图誊清稿本,经校,无一字差异。

③ 钱泰吉:《甘泉乡人稿》卷四《跋元翠岩精舍所刊苏氏文类》。

④ 此《提要》见王绍曾、崔国光等辑校:《订补海源阁书目五种》中《楹书隅录》卷四"元本国朝文类七十卷二十四册四函"条,齐鲁书社,2002年。按,此本杨氏录有"顾盦"印,或为清曹尔堪藏书。

	翠岩精舍本	西湖书院本	海源阁另一元刻本	叶盛藏本	陆氏言明初细字本	后出板本及其位置
卷六九《李节妇传》	无	有	有	未知	未知	有,卷六九最后一篇
卷七〇《高昌偰氏家传》	无	无	有	有	有	有,为全书最后一篇

从上表中可知,《考亭》《建阳》两文后刻源出西湖本皆无,包括修德堂、晋藩等本。海源阁另一种元刻本,叶盛藏本皆有后出建阳坊刻的嫌疑,建阳书坊如翠岩精舍者,刊刻时将乡里文章径行混入,然所增篇目不一。

钱泰吉校修德堂本曰"其与翠岩精舍本字异者,多同西湖书院本"。此说意味着翠岩精舍本是不同于西湖本的另一系统的板本。至于修德堂本不同于两元刻的情况(两元刻相同),则多是修德堂本自身的问题。从钱氏批校本中我们能看到这样的痕迹。如:

钱泰吉校语举例

編號	卷次	葉	行	錢泰吉校(底本爲修德堂本)
1	卷一	四	九	足以見其初:"西湖本見作觀,翠巖本亦作觀,前校未審。"
2	卷五	十一	六	今日仍得胸中雷:"西湖補板仍作乃,翠巖本作乃,前校失改。"
3	卷二	二	十八	備物情質:"元刻情作循,西湖本成化重刊亦作循。"
4	卷三	十七	四	俙,翠巖本作稀,西湖本作俙。
5	卷五	二	五	錢校:"補板收誤世,多誤吉。"
6	卷五	二	六	我衰無力訪君難,願君相暇頻相過:"訪君下十字,補板無。"按,海源閣、涵芬樓本確無,海源閣本墨筆補之,審錢校意,翠巖本有此十字。又,修德堂本亦有此十字。
7	卷五	六	五	乾坤故物雨足在:雨,"西湖本亦作雨,當作兩,翠巖本作兩,前校失改"。(此葉爲成化重刊)
8	卷五	九	二十	最後一字"膡",此字海源閣本作"膡",涵芬樓本雖不清晰,然可辨亦爲"膡",然有墨筆寫作"膡"補於其下,景印本將此字照是補描之。又,修德堂本作"膡",錢校,翠巖本作"膡"。
9	卷五	十三	二十	嗾:"西湖本誤據,當作嗾,翠岩本作嗾"。按,今海源閣、涵芬樓本及景印本皆作"嗾",同翠巖本,錢校何據,待檢。
10	卷五	十七	五	泥:翠巖本作"泥",西湖本亦作"泥"。
11	卷七	二	十八	餘杭溪上……:"杭,西湖本作不,是,翠巖本亦誤杭。"

兹举数例如上。无论异文之正确与否,钱泰吉所下结论可由前两条校例总结补充为"修

德堂本与翠岩精舍本不同者,翠岩多同于西湖",这样的异文有些属修德堂本独有,如例1、9。上表校例4、11,在钱校中数量很少,可能是翠岩本的误字,这种情况或可当作西湖书院本据苏氏手稿校订的痕迹。同样,我们也会发现,除第4条外,翠岩本优于西湖本的异文大多存在于成化补板中,特别是校例2、3、5、6,我们决不可认为元刊叶也无此诸字,甚至成化补板所据非西湖本。(补板质量较差,多可据翠岩本等后出板本校正。)那么,这些校例所见特点可说明何种问题?

据陆心源说,明初细字本据翠岩本翻雕,修德堂本自细字本重雕。然据此校例,并上表已说明两篇涉及建阳之文章为修德堂本所无,它和翠岩建本是否来源相同,可再议。但修本错误之处和翠岩相同者极少,仅校例10,且不知来源,或因袭某种坊刻?王有三先生曾见美国国会图书馆"百衲本"《文类》,①言其卷一八之二《赞》有据明初书坊细字本者,引陆说,并以其有文无目,故其所见之卷十八为明初坊本自雕。按,王说将此明初书坊本和细字本分为两类,言另一种本子为"仿元本重雕笔划纤细"之本,且细字本行款同西湖书院,而其论证明初补板叶时仅引陆说,认为美国国会图书馆藏此本有此二《赞》,所出为明初细字本。此论或未允当。检海源阁、涵芬楼、《丛刊》景印本,此文在卷一八叶十五,题作《李节妇冯静君赞》,《目录上》最后一目此文题作《李节妇赞》,此叶为元西湖书院原刻无疑,非成化补板,更非后人摹钞,其原刊特征之一即为板心之上刻有整叶字数(非每叶均有,然此叶即有),今可辨认为"大二百四十九",即大字二百四十九字,此叶无小字。经统计,此叶即二百四十九字,一字不差,故此《赞》定为西湖原刻所有无疑。诸家致误,或因此《赞》目录与正文题名有异。有三先生以明代翻本皆出于西湖书院本,是,然而其所见卷一八为"同西湖板式而字体较细"者,其或与陆言"细字本"相混淆。若陆氏言细字本确实存在,上列诸篇确为书坊所自增,所增诸篇或据某建阳坊刻本,板式与翠岩精舍坊刻相类。至于细字本所据何本,不可考。因此,叶盛说或有其依据,未可轻易否定。

现在,让我们抛弃那些今天已不可得见的板本,单说翠岩本的来源。前已述其与西湖本并非差异甚大。我们从上表所列篇目分合中也可窥得一二。或许,翠岩本所据是一种我们都见不到的后至元二年初刊本,既然这个板本作为江南学校教材,那么数量应较大,流散的可能性更大。而上文已论述,方员、叶森初刊为"校勘印造",二人依据的,至少是一种中书省自发下的誊清稿,以黄溍未发现伯修元编稿故。那么,二人所刊成的初刻本,或许和翠岩精舍本来源相同或相近。当江浙儒学提举司得到了元编稿,对当时已经刊行的板本加以勘补则为题中应有之义,于是,或许《李节妇赞》在至正年间据元编稿补充,而现有的所有板本均丢掉了一篇《李节妇赞》而仅将冯静君的《赞》放到了该题名之下。于是,我们也就不难理解为何诸篇涉及福建地区之文章在官刻之本中无一出现了。另外,《高昌偰氏家传》在此二本中俱无,而其他不知来源的本子均有,这不得不说是一种暗示。至于修德堂本的来源,我宁愿相信其源于西湖书院本。校例7并不能否认修德堂本来源非西湖本,因其中墨笔补很有可能为吴嘉泰所言用"元印本"所补之字!况且,西湖本不同于其他坊刻的两篇关键文章,即李节妇的《赞》与《传》,岂非俱厕身是本哉?

上文也从一个侧面说明,虽然西湖书院本由于刷印较晚,且补板较多,故出现了一些错误,

---

① 此据《中国善本书提要·集部·总集类》中"元文类七十卷目录三卷"条,第471页。

而这些错误可据早出的翠岩本或诸家别集校勘。当然,这些错误由何种原因产生,现有条件无法推测其异文来源,目前仅知其定未参考翠岩本。

元时,西湖书院板据至正二年"黄奉政关",在大都苏参议家获睹元编是集,将缺少板数漏误字样刊补完备。故此本实为今存接近苏天爵元编之唯一传本,有其不可替代的价值。此本用赵松雪字体,板式宏阔,刻工精湛,为元官板之代表。刻工有了山、远林、施舟、陈大义、义、施泽之、王弗、吴丑、沈亨甫、陈佑之、高显①、羊(杨)子明、李茂实、王德明、朱大存、子宁、焕之、古贤、袁子成、景仁、陈荣、子宁、朱元等。其中,子宁、景仁(或即杨景仁)、陈荣、古贤、焕(唤)之、朱大存、王德明等见于余谦主持刊刻西湖书院本《文献通考》,其余有见于至正五年刊《金史》(如了山、陈大义)、《六书统》、《书学正韵》(古贤、子宁、朱大存),亦有见于洪武刊《元史》者,如王德明、袁子成、子宁等。杭州路之官刻极盛,故官板刻工在所多有,其活动延续至明初,为新朝官刻《元史》所用。其中,后至元二年刊刻,西湖书院本仅著录有西湖书院山长方员、儒士叶森,主持刊刻者未知。考诸刻工所刻书,《通考》、《六书统》等皆有"江浙等处儒学提举余谦"之名。考其人生平颠末,仅有"余谦,字峻山,池阳人,官至江浙儒学提举,善古隶"一语。②据贡师泰《玩斋集》载:"至正丁酉夏六月十日甲辰,宜州张公亮母夫人卒于杭州之新庄桥里……子二人,长子即公亮,娶同郡汤氏,继番易余氏,江浙儒学提举讳谦之女。"③字样。其余事迹无考。按,此人为江浙儒学提举,所刻图籍甚多,计有:马端临《文献通考》三百四十八卷、杨桓《书学正韵》三十六卷、《六书统》二十卷等,另有唐人韦彤撰《皇朝五礼精义注》十卷,学者以其为伪书。④据李术鲁翀《菊潭集》卷二《韵会举要书考序》,⑤在此任职当始于后至元元年(元统乙亥年,即元统三年)左右。又据樱井智美引阮元《两浙金石志》卷一六《元西湖书院重修大成殿碑》,证明其最晚以元统二年赴任江浙儒学提举,⑥《文类》始刊于元统二年,此时余谦或为主持此书之刊刻者。但余谦之卸任时间未详。若据《国朝文类》前《公文》,至正二年重刊时提举已为黄提举,即大名鼎鼎之黄溍,然据《仪顾堂续跋》云,西湖本《六书统》卷末有

---

① 此工据现存诸本不甚清晰,唯可见一高字,据后文,今存西湖书院本《文献通考》有刻工高显,或为此人。
② 见陶宗仪:《书史会要》(上海书店出版社景印民国陶涉园刊本)卷七传记,仅一句话。
③ 见《玩斋集》卷十《故张母夫人权厝志》,景印文渊阁四库全书本。据此文"既藁殡于西湖雷峰塔下二年矣,公亮……将以今年秋八月某日厝于慈南岭之安福山"云云,贡氏此文写作当在至正丁酉后三年,即至正庚子(二十年)。
④ 此书为瞿冕良《中国古籍版刻辞典》在余谦条下所列,然并无任何根据。傅增湘《藏园订补邵亭知见传本书目》卷六《史部十三》有此书,言伪书。吴羽《今佚唐代韦彤〈五礼精义〉的学术特点及影响》一文(载《魏晋南北朝隋唐史资料》第二十五辑)亦言其伪,然无坚实证据。至于此书是否与余谦有关,待考。或《辞典》失误,亦有可能。
⑤ 原文为:"余氏今提举江浙,以书见质,始知其订正补削,根据不苟。"(缪荃孙校刻《藕香零拾》本)余谦有上熊忠《书考》文,与李术鲁翀序俱见宁忌浮(继福)校勘本《古今韵会举要》,中华书局,2000年,又涉及此书板本问题,可见台湾李添富文《古今韵会举要之撰著与版本》,载《中国传统文化与元代文献国际学术研讨会会议论文集》,中华书局,2009年,第169—186页。余本有刊刻时间为元统三年。《举要》一书今存元明递修本藏地甚少,叶德辉曾得一秩,于2008年嘉德拍卖行古籍拍卖会散出,不知今归何人。叶氏《书林清话》有相关论述,言书坊私刻贻害甚大,然此书元刻之一种有陈棠书刻牌记,刊刻于大德年间,陈为熊忠学生,此本较余氏刊本为早。叶氏此论或未允。
⑥ 说见樱井智美:《元代的儒学提举司——以江浙儒学提举为中心》,东洋史研究61卷3号,2002年12月,第464页。检《两浙金石记》卷一六,文意为余谦、陈旅二人,元统二年已为江浙儒学正、副提举。《元史》陈旅本传亦言是年赴任,故其说是。

"至正二年八月江浙等处儒学提举余谦补修"①,矛盾。樱井文引许守泯说,黄溍赴任在至正元年。如此,既然至正二年补修时余谦已经不任此职,为何仍有如此记录?按,樱井文考证无问题,《铁琴铜剑楼藏书目录》卷七有同书同题记,然年号为元统二年,②无论如何,《文类》一书元统、至元刊刻之本当为余谦主持无疑。

西湖书院刻板,明时尚存于南京国子监(西湖书院南宋官板等多存于南雍),因是书需求量较大,故成化年补板印行,屡次刷印,加之年代久远,今存明刻多漫漶,于明中期"得见者颇以为难"(晋藩本马朋《序》),故有晋藩之重雕。重雕颠末,钱泰吉有考证,见前引其集卷四。西湖本书板于明末亦存,南开大学藏清代稿本《绛云楼书目》著录有"元文类"条,钱牧斋言"南雍有元板",可为一证,其书板清嘉庆毁于火。

因此,下文需要探讨的,即目前几种中国大陆习见的西湖书院本《国朝文类》,并探讨整理此书应该取用何种印本为宜。

二

今学者使用最多者为《四部丛刊》景印元至正西湖书院刊明补本,此本影响较大,然仍有问题。该书景印底本为国图藏所谓涵芬楼藏本者。是书《北京图书馆古籍善本书目》著录为"元至正西湖书院刊本,序目、卷一配清影元钞本。清吴嘉泰校并跋"。此书景印入《丛刊》之前为缪小山、张菊生旧藏,张元济《涵芬楼烬余书录》有著录,为论述方便,今具列于下。

《艺风藏书续记》卷六:

> 国朝文类七十卷,元西湖书院刊本。元苏天爵撰。每半叶十行,行十九字。高七寸二分,广五寸。单边,黑线口,上有字数。间有补叶,大黑口,有"吏部重刊"阴文。至正二年杭州路西湖书院刻本,明中叶册籍纸印,间有白纸挽补。前准中书省请刻咨,又移咨江南行省锓梓。王理、陈旅、王守诚皆有序,目录后有"儒士叶森点校"一行。此元刻亦易见,惟印本尚清晰,边栏未刓,较之模糊无字化方为圆者略胜耳。序目、卷一皆钞配,钞手亦精。有"审研堂"朱文小长印,"嘉泰私印"白文,"东屏"朱文两小方印。

《涵芬楼烬余书录·集部·总集类》:

> 国朝文类七十卷
>
> 元苏天爵编　　元至正刊本　　四十册　　顾千里汪阆源袁漱六缪小山旧藏
>
> 元苏天爵辑。卷首《至正二年江浙等处儒学提举司下杭州路西湖书院缮写雕印刊补改正公文》,次元统二年王理、陈旅二序,次目录,目后有"儒士叶森点对"一行。卷四十一《经世大典军制》,起第五十八叶,至卷末第七十六叶,除第五十八叶尚存残缺末二行原版外,余均已将卷首《公文》所载缺少一十八版之数刊补完全。半叶十行,行十九字。版心上记字数,下记刻工姓名,然不全记。末有元统三年王守诚跋,印版稍逊,间有抄配,旧为

---

① 《书学正韵》卷末有"□□二年八月江浙等处儒学提举余谦补修",年号缺佚。据《静嘉堂秘籍志》卷三《六书统》二十卷河田罴识语:"卷末有□□二年八月江浙等处儒学提举余谦补修……查元刊文献通考,后有至正五年余谦跋,则所缺乃至正二年也。"河田氏亲见,故有此说,则《仪顾堂续跋》或为陆氏本心自用之说。按,此跋为后至元五年作,故有误。

② 见樱井智美上引同文,第499页注释55。故可知《六书统》之补修年代或为元统二年,此时余谦正式任江浙儒学提举。

缪艺风所藏,见《艺风堂藏书续记》。

嘉庆甲戌夏五月,吴嘉泰借黄复翁所藏元印本校读。(在卷一末)

藏印:"嘉泰私印"、"东屏"、"顾广圻印"、"顾千里印"、"汪士钟印"、"古潭州袁卧雪庐收藏"、"寄松"、"审研室"①。

《丛刊》之底本即国图所藏之"吴嘉泰校并跋"本,元刊明修公文纸印本,半叶十行,行十九字。② 赵松雪字体。检原书,非全部公文纸刷印,间有白纸。其卷二叶二纸背有字,然较为模糊,故未知缪筱珊言"明中叶册籍纸"之依据为何。明初补板可自两处辨识,即大黑口、阴文"成化九年吏部重刊"字样。③ 明人用黑口,此书补板黑口较元刊墨线为粗。然尤可注意者,乃明初补板改左右双边为四周双边,此傅沅叔订补邵亭书目于《松雪斋文集》条言及,曰:"明初翻元后至元五年花溪沈璜刊本(《松雪斋文集》十卷),亦十二行二十二字,白口,然改元本之左右双阑为四周双阑",可为一证。又明补刊板心书题甚乱,卷二十八前相对元刊少一"第"字,卷二十八后则同,然亦有如"国朝文十九"字样者。前后不甚统一,或非同时所补刊。

为叙述之方便,再将海源阁藏本略叙如下:

海源阁藏本,亦为元刻明修西湖书院本。《楹书隅录》卷四著录,阳城张敦仁藏书,卷末题"崇祯丙子六月绮川朱彝收藏",《北京图书馆善本书目》题元至元、至正间西湖书院刊明修本,朱彝题款。④ 此书成化补刊叶与海源阁及《丛刊》景印之本大体相同,序目及卷一为元刻明修之原板,非补钞之叶。此本卷首至正二年《公文》在陈旅《序》之后。涵芬楼、景印本之补钞叶,如卷三叶五,卷七十之末叶等亦为元刊或成化补刊,非补钞。此书多断板,文字亦多漫漶,间有朱笔、墨笔钞补、描字。墨笔钞补整叶者为卷三五之叶十五、十六;卷四一之叶六十一、六十二;卷五〇之叶十七、十八;卷五五之叶一、二。卷四一之叶五十八"军制"二字补钞于行二十,脱此叶十九、二十两行"国朝起龙朔……"字,而此二行字涵芬楼本、《丛刊》本有,该本不知何故脱去。另脱去公文叶四第十六至二十行。其余诸本有。其余皆元刻诸板漫漶处之补写,所补之处甚多,以屡次刷印,板片不佳故。卷一等极少处有朱笔补若干字,字体与"绮川朱彝"相似,或此藏家之补也,然所补未知据何本。

张菊生先生景印《四部丛刊》时,将此底本抽换、描润之处甚多。今幸此书底本尚存,且尚有海源阁藏本可资对读,学者当可知《丛刊》本之优劣。诚然,海源阁藏本漫漶处较多,后藏家必会描修,然去除描修之少量内容,其颇能见原板之真貌。让我们利用海源阁本作参照,比对

---

① 验原书,此为"审研堂"印。

② 亦有二十字者,如王文进《文禄堂访书记》卷五著录为行二十字,王绍曾订补《楹书隅录》时引其人说,以王说误,然经目验,亦有二十字者,如卷八叶三即是一例,此叶为五言绝句,二十字恰占满一行。又,其言王文进所见之本为岛田翰藏西湖书院本,王文进所见岛田氏藏本实为翠岩本,岛田翰藏翠岩本见氏著《汉籍善本考》中《元文类》条。王绍曾引文有误。

③ 傅增湘其见一种《文类》板心有"成化十八年补板"白文,余见《丛刊》景印之本亦有"成化十一年补板"字样。故此书或成化十年间陆续刊补印行。傅增湘说见《藏园订补邵亭知见传本书目·集部》。

④ 按,经检索北图《联机公共目录》,该条目著录为朱彝尊题跋,此说或有疑问,崇祯丙子(九年)朱彝尊方七岁,此字是否为七岁幼童之跋,尚有疑问,且检《曝书亭藏书目》(《清代私家藏书目录题跋丛刊》册一景印清钞本,郑振铎藏)其著录有两部,为"元文类十八本缺一"和"元文类一本",板本不详;《行箧书目》(《晨风阁丛书》本《潜采堂书目四种》)亦有"元文类二十本"。按,海源阁本为三十六册全,无缺册,且二十册或为明代刊本,因今见元刻明印本皆三十六册,明修德堂本有二十册者。此处之朱彝非竹垞,究竟为何人,待考。但《北京图书馆古籍善本书目》(书目文献出版社,1987年)著录为"朱彝"校,故联机公共目录有误。

涵芬楼本与《丛刊》景印本之差异。

上文已引《烬余书录》之著录，其中加粗之内容不见于今景印本。这些藏书印及"儒士叶森点对"字样，在涵芬楼本中具可得见，且就藏印而言，每册卷首皆有"海盐张元济经眼"及"涵芬楼"二印。按："审研堂"者，明文征明旧藏，汪阆源、顾千里多文征明、黄丕烈旧藏，此藏书史习见者。且据汪士钟《艺芸书舍宋元本书目》，①有"大字本《皇元文类》七十卷"条，与"《皇元文类》小字本"条并列。故可知汪氏藏有《文类》，具体几部不详。然据严绍璗书，归安陆氏藏本（其言初印本，今存静嘉堂文库）亦有玉兰堂、汪阆源印，然未知其是否亲眼目睹此书，或照钞《仪顾堂续跋》著录之板本信息？② 此书之藏印中有顾千里、汪士钟二印缪筱珊并未提到，未知何故。诸印鉴真伪待考。

其二，关于二本之补钞叶。上引缪筱珊、张菊生言其序目、卷一为钞配，然景印本与其底本有所不同。检景印本，其目录三卷及卷一《赋》所钤印鉴与涵芬楼本不同，序目首、卷一尾钤"吴兴包子庄书画金石记"朱文印，乃吴兴（今湖州）包氏虎臣（字子庄）藏印，诸家目录皆无。其余诸叶，钤袁芳瑛"古潭州袁卧雪庐收藏"白文，见卷二、八、二十、六十九首叶，印占两行，钤盖于右下角无字处。③ 按，古潭州袁芳瑛、吴兴包虎臣及前述吴嘉泰皆道、咸时人，而湖州太平天国之战争在咸丰十年，此后吴兴包氏之书或方散出，袁氏卒于咸丰九年，同治时收书亦无可能。故是书咸、同时为完秩，应无可能。包氏所钤之印，与袁氏所藏之书，定非一秩。咸、同间，湖州发匪祸烈，包氏藏书亦未见其保全，后亦屡有散出，近人黄裳于民国时仍间有发现，具见氏著《来燕榭书跋》。

检涵芬楼本，"顾广圻印"、"顾千里印"、"汪士钟印"等俱钤于目录上之叶首，"东屏"、"审研堂"诸印在公文、二《序》之首，故可知此诸叶在景印《丛刊》时目及被替换成此本，《烬余书录》著录而《丛刊》所阙之藏印皆在此诸叶上。然此包子庄之本为景钞本抑刻本？愚以其为包氏家藏之一元刻明印本可能性较大。景印本板心亦有成化九年所补诸板之特征，如《目录上》叶三、四，检海源阁本亦有，涵芬楼本补钞叶亦将"成化九年吏部重刊"字样录之于叶心。④

值得注意的是，此配补之包氏藏本若与涵芬楼、海源阁本对校，有如下问题：

---

① 此书《晨风阁丛书》本，书题为《艺芸精舍宋元本书目》，其板内题作"书舍"此书目亦见《涉喜斋丛书》，题作《艺芸书舍宋元本书目》，顾千里序收录于王欣夫编《顾千里集》，题同《涉喜》本，林申清编《明清著名藏书家藏书印》亦作"艺芸书舍"。此处从后者。

② 陆言是书有季振宜、徐乾学诸印，检《士礼居丛书》本《延令宋板书目》，有此书七十卷，而同本《季振宜目》则无，同，吴丙湘《传砚斋丛书》本《传是楼宋元板书目》有"元文类七十卷叶森，十二本元板"条，定是此本，因有"叶森"及十二本之记录。（此书若为全秩，册数应为十二的倍数，今所见多三十六册）味经书屋钞本《传是楼书目》未录总集类书，故未见此书。录此备考。

③ 由此可知除序目、卷一，及下文所言之钞配诸叶，《丛刊》景印之底本所用为卧雪庐藏本。值得注意的是，卷十四所钤之卧雪庐印为倒印，景印本与涵芬楼底本同，故有此判断。

④ 当然，《丛刊》本有些板心由于景印问题丢掉不少，和海源阁、涵芬楼本未尽一致，然大体不影响判断。

《國朝文類》校勘舉例（一）

編號	卷次	葉	行	校
1	目錄上	三	十七	讀伯庸學士上酒詩，"上"，涵芬樓、海源閣本同作"止"，卷第三貢奎同題詩亦作"止"，諸本無異文。
2	目錄上	十一	七	過岳三墓，"三"，海源閣、涵芬樓本同作"王"，應作王是，卷第七趙孟頫詩亦作王。或描修錯誤。
3	目錄上	十四	十二	讀汝南道事，"道"，涵芬樓本補鈔同此，海源閣本作"遺"。卷八楊奐詩亦作"遺"，是。
4	卷一	二	二	弦歌之聲，比……，比，海源閣本作"訛"，涵芬樓本鈔作"比"。
5	卷一	二	九	房中□弦樂，此字漫漶，似作互字少最末一筆，涵芬樓本作之，海源閣本亦不清，然有朱筆描作"五"，按，似應作"之"。
6	卷一	二	十	皆三於瑟而他弦莫侑，三，涵芬樓、海源閣本同作"王"，按，作"王"是。
7	卷一	二	十四	師延之罪廢，罪廢，涵芬樓、海源閣本同作"靡靡"。按，師延北里之曲，靡靡之音，故作"靡靡"是。
8	卷一	三	九	……知守古訓者，闓……，闓，涵芬樓、海源閣藏本皆作"聞"，按，作"聞"是。
9	卷一	六	十二	絜抱遹而致意兮，遹，海源閣本漫漶，朱筆補作"道"，涵芬樓本作"忠"。按，雖"抱道"二字習用，然此處或應作遹，語出魏文帝《與吳質書》。
10	卷一	六	十三	謂其信之在茲世：其，涵芬樓本作真，海源閣本漫漶，然朱筆補作"貞"，未詳所據。按，真、貞同，義較勝。
11	卷一	七	十	覽古人以爲前兮，前，海源閣、涵芬樓本皆作"則"，按，作"則"是。
12	卷一	九	十七 十八	誠心不疚允者□□，者□□，涵芬樓、海源閣本作"耆頤兮"。者字誤，"頤兮"二字在行十八，景印本脫。
13	卷一	十	十	力遲士之高風，士，涵芬樓、海源閣本俱作古，元刻《石田先生文集》作古，"古"或是。
14	卷一	十一	七	固鉛敝之所同服，鉛，海源閣、涵芬樓補鈔葉同作鉛。

此目錄、卷一之異文，編號 4、9 較特殊，景印本似有依據，此類異文來源下文分析之，不過，分析此二條及第 5 條，可推知海源閣本之朱筆或為某藏家之臆補，或無板本依據。除此之外，三種板本異文之性質大體皆同其餘諸條校記，此處未全部列出。要之，海源閣、涵芬樓二本同而異於包氏本，且包本多誤。究其緣由，較典型者為 1、2、6、13、14 條校記所示，這些訛文所反映的，是涵芬樓補鈔葉卷一的來源，或許是一個和海源閣本相同的本子。至於其餘諸條，其訛字錯誤明顯，致誤原因，或為同板明代刷印時有剜改，或為叢刊景印時之描修。因未找到包氏本之原書，故無從判斷。然而，就包氏本之性質而言，若其為明印本，效果當與海源閣本類似，漫漶處甚多，至於其何時剜改諸字，致使其和海源閣本差異如此，我們也不排除兩種本子都有在明代修板的可能性。

又，《叢刊》景印本之公文、序自何本出，是否同為包氏本，亦不可考，因其未鈐任何藏印，检涵芬楼、海源阁本,王理、陈旅序诸叶有刻工陈大义、乂、义①等,或为原刊所有,或为钞配,然这些刻工《丛刊》景印本诸叶未见。且序目后之"儒士叶森点对"字样《丛刊》本无而他本有。且卷一叶三亦有刻工"义",包氏本丢失。此或景印本径行抹去。另,若细观《丛刊》本之《公文》,其叶四第十六至二十行和其余诸叶之字体有细微差别,似为补钞(刊),或此替换之本(指公文及二《序》)和目录、卷一不同,与海源阁本相似,仍为一元刻明修本之后印本(海源阁本此诸叶无成化补刊),唯叶四最末五行为后人添加?② 证据不足,姑点到为止。

除藏印不同外,涵芬楼底本和《丛刊》本补钞叶字体亦有差异。上已言景印本为以成化九年重修印本更换景印底本之补钞叶,而涵芬楼本之补钞字体有二,其一为公文、王理序之字体,其二为陈旅序、序目、卷一之字体,可知此本经两次钞配,且卷中钞配之叶字体亦与此二种字体相合,现列表于下。按,此表亦将下文需考证之海源阁本之情况列于此,后论述涉及此问题径用此表结论,不单独论列。

《国朝文类》校勘举例(二)

卷次	葉	備註
公文、王理序	全部	涵芬樓本字體一,似用歐體。海源閣本爲原刊葉
陳旅序、序目及卷一	全部	涵芬樓本字體二,與此書元刻所用之趙體有類似之處,當爲摹鈔。海源閣本爲原刊葉
卷三	葉五	涵芬樓本同字體一,海源閣本爲成化九年補刊葉
卷四一	葉六十二、六十三	涵芬樓本此卷葉六十一、六十二爲補鈔葉,同字體一,海源閣本葉六十一、六十二爲清補鈔葉
卷六二	葉二十	涵芬樓、海源閣本皆爲原刊葉
卷六三	葉五	涵芬樓、海源閣本皆爲原刊葉
卷七〇	葉四、十四、十五、十六、十七	《叢刊》景印本是卷十四葉右葉、十五、十六、十七字體與元刻、明補板、卷五等補抄葉俱有異,不知爲何人所鈔。涵芬樓本包括葉四皆爲鈔配,字體與叢刊本有異,然同字體一

《丛刊》更换序目、卷一及上述诸叶之原因,或为包子庄之本刻印年代较早,欲配卧雪庐本为全秩。故其有意抽换,此种抽换于《四部丛刊》较常见,但未必皆交代清楚。然上述其所更换者亦补写之叶,经校,未见其佳处。又如卷三叶五之若干字型而言,《丛刊》本之捐、疎,涵、海二本字型皆作捐、踈,唯"台"字与涵芬楼本同,海源阁本作"茎",实属不同钞本之间字型差异。其将内叶作如此更换,缘由或难知晓。

下面再说《丛刊》景印卧雪庐原秩时所做抽换描修工作。

---

① 这些刻工中,陈大义未见其余诸叶著录,义或与其为一人,此刊又见严绍璗《日藏汉籍善本书录·集部·总集类》所录静嘉堂藏《国朝文类》所录静嘉堂本诸刻工,然其是否亲眼见得此书,不详。即使此书非元刻元印本,刻工陈大义亦会出现于补钞本中,故其可信性仍有疑问。乂或为又,即陈又,俗字混写。

② 经校,景印本公文叶四行三丢掉"近据"二字,王理《序》叶四行十八丢掉"体兼"二字。检涵芬楼、海源阁本及《爱日精庐藏书志》卷三五、《皕宋楼藏书志》卷三八著录所谓"元刻元印本"序跋,此四字皆有,故可知景印本或亦为一明代后印本,脱此四字实属正常。

前已分析了景印本在抽换诸叶的描修嫌疑，然由于包氏本景印底本不可见，我所言描修或仅为其中一种情况。众所周知，我等现今看到的《丛刊》本，几乎看不到断板、漫漶痕迹，然谛视涵芬楼本，其实与海源阁本相同，断板、漫漶之处不亚于海源阁本，可见此本之刷印当在成化十三年甚至更晚。周叔弢批校《楹书隅录》于"元刊本《国朝文类》"条上有二字"不精"，涵芬楼本亦可当此二字。故可知二者文献价值相仿佛。但是，我们在《丛刊》中并不能看到断板的痕迹，这恐怕是《丛刊》景印时技工在珂罗版上涂抹底灰，描修清晰的缘故，再加上替换底本，定会出现若干问题，今校卷一至卷八一过，试举数例如下：

《国朝文类》校勘举例（三）

編號	卷次	葉	行	校
14	卷一	七	十五	悵嬴鉼而三歎：嬴，海源閣本、涵芬樓補鈔葉、錢校翠嚴本皆作嬴，修德堂本作嬴。
15	卷一	十一	六	□衆金於大冶兮：□，景印本脫，海源閣本漫漶不可辨，涵芬樓補鈔葉有後人筆補作"鎜"。錢校："鎜，元刻同，應作鏊，音躋，郭象《莊子注》：和也。"按，涵芬樓本此人所補或據某元印本，其恰好與翠嚴本同作"鎜"。
16	卷二	六	九	祖，涵芬樓本漫漶，然可判斷作"祀"字，海源閣本作"祀"，《叢刊》本描字有誤。
17	卷三	一	七	幾蠻，涵芬樓本同，海源閣本乙，作"蠻幾"。按，作"幾蠻"是，典出《莊子》。又，此處海源閣本有斷板，"幾"字有補刻嫌。
18	卷三	十四	一	回，涵芬樓本字型或是囘，海源閣本漫漶。
19	卷四	二	十九	第五字"同去幾人回"之"回"，海源閣、涵芬樓本俱作回，《叢刊》本作"囘"。按，此"回"字所處之葉，諸行的相同位置，海本、涵本皆有斷板，海本與涵本有異，如，此葉行十四第五字"關"字，涵、《叢刊》本同，海源閣本作"関"。
20	卷四	九	八	鯢，海源閣、涵芬樓本皆作鯢，景印本誤。按，景印本此字或僅多"厶"，在涵芬樓本中，此處有墨點，或描修失誤。
21	卷四	十一	二、三	夫死於妾心始平：於妾，海源閣本作"夫活"，涵芬樓本有墨筆補寫作"於妾"。按，沈潢刊本，務本堂本皆作"夫活"。此異文不知何據。又，錢未校此異文，或修德堂、翠嚴皆作"於妾"。
22	卷四	十一	十二	千，牛馬飲者……：牛，海源閣本作"下"，涵芬樓本爲墨筆補字，此字補作"牛"。又，涵芬樓本此半葉上半諸字大多爲墨筆補，《叢刊》有重描或換板之嫌疑，如涵芬樓此葉不漫漶，從此葉其他大量校例推測或許該字應與海源閣本同作"下"。
23	卷四	十四	八	雙排小字：予以至元廿六年出杭故居東南隅四條巷……：予，南，海源閣本作事，廂，涵芬樓本同景印本。按，海源閣本或誤。
24	卷五	八	十四	大，海源閣本、涵芬樓本作犬，《叢刊》本將犬字之點丟掉。
25	卷五	九	二十	最後一字"膡"，此字海源閣本作"膡"，涵芬樓本雖不清晰，然可辨亦爲"膡"，然有墨筆寫作"膳"補於其下，景印本將此字照是補描之，抑或有其他可能。又，修德堂本作"膳"，錢校，翠嚴本作"膡"。審詩意，此字墨筆補者爲勝。
26	卷五	十六	六、八、十三	行六氛，海源閣本作氣。涵芬樓本漫漶。行八小字，伯長，長字海源閣本，涵芬樓本同漫漶。行十三，瑚璉，瑚，海源閣本作湖，涵芬樓本同景印本。

续表

編號	卷次	葉	行	校
27	卷七	六	八	司業禮公哀挽，禮，錢泰吉校改爲李，即翠嚴本作"李"，修德堂本作禮。海源閣本作李，是，涵芬樓本此字爲墨筆補作"禮"。
28	卷七	十	九	龍蛇兩紙光如王：王，涵芬樓、海源閣本同作"玉"。按，作"玉"是。

我们可以看到，景印本为制造一清晰的板本，会在首次翻拍后对底本的断板之处进行修补，并去底灰以提高对比度，凸显其文字，并将在书板之中所写之批、校、及朱笔点窜之处擦去，重新拍照形成底板。① 故而景印本中的吴嘉泰校补痕迹和那行字一起消失，仅能从原书中略知一二，如校例15、25、27等。涵芬楼本原有草书评点，皆被擦去，未知何人所作，今亦不可得见。吴嘉泰借黄丕烈藏元刻元印本所校诸笔，其踪迹稀少。因我们无充分证据证明上述校例中所列的"墨笔补"诸字样为其据元印本补，而仅能据此作大体上的推测，即，这几条典型的校例为后人墨笔补，且所补字无论是否有误，若其为吴嘉泰补，其所言元刻元印本也许可靠。（校例卷四"下"字，海源阁本也有刊改痕迹，故无论改对与否，不能排除吴据元印补的可能。）

上述校例是一些非常极端的例子，其中包括两类讹文。我们已知包子庄钞本并不精审，中多有漫漶不清之处，且有些讹文的来源今已不可考。有些异文甚至因去底灰，减小原书灰度而造成的笔划损失，如前已提到的校记6"王"、"三"字之校例，校记24也能说明相同问题。那么，这种《丛刊》本的描修讹文，不仅在景印包子庄本中，在景印卧雪庐本中同样存在。涵芬楼底本与海源阁本对校的结果，也证明了底本与海源阁本相同而景印本有明显描修的情况，故这能对读者造成些许迷惑。以为这两个本子中间存在明代刷印时的修板。

我们或能注意到另一类属于海源阁本的问题。上文虽有大量证据表明，涵芬楼和海源阁本属同板刷印，然而，也有海源阁本和涵芬楼本不同的情况，即校例19、23、26等。

上述校例暗示了我们，该书在明代修版时屡经刓改断板，甚至在成化年间翻印之后，其仍对元刊诸板进行过数次修补。除了上述举例之外，这种情况在其他卷次为数亦不少。值得注意的是，这种修补会导致断板处出现讹文，而这种讹文并不属于景印本的问题，也许明代修板带来的麻烦，因目验海源阁本，上举诸讹文大多出现在该叶的断板处，尤以字型问题为最多。我们也可从钱泰吉批校中，看到其所列西湖书院本异文，有极少数和我们今天见到的不一致。② 当然，还有另一个极端的可能，在正文内叶，《丛刊》景印时亦有抽换，但可能性不大。③

显然，海源阁本是一个较忠实于元刻明修本之印本，除去补钞叶外，其刷印元板的效果某种程度上要好于涵芬楼本，虽然从校例中看，涵芬楼补钞诸叶较忠实于元刻或明补叶，但除去这些叶外，两本即使断板之处也大体相同，甚至涵芬楼本刷印时尚有很多脱字、裂板，甚至整叶漫漶之处，而补刻之处极少。在一定程度上说，海源阁本补钞叶和涵芬楼本不同，会保留更多

---

① 此书册籍纸所印之诸叶当为黄纸，年深日久，故较白纸所印者对比度较差。对《四部丛刊》的影印工作来讲，这种对底灰的涂抹也许是必然的选择，我们当然无法从感情上相信，如王、玉之类的错误会隐藏于值得信赖的影印本中，然而，提高对比度度必然会造成笔划丢失，这种选择也许得不偿失。

② 如卷三叶十第六行，里，钱批校为："西湖本'里'误'旦'"。

③ 如校例22所显示，此叶涵芬楼本较为模糊，且多为补钞，在其他校例证明其为海源阁本同板的情况下，抽换一叶"下"字作"牛"字的较早印本也有可能。

此板本的后续信息,况且,我们在总结其不同于通行的《丛刊》之处时,就会发现其大多数异文都是景印者自身描修问题,仅有少数讹文,无论正确与否,海源阁本不能排除后人(有可能是明人)自他本校勘挖改的可能,如校例19、26所示,①至于校例17所示,检涵芬楼原印,断板处大略同为此"几"下两行之字,且仍有未刷上的字,如同叶"汩"字即脱。(丛刊本有之,或为臆补。)所以,大体可知涵芬楼本刷印比海源阁本早。② 所因此,二本以涵芬楼本刷印时间较早,海源阁本刷印较晚。当然,这仅是推测。

至于《丛刊》本,则由于景印时抽换底本,且可参考诸本残缺处不一,多漫漶不清,更会丢失一些重要的信息,如上文已列举之刻工问题,在使用上会造成一些不必要的麻烦。故此本或应慎用。

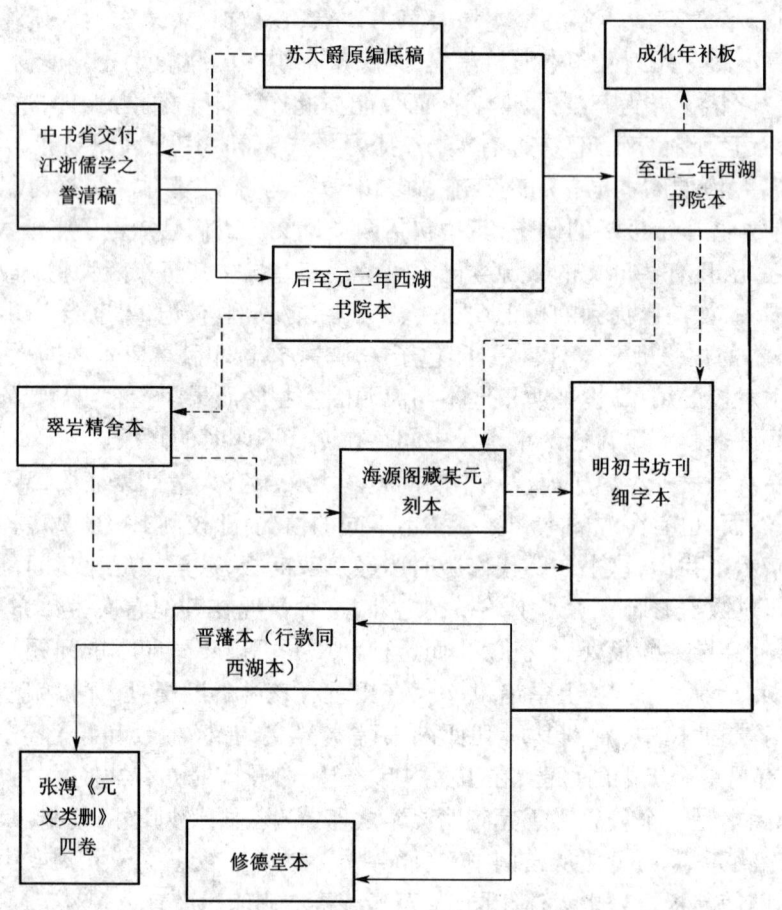

《国朝文类》元、明诸印本源流图(注:实线为有证据者,虚线代表推测结论)

---

① 其字型多为正、俗字之讹,他处为数不少。此刻亦有俗字,然不多。如本书元刻诸叶板心有"国朝文类卷某"字样。有可能是补板者为了省事而径将俗写补之。

② 当然,我们要排除校例1—14,因其性质有所不同,目前尚无法判断其刷印时间,但通过如此多的异文出现了俗写来看,如果排除了景印本描修,那时间不会太早。

《南村辍耕录》与《广客谈》

内蒙古大学 高建国

一 郎瑛谓《南村辍耕录》通本抄录《广客谈》

文人笔记小说,自南北朝产生以来,到宋代达到繁盛。元朝百年之间,笔记小说的数量虽远远不如宋代可观,但是却出现了像《南村辍耕录》这样的大部头。其所记内容,"上兼六经百氏之旨,下极稗官小史之谈,昔之所未考,今之所未闻"①,"凡六合之内,朝野之间,天理人事,有关于风化者,皆采而录之"②。其中像"大元宗室世系"条、"氏族"条所记内容,在用汉文记录蒙古史的著作中,是绝无仅有的,经常被蒙元史学者所引用,其史料价值,自不待言。明代学者毛晋这样评价:"唐讫宋元,稗官野史,盈箱溢箧,最著若《朝野佥载》、《桯史》、《辍耕录》者,不过数种"③。朱彝尊《静志居诗话》谓宗仪"练习掌故,元朝野旧事,藉《辍耕录》以存"而许其有裨史学。④ 清代学者钱大昕则给予其更高的地位:"元人说部,莫善于《南村辍耕录》。"⑤民国以来的学者张元济,在《涵芬楼影印元刊本南村辍耕录跋》中赞道:"《四库提要》称其详于有元法令制度,考订书画文艺,足备参证。且不止此,戏剧之学至元极盛,是书于院本、杂剧、曲名、歌调考订极详。他如园林、建筑、书画、裱轴、制墨、斫琴、窑器、髹漆,无一不罗而列之,其有裨于时人之研习艺术者匪浅"⑥。研究《辍耕录》的语言学家鲁国尧先生,更是称其为"百科全书式的著作"⑦。

但是其书因所记内容宽泛,有道听途说之嫌,故钱大昕指出"然亦有传闻失真者"⑧;又有抄录他书之嫌,明代郎瑛《七修类稿》说陶宗仪"但《辍耕》多抄旧书,如《广客谈》通本录为己作,是其下也"⑨;又有体例冗杂之嫌,"(《遂昌杂录》)其言皆笃厚质实,非《辍耕录》诸书捃拾

---

① 孙作:《〈南村辍耕录〉序》,载陶宗仪《南村辍耕录》,北京:中华书局,1958年,第3页。
② 邵亨贞:《〈南村辍耕录〉疏》,载陶宗仪《南村辍耕录》,北京:中华书局,1958年,第4页。
③ 毛晋:《〈桯史〉跋》,津逮秘书本。
④ 朱彝尊:《静志居诗话》卷四,周骏富辑《明代传记丛刊·学林类08》,台北:明文书局,1991年,第383页。
⑤ 钱大昕:《十驾斋养新录》卷一四,上海:上海书店据商务印书馆1937年,第327页。
⑥ 张元济:《〈南村辍耕录〉跋》,涵芬楼影印元刊本。
⑦ 鲁国尧:《〈南村辍耕录〉与元代吴方言》,原载《中国语言学报》第三期,1988年,后收入应再泉等编《陶宗仪研究论文集》,杭州:浙江人民出版社,2006年,第178页。
⑧ 钱大昕:《十驾斋养新录》卷一四,第327页。
⑨ 郎瑛:《七修类稿》卷一八,上海:上海书店,2001年,第189页。该书在点校时,将"《辍耕》多抄旧书,如《广客谈》通本录为己作"一句,错点为"《辍耕》多抄旧书,如《广客谈》、《通本录》为己作"。

冗杂者可比"①；又有所载内容猥琐之嫌，叶盛《水东日记》"录中颇杂淫亵事，尤可鄙也"②。

细翻该书，前人所论，多属事实。唯郎瑛所谓《辍耕录》通本抄录《广客谈》一书，似有值得商榷之处。《四库全书》在《辍耕录》提要中说："郎瑛《七修类稿》谓宗仪多录旧书，如《广客谈》通本录之，率皆攘为己作。今其书未见传本，无由证瑛说之确否。"提要引用了郎瑛的说法，但又客观地指出，因为没有见到《广客谈》传本，不能进行比对，没有办法证明郎瑛说的是否正确。直到最近，还有人因为没有找到《广客谈》这本书，而深为懊恼。

二 《丛书集成初编》本《广客谈》与《辍耕录》对录

其实《广客谈》一书，在历史中尚有踪影。泰山出版社出版的《中华野史》总目录明代卷的最后部分，《广客谈》之名赫然在目。该书标明，整理者为王英华，书为明代无名氏所撰，有《历代小史》本，据《丛书集成初编》本标点整理。该书记事十二条，全文不足两千字。其中有七条记事，内容明显见于《南村辍耕录》。今据《丛书集成初编》第2957册所收《广客谈》对录如下：

《广客谈》条1：予年十六七时，以诗见息垒先生李公于州桥寓居。既拜公，公答拜，命之坐。予不敢坐，屡辞之。公曰："仲尼之席，童子隅坐。"予不敢辞，遂坐。

《广客谈》条2：近年见徐永之先生为江浙儒学提举日，客往访之，既退，无问亲疏贵贱，必送之于门外。客或有止之者，则曰："不可，妇人送迎不逾阈。"

《南村辍耕录》卷五"先辈谦让"条：武林钱思复先生惟善尝言，年十六七时，以诗见息斋李公于州桥寓居。既拜公，公答拜。命坐，辞之再。公曰，仲尼之席，童子隅坐。因不敢辞。徐永之先生为江浙提举日，客往访之者无间亲疏贵贱，必送之门外。凡客请纳步，则曰，不可。妇人送迎不逾阈。

右二事可见前辈诸老谦恭退抑，汲引后进，待人接物者如此。

《广客谈》条3：野云廉公于都城外万柳堂张筵，邀疏垒卢处道、松雪赵子昂、歌姬刘氏名解语花，宾主尽欢。刘氏折荷花，左手持献，右手举杯，歌《骤雨打新荷》；松雪喜而赋诗，诚一时盛事。惜《全集》中不载。诗曰："万柳堂前数亩池，平铺云锦盖涟漪。主人自有沧州趣，游女仍歌白雪词。手把荷花来劝酒，步随芳草去寻诗。谁知咫尺京城外，便有无穷万里思"（濠梁李升记）。

《南村辍耕录》卷九"万柳堂"条：京师城外万柳堂亦一宴游处也，野云廉公一日于中置酒，招疏斋卢公、松雪赵公同饮。时歌儿刘氏名解语花者，左手折荷花，右手执杯，歌小圣乐，云：绿叶阴浓，遍池亭水阁，偏趣凉多。海榴初绽，朵朵蹙红罗。乳燕雏莺弄语，对高柳鸣蝉相和，骤雨过，似琼珠乱撒，打遍新荷。人生百年有几，念良辰美景，休放虚过。富贵前定，何用苦张罗，命友邀宾宴赏，饮芳醑，浅斟低歌，且酩酊，从教二轮，往来如梭。既而行酒，赵公喜，即席赋诗曰：万柳堂前数亩池，平铺云锦盖涟漪，主人自有沧洲趣，游女仍歌白雪词。手把荷花来劝酒，步随芳草去寻诗。谁知咫尺京城外，便有无穷万里思。此诗

---

① 纪昀纂：《钦定四库全书总目》，载四库全书研究所整理《钦定四库全书总目》，北京：中华书局，1997年，第1868页。
② 叶盛《水东日记》卷六，北京：中华书局，1980年，第71页。

集中无,"小圣乐"乃小石调曲,元遗山先生好问所制,而名姬多歌之,俗以为"骤雨打新荷"者是也。

《广客谈》条4:甫里沈仲说,号存垒,年四十无子。其妻邹氏贤而有德,因夫无子,每忧之。买一妾,甚有姿容,将以奉仲说。仲说初不知,一日归,其妻出其妾以拜之。仲说因问妾姓何氏,是何人之女,妾不肯言其详。问之良久,才云是能医卜范复初之女,因父亡家贫,母将妾卖身于此。仲说恻然,嘱其妻曰:"此女之父,乃吴中名士,吾之故人也,岂可以此女为吾妾乎?当如吾女养之。"即呼其母与媒妁俱至,就嘱之曰:"便可寻良亲嫁此女。"其母拜而感之。后择一婿,仲说备衣服、首饰,亦如己女嫁之。至今吴中称其德。余遂书之,可以厚风俗。

《南村辍耕录》卷五"嫁故人女"条:沈仲说右,姑苏人,年四十,未有子。其妻邹氏候其它适,为置一年少貌美之妾。及归,命出拜,将以奉枕席。仲说询其乡贯祖父来历,始不肯言,询之再,泣而曰,妾范复初女也。父丧,家贫,老母见鬻于此。仲说恻然泪下,因嘱妻曰,此女父吴中名士,乃吾故人,岂可以为妾,当如己子视之。即寻其母,使择婿,仲说备奁具嫁之。邦人称之,至今不置。夫嫁人之女为妾为妓为娼者古有其人矣,今则未闻也。仲说诚贤矣哉。

《广客谈》条5:龙广寒,江湖异人也,事母至孝。六月一日,其母寿,且方启北牖,举寿觞,忽梅花一枝入牖,香色绝佳,人遂以孝梅称之。士大夫赠诗者甚多,唯张存菊一绝最为人脍炙。其诗曰:"南风吹南枝,一白照万绿。岁寒谁知心,孟宗林下竹。"厥后,孝梅年百有五岁,犹童颜绿发,人以为孝感所致。

《南村辍耕录》卷十一"龙广寒"条:龙广寒,江西人,移居钱唐,挟预知之术,游湖海间,咸推为异人。或谓专持寂感报耳秘咒故尔。寂感即俗所谓万回哥哥之师号也。《释氏传灯录》:师姓张,九岁乃能语。兄戍安西,父母遣问讯,朝往夕返,以万里而回,号万回。又《护法法论》:虢州阌乡张万回法云公者,生于唐贞观六年五月五日。有兄万年久征辽左,相去万里,母程氏思其信音,公早晨先母而徃,至暮持书而还。护法法论乃宋无尽居士张商英撰,必有所据。按此则师之灵通容有之,广寒又行服气导引之法,常佩小龟十数于身,至晚仍解饲之。事母至孝,六月一日母生辰,方举觞为寿,忽见北窗外梅花一枝盛开,人皆以为孝行所感,士大夫遂称之曰孝梅,赠诗者甚多,惟张菊存一篇最可脍炙,曰:"南风吹南枝,一白点万绿,岁寒谁知心,孟宗林下竹。"至治初间广寒卒,时年百有八岁,犹童颜绿发云。

《广客谈》条6:向湛渊先生之居有竹一根,上分而为二,人皆异之。遂赋《双竹杖》诗。未几,先生殁。或者以为二子之先兆。大抵物之变为怪未必皆瑞也。

《南村辍耕录》卷五"双竹杖"条:白廷玉先生珽,号湛渊,钱唐人。家多竹,忽一竿上岐为二,人皆异之,赋双竹杖诗。未几先生殁。先生有二子,或以为先兆云。

《广客谈》条7:福州郑丞相府所居清风堂,石阶墀上有眠尸形迹。天阴雨时,其迹尤着。盖郑在宋末暮年登科,寻跻相位。至今闾巷表之曰:"耆德魁辅之坊。"郑当为相时,家人侵夺小民庐舍以广其居。民为逼抑者,遂自杀于清风堂阶下。余游闽中,亲至其堂,取水噀石上,其迹果见。今所居竟为官豪所据,子孙不绝如线,书脉遂斩然矣。世之梗强,可不知所鉴哉。

《南村辍耕录》卷五"清风堂尸迹"条:福州郑丞相府清风堂石阶上有卧尸迹,天阴雨时迹尤显。盖其当宋季以暮年登科,未几拜相,至今闾巷表之曰耆德魁辅之坊。郑显时,侵渔百姓,至夺其屋庐以广居宅,有被逼抑者遂自杀于此。今所居为官执豪夺,子孙不绝如线,因记宋临川吴曾《能改斋漫录》云,建炎四年五月,杨勍叛卒由建安寇延平,道出小常村,掠一妇人,逼胁欲犯之。妇人毅然誓死不受污,遂遇害,横尸道傍。贼退,人为收瘗之,而其尸枕籍处痕迹隐然不灭,每雨则其迹干,晴即湿,宛如人影,往来者莫不嗟异。乡人或削去之,随即复见,覆以他土,而其迹愈明,今三十年矣,与顺昌军员范旺事略同。但范现迹街砖,而此现于土上耳。范死以忠,妇死以节。小常村去剑浦县治二十里,以《漫录》言之,则二人之死足以惊动万世,宜其英烈之气不泯如此。清风堂者不过冤抑之志不得伸,以决绝于一时耳,亦何为而然哉。岂幽愤所积结致是耶,此理殆不可晓。

三 《广客谈》的作者是元代武林人钱惟善

《广客谈》第一条和第二条的内容,与《南村辍耕录》卷五"先辈谦让"条内容一模一样,但《广客谈》首句主语为"予",即作者自称,而《南村辍耕录》首句径书"武林钱思復先生惟善尝言"。该书第九条首句也称:"予",全文如下:

> 予家有堂名"乐全",虞奎章为予记之,朝之大夫、士咸为歌诗文。翰林陈众仲有"能守不成三瓦戒,乐全长得葆天均"之句。虞公见之,未解"三瓦"之说。俾询之众仲,云出《史记·龟筴传注》。公深服其博记,且云"诚所不及"。夫以公之学问文章,负天下重望而于一节之记问,犹惓惓服善如此,世之寡陋疾才者,闻此能无愧乎!

虞奎章即虞集,为有元一代文宗。陈众仲(1287—1342),原名陈旅,字众仲,莆田人。因为学问好,得到马祖常与虞集的赏识,虞集看到他写的文章,深为叹服,二人互引为知己。"旅于文,自先秦以来,至唐、宋诸大家,无所不究,故其文典雅峻洁,必求合于古作者,不徒以徇世好而已。有文集十四卷"①。《广客谈》第九条所记内容,正与元史本传相合,当知《广客谈》所记不缪,二者可互作注解。

钱惟善,有《江月松风集》十二卷,其中以送赠为主题的诗歌旧有145首,可见其交游甚广。其中第九卷一首诗,题为"送陈众仲之官翰林应奉"②。据元史本传,陈众仲于至元四年(1238)入为翰林应奉文字,可知此诗即题于其时。同时可证,钱惟善与陈众仲交情匪浅。

遗憾的是,笔者没有查出"乐全堂"与钱惟善的关系。但由前述分析来看,其主语"予"字

---

① 宋濂:《元史》卷一九〇《儒学二》。
② 全诗如下:画鹢齐飞发棹讴,泛江几日过扬州。晓云最白梅花驿,春雨初香杜若州。一代文章关气运,十年馆阁擅风流。绿波草色连天远,不是寻常送别愁。寂寞江南郑广文,青藜夜照校书勤。怀人遥望燕台月,奉使还探禹穴云。春咏烛花深夜剪,早朝谏草锁窗闻。相知愧乏青琼报,目送风帆日易曛。

自称,当与第一条主语"予"字,同为该书作者自称,但不知其名。《辍耕录》卷第五条"先辈谦让"条,就为我们提供了有关《广客谈》作者的重要信息,这也是其史料价值之所在。

《千倾堂书目》虽然记有"《广客谈》一卷",可除此外再无论述。《历代小史》卷七十六有《广客谈》一卷,但是不标撰者;《丛书集成初编》以此为底本,不标撰者(见附图一)。《中华野史》虽以此本为据,却说为明代无名氏所作。近国学网推出的国学产品《古代小说典》,第0320号显示,《广客谈》,一卷,元代徐显撰;另一国学产品《中国历代笔记》明代卷第184号显示,《广客谈》一卷,元徐显撰,所据本为《丛书集成初编》。不知何故,该书虽标明为元代徐显所撰,却将其置于明代卷内,且据《丛书集成初编》载,其本出自《历代小史》,两书都没有标作者。国学网之《中国历代笔记》既据《丛书集成初编》本,却不知其撰者从何而来。其为电子产品,笔者未见其书。笔者从"中国知网"查得"雁影斋题跋卷第四",全文如下:

  《东园客谈》一卷,《广客谈》一卷。明孙道易撰。录名人嘉言懿行及近代轶事遗闻,据当时友朋所书,共三十二则。每条下各出其名,凡钱惟善、全思诚、陶宗仪、赵宜潜、夏文彦、夏颐、孙道明、朱武、郭亨、邵焕、吴佑孙、李尧、孙元铸、周景方、杨依孙、李升、曾朴,计十七人。《广客谈》,共二十三则。凡钱惟善、李升、唐志大、蒋堂、高晋、陆友仁、郭亨、莫晋、黄璋、全思诚、姚廷美、谢晋、钱应庚、夏文彦、莫昌、陈亨道,计十六人。卷末署"洪武十二年,岁次乙未,八月二十九日壬辰,云间映雪老人孙道易写于华亭平溪草舍,时年八十又三。按《客谈》,四库存目于小说类,而所数人名,有此本异。陶宗仪《说郛》所刻者,则仅三分之一,且更其名曰《友闻》。曹溶《学海类编》又沿其误。其《广客谈》一卷,四库既未存目,传本尤稀。此本为《知不足斋》从钱曾述古堂抄本传写者。满纸丹黄,鲍廷博所手校也。

"雁影斋"为清末人李希圣所居。查《知不足斋丛书》书目,并未发现有《广客谈》一书。但观此文,似李希圣亲眼见过该书,但现在实在不知其所据何来!今人吴希贤辑汇的《历代珍惜版本经眼图录》也录有《广客谈》,据其所述,书页上印有"知不足斋藏书"字样,但是标明作者为明代人王洙(见附图二、附图三)。

若依李希圣所言,则《广客谈》的作者为与钱惟善、陶宗仪大约同时的孙道易,其书共二十三则,涉及同时期十六位朋友。可是,就《历代小史》本所录《广客谈》而言,其书共十二则,所记人物与李希圣所言十六人迥异。再者,据上文显示,映雪老人孙道易撰写《广客谈》的时间为"明洪武十二年"即1380年,而《南村辍耕录》成书最晚,也必于元至正二十六年即1366年,而《广客谈》成书也必于至正二十六年之前,方可被陶宗仪所摘录。如此可断定,李希圣所言二十三则《广客谈》,并非《历代小史》所载十二则《广客谈》。十二则《广客谈》的作者,当为元武林人钱惟善无疑。

钱惟善,出生年不详,明洪武初年卒,字思复,自号心白道人,又号曲江居士、如一翁,钱塘人。元末诗人、书法家,长于《毛诗》,兼工诗文,著有《江月松风集》传世。又兼长书法,作品有《幽人诗帖》、《田家诗帖》等。"钱惟善于元至元元年(1335),参加江浙省试,考题为《罗刹江赋》,当时应考者达三千多人,都不知罗刹江的出处,只有钱惟善引用枚乘的《七发》证明钱江之曲江,即为罗刹江,为主考官称赏,因而名声远扬……至正元年(1341),以乡荐官至儒学副提举。张士诚占领江浙后,退隐吴江筒川,后又迁居华亭。去世后与杨维桢、陆居仁合葬于干山"①。

钱惟善与东南文人顾瑛、杨维桢等过从甚密。昆山顾瑛为当地富贾,筑"玉山草堂"以待文人雅士。顾瑛,元代文学家,生于1310年,卒于1369年;杨维桢,元代文学家,生于1296年,卒于1370年。三人私交甚好,其年龄应该相仿,故其生年应与二人中一人相近或在二人之间;陶宗仪称二人为前辈,他自己的生年约在1316—1320年之间,若此,则钱惟善生于1300年左右,应该是没问题的。且其《广客谈》首句言明,其年十六七时所见之息斋李公,为元代画家李衎,字仲,号息斋道人,生于1245年,卒于1320年。若此,则钱惟善见李衎之年,则必在1320年之前,其生年必在1304年之前。

四 《南村辍耕录》没有通本抄录《广客谈》

通过《广客谈》与《南村辍耕录》的比较,可为陶宗仪洗刷了一大冤屈。自郎瑛说陶宗仪将《广客谈》"通本录为己作"以来,到《四库全书》编纂时,《广客谈》已经不大流行于世,而编录《南村辍耕录》的四库馆臣也因为没有见到《广客谈》一书,而对通本抄录之说无法确证。后来学者对陶宗仪的褒贬,也因为郎瑛说陶宗仪抄录他书而不一而足。今天,我们有幸重新看到了《广客谈》一书,现存此书只有十二则记事、全书不足两千字。即以目前看到的《广客谈》来看,《辍耕录》记事与之相同者只有七条,并非郎瑛所说的"通本录之"。且就《辍耕录》之"武林钱思復先生惟善尝言"一语论之,陶宗仪不仅没有"攘"《广客谈》为己作,而且明白清楚地指明了它的作者。如此,陶宗仪非但无攘夺、剽窃《广客谈》之劣迹,且当有不掠人之美之令誉。

再者,对比二书所载,《辍耕录》的几条记事虽然沿述了《广客谈》的记事,但绝不是简单地抄录,每条都增加有新的信息,内容都较《广客谈》所载细致、丰富。如"万柳堂"条,《广客谈》所记才仅154字,而《辍耕录》则有306字,详细地记载了歌儿刘氏所唱之"小圣乐"曲内容,且指出"'小圣乐'乃小石调曲,元遗山先生好问所制,而名姬多歌之,俗以为'骤雨打新荷'者是也"。再如,"龙广寒"条和"清风堂尸迹",《辍耕录》均有新增信息,不能视为简单抄录。

---

① 唐海燕:《钱惟善及其诗歌创作考论》,载《宿州学院学报》2010年第3期,第46页。

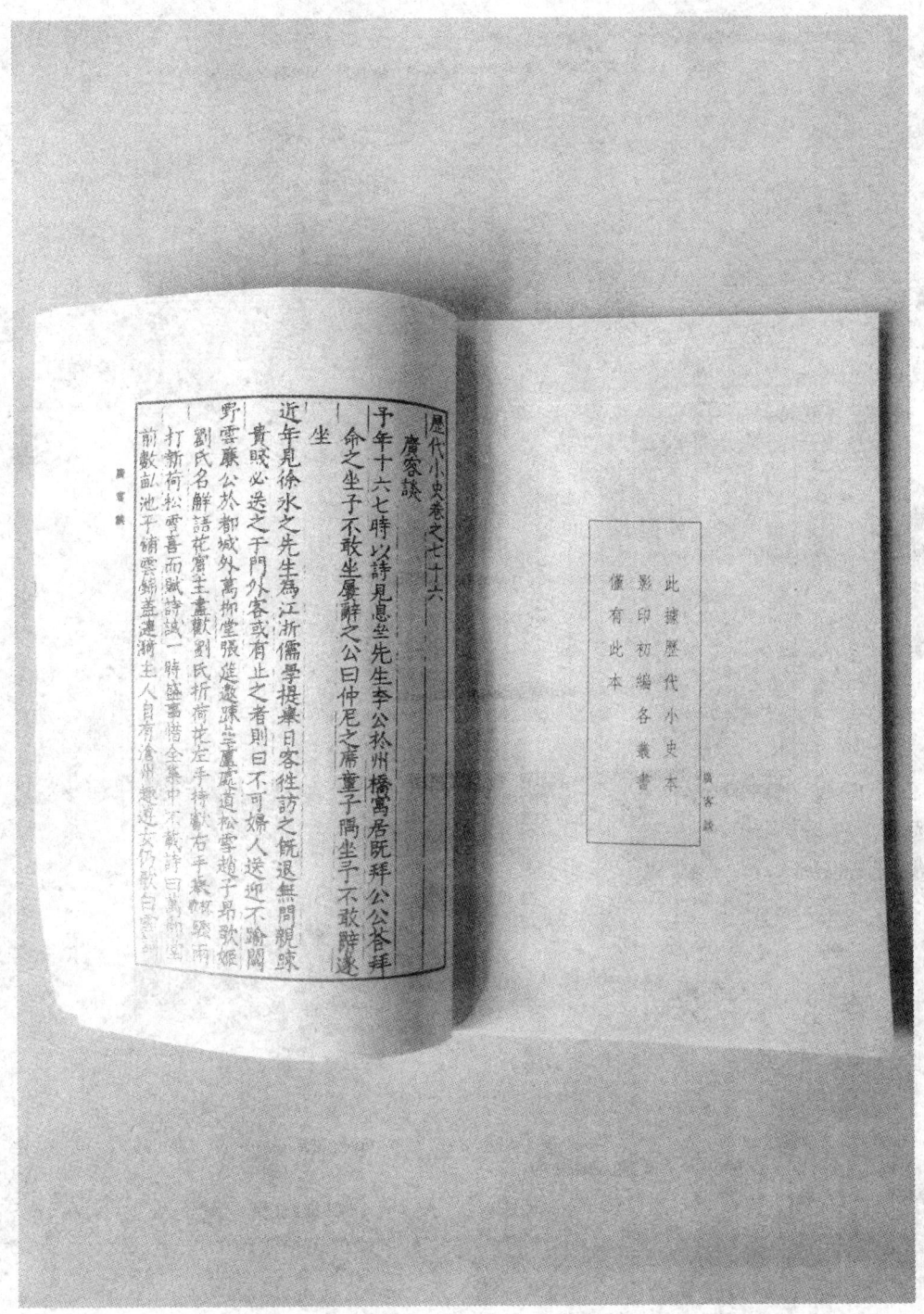

附图一：《丛书集成初编》2597 册收录之《广客谈》，不标撰者，注明得自《历代小史》。

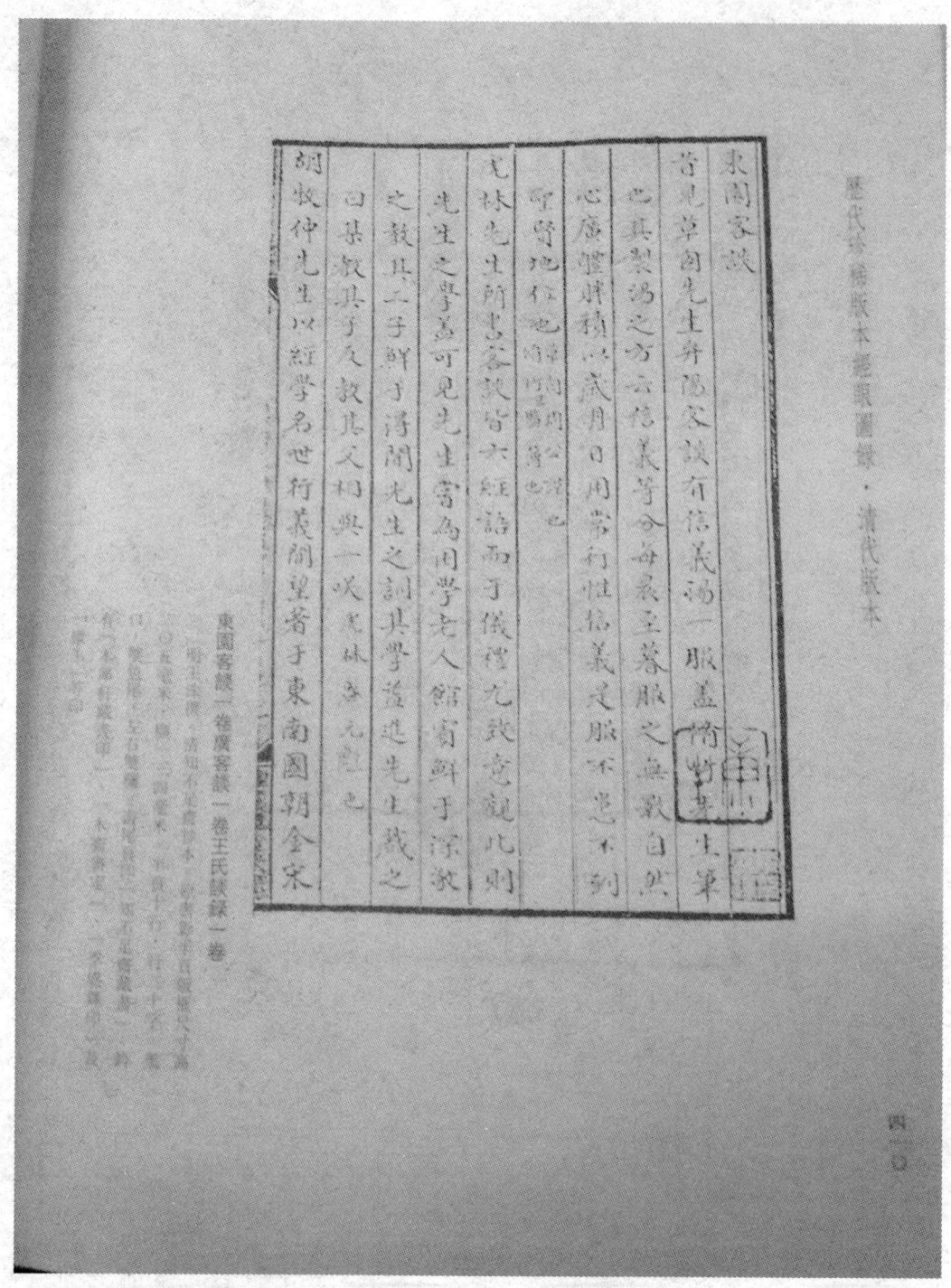

附图二：旁标文字为：东园客谈一卷、广客谈一卷、王氏谈录一卷，明王洙撰。清知不足斋钞本。原书影半页版框尺寸高二〇五毫米，广一二四毫米。半页十行，行二十字。墨口，双鱼尾，左右双栏。书尾页印"知不足斋藏书"、钤有"木犀轩藏书印"，"木斋审定"、"李盛铎印"及"康生"等印。

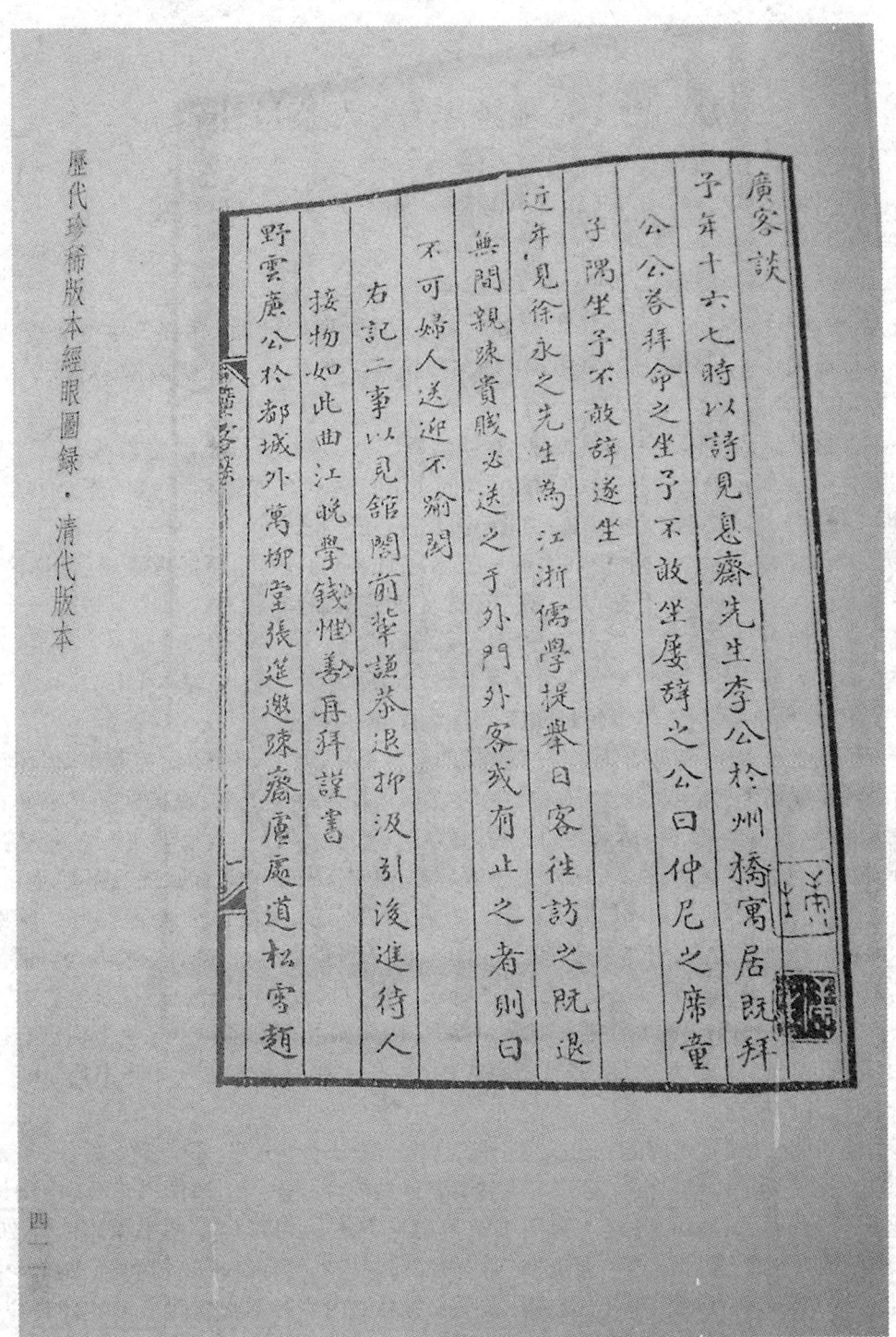

附图三：《历代珍稀版本经眼图录》所载之《广客谈》首页。

赵万里《元一统志》失收条目补辑

中国国家图书馆 杨印民

《元一统志》，原名《大元大一统志》，札马剌丁、虞应龙、孛兰肹、岳铉等主持编撰，为元代官修全国性地理总志。大德七年（1303年）成书，共六百册，一千三百卷。书成后藏于秘府，顺帝至正六年（1347年）始刊行。

该书取材广泛，资料丰富，体例严密，卷帙浩繁，为元以前历代全国总志所不及。又首创"一统志"之名，对明、清二代《一统志》的编撰起了开创体例的模范作用，《四库全书总目》亦直言《明一统志》，"其义例一仍《元志》之旧，故书名亦沿用之"①。

《元一统志》一书大约于明修成《大明一统志》后遭摒弃、散落，至清乾隆修《四库全书》时已经散佚无传。今可见辑本有三：郑振铎《玄览堂丛书续集》辑清袁氏贞节堂钞本三十五卷，民国三十六年（1947）国立中央图书馆影印出版；金毓黻《大元大一统志》残本十五卷、辑本四卷、考正一卷、附录一卷，载于《辽海丛书》第十集；赵万里《元一统志》辑本十卷，由中华书局上海编辑所1966年出版发行，这也是目前读者最为通用的本子。

赵万里先生自1944年即着手《元一统志》的辑佚工作，至1965年"始克蒇事"。赵氏辑本的资料来源情况如下：元至正刻本残帙七卷；常熟瞿氏旧藏抄本九卷；嘉庆间吴县袁廷梼家抄本三十五卷；吴骞《愚谷文存》所录四川一省诸残帙；《永乐大典》、《寰宇通志》、《明一统志》征引《元一统志》内容。② 赵氏辑本以《元史·地理志》为纲，先是中书省所辖"腹里"地区，然后依次是辽阳、河南、陕西、四川、甘肃、云南、江浙、江西、湖广九大行省所辖路府州县，唯阙岭北行省。内容包括建置沿革、坊郭乡镇、里至、山川、土产、风俗形势、古迹、宦迹、人物、仙释等目。

笔者本次对于赵万里辑本《元一统志》的补辑工作包括以下两个部分：一是笔者本人从明永乐《常州府志》一书辑出的元江浙行省常州路、江阴州两处若干条目。二是汇辑已有研究成果，即由马蓉、陈抗、锺文、栾贵明、张忱石点校的《永乐大典方志辑佚》（中华书局2004年版）辑出的条目，并作校勘。

下面略谈明永乐《常州府志》一书。明永乐《常州府志》十九卷，不著撰人姓氏，清嘉庆间抄本，道光二十三年（1843）金匮（今江苏无锡）华湛恩校过一次。上海图书馆及《中国地方志联合目录》、周德明、黄显功主编《上海图书馆藏稀见方志丛刊》（国家图书馆出版社2011年版）均著录为《[洪武]常州府志》，张度修，谢应芳纂，皆与事实有误。该书卷端、书口及书衣均题"常州府志"而未录"洪武"年号，也未署纂修人。书中内容有明永乐间事，如卷四《户口》记载永乐元年（1403）人户数，《田赋》类注引案牍文记永乐元年本府田赋事等，可推知此志当在

---

① 《四库全书总目》史部二十四地理类一、卷六八。
② 参阅赵万里《元一统志·前言》，中华书局，1966年，第2—3页。

永乐元年后修。又据明成化《重修毗陵志》朱昱《书增修毗陵志后》："郡志之修，始以宋《咸淳志》为之本，次以国朝十年续志与夫永乐十六年，景泰五年……之副稿"，故把该志定为永乐十六年（1418）所修，较为妥当。① 但点校该书作者②认为此书还不是正版的永乐《常州府志》，而是明永乐间根据即将要编纂的《[永乐]常州府志》的目录而编排的数据长编，实际上就是明永乐朝以前常州一府四县多部地方志的汇编，正版永乐《常州府志》原书，估计在明代中叶就已经散佚。事实上，永乐《常州府志汇编》更符合这本书的名字。③ 是书虽体例较为混乱，清人抄录时抄误、抄脱之处不胜枚举，但保存了大量宋元已经散佚的方志内容，具有极高价值。

赵氏辑本《元一统志》常州路只辑有建置沿革、坊郭乡镇、山川、宦迹四目，江阴州付之阙如。笔者本次辑出常州路有城池、山川、宫室、古迹、宦迹、人物六目，江阴州有古迹、宦迹、人物三目。

据《元史》卷六二《地理志五》：常州路，至元十四年（1277）升为路。领司一（录事司），县二（晋陵、武进），州二（宜兴、无锡）。江阴州，唐初为暨州，后为江阴县，隶常州。宋为军。元至元十二年，依旧置军，行安抚司事。十四年，升为江阴路总管府，今降为江阴州。④

又据《明史》卷四十《地理志一》：常州府，洪武初，改路为府，直隶中书省。改宜兴、无锡二州为县，革去录事司及晋陵，以其地并属武进，又改江阴州为县而隶之，并列为四县。

简言之，元代江阴为州，不隶常州路一司、二县、二州。明代江阴为县，与宜兴、无锡、武进三县并隶常州府。因永乐《常州府志》一书著于明代，在征引《元一统志》时，将元代行政建置名称按明代实际建置多作更改。笔者在本次辑佚中，皆依照元朝实际，如把"本府"改为"在城"；宜兴县、无锡县、江阴县皆改为州。

一　明永乐《常州府志》征引《元一统志》之常州路、江阴州条目

常州路

城池

城郭

无锡州

鸭城　在县东二十里，平地三里，高丈余。

桥梁

宜兴州

长桥　近岁乙亥尽毁于兵。元至元十九年八月有白云宗僧率众重建，二十二年成，名曰万安桥。明永乐《常州府志》卷三《城池》引《元一统志》

山川

宜兴州

---

① 参阅徐复、季文通主编《江苏旧方志提要》，南京：江苏古籍出版社1993年，第216页。
② 指朱玉林、张平生、叶舟点校《明永乐常州府志》，扬州：广陵书社，2006年。
③ 参阅巴兆祥《重刊永乐常州府志序》及朱玉林、张平生、叶舟《点校说明》，载《明永乐常州府志》《序》第2页及《说明》第2页。
④ 《元史》卷六二《地理志五》，北京：中华书局点校本，1976年。

君山　宋元丰间,郡县申请降褒封。今山顶平坦处若冢,遇水旱,祷之多验。

[在城]

运河　在录事司东西经过,长九里。上流自武进县界流入朝京门,下流出朝天门达晋陵县界。

武进县

西蠡河　在武进县南水门北。自运河起,南经陈渡桥,凡流三十五里。

烈塘河　俗呼为新河,在武进县西一十八里。南接运河,北经晋陵县界入大江。

武进县

白鹤溪　北通运河,南入滆湖,接丹阳界。

宜兴州

荆溪　刘穆之云:从义兴通江,至芜湖分流,北溢为丹阳湖,东北回为洮湖,又东入震泽。君山本名荆山,在荆楚地。溪在荆山之北,土人以山名溪,大抵荆溪上通芜湖,下流震泽,入松江而注海。汉《志》云"至阳羡入海"①,言其略也。溪流既远,而清澈可爱。西南峰峦相映如画,明贤多取引以为隐处之胜。

忻溪　在州南三十六里。按旧志,齐唐宰送义阳王尉有诗云:"披襟罨画溪头月,君得凌风振羽翰。"本路图册云:亦名东泻溪,又名五云溪。

无锡州

梁溪　在州西南一十八里。阔一十丈,深三丈,逶历山西南三十里入太湖。北与运河并以塘路隔,至五里桥与运河通。源出慧山,西南流入太湖。

武进县

伯牙渎　在武进县西二十八里奔牛镇。西南通运河,北接吕庄。

兰陵渎　在武进县西三十里。自伯牙渎向东,入马苎港,南达运河。

无锡州

第二泉　按本路图册云,在锡山寺南庑,源出石穴如洞。陆羽品天下水,以庐谷帘泉为第一,以此为第二。按兰陵县觌②记云:陆鸿渐著《茶经》,列天下之水,而惠山之品最高。距无锡县治之西五里,而寺据山之麓,苍崖翠阜,水行隙间,流为池,味甘寒,最宜茶。明永乐《常州府志》卷五《山川》引《元一统志》

宫室

[在城]

龟山先生杨文靖公祠　按本路图册云:龟山先生杨时,南剑人。宋政和元年待次越州、萧山令。自过常州,寓居早科巷。明年赴萧山,任满奉祠,遂居常州,讲道城东书堂,东南学者皆往从之。靖康初,除右谏议大夫。寻丐归。建炎初,除工部侍郎。明年奉祠,始还将乐。先生居常州者十有八年,后人德之,即城东故地立祠。有夫子燕居堂及龟山书院,旧址存焉。明永乐《常州府志》卷六《宫室》引《元一统志》

古迹

---

① 见《汉书》卷二八上《地理志八上》。北京:中华书局点校本,1962年。
② 指孙觌(1081—1169),字仲益,号鸿庆居士,常州晋陵(今江苏武进)人。著有《鸿庆居士集》。

宜兴州

浮翠亭 亭面东,山前淹水广阔,游者谓之"小西湖"。乃取古人"山色翠光浮"之句,以名其亭。

苏东坡别业 在滆湖塘头,至州四十里。苏轼以言事贬黄州,移汝州,上书自言有田阳羡,愿得居之。明永乐《常州府志》卷八《古迹》引《元一统志》

宦迹
秩官

历代郡守

晋

张闿 晋元帝下诏曰:夫二千石之任,当勉励其德,绥齐所莅,使宽而不纵,严而不苛,其于勤功督察,便国利人,抑强扶弱,使无杂滥,真太守之任也。若声过其实,古人所不取。攻乎异端,为政之甚害。盖所贵者,本也。闿能行之。时所部四县并以旱失田,闿乃立曲阿、新丰塘,溉田八百余顷。每岁丰稔,葛洪为颂。计用二十一万一千四百二十工,以擅兴造免官。后公卿并为之言曰:"张闿兴陂①溉田,可谓益国,而反被黜,使臣下难复为善。"帝感悟,乃下诏曰:"丹阳侯闿,昔以劳役部人免官,虽从吏议,犹未掩其忠节之志也,拜大司农。"

梁

谢举 事梁为晋陵太守,在郡清净,百姓化其德,境内肃然。在郡常与义兴僧递讲经论,征士何胤自虎②丘山出赴之,其盛如此。

唐

李栖筠 以治闻,进封赞皇县子,人为刻石颂德。

孟简 唐元和中,自睦徙常州刺史。白居易行赐金紫鱼袋,制词有云:简易勤俭,以养其人。政不至严,心未尝息。曾未再稔,绩立风行。岁课郡政,毗陵为最。

薛戎 客毗陵阳羡山四十余,不仕。晏殊《类要》云:戎为刺史,以政绩闻。

宋

陈襄③ 襄以秘阁校理判尚书祠部,出知常州。郡庠下窄,不足以容生徒。襄勤于经始,成以不日,其规模气象遂为诸郡庠序之冠。襄晨入其中,坐授诸生经义,旁决郡事,由是毗陵学者盛于二浙。治平间召④还,将行,委官关⑤公帑,得杂收无名钱数百万,因召积年有官逋未偿者,悉以代输。襄淡于宴设⑥,故有余足以周物。常州运渠横遏⑦,震泽积水不得北入于江,以为常、苏数邑民田之害者累世矣。襄以渠之丈尺,对民田之步亩,分授有制,不月而成。遂削望亭古堰,而震泽积水乃克北流,民害以除,而田旱有溉,丰穰岁飨矣。召还,修起居注⑧,知谏

---

① 原书作"彼",据《晋书》卷七六《张闿传》改。北京:中华书局点校本,1974年。
② 原书作"武",据《南史》卷二〇《谢弘微传》改。北京:中华书局点校本,1975年。
③ 赵万里《元一统志》已辑入本条,但二者个别文字有出入,故见录于此,为对校之用。
④ 原书作"迢",当误。今改。
⑤ 原书作"闵",据《元一统志》卷八改。
⑥ 《元一统志》卷八作"淡于宴乐"。
⑦ 原书作"过",据《元一统志》卷八改。
⑧ 原书作"杂",据《元一统志》卷八改。

院。又按王安石①《学记》云,嘉祐六年,枢密直学士陈襄镇此邦,乃鼎新黉宇,州子弟相率而至,四方之士轻千里而来,乃延聘良师表励论说而教之。明永乐《常州府志》卷九《宦迹》引《元一统志》

历代县令
宜兴州

高商老　朱文公《宜兴学记》云:知县事高君商老之来,躬为谋说,开之以道德性命之指,博之以诗书礼乐之文,使其上知新学。明永乐《常州府志》卷十《宦迹》引《元一统志》

人物
宜兴州

蒋堂　堂举进士,为监察御史,坐失按举,降知越州,徙苏州,入为盐铁副使、安抚梓夔路,拜天章阁待制、制置发运使。后知洪州、应天府,又知杭州,迁枢密直学士,知益州,徙知河中府,复知苏、杭二州,以礼部侍郎致仕。卒年七十五。

余中　宋朝方以经术取士,秘阁余中以进士魁天下,朝议邵刚魁南官,学士邵林魁开封,于是义兴称多士矣。

蒋之奇　之奇游欧阳之门,修主濮议,之奇咸②称之。及是以浮语弹修,遂为清议所非。新法行,而之奇为闽漕,迁淮东漕,兴水利。哲宗立,除直龙图阁,升发运使,拜天章阁待制,知潭州,徙知广州。后复为发运使,改瀛洲,拜户部侍郎,出知熙州。绍圣中,知开封府,擢龙图阁直学士,拜翰林学士,拜知枢密院事。崇宁初,以观文殿学士守杭州,以疾归,卒,年六十四。之奇为部使者十二任,六典会府,所至以治办称。有《文集》、《杂③著》百余卷。

无锡州

蒋重珍　史弥远逐皇子济王竑,重珍攻弥远,谓不当废黜。大忤弥远,遂被劾逐。后复官予祠,重珍亦不通谢弥远,安于泉石。端平亲政,召除太常少卿、吏部侍郎。重珍每陈己见,必以明人伦为第一义。于家居筑一梅堂、万竹亭,聚书自娱。时人高之,号实斋先生。卒谥"文公",郡人祠于学。明永乐《常州府志》卷十一《人物》引《元一统志》

显宦
宋

胡宿　宿罢枢密,出杭州,英宗问:"子弟谁可继卿者?"以宗愈对。除集贤校理,召对兼史馆检讨,同知谏院。李定自秀州推官除御史,宗愈以舍人封还词头,为是坐夺职,通判真州。久之,擢吏部郎中。哲宗即位,除右司郎中,迁起居郎、侍中书舍人,迁给事中,转吏部,即拜御史中丞。首进六事,曰:端本、正志、知难、加意、守法、畏天。又进《君子无党论》。拜尚书右丞,以资政殿学士知陈州,徙成都府。明年召还,为吏部尚书。哲宗亲政,以宗愈帅定武,未行,卒,年六十六,谥曰"修简"。后坐元祐党籍。其后有端修,亦系党籍。绍兴三年,赠直秘阁。交修亦以文学驰名,仕至吏部尚书兼直学士院。世将早以文学显,仕至吏部侍郎,除川陕制置使,镇蜀数年,累迁端明殿学士,卒于任,后谥"忠献"。一门四世,并历华要,衣冠荣之。

---

① 此《学记》所引之文与王安国《常州学记》不同,则王安石有《学记》无疑。《方舆胜览》卷四"常州"之"名宦"之"陈襄"条亦云:"初建郡学,安石作记。"今查王安石文集未见,恐宋时集已失载。
② 王称:《东都事略》卷九七作"盛",清振鹭堂景宋刻本。
③ 原作"新",据《东都事略》改。

尤袤　先本沈姓，去水为尤，居无锡。少读书过目不再诵。年二十八，太学以词赋冠监闱，又魁南宫，登绍兴进士第。累官中书舍人兼直学士院。孝宗内禅，制册皆出其手。累迁礼部尚书，卒，年七十。赠少师，谥文简。郡人祠之于学。袤身短而才长，语音乃洪钟。初见，孝宗谓之曰："卿如称锤。"袤对曰："称锤虽小，斤两分明。"上大嘉异之。有子槩、槀。槩仕至工部郎中，槩子焴。明永乐《常州府志》卷十二《人物》引《元一统志》

江阴州

古迹

吕子明墓　按旧志又有子明王庙，在县南及迎福寺。吴吕蒙，字子明。古老相传，往岁迎福寺之东庙摧朽，撤而新其栋，有赤乌年中题识。江阴地曾属吴，或以为子明葬于此。明永乐《常州府志》卷八《古迹》引《元一统志》

宦迹

历代郡守

唐

李嘉祐　旧志载嘉祐《题江阴官舍诗》有云："万室边江次，孤城对海安。朝霞晴作雨，湿气晚生寒。苔色侵衣桁，潮痕上井栏。"

宋

崔立　宋《长编》云：江阴军属县有利港，久废。乾兴元年，知军崔立教民浚治，既成，溉田数千顷。又开横河六十里通漕运，诏嘉之。明永乐《常州府志》卷十《宦迹》引《元一统志》

人物

吴

黄歇　旧志云：黄歇为春申君，本在寿州，为去齐近，受齐侵，故徙都于吴，为春申君。开申浦，置田。今郡内山川之名，多以春申取义。

宋

葛邲　密后五世登科，曾孙邲于隆兴初登第，历官至右丞相，谥文定。按本路图册云：邲居江阴之青旸。

丘崈　字宗卿，州人也。自天学擢第，第中鼎魁仕，至同知枢密院事，赠太师、魏国公，谥文定。明永乐《常州府志》卷十一《人物》引《元一统志》

二　《永乐大典》征引《元一统志》赵氏失收条目

河南江北等处行中书省

蕲州路

土产

蕲竹　生罗田山中，取其色莹者为簟，以节疎者①为笛，以带须者为杖。韩昌黎诗云："蕲州笛竹天下知，郑君所宝尤怀奇。携来当昼②不得卧，一府争看黄琉璃。"白居易诗云："笛愁春

---

① 《永乐大典方志辑佚》缺"者"字。
② 《永乐大典方志辑佚》作"画"，当误。

尽梅花里,簟冷秋生蘧叶中。"宋梅圣俞《宛陵集》:"腮肥节脑瘦,蕲水长笛材。洛阳袁氏坞,此竹旧移来。雪霰饱已久,窍星谁为开？与君作龙吟,吹发江南梅。"①《永乐大典》册二百二二卷一九八六五第28页引《元一统志》(中华书局1986年版《永乐大典》第九册第9291页、《永乐大典方志辑佚》第3—4页)

扬州路
物产
枳　土产,出扬州府。《永乐大典》卷一〇一一二,第6页引《元一统志》(《永乐大典方志辑佚·补遗》第3249页)

江陵路
古迹
古江陵府城　《元和郡县志》云:州城本有中隔,以北旧城也,以南关羽所筑。羽北围曹仁于樊,留糜芳守城。逮吕蒙袭破芳,羽还救城,闻芳已降,退住九里。曰:"此城吾所筑,不可攻也。"乃退保麦城。今江陵城,广十八里。《舆地广记》云:郡城桓温所筑。又案《通鉴》:陈临海王光大二年,吴明彻攻江陵,周总管高琳与梁仆射王操守江陵三城,昼至夜拒战十旬,不克,明彻退保公安。观《通鉴》所载,则梁已有三城矣。《永乐大典》册二百二二,卷八〇九四,第11页引《元一统志》(中华书局1986年版《永乐大典》第九册第9275页、《永乐大典方志辑佚》第4页)

四川等处行中书省
绍庆府
宦迹
崔能　长庆三年,李宗闵撰神道碑,能从弟书碑云:御史中丞持节观察黔中,仍赐紫衣金印。《永乐大典》册二百七卷二七三七页七引《元一统志》(中华书局1986年版《永乐大典》第九册第8736页、《永乐大典方志辑佚》第4页)

湖广等处行中书省
平乐府
土产
寿竹　在平乐县。《永乐大典》册二百二二卷一九八六五第11页引《元一统志》(《永乐大典方志辑佚》第4—5页)②

物产③
产纸,金华府、温州府、衢州府、处州府、严州府、兴州、乂州、建州。
破故纸,出吉安、瑞州。宁波府。合州。《永乐大典》卷一〇一一〇,第14页引《元一统志》(《永乐大典方志辑佚·补遗》第3248—3249页)

---

① 《永乐大典方志辑佚》自"宋梅圣俞"起及以下内容未录。
② 该条为《永乐大典方志辑佚》"补遗"内容。未收入中华书局1986年《永乐大典》,其他未标明者亦如是。
③ 本条当为《永乐大典方志辑佚》作者自行归纳条目,未按行省分别胪列。

读新中国出土元代墓志校《元史》相关列传[①]

南京大学 杨晓春

《元史》在二十四史中是编写仓促、问题比较多的一种,利用更加原始的史料来校正《元史》中的错误,则是自清代以来学者屡屡运用的方法。除了大量的传世文献,数量相当可观的元代碑刻资料也是不可忽视的一类资料,而新中国建立六十多年来的考古新发现所得的元代石刻则是尤其值得关注的一批,其中主要是墓志资料。

新中国出土元代墓志的总体情况并不十分清楚,《1949—1989 四十年出土墓志目录》[②]著录元代墓志共 60 种。近来,随着分省的《新中国出土墓志》的逐渐出版,相信总体情况将会得到充分的展示。

就与《元史》的关系而言,新中国出土元代墓志可以分为三类:第一,《元史》入列传者;第二,《元史》涉及者,如文天祥、范文虎、史杠、郝天挺及巩昌汪氏家族墓志多种(如汪惟贤、汪惟纯、汪惟简、汪寿昌等志);第三,《元史》无载者。当然,以上只是从墓志的墓主这一基本情况来说明的,还有大量的墓志纪事与《元史》有相关之处。

本文试就上述三类中的第一类墓志,与《元史》的相关本传作文献上的比较,希望对于《元史》的校勘、订正略有帮助。至于墓志纪事往往比《元史》相关本传更为详实,可以补充之处颇多,往往也是更有价值的,然非本文的主旨,暂不涉及。

一 新中国出土元代墓志中墓主系《元史》入列传者的总体情况

新中国出土元代墓志中,墓主系《元史》入列传者现在收集到相关信息的共有 14 人,列表如下:

---

① 2010 年度国家社科基金重大项目"《元史》会注考证"(10&ZD088)中期成果。
② 荣丽华编集,王世民校订:《1949—1989 四十年出土墓志目录》,北京:中华书局,1993 年,第 282—300 页。

	人名	《元史》本传卷数	出土地点	时代	出土时间	资料来源	备注
1	铁哥	卷一二五（铁可）	北京	皇庆二年（1313）（葬年）	1962年	北京市文物研究所《元铁可父子和张弘纲墓》，《考古学报》1986年第1期。（拓片、录文。）	1963年发现铁可父斡脱赤墓，出土神道之位碑。
						侯堮《元〈铁哥墓志〉考释》，《北京文物与考古》第2辑，北京燕山出版社，1992年，第249—255页。（录文。）	已校《元史》。
						北京市文物研究所编《北京市文物研究所藏墓志拓片》，北京燕山出版社，2003年，第75页。（拓片。）	
						《北京文物精粹大系》编委会、北京市文物局编《北京文物精粹大系·石刻卷》，图250、251，北京出版社，2004年，第185页。（拓片。）	
						北京辽金城垣博物馆编《北京元代史迹图志》，北京燕山出版社，2009年，第202—204页。（拓片、录文。）	

续表

	人名	《元史》本传卷数	出土地点	时代	出土时间	资料来源	备注
2	耶律铸	卷一四六	北京	至元二十二年（1285）（立石）	1998年	北京市文物研究所编《北京市文物研究所藏墓志拓片》，北京燕山出版社，2003年，第72页。（拓片。）	同出夫人奇渥温氏墓志。
						《北京文物精粹大系》编委会、北京市文物局编《北京文物精粹大系·石刻卷》，图244，北京出版社，2004年，第182页。（拓片，模糊。）	
						德永洋介《耶律鑄夫婦墓誌銘錄文と訓読》《13、14世纪東アジア史料通信》第1号，2004年9月。（录文。）	
						刘晓《耶律铸夫妇墓志札记》，《暨南史学》第3辑，暨南大学出版社，2004年，第144—154页。（录文。）	
						北京辽金城垣博物馆编《北京元代史迹图志》，北京燕山出版社，2009年，第199页。（拓片。）	
3	刘黑马	卷一四九	陕西西安		2009年		未公布。
4	刘元振	卷一四九	陕西西安		2009年		未公布。
5	耶律秃满答儿	卷一四九	陕西西安	至元二十八年（1291）（葬年）		余华青、张廷皓主编《陕西碑石精华》，三秦出版社，2006年，第244页。（拓片。）	

续表

	人名	《元史》本传卷数	出土地点	时代	出土时间	资料来源	备注
6	张弘范	卷一五六	河北易县	至元十七年（1280）（立石）	1984 年	易县博物馆《河北易县发现元代张弘范墓志》，《文物》1986 年第 2 期。（拓片局部、录文。）	
						任昉《略谈元张弘范墓志的价值——兼说对张弘范的评价问题》，《出土文献研究》第 6 辑，上海古籍出版社，2004 年，第 279—290 页。（照片、录文。）	已说明墓志是《元史》本传的重要的史源。（并非是直接的。）
						沈海波《河北易县张弘范墓志跋》，《文物春秋》1991 年第 4 期。	已校《元史》。
						中国文物研究所、河北省文物研究所编《新中国出土墓志·河北》第一册，文物出版社，2004 年，上册第 165 页、下册第 119—121 页。（拓片、录文。）	
7	刘秉恕	卷一五七	河北邢台	至元二十七年（1290）（卒年）	1988 年	子罗、晓宁《初读〈刘秉恕墓志〉》，《文物春秋》1994 年第 1 期。（拓片，不清。）李萌《刘秉忠家族墓碑考》，《郭守敬研究》总第 10 期（纪念郭守敬诞辰 780 周年特刊），2012 年 3 月。（照片）	子刘友直墓志出土。（中国文物研究所、河北省文物研究所编《新中国出土墓志·河北》第一册，文物出版社，2004 年，上册第 166 页、下册第 122 页。）

续表

	人名	《元史》本传卷数	出土地点	时代	出土时间	资料来源	备注
8	张弘纲	卷一六五	北京	大德九年（1305）（立石）	1972年	北京市文物研究所《元铁可父子和张弘纲墓》，《考古学报》1986年第1期。（拓片、录文。）	
						北京辽金城垣博物馆编《北京元代史迹图志》，北京燕山出版社，2009年，第201页。（拓片。）	
						北京市文物研究所编《北京市文物研究所藏墓志拓片》，北京燕山出版社，2003年，第74页。（拓片。）	
						《北京文物精粹大系》编委会、北京市文物局编《北京文物精粹大系·石刻卷》，图248、249，北京出版社，2004年，第184页。（拓片，模糊。）	
9	贺仁杰	卷一六九	陕西户县	大德十二年（1308）（立石）	1978年	咸阳地区文物管理委员会《陕西户县贺氏墓出土大量元代俑》，《文物》1979年第4期。（拓片、录文。）	
						余华青、张廷皓主编《陕西碑石精华》，三秦出版社，2006年，第251页。（拓片。）	
10	曹元用	卷一七二	山东济宁	至顺元年（1330）（葬年）	1982年	山东省济宁地区文物局《山东嘉祥县元代曹元用墓清理简报》，《考古》1983年第9期。（拓片。）	同出夫人郭氏墓志。
						李恒法、解华英编著《济宁历代墓志铭》，齐鲁书社，2011年，第48—51页。（拓片、录文。）	

续表

	人名	《元史》本传卷数	出土地点	时代	出土时间	资料来源	备注
11	贺胜	卷一七九	陕西户县	泰定四年（1327）（葬年）	1978年	《陕西户县贺氏墓出土大量元代俑》，《文物》1979年第4期。（拓片、录文。）	虞集撰志，文载《国朝文类》卷五三、《道园学古录》卷一八。
12	陈孚	卷一九〇	浙江临海	元统二年（1334）（改葬年）	1985年	马曙明、任林豪主编，丁伋点校《临海墓志集录》，宗教文化出版社，2002年，第86页。（录文。）	
13	合剌普华	卷一九三	江苏溧阳	至正二年（1342）（改葬年）	1991年	贺云翱、狄富保《元〈合剌普华墓志铭〉考释》，《南方文物》2000年第1期。（拓片局部、录文。）	许有壬撰志，文载《至正集》卷五四。
14	张宗演	卷二〇二	江西贵溪	至元三十年（1293）（葬年）	1951年	陈柏泉《马祖禅师石函题记与张宗演天师圹记》，《江西历史文物》1981年第4期。（录文。）	已校《元史》。三次入觐时间和卒年较《元史》晚一年。
						陈柏泉编著《江西出土墓志选编》，江西教育出版社，1991年，第251—252页。（录文。）	

除去刘黑马、刘元振二志尚未公布不论外，《曹元用墓志》与《元史》本传纪事多同，为同源的文献（有可能即是《元史》本传的史源），且较《元史》本传更为详实，有多处可用以校勘。

《贺胜墓志》、《合剌普华墓志》与《元史》本传关系密切，不过并非同源关系，《元史·合剌普华传》当主要出自《高昌偰氏家传》（《圭斋文集》卷十一）。此二志另载传世文献（见上表备注）。《贺胜墓志》略有可用以校勘之处。《合剌普华墓志》，《元史》点校本已用以校勘。

《铁可墓志》、《耶律铸墓志》、《张弘范墓志》、《刘秉恕墓志》、《贺仁杰墓志》与《元史》本传有一定的关系，纪事大多可以对照，部分纪事文辞亦与《元史》本传相类，略有可用以校勘之处。

《耶律秃满答儿》、《张弘纲墓志》、《张宗演墓志》、《陈孚圹志》与《元史》相关本传没有文献上的密切的关系，基本上没有可用以校勘之处。

试择其可用以校勘者，作札记如下。以下所用《元史》均为中华书局校点本。偶有本传、墓志不同而非本传误者，或非严格的文字校勘问题，也一并列出。

二 《铁可墓志》校《元史·铁哥传》

1. 《元史·铁哥传》:"(大德)三年,乞解机务,从之。仍授平章政事、议中书省事。"《铁可墓志》:"己亥,上章乞解机务,授平章政事、领中书省事。""议"、"领"一字之差。

2. 《元史·铁哥传》:"武宗即位……加金紫光禄大夫,遥授中书省右丞相。……二年,领度支院。……仁宗皇庆元年,授开府仪同三司、太傅、录军国重事。"《铁可墓志》:"武宗践阼,加金紫光禄大夫,遥授中书省右丞相,依前宣徽使、领大司农司事。戊申,加开府仪同三司。……己酉,立度支院,敕公兼领之。皇上继统,励精求治,图任旧人,特授太傅、录军国重事、领太医院事,依前开府仪同三司、宣徽使、领大司农司事。"依墓志,则知授开府仪同三司系在戊申(武宗至大元年),仁宗皇庆元年承之。

三 《耶律铸墓志》校《元史·耶律铸传》

1. 《元史·耶律铸传》:"乙未,宪宗崩,阿里不哥叛,铸弃妻子,挺身自朔方来归,世祖嘉其忠,即日召见,赏赐优厚。中统二年,拜中书左丞相。"《耶律铸墓志》:"中统元年,公在六盘山。夏,会有变,扈从者皆从之,唯公弃其妻子挺身逃归。上大喜,诏曰:'庆承相种,学冠□□。□振家声,雅知朝政。盖为臣无以有已,而忧国常忘其家。矧遵阀阅之先猷,宜正君臣之大义。可特授 中 书 左丞相。'"《元史·耶律铸传》"乙未"为"己未"之误,已有学者指出,己未当宪宗九年(1259),耶律铸"弃妻子,挺身自朔方来归",《耶律铸墓志》纪事晚一年。《元史·世祖本纪》载中统元年六月戊戌,浑都海反,浑都海为谋立阿里不哥的主要将领,按浑都海此时拥重兵驻六盘山(《元史》卷一二六《廉希宪传》;《元史》卷一五九《赵良弼传》;《元史》卷一六二《李忽兰吉传》;元明善《平章政事廉文正王神道碑》,《国朝文类》卷六五),《耶律铸墓志》纪"中统元年,公在六盘山。夏,会有变,扈从者皆从之,唯公弃其妻子挺身逃归"事当与此有关,则《元史·耶律铸传》"铸弃妻子,挺身自朔方来归"似当在中统元年。耶律铸任中书左丞相之年,墓志与《元史·耶律铸传》不同,《元史·宰相年表》同《元史·耶律铸传》。

2. 《耶律铸墓志》记耶律铸十二子,较《元史·耶律铸传》多出一人,对此,已有学者论及。

四 《刘秉恕墓志》校《元史·刘秉恕传》

1. 《元史·刘秉恕传》:"(中统)三年,升邢为顺德府,赐金虎符,为顺德安抚使。"《刘秉恕墓志》作"顺德路"。查《元史·世祖本纪》载:"(中统三年八月)壬戌,改邢州为顺德府。"又查《元史·地理志》"顺德路"条载:"中统三年,升顺德府。至元元年,以洺州、磁州来属。二年,洺、磁自为一路,以顺德为顺德路总管府。"墓志系用后来地名,当以《元史》为是。

2. 《元史·刘秉恕传》:"平阳岁荒,民艰食,辄开仓以赈之,全活者众。"《刘秉恕墓志》相应纪事为湖州而非平阳。这一点子罗、晓宁《初读〈刘秉恕墓志〉》(《文物春秋》1994年第1期)已经指出。

五 《贺仁杰墓志》校《元史·贺仁杰传》

1.《元史·贺仁杰传》:"族种德徙关中。"《贺仁杰墓志》作"仲德"。
2.《元史·贺仁杰传》:"得白金七千五百两……持五千两往献之。"《贺仁杰墓志》作"三千七百两"、"二千五百两"。
3.《元史·贺仁杰传》:"后与董文忠居中事上。"《贺仁杰墓志》作"董公文中"。
4.《元史·贺仁杰传》:"获王立钞卒张合。""合",点校本改作"郃"。《贺仁杰墓志》作"合"。

顺便指出,《贺仁杰墓志》"大德乙巳,公年七十有二",因石刻"二"字上损一小块,《文物》录文误作"三"。按大德乙巳为九年,《贺仁杰墓志》已先载大德丁未(十一年)卒,寿七十四。

六 《贺胜墓志》校《元史·贺胜传》

1.《元史·贺胜传》:"大德九年,胜父仁杰请老,以胜代为上都留守,兼本路都总管、开平府尹、虎贲亲军都指挥使。"《贺胜墓志》:"成宗皇帝即位之十年,忠贞告老,寻殁于家,而公拜荣禄大夫、上都留守,兼本路都总管、开平府尹、虎贲亲军都指挥使,服忠贞所佩虎符。""成宗皇帝即位之十年"为大德八年,查《贺仁杰墓志》载"大德乙巳(九年),公年七十有二,以胜袭留守位"(《元史·贺仁杰传》略同),则《贺胜墓志》或不确。
2.《元史·贺胜传》:"至大三年,进光禄大夫、左丞相,行上都留守,兼本路总管府达鲁花赤。"《贺胜墓志》:"至大四年,拜光禄大夫、左丞相,行上都留守,兼本路总管府达鲁花赤。"纪事相差一年。
3.《元史·贺胜传》:"初,开平人张弼,家富。弼死,其奴索钱民家,弗得,殴负钱者至死。有治其狱者,教奴引弼子,并下之狱。丞相铁木迭儿受其赂六万缗,终不为直。胜素恶铁木迭儿贪暴,居同巷,不与往来。"《贺胜墓志》:"时太师铁木迭为丞相,子弟纵虐于民,公壹绳之以法。官峙宿储,而丞相家奴擅冈市利,责高直于官,公每裁抑之。又恶其帏薄之不修也,而贪嫉日盛,绝不与往来。都人张弼杀人,狱具丞相,受其金钱无算,为折辱留守,胁使易辞出之。"虽为同一纪事,而细节差异甚大,其一杀人者为谁,其二家奴为谁。《国朝文类》卷五三(元刊本)所录虞集撰志作张弼子,《道园学古录》卷一八(四部丛刊影明景泰刊本)所载虞集撰志作张弼。同一事又载虞集撰《御史中丞杨公(朵儿只)神道碑》(载《国朝文类》卷六六、《道园学古录》卷一六)及《元史》卷一七九《杨朵儿只传》,均作张弼杀人,《元史·贺胜传》或误。

七 《曹元用墓志》校《元史·曹元用传》

1.《元史·曹元用传》:"御史台辟为掾史。"《曹元用墓志》作"令史"。按《元史·百官志》御史台条,"后定置御史大夫二员、中丞二员、侍御史二员、治书侍御史二员,品秩如上;经历一员,从五品;都事二员,正七品;照磨一员,正八品;承发管勾兼狱丞一员,正八品;架阁库管勾兼承发一员,正九品;掾史一十五人,译史四人,知印二人,通事二人,宣使十人,台医二人,蒙古书写二人,典吏六人,库子二人",记载在"至治二年,大夫一员"后。曹元用任官御史台在仁宗即位前,殁于天历二年,则据《曹元用墓志》,似乎御史台先设令史,后改称掾史。御史台设令史,早见载于《唐六典》。

2.《元史·曹元用传》:"初,太庙九室,合飨于一殿,仁宗崩,无室可祔,乃于武宗室前,结彩为次。"《曹元用墓志》:"世祖建太庙,室七。武宗升遐,已祔末室。仁宗崩,无室可祔。议祧,久不决。有司构彩,为次武宗室户前,暂奉新主。"按元代庙室之制屡有变迁,《元史·祭祀志》载上事云:"延祐七年,仁宗升祔,增置庙室。太常礼仪院下博士检讨历代典故,移书礼部、中书集议曰:'古者天子祭七代,兄弟同为一代,庙室皆有神主,增置庙室。'又议:'大行皇帝升祔太庙,七室皆有神主,增室不及。依前代典故,权于庙内止设幄座,面南安奉。今相视得第七室近南对室地位,东西一丈五尺,除设幄座外,余五尺,不妨行礼。'乃结彩为殿,置武宗室南,权奉神主。"《曹元用传》云"九室",误。《曹元用墓志》作"七室",是。《曹元用传》中的"初",《曹元用墓志》明确作"世祖"。

3.《元史·曹元用传》:"英宗在上京"。《曹元用墓志》作"英宗在上京驿",有所不同。按黄溍《昌平州石桥记》云:"由都城北抵上京,驿十有二,而昌平县当其第一。"(光绪《顺天府志》卷四七《河渠志》。)两都之间共有四条道路,而名副其实的驿道只有一条,即经过昌平的驿道,其驿站《永乐大典》所载《析津志·天下站名》有详细的记载,共有十二站(除去大都),最后一站名"上都",当即"上都驿",也即《曹元用墓志》中的"上京驿"。(相关驿站问题,参考党宝海《蒙元驿站交通研究》,昆仑出版社,2006年,第283—285页;李之勤《〈析津志·天下站名〉校正稿(简稿)》,《元史及民族与边疆研究集刊》第20辑,上海古籍出版社,2008年,第115页。)或许可以认为,《曹元用墓志》的记载更为精确。

4.《元史·曹元用传》:"又谓太医、仪凤、教坊等官,不当序正班,当自为一列。"《曹元用墓志》作"在礼部,尝朝会为纠仪官,上言:……又仪凤、教坊、太医、将作,官秩虽高,实优伶技艺,不可并列清望,宜位本班后",有所不同。

5.《元史·曹元用传》:"值太禧宗禋院副使缺,中书奏以元用为之。"《曹元用墓志》作"太禧宗禋院尝奏为副使",也有所不同。

又此志为曹元用门生宋本所撰,《元史》卷一八二《宋本传》记宋本有《至治集》四〇卷,惜今已不存。《全元文》第33册的宋本部分,缺载此文。

八 《陈孚圹志》校《元史·陈孚传》

1.《元史·陈孚传》云:"至元中,陈孚以布衣上《大一统赋》,江浙行省为转闻于朝。"《陈孚圹志》作"江淮行省"。按据《陈孚圹志》,陈孚上赋时间为至元二十二年。《元史·百官志》载:"至元十三年,初置江淮行省,治扬州。二十一年,以地理民事非便,迁于杭州。二十二年,割江北诸郡隶河南,改曰江浙行省。"已有学者指出其中纪事的错误(刘如臻《元代江浙行省研究》,《元史论丛》第六辑,中国社会科学出版社,1997年),但对其中改名一事并未否定。然而《元史·地理志》又载:"(至元)二十一年,自扬州迁江淮行省来治于杭,改曰江浙行省。"当然,析清何时江淮行省改名为江浙行省的问题,并不能判断《元史·陈孚传》和《陈孚圹志》记载歧异的是非,后人的记载把历史上的江淮行省称作后来固定下来的江浙行省也并非是错误。

2. 据《元史·陈孚传》，陈孚卒于大德七年或之后不久，年六十四，《陈孚圹志》则记其生于南宋开庆元年（1259），卒于至大二年（1309），则年五十一，当为《元史·陈孚传》所据史源为另外记载的缘故。

本文曾提交 2012 年 8 月天津元史年会，会上承蒙北京大学历史学系博士研究生毛海明先生提供《临海墓志集录》中陈孚墓志的信息，会后承蒙邢台学院法政历史系葛仁考先生提供《郭守敬研究》第 10 期刘秉恕墓志照片的信息，谨此致谢！

许昌《天宝宫圣旨碑》碑阴题名校勘

河南大学 武 波

位于河南省许昌市区西北的天宝宫,始建于南宋理宗嘉熙四年(1240),为道教三大派别之一的真大道教第九祖、第十祖祖庭。20 世纪 80 年代,宫内出土一批石碑,其中有元碑四通,分别为:泰定三年《天宝宫圣旨碑》、后至元二年《八思巴字蒙古语圣旨碑》、元贞元年《创建天宝宫碑》和后至元五年《天宝宫明真广德大师道行碑》。[①] 碑石一出,马上引起了相关学者的关注,照那斯图、道布对《天宝宫八思巴字蒙古语圣旨碑》进行了转录和译写。[②] 陈智超根据《创建天宝宫碑》和《天宝宫明真广德大师道行碑》发表专文,将元代的真大道教研究推进了一大步。[③] 近来,笔者寻访此地,见到了这四通元碑,其中的《天宝宫圣旨碑》的碑阴题名首先引起笔者注意。该碑碑阳为元代白话文圣旨,《金石萃编补正》与《元代白话碑集录》中均有著录。碑阴为题名,刻字基本清晰,保存较好,《金石萃编补正》卷三也有著录,[④]但错讹不少。目前尚未有学者对其进行过整理和研究,实际上,碑阴所刊文字是研究真大道教及其在河南地区传播情况的珍贵材料。本文先据原碑对其校勘,并初步探讨其史料价值。

一 《天宝宫圣旨碑》碑阴题名校勘

碑阴题名从上至下共分四段,下面按原碑阴格式录其全文,于注释中勘正《金石萃编补正》之误,原碑字迹不清者仍以《补正》为准。

1 奉训大夫、前汴梁路许州知州、兼管本州诸军奥鲁、劝农事吕冲霄书文并篆额
2 本郡时任官僚[⑤]:
3 武德将军、汴梁路许州达鲁花赤、兼管本州诸军奥鲁、劝农事木南子
4 奉政大夫、汴梁路许州知州、兼管本州诸军奥鲁、劝农事于继祖
5 　忠显校尉、汴梁路同知许州事仪君祚
6 　　将仕郎、汴梁路许州判官奥鲁不花
7 　　　吏目李允中

---

① 陈智超:《许昌天宝宫访碑记》,《中国史研究动态》,1986 年第 6 期。
② 照那斯图、道布:《天宝宫八思巴字蒙古语圣旨碑》,《民族语文》1984 年第 6 期。
③ 陈智超:《真大道教新史料——兼评袁国藩〈元代真大道教考〉》,《世界宗教研究》,1986 年第 4 期;《金元真大道教史补》,《历史研究》,1986 年第 6 期。
④ 方履籛:《金石萃编补正》卷 3,《石刻史料新编》,新文丰出版公司,1979 年,第五册,第 3529 页。另,陈垣《道家金石略》也收录此碑阴,其根据为《金石萃编补正》,文物出版社,1988 年,第 831 页。
⑤ "僚",《补正》作"寮"。按,两字可相通。

8　　　司吏许明、张茂、孙继祖、
9　　　　　董思敬、蔡思敬、王士允
10　忠翊校尉、汴梁路长社县达鲁花赤、兼管本县诸军奥鲁、劝农事锁郎哈歹
11　承事郎、汴梁路长社县尹、兼管本县①诸军奥鲁、劝农事游居敬
12　　将仕佐郎、汴梁路长社县主簿尚毓德
13　　汴梁路长社县尉朱克绍
14　　　典史崔倬、司吏林栋梁、任端、朱允服、许天翼
15　司门宿德：
16　　宣授明真洞照大师、南阳府桐栢②山淮渎庙提点苏清信
17　　赐紫锦襕、悟真崇素明德大师、教门都举正李成贵
18　大都大天宝宫、赐紫锦③襕、通玄④明德大师、从教门都提点高进明
19　　赐紫锦⑤襕、通玄明德大师、从教门提点党天忠
20　　赐紫锦襕、素真大师、河南府缑山宾天宫举师王清⑥宝
21　　赐紫锦襕、颐神持正大师、本宗教门提点谢进荣
22　　赐紫金⑦襕、崇妙葆真大师、汴梁路方下法师蔡进荣
（以上为第一段）
23　诸方道众：
24　　汴梁路
25　　　在城紫微观法师檀进喜
26　　　　景福观真⑧素大师、提举王天素
27　　　　万寿观提举王天和
28　　　　寿宁观提举朱天佑
29　　　　清宁观知观彭天良
30　　　封邱⑨县太黄寺太玄观知观高天佑
31　　　尉氏县在城天宝观知观沈天然
32　　　通许县在城上清观葆光大⑩师、知观苏进宝
33　　　杞⑪县义阳固紫阳观赐紫⑫悟真大师、提点李清光

---

① "县"，《补正》作"路"，误。
② "栢"，《补正》作"柏"，按，两字相通。
③ "锦"，《补正》作"金"，误。
④ "玄"，《补正》作"元"，按《补正》中将所有的"玄"字都改为"元"，以小字或用圈标出，应为清人避讳。下同，不再重复。
⑤ "锦"，《补正》作"金"，误。
⑥ "清"，《补正》作"请"，误。
⑦ "金"，《补正》作"锦"，误。
⑧ "真"，《补正》作"直"，误。
⑨ "丘"，《补正》作"邱"，按，两字相通。
⑩ "大"，《补正》作"太"，误。
⑪ "杞"，《补正》作"杞"，误。
⑫ "紫"，《补正》阙。

34　　　　西陈保修真观知观万天素
35　　　　囲镇明道观明道大师、提举张天佑
36　　许州在城颐真观赐紫真常大师、提举魏天和
37　　　长社县赵庄村神宝观①知观屈天佑
38　　　　桃杖村上清观赐紫锦襕崇文妙演大师、提点张进喜
39　　　鄢城县在城龙泉观知观张道纪
40　　　　洞真庵提举金进宝②
41　　　襄城县在城崇真③观明素大师、提举余天静
42　　　长葛县玉清龙泉宫知宫沈和童
43　　钧州在城紫微观知观梁天妙
44　　　阳翟县方陂村崇玄观提举曹天驿
45　　　密县土圂玉溪宫赐紫锦襕保真通和大师、提点杨进春
46　　　　阳子台阳子台宫提点郭天然
（以上为第二段）
47　　　密县平陌灵阳观赐紫体常大师、提举张天佑
48　　　　邵家河白云观法师印进信
49　　　　玄应观提举冯④天元
50　　　　悟真庵知观吴进道
51　　　　宛清玉清庵知观李进昌
52　　　新郑县在城轩辕观知观丁进用
53　　郑州在城天圣观
54　　　管城县中郭村龙泉观提点王进贵
55　　　荥阳县栢⑤楼村延庆观知观赵天常
56　　陈州商水县天宝观提举孙清贵
57　　　宛丘⑥县丁口宝光观提举王进贵
58　　　西华县清水镇玉清观知观崔天妙
59　　南阳府唐州东乡平市店颐真观提举李进福
60　　　裕州方城县古庄保三清观提点张进福
61　　　　昆阳镇双凫观提举刘天净
62　　汝宁府颍州泰和县大⑦桥村太清观赐紫葆真大师、提点张进福
（以上为第三段）

---

① "观"，《补正》作"光"，误。
② "金进宝"，《补正》作"金进举宝"，"举"字衍。
③ "真"，《补正》作"直"，误。
④ "冯"，《补正》阙。
⑤ "栢"，《补正》作"柏"，按，两字相通。
⑥ "丘"，《补正》作"邱"，按，两字相通。
⑦ "大"，《补正》作"太"，误。

63　本宫道众：
64　赐紫明素大师沈进渊
65　赐紫葆真大师刘进宽
66　赐紫真常大师陈天祥
67　赐紫纯一大师王天真
68　赐紫真一大师田天和
69　　纯素大师司天常
70　　宫门知宫杨天和
71　　宫门副宫张金童
72　　　王天和、王天忠、焦天良、
73　　　冯天良、巽天和、牛天鹤、
74　　　张天秀、李元童、沈聚童、
75　　　晁赛童、王进童、马万童、
76　　　王安童、郭真童、苏明童、
77　　　张清童、李鹤童、宋兴童、
78　　　王海童、李德童、张寿童、
79　　　郭山童、郭义童、王庆童、
80　　　李德童、姚明童、张顺童、
81　　　马元童、任瑞童
82　　龙泉观知观华天素、郑进元
83　　天仙观知观李天良
84　　天宝观知观王保童
85　功德主：解玉
（以上为第四段）
86　澄澜子江道渊书碑阴
87　　天历二年三月望日，赐紫纯素大师、宫门提举勾①天常、赐紫常静大师、宫门提点杨进贵等立石。
（此行最后贯于四段上下）
88　　钧台石匠刘德海刊

从碑文可见，此碑阴刊刻于元文宗天历二年(1329)三月，而碑阳所载圣旨落款时间为虎儿年，即泰定三年(1326)，此为圣旨颁发的时间，因此《天宝宫圣旨碑》的立石时间应为天历二年。很明显碑阳的圣旨为该碑刻的主体内容，而碑阴题名为附属内容。碑阴第1行"奉训大夫、前汴梁路许州知州、兼管本州诸军奥鲁、劝农事吕冲霄书文并篆额"，而第86行"澄澜子江道渊书碑阴"，说明此碑阴文字的书写者为江道渊，那么吕冲霄就应该是碑阳与碑额的书丹者。

---

① "勾"，或应为"司"。按，本宫道众中有"纯素大师司天常"，与此"勾天常"道号均为"纯素大师"，且名字相同，"勾"、"司"二字形相近，或有一误。

二 许昌《天宝宫圣旨碑》碑阴题名的史料价值

关于元代的真大道教,前揭陈智超先生的《金元真大道教史补》已有精辟的考证,近年来刘晓先生又利用新发现石刻史料,对真大道教的玉虚观体系进行过研究。① 本文所校勘的《天宝宫圣旨碑》碑阴题名,并不是新发现的碑刻,陈智超先生文中就曾有所揭示,但尚未有人关注到其内容的史料价值。碑阴题名的内容分为"现任官僚"、"司门宿德"、"诸方道众"与"本宫道众"四个部分。其中"现任官僚"记载了当时汴梁路许州与长社县官吏的姓名与官衔;"司门宿德"记载的应是当时许昌天宝宫所属的真大道教的上级道官;"诸方道众"记载了汴梁路地区真大道教各宫观与道长姓名;"本宫道众"记载的是当时许昌天宝宫的道士姓名。这些内容对于研究当时汴梁路与长社县的官吏设置、真大道教组织、真大道教在汴梁地区的传播等方面很有价值。

碑阴第 3~14 行记载的是当时汴梁路许州和长社县的官吏姓名和官职。元代的州县按照人口分上、中、下三级。许州和长社县均为下州、下县。据《元史·百官志》,元代下州设:"达鲁花赤、知州并从五品,同知正七品,判官正八品,兼捕盗事",参佐官设"吏目一员或二员。"下县,秩从七品,设达鲁花赤、县尹、主簿、县尉、典史各一员。② 李治安师《元代县官研究》曾指出这一制度的施行是比较严格的。③ 从碑阴记载来看,许州和长社县的官吏设置完全符合元朝规定,李师所言极是。惟官员的品级略与元制规定不同。从许州和长社县正官的散官品阶来看,许州达鲁花赤"武德将军"和知州"奉政大夫"皆为正五品,同知"忠显校尉"为从六品,长社县达鲁花赤"忠翊校尉"和县尹"承事郎"为正七品,皆比《元史·百官志》所载规定高出一个等级。这种情况的原因还有待于进一步考察。

碑阴第 15~22 行的内容是"司门宿德"。所谓"司门宿德",应指真大道教组织中的上级道官。其所记载的七个人物,苏清信、李成贵、高进明、党天中、王清宝、谢进荣和蔡进荣,其事迹皆不可考。不过,碑阴所记其名称前的头衔对于研究真大道教组织和道官设置情况应有帮助。

关于真大道教的组织情况,陈智超先生曾做过简单介绍:掌教,在教内称宗师,由皇帝授予真人称号,赐银印,长住大都。掌教的助手,已知名号的有"教门诸路都提点、教门举正、从教门都提点、诸路真大道教提点、从教门提点、诸路真大道教所知书"。在地方上,跨行省一级,设提点都举正。路一级,设录正、录判。州一级,有道正。再基层就是各所宫观。④

据此碑阴的体例来看,七人担任的道职应按从高到低的顺序前后排列的,并没有出现掌教者的姓名。排在第一位的苏清信,其头衔为"宣授明真洞照大师、南阳府桐柏山淮渎庙提点",是唯一带"宣授"字样的人物,表示其地位在七人中最高。元制,"自一品至五品为宣授"⑤,故

---

① 刘晓:《元代大道教玉虚观体系的再探讨——以两通石刻拓片说起》,《中国史研究》,2005 年第 1 期;《元代大道教史补注——以北京地区三通碑文为中心》,《中华文史论丛》,2010 年第 4 期。
② 《元史》卷 91《百官志七》,中华书局,1976 年,第 2317 页。
③ 李治安:《元代政治制度研究》,人民出版社,2003 年,第 179 页。
④ 前揭陈智超:《金元真大道教史补》。
⑤ 《元史》卷八三《选举志三》,第 2064 页。

其品级应在五品以上。桐柏山淮渎庙,元史至元十七年十二月,"修桐柏山淮渎祠。以三茅山上清四十三代宗师许道杞祈祷有验,命别主道教。"淮渎祠应即淮渎庙,是元代岳镇海渎祭祀中专祀淮渎之地。可见,此时已经纳入真大道教,苏清信之宣授也许就与淮渎有关。其他六人的头衔中皆有"赐紫锦襕"或"赐紫金襕",《元史·释老传》载:真大道教五祖郦希成"见知宪宗,""领教事,内出冠服以赐;仍给紫衣三十袭,赐其从者"[①]。故赐紫衣是真大道教内道士级别的一种象征。第18行高进明头衔前的"大都大天宝宫",即真大道教的位于大都的总部,因此七人中应包含真大道教的上层人物。除苏清信外,其他六人的道职从高到低分为别"教门都举正、从教门都提点、从教门提点、举师、本宗教门提点、法师",其中并没有录正、录判、道正的头衔。关于真大道教内部组织的研究,还有待于更多史料的发掘和研究。

碑阴第23~62行,为第三部分"诸方道众",详细罗列了汴梁路及其邻近范围内的真大道教宫观,共有38所,涉及16个县,主要分布在开封和中西部的郑、许、钧三个州。东部的陈州只有2所,而睢州没有,这可能与其地理位置距离许昌天宝宫较远有关。另外还与许州接壤的南阳府唐州、裕州、汝宁府颍州,也有真大道教宫观4所。由此可见,汴梁路地区的真大道教基本上是以许昌天宝宫为中心向四周辐射传播的。

[①] 《元史》卷二〇二《释老传》,第4529页。

元奉直大夫南阳屯田副总管张谦墓志铭考释[①]

复旦大学 陈玮

《长安新出墓志》收录之《元奉直大夫南阳屯田副总管张谦墓志铭》[②]于近年来出土于陕西省西安市长安区,现藏长安博物馆。该墓志为石质,方形,边长51厘米,厚13厘米。志文33行,满行33字,志盖佚失。该方墓志记载了志主张谦的家族世系及其本人的仕宦经历。志文对蒙元定蜀之役、襄樊之役多有反映,涉及刘整等宋元之际烜赫人物,为研究入仕蒙元之金代汉族士大夫旧族、金元之际关中新徙著籍士人家族的重要文物资料,但学界尚无专文讨论。笔者不避揣陋,现将《长安新出墓志》收录的该件墓志志文迻录并考释如下:

     大元奉直大夫南阳屯田副总管张公墓志铭
  征事郎兴平县尹李允升撰
  将仕郎诸色人匠副总管商庸书丹
  承直郎随路诸色民匠副都总管石孟瑛题盖
  公讳谦,字受益,世居云中之天城,因官寓关中,遂占籍焉。五世祖有,仕辽为参政者。曾祖志全,少中大夫、良乡县令。祖德,元隐德不仕。父讳鼎,号大郎君,娶云内州转运使吕侯之女。公其长子也。幼有凤成之度,眉目齐整,聪慧过人,人皆以奇童目之。弱冠,六经诸子无所不通,于史学为尤长。论古今成败,如在目前。其族兄为京兆课税大使,辟为参佐。公制科条,定程式,课岁增而民不扰。中统改元,蜀土未平,大军攻两川,供馈颇艰。行省事于关陕,闻其能,辟公充兴元等处军储规措副使。公通水陆,以便漕运。招商贾以中监粮。平蜀之役,兵食常足,公有力焉。四年,宣授成都漕运副使。是时,益部初定,兵革未息。公综理有方,道路无壅。宽关市之征,定盐茶之额。行之逾年,民不告病而国用饶足,考绩为诸路之最。改授奉直大夫,升充本司同知。至元十年,大兵围困襄樊,大帅刘公宣抚汴梁,辟公为参佐,以从行。公建言:襄阳,荆楚之门户。襄阳既下,破竹之势迎刃而解,但所患者,粮饷不继。当为屯田久驻之基,以足兵食。行省遂于唐、邓、申、豫等处为屯所,奏授公以副总管,俾经画其事。公创立营屯,按行水利,置陂塘沟畎浍,相高下,均土田,具器械,畜牛种,加之年谷屡□,粮饷不绝,民忘其劳矣。宰相姚公赋诗以美其能,上功于□。未及升用而薨,享年五十有七。夫人何氏,泽州士族,有贤行,早卒。生子国纲,字振之,□慨尚气,义乐施与,名卿士大夫多与之游,终于丰备总库提举。女二人:长适故参政王公之子子华,钦授宣命,充采石等处盐茶提举。次适舅氏、同知赵州事何季冶之次子何义。再娶贾氏,云内等州大帅贾公之女。生子国维,字之翰,今为御台察院书吏。国纲

[①] 本文获2012年教育部博士研究生学术新人奖资助。
[②] 西安市长安博物馆编:《长安新出墓志》,北京:文物出版社,2011年,第343页。

娶乡里士族郜参谋之孙女,生男曰仁,今为安西王府掾,女一人,适仪成局提举刘恭。国维娶廉访司经历李士观之女,生男一人,女一人,尚幼。常论公在中统至元之间,声名显著,三领钱谷,供馈军储,皆有政绩可纪。而寿与位,而止于斯,可哀也已。其子国维与其孙仁,大德丁未八月二十八日,奉公之柩,归葬于长安县华林乡北良村之原。乞文于余。允升与公有乡曲之旧,与其子振之相友爱,不敢以固辞,而为之铭。铭曰:

> 家世簪缨,乡间所称。或隐或仕,待君而兴。
> 伐蜀之役,公领漕计。带甲百万,赖公以济。
> 楚贡不供,襄樊是攻。营田积谷,兵食以丰。
> 勉其怠惰,教以耕耨。邦民歌之,召父杜母。
> 功业甫就,天不假年。我铭公墓,以永其传。

一　墓志所见张谦家族世系

根据志文,志主张谦字受益,逝于元世祖至元十年(1273),享龄七十二,则其当生于金宣宗贞祐四年(1216)。志文叙其先祖世代居住于云中天城,因张谦于关中任官,因而入籍京兆。天城即辽西京大同府之属县天成县,"本极塞之地。魏道武帝置广牧县,唐武德五年置定襄县,辽析云中置。"金代延置。据《辽史地理志汇释》,天成县治今山西省天镇县。① 金元之际有不少士人由于仕宦而从外地徙籍京兆,如孟攀鳞本为"云内人。丙午,为陕西帅府详议官,遂家长安"②。在太医院任职的王庆祚先世为河内人,在至元十一年(1274)"有旨侍皇子安西王邸,官愈医郎、王府医药提举,始徙家关中"③。解州同知徐宽,其"先河间人,由大父提举人匠陕西,遂家关中"④。

从志文来看,张谦五世祖张有为辽参知政事。据《辽史·百官志》,参知政事为辽南面朝官,隶属中书省。其曾祖张志全为金良乡县令,少中大夫为其文散官。良乡据《金史·地理志》为金中都大兴府属县,为金赤县。《金史·百官志》云赤县县令"从六品,掌养百姓、按察所部、宣导风化、劝课农桑、平理狱讼、捕除盗贼、禁止游惰,兼管常平仓及通检推排簿籍,总判县事"⑤。张谦祖父张德隐居未仕,其夫张鼎有大郎君之号,金代的郎君据学者研究,主要有两种含义,"一是人们对宗室及非宗室中贵族青年男子的称呼,二是指在尚书省、亲王府和架阁库任职的从事护卫、稽查案牍、管理纸笔以及听从尚书省和亲王府随时差遣之事的官员和小吏"⑥。志文云张鼎娶"云内州转运使吕侯之女"。此吕侯即金章宗朝大臣吕贞干。元好问《中州集》辛集第八卷《吕陈州子羽传》云吕贞干"在史馆论正统,独异众人,谓国家正当承辽,

---

① 张修桂,赖青寿编著:《辽史地理志汇释》,合肥:安徽教育出版社,2001年,第191页。
② 《元史》卷一六四《孟攀鳞传》,北京:中华书局,1976年标点本,第3860页。
③ 同恕:《榘庵集》卷九《志铭·承事郎常谦墓志铭》,李梦生校勘,太原:山西古籍出版社,2003年,第100页。
④ 李慧、曹发展注考:《咸阳碑刻》下,西安:三秦出版社,2003年,第500页。
⑤ 《金史》卷五七《百官志》,北京:中华书局,1975年标点本,第1314页。
⑥ 李玉君:《金朝"郎君"非宗室子弟之专称》,《史学月刊》2012年第2期,第130页。

大伻章庙旨,谪西京运幕,量移北京,致仕"①。"中研院"历史语言研究所藏《金少中大夫知南京路提刑使事兼劝农采访事王元德墓志铭》题为"征事郎前云内州录事判官吕贞干撰"②。从张谦墓志可知吕贞干又任云内州转运使。

志文又叙张谦结发之妻何氏为河东泽州士人之女,在何氏病逝后张谦续娶"云内等州大帅贾公之女"贾氏。"云内等州大帅贾公"即云内帅贾抟霄,耶律楚材《除戎堂》诗前小序云:"王师西征,贤帅贾公留后,于云内筑除戎堂之西阿。"③麻革《上云内帅贾君》诗云:"西庵谈性理,东阁会奇髦。"④耶律楚材《题西庵归一堂》诗云:"抟霄元帅筑西庵于厅事之隅以舍沙门。"⑤贾抟霄以礼敬贤士,门客众多闻名,耶律楚材《赠贾非熊抟霄一首》云:"奇人辐辏君门下,占断西州好士名。"⑥张迁前妻何氏生一子张国纲,字振之,慷慨乐施,多与士人交游,终官丰备总库提举。丰备总库提举为元陕西行省所属仓库官,清《宣统郿县志》所收《元郭钧碑》篆额人题为"忠勇校尉、陕西等处行中书省丰备总库提领养安处撰额"⑦。提举即提领,官从七品。《元史·选举志》云至元三十年,部议:"凡内外平准行用库官,提领从七品,大使从八品,副使从九品。"⑧何氏又生二女,长女嫁与"故参政王公之子"王子华。"故参政王公"即曾任中书省参知政事的王椅。《元史·世祖纪》云至元二十年(1283)"六月丙戌,申严私易金银之禁。以甘州行省参政王椅为中书参知政事"⑨。中书省参知政事官从二品,《元史·百官志一》记"参政二员,从二品,副宰相以参大政,而其职亚于右、左丞"⑩。明《隆庆赵州志》云王椅为"宁晋人,太祖时历参知政事"⑪。《宁晋王氏本支图记》云:"宁晋王氏,巨族也。"⑫王椅为龙虎卫上将军、安武军节度使,行深冀二州元帅府事王义第六子,胡祗遹称王椅"先世以开国有勋劳列上爵,英兄才弟联仕天朝,庆门华胄照映一时"⑬。王子华所任采石等处盐茶提举为"茶盐流官"。元廷于采石设有批验所,隶于两淮都转运盐使司,《元史·百官志》云:"大德四年,复置批验所于真州、采石等处。"⑭何氏所生之次女嫁与何氏舅父赵州同知何季冶之次子何义。张谦继妻贾氏生一子张国维,字之翰,任"御台察院书吏"。从张国维之兄张国纲任职陕西行省来看,张国维所任职之"御台察院"应指陕西诸道行御史台察院。据《元史·百官志》,陕西诸道行御史台察院书吏有二十人。张国纲妻室为关中士人郜姓参谋官之孙女,生一子张仁为安

---

① 姚奠中主编,李正民增订:《元好问全集》(增订本)卷41《中州集·诗人小传》,太原:山西古籍出版社,2004年,第917页。
② 陈学霖:《金季循吏王元德墓志铭考释》,《金宋史论丛》,香港:香港中文大学出版社,2003年,第184页。
③ 耶律楚材:《湛然居士文集》卷7,北京:中华书局,1986年,第142页。
④ 阎凤梧、康金声主编:《全辽金诗》下册,太原:山西古籍出版社,1999年,第2218页。
⑤ 耶律楚材:《湛然居士文集》卷2,北京:中华书局,1986年,第34页。
⑥ 耶律楚材:《湛然居士文集》卷4,第75页。
⑦ 李带双撰,(清)沈锡荣增补:《宣统郿县志》卷9《金石遗文录》,中国地方志集成陕西府志辑第35册,南京:凤凰出版社,2007年,第56页下。
⑧ 《元史》卷82《选举志二》,第2043页。
⑨ 《元史》卷12《世祖纪九》,第255页。
⑩ 《元史》卷85《百官志一》,第2122页。
⑪ 《隆庆赵州志》卷7《人物》,上海:上海古籍出版社,1962年影印天一阁藏本。
⑫ 胡祗遹著,魏崇武、周思成校点:《胡祗遹集》卷11《记》,长春:吉林文史出版社,2008年,第284页。
⑬ 胡祗遹著,魏崇武、周思成校点:《胡祗遹集》卷18《序·送王彦才序》,第243页。
⑭ 《元史》卷91《百官志七》,第2312页。

西王府掾,继生一女嫁与仪成局提举刘恭。张国维则娶廉访司经历李士观之女,生一男一女。李士观所任官之廉访司为陕西四道肃政廉访司,设有"经历一员,从七品"①。

二 墓志所见张谦仕宦经历

根据志文,张谦自幼以奇童而闻名,青年时博通经史,特别擅长史学,时常鉴古知今。其步入仕途始于担任其族兄之僚佐。其族兄时任京兆课税大使。元太宗二年(1230)"冬十一月,始置十路征收课税使,以陈时可、赵昉使燕京,刘中、刘桓使宣德,周立和、王贞使西京,吕振、刘子振使太原,杨简、高廷英使平阳,王晋、贾从使真定,张瑜、王锐使东平,王德亨、侯显使北京,夹谷永、程泰使平州,田木西、李天翼使济南"②。课税使为耶律楚材所奏立,"长贰悉用士人,如陈时可、赵昉等,皆宽厚长者,极天下之选,参佐皆用省部旧人"③。金朝灭亡后新置京兆路课税使,据赵琦先生研究,担任京兆路课税使的主要有马亨和粘合正卿。④ 根据张谦墓志可知又有张姓士人担任过京兆路课税使。该张姓士人疑为张楫,史载张楫子张庭珍为"临潢全州人。父楫,金商州南仓使。岁壬辰,籍其民数千来降,太宗命监榷北京等路赋课,俄改北京都转运使,因家北京"⑤。临潢全州与张谦先祖世居之云中天城同处极塞,而曾担任京兆路课税使的马亨在至京兆任官前为真定路课税副使,可见其时士人可流动担任两路课税所官员,因此担任北京路课税使的张楫极有可能又至京兆担任本路课税使。赵琦先生指出这一时期"课税所长官出身儒士,他们上任后也多起用儒生充当幕僚或佐吏"⑥。墓志云张谦青年时博通经史,特别擅长史学,可见其正是以儒生面貌步入仕途。志文叙其担任课税所僚佐时制科定条,使政府课赋收入增加,百姓不受搅扰。

从志文来看,元世祖中统元年(1260),元军在四川进行军事活动时后勤补给极为困难。此时治于京兆的秦蜀行省风闻张谦之吏能,辟除其为兴元等处军储规措副使。规措使一职最早见于金代,如耀州三白渠规措使陈仲谦、⑦灵壁军前规措使张汝翼、⑧徐邳规措使纳合陆哥。⑨ 兴元为元军进击四川的前沿基地,兴元行省长官夹古龙古带认为"兴元形势,西控巴蜀,东扼荆襄,山南诸城,无此要者。"在兴元屯田规措军粮,能使"征蜀之师,朝至而夕廪焉。较之资粮关中,荷担千里,十石不能致一者,劳费大省,实制蜀一奇也"⑩。因此在兴元筹措军粮,可以便捷地保证征蜀大军的军需供应,对蒙元定蜀之役至关重要。从兴远运往四川前线的军粮

---

① 《元史》卷86《百官志二》,第2181页。
② 《元史》卷2《太宗纪》,北京:中华书局,1976年标点本,第30页。
③ 《元史》卷146《耶律楚材传》,第3458页。
④ 赵琦:《金元之际的儒士与汉文化》,北京:人民出版社,2004年,第83页。
⑤ 《元史》卷167《张庭珍传》,第3919页。
⑥ 赵琦:《金元之际的儒士与汉文化》,第84页。
⑦ 姚奠中主编、李正民增订:《元好问全集》(增订本)卷31《碑铭表志碣·故规措使陈君墓志铭》,第467页。
⑧ 姚奠中主编、李正民增订:《元好问全集》(增订本)卷20《碑铭表志碣·通奉大夫钧州刺史行尚书省参议张公神道碑铭并引》,第467页。
⑨ 徐松辑:《宋会要辑稿》第180册,兵一六之一八,北京:中华书局,1957年,第7037页。
⑩ 姚燧著,查洪德编辑点校:《姚燧集》卷17《神道碑·兴元行省瓜尔佳公神道碑》,北京:人民文学出版社,2011年,第252页。

一部分来自于当地的屯田,夹古龙古曾带领军民在兴元"垦田数千顷,灌龙江之水。收皆亩钟。敖庾盈衍矣。"一部分来源于中粮,元宪宗在位时即"割河东解之盐池归陕西,置从宜所中粮兴元"①。志文叙述张谦在兴元等处军储规措副使任上开通水陆两道,使漕运便宜,又招纳商人开中监粮,使攻蜀元军军粮供应充沛,因此志文赞述其"平蜀之役,兵食常足,公有力焉。"

中统四年(1263),张谦被朝廷任命为成都漕运副使。漕运使最早见于唐代,宋、金、元延置。通过志文可知张谦在蜀中战火连绵之情况下,抚理有术,使道路畅通。他还宽延关市之征,额定盐茶税额。关于元廷在成都的关市商税之征,马可波罗曾在其游记中描述锦江"上有一大桥……桥上有房屋不少,商贾工匠列肆艺于其中。但此类房屋皆以木构,朝构夕折。桥上尚有大汗征税之所,每日税收不下精金千量"②。张谦的举措仅过一载就取得了良好效果,使国用充足。考课之绩远超其他诸路,被授予从五品文散官奉直大夫,升任成都漕运司同知。元廷于大都及诸路均设有漕运司,其中京畿都漕运司设"同知二员,正四品"③。据《元史·世祖本纪》,中统四年(1263)八月"甲寅,命成都路运米万石饷潼川"。张谦也应指挥了此次运粮。在蒙元定蜀之役中,成都作为后勤补给基地,地位极其重要,至元十二年(1275)元军攻围重庆时,"其舟楫兵仗粮储,资取成都者十八"④。这一时期成都路官员多以能敛集财赋而知名,除张谦外,还有张庭瑞,其神道碑云"四川中书左丞李忠宣公德辉,以王相理赋四川,凡屯田、征商,与盐茗、木竹,山泽之产,民已输而算未入官者,皆蒐集剔之。事皆倚公以集,一岁而羡衍弥倍,以继馈漕"⑤。

根据志文,至元十年(1273),宣抚汴梁的大帅刘公征辟张谦为僚佐,张谦因之离开四川。此大帅刘公即刘整。《元史·刘整传》云其于"至元三年六月,迁昭武大将军、南京路宣抚使"⑥。《元史·世祖本纪》亦云至元四年(1267)十一月"南京宣慰刘整赴阙,奏攻宋方略,宜先从事襄阳"⑦。刘整本为南宋泸州知府兼潼川路安抚使,中统二年(1261)降元。中统三年(1262)入觐忽必烈后,刘整被"授行中书省于成都、潼川两路……仍兼都元帅"⑧。后专任潼川都元帅。中统四年(1263),元廷"命成都路运米万石饷潼川。给钞付刘整市牛屯田"⑨。以成都经略司"刘元礼等军戍潼川,命按敦将之"⑩。本年刘整在成都锦江击败宋安抚高达、温和部,至元三年(1266)刘整又于云顶山与宋将夏贵部激战。从以上事宜可知刘整与成都关系密切,经常在成都地区领军作战,其后勤保障也多仰赖于成都路,因此他在于至元三年(1266)升任南京路宣抚使、离开四川前,对为其提供后勤保障的成都漕运副使、同知张谦应较为熟悉,知晓张谦之才干,所以征辟其为僚佐。

志文叙述张谦在刘整幕下建言:"襄阳,荆楚之门户。襄阳既下,破竹之势迎刃而解、但所

---

① 姚燧著,查洪德编辑点校:《姚燧集》卷15《神道碑·中书左丞姚文献公神道碑》,第218页。
② 冯承钧译:《马可波罗行纪》第一卷——三章《成都府》,上海:上海书店出版社,2001年,第274页。
③ 《元史》卷85《百官志一》,第2130页。
④ 姚燧著,查洪德编辑点校:《姚燧集》卷二〇《神道碑·少中大夫叙州等处诸部蛮夷宣抚使张公神道碑》,第314页。
⑤ 姚燧著,查洪德编辑点校:《姚燧集》卷二〇《神道碑·少中大夫叙州等处诸部蛮夷宣抚使张公神道碑》,第314页。
⑥ 《元史》卷161《刘整传》,第3786页。
⑦ 《元史》卷6《世祖纪三》,第116页。
⑧ 《元史》卷161《刘整传》,第3786页。
⑨ 《元史》卷5《世祖纪二》,第94页。
⑩ 《元史》卷5《世祖纪二》,第94页。

患者,粮饷不继。当为屯田久驻之基,以足兵食。"关于襄阳在蒙元与南宋战争中的重要地位,早在贵由汗时期就有士人予以重视,如李桢曾上表谈到"襄阳乃吴、蜀之要冲,宋之喉襟,得之则可为他日取宋之基本"①。杜瑛、商挺、郝经、郭侃都曾向忽必烈建策以大军攻克襄阳、顺流直下灭亡南宋,尤以郝经《东师议》最为著名。刘整也向忽必烈进言"襄阳吾故物,由弃弗戍,使宋得窃为强藩。复此,浮汉入江,则宋可平"②。至元四年(1267)十一月,刘整在入觐忽必烈时又力陈"先攻襄阳,撤其扞蔽"③。之议,他认为"攻蜀不若攻襄,无襄则无淮,无淮则江南唾手下也"④。该项建议最终为忽必烈首肯,忽必烈于次年即"征天下兵"⑤征伐襄阳。

张谦的建言强调了屯田对于攻伐襄阳的重要影响,河南行省遂于唐州、邓州、申州、裕州设立屯田,奏授张谦为南阳屯田副总管,负责屯田事宜。蒙元在河南南阳等地的屯田早在元宪宗三年(1253)时即已实行,其年姚枢"请置屯田经略司于汴以图宋"⑥。经略使由杨惟中担任,"俾屯田唐、邓、申、裕、嵩、汝、蔡、息、亳、颍诸州"⑦。忽必烈即位后又大力在河南施行屯田,《元史·世祖纪》云至元五年(1268)九月"己丑,立河南屯田"⑧。阿里海牙任河南行省同金时,"凡襄、邓、唐、申、裕,在太宗世所残汉上诸州之民,避荒汴、洛间,与下户赋寡者,悉徙而南,屯田给饷"⑨。《元史·兵志》对南阳屯田总管府的设置延革有明确记载。《元史·兵志》云:"至元六年,以攻襄樊军饷不足,发南京、河南、归德诸路编民二万余户,于唐、邓、申、裕等处立屯。八年,散还元屯户,别签南阳诸色户计,立营田使司领之。寻罢,改立南阳屯田总管府。"⑩从张谦墓志可知南阳屯田总管府的设置时间为至元十年(1263)。南阳屯田总管府设立后"为户六千四十一,为田一万六百六十二顷七亩"⑪。

从志文来看,张谦在南阳屯田副总管任上勤于职守,在创建有士兵参与的营屯后,注重营建水利设施,开挖池塘沟壑,平均地土,整备农具,畜牛备种,加上每年粮谷丰稔,使前线大军"粮饷不绝",同时没有过度使用民力,使"民忘其劳矣"。张谦之劳绩为宰相姚公赋诗以褒扬。宰相姚公即曾担任中书左丞的姚枢。张谦被姚枢所赞美是由于姚枢曾任官于河南行省。《中书左丞姚文献公神道碑》云至元"五年,用兵襄阳,立河南行省,经理屯田,以公金省"⑫。姚枢在至元"八年,入觐;十年,拜昭文馆大学士"⑬。从姚枢诗颂张谦及为其表功来看,姚枢应在离任前与张谦相熟。元代墓志铭中,不乏收录有名家诗歌的墓志,如姚枢之侄姚燧诗"一善长安已户歌,士林华衮定如何。当时不裂千金券,利与今名问孰多"⑭。即存于《鹰房民匠总管毛公

---

① 《元史》卷124《李桢传》,第3051页。
② (元)姚燧著,查洪德编辑点校:《姚燧集》卷13《神道碑·湖广行省左丞相神道碑》,第189页。
③ 《元史》卷161《刘整传》,第3786页。
④ 周密:《癸辛杂识》别集下《襄阳本末》,中华书局,1988年,第306页。
⑤ (元)姚燧著,查洪德编辑点校:《姚燧集》卷13《神道碑·湖广行省左丞相神道碑》,第189页。
⑥ 《元史》卷158《姚枢传》,第3713页。
⑦ 《元史》卷146《杨惟中传》,第3467页。
⑧ 《元史》卷6《世祖纪三》,第119页。
⑨ 姚燧著,查洪德编辑点校:《姚燧集》卷13《神道碑·湖广行省左丞相神道碑》,第189页。
⑩ 《元史》卷100《兵志三》,第2566页。
⑪ 《元史》卷100《兵志三》,第2566页。
⑫ 姚燧著,查洪德编辑点校:《姚燧集》卷15《神道碑·中书左丞姚文献公神道碑》,第222页。
⑬ 姚燧著,查洪德编辑点校:《姚燧集》卷15《神道碑·中书左丞姚文献公神道碑》,第222页。
⑭ 同恕:《榘庵集》卷6《志铭》,李梦生校勘,第61页。

墓志铭》中。《元诗选》所收姚枢诗歌仅有五首,据张谦墓志可再补一首,惜墓志未录全诗。

根据志文,张谦在姚枢为其上功后突然逝世,"未及升用",以致墓志作者感叹:"常论公在中统至元之间,声名显著,三领钱谷,供馈军储,皆有政绩可纪。而寿与位,而止于斯,可哀也已。"张谦之子张国维与其孙张仁于大德十一年(1307)将其灵柩从南阳归葬于"长安县华林乡北良村之原"。长安县华林乡又见于《将仕郎赵君墓志铭》,该墓志云赵元谅于延祐己未"葬长安县华林乡高阳原"①。张谦逝于元世祖至元十年(1273),至大德十一年(1307)得以归葬,停厝长达三十四年。这种归葬习俗在入籍关中的士人中多有出现,如成都路总管府判官王舟于皇庆二年(1313)逝于官舍,其结发妻同氏"从掾蜀而卒,盖前二十年矣。……再娶陈氏,亦前卒。皆权厝汉州广汉乡"②。至延祐二年(1315),王舟之弟才"由秦入蜀,护三丧归,卜以八月十有四日庚寅合葬咸宁县洪固乡孟村先茔"③。另如耶律蒙固岱,其于大德十一年(1307)卒于云南军中,至泰定四年(1327)被葬于"咸宁县洪固乡韦曲村太傅墓次"④。

墓志铭作者征事郎兴平县尹李允升为张谦长子张国纲友人,为张国纲邀请撰写墓志铭。征事郎为正三品文散官,县尹在元代县官序位中低于达鲁花赤,位列第二,兴平县为下县,而"下县,秩从七品。置官如中县"⑤。李允升又见于《元故承事郎晋宁路同知解州事徐公(宽)墓志铭》,该墓志题为"征事郎前兴平县尹李允升撰"⑥。据《徐宽墓志》,李允升于大德六年(1302)至兴平县担任县尹。墓志铭书丹人商庸任诸色人匠副总管,其文散官为正八品将仕郎。《元史·百官志》云诸色人匠总管府"秩正三品,掌百工之技艺。至元十二年始置,总管、同知、副总管各一员"⑦。"后定置达鲁花赤一员,总管一员,同知二员,副总管二员"⑧。墓志盖题盖人石孟瑛为随路诸色民匠副都总管,其名又见于《桀庵集》卷六《鹰房民匠总管毛公墓志铭》,为鹰房民匠总管毛翼女婿。石孟瑛文散官为正六品承直郎。《元史·百官志》云:"随路诸色民匠都总管府,秩正三品,掌仁宗潜邸诸色人匠。"⑨

三 结 语

综上所释,张谦墓志主要记载了其家族世系与其本人的仕宦经历。从志文可知张谦本人出身于金末,其家族本为世居云中的辽金汉族士大夫旧族,母为金章宗朝名臣吕贞干之女,因此张谦自幼受到良好教育,博通经史。张谦本人与河东汉族士大夫及蒙元汉族世侯联姻,由于仕宦从云中迁徙至关中入籍,从一个侧面反映了金元之际儒士的生活际遇。张谦长子、次子均任职于陕西行尚书省,他们及其姊妹均与关中士人联姻,加之张谦殁后三十四年仍归葬于京

---

① 同恕:《桀庵集》卷8《志铭》,李梦生校勘,第80页。
② 同恕:《桀庵集》卷7《志铭·承直郎成都路判官王君墓志铭》,李梦生校勘,第70页。
③ 同恕:《桀庵集》卷7《志铭·承直郎成都路判官王君墓志铭》,李梦生校勘,太原:山西古籍出版社,2003年,第70页。
④ 同恕:《桀庵集》卷9《志铭·耶律濮国威愍公墓志铭》,李梦生校勘,太原:山西古籍出版社,2003年,第95页。
⑤ 《元史》卷91《百官志七》,第2318页。
⑥ 李慧、曹发展注考:《咸阳碑刻》下,西安:三秦出版社,2003年,第500页。
⑦ 《元史》卷85《百官志一》,第2144页。
⑧ 《元史》卷85《百官志一》,第2144页。
⑨ 《元史》卷85《百官志一》,第2147页。

兆,其长子礼请地方官员撰写墓志铭,说明张氏家族落籍关中后已完全融入当地的社会环境。张谦步入仕途与其族兄、出身旧金官员的张楫密不可分,张楫任京兆课税使时征辟张谦为僚佐,反映了金元之际部分儒士的入仕途径。由于其治能,张谦相继被秦蜀行省、朝廷任命为兴元等处军储规措副使、成都漕运副使、成都漕运司同知,在蒙元定蜀之役中勤恪职守,保障了征蜀大军的后勤供应。从志文的描述我们可以进一步了解蒙元征蜀时在后勤筹措方面的细节。张谦在蜀中之廉干又为同样出生于金朝治下的刘整所赏识,被其辟为僚佐。在襄樊之役中张谦的建策使其步入个人仕宦生涯之高峰,被河南行省奏授为南阳屯田副总管,在任内延续了蜀中理政风格,为处于襄樊前线的蒙元大军提供了优厚粮饷,为蒙元大军攻克襄阳奠定了重要物质基础,因而为其长官姚枢所赋诗赞美并上表其功。志文对张谦在襄樊之役中仕宦经历的描述可补史籍记载之阙,为研究襄樊之役提供了新材料。

月百二九

——陈友谅身世及其败亡

暨南大学 王 颋
广州大学 林友标

一

元末割据"群雄"之陈友谅,其所出家庭,似乎十分卑微,以至于其父都不敢期望儿子的"富贵"。《明太祖实录》卷一三:"友谅者,沔阳玉沙县人。世业渔,姿貌丰伟,尝为县吏,不乐。会徐寿辉与倪文俊等兵起,友谅慨然往从之,文俊用为簿书掾。""友谅之初起也,其父甚恐,曰:汝一捕鱼儿,欲图大事,吾不愿也,何不守汝故业?友谅答曰:昔有术者,观先世葬地,谓我后当富贵,今正其时。及稍贵,遣人迎其父,父曰:汝不听吾言,而起事至此,吾惧不能勉。至是,果败"①。"既尝为县吏",又"用为簿书掾",乃是位有"文化"的"渔家子";而所称"县吏",当即"贴书"。《草木子》卷三上,《克谨篇》:"友谅,原沔阳人。承平,为县贴书。及从为盗,弟兄四五人,专兵为卫。"②陆深《俨山外集》卷一五《续停骖录上》:"陈友谅者,本沔阳人,为县贴书。及从为盗,弟兄四、五人,好兵而狡。"③兹段履历,也可从其"自诩"中得到证明。吴海《闻过斋集》卷五《元故资政大夫、江南诸道行御史台侍御史韩公权厝志》:"戊戌岁(至正)四月,陈友谅攻破隆兴城,来见公(韩准),公疾,面壁卧不起。友谅曰:吾向为县小吏,已闻公名。公不答,既去,使人致粮,公拒不受,然竟不敢加害。"④

不过,根据"正史"的本传,陈友谅本姓谢,只缘其祖父过继于他人,始更陈姓。《明史》卷一二三《陈友谅传》:"陈友谅,沔阳渔家子也。本谢氏,祖赘于陈,因从其姓。少读书,略通文义。有术者相其先世墓地曰:法当贵,友谅心窃喜。尝为县小吏,非其好也。徐寿辉兵起,友谅往从之,依其将倪文俊为簿掾。""普才五子:长友富,次友直,又次友谅,又次友仁、友贵。友仁、友贵前死鄱阳,太祖平武昌,封普才承恩侯,友富归仁伯,友直怀恩伯,赠友仁康山王,命所司立庙祀之,以友贵祔"⑤。元末明初人宋濂的相关作品,关于此事的叙述,大略相同。宋濂《平汉录》:"陈友谅,沔阳人。本姓谢,祖千一,赘于陈,遂从其姓。父普才,黄蓬渔子也。友谅幼岐嶷,比长,膂力过人,优于武艺。尝为县史,不乐。会罗田徐寿辉与倪文俊兵起,慨然往从

---

① 《明太祖实录》卷一三,台北:"中研院"历史语言研究所校印本,1961年,第166、167、168页。
② 《草木子》卷三上,北京:中华书局,《元明史料笔记丛刊》,1983年,第53页。
③ 《俨山外集》卷一五,文渊阁《四库全书》本,第9页下。
④ 《闻过斋集》卷五,台北:新文丰出版社《元人文集珍本丛刊》影印清《嘉业堂丛书》本,1985年,第276页下。
⑤ 《明史》卷一二三,《陈友谅传》,北京:中华书局标点本,1974年,第3687、3691页。

之,为文俊簿书掾;寻亦领兵为元帅。"①又根据"野史"的专述,其在投奔徐寿辉"天完"政权以前,似乎就已揭竿而起,"聚众剽掠于邨落,官军累讨不能平"。吴国伦《陈张事略》:"陈友谅,沔阳渔家子也。与其弟友仁贵,至正中,聚众剽掠于邨落,官军累讨不能平,率所聚往从罗田徐寿辉。盖徐初起红巾其时甚盛,国号天完。友谅至,使隶元帅倪文俊下,友谅心不平。"②

《大越史记本纪全书》卷《陈纪》:"甲午,绍丰十四年(元至正十四年)春二月,北边帅臣驿奏:元陈友谅起兵,遣使来乞和亲;友谅,陈益稷子。"③安南作者所熟悉的"陈益稷",当然非陈宗弟——降元被封为"安南国王"的那个"陈益稷"莫属。黎崱《安南志略》卷二《大元诏制》录《至元二十三年四月诏》:"今(至元二十三年)因尔国近亲陈益稷、陈秀嵷虑宗国覆灭,殃及无辜,屡劝尔来庭,终不见从,自投来归。朕悯其忠孝,特封陈益稷为安南国王,陈秀嵷为辅义公,以奉陈祀。"④《大越史记本纪全书》卷五《陈纪》:"丁卯,绍隆十年(宋咸淳三年,元至元四年)五月,封[日烜]弟益稷为昭国王:益稷,上皇次子,聪明好学,通经史六艺,文章冠世,虽小技如蹴球、围棋,无不精谙。尝开学堂于第之右,集四方文士习学,给以衣食,造就成材,如旁河莫挺之、洪州裴放等二十人,皆资用于世。""初,元人入寇,王侯臣僚多送款虏营;及贼败,获降表一篚,上命焚之,以按反侧,惟向之降者,虽身在虏廷,亦遥议以流死,田产没官,去其国姓。如陈键,靖国之子,改姓为枚;余以例改,如枚弄之辈。益稷以骨肉之亲,治罪虽同,不忍改姓及斥名,乃命曰妸陈,谓其柔懦似妇人也。故当时记载皆称妸陈、枚键焉"⑤。

"安南国王"之"陈益稷",其入中国寓舍之所在,应该就是与元"湖广行省"首府"武昌路"只一江之隔的"汉阳府"。程钜夫《雪楼先生集》卷二五,《题安遏州同知黎承事安南志》:"乃者将指江汉,颇闻陈王(益稷)戏下有文雅之事,今观此志,殆非虚传。汉交州七郡岁举孝廉,与中州齿。以黎郡侯(崱)之材擢而用之,岂必后于他人?顾独以笔墨自娱于山湖间,岂其职哉?"⑥《安南志略》卷首刘必大《安南志略序》:"[黎崱]寓居于汉阳,近圣庙,邻太白祠。杜门著书,细艑肃客,傍水种竹,锄烟植梅。挹郎湖之清漪,与大别之晴树。吟风弄月,消遣世虑于江山之外,荧峤羁愁,略无半点。"⑦此"汉阳府",与前引陈友谅籍贯之"沔阳府",盖山水相缭的毗邻单位。姚燧《牧庵集》卷一八《戍守邓州千户,杨公神道碑》:"[杨彦珍]从中书右丞相{巴延}[伯颜]公越安陆,战新城,降黄宣慰,坑沙洋,边都统火死,下沔阳,攻汉阳,先登陷之,战鄂之阳罗步,获船五十五艘,遂济江下鄂。"⑧实际上,由于"沔水"即"汉水","汉阳"也可"别称"作"沔阳"。岳珂《金佗稡编》卷二七《碑阴记》:"载惟先王受命驻师之地,营塿陈石,至今岿然。而干道中,又尝诏赐沔阳(汉阳)之庙,先王功烈,遂与鄂相终始。"⑨

---

① 《平汉录》成都:巴蜀书社《中国野史集成》影印《纪录汇编》本,1993 年,第 577 页上。
② 《陈张事略》成都:巴蜀书社《中国野史集成》影印《学海类编》本,1993 年,第 456 页下。
③ 《大越史记本纪全书》东京大学东洋文化研究所《东洋学文献センター丛刊》第四二辑陈荆和校合本,1984 年,第 426 页。
④ 《安南志略》卷二,北京:中华书局《中外交通史籍丛刊》武尚清点校本,1995 年,第 50 页。
⑤ 《大越史记本纪全书》卷五,第 346、366 页。
⑥ 《雪楼先生集》卷二五,台北:"中央"图书馆《元代珍本文集汇刊》影印洪武刊本,1977 年,第 941 页。
⑦ 《安南志略》,第 4 页。
⑧ 《牧庵集》卷一八,《丛书集成初编》本,北京:中华书局,1985 年,第 237 页。
⑨ 《金佗稡编》卷二七,北京:中华书局王曾瑜校注本,1989 年,第 114 页。

二

至正十三年秒,在元军调集主力进行围剿的行动中,曾经占据湖北、湖南、江西,兵锋深入淮西、江东、浙西、福建的"天完"政权一度陷入面临覆没的境地。《元史》卷一四四《卜颜铁木儿传》:"至正十三年十一月,与蛮子海牙、四川行省参知政事哈临秃、左丞桑秃失里、西宁王牙罕沙军合,而湖广左丞伯颜不花等军亦来会。十二月,分道进攻蕲水县,拔其伪都,获伪将相而下四百余人,徐寿辉仅以身免。"①"徐寿辉"亦"徐真逸"等人的逃避地,正是"黄梅山"和"沔阳湖"。权衡《庚申外史》卷上:"是岁(至正十四年),红军遂顺流而下攻安庆,为义兵所破,大败南还。既而蛮子海牙中丞复总水军,义军南征,破黄连大寨,徐真逸等遁入黄梅山中及沔阳湖中,官军尽复武昌等处。未几,尽抽军下据庐州,官军势退,而贼势复炽矣。"②一年后,元威顺王军的遭挫,使湖广行省的军事态势立时有了翻覆。《元史》卷一一七《宽彻普化传》:"未几(至正十五年),复还武昌,命其子报恩奴、接待奴、佛家奴以大船四十余只,水陆并进至沔阳,攻徐寿辉伪将倪文俊,且载妃妾以行。兵至汉川县鸡鸣汊,水浅船阁不能行,文俊以火筏尽焚其船,接待奴、佛家奴皆遇害,而报恩奴自死,妃妾皆陷,宽彻普化走陕西。"③

《嘉靖沔阳州志》卷一:"至正十五年春正月丁丑,徐寿辉遣其将倪文俊复陷沔阳,陈友谅亦起于黄蓬。"④"黄蓬",《大明一统志》卷六六:"黄蓬山、望乡山,俱在沔阳州城南二百里,大江之傍,二山相近。黄蓬山上有鲁公、鲁婆城,俗传蜀汉、鲁肃尝屯兵于此。""黄蓬湖,在黄蓬山下"。⑤ 彭大翼《山堂肆考》卷二二《黄蓬》:"沔阳州南黄蓬山下,有黄蓬湖,纳茅埠口、许家池诸水,及连大舍、白螺、上洪等湖,趋复车,达新滩,入江。"⑥ 此后,《元史》卷四四《顺帝纪》:"至正十五年五月庚戌,倪文俊自沔阳陷中兴路,元帅朵儿只班死之。""秋七月壬寅,倪文俊复陷武昌、汉阳等路"。"十六年正月,倪文俊建伪都于汉阳,迎徐寿辉据之"。"三月丙申,倪文俊陷常德路,总兵官俺都刺遁"。"五月丙申,倪文俊陷澧州路"。"八月庚午,倪文俊陷衡州路,元帅甄崇福战死"。"十二月,倪文俊陷岳州路,杀威顺王子歹帖木儿"⑦。《明太祖实录》卷一三:"[陈]友谅佐[倪]文俊攻陷诸州郡,有功,遂用领兵为元帅。岁乙未(至正十五年),文俊治宫室于汉阳,迎寿辉居之,而专其政柄,友谅心不平。丁酉(十七年)九月,文俊谋弑寿辉,事觉,惧,奔黄州,友谅因乘衅袭杀文俊,并其众,自称宣慰使;寻为平章。"⑧

此后二年,是陈友谅一生中最为"辉煌"的时间。所称"辉煌",一是其兵锋指向江西,成功地占据了几乎全部路分,一是消灭了徐寿辉的"嫡系"武装,从而控制了"天完"的整个朝廷。《平汉录》:"戊戌(至正十八年),夏四月,破龙兴路,复破瑞州。五月,友谅遣康泰、赵琮、邓克

---

① 《元史》卷一四四,北京:中华书局标点本,1978年,第3437页。
② 《庚申外史》卷上,北京:中华书局《丛书集成初编》本,1985年,第19页。
③ 《元史》卷一一七,第2911页。
④ 《嘉靖沔阳州志》卷一,台北:成文出版社《中国方志丛书》影印原刊本,1975年,第18、19页。
⑤ 《大明一统志》卷六六,西安:三秦出版社影印天顺刊本,1990年,页1014下。
⑥ 《山堂肆考》卷二二,文渊阁《四库全书》本,页5下。
⑦ 《元史》卷四四,第924、926、929、931、932、933页。
⑧ 《明太祖实录》卷一三,第166页。

明等攻邵武,又遣别将攻吉安路,进破抚州。八月,破建昌路。九月,破赣州。十一月,破汀州。己亥三月,遣兵略衢州,复遣兵破襄阳路。六月,复遣其党王奉国攻信州,元江东廉访使伯颜不花的斤自衢往援,破走其兵。后数日,又攻之,复大破之。友谅弟友德植木栅,攻城益急,又遣使来说降,的斤数其罪而斩之。王奉国遂穴地梯城,昼夜攻之,逾旬,城陷,的斤死之。"①《明太祖实录》卷一三:"先是(至正十八年四月),友谅破龙兴,[徐]寿辉欲徙居之,友谅恐其来,不利于己,遣人止其行,寿辉不得已而止;至是,寿辉复欲往,友谅仍遣人止之,寿辉不听,十二月,引兵发汉阳,行次江州,友谅阳遣使出迎,而阴伏兵于城西门外,寿辉既入,门闭,伏发,尽杀其部属。乃以江州为都,奉寿辉居之。友谅遂自称汉王,立府城西门,置官属。自是事权一归于友谅,寿辉但拥虚位而已。"②

陈友谅攻陷安庆后,留部将赵普胜防守;不久,即与"宋"政权的武装发生冲突。《明太祖实录》卷五、卷六、卷七:"赵普胜者,本巢湖水军元帅,初与俞通海等皆来降,中道叛去,降于寿辉。为人骁勇,善用双刀,人号为双刀赵云。""戊戌(至正十八年)夏四月己巳朔,徐寿辉平章陈友谅遣其将赵普胜自枞阳寇池州,陷之,枢密分院院判赵忠被执"。"己亥(至正十九年)六月,佥院俞通海率兵攻赵普胜,不克而还,诸将患之。上曰:普胜虽勇而寡谋,友谅挟主以令众,上下之间,心怀疑贰,用计以离之,一夫之力耳。时普胜有门客颇通术数,常为普胜画策,普尊为谋主,乃使人阳与客交,而阴间之。又置书与客,故误达,普胜果疑客,客惧不能安,遂来归。于是,厚待客,客喜过望,倾吐其实,尽得普胜平日所为,乃重以金币,资客潜往说友谅所亲,以间普胜。普胜不之觉,见友谅使者,辄自言其功,悻悻有德色,友谅由是忌之"③。朱元璋的计谋非常有效,"双刀赵"死于非命。周霆震《石初集》卷四《张德彦》:"[张]德彦自金陵败,中附赵余党,遡流将抵安庆,赵子变起,守者仓皇东下。其父(普胜)镇安庆,陈疑其通金陵,师行之际,戮之。德彦同行,识之,急投脱命,赵舟四十六人皆死。归道所以,闻者悚然。"④

三

翌年,陈友谅率军东指,自安庆连陷池州、太平,在"龙江"之役受挫后退回。《平汉录》:"庚子(至正二十年)四月,友谅以寿辉自枞阳攻池州,张德胜率我师往援,至则守将赵忠被执,城已陷矣,乃设伏败之,斩首万级,生擒三千余,遂复池州。五月,汉王友谅以重兵犯太平,城陷,杀其守将花云,遂直犯龙江。太祖大怒,命诸大将共谋,击之于石炭山,杀伤相当。冯胜率敢死士直冲其中坚,大破之,友谅仅以身免,追至采石,复与大战,友谅复败而遁,遂复太平。"⑤在此期间,其迫不及待弑杀了"天完"首脑徐寿辉而自行称帝。《明太祖实录》卷八:"闰五月戊午,陈友谅弑其主徐寿辉于采石。初,友谅之犯太平,挟寿辉以行,既陷太平,志盈满,急谋僭窃,乃于采石舟中先使人诣寿辉前,伪为白事,令壮士持铁树自后击碎其首弑之。寿辉死,友谅遂以采石五通庙为行殿,昇庙中神像颠倒置门外,而僭位其中。国号汉,改元大义,仍以邹普胜

---

① 《平汉录》,第577页下。
② 《明太祖实录》卷一三,第166、167页。
③ 《明太祖实录》卷五、卷六、卷七,第54、65、85、86页。
④ 《石初集》卷四,文渊阁《四库全书》本,第2页下、第3页上。
⑤ 《平汉录》第577页下、第578页上。

为太师,张必先为丞相,张定边为太尉。群下草次行礼于江岸,又值大雨,冠服皆濡湿,略无仪节,识者知其必无成。"①不过,据叶子奇《草木子》卷三上《克谨篇》:"后其(徐寿辉)臣伪汉王陈友谅下兵攻台,谋篡位,乃勒死于采石。"②

"龙江"之役,却是朱元璋借康茂才诱骗其轻进而设计的伏击战。宋濂《宋学士集》卷二《大明敕赐荣禄大夫、同知大都督府事兼太子右率府使,赠推忠翊运宣力怀远功臣、光禄大夫、湖广等处行中书省平章政事、柱国,追封蕲国公,谥武义康公神道碑铭》:"又明年(至正二十年)六月,伪汉陈友谅倾国入寇,攻陷我姑孰,杀戮我吏民,意将窥我南京。上召公(康茂才)谓曰:尔不疑我乎?公复顿首谢上曰:汝既不相疑,宜作书,遣使伪降友谅为内应,招之速来,仍给告以虚实,使分兵三道,以弱其势。友谅果如所言,暨至,诸将同公奋击,大破之,缚其士卒二万,有币帛、白金之赐。"③相关的文字,颇有"故事"的情节。《平汉录》:"太祖以康茂才与友谅旧,召使画策,茂才曰:吾家有老阍,旧尝事友谅,令赍书伪降,约为内应,必信无疑。友谅得书,果大喜,问曰:康公安在?曰:见守江东桥。又曰:桥何如?曰:木桥也。乃遣使还,谓曰:归语康公,吾即至,至则呼老康为号。回具以告,乃命李善长易江东桥以铁石,通宵治之。友谅至,见非木桥,乃惊疑,连呼老康,无应之者,始知阍者谬已。茂才乃合诸将奋击,大破之,降其将张志雄、梁铉、喻国兴、刘世衍等,缚其士卒二万。"④

明年,朱元璋部调集主力西进,连克安庆、江州,陈友谅被迫退缩至武昌、沔阳一线。《明太祖实录》卷九:"辛丑(至正二十一年)八月庚寅,上亲帅舟师伐陈友谅。""明日,至采石,泊牛渚矶,复有龟、蛇于急流中旋绕舵后竟日,众喜,以为神物之相。时友谅江上斥候,望风奔遁。戊戌,至安庆,敌固守不战,上以陆兵疑之,敌兵动,乃命廖永忠、张志雄以舟师击其水寨,破敌舟八十余艘,获战船二十有七,遂克安庆。长驱至小孤,友谅守将傅友德及丁普郎迎降。壬寅,师次湖口,遇友谅舟出江侦逻,上命遇春击之,敌舟退走,乘胜追至江州,友谅亲率兵督战,上分舟师为两翼,夹击友谅,又大破之,获其舟百余艘。友谅穷蹙,夜半,挈妻子弃城走武昌。癸卯,我师入江州,获马二千余匹,粮数十万。上复遣徐达进兵追之,闻友谅欲出沔阳战舰拒战,达乃屯于汉阳之沌口以遏之"。"甲辰,遣兵取南康,克之"。"丙午,蕲、黄、广济降"。"戊申,陈友谅平章吴宏以饶州降"。"九月辛亥,陈友谅平章建昌王溥降"⑤。《庚申外史》卷下:"陈友谅者,徐真逸之臣也。已而握权篡其位,沉真逸于江,有湖广、江西之地,建都于江州;至是,大军克江州,友谅走武昌,其伪守龙兴者以江西降,时八月二十四日也。"⑥

"其伪守龙兴者以江西降"之事,实发生在再明年的正月。一时间,朱元璋部控制了南部二路以外的整个江西。《明太祖实录》卷一〇:"壬寅(至正二十二年)春正月辛亥,陈友谅江西行省丞相胡廷瑞等得上所与书,即决意遣其同佥康泰至九江(江州)来降"。"辛酉,上至龙兴,胡廷瑞、祝宗暨左丞张民瞻、参政廖永坚、枢密同佥康泰、左右司郎中潘友庆等,俱迎谒于新城门外。上慰劳之,俾各仍旧官"。"戊辰,建昌王溥、饶州吴宏各率众来见。改龙兴路为洪都

---

① 《明太祖实录》卷八,第99页。
② 《草木子》卷三上,第51页。
③ 《宋学士集》卷二,《四部丛刊初编》景印正德刊本,第8页上、下。
④ 《平汉录》,第578页上。
⑤ 《明太祖实录》卷九,第117、118、119、120页。
⑥ 《庚申外史》卷下,第25页。

府,以叶琛知府事。袁州欧普祥遣其子文广来见,上厚赐遣之,令普祥仍以本部守袁州"。"辛未,宁州土豪陈龙以众降"。"癸酉,守吉安土军元帅孙本立、曾万中与其弟粹中来降"。"乙亥,陈友谅平章彭时中以龙泉降,纳友谅所授银印,命复其职,别以行省印授之"①。而赣州、南安,正是"犹豫持两端"之熊天瑞所盘踞。解缙《解文毅集》卷一二《鉴湖阡表》,"其(陈友谅)伪将熊天瑞也,雅知公(解开),敛兵去,攻陷吉安,遂上据赣[州]。公往说之,因陈友定以归元。友定时遣江伯昂至,以朝廷宣敕唉天瑞,既许诺,伯昂去而天瑞犹豫持两端。公归吉[安],与义士孙本立等谋杀友谅伪官,以应友定,而本立等以附本朝"②。

四

乘着江东、西局面翻覆,朱元璋主力不时调离,陈友谅于至正二十三年再度集主力东下,卷土重来。《明文衡》卷六八朱元璋《中山徐武宁王神道碑》:"彼时浔阳(江州)之境空荒,弃而弗守,师旋建业。癸卯(至正二十三年)春正月,取豫章,城降,命王(徐达)西取武昌,不克,班师,中途豫章内变,王复讨平。张士诚北寇寿春,朕亲往援,王为前部,张兵败北,旋师金斗,周围其城,战间,陈友谅大率兵寇豫章,诏王罢金斗之围,归整舟师解豫章之难。秋七月,师次彭蠡,陈友谅罢围逆战,王身先诸将,败ága一巨艘,死者千五百人。自是彼军势弱,我军威振,由王身先。"③实际上,当援兵抵达之时,洪都府亦龙兴路被围已有数月。《明太祖实录》卷一二:"癸卯夏四月壬戌,陈友谅复大举兵围洪都。""五月己巳朔,陈友谅知院蒋必胜、饶鼎臣等复陷吉安"。"癸酉,陈友谅兵陷无为州,知州董曾死之"。"六月辛亥,陈友谅围洪都,久不克,增修攻具,攻水关,欲破栅以入。都督朱文正使壮士以长槊从栅内刺之,敌夺槊更进,文正乃命煅铁戟、铁钩,穿栅更刺,敌复来夺,手皆灼烂,不得进"。"友谅计穷,又以兵攻宫步、士步二门,元帅赵德胜力御之,暮坐宫步门楼,指麾士卒,中流矢死"。"甲子,召徐达、常遇春于庐州,令还师援洪都"④。

得报援兵来到,陈友谅撤围而北。当年七月,双方遇于康郎山下,战况十分惨烈。《明太祖实录》卷一二:"戊子,徐达身先诸将,击败其前军,杀千五百人,获一巨舟而还,军威大振。俞通海复乘风发火炮,焚寇舟二十余艘,彼军杀溺者甚众。我指挥韩成,元帅宋贵、陈兆先等亦战死。徐达等搏战不已,火延及达舟,敌遂乘之,达扑火更战,上急遣舟援达,达力战,敌乃退。友谅骁将张定边奋前,欲犯上舟,舟适胶浅,我军格斗,定边不能近,遇春从旁射中定边,定边舟始却。通海来援,舟骤进,水涌上,舟遂脱,永忠随以飞舸追定边,定边走,身被百余矢,士卒多死伤。既而遇春舟亦胶浅,上麾兵救之,俄有败舟顺流而下,触遇春舟,舟亦脱。""己丑,诸军奋击,敌舟敌不能当,杀溺死者无算。院判张志雄所乘舟樯拆,为敌所觉,以数舟攒兵钩刺之,志雄窘迫自刎,丁普郎、余昶、陈弼、徐公辅皆战死。普郎身被十余创,首脱犹执兵,若战状,植立舟中不仆。敌兵舟舰相连,至晡,东北风起,上命以七舟载荻苇置火药其中,束草为人,饰以

---

① 《明太祖实录》卷一〇,第125、126、127、128页。
② 《解文毅集》卷一二,文渊阁《四库全书》本,第26页下、第27页上。
③ 《明文衡》卷六八,文渊阁《四库全书》本,第3页下、第4页上。
④ 《明太祖实录》卷一二,第151、153、154、155、156页。

甲胄,各持兵戟,若斗敌者,令敢死士操之,备走舸于后,将迫敌舟,乘风纵火,风急火烈,须臾抵敌舟。其水寨舟数百艘,悉被燔,烟焰涨天,湖水尽赤,死者太半,友谅弟友仁、友贵及其平章陈普略等皆焚死"①。

《明太祖实录》卷一二:"辛卯,敌兵巨舰艰于运转,我舟环攻之,杀其卒殆尽,而操舟者犹不知,尚呼号摇橹如故,已而焚其舟,皆死。俞通海、廖永忠、张兴祖、赵庸等以六舟深入搏击,敌联大舰极力拒战,我师望六舟无所见,意谓已陷没,有顷,六舟旋绕敌船而出,我师见之,勇气愈倍,合战益力,呼声动天地,波涛起立,日为之晦,自辰至午,敌兵大败,弃旗鼓器仗,浮蔽湖面,友谅遂夺气。""诸将议欲退师,少休士卒,上曰:两军相持,我若先退,彼必以为怯而来追,非计也,必先移舟出湖,乃可无失。时水路狭隘,舟不得并进,恐为敌所乘;至夜,令船置一灯,相随渡浅,比明已尽渡矣,乃泊于左蠡。友谅遂亦移舟出泊潴矶,相持者三日"②。兹战,应当发生在前一日之"庚寅";朱元璋军队先移出湖,却是曾有挫折。《枫林集》卷九《翼运绩略》:"戊子、丁丑、庚寅,大战,三胜之后,稍不利,为友谅所逼。[朱]升谓都指挥使韩成曰:事急矣。成答曰:如教。升又进曰:贼尽国兵而来,众多粮少,不能持久。我师结营于南湖嘴,绝贼出入之路,待其粮尽力疲,进退两难,前后受敌,克之必矣。上曰:我粮亦少。升对曰:去此百里许,有建星、子昌、天保、刘椿四家,蓄积稻粮,宜急去借,勿为贼先取也。果得粮万余。六军皆呼万岁,欢声震动天地。"③

下一月,缘乏粮受困的陈友谅,在尝试突围的战斗中中箭身亡。《明太祖实录》卷一三:"八月壬戌,陈友谅穷蹙,进退失据,欲奔还武昌,乃率楼船百余艘趋南湖嘴,为我军所遏,遂欲突出湖口。上麾诸将邀击之,我舟与敌舟联比,随流而下,自辰至酉,力战不已,至泾江口,泾江之师复击之。张铁冠大笑,贺上曰:友谅死矣。上笑曰:无妄言。复戏铁冠曰:缚汝于水滨以俟。乃遣乐人,具牲酒往祭友谅,以觇其死生,且曰:如其生,往者必返,若不返,其死必矣。已而往者俱被杀,未几,有降卒来奔,言友谅在别舸中,流矢贯睛及颅而死。诸军闻之,大呼喜跃,杀敌益奋,敌众大溃。于是,禽其太子善儿、平章姚天祥等。"④钱谦益《国初群雄事略》卷四《汉陈友谅》:"比至红船三百步间,箭铳、将军筒、标叉俱发如雨,红船将士无所躲避,仅以板牌遮身,或伏匿,或趋走,无出视者,白船竟过矣。上命亲军指挥康茂才率二十八宿令船水牵挽船而上十五里许,顺流再下,红船将士,望之如山崩。友谅度不能支,出首箭窗中呼从船,而白船已至,箭铳齐发,友谅左太阳中箭。须臾,陈氏之卒泗水报曰:友谅死矣。上传令曰:友谅已中箭死,兵船将士,敢有擅杀一人者斩。陈氏将士闻之,全船来归者相继不绝。"⑤自其起兵至兹,涵闰,总月一百十八。

五

毫无疑问,在元末明初奋起割据的"群雄"中,陈友谅乃与朱元璋争夺"天下"的最为强悍

---

① 《明太祖实录》卷一二,第158、159、160、161页。
② 《明太祖实录》卷一二,第160、161页。
③ 《枫林集》卷九,北京:书目文献出版社《北京图书馆古籍珍本丛刊》影印万历刊本,1988年,第348页下。
④ 《明太祖实录》卷一三,第165页。
⑤ 《国初群雄事略》卷四,北京:中华书局,张德信、韩志远点校本,1982年,第105页。

的对手。《明太祖集》卷一七《即位告祭文》："维我中国人民之君,自宋运告终,帝命真人于沙漠,入中国为天下主。其君父子及孙,百有余年,今运亦终,其天下土地、人民,豪杰分争。惟臣,帝赐英贤李善长、徐达等,为臣之辅,遂有戡定采石水寨{曼济哈雅}[蛮子海牙]、方山陆寨陈也先、袁州欧祥、江州陈友谅、潭州王忠信、新淦邓[克]明、龙泉彭时中、荆州姜珏、濠州孙德崖、庐州左君弼、安丰刘福通、赣州熊天瑞、辰州周文贵、永新周安、萍乡易华、平江王世明、沅州李胜、苏州张士诚、庆元方国珍、沂州王宣、益都老保等处狂兵,息民于田里。"①说来不信,以上所列"狂兵"之"袁州欧祥"、"潭州王忠信"、"新淦邓[克]明"、"龙泉彭时中"、"荆州姜珏"、"辰州周文贵"、"永新周安"、"萍乡易华"、"平江王世明"、"沅州李胜"等,其实皆是"汉"的将臣。即"赣州熊天瑞",正是约攻龙兴而未予合势的地方专制者。《明太祖实录》卷一三四:"上尝问[周]时中:旧所将兵多少? 对曰:昔聚则为军,今散则为民矣。又问:熊天瑞何如? 曰:彼本兵强,尝约陈氏攻江西,而不以兵应之。使陈氏败者,天瑞之罪也。其人不忠,他日必叛。"②

在与陈友谅军队会战的过程中,"康郎山"三次对决之激烈,令人印像深刻;不过,"南湖嘴"之役,才是最终的制胜。《平汉录》:"辛卯,张定边欲挟之退保鞋山,为我师所扼,不得出,敛舟自守,不敢战。是夕,我师渡浅,泊于左蠡,与友谅相持者三日。八月八日,我舟入江,驻南湖嘴,水陆结营,刘基期以金木相犯日决胜负,敌舟不敢出,粮且尽。壬戌,友谅计穷,冒死突出,欲由禁江口奔还武昌,太祖麾诸将邀击之,舟联向北,随流而下。自辰至酉,力战不已,友谅是日中流矢贯睛及颅而死,擒其太子善儿。"③《宋学士集》卷二《大明敕赐银青荣禄大夫、上柱国、中书平章军国重事兼太子少保、鄂国常公、赠翊运推诚宣德靖远功臣、开府仪同三司、上柱国、太保、中书右丞相,追封开平王,谥忠武神道碑铭,并序》:"及我师出湖口,皆言江流湍急,欲放舟而下。上知其情,命以舟扼上流,王(常遇春)应之,诸将乃遡流而上,舟蔽江面,控湖口者旬有五日。友谅军食乏,出江求战,王遣火舟火筏御之,敌兵奔溃,追北数十里。与之酣战,自辰至未不解。上所乘舟及王舟皆胶于沙,王既脱御舟,而己舟被围,复力战而脱。于是,友谅中流矢死,士卒十万皆降。"④因此,移师扼"湖口"以就粮,才是关键的步骤。

关于陈友谅的出身,其与故"侨安南国"王兼湖广行省平章之陈益稷有瓜葛,应该属于可信。武昌路和汉阳、沔阳府,皆为有元安置安南"侨民"的所在。而"外国"王族之"余孽"的身份,无论"汉"、"明",都不愿公开或张扬。当然,友谅未必是"益稷"的亲生之子,因为如前引:其父名"普才"而陈理以武昌投降时犹在世。《安南志略》卷一三《内附侯王》:"明年(天历二年)四月,[陈益稷]薨,寿七十六,葬于汉阳贺家山。元统甲戌(元年),子沱江[路]宣抚使陈端午入见,今上皇帝命袭父爵为安南国王,宠袭而还。"⑤而在安南人吴士连的著作中,相关的"讯息"不啻前自变量条。《大越史记本纪全书》卷七《陈纪》:"己亥,大治二年(元至正十九年)春正月,明遣使来通好。时明主与陈友谅相持,未决胜负,帝遣黎敬夫使北觇虚实。""辛丑,大治四年二月,明太祖攻江州,陈友谅退居武昌,使人来乞师,不许"。"乙巳,大治八年冬

---

① 《明太祖集》卷一七,合肥:黄山出版社,胡士萼点校本,1991年,第400页。
② 《明太祖实录》卷一三四,第2126页。
③ 《平汉录》,第579页下、第580页上。
④ 《宋学士集》卷二,第3页上。
⑤ 《安南志略》卷一三,第318页。

十一月,诏谅江山獠等军镇守边防,以北地乱,明、汉相争,屯南宁、龙州故也"①。不过,明军进入广西"南宁",盖在洪武元年六月。《明太祖实录》卷三二:"戊辰,征南将军廖永忠进师至南宁,元上浪屯田千户宋真执其守将平章咬住、参政那海,遣使诣降。永忠悉收诸司印章,命真守其城,送咬住等赴京师。"②

《平汉录》:"定边乘夜以小舟载友谅尸及其子理径武昌,复立理为帝,改元德寿,我师复围之。甲辰春正月,太祖建国,号吴。二月,以武昌围久不下,乃亲往视师,督诸将击之,擒其元帅张必先。既而遣罗复仁入城谕陈理使降,遂率其太尉张定边诣军门降。凡府库,悉令理自取。城中民多饥困,命给粟赈之。于是,湖广、江西诸郡相继皆降。乃封友谅父普才承恩侯,理顺德侯,友谅弟友富归仁伯,友直怀恩伯,弟友仁追封康山王,命有司塑像,岁祀焉。后普才徙滁,理徙高丽。"③《明太祖实录》卷七一:"洪武五年正月乙丑,归德侯陈理、归义侯明升,居常郁郁不乐,颇出怨言。上闻之,曰:此童孺辈,言语小过不足问,但恐为小人瞽惑,不能保始终,宜处之远方,则衅隙无自生,可始终保全矣。于是,徙之高丽,遣元枢密使延安答理护送而往,仍赐高丽国王纱罗文绮四十八疋,俾善待之。"④可是,后世却有"传言":陈理在城陷前即逃亡入"蜀",后又回"楚"。王士禛《居易录》卷二九:"南部门人李侍御子来(先复)说:前知大冶县,见《柯陈氏谱》云:陈友谅子理,败亡入蜀,改姓郁,居合江县,子孙繁衍,散在涪州长寿诸邑。明末,兵部尚书陈新甲,其后也。后理年八十,携一子再入楚,居兴国州。其子姓尤繁衍,不下万人,即今柯陈是也。"⑤

---

① 《大越史记本纪全书》卷七,第431、432、434页。
② 《明太祖实录》卷三二,第568页。
③ 《平汉录》,第580页上。
④ 《明太祖实录》卷七一,第1318页。
⑤ 《居易录》卷二九,文渊阁《四库全书》本,第17页上、下。

解读元朝的天空

——色目天文学家与元代文化交流

北京外国语大学 希伯莱大学 杨 巧

引 言

蒙古帝国无论在扩张时期还是在其"一统天下"之后，都造成了欧亚大陆不同地区间大规模的人口流动。其中来华的中亚、西亚和欧洲各民族，虽然在种族、语言、宗教、文化上存在很大差异，但都被统称为"色目人"。按照蒙古人的划分，他们在中国的政治和社会地位居于蒙古人之下、汉人之上，这样划分的一个重要原因是来华的色目人中有很多掌握专业知识的学者和有行政经验的管理人员，蒙古统治者一方面利用这些人的知识和经验来协助自己治理中国，另一方面又将汉人对统治的不满转移到色目人身上。这就将这些色目人置于比较复杂的情况之下：在一个对他们来说完全陌生的环境里，他们对上要讨好蒙古统治者，对下要管理好庞大的中国人口，同时还要在庞大复杂的中国官僚体系中巩固自己的地位。

蒙古帝国的人口流动也带来了前所未有的文化交流契机。大量的色目学者来华，改变了以前中国文化较为单一的状况，构成了元代的多元文化，并在很大程度上推动了元代的文化繁荣。这些学者中就有不少的天文学家，他们受任于蒙古统治者，既从事观象衍历等"科学"的天文工作，也用星占来为蒙古人解读天意。[①] 这么多的外来天文学家在中国任职，在元代以前是没有的。[②] 虽然与汉人天文学家相比他们仍然是少数，也没有取得能同《授时历》和简仪相媲美的成就，然而他们还是在文化的许多方面发挥了不容忽视的作用。

本文通过分析元代色目天文学家在中国所面临的政治与社会状况，来探讨这一状况对中外文化交流所产生的限制或推动作用。从色目天文学家来华之后走向入仕之路开始谈起，而后分别分析他们入仕以后与蒙古统治者、与汉人天文学家以及色目天文学家内部的相互关系，讨论构成这些关系的哪些社会与政治因素有利于元代中外文化间的交流，哪些因素能够限制

---

① 与我们现代对天文学的定义不同，中世纪的天文与星占可以看作同一门学问，尤其是比较高水平的星占，依据的都是天文观测与推算。Nathan Sivin, *Granting the Seasons: The Chinese Astronomical Reform of* 1280, *with a Study of its Many Dimensions and a Translation of its Records*, New York: Springer, 2009, pp. 37 – 38；George Saliba, "Horoscopes and Planetary Theory: Ilkhanid Patronage of Astronomers", in Linda Komaroff ed. *Beyond the Legacy of Genghis Khan*, Leiden, Boston: Brill, 2006, pp. 357 – 358.

② 元朝以前在中国比较著名的外族天文学家有唐朝的印度瞿昙家族，见陈晓中、张淑丽：《中国古代天文机构与天文教育》（中国古代天文学大系），北京：中国科学技术出版社，2008 年，第 365—367 页。有些学者根据《怀宁马氏宗谱》的记载，认为西域人马依泽曾任宋朝钦天监监正，甚至参与了《应天历》的编撰工作，笔者认为由于回族家谱常常将家族祖先与历史上真实或虚拟的穆斯林人物相联系，其可信度有待商榷。见陈久金、马肇曾：《回人马依泽对宋初天文学的贡献》，《中国科技史料》，1989 年第 2 期，第 3—11 页；陈晓中：《中国古代天文机构与天文教育》，第 367—370 页。

交流。本文将结合元代史料和伊利汗国等元朝以外的史料,这样既能补充元代史料,又可以把我们所要探讨的问题置于蒙古帝国的大背景之下。希望以元代色目天文学家这个群体为例,可以使我们对元代中外文化交流的机会与限制因素,以及色目学者在文化交流中所起的作用有更具体与更深刻的理解。

一 元代色目天文学家的入仕之路

天在哪里看都是同一片天,但是色目天文学家来华可不仅仅是为了观看天象的。他们在元代大都是自愿来华,在蒙古统治者那里寻找成功的机会。在中国,天文学从来都是由朝廷支持并严格控制的,[①]因此对他们来说,最理想的选择之一就是入仕天文机构。这样不仅可以获得较高的社会地位,也能在天文工作上得到资助与支持。接纳色目天文学家最主要的机构是回回司天监。[②] 在这里供职的有三十七人,他们大部分都是从中亚与西亚来华的穆斯林,但也不尽如此。[③] 至于他们是如何来华的,只有关于第一任提点扎马鲁丁的记载。扎马鲁丁是来自西亚操波斯语的回回,十三世纪五十年代就应忽必烈求回回天文学家之召来华,但是当时没有官署可以给他。[④] 至元四年(1267)扎马鲁丁再次寻找机会,向忽必烈进献了《万年历》和七件西域天文仪器,这一次他成功了。[⑤] 四年之后,回回司天台(回回司天监)成立,扎马鲁丁被任命为提点。[⑥] 这一职位的官阶是从四品,回回司天监里从少监到监丞的官阶都属于中下水平。[⑦] 做翻译、书记等文职工作的人和属官的官位就更低了,但是每月有俸禄和米可以领,在生活上有保障。[⑧] 回回司天监除了有天文观测、记录和衍历的常规职责之外,还专门负责皇帝的禜星仪式。[⑨] 工作人员中有十八人是"阴阳人",即专门从事星占等占卜工作的人,可见回回司天监的另一项重要工作是为皇帝占星。[⑩] 回回有比较发达的星占传统,传入中国后很受统治者重视,朱元璋下令翻译的《明译天文书》,就是一部回回的星占著作。[⑪]

元代的天文机构设置比较冗杂,变更较为频繁。在回回司天台设立之前有过一个西域星历司,与西域医药司属同一机构,由聂斯托里教徒爱薛负责。[⑫] 西域医药司后来更名为广惠

[①] Joseph Needham, *Science and Civilization in China*, vol. 3, Cambridge, 1959, pp. 186–189;中文翻译《李约瑟中国科学技术史》,第4卷(天文气象),科学出版社,1990年,第39—44页。

[②] 回回司天监始设于至元八年(1271),当时称"回回司天台",至元十七年(1280)改为行监,皇庆元年(1312)改为监。见宋濂等:《元史》卷七,中华书局,1995年,第136页;卷90,第2297页。

[③] 这个数字是《元史·百官志》所记载的,其他时期的人数无从考证。"回回"在元代的定义,见刘迎胜:《有关元代回回人语言问题》,《元史论丛》,2005年,第10辑,第22页。

[④] 《元史》卷九〇,第2297页。

[⑤] 《元史》卷五二,第1120页。

[⑥] 《元史》卷七,第136页。有关扎马鲁丁生平的研究见陈得芝等:《中国通史》卷8下(白寿彝总编),上海人民出版社,1997年,第493—510页。

[⑦] 司天监提点这一官职在延祐元年(1314)升为正三品,延祐四年(1317)又改为正四品。《元史》卷九〇,第2297页。

[⑧] 《元史》卷九六,第2462—2463页。

[⑨] 《元史》卷七二,第1779页。禜星的考证见陈占山:《元时期伊斯兰天文家在华工作的变化与调整》,《海交史研究》,2010年第2期,第61—62页。

[⑩] 汉儿司天监只有一位阴阳管勾,《元史》卷九〇,第2296—2297页。

[⑪] 王毓铨等:《中国通史》卷9下(白寿彝总编),上海人民出版社,1999年,第2137—2139页。

[⑫] 西域星历司与医药司设于中统四年(1263),《元史》卷一三四,第3249页。

司,专门负责制御用回回药物。① 而西域星历司的变更史料没有记载,很可能是在回回司天监设立以后并入回回司天监了。与回回司天监并立的司天监,被蒙古人称为"汉儿司天监",是为汉人专设的机构,应该是没有色目天文学家在其中任职的。另外两个与天文有关的比司天监级别更高的机构是"掌阴阳图集并历代禁书"的秘书监和掌天文历数的太史院。② 回回司天监与汉儿司天监一并隶属于秘书监,并且在秘书监所掌管的禁书中,有一部分是回回天文书籍,所以有些色目人同时担任秘书监与回回司天监的职务。③ 秘书监的官职比回回司天监要高,待遇自然也更好。扎马鲁丁受任秘书监之初官位就由从四品升为从三品,之后更是一路升到从二品。④ 他不仅官职升高了,还更容易利用职务之便谋得一些私利。至元二十三年(1286),扎马鲁丁上奏,请求在秘书监从大都旧城移到新城之后,将他本人原来在秘书监的房产也换到新城去,他的这一要求被批准了。⑤ 从历代在秘书监担任较高职位的官员的名字判断,有大约一半是非汉人,而其中大多数是色目人,其中包括回回、聂斯脱里、也里可温、康里人、畏兀儿人、哈里鲁人、唐兀人。⑥ 只是无从知道他们当中有多少人是天文学家。

　　太史院是元代所有天文机构中规模最大最受政府重视的,制历这种头等大事便由他们负责。⑦ 大都的天文台也建在太史院当中,规模宏伟,所用天文仪器精良。⑧ 太史院衍历推星象用的是中国传统的天文方法,所以在太史院工作的绝大多数都是汉人天文学家。《元史》里有记载的在太史院任职的色目人只有畏兀儿人阿鲁浑萨理和康里人秃忽鲁。⑨ 与很多畏兀儿人一样,阿鲁浑萨理的祖辈很早就归附蒙古人了。他的祖父曾随成吉思汗出征,父亲在至元十二年(1275)入朝任佛教都总统。阿鲁浑萨理自幼在中国成长,授业于国师八思巴,也受忽必烈之命学习中国之学,通阴阳历数和诸国语言。⑩ 而秃忽鲁从学许衡,他们都在一定程度上受到中国文化的影响,这可能是他们能供职太史院的一个重要原因。来华较晚、受中国文化影响较小的色目天文学家自然是进不了太史院的,很可能也没有机会使用大都的天文台以及天文台里面的仪器。

　　既然色目天文学家在天文机构的职位有限,而他们当中很多人又博学多才,有些人便利用自己其他方面的能力,担任一些与天文学无关的职务。这些职务可能比天文职务有更高的政治地位与影响。吐蕃人胆巴,由八思巴推荐给忽必烈。胆巴"通达经咒坛法",不仅懂得星占,

---

① 《元史》卷八八,第2221页。
② 元代天文机构与沿革,见陈晓中:《中国古代天文机构与天文教育》,第130—137页。
③ 秘书监设于至元九年(1272),至元二十五年(1288)司天监从秘书监脱离。
④ 大德九年(1305)秘书监升正三品。
⑤ 王士点,商企翁:《秘书监志》,高荣盛点校,浙江古籍出版社,1992年,第54—55页。
⑥ 《秘书监志》,第159—179页。
⑦ 太史院至元十五年(1278)始设,包括学生在内,人数共达到了121人。太史院成立之后,汉儿司天监则主要担任天文教学工作。见《元史》卷八八,第2219—2220页。
⑧ 杨桓:《太史院铭》,苏天爵编《元文类》卷17,商务印书馆,1958年,第217—218页。
⑨ 《元史》卷一三〇,第3177页;卷一三四,第3251页。
⑩ 《元史》卷一三〇,第3174—3175页。有关阿鲁浑萨理生平的研究见王颋:《平章全才——元畏兀儿人阿鲁浑萨理及其后人》,《西域南海史地研究四集》,中国社会科学院中外关系史研究室网站"欧亚学研究"<http://www.eurasianhistory.com/data/articles/a02/2033.html>2012年12月14日。

还能以各种奇方异术治病、解梦,他在八思巴归国之后负责喇嘛教的事宜并被任命为国师。①这显然比从事天文工作更受蒙古人尊重。另外,即使是负责天文事务的人,也能在其他方面有所建树。如扎马鲁丁在晚年就发起并负责编纂《大一统志》,最终成书上千卷,是方志和地理方面的巨著。②

色目天文学家入仕的另一种途径是先入职怯薛,再通过这个捷径获得较高的官职。怯薛既有保护皇帝安全、照顾日常生活的职能,又有行政职能。③阿鲁浑萨理和前文提到的聂斯托里教徒爱薛便都是从怯薛开始他们的政治生涯的。爱薛生长于拂林,④由另一位有影响力的聂斯托里教徒列边阿达亲自推荐给贵由汗,爱薛掌握西域数国的语言,还精通星历和医药。⑤像爱薛和阿鲁浑萨理这样的人才,在怯薛时既能负责皇帝的医药、星占等家事工作,又能在行政中担任翻译,还能利用与皇帝的亲近关系和所受的信任进言于君,影响行政决策。爱薛先是负责西域星历司与医药司,又专职负责广惠司,后又迁为秘书监,而阿鲁浑萨理领太史院事,无疑都与他们在怯薛的经历有很大关系。

当然,并不是所有的色目天文学家都有机会加官进禄,那些不能入仕的人想要靠天文知识谋生,就需要找到资助人。元朝的很多王公大臣就很愿意花钱请人占卜,尽管这是明令禁止的事情。妄言星变灾祥,可是要杖打一百零七下的罪。⑥从朝廷对阴阳人非法游于诸王、驸马之门反复发出的禁令可以判断,阴阳人为王公大臣尤其是蒙古贵族占卜这一现象在元朝比较普遍,且屡禁不止。⑦这从侧面反映出王公贵族对阴阳占卜的浓厚兴趣,同时,阴阳人频频违反圣令,泄露天机,也说明了他们得到的报酬是比较丰厚的,所以才肯冒险行事。这些受佣于王公大臣的阴阳人中自然也不乏色目天文学家,尤其是回回天文学家。⑧王公贵族资助天文学家为他们占星,在中世纪伊斯兰世界也是比较盛行的。

那些找不到资助人的天文学家便沦落到社会的较底层。据马可波罗所说,大都有五千位基督徒、穆斯林和中国占星家和算命人,与穷户一样,每年接受忽必烈为他们发放的衣食。这些占星家为有意远行或是有所筹划的人根据他们出生时的星象占卜结果。马可波罗还提到他们使用星盘,推测来年的天气与异常事件,并制成小册子出售。⑨如果他所言属实,那这些天

---

① 《元史》卷二〇二,第 4519 页。有关胆巴的史料总结与分析见 Herbert Franke, "Tan-pa, a Tibetan Lama at the Court of the Great Khans", *China under Mongol Rule*, Variorum, 1994, originally published in Lionello Lanciotti ed. *Mario Sabattini*. Firenze: Leo S. Olschki Editore, 1984, pp. 157–180;杨富学,赵天英译:《胆巴:蒙古汗廷中的藏族喇嘛》,《安多研究》第 5 辑,民族出版社,2009 年,第 190—196 页。

② 由扎马鲁丁负责的部分成书 755 卷,后又重修,扩为上千卷。

③ 元代怯薛的职能见萧启庆:《元代的宿卫制度》,《元代史新探》,台北:新文丰出版公司,1983 年,第 63—84 页;李治安:《怯薛与元代朝政》,《元代政治制度研究》,人民出版社,2003 年,第 43—58 页。

④ 即叙利亚地。

⑤ 《元史》卷一三四,第 3249 页;程钜夫:《拂林忠献王神道碑》,李修生编《全元文》第 16 卷,南京:凤凰出版社,2004 年,第 324 页。有关爱薛生平的研究,见陈得芝:《中国通史》卷 8 下,第 488—492 页;韩儒林:《爱薛之再讨论》,《穹庐集》,南京:江苏古籍出版社,2000 年,第 100—116 页。

⑥ 《元史》卷一〇五,第 2684 页。

⑦ 如《元史》卷一八,第 392 页;卷二七,第 612 页;卷三六,第 805 页;卷三八,第 823 页。成宗到顺帝时发布的禁止阴阳人为王公贵族占卜的禁令总结,见陈占山:《元时期伊斯兰天文家在华工作的变化与调整》,第 58—59 页。

⑧ 同上。

⑨ Marco Polo, *The Travels of Marco Polo*, Yule and Cordier ed. and trans., rpt. New York, 1992, vol. 1, p. 446;冯承钧译:《马可波罗行记》,北京:中华书局,2003 年(第 2 版),第 413—414 页。

文学家的做法是违法的,因为颁正时历来是只有皇帝才有权做的。私自造历不仅会对政府的税课造成损失,更是有不臣的嫌疑。不过尽管如此,元朝仍有人私造历法,为了杜绝这一现象,朝廷甚至重金奖励人举报。① 民间私鬻的历法之中便有回回历,②这里头一定有回回天文学家参与。

可见由于朝廷对天文学的严格控制,色目天文学家在元朝想要拥有合法的地位,入仕是唯一的选择。能入仕的色目天文学家不仅有天文学造诣,往往也有其他才能可以发挥。对色目天文学家来说,这就增加了他们成功的机会,而从文化交流层面来看,他们对文化交流的影响就不仅仅局限于天文学了。他们能入仕的另一个重要的因素是私人关系,他们或者把握时机,直接得到蒙古统治者的赏识,或者由蒙古统治者信任的人推荐。而推荐人最可能是他们的同类,即与他们或是同民族,或是同信仰的色目人。

二 色目天文学家与蒙古统治者的关系

对于那些成功入仕的色目天文学家来说,最重要的莫过于得到蒙古统治者的认可。蒙古人需要色目天文学家为他们观象衍历,解读天意,而天文学家则通过满足蒙古人的实际与心理需求,巩固自己的政治地位,甚至施加政治影响。

在蒙古人还没有接受被他们所征服的民族的宗教之前,他们信仰萨满教。③ 萨满教里最高的神祇被称作腾格里,即"天",他既是自然的天,也类似于中国文化中的"上天",决定世间的一切事物。④ 想要解读腾格里的意愿,天文和星占是最好的方式之一。然而作为一个游牧民族,蒙古人不能像农耕民族一样进行固定的天文观测和记录,因而也就没有自己的天文传统。他们最初只能通过普通的占卜和简单的天象解读等方式来预测未来。⑤ 随着对欧亚大陆的征服,蒙古人接触到各个民族的天文传统,马上表现出极大的兴趣与热情。但并不是所有蒙古统治者都像蒙哥汗一般有学识,能解答欧几里得的问题。⑥ 对大部分蒙古统治者来说,用天文学来解读腾格里的意愿,按照腾格里的意愿行事比研究欧几里得更为重要。这种观念与中国文化里相信天象与人类活动相呼应是很相似的。⑦

元朝史料对天文学家为皇帝解读天意只有比较"官方"的记载,《元史》中提到了因为回回阴阳家言天变,而施舍穷人、囚犯的事例。⑧ 但因为蒙古人利用天文的这一传统从成吉思汗之

---

① 《元史》卷一〇五,第 2668 页。
② 《元史》卷七,第 142 页。
③ 十二、十三世纪蒙古人的宗教信仰简介见 David Morgan, *The Mongols*, Wiley - Blackwell, 2007 (2nd edition), pp. 40 - 44. 蒙古人对被征服民族的宗教政策以及接受他们宗教的过程,见 Peter Jackson, "The Mongols and the Faith of the Conquered", in Reuven Amitai and Michal Biran eds. *Mongols, Turks, and Others: Eurasian Nomads and the Sedentary World*, Leiden, Boston: Brill, 2005, pp. 245 - 290.
④ 胡其德:《蒙古族腾格里观念的演变》,台北:蒙藏委员会,1997 年,第 5—8 页。
⑤ 李迪:《蒙古族早期的天象观》,《内蒙古社会科学》1986 年第 4 期,第 16—27 页。
⑥ 拉施都丁:《史集》,余大钧译,第 3 卷,北京:商务印书馆,1983 年,第 73 页。
⑦ 中国古代认为天象变化与人间活动相对应的观点见卢央:《中国古代星占学·前言》(中国天文学史大系),北京:中国科学技术出版社,2007 年,第 5—6 页。
⑧ 《元史》卷三〇,第 675 页。

时便有,并且在中国和伊利汗国都得到了继承,因此我们可以用其他史料尤其是伊利汗国的史料来补充更多的细节。可以看到,从成吉思汗时代开始,蒙古人在征战的时候,就带有天文学家随行。天文学家根据星象来预测战争结果、[1]挑选出兵的时机、[2]甚至决定安营扎寨的时间。[3] 除了军事上的"顾问"以外,天文学家在政治、生活等诸多事宜中也扮演重要角色。伊利汗国的天文学家解读皇子出生时的星象,并为大汗挑选即位的时间。[4] 解读孩子出生时的星象是穆斯林天文学家最常做的星占活动之一,想必回回天文学家在元朝也为皇子做过类似的星占。

天文学家不仅奉统治者之命进行星占,也利用对天地异象的解读,来表达自己的政治观点,积极影响皇帝的决策。桑哥在任时,奏置征理司,征收所欠的税款,大肆关押欠款不交的人,以致监狱人满为患,百姓敢怒不敢言。时逢大都地震,阿鲁浑萨理便上奏,认为地震是由桑哥的不义之举造成,从而说服皇帝罢征理司。[5]

然而蒙古统治者对天文学家并不总是言听计从。他们喜欢征询不同的天文学家的意见,而把最终决定权留给自己。旭烈兀攻占报达(巴格达)之前,不同的天文学家对该不该出兵攻打哈里发一事就给出了不同的意见。星占家忽撒马丁(Husām al-Dīn)认为如果出兵报达,太阳将不升起、雨水不降,世界毁于地震,并且旭烈兀本人会于当年去世。而著名天文学家图西(Naṣīr al-Dīn Ṭūsī)则轻描淡写地说,这些灾难一件也不会发生,如果旭烈兀出兵,他就会取代哈里发。[6] 拉施都丁对此大加赞颂,说"贤明者的话使君王心花怒放,就像那早春的郁金花"[7],可见有的时候天文学家与其说是解读上天的意愿,不如说是解读大汗的意愿。让天文学家占卜也是对他们忠诚度的考验,一旦他们遭受统治者的怀疑,可能会引来杀身之祸。旭烈兀攻下了报达之后,便因为忽撒马丁对报达的预言把他处死。[8] 而图西则受到旭烈兀重用,被委以负责建立马拉盖天文台的重任。[9] 虽然元朝的史料并没有类似的记载,但我们可以推测,元朝的蒙古统治者需要色目天文学家的重要原因之一便是他们能给出与汉人天文学家不一样的意见。这样的不同意见有时能让他们像图西一样青云直上,有时也能让他们像忽撒马丁一样乌纱不保,甚至丢掉性命。

虽然元朝颁布使用的主要历法是《授时历》,但是色目天文学家也有他们的衍历工作。回回人可马剌丁便奉安西王忙哥剌(忽必烈正妻察必皇后所生第三子)之命,每年推算《回回历》。[10] 安西路穆斯林人口较多,且与西北穆斯林交往频繁,所以《回回历》应该主要是为了指

---

[1] 如耶律楚材就在成吉思汗出兵抗金的时候为他预测结果,见《元史》卷一四六,第3456页;宋子贞:《中书令耶律公神道碑》,苏天爵编:《元文类》卷五七,第831页。
[2] 《史集》第3卷,第122页,八剌与阿八哈汗作战之前,向占星家询问作战时间。
[3] Aydin Sayili, *The Observatory in Islam*, Ankara, 1960, p. 192.
[4] 《史集》第3卷,第103页,图西为阿巴哈汗选定即位时间。
[5] 《元史》卷一三〇,第3176页;赵孟頫:《阿鲁浑萨理神道碑铭》,《雪松斋集》卷七,摛藻堂四库全书,第21页下。
[6] 《史集》第3卷,第57—58页。
[7] 《史集》第3卷,第57—58页。
[8] 《史集》第3卷,第92页。
[9] 《史集》第3卷,第74页。
[10] 《秘书监志》中作"可马束丁",盖"可马剌丁"之误,《秘书监志》,第124页。

导穆斯林宗教活动、方便他们生活所做,如确定每天五次祈祷的时间、指明伊斯兰节日等。①它在天文方面的造诣应该远远达不到《授时历》和《伊利汗国积尺》(Zīj-i Ilkhānī)的水平。②由官方颁布《回回历》也是为了避免民间私鬻回回历而采取的统一之举。与《授时历》一样,《回回历》印刷出版的册数与所征收的税课都由政府严格控制。③《回回历》每年冬至由太史院向皇帝进献。按照《析津志》的记载,一同进献的还有国子历(《授时历》)、畏吾儿字历和专供宰辅军政所使用的历书。④ 畏兀儿字历极有可能是《授时历》的畏兀儿语翻译,应该是由像阿鲁浑萨理这样通中文的畏兀儿天文学家翻译的,也可能就是他本人的成果。颁布《回回历》和翻译《授时历》不仅方便了色目人在华的工作与生活,也具有政治象征意义。蒙古统治者通过进献历法的仪式,强调了他们对这些民族的统治地位。

另外,元朝皇帝接待各国的使臣,收到其他汗国以及蒙古帝国以外各个地区的来信,会涉及畏兀儿—蒙古历、伊斯兰历、罗马—拜占庭历、伊朗历、印度历等各种历法的不同日期。为了行政方便,需要一份不同历法与中国纪年的转换表。《伊利汗国积尺》中便有这样的转换表,⑤以此推测在元朝应该也有。这一定离不开色目天文学家的工作,很可能也是数位天文学家合作的成果。《析津志》所提到的义武官员专用的历,可能也包含这种时间转换表。

除了有实用的价值以外,天文还能满足蒙古统治者的好奇心并成为他们的身份象征。中世纪的天文仪器不仅是观测工具,其样式精巧,原理复杂,即使在不懂天文的人的眼里,也很有吸引力。郭守敬向忽必烈奏进大都司天台仪表式样时,从早晨讲到下午,忽必烈一直倾听而没有丝毫倦意。⑥ 扎马鲁丁制作的西域仪器,尤其是只有演示作用并无观测用途的天球仪(苦来亦撒麻)与地球仪(苦来亦阿儿子),很可能也深得忽必烈喜欢。⑦ 对于蒙古统治者来说,能"拥有"天文学家,还是身份的象征。正如伊利汗国的马拉盖天文台聚集了包括欧洲和中国的欧亚各地去的天文学家一样,在元朝能拥有各色各目的天文学家也是大汗一统天下的身份象征。天文学家抓住蒙古人的这种心理,通过进献历法、天文仪器等方式博得统治者的欢心。因此扎马鲁丁所进献的《万年历》(这个名字本身就有很强的象征意义)虽然只是"稍颁行之",他还是得到了回回司天台提点的职位。⑧

蒙古统治者对色目天文学家的利用与控制对文化交流有所限制也有所促进。统治者尊重色目天文学家所掌握的与中国天文学不同的知识,想要得到不同的星占结果,这就极大地减少了色目与汉人天文学家之间交流的意愿与可能性。但另一方面,蒙古统治者下令翻译《授时

---

① 忙哥剌的儿子,后来的安西王阿难答改信伊斯兰教,可见伊斯兰在这一地区的影响之大。
② "积尺"(zīj)是伊斯兰天文学中一种用于计算日月五星和恒星位置的天文表。《伊利汗国积尺》是图西与马拉盖天文台其他天文学家合作的成果。
③ 《元史》卷九四,第2410页。
④ 熊梦祥:《析津志辑佚》,北京:北京古籍出版社,1983年,第212页。
⑤ Thomas T. Allsen, *Culture and Conquest in Mongol Eurasia*, Cambridge University Press, 2001, pp. 163 – 164.
⑥ 陈得芝:《中国通史》,卷8下,第668页。
⑦ 扎马鲁丁所造西域仪象,见《元史》卷四八,第998页。对这些仪象的解释与分析见 Willy Hartner, "The Astronomical Instruments of Cha-ma-lu-ting, their Identification, and their Relations to the Instruments of the Observatory of Marāgha," *Isis*, vol. 41, 1950, pp. 184 – 194; Needham, *Science and Civilization*, vol. 3, pp. 373 – 374; 陈得芝:《中国通史》卷8下,第498—503页。
⑧ 《元史》卷五二,第1120页。

历》,制作不同历法的对照表,这就为中外天文学知识的交流创造了良好的机会。

三 色目天文学家与汉人天文学家之间的关系

色目天文学家不仅需要讨好蒙古统治者,得到他们的认可,还不可避免地要处理与汉人天文学家的关系,这可不是一件易事。虽然按照蒙古人的划分,色目人比汉人享有更高的社会政治地位,但实际上汉人所掌管的太史院是所有天文机构中最更受朝廷重视的,而且汉人天文学家在人数上也占了绝对优势。四个与天文相关的机构管理交错,职能交叉,变更频繁,使得色目天文学家与汉人天文学家的关系更为复杂。秘书监、太史院、司天监曾一度合并,后来又分开。回回司天监和汉儿司天监是两个平行机构,官职、俸禄相当,人数差别不大,它们在至元二十五年(1288)以前,隶属于秘书监,虽然名义上由扎马鲁丁负责管理,但实际上汉儿司天监与太史院合作密切。太史院的前身太史局改撰新历法的时候,就从汉儿司天监借调了三十位天文学家,而回回天文学家并没有参与其中。①

数个天文机构并立的现象,在元朝以前也比较普遍。除了因为官僚机制的混乱以外,还有一个合理的原因,即为了防止天官在天文报告中造假,令不同的天文机构分别独立提交观测与计算报告,以作比较、监督。② 这应该也是元朝分设回回与汉儿两个司天监的原因之一,所以才命令回回司天监与汉儿司天监分别提交天文报告。③ 只不过前朝的不同天文机构可以相互串通,共同在天文报告中做手脚,抄写小历所算的日月五星行次呈交上去。④ 而元朝的回回司天监与汉儿司天监的天文学家语言不通,计算方法不同,则有效地避免了他们在报告中造假。

这种平行机构设置与对比报告的做法,对于统治者来说能杜绝天文学家玩忽职守,但对于色目天文学家与汉人天文学家来说则不可避免地造成了他们之间的竞争关系。这一点虽然《元史》中并无记载,但是从同样回回、汉人两监并立的明朝的史料中可以看出,伊斯兰和中国不同的推算方法所得出的结果常常被拿来相对比,并按照实际的观察来验证谁的方法更准确。⑤ 在这样的竞争关系下,由回回扎马鲁丁来同时管理回回司天监与汉儿司天监,显然会令汉人天文学家感觉不安。虽然至元十五年(1278)之后汉儿司天监已经不负责观测了,汉人天文学家还是利用自己在朝廷日益增加的影响力,将管理汉人天文学家、保管中文阴阳书籍的权力从扎马鲁丁那里移走,最终于至元二十五年,让司天监脱离了秘书监,将回回天文学家完全孤立。⑥

元朝由外族统治汉人的状况又给这种竞争关系提供了思想基础。中国的士大夫虽然接受了蒙古人的统治,然而他们却希望蒙古人能接受传统的儒家的统治模式。⑦ 天文和历法是正

---

① 《秘书监志》,第 124—126 页。
② Needham, *Science and Civilization in China*, vol. 3, pp. 191-192;中文翻译《李约瑟中国科学技术史》,第 4 卷(天文气象),第 50—51 页。
③ 《秘书监志》,第 126 页。
④ 彭乘:《墨客挥犀》卷七,孔凡礼点校《唐宋史料笔记》,中华书局,2002 年,第 365 页。
⑤ 张延玉等:《明史》卷三一,中华书局,1974 年,第 520 页。
⑥ 《秘书监志》,第 128—129 页;第 23—24 页。
⑦ 如在蒙哥汗统治时期(1251—1259)刘秉忠给忽必烈的上书中就清楚地表达了想要按照儒家传统来建立元朝政府的意愿与计划,见 Igor de Rachewiltz et. al., *In the Service of the Khan*, Wiesbaden: Harrassowitz Verlag, 1993, pp. 248-250.

统的儒家之学,是重要的统治符号。① 因此汉人天文学家不愿让色目人插手。另外,色目天文学家能以天文为手段,干预皇帝的行政决策,这对中国士大夫也是不利的。所以我们极少能看到元朝汉人天文学家和色目天文学家合作的例子,而即使是与汉人天文学家一起共事的色目人,也容易受到排挤。司天监一位姓刘的监丞就曾揭发阿鲁浑萨理,说他在太史院时"数言国家灾祥之事,大不敬"。所幸忽必烈没有相信他,反而因诽谤治罪于他。阿鲁浑萨理认为如果治罪举报的人,以后就没有人敢进言了,从而为刘监丞求情,令他获释。② 虽然给阿鲁浑萨理立传的人可能为了美化他而夸大了故事情节,但这件事想必有一定的事实基础。由阿鲁浑萨理的大度之举看来,阿鲁浑萨理和刘监丞之间可能没有什么私人恩怨,"敬"与"不敬"的分歧,可能反映了阿鲁浑萨理在汉人眼中不够"正统"。

色目天文学家与汉人天文学家之间的隔阂、竞争、乃至敌对的关系造成了中国天文学与外来天文学知识在元朝缺乏交流的状况。虽然色目天文学家入华,带来了天文书籍、③观测仪器、自成体系的历法和计算方式,但是这些天文知识几乎没有被汉人天文学家所利用。据说,耶律楚材随成吉思汗西征之时,在撒马尔干与当地人交流,制成《麻答把历》。④《麻答把历》现已失传。耶律楚材是汉化的契丹人,根据此历法的畏兀儿名称以及撒马尔干居住了大量的畏兀儿人这一事实判断,《麻答把历》应该是中国历法与畏兀儿历法相结合的产物。郭守敬所造的简仪有两方面的创新可能受到了西域仪器的启发。⑤ 除此之外,元代的天文学成果,无论是《授时历》还是天文仪器,都是中国天文学传统的延续,而很难证明受到过外来天文学的影响。⑥

中国天文学与外来天文学,尤其是伊斯兰天文学难于交流的另一个原因是这两个天文学系统在宇宙模型、赤道黄道坐标的选择、星座划分、天文计算方法上的差异太大,无法相互接受。汉人天文学家指责回回天文学家不懂阴阳,可能就是因为无法理解他们的方法。⑦ 在伊利汗国的情况与中国相似。虽然在马拉盖天文台有中国天文学家与图西合作,但是除了采用了一些中国天文词汇之外,图西的著作中也找不到中国天文学的影响。⑧

被汉人孤立以后,色目天文学家就需要积极寻找其他途径来巩固自己的政治地位。扎马鲁丁在至元二十三年提议编纂《大一统志》,很可能与他正逐渐失去对秘书监汉人天文学家的管理权有关。他提出,"今尺地一民,尽入版籍,宜为书以明统一"⑨是深得蒙古统治者满意的,并且也能与汉人士大夫达成共识。况且《大一统志》所包含的地理、地产、驿站等信息对于交

---

① Needham, *Science and Civilization in China*, vol 3, pp. 189, 193;中文翻译《李约瑟中国科学技术史》第 4 卷(天文气象),第 2 页;Sivin, *Granting the Seasons*, p. 19.
② 《元史》卷一三〇,第 3176—3177 页。
③ 对秘书监中所藏回族书籍的解释,见马坚:《〈元秘书监志·回□书籍〉释义》,《回族史论集》,银川:宁夏人民出版社,1983 年,第 193—198 页。
④ 陶宗仪:《南村辍耕录》卷九,北京:中华书局(元明史料笔记丛刊),1958 年,第 108 页。
⑤ 即简仪"立耳"的创新与将时刻盘划分为 360 度的做法,然而学术界对简仪的创新是否收到伊斯兰天文仪器的影响仍存有争议,见 Sivin, *Granting the Seasons*, pp. 218 - 221.
⑥ Allsen, *Culture and Conquest*, p. 172; de Rachewiltz, *In the Service of the Khan*, pp. 285 - 293; Yabuuti Kiyosi, "Astronomical Tables in China from the Wutai to the Ch'ing Dynasties," *Japanese Studies in the History of Science* 2, 1963, pp. 96 - 97.
⑦ 《秘书监志》,第 23 页。
⑧ Allsen, *Culture and Conquest*, p. 163.
⑨ 许有壬:《大一统志序》,《至正集》卷三五,《元人文集珍本丛刊》第 7 册,台北:新文丰出版公司,1985 年,第 43 页。

通、军事和税收都非常实用,①与星占一样,扎马鲁丁正是读懂了蒙古统治者的心意。这一次朝廷给扎马鲁丁指派了一名汉语翻译,并由汉人学者做他的副手。②《大一统志》不仅仅是中国方志传统的延续,它还"集万方图志"③,其中也涵盖了伊斯兰世界的地图与地理知识。这些伊斯兰地理知识对中国和高丽的地理传统产生了巨大的影响,而《大一统志》的内容与形式都在明清得到传承。④ 可以说,扎马鲁丁对中国地理与方志的影响比对中国天文学的影响还要大。

由此可见,色目天文学家和汉人学者之间的关系在文化交流中起到的作用以限制为主。在元朝特殊的政治、社会背景下,对于天文学这种与政治联系紧密的知识,无论是统治者,还是色目人与汉人双方,均缺少想要促进交流的意愿。虽然元代中国天文学和伊利汗国的天文都达到了顶峰,它们之间却错失了交流的时机。

四 色目天文学家之间的相互关系

虽然蒙古人把"色目人"划为一类,其实色目天文学家民族、语言、信仰、文化各不相同,他们内部的关系应该是比较复杂的。据拉施都丁称,爱薛十分仇视穆斯林,曾怂恿忽必烈下旨,将按照清真教法宰羊的穆斯林处死,还诱使穆斯林的仆人举报他们,乃至于穆斯林四年之中不能为出生的儿子行割礼。⑤ 色目天文学家由于各种原因而产生的竞争与敌视关系应该是存在的,但是有关他们的史料十分有限,所以我们无法全面地分析色目天文学家之间的关系。就我们所掌握的史料来看,倒是有许多他们相互合作的例子。爱薛曾在秘书监与扎马鲁丁共事,在此之前他们两个人也有比较多的接触。爱薛对回回人扎马鲁丁,不仅没有敌意,还多次帮助过他。在《秘书监志》的记录中,扎马鲁丁觐见皇帝或是有事上报,几乎都是爱薛为他做翻译。包括他借秘书监迁址为自己争取房产一事,也是由爱薛与他一同申请,而他们正是将此事上报给了阿鲁浑萨理。至元二十三年,在《大一统志》的编撰工作开始不久,扎马鲁丁上报说,中国的地图已经收集了一部分,他提议把他那里有的"回回图子"也加入《大一统志》之中。⑥ "回回图子"指的是中亚和西亚伊斯兰世界的地图。这一年正是爱薛出使伊利汗国之后回到中国的时间,⑦而扎马鲁丁在《大一统志》开始编纂之初并没有提到什么"回回图子",至元十年(1273)秘书监的藏书和他私人的藏书中也没有地图,⑧况且他在中国的近二十年中,伊斯兰世界一些区划与驿道已经发生了变化。所以这些地图很有可能是爱薛出使伊利汗国之后带回来交给他的,甚至把回回地图也编入《大一统志》的想法也可能有爱薛的贡献。如果真是这样,

---

① 《秘书监志》,第72—73页。
② 《元史》卷一三,第277页;《秘书监志》,第28页。
③ 《秘书监志》,第72页。
④ Allsen, *Culture and Conquest*, pp. 107—111。扎马鲁丁负责《大一统志》编纂工作的考证,见刘迎胜:《〈唐元四客卿史实考论〉序——扎马鲁丁与〈大一统志〉》,《海路与陆路:中古时代东西交流研究》,北京:北京大学出版社,2011年,第370—387页。
⑤ 《史集》第2卷,第346—347页。
⑥ 《秘书监志》,第74页。
⑦ 爱薛在至元二十三年《秘书监志》的记录中再次出现,说明他大约是在这一时期回到中国。《秘书监志》,第74页。
⑧ 《秘书监志》,第129—131页。

爱薛这么做不仅是对扎马鲁丁工作上的帮助，更是对他的政治支持。扎马鲁丁正是因为《大一统志》工作的成功而授嘉议大夫，继而升为集贤大学士。①

扎马鲁丁在编撰《大一统志》的时候，曾向阿鲁浑萨理要求从大都之外征调三位地理学家帮忙，他还向阿鲁浑萨理要求过破格录取一位没通过考试的校书郎，均获批准。② 无论阿鲁浑萨理是基于工作原因还是私人关系而同意这些要求，这都表现了他的合作态度。回回天文学家之间的合作与互助有时甚至关系到他们的性命。据说成宗铁穆尔时，爱薛等大臣在为皇帝购买珠宝时徇私舞弊，收取了商人的贿赂。成宗知道后，下令把他们关押起来，并判了死刑。他们的亲友请胆巴帮忙求情。胆巴便在彗星出现之时，告诉成宗需要释放囚犯并向彗星祈祷。爱薛等人因此获释。③

当然，我们不能因此得出结论说色目天文学家之间的互助合作是因他们都属于色目人这同一个阶层，我们也无法知道他们自身在多大程度上认同这种身份划分。但是他们一方面要服务于蒙古统治者，另一方面要处理与汉人天文学家的关系，而在这两者眼中他们都是外人，这种相似的政治与社会情况，很可能使他们感到他们的政治命运之间有一些联系。同时，作为在朝廷的少数甚至是被孤立人群，他们也需要积极地寻找政治上的盟友，这可能促成了他们之间的合作甚至是友谊。

正如前文所说，色目天文学家最初想要入仕元朝的时候，需要依靠私人关系。而之后这些职位在色目人中间得以延续，也在很大程度上依赖于私人关系，尤其是他们的同类——色目天文学者之间的私人关系。对私人关系最好的利用方式是"荫子"，按照元朝的承荫制度，从五品以上的职官可举荫一子。④ 色目天文学家确实对此加以利用，爱薛的儿子腆哈在秘书监担任少监，⑤阿鲁浑萨理的儿子岳柱任太史院使。⑥ 色目天文学家也推举他们认为优秀的其他色目天文学家担任要职，如扎马鲁丁和爱薛就在不同时期分别向忽必烈与成宗铁穆尔推举苫思丁为回回司天监。⑦ 他们如此积极地举荐，不仅是因为苫思丁的才能，他们还有一个担忧，就是在中国的回回天文学家人数欠缺。⑧ 因为色目天文学家缺乏汉人天文学家所拥有的专业的教育机构和系统的考试选拔方式，所以色目天文人才的补充对他们来说是一个挑战。正是一代代天文学家的努力，才保证了回回司天监人才的延续，使得这一机构在元朝得到保留，并且在明朝仍然延续。

由上可见，色目天文学家之间的合作，无论是因为学术兴趣、私人友谊还是政治考虑，都有助于巩固他们作为一个群体的政治地位，并且无形之中对文化交流起到了推动作用。

---

① 《秘书监志》，第54、74、160页。集贤院负责的事务中包括"阴阳祭祀，占卜祭遁"，《元史》卷八七，第2192页。
② 《秘书监志》，第74、89页。这三位地理学家分别是四川的虞应龙，曲阜的陈俨，和京兆府的肖维斗，但是不知为何原因，最后他们当中只有虞应龙来到大都，《元史》卷一四，第287页。
③ 《史集》第2卷，第387—388页。
④ 陈得芝：《中国通史》卷8上，第938—940页。
⑤ 《秘书监志》，第171页。
⑥ 《元史》卷一三〇，第3178页。
⑦ 《秘书监志》，第32页。
⑧ 《秘书监志》，第32页。

结　论

　　由于天文学知识在中国被赋予了"正统"的特殊意义，色目天文学家只有入仕，才能有合法的社会地位。而入仕的色目天文学家政治地位越高，政治影响力越大，能对文化交流产生影响的可能性就越大。天文学家的政治地位不仅仅以官品来衡量，也与他们跟蒙古统治者的亲近程度有很大关系，如怯薛和国师，都能对统治者的决策产生很大影响。另外，色目天文学家个人的政治地位也与色目天文学家这个群体的命运息息相关。只有色目天文学家的职位在他们内部得到最大程度的延续，他们在元朝的整体政治地位得到巩固，色目天文学家个人的地位才更有保障。

　　色目天文学家在元代的政治和社会状况在一定程度上能够代表色目学者在蒙古帝国时期在中国的际遇。蒙古帝国对欧亚大陆的征服与统治，造成了大规模的人口流动，使众多色目学者入华。而蒙古统治者在帝国建设中，对他们需要的人才不论其民族与出身，都予以重视，创造了这些色目学者与汉人士大夫直接接触的大量机会。但是色目人作为一个外来群体，居于蒙古人之下、汉人之上的特殊政治与社会地位，及中国由外族统治汉人的状况，造成汉人士大夫对色目人的排斥甚至敌意，也造成蒙古统治者和色目学者刻意保持色目人与汉人的不同，这在很大程度上限制了中外文化的交流。

　　另外，元代的文化交流不仅关系到掌握这些文化的色目人和汉人双方，在定居民族眼中"没有"自己文化传统的蒙古统治者也起到了决定性作用。虽然在中国和伊斯兰等强大的文化传统面前，蒙古人自己的文化力量相形见绌，但是他们利用自己的政治和军事力量，决定了什么样的文化和什么样的文化载体有机会与中国文化接触，并决定了哪种知识的交流是受到鼓励的，哪种知识的接触是受到限制的。蒙古人统治下的色目和汉人天文学家，无论从事有利于或无益于文化交流的活动，其实都是借满天繁星，解读了蒙古统治者的意愿。

元代蒙译汉式占卜术是源于官刊历书或是民译占卜书

——以吐鲁番回鹘文书卷与蒙古哈喇布罕古城桦树皮文书为中心

香港东华学院 何启龙

一 前 言

清朝中叶起,民间出版了很多蒙古文翻译的汉文历法书、通书、占卜书。①不过,1970 年在外蒙古哈喇布罕(Xarbuxyn)古城遗址出土了千多块蒙古文桦树皮残片,属于 17 世纪初。②当中包括了不少汉式占卜术。③可见,蒙古人使用汉式占卜术是远早于清代。其实,蒙古人早在元代已经接触、输入汉人的历书与占卜术。百年前吐鲁番出土的蒙古文汉式历书残页就是证据。④新近发表了三十年前黑城遗址出土的蒙古文残页,其中一页更是写满了汉式占卜术,⑤内容与排列次序跟明朝《大统历》相同——这是元朝官刊的回鹘式蒙古文《授时历》。⑥ 14 世纪以后,蒙古人退出中原,进入了文明的黑暗时代。翻译、出版文书的事业告终。但是,汉式占卜术仍然抄写、流传下来,保存在哈喇布罕(Xarbuxyn)的桦树皮文书。由此可见,汉式占卜术流传于蒙古地区,是长久而未间断的。

哈喇布罕桦皮文书写着的汉式占卜术,是来自元朝官刊的蒙古文《授时历》? 还是元代民间已出现蒙古文翻译的汉式民间占卜用书? 是译自汉文本占卜书? 或是译自回鹘人(畏兀儿人)的回鹘文本汉式占卜书? 1909 年俄国学者从黑城遗址找到一本 35 叶的蒙古文占卜书。基本上,已可肯定元代存在蒙古文本的汉式占卜用书册。可惜,一百年已过,此占卜书册却仍

---

① 宝山:《清代蒙古文出版史研究》,呼和浩特:内蒙古教育出版社,2007 年,第 80—81 页、第 87—88 页。
② 乔吉(Čoyiǰi)、乌力吉(Ölejǐ):《关于德国出版的桦树皮蒙文文献——兼评〈蒙古科学院收藏的从哈剌布罕□巴尔嘎松发现的桦树皮文献〉一书》,《蒙古学信息》,2001 年第 3 期,第 16—19、29 页。
③ Elisabetta Chiodo, *The Mongolian Manuscripts on Birch Bark from Xarbuxyn Balgas in the Collection of the Mongolian Academy of Sciences*, part 1, Wiesbaden: Harrassowitz, 2000, pp. 210 – 212 (XBM97 2r – 6v), 214 – 215 (XBM 99 1r – 1v).
④ Dalantai Cerensodnom and Manfred Taube, *Die Mongolica der Berliner Turfansammlung*, Berlin: Akademie Verlag GmbH, 1993, pp. 147 – 163 (Nr.49 – 67) and TAFEL XXII – XXVIII.
⑤ 吉田顺一(YOSHIDA Junichi)、齐木德道尔吉(Chimed Dorji) 编:《ハラホト出土モンゴル文书の研究》[*Study on the Mongolian documents found at Qaraqota*],东京:雄山阁,2008 年,第 137—144 页。No.062 (F9:W57) 有 63 行,高 9.5 厘米,长 39 厘米;共 63 行,大抵保存完好,行文未完。文件共有三个占卜术。第 1 至 25 行属于同一组占卜术:"太白逐日游",第 26 至 49 行是:"长短星日",第 50 行起是第三组占卜术:"百忌日"。
⑥ HO Kai-lung, "The Spread And Preservation of Chinese Divination in Mongol between 14th and 17th Century", *Central Asiatic Journal*, vol. 56:1 (2012), pp. 57 – 69. 何启龙:《考据〈授时历〉具注历日的原貌——参考吐鲁番、黑城出土元代蒙古文〈授时历〉译本残页》,《敦煌吐鲁番研究》,第十三辑 (2013)[待刊]。

未发表。①为此,本文就使用其他证据,证明哈喇布罕文书的汉式占卜术是来自流行民间的占卜书。

二 不在《授时历》的占卜术

哈喇布罕桦皮文书保存的汉式占卜术,有嫁娶周堂图、②逐日人神所在。③以周堂用日图作嫁娶占卜,始见于唐代,定型于唐末。④虽不常见于宋代历书,但自元代《授时历》起收载于官方历书,明《大统历》、清《时宪历》继承传统。吐鲁番出土蒙古文《授时历》残页正有嫁娶周堂的图文。⑤逐日人神所在,也称每日人神、人神游日,原载于《千金方》等医书,是说每月三十日的不同日子,每日有不同的身体部位不宜针灸。⑥"逐日人神"自唐代常被写进历日,宋元明清如是。假如元代蒙古文《授时历》是主要的媒介,将汉人占卜术输入蒙古,那么,哈喇布罕桦皮文书保存的汉式占卜术必然只是《授时历》中的占卜术。

然而,桦皮文书却拥有不见于官历的汉式占卜术。XBM 93、94 与 95 均写了官历常见的针灸宜忌:逐日人神所在。⑦XBM 95 同叶却同时抄写了另一个针灸宜忌:十二支日神所在。十二支日神所在,理论相近,不用三十日计算,使用十二支日计算,每日对应不同的人身部位,不宜针灸。十二支日神,从不记载于宋元明清的官方历书,只见于民间的占卜术专书。宋元民间百科全书《事林广记》在医学类并列记载干日人神、支日人神,与一月三十日的逐日人神。⑧元代民间占卜书也在"术数类·求医疗病"并列记载《神农灸经》、十二支日人神、三十日"人神在忌针灸"⑨。以下试比较不同版本的"十二支日人神"⑩:

---

① MATSUKAWA Takashi(松川节),"Mongolian Manuscripts from Khara‐khoto", *Researches on Historical Records in the Periods of Multiple Scripts* [中国多文字时代的历史文献研究](北京:社会科学文献出版社,2010年), pp. 340-345.

② Elisabetta Chiodo, *The Mongolian Manuscripts on Birch Bark from Xarbuxyn Balgas*, pp. 215-216, Facsimiles XBM 99 *4. 图文在文档 XBM 99 的第 *4 页。

③ Elisabetta Chiodo, *The Mongolian Manuscripts on Birch Bark from Xarbuxyn Balgas*, pp. 210-216. 文档 XBM 97 与 XBM 99。

④ 黄正建:《敦煌占卜文书与唐五代占卜研究》,北京:学苑出版社,2001年,第146—150页。黄正建:《敦煌占婚嫁文书与唐五代的占婚嫁》,项楚、郑阿财编:《新世纪敦煌学论集》(成都:巴蜀书社,2003年),第274—293页。

⑤ D. Cerensodnom and M. Taube, Die Mongolica der Berliner Turfansammlung, p. 156 and TAFEL XXVI. 文件新编号 Nr. 55,旧编号 T II M 166, 502d。同叶有占卜术游祸日、天火日、嫁娶周堂图,次序跟明《大统历》相同。

⑥ 黄正建:《敦煌占卜文书与唐五代占卜研究》,第174页。

⑦ Elisabetta Chiodo, *The Mongolian Manuscripts on Birch Bark from Xarbuxyn Balgas*, pp. 206-210.

⑧ 后至元六年(1340年)郑氏积诚堂刻本《事林广记》戊集卷下"医学类",页十;日本元禄十二年(1699年)翻刻元朝泰定二年(1325年)刊本,辛集卷六"药忌门、灸艾附",页三十七。《事林广记》,北京:中华书局,1999年,第136、476页。

⑨ 元刻《新刊阴阳宝鉴克择通书》,前集卷四,《续修四库全书》,上海:上海古籍出版社,2002年影印本,子部□术数类,一〇六一,第774—775页。

⑩ 此是十二支日人神所在的汉文本、回鹘文本与蒙古文本比较表。汉文本并列了《事林广记》、元刻《新刊阴阳宝鉴克择通书》,与清朝乾隆《协纪辨方书》卷卅五。回鹘文本是百年前德国学者在吐鲁番找到的文卷,属1202年,收入《吐鲁番突厥文献汇编》第七卷(G. R. Rachmati, *Türkische Turfan‐Texte*, VII. Berlin: Akademie der Wissenschaften, 1937, p. 32)。

汉				回鹘		蒙古	
	事	元	协	Nr. 19 (T. II Y. 29)		XBM 95	
子	目	目	目	küskü 鼠	köz 眼	[quluɣana] 鼠	[nidün 眼]
丑	腰	腰、耳	耳	ud 牛	qulɣaq 耳	[üker] 牛	bükü beyen ①整个身体
寅	胸	胸	胸	bars 虎	kögüz 胸	bars 虎	ebčegün ②胸
卯	脾、鼻	脾、鼻	鼻	tavïɣan 兔	burun 鼻	taulai 兔	qabirɣan 肋 ③qamar 鼻
辰	足	腰、膝	腰	luu 龙	bil 腮	luu 龙	geʃigen 发辫、颈背
巳	手	手	手	yïlan 蛇	qol 手	moɣai 蛇	küʃügün 颈项
午	心	心	心腹	yont 马	[yüräk 心]	morin 马	ʃirüken 心
未	手	头、手	足	qoin 羊	yota 大腿	qonin 羊	köl 足
申	头	头、背	头、肩腰	bičin 猴	alïn 额	bečin 猴	ekin 头
酉	肩	背	背、胫	taqïɣu 鸡	yan-ïn ④臀骨、双股	takiy-a 鸡	üsün 毛发
戌	面	面、头	头、咽喉	it 狗	süskün ⑤头部?	noqai 狗	üye 关节
亥	头、项	头、项	项	tonguz 猪	töpü 头顶	ɣaqai 猪	moro ⑥肩

这里，十二个人身部位错了一半，只能归类为劣本，大概是蒙古人退出中原汉地之后，汉式占卜文本流传越来越少，而桦皮文档残破脱漏、多年传抄，讹误极多。但是，反过来说，讹误之多仍然被不断传抄保留，可见汉式占卜术在蒙古很有地位。

桦皮文档 XBM 97 至 99 是另一组占卜。XBM 97:2r-9 至 2v-6：

üker qonin ʃil-dü ökin-i tabun sara arban nigen sara ögbesü ʃokiqu
牛　羊　年-在　女-对　五　月　十一　月　给予　适当

---

① 原文讹写为 küin beyen，或可勉强解作「脐带、身体」。Elisabetta Chiodo 用蒙古文文献 *Erten-ü mongɣol tögen-e-yin bičig*《古代的蒙古艾灸之书》，校对为 bükü beyen「整个身体」。Elisabetta Chiodo, *The Mongolian Manuscripts on Birch Bark from Xarbuxyn Balgas*, p. 208.

② 明初洪武本《华夷译语》，《四部丛刊广编》，第十卷，台北：台湾商务书馆，1981 影印本，页四八，胸记为 ebčegün「额卜扯温」。现代蒙古文正字法写为 ebčigüü。

③ 原文为 qabirɣan 肋。《古代的蒙古艾灸之书》作 qamar 鼻，是现代蒙古语写法。洪武本《华夷译语》（页四七），鼻是"哈巴儿"qabar。这是中古蒙古语写法，经历了 -b- 与 -m- 互转而形成现代写法。大抵桦皮书原文是 qabar 鼻，后来抄写讹误或残文补写，误写为 qabirɣan 肝。

④ Gerard Clauson, *An Etymological Dictionary of Pre-Thirteen-Century Turkish*, Oxford：Oxford University Press, 1972, p. 940. 汉文是肩，这字会否是突厥语"肩胛骨"y(a)rïn 的误读或讹写？

⑤ G. R. Rachmati 猜想为"背部"（G. R. Rachmati, *Türkische Turfan-Texte*, VII, p. 32）。这字意思未明，只载于涉及身体部位的回鹘文占卜文书，Clauson 猜想这字源于动词 süs-"牛以头相撞"（Gerard Clauson, *An Etymological Dictionary of Pre-Thirteen-Century Turkish*, pp. 855-856）。比较汉文本，这字应是头。

⑥ 明初《华夷译语》（页四八）记为 moro"木鲁"，是阳性元音。但近代起变为阴性元音 mörö。

qubi	sara	doloɣan	sara	ögbesü	ere	-yuɣan	daruqu	maɣu
正月		七月		给予	男子	-对	镇压	不好

"对于(属)牛年、羊年的女子,五月、十一月出嫁,适宜;正月、七月出嫁,克夫君,不好。"其实,这是汉人的婚嫁占卜"大利月"。

	子午 鼠马	丑未 牛羊	寅申 虎猴	卯酉 兔鸡	辰戌 龙狗	巳亥 蛇猪
大利月 □okiqu	六 十二	五 十一	二 八	正 七	四 十	三 九
		5 11	2 8	1 7	4 10	3 9
妨媒氏、首子 □aɣučin kümün auɣan köbegün maɣu	正 七	四 十	三 九	六 十二	五 十一	二 八
	4 10	4 10	3 9	[6] 12	1 7	2 8
妨翁姑 Qadum ečige eke maɣu	二 八	三 九	四 十	五 十一	六 十二	正 七
	2 8	3 9				1 7
妨女父母 Ökin-ü ečige eke maɣu	三 九	二 八	五 十一	四 十	正 七	六 十二
		3 9	4 10	4 10	1 7	
妨夫主 Ere maɣu	四 十	正 七	六 十二	三 九	二 八	五 十一
		1 7	6 12	3 9	2 8	
妨女身 Ökin-i beye maɣu	五 十一	六 十二	正 七	二 八	三 九	四 十
	5 11	6 12		2 8	19	

上表是一行汉文"大利月"夹一行蒙古文桦皮文档"大利月"作比较。桦皮文档各有残破,子、午年与巳、亥年两组无法彻底复完。① 不过,桦皮文档讹误脱漏不少,时而将本属两组的家人合在一起配对月份,时而月份不确。错处皆用斜体阿拉伯数字表示。大抵而言,桦皮档的蒙古文本仍是清楚明白来自汉文本嫁娶"大利月"。唯一不同是汉文本习惯用表格显示月份与亲属对应关系,蒙古文改用文字描述。汉文"大利月"成形于唐代,现存最早见于一占卜术汇抄——法藏敦煌文件 Pel. chin. 2905,② 也散见于唐代韩鄂《四时纂要》。③"大利月"从不附于官刊历书,只见于民间占卜书或私造通书。元代通书就有记载。④

即使是嫁娶周堂图,常见于元代蒙古文《授时历》,但是哈喇布穹桦皮文档的周堂图却与官历有差异,反而跟民间占卜书相同。"嫁娶周堂图",在元明清官刊历书是从"夫"开始,顺序是"夫、姑、堂、翁、第、灶、妇、厨"。但是,《事林广记》的图却颠倒 180 度,从"第"开始,顺序是

---

① Elisabetta Chiodo, *The Mongolian Manuscripts on Birch Bark from Xarbuxyn Balgas*, pp. 210-215. 表中使用了 XBM97 (叶2r - 6v) 与 XBM 99 (叶1r - 1v)。
② 法国国家图书馆、上海古籍出版社:《法藏敦煌西域文献》,第19,上海:上海古籍出版社,2001年,法 Pel. chin. 2905 (11-1)。
③ 黄正建:《敦煌占婚嫁文书与唐五代的占婚嫁》。
④ 元刻《新刊阴阳宝鉴克择通书》前集卷三 (一〇六一,第727页)。

"第、灶、妇、厨、夫、姑、堂、翁"。哈喇布罕文书的嫁娶周堂正是《事林广记》的顺序。①

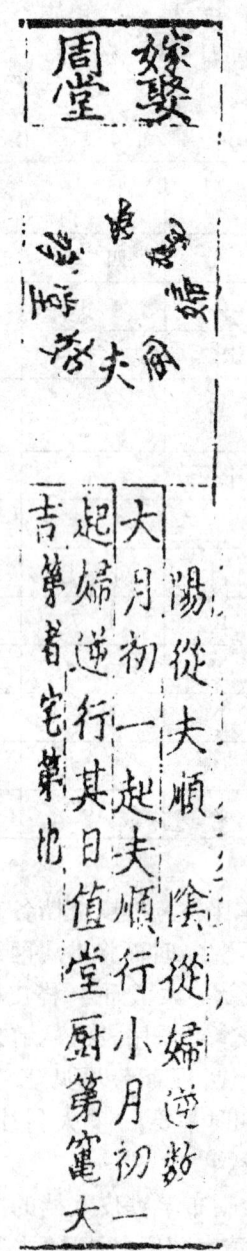

Fig 1. 《事林广记》嫁娶周堂图

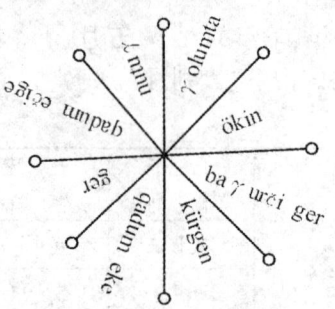

Fig 2. 拉丁化重构哈喇布罕桦树皮蒙古文档 XBM 99 周堂图

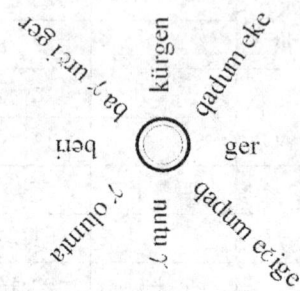

Fig 3. 拉丁化吐鲁番元代蒙古文《授时历》印刷本 Nr.55（T Ⅱ M 166, 502d）

Fig 4. 明朝官刊《大统历》末页《嫁娶周堂》图

---

① 桦皮文档的周堂图残破，只余下四个字：baγurči（厨子）、kürgen（夫婿）、qadam（家翁或家姑）、ger（房屋、帐幕）。Elisabetta Chiodo 读为 baγuri（帐幕的台基）。此当是传抄时脱漏字母，对比汉文周堂图，本人复原为 baγurči ger（厨房）。解说周堂用法的文字则保有 ökin（女儿）、nutuγ（营地或宅第）、γolomta（炉灶）三字。现以汉文图恢复桦皮文档如下：nutuγ（第）、γolomta（灶）、ökin（妇）、baγurči ger（厨）、kürgen（夫）、qadam eke（姑）、ger（堂）与 qadam ečige（翁）。

哈喇布罕桦皮文书载有不属于宋元官历的占卜术;即使相同,其占卜图之排列也异于官本历书,确证其别有源流。很可能,它们来自元代民间的蒙古文本占卜专用书册。

三　元代的蒙古文占卜用书

上段只是推理。元代是否真正存在汉式民间占卜书的蒙古文本,尚欠实物为证。1909年,俄国学者柯兹洛夫(Kozlov)在内蒙古额济纳旗的元代黑城遗址(Qara Qoto),找到17份元代蒙古文文档。俄国学者科特维亚(Kotwicz)说当中有一本细小的手抄本,编号 G 105,有34叶,写了中国式占卜术、每日宜忌,文中有中国人的语言,或是汉字、或是蒙古语音译。①一百年来,这些蒙古文件甚少研究发表,最终由匈牙利裔 G. Kara 教授发布,却独欠这本手抄蒙古文占卜书。②这本元代蒙古文占卜书,近来日本松川节教授透露了更多信息:③

> 这书长5.5厘米,阔16厘米,共35叶。其内容包括大量的每日术数宜忌、多年的历日、历日注、中药、廿八星宿的印度名称对照、七曜印度名称的比较等等。尾末手抄提跋写着:"四月大、平、己未日,管领爱玛(Aimaγ)的不颜别儿哥(Buyan Berke)、斡罗斯(Oros)与脱古思帖木儿(Toγostemür)。"以中国历法推算,四月是大月而首日是平、己未,属至正三十年(洪武三年,公元1370)。更多的研究显示这抄本很可能是从道教的占卜书《玉匣记》翻译成蒙古文。目前为止,可知的《玉匣记》蒙古文本都是来自十九世纪内蒙古阿拉善旗,是从汉文与藏文翻译而成。因为发现这黑城抄本,可知道元末黑城地区的蒙古人已使用道教根源的《玉匣记》运算历日与吉凶占卜。

这占卜书是手抄本,不同于元代《授时历》是印刷本。抄本中的廿八星宿、七曜历印度名称对照都是元朝《授时历》与明朝《大统历》所没有,即使宋代历日也只有"蜜日注"而不会有七伙星曜之名称。④十分明显,这抄本并非来自官历,是来自民历通书、占卜书。清代蒙古人将汉人占卜书《玉匣记》译成蒙古文 Qas qaγurčaγ。⑤但这并不代表元代的必然译自《玉匣记》,汉人的通书与占卜书十分之多。至于哈喇布罕桦皮文书保存的汉式占卜术,极可能是来自元代的这些民用通书与占卜书。可惜,这部蒙古文占卜书抄本仍未发表,无法跟哈喇布罕桦皮文书比对研究。期待 Kara 与松川节教授继续研究这抄本,冀尽快发表。

四　元代蒙古文占卜书的来源——回鹘文本

内陆亚洲里,吐鲁番之地——高昌回鹘人(畏兀儿人 Uighur)深受汉文化熏陶,拥有长久

---

① F. W. Cleaves, "An Early Mongolian Loan Contract from Qara Qoto", *Harvard Journal of Asiatic Studies*, vol. 18 (1955), pp. 1–49 (pp. 2–9).

② G. Kara, "Mediaeval Mongolian Documents from Khara Khoto and Eastern Turkestan in the St. Petersburg Branch of the Institute of Oriental Studies", *Manuscripta Orientalia*, vol. 9 (St. Petersburg 2003), pp. 3–40. 卡拉(Kara)著,敖特根(Odqun)译:《东方学研究所圣彼得堡分所收藏哈喇浩特及西域出土中世纪蒙古文文献研究》,北京:民族出版社,2006年。

③ MATSUKAWA Takashi (松川节), "Mongolian Manuscripts from Khara-khoto", pp. 340–341.

④ 张培瑜:《黑城新出土天文历法文书残页的几点附议》,《文物》,1988年第4期,第91—92页。

⑤ Walther Hessig, *Catalogue of Mongol Books, Manuscripts and Xylographs*, Copenhagen: The Royal Library, 1971, pp. 164–187.

翻译汉文的深厚传统。①回鹘人不但翻译了汉文佛经,也翻译了汉人的天文历法与术数占卜书。②回鹘人的汉语音韵操艺极高,译文也包含了很多汉字的译音,甚至夹写汉字。③元朝蒙古人跟回鹘人关系最深,回鹘人文化熏陶着蒙古人,更是蒙古人接触外来文化的最佳桥梁。④哈喇布罕桦皮文书的汉式占卜术,会否从回鹘文本翻译而成呢?

这绝对是可能的。学者松井太考证了敦煌莫高窟北区石窟出土的一页回鹘文册子残页(B165:3),正是宋元常见的民间占卜术"上元将军所管吉凶之图"⑤。另外,吐鲁番出土回鹘文占卜天文历法残卷 T. II Y. 29 既写着狗年(壬戌年,1202年)的历日,又载有二十八星宿、七曜之印度名称的回鹘文音译,也有汉文十天干、汉文建除十二神的回鹘文音译、五行的回鹘文意译、佛教诸天配七色九宫,更有数种回鹘文翻译的汉式占卜术:十二支日修甲宜忌、十二生肖剪发吉凶、打喷嚏时辰吉凶、十二支人神针灸宜忌。⑥其附加天文与驳杂的占卜术,不是宋元官历风格,是来自汉人占卜书与民用通书。而且这回鹘文残卷载有二十八星宿与七曜的印度名称音译,正跟松川节教授形容的俄藏黑城蒙古文占卜书相同。回鹘文本与蒙古文本的汉式占卜术关系可想而知。

现在探讨回鹘文卷跟哈喇布罕桦皮文书的关系。前段曾列表,将这回鹘文残卷 T. II Y. 29 的十二支人神针灸宜忌,比较汉文本跟蒙古文桦皮文档版本。回鹘文卷大致翻译准确,颇能保留汉文原意。再比较另一回鹘文卷 T. I 602 的占卜术:"逐日人神所在,不宜针灸。"⑦

	汉	回鹘	蒙古		
	大统历	Nr. 19 (T. I 602) 2-11	XBM 9417-28	XBM 95	XBM 93 1-19
1	足大指			kölün erekei ⑧ 脚的大踇指	
2	外踝	taš tobq 外足踝		siɣan-u ɣadan ⑨ 脚踝的外	

---

① 杨富学:《回鹘文献与回鹘文化》,北京:民族出版社,2003年,第373—411页。
② 杨富学:《回鹘文献与回鹘文化》,第93—94页。
③ 高田时雄(TAKATA Tokio)着,钟翀译:《敦煌 民族 语言》,北京:中华书局,2005年,第159—210页。
④ 杨富学:《回鹘文献与回鹘文化》,第498—500页。乔吉(Čoyiji):《蒙古族全史(宗教卷)》,呼和浩特:内蒙古大学出版社,2011年,第57—60页。Igor de Rachewiltz, "Turks in China under the Mongols: A preliminary investigation of Turco-Mongol Relations in the 13th and 14th centuries", Morris Rossabi ed., *China among Equals: the Middle Kingdom and its Neigbors, 10th – 14th centuries* (Berkeley: University of California Press, 1983), pp. 281–295.
⑤ 松井太(MATSUI Dai):《敦煌出土のウイグル語暦占文書——通書〈玉匣記〉との關連を中心に》,弘前大学人文学部《人文社会論叢(人文科学篇)》,26(2011年8月),第24—48页。衷心感谢四日市康博(YOKKAICHI Yasuhiro)告知松井太的研究。
⑥ G. R. Rachmati, *Türkische Turfan-Texte*, VII, pp. 12–16, 20–23, 32, 43–45.
⑦ G. R. Rachmati, *Türkische Turfan-Texte*, VII, p. 32.
⑧ XBM 93 背面(verso)第3行为 kölün yeke erekei,多添了 yeke"大"一字。
⑨ 明初《华夷译语》"身体门"(页五〇)记载"踝"为"失阿"siya。现代蒙古文正字法写作 siqa,通常指那些用羊拐骨造成的髀骨玩具;正字法用 šaɣa 代表踝骨、脚脖子。桦皮档 XBM 93 写为 [šaɣa]-yin ɣadan"脚踝的外边"。

续表

	汉	回鹘	蒙古	
3	股内	baltïr 小腿	silbin 小腿	ǰilbang-un ??的
4	腰	uča① 腰部、背部	bel 腰	dotora 内部
5	口	aɣïz 口	qoɣolai 喉	aman 口
6	手	älig 手		siɣai-yin 脚踝的
7	内踝	ič tobïq 内足踝	üye 关节	dotora 内部
8	腕	aya 手掌		ɣar-un üye 手的关节⑥
9	尻②	qudruq③ 尾	bögsen 屁股	
10	腰背	yarïn ägin ara④ 肩胛、肩脊之处	niruɣun⑦ 背脊、腰	
11	鼻柱	burun učïn⑤ 鼻的尖端	qabarun üǰügür⑧ 鼻的尖端	

---

① Gerard Clauson, *An Etymological Dictionary of Pre-Thirteen-Century Turkish*, p. 20.

② 元代《事林广记》(第 136、476—477 页) 写作"尻尾",俗称尾龙骨、尾骨。

③ G. R. Rachmati (*Türkische Turfan-Texte*, VII, p. 32) 阅读为 qorqlïq,却不可解,可能是讹写,可能是误读。比较汉文"尻尾",大概原文为突厥语"尾巴"qudruq ~ quyruq。

④ G. R. Rachmati (*Türkische Turfan-Texte*, VII, p. 32) 解读为 irin ikin ara"唇—两个—之处",即两唇之处。虽然 Rachmati 知道敦煌藏经洞的汉文历书写着同样的宜忌占卜,却未有认真比较。汉文〈逐日人神所在〉,第十日是腰背,绝不是两唇,而且三十日的项目也没有任何一项是嘴唇。明显 Rachmati 这里是误读。尝试将 ikin 读为突厥语 ägin,既可解为肩,也可解为背脊的上部分 (Gerard Clauson, *An Etymological Dictionary of Pre-Thirteen-Century Turkish*, p. 309)。试将 irin 读为 y(a)rïn,是省了 y-后的元音,正如同文的第十一日 bir ygrmi 实是读作 bir y(ä)grmi;突厥语 yarïn 是肩胛骨 (Gerard Clauson, *An Etymological Dictionary of Pre-Thirteen-Century Turkish*, p. 970)。如此,yarïn ägin ara 即"肩胛与肩背之处",颇接近汉文原意"腰背"。

⑤ 原文残破只余 učïn–ta"顶端–的–在"。现依汉文"鼻柱"还原,补上突厥文"鼻"burun。

⑥ XBM 93 原文残破,只余下 [……]-un üye。《古代的蒙古艾灸之书》写作 naiman sin-e-dü;ɣar-un üye-tü"初八—在,手的关节—在"。

⑦ 蒙古人称呼阿阑豁阿所生的后裔为 Niruɣu Mongɣol"尼伦蒙古",即是从她圣洁的腰所生。此指传说光神抚摸她的肚,无性而感生孛端察儿三兄弟。M. Raučan and M. Mūsavī ed., *Jāmiᶜ al-Tawārīkh*, Tehran, 1994, p. 183 [١٨٣]。余大钧、周建奇译:《史集》,第一卷第一分册,北京:商务印书馆,1983 年,第 291 页。宫海峰博士指,直到今日,蒙古文 Niruɣu 既指背脊,也指腰部。

⑧ 明初《华夷译语》"身体门"记载"鼻"为"哈巴儿"qabar。近现代蒙古文写为 qamar。

续表

	汉	回鹘	蒙古	
12	发际		sančiɣ 鬓角	üsün-ü sančiɣ 发的鬓角
13	牙齿		sidün-ü sigi miqan 牙齿的 牙缝肉①	
14	胃脘		uruɣul② 嘴唇	erigün③ 下颚、下巴
15	遍身		bükü beyen 整个身体	
16	胸		čegeʃin 胸膛	geʃigen④ 发辫
17	气冲		aman⑤ 口	küisün 肚脐
18	股内		küisün 肚脐	ʃilbang-un dotora ？的 内部
19	足			köl 足
20	内踝		sina⑥ 腮	dotoɣa-du üye 在内的关节
21	手小指		kölün sigeʃei 足的小指	ɣarun sigeʃei 手的小指
22	外踝		siɣan 脚踝	
23	肝及足		elige 肝	
24	手阳明		ɣarun alaɣan 手的 掌心	
25	足阳明		kölün bulčin 脚的筋肉	
26	胸		manglai 前额	sigeʃei⑦ 小指

① XBM 95 讹写为 sidün-ü sim miqan。XBM 93 保留了正确写法。
② uruɣul 是书面语正写。XBM 95 写作 urul,是记述口语,将长元音-uɣu-用单-u-表示。
③ XBM 93 正面(recto)第 4 行,这字是中古蒙古语的写法。13 世纪《蒙古秘史》写 erigün,明初《元朝秘史》第 203 节音写为"额㦤里温",译为下颔。栗林均(KURIBAYASHI Hitoshi):《「元朝秘史」モンゴル语汉字音訳口傍訳汉语对照语汇》,仙台:东北大学东北亚细亚研究中心,2009 年,第 165 页。下巴,现代蒙古语写为 ereü。又,"胃"的蒙古文是 qoduɣudu。
④ 对比汉文,此应是蒙古文"胸膛"čegeʃin 的讹写。
⑤ XBM 94 写作 aman dotang,后字 dotang 不可解,或是讹写了 dotor-a"内部"。
⑥ 应是从脚踝 siɣa 讹写而成。
⑦ 对比汉文,此应是蒙古文"胸膛"čegeʃin 的讹写。

续表

	汉	回鹘	蒙古	
27	膝	ebüdüg 膝		
28	阴	[...]-ü quriɣu ？的姆指	[...]	
29	膝胫			
30	足跌			

汉文"逐日人神所在"历代相同,没有版本差异。回鹘文卷 T. I 602 残破,余下第二日至第十一日的身体部位,翻译也颇为准确。如是,元代蒙古人也可能翻译了回鹘文本天文历法与占卜用书,从而输入汉式占卜术。蒙古桦皮文档三个版本,XBM 94 讹误极多,不可靠;XBM 95 的身体部位最为正确,但也有脱文,需要以 XBM 93 对勘校订。校勘后,大抵也能还原本来面貌,仍是跟原来汉文相吻合。

现集中观察第三日:"股内"。蒙古桦皮文档 XBM 95 是 silbin（silbi 小腿）,XBM 93 是 ʃilbang-un dotora。第十四日也是"股内",XBM 95 是 ʃilbing-un dotora。同是股内,蒙古文档出现了三个名词,明显是长年传抄出现讹误。汉文股,是大腿、股骨;股内,是大腿的内侧。蒙古文 dotora 对应了内侧。蒙古文 ʃilbing 是马匹的浮肿病,无关大腿。① 所以,ʃilbang ~ ʃilbing 应是 silbin 一字的传抄讹写。余下的,蒙古文 silbi 是小腿,并非大腿。清代重新翻译的汉文宜忌占卜书,直接使用 ɣaya dotor-a"大腿的内侧"。② 蒙古文 ɣaya 大腿一字早在元朝以前已是存在。③ 而 silbi 就是小腿。④ 虽然 silbi 这字在清代《蒙文总汇》也被解作脚踝,⑤ 但也只代表膝盖以下之部分,绝不会是其上的大腿。

将大腿误译为小腿,恐怕此错并非出自蒙古文本,而是来自其参看、翻译的原本。汉文"腿"可以泛指从胯下到脚掌的整条腿,或腿的部分如大腿。⑥ 但"股"只可以是大腿,无可能误解为小腿。蒙古文 köl 专指踝以下的脚部而对译"足",寻常使用也泛指整条腿;⑦ silbi 只是小腿,不会是大腿。那么,试比较回鹘文版本。回鹘文跟蒙古文一样,将"股"译作小腿:回鹘

---

① Lessing, *Mongolian-English Dictionary*, Berkeley: University of California Press, 1960, p. 1054. 内蒙古大学蒙古学研究院:《蒙汉词典（增订本）》,呼和浩特:内蒙古大学出版社,1999 年,第 1338 页。

② Elisabetta Chiodo 指蒙古文 *jaɣun ekitü-yin sudur*《百部经》写为: ɣuya dotor-a"大腿的内部"。Elisabetta Chiodo, *The Mongolian Manuscripts on Birch Bark from Xarbuxyn Balgas*, p. 207.

③ Lessing, *Mongolian-English Dictionary*, p. 365.《蒙汉词典（增订本）》,第 785 页。《蒙古秘史》第 16 节: ɣuya"忽牙",意为大腿,或动物的后腿。小泽重男（OZAWA Shigeo）:《元朝秘史全释》,上,东京:风间书房,1984 年,第 99—100 页。

④ 十五世纪中亚的字典 *Muqaddimat al-Adab*,收录了 šilbi,解作小腿。N. Poppe, *Mongol' skij slovar' Muqadimat al-Adab*, Trudy Instituta Vostokovedenija, XIV, Moskva-Leningrad, 1938, pp. 178, 202. 保朝鲁（Bolquluu）编译:《穆卡迪玛特蒙古语词典》,呼和浩特:内蒙古大学出版社,2002 年,第 140 页。

⑤ 栗林均（KURIBAYASHI Hitoshi）编:《蒙文總彙——モンゴル語ローマ字轉寫配列》,仙台:东北大学东北亚细亚研究中心,2010 年,第 457 页。

⑥ 汉语北方官话以"腿"泛指从脚掌至与大腿。但汉语粤、闽方言惯以"脚"泛指整条腿。卜文内,足部的不同部分区分清楚:「足」即是脚,是脚踝以下的部分,足大指即脚的踇趾;"胫"是小腿,"股"是大腿;"足阳明"是中医术语,在小腿。

⑦《蒙汉词典（增订本）》,第 707 页。感谢宫海峰博士指引蒙古文。

文 baltïr!

回鹘文 baltïr 虽然解作小腿,在一些突厥语方言却也解作腿部其他部分。①十四世纪《国王字典》[Rasūlid Hexaglot]将突厥语 baltïr 用阿拉伯文译作الساق(al-sāq),泛指腿部、脚。②十八世纪编纂成书的波斯文、突厥语察合台文字典 Sanglaq,将突厥词汇 baltïr 译为波斯语 ران (rān)——大腿。③这证明将汉文"股"大腿译为突厥语 baltïr 未必是错误,可能是用了泛称的腿部做了不精准的翻译,或者是不同的突厥语方言将 baltïr 用作大腿。那么,桦皮文档蒙古文译作小腿 silbi,极有可能是翻译突厥语系回鹘文的占卜书,将当中的突厥语 baltïr 理解为较普遍的意思——小腿。因此,第三日蒙古文桦皮档的原貌应为 silbin-un dotora"小腿的内侧"。但是,这翻译承袭了回鹘文译本的误差。因此,清代重新翻译为 γaya dotor-a"大腿的内侧"——股内。

回鹘文卷与蒙古文桦树皮文,同样档将汉文"股"误译为小腿。以此推论,哈喇布罕桦皮文书的汉式占卜术未必是直接来自元代汉文的民间占卜书,很可能来自回鹘文本的汉式占卜书。

五 余 论

元代的蒙古文翻译汉式占卜术或许有多个来源,元朝官历、汉人民间通书与占卜书,或是回鹘文的汉式天文历法占卜书。本文只是从现时可见可用的少量数据推测立论。要更清楚说明问题,始终需要直接面对元代蒙古文的民间通书、占卜书。期待学界尽快公布俄藏黑城蒙古文手抄本占卜书。更希望有更多考古新发现,让我们了解元代蒙古人的历算占卜风俗与民间文化交流。④

---

① Gerard Clauson, *An Etymological Dictionary of Pre-Thirteen-Century Turkish*, p. 334.
② Halasi-Kun, Tibor, Peter B. Golden, Louis Ligeti and Edmund Schütz trans., *The King's Dictionary - the "Rasulid Hexaglot": Fourteenth Century Vocabularies in Arabic, Persian, Turkic, Greek, Armenian, Mongol*, Leiden: Koninklijke Brill NV, 2000, p. 102 [189 C² 4].
③ Gerard Clauson, *An Etymological Dictionary of Pre-Thirteen-Century Turkish*, p. 334.
④ 笔者在香港科技大学攻读硕士之时,开始留意吐鲁番出土元代历书残页与哈剌布罕出土十七世纪桦皮文书,尤其当中的嫁娶周堂图。2003 年 9 月更电邮请教社科院黄正建先生,得到宝贵意见,衷心感激。时近十年,终于能写出自觉不差的研究。

关于元代地税征收的一篇蒙古文文献[①]

——释黑城出土 F61:W6 文书

(日本)大阪大学 白玉冬[②]

引 言

二十一世纪以来,蒙元历史研究站在了一条新的起跑线上。黑城出土多种语言文字文献的图版及部分录文的刊布,《至正条格》韩国珍藏本的出现及其校注本的出版,[③]《全元文》与《元典章》点校本的刊出等等,[④]均代表该领域研究的最新科研成果。无疑,这些研究成果,为当前的蒙元史研究,提供了便捷的条件与拓展的空间。

众所周知,回鹘式蒙古文文献量少且分散。这使得黑城出土蒙古文文献之史料价值,显得弥足珍贵。《黑城出土蒙古文书研究》(以下简称《蒙古文书研究》)出版迄今四年,尚未发现对其收录之文书进行的更深层次之研究。其结果是,黑城出土蒙古文文献的历史学价值,大打折扣。

近年,运用新发现、新出土的文献与碑刻等资料,通过与史籍的互证以推进相关问题之探讨,已是国内外历史学界的关注热点。基于此,笔者拟撰此稿,以期抛砖引玉。不足之处,祈请方家指正。

一 文书介绍及其译注

笔者在此关注的回鹘式蒙古文文书,以 F61:W6(第 2 号)的编号,[⑤]以契约文书之名,收录于《蒙古文书研究》。包括文书的拉丁字母转写,中日文译文,词注与解题,以及黑白图版照片,一并附于书内。[⑥] 据其编号,可知该文书出土于黑水城第 6 房址。同一地点出土的,还有

[①] 本文是国家社科基金重大委托项目"蒙古族源与元朝帝陵综合研究"田广林先生主持子课题阶段性研究成果。
[②] 日本学术振兴会外国人研究员。
[③] 韩国学中央研究院编:《至正条格校注本》,首尔,2007 年。如李逸友:《黑城出土文书(汉文文书卷)》,北京:科学出版社,1991 年;塔拉、杜建录、高国祥主编:《中国藏黑水城汉文文献》全十卷,国家图书馆出版社,2008 年;吉田顺一、其木德道尔吉编:《カラホト出土モンゴル文書の研究》,东京:雄山阁,2008 年;史金波等主编:《俄藏黑水城文献(汉文、西夏文)》全 14 卷,上海:上海古籍出版社,1996—2006 年。
[④] 李修生主编:《全元文》全 61 册,南京:江苏古籍出版社,2004 年;陈高华、张帆、刘晓、党宝海点校:《元典章(大元圣政国朝典章)》全四册,天津:天津古籍出版社,2011 年。
[⑤] 本稿所引黑城出土蒙古文书中,( )内编号为《蒙古文书研究》编号。
[⑥] 吉田顺一、其木德道尔吉编:《カラホト出土モンゴル文書の研究》,第 36—40、296 页。

一篇关于原属亦集乃路的郑帖木儿人事变动的元代公文,以及其他三篇占卜类文书。① 就以回鹘式蒙古文写成,且出土于黑水城而言,该文书应写于元代。

据《蒙古文书研究》介绍,F61:W6 文书,纵 19 厘米,横 42.2 厘米。该文书,现藏于内蒙古考古研究所。笔者虽未能一睹实物,但有幸获得了彩色图版。在此,笔者依据彩色图版以及《蒙古文书研究》提供的相关信息,对该文书略作介绍。

用于 F61:W6 文书的纸张,纸质粗糙,底色为淡黄色,整体泛黄白色。文书是一单篇单面文书,右上方稍有欠损。文书共 27 行,其中正文 20 行(第 1—20),落款文 5 行(第 23—27)。正文与落款文之间的 2 行(第 21—22),与正文与落款文相比,字体略大,颜色略深,且与前后文间隔很小。除末尾 2 行开头处部分文字外,其余文字基本未见破损。

F61:W6 文书,由草书体回鹘式蒙古文写成,字迹散漫。无疑,该文书的解读,是一项棘手的工作。《蒙古文书研究》提供的高质量的转写文本,折射出解读者们高超的认读能力。下面,笔者参考上述文本,依据彩色图版,列出该文书转写、译文,以及部分词注。转写之中,抬头、间隔、字体等格式尽可能与文书原有格式保持一致,[ ]内文字为推测复原文字,标点符号为笔者所加。译文之中,黑体字代表文书原有粗大文字,( )文字为补充说明。另转写与译文中的押,代表花押。

01　γaqai ǰil γurban sara-yin qorin yisün-e.
02　ba　　 šiṅ dorǰi adeüimi siuγsi ·
03　oldi singküni · lorsai sayiǰai · üikü
04　siiiγ li siṅggi tan tabun kümün-e
05　vabtan bičig ögür-ün. ade tabun
06　kümün-tür sang aiqu kesig kürügsen,
07　tabun taγar tabun šim čaγan amun-i,
08　bi dorǰi ačiǰu sang-i tüsürkü sangči-a
09　kürgekü bolba. ene amun-i ačiǰu, qor
10　qoms-a bolqui-yi taγar-tur niǰ[e]gel šim
11　ögbe. kölesün inu, tamuγ[a]či tabin
12　tabun süke čau-yi moon üg[e]dür nigen γar
13　-iyar taγuliǰu, abuγ-a bi . kölesün-i , ačiǰu
14　tende kürtele, yaγun ber osal umtaγai
15　bolbasu, bi dorǰi ögkü bolba. basa
16　mon-a qoyin-a　　kürgeǰü ireǰü,
17　basa kölesün aaribesü, abuγsan sükes-i nigen
18　　　　　　tür nigen qolbaǰu ögiged
19　ǰrlγ-un yosuγar kündü erigütü bolsuγai
20　kemen ene bičig ögbe.

---

① 李逸友:《黑城出土文书》,第 88、209—210 页。

```
21      tabun taɣar tabun šim-tur tabun šim
22              kemen kü[rgesen?].
23  ene nišan šin dorǰi. 押
24  ene nišan bičig ögügči nökür iriči. 押
25          gereči bi šagiriba. 押
26          ger[eči] ///S/a. 押
27          [gereči] sirsi. 押
```

译文：

01 猪儿年三月二十九日，02：1～05：3 我们申朵尔只给嵬弥速失、温迪星窟尼、罗尔赛赛嘉依、嵬库失吉、李星吉此等五人，立下依据律令？之文。05：4～07 负担地税之份额已至此五人处，其五石五斗米，08～09：2 由我朵尔只运至收管地税的仓官处。09：3～11：装载此米，充当鼠耗部分，每石给了一斗。11：2～15：5 其脚钱，税官依据此文书一次性摊派五十五锭钞，我已（从上述五人处）领取完毕。其脚钱，在运至彼处之前，不论因何事发生差错，我朵尔只退还。15：6～17：3 另今后（上述五人）送（税粮）至（我申朵尔只处），若再讨要脚钱，17：4～19 则将所领取之锭，按双倍退还，并依圣旨规定治重罪。

21～22 按五石五斗配五斗送至。

23 此花押申朵尔只押。24 此花押立文人那可儿亦邻赤押。25 知见人我沙吉儿八 26 知见人…27 昔儿失押。

【词注】

02～04 üimi siuɣsi · oldi singküni · lorsai sayiǰai · üikü siiɣi · li singgi：均为党项族人名。

05 vabtan："附带律令、依据律令"？《蒙古文书研究》读作 vabtan，日文译文按人名处理，中文译文与后面的 bičig ögür-ün 一同译作"瓦不坛立文书"。按字体（图版1），该词存在词头"长牙"读作 Y/V/ǰ，词中的 D 读作 T/D 的可能性。另《蒙古文书研究》认为，vabtan 亦在 F42：W1（068号）文书第4行按人名出现。① 但该文书第4行该单词（图版2），被读作 B 的字母，并不向右侧突出，而是向右下方延伸很长，应是词尾的 W。如此，vabtan 按人名出现于此的可能性相应减少。考虑到紧随其后的 bičig "文书"是个名词，则该词还有可能是修饰该名词的形容词或动词的形动词。黑城出土蒙古文契约文书中，数见 yabuqu-"行用"一词。② 但遍检蒙元时代蒙古文史料，未能发现动词后续 tan/ten 或 dan/den 的构词方式。相反，《蒙古秘史》tan/ten 用例之中，有一种接在名词之后，旁译作"有"。③ 如续集卷一第263节有"兀笼格赤 巴剌合速纳察 牙剌哇赤 马思忽惕 捏列田 额赤格 可兀惕 豁牙儿 忽鲁木石 斡孛黑壇 撒儿塔兀勒 亦列周"一文。其中，捏列田（nereten）、斡孛黑壇（oboqtan）旁注分别为"名有的每"、"姓有的"。依此例，若读作 Y/V/ǰ + abtan bičig，tan 之前部分视作名词，则该词可解释做"带有 Y/V/

---

① 《蒙古文书研究》，第156页。
② [美] G·卡拉（György Kara）：《东方学研究所圣彼得堡分所收藏哈喇浩特及西域出土中世纪蒙古文文献研究》（敖特根译），北京：民族出版社，2006年，第127、130页，译文见第30、33页；《蒙古文书研究》，第27、42页。
③ 额尔登泰、乌云达赉：《蒙古秘史》（校勘本），呼和浩特：内蒙古人民出版社，1980年，第774页。

ǰ+ab 的文书"。笔者查遍相关史料和词典,未能发现适合此处的蒙古语词汇。另外,考虑到在此讨论的契约文书的当事人,均为西夏遗民。而且,黑水城原属西夏领,黑城出土文书亦存在为数不少的西夏时代契约文书。则上述词汇存在借自西夏语的可能。笔者就此问题,专门讨教了日本西夏语学者、新泻大学佐藤贵保教授。据其介绍,西夏语并不存在以-p 或-b 结尾的音节。看来,该词来自西夏语的可能性微乎其微。

茨默(Peter Zieme)曾对吐鲁番出土、拉德洛夫(W. Radloff)以 88 号文书刊布的、察哈台汗国早期关于佛教寺院免除税金的回鹘文文书(U5317)重新进行了研究。他指出,该文书第6、16、25 行出现的回鹘文人名 vaptso 为汉语"法藏"的音译。[①]无独有偶,维尔金斯(Jens Wilkens)集中研究出版的柏林藏回鹘文佛教文献中的忏悔文书中,U2742 文书 vaphwaki 对应汉语的"法华经"。[②] 约生活在 10 至 11 世纪的回鹘著名翻译家胜光法师翻译自汉语的回鹘文《玄奘传》中,"法师"写作 vapši。[③] 诚然,圣彼得堡所藏回鹘文音译汉文佛典断片中,汉文"法"的回鹘语对音是 pap。[④] 但我们确切在 13 世纪及其之前的回鹘文文献中,发现回鹘文以 vap 音译汉语的"法"。德日学者集体研究成果《回鹘文契约文书集成》中,WP06 文书为遗产分割文书。其第 21 至 22 行出现的 ymä vap-ča yangla-ňagü m-ä čam črïm bar ärsär qodup bu bitig-ni birtim 翻译做"另外,如出现任何争议,则根据法律、惯例? 处置,并由我给予此文书。"[⑤]即,汉语"法"的音译 vap,已经出现于 13 世纪的回鹘文契约文书中。此处不明词汇,若读作 vabtan,其第一音节 vab 与上述回鹘文 vap"法"的写法、发音完全相同。虽无法完全肯定,此处 vab 极可能为汉语"法"的音译,但亦不能排除借自回鹘文的可能性。总之,在没有确切的论据之前,笔者暂且读作 vabtan,vabtan bičig 解释做"带有律令之文书",即"依据律令制定的文书"。如这一解释无误,则此"法"似指元代典章规定,详见第二节。

06 sang:"地税",来自汉语"仓"。在八思巴文写成的元代蒙汉合璧龙门禹王庙碑文中与"地税"对应。[⑥] 亦邻真先生注意到古今蒙古语资料中,并无与"税粮"等意的 sang 字,进而对该字的"仓粮"、"税粮"之意表示怀疑。[⑦] 该字亦出现于回鹘文契约文书中,但为"仓"之意。[⑧] 松井太在柏林藏吐鲁番出土回鹘文文献 Ch/u7327 中,检出 küri birlä bir šïγ iki küri sang-nï qošo-ta sang-qa qudzun "用斗枡把一石一斗仓粮纳入高昌仓内!"一文,指出回鹘文献中

[①] Peter Zieme, Uigurische Steuerbefreiungsurkunden für buddhistische Klöster, *Altorientalische Forschungen* 8, 1981, pp. 248–249. 照片见 Tafel 20,年代论证见第 239—240 页。

[②] Jens Wilkens, *Das Buch von der Sündentilgung: Edition des alttürkisch-buddhistischen Kšanti Kılguluk Nom Bitig*, 2vol. s, *BerlinerTurfan Textte* 25, Turnhout, 2007, p. 104. 照片见 Tafel 18.

[③] Kahar Barat, *The Uygur-Turkic Biography of the Seventh-Century Chinese Buddhist Pilgrim Xuan zang: Ninth and Tenth Chapters*, Indiana University, 2000, pp. 70, l10; 85, l. 20; 86, l. 3; 151, l. 22ext. 照片见同页。虽卡哈尔·巴拉提转写作 fapši,但应无大碍。

[④] 庄垣内正弘:《ウイグル文字音写された漢語仏典断片について–ウイグル漢字音の研究–》,《言語学研究》第 14 辑,1995 年,第 89、117 页。

[⑤] 小田壽典、茨默、梅村坦、森安孝夫编:《ウイグル文契約文書集成》第二卷,大阪大学出版会,1993 年,第 143 页。

[⑥] 亦邻真:《读 1276 年龙门禹王庙八思巴字令旨碑》,《亦邻真史学论文集》,呼和浩特:内蒙古人民出版社,2001 年,第 440 页。

[⑦] 亦邻真:《读 1276 年龙门禹王庙八思巴字令旨碑》,第 440—441 页,八思巴文记作 c'angŋ。

[⑧] 小田壽典等编:《ウイグル文契約文書集成》第二卷,第 159 页,Mi15 号文书第 2 行第 1 字。

的 sang,除"仓库"之意外,另有"仓粮"之意。①

06 ačiqu:"肩负、负担"。出现于第 8、9、13 行的其副动词 ačiju-,应为"装载"之意。《蒙古秘史》续集卷二第 272 节介绍拖雷慰藉窝阔台,言:"斡恋 兀鲁昔 迭额列 赤讷 阿赤周斡惕罢者",直译为"把众多人民担给了你身上"。另第 281 节转引窝阔台诏令,提到:"巴撒 合罕 额赤格迭延 也客斡罗 巴 撒兀勒 荅周 斡恋 兀鲁昔颜 迭额列 米讷阿赤周 斡惕塔周",直译为"另外,还被父汗教坐着汗位,身上被担了众多的人民"②。上面引文中,阿赤周(ačiju-)旁译均为"担着"。可见,ačiqu-在元代,另有"肩负、负担"之意。

06 kesig:"份额、分例"。按字体,可读作 kesig 或 kešig。《蒙古文书研究》引用松井太关于回鹘文献中的 käzig 是唐代汉文文书所见"番"的直译、应解释为"番役"或"值班"的观点,译作"番",并介绍《秘史》多次出现"轮班"之意的 kesig"怯薛"。松井太关于回鹘文献中的 käzig 一词的解释,固有道理。③ 但若将此处的 kesig 视作来自回鹘语 käzig"番",进而将蒙元时代的 kesig"怯薛"也与回鹘语 käzig 联系在一起,尚欠论证。按 ačiqu 包含"驮送、运送"或"负担、肩负"之意,kesig 若按"番"理解,上文应解释为"运送地税之番已到达此五人处",或"负担地税之番已到达此五人处"。不论哪种解释,均略显生硬。退一步而言,按松井太观点,解释作"番役",也要强于"番"。况且,该词多次出现于黑城出土汉文·蒙古文"分例"文书中,均与汉文的"分例"相对应。④ kesig 实指应该缴纳地税的份额,详见第二节。

09~10 qor qoms:"损耗"。此词实指"鼠耗粮",详见《蒙古文书研究》同一词注。

11 tamuɣ[a]či:《蒙古文书研究》读作 qamuqi"全部"。但图版 3 显示,该词第一字母应为 T,文字应读作 tamuɣči。tamuɣči 似为 tamuɣači"掌印管、征税官"的变体形式。⑤

12 üg[e]dür:据图版 4,该词可读作名词 üge"话"后续向位格 dür。《蒙古文书研究》读作 ondur"年"后续向位格 dür。

12~13 nigen ɣar-iyar:"一次性"。《蒙古文书研究》按现代蒙古语"一人之手(不靠别人、直接)"解释。文书后文提到今后若讨要脚钱云云,这从反面告诉我们,脚钱在此之前已经全部兑现完毕。如按"直接",即直接领取脚钱解释,与后文"再讨要脚钱"间关系不明。固然,现代蒙古语 nigen ɣar 有"直接"之意。但在北元满官嗔—土默特部后裔,即今辽宁省阜新蒙古族自治县(当地又称蒙古贞),nigen ɣar 在商业交往中有"一次性"之意。⑥ 另,在《回鹘文契约文书集成》收集的 29 篇回鹘文商业契约文书中,除 Sa13、Sa17、Sa18 号文书因文字破损无法了解之外,其余 26 篇文书均明记交易双方的支付与领取金额(官布或钞)。其中,Sa08、Sa26 号

---

① 松井太:《カラホト出土蒙漢合璧税糧納入簿断簡》,《待兼山論叢》史学篇第 31 期,大阪大学文学部,1997 年,第 30—31 页;《モンゴル時代のウイグル農民と仏教教団—U5330(USp77)文書の再検討から-》,《東洋史研究》第 63 卷第 1 号,2004 年,第 8—9 页。

② 额尔登泰、乌云达赉:《蒙古秘史》,第 809、855 页。

③ 松井太:《モンゴル時代ウイグリスタン税役制度とその淵源—ウイグル文供出命令文書に見える käzig の解釈を通じて》,《東洋学報》第 79 卷第 4 号,1998 年,第 27—42 页。

④ 比如,F116:W595、F116:W572、F116:W349 三文书,见《蒙古文书研究》第 88、91、98 页。照片见第 307、308、310 页。

⑤ 关于 tamuɣači 的解释,见本田实信:《タムガ税》,载作者著《モンゴル時代史研究》,东京大学出版会,1991 年,第 323—324、330 页。

⑥ 比如,nigen ɣar deger 可直译为"在一只手上",实指"一次性的"。

文书加记"公平售出",其他均记作"已全额支付"、"已全额领取"①。参照上述蒙古贞方言用法以及回鹘文契约文书关于交易方式的叙述,nigen γar 释作"一次性"似应不误。

13 taγuliǰu:"支出、分配、分发"。《蒙古文书研究》读作 daγuliǰu,按"强行取得"解释。在柏林藏吐鲁番出土蒙古文文献 Nr. 82 号"分例"文书的鸡年至牛年支出帐中出现二次。分别为第 8 行 Tangu Bars tur irges-ün asiγ araṣ-i taγulbai "给唐古·巴尔斯分发了公羊的有用的皮",第 14 行 Toqaǰu Kelegei-tür nigen gegün taγulbai "给托喀术·克勒格依分发了一匹骒马"②。

17 ạribesu:"如讨要、如追讨",动词 erihu-"寻找、探求"的假定条件形。此据《蒙古文书研究》读法。按字体,亦有读作 ạrhilesü 的可能性。

21~22 tabun taγar tabun šim-tur tabun šim kemen kürgesen:"按五石五斗配五斗送至"。其中的 kürgesen,除词头的 kü 之外,其余部分与右侧花押重叠,很难判断。《蒙古文书研究》业已指出,该二行字体明显与文书其他部分不同,应为后加内容,是对文书中关于鼠耗粮的复述。但具体原因及背景不详。

24 nökür:"伴当、伙伴"。此处表示立文人与申朵儿只的关系,应为"挚友"之意。

24 irinči:"亦邻赤",蒙元时代常见蒙古人人名。因文书破损,n 隐约只见少许墨迹。其左上方,在 y"长牙"左侧有一黑点。《蒙古文书研究》读作 irüči,或许是没有注意到左侧黑点。

以上,笔者在前人研究基础上,对黑城出土蒙古文 F61:W6 文书,略作新释。下面,就文书内容略加分析。

二 文书分析

依据上面所列文书内容,不难发现,F61:W6 文书是一民间契约文书。内容涉及申朵儿只负责运送嵬弥速失等五人的五石五斗米,至收管地税的仓官处。《蒙古文书研究》认为,申朵尔只是承包了畏迷速失(嵬弥速失)等五人轮流前去搬运地租的差事。③ 笔者觉得,这一看法尚有待商榷。

首先,诚如《蒙古文书研究》所指出,文书第 09~10 行出现的 qor qoms"损耗",应指税粮的鼠耗粮部分。《通制条格》卷十四《仓库·粮耗》条,至元二十二年(1285)十月中书省转引户部呈文中谈到:"江南民田税石,拟合依例每石带收鼠耗分例七升,内除养赡仓管、斗脚一升外,六升与正粮一体收贮……"④可见,元代征收税粮时,加收鼠耗粮,且与税粮一同收贮。F61:W6 文书第 9~11 行言:ene amun-i ačiǰu qor qoms-a bolqui-yi taγar-tur niǰegel šim ögbe "装载此米,充当鼠耗部分,每石给了一斗"。即,ačiǰu 为"驮、装、载"之意,qor qoms"损耗"不应是

---

① 小田壽典等编《ウイグル文契约文书集成》第二卷,第 4—62 页。
② Dalantai. Cerensodnom & Manfred. Taube, *Die Mongolica der Berliner Turfansammlung*, Berliner Turfan Texte 16, Berlin: Akademie Verlag, 1993, p. 188. 照片见 Text 82r. 其中第 8 行与原读法略有不同。
③ "地租"在《蒙古文书研究》日文解题中,写作"地税"。《蒙古文书研究》中日文译文中,sang 均译作"地税"。按"地租"与"地税"二概念,内涵有不同之处。汉文解题的"地租"或为"地税"之笔误。详见《蒙古文书研究》第 40 页。
④ 方龄贵:《通制条格校注》,北京:中华书局,2001 年,第 414 页。

运送途中发生的损耗,只能是征收税粮时代收的鼠耗粮。尤其是第 21～22 行 tabun taγar tabun šim-tur tabun šim kemen kürgesen"按五石五斗配五斗送至",分别记录了税粮总额与鼠耗粮总额。虽上述二行并非契约文正文,但特意追加的该文,恰恰说明,着重明记税粮与鼠耗粮明细,对该契约文书而言,非常重要。这反映,税粮与鼠耗粮,是这部民间契约文的重点关注对象。

其次,文书第 11 行关于支付脚钱的条文处,出现 tamuγ[a]či"掌印管、征税官"一词。若笔者的解读无误,则该处表明,运送税粮的脚钱,虽最终是由鬼弥速失等五人支付,但前提是该脚钱由征税官按户别摊派给鬼弥速失等五人。若申朵尔只单纯承包了其他五人的搬运地租之差事,则此处出现征税官的可能性不大。

综上,笔者认为,F61:W6 文书虽为一民间契约文书,但有可能与元代的地税征收有关。

关于元代税粮制度,《元史·食货志》卷 93《食货一·税粮》有概括性记述,① 其中提到"内郡"实行丁税和地税。但黑城出土文书之中,尚未发现与缴纳丁税相关的文书。李逸友先生分析认为,这是元代"丁税少而地税多者纳地税"政策之反映。② 惜《元史·食货志》税粮条过于简略,不足以了解元代地税征收细节。而黑城出土汉文文书,则为我们提供了宝贵的第一手资料。下面,笔者在前人研究基础上,③ 就此进行进一步的探讨。

据李逸友先生考察,亦集乃路地税征收流程是,广积仓先以总管府名义发放勘合(税粮通知书),纳税户缴纳完毕后,广积仓出具仓票(缴纳凭证)或白帖。其中,勘合与仓票是在刻印好的票单上填入纳税户姓名与缴纳明细,白帖为完全手写的收粮凭据。④ 由二张文书粘贴连接而成的 M1·0945(F193:W13)文书,是这一程序的真实反映。现抄录如下:⑤

01　　皇帝圣旨里亦集乃路总管府钦奉
02　　圣旨节该蒙古汉儿并人匠不以是何诸色人等富豪势要之家但种
03　　　　者依例缴纳税粮钦此本路照依上年计拨到合该税石须要钦依
04　　　　宣限送纳开足不致违限如违依例断罪今将本户税粮开列于后
05　　　　初限十月终　中限[十一月]终　末限十二月终
06　　　　沙立渠怯薛丹户太不花地叁顷柒拾亩粮壹拾壹石壹斗
07　　　　　　　　小麦柒石肆斗
08　　　　　　　　大麦叁石柒斗
09　　　　　　　　本人准此
10　　　　至正十三年　月　日　给
11　　üJebe(已见)　　　　　　　　

---

① 《元史》卷 93《食货一·税粮》,北京:中华书局,1976 年,第 2357—2361 页。
② 李逸友:《黑城出土文书》,第 75—76 页。
③ 李逸友:《黑城出土文书》,第 14—15、23、75—76 页;松井太:《カラホト出土蒙漢合壁税糧納入簿断簡》,第 25—49 页;潘洁、陈朝辉:《元代亦集乃路税粮初探》,《内蒙古社会科学(汉文版)》第 28 卷第 2 期,2007 年,第 42—46 页;吴超:《亦集乃路税务管理初探》,《阴山学刊》第 21 卷第 5 期,2008 年,第 57—62 页。
④ 李逸友:《黑城出土文书》,第 76 页。
⑤ 录文根据《中国藏黑水城汉文文献》第六卷,第 1215 页图版,并参考李逸友:《黑城出土文书》,第 184—185 页录文。引文中代表花押,//代表无法辨读文字。

```
12          官                    ㊞
13       ene-ni kesig tay ////////（此乃怯薛太……）
```
（粘贴连接处）
```
14            广积仓今收到太不花
15            至正十三年粮壹拾壹石壹斗
16            小麦柒石肆斗
17            大麦叁石柒斗
18            右给付本人准此
19            至正十三年  月  ㊞高□
20            广积仓付
```

上引 M1·0945 文书第一片段（第 1~13 行）之中，第 1~5 行为木雕刻印文字，第 6~13 行为手写文字。其中，第 5 行规定税粮缴纳期限，第 6~8 行是通知给纳税户的税粮明细，第 10 行是传达至纳税户的日期，第 11~12 行则为当事人双方签字。其第 11 行蒙古文 üJebe "已见"，应是纳税人太不花所书，说明该数额确切无误传达给了纳税人。

需要注意的是，M1·0945 文书第一片段第 13 行为蒙古文。虽其后半部分被第二片段（第 14~20 行）所覆盖，但露出部分，可读作 ene-ni kesig tay "此乃怯薛太"。即，第 13 行表明文书第二片段是广积仓交付给纳税户太不花的仓票。该仓票，上面加盖有三方官印，应为广积仓收到太不花所纳税粮之后出具的官方证明。

反观 F61:W6 文书，关于申朵尔只为嵬弥速失等五人运送税粮之缘由，第 5~6 行言 ade tabun kümün-tur sang ačiqu kesig kürügsen "负担地税之份额已至此五人处"。如笔者对 kesig 的解释无误，则该处的"份额（kesig）"，似指发放至此五人手中的勘合所记税粮名称与额度。如此，申朵尔只运送的税粮，存在是嵬弥速失等五人所负担税粮的可能性。

无独有偶，《元典章·户部十·租税纳税》条《下户带纳者听》内容如下：

《至元新格》内一款：

诸税石，严禁官吏、势要人等不得结揽。若近下户计去仓地远，愿出脚钱就令近民带纳者，听。其总部税官斟酌各处地里，定立先后运次，约以点集处所，覷的别无轻赍揽纳之数，另分部官管押入仓，依数交纳，得讫朱钞，即日发还。惟总部官直须州县纳尽，方许还职。①

上引内容亦见于《至正条格》卷 27《赋役·科拨差税》，至元二十八年（1291）六月中书省奏准条文内。② 可见，元政府明文规定，权贵人家不得结揽税粮，但如近下户人家距离粮仓较远且愿出运费，则可让就近的民户代纳。

参照上引《下户带纳者听》内容，笔者认为，F61:W6 文书之中，申朵尔只是代替距离粮仓路程较远的嵬弥速失等下户五人运送税粮。嵬弥速失等五人，先把税粮运至申朵尔只处，再由其运至粮仓。运送此米的脚钱，先由征税官依据本契约文书摊派给下户五人，然后由申朵儿只代收。虽下户五人的脚钱已一次性支付给申朵儿只，但税粮并未一次性全部运至申朵尔只处。

---

① 陈高华等点校：《元典章（大元圣政国朝典章）》第二册，第 945 页。
② 韩国学中央研究院编：《至正条格校注本》，第 71—72 页。

故第 16~19 行追加如"另今后(上述五人)送(税粮)至(我申朵尔只处),若再讨要脚钱"云云的有关违约条款。至于第 21~22 行 tabun taγar tabun šim-tur tabun šim kemen kürgesen "按五石五斗配五斗送至"一文,极可能为与签约相关的官方人员书写,但也不能排除契约当事者追写的可能性。

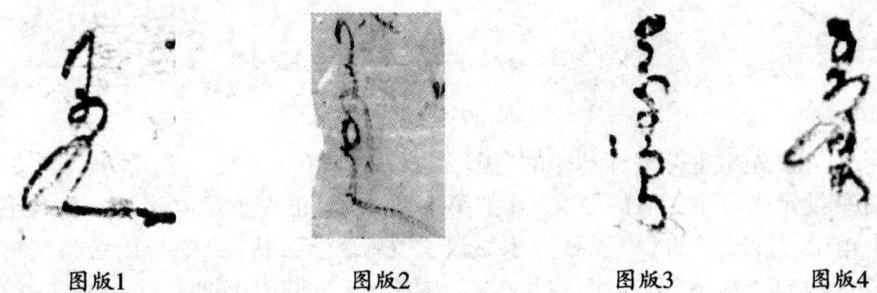

图版1　　　　　图版2　　　　　图版3　　　　　图版4

谢辞:本文的撰写,得到了内蒙古大学博士后研究人员宫海峰先生的大力帮助,在此深表谢意。

从也火汝足立嵬地土案卷看元代亦集乃路复业案件的审判程序

河北省社会科学院 张重艳

1991年,李逸友先生主持整理刊印的《黑城出土文书》(汉文文书卷)下篇十二"律令与词讼类"收录有一批元代法律文书的录文,其中第十部分为《也火汝足立嵬地土案文卷》。2008年,国家图书馆出版社出版的《中国藏黑水城汉文文献》第四卷"律令与词讼类文书卷"中的"(九)也火汝足立嵬土地案"公布了这批文书的图版。《黑城出土文书》(汉文文书卷)中《也火汝足立嵬地土案文卷》把这批文书分为13组,分别为F116:W186、F116:W231、F116:W479、F116:W475、F116:W23、F116:W27、F116:W97、F116:W93、F116:W104、F116:W116、F116:W24、F116:W25、F116:W474。《中国藏黑水城汉文文献》的编号和《黑城出土文书》略有不同,《凡例》称这批文书共105件。[2]

案卷的基本内容是也火汝足立嵬的曾祖父也火石革立嵬,在浑都孩(海)叛乱时抛弃地土逃移到永昌路西凉州杂木口杜善善社下充当扎剌儿站站户,"杂木口置买到地土耕种住坐"[3]。也火石革立嵬在至元二十三年(1286)元朝设置亦集乃路时,作为归附人口签充了站户,[4]附籍时写成"石革阿立嵬",地土众多,后亦集乃路以逃移绝户将一部分地土充作"公田",其余的土地或被他人占种,或租佃给他人。其曾孙也火汝足立嵬在年幼时经常听长辈说起自己的原籍是亦集乃路,"朝廷官那孩院判前来取(勘)"[5],每次签充永昌路站户,"汝足立嵬记怀在心"[6],故至正十一年(1351年),也火汝足立嵬要求恢复在亦集乃路的地土。亦集乃路总管府派提调官查阅至元二十四年(1287)的地亩册,证实了石革阿立嵬"元置地土"的位置与亩数,并派人照勘这些地土归属占种情况,还到西凉州调查,同时向甘肃行中书省申请,要求免去其在西凉州扎剌儿的站户差役。本案卷篇幅较长,在出土词讼文书中并不多见,虽然残缺,但内容丰富,为我们研究元代土地复业案件的审理程序提供了最原始的资料。

---

① 2010年,笔者曾撰文《也火汝足立嵬地土案文卷初探》,认为《也火汝足立嵬地土案文卷》为我们提供了元代西北站户户籍和占有地土的详细资料,由于战乱,元代站户是存在两地人籍的情况的。由于也火一家逃亡时间太长,渠道的变迁,地土现状太复杂,才导致案件三年才有明确的审理结果。张重艳:《也火汝足立嵬地土案文卷初探》,《西夏学》第六辑,2010年。河北省社会科学院张重艳主持的国家社会科学基金青年项目"中国藏黑水城所出元代律令与词讼文书整理与研究",课题编号11CZS015。
② 杜建录、塔拉、高国祥主编:《中国藏黑水城汉文文献》,国家图书馆出版社2008年,第10页。
③ 杜建录、塔拉、高国祥主编:《中国藏黑水城汉文文献》,第802页。
④ 李逸友:《黑城出土文书》,科学出版社,1991年,第11页。
⑤ 杜建录、塔拉、高国祥主编:《中国藏黑水城汉文文献》,第865页。
⑥ 杜建录、塔拉、高国祥主编:《中国藏黑水城汉文文献》,第797页。

一 提交诉状

《告状新式》把元代词讼案件归纳为六案,①即"吏案:掌官吏名籍、选举、考课、假使等事。户案:掌户籍、土田、婚姻、族姓、禄廪、支用、权衡、度量、仓库、租税、差科、征役、米粟等事。礼案:掌礼仪、音乐、祭祀、祯祥、学校、贡举、医卜、释道、表疏、陈设等事。兵案:掌兵籍、军器、郡邑图志、铺驿、烽堠、镇戍、崄要等事。刑案:掌鞫狱刑法、督捕盗贼、纠察非违、财估没入、奴婢死隶、门户管籥等事。工案:掌百工众艺、启塞役使、公廨、碾硙、山泽、津梁等事"。也火汝足立嵬复业案件属于其中的户案。

元代自然灾害频繁,战乱也时有发生,流民问题严重,曾多次颁布体恤流民的措施,措施大体上都是政府有责任督责有司振恤逃移到本管内的流民,流民如复业,当地有司须恢复其地产。如"大德十一年五月十八日,钦奉诏书内一款:逃移户计,违弃乡井,盖非得已。仰本管官司用心招诱,复业者,民户保免差税三年,军、站、人匠等户存恤三年。其元抛事产随即给付,有昏赖据占者,断罪。……大德十一年五月,钦奉诏书内一款:各处逃移户计复业者,元抛事产随即给付,免差税三年。未复业者,有司具实申报,开除合该差税,毋令见户包纳"。② 也火汝足立嵬前来亦集乃路复业是符合政府的政策的。M1·0642[F116:W541]有"(西凉州)累次差人前来关文",关文是旧时官府间的平行文书,多用于互相查询,即西凉州向亦集乃路关文要求也火汝足立嵬回原籍复业是也火一家要求复业的重要原因。M1·0642[F116:W541]有"差人将汝足立嵬起遣,实是重并,以此汝足立嵬情愿前来复业"③。亦集乃路招诱站户复业也是也火一家申请复业的一个主要原因。

元代提起诉讼之原告必须按照规定的格式书写诉状。元代民众诉状简洁明了,"凡欲陈词,年七十已上、十五已下,笃废疾,法内不合加刑,令以次少壮人陈告。若实无代替,诉身自告。妇人若有身孕,声说分明。告人明记月日,指称端的去处,不得朦胧陈诉其间。陈理简当,官吏易察。俗言长词短状,此之谓也"④。"……应告一切词状,并宜短简,不可浮语泛词,所谓长词短状故也"⑤。所以黑城出土的告状文书都简明扼要,事实陈述简洁。

迄今典籍中保存下来的元代诉状文书格式有《写状法式》⑥和《告状新式》⑦,两者中均有有关逃户复业的告状文书格式。元廷关于民人所递诉状,受理与否有以下规定,首先就是看诉状是否符合法定的《写状法式》和《告状新式》的要求。⑧

《写状法式》有《逃户复业》:⑨

厶村厶人

---

① 黄时鉴辑点《元代法律资料辑存》,杭州:浙江古籍出版社 1998 年,第 227 页。
② 陈高华、张帆、刘晓、党宝海点校《元典章》,北京:中华书局;天津:天津古籍出版社,2011 年,第 105 页。
③ 杜建录、塔拉、高国祥主编:《中国藏黑水城汉文文献》,第 801 页。
④ (宋)陈元靓撰:《事林广记(至顺和后至元合刻本)》,中华书局,1999 年,第 486 页。
⑤ 黄时鉴辑点《元代法律资料辑存》,第 228 页。
⑥ 黄时鉴辑点《元代法律资料辑存》,第 215 页。
⑦ 黄时鉴辑点《元代法律资料辑存》,第 228 页。
⑧ 韩玉林:《中国法制通史》第六卷,北京:法律出版社,1999 年,第 753 页。
⑨ 陈元靓撰:《事林广记(至顺和后至元合刻本)》,北京:中华书局,1999 年,第 486 页。

右厶今蒙

县官出给榜文,甘限招诱,在逃人户前来复业,与免本罪,今来厶限内,挈家前来赴官,投首复业,依旧应当差役伏乞,某官详状,施行伏取。

裁旨　　年　月　日厶村　　厶人　　状

《告状新式》有《应逃户告复业状式》①和《应地主归复业取元地土耕佃状式》②:

《应逃户告复业状式》:

告状人姓某

右某年几岁无病,系某里某村籍民伏为状告见蒙

县司文榜立限招诱在逃人户前来复业,与免本罪奉此今来厶于限内已行,搬挈家小回还,依旧复业应当本户差役据厶合得在逃罪犯随状出首谨状上告

某官司伏乞,详状施行,所告执结是实,伏取。裁旨

　　年　月　日　告状人姓　某　状

《应地主归复业取元地土耕佃状式》:

告状人姓某

右某年几岁,无病,系厶里厶村籍民伏为状告,昨于厶年内,因为户下田土,灾旱种植无收,一次将带家小全户,逃往迤南诸道,趁热游食,抛下本户田土园地,若干项亩,元立厶户头,输纳税粮,应当站户差发。今来厶已行,将带家小依旧回还。元籍复业却见有厶处住人。甲系是厶有主物业,今来若不具状责令见佃人将田地退佃,仍旧还厶耕佃实人人口,无可供活生受,有此事因谨状上告

　　厶官司伏乞　详状施行如所告虚诈　甘伏重罪不词　执结是实伏取　裁旨

　　年　月　日　告状人　姓　某　状

也火汝足立嵬既然要求复业,其一定向政府递交过告状书。在地土案卷中,只发现一件告状文书,即 M1·0657[84H·Y1 采:W29/2769],③文书内容残损甚重,仅存两行内容,文书第二行后半部、第三行均用墨划去。

[前缺]

1. ▢ 也火汝足立嵬 ▢

2. ▢ 汝足立嵬年廿七岁无病④ ▢

3. ▢ 见当,本是亦集乃路 ⑤

[后缺]

---

① 黄时鉴辑点《元代法律资料辑存》,第231页。
② 黄时鉴辑点《元代法律资料辑存》,第232页。
③ 杜建录、塔拉、高国祥主编:《中国藏黑水城汉文文献》,国家图书馆出版社,2008年,第861页。
④ 此两字用墨划去。"无病"并不是说没有疾病,而是指人的精神状态,因为一般的疾病和残疾不会阻碍一个人行事法律权利。
⑤ 此行用墨划去,文字无法辨识。黑城出土的元代告状文书上很多都有勾画痕迹,如 M1·0561[F116:W294]《王汉卿斗杀案》(《中藏》697页)、M1·0562[F111:W74]《殴斗案》(《中藏》698页)、M1·0563[F80:W9]《回回包银户亦不剌兴斗杀案》(《中藏》699页)等等。

从仅存的内容来看,本件文书符合《告状新式》中的《应逃户告复业状式》,文书残缺部分内容我们也能略知大概。

二 审理过程

元代文书书写体式十分繁琐,一般都是将已经收到的与本件文书相关的内容全部引述出来,到最后才谈自己的意见,如本案卷中,案卷基本内容如也火一家的基本情况等都是重复出现的,大部分案卷残损甚重,案卷仅凭现存的只言片语无法了解文书到底属于哪种文体,但基本内容是能够略知一二的,下面笔者把整个案件的审理程序分层次进行说明。值得指出的是,以下所说的也火汝足立嵬的复业案程序在时间上并不是按照所列的一、二、三、四依次排列,出土文书中只发现的是残卷,并且同一组文书案卷并不相连,中有残缺,所以无法确定文书写作时间的先后,只是做大概的推测。

(一)亦集乃路总管府接到诉状,M1·0640[F116∶W186e]有"未敢擅专,宜从省府"①。在元代司法活动中,往往以过往的判例为依据进行审判。元代的审判机构主要是路、府、州、县。亦集乃路情况比较特殊,并没有下辖的州、府、县,所以一般案件都是亦集乃路审理。元代,路以上的行政单位是行省,行省具有司法审判的职能,当亦集乃路处理不了案件时,可以交由行中书省协助办理。从中统元年(1260)直至至正十一年(1351),长达90余年的时间里,也火汝足立嵬家族一直在西凉州充当站户,亦集乃路对于时间如此漫长的复业案没有办理先例,因此交由行中书省办理。"甘肃等处行中书省。中统二年,立行省于中兴。十年,罢之。十八年复立,二十二年复罢,改立宣慰司,二十三年,徙置中兴省于甘州,立甘肃行省,三十一年,分省按治宁夏,寻并归之。本省治甘州路,统有七路、二州"②。甘肃行省对于其下辖的亦集乃路的案件有审决权。

陈高华先生对于行省在法律审判中的角色是这样定义的:"行省并没有自己的明确(裁判)权限,这是因为,行省原来是中书省的派出机构,代表中书省处理政务,后来逐步变成一级地方行政机构。它的职责也是逐渐明确的。至元二十八年(1291年)颁布的《至元新格》中有关裁判权限的规定,根本没有提到行省,就是这个原因。行省作为一级地方行政机构逐渐明确,相应地必然在司法方面发挥一定的作用。从各种文献的有关记载来看,行省在这方面的作用主要是,对路总管府上报的重大案件(包括死刑、流刑)进行审核;其次是对下级政府难以裁决的疑难案件(包括刑事、民事)进行审理。重大案件经审核通过后,再上报中央作结审,疑难案件在行省作出判决以后再按不同的权限范围加以处理,有的需上报中央。"③

(二)亦集乃路总管府向甘肃等处行中书省上报自己的处理建议。

---

① 杜建录、塔拉、高国祥主编:《中国藏黑水城汉文文献》,第799页。
② 宋濂:《元史》卷九一,中华书局,1976年。
③ 陈高华:《元朝的审判机构和审判程序》,《元史研究新论》,上海社会科学出版社,2005年,第154页。胡兴东:《元代民事审判制度之研究》(《民族研究》2003年第1期)也有"行省在元代不属严格意义上的地方民事审判机构,其地方机构是路、府、州、县。行省在建制稳定后,在民事审判中的功能有三:首先,是对路、府、州、县审理的民事案件中没的先例和法律的案件拟判进行审查,同意后,申报中书省,再由中书省转给相关部门裁定。在元代中央的民事裁定部门主要是刑部、礼部和户部,有时还有宣政院"。

M1·0650[F116:W27]文书残缺甚重,文书中有"案呈","案,有档案可查。呈,送上。明清时期的中央各部为处理日常事务,由所属有关司撰拟出文件定稿(呈堂稿),交由长官审定,经各部尚书或侍郎审议画行后的呈堂稿,以部的名义向各地方衙门和其他机关发出。历史文书中,各部引叙呈堂稿时,称'某某司案呈'。如'山东清吏司案呈'"①。本件文书是亦集乃路总管府为也火汝足立嵬复业公事案呈甘肃等处行中书省。

M1·0650[F116:W27]

(2—1)

右残片：

　　　　[前缺]

1　皇帝圣旨里。亦集乃▢

2　案呈

　　　　[后缺]

左残片：

　　　　[前缺]

1　集乃路站户,见当永昌▢

2　木口杜善善社下住,见今前▢

3　居伏为状告,自汝足立嵬省事▢

4　也火耳立,时常向▢

5　元系亦集乃路站户,有你曾祖▢

6　嵬于本处置到地土九段▢

7　五块一顷一十五亩六分,本渠▢

8　▢合即渠地六段,内一段▢

9　▢十九亩一▢

　　　　[后缺]

(2—2)

右残片：

　　　　[前缺]

1　▢复业▢

2　▢乃路将汝足立嵬▢

　　　　[后缺]

左残片：

---

① 刘文杰：《历史文书用语辞典(明清民国部分)》,四川人民出版社,1988年,第140页。

[前缺]

1 .□府台议得.□
2 .□也火汝足立嵬.□
3 .□站户并.□

[后缺]

"府台"是"府"的最高长官,"府台议得"是亦集乃路总管府上报自己的处理意见,可以看出,亦集乃路总管府在处理案件时和行中书省是互动关系,不仅是单纯的听从行中书省的指示。

(三)甘肃等处行中书省要求亦集乃路查勘至元廿四年地亩册内也火一家的地土情况。M1·0645[F116:W479]是亦集乃路总管府向甘肃行中书省呈报至元廿四年地亩册内也火石革立嵬地土情况的申状。

1 .□①
2 总府指挥为也火汝足立嵬告复业公事,早为于本.□
3 立嵬有无姓名,是何站户,并元拱地土籍册得见明白,具上检.□
4 施行奉此,依上于
5 提调官当斤将元顿木柜开锁,揭照到至元廿四年地顷册内,揭得.□
6 人妻口一户石革立嵬,地土顷数,上俟下靠条段数目,外有户口站在.□
7 坐站户,也火失革阿立嵬姓名,今将全籍户地面地土条段顷数宽.□
8 亦集.□②管府　　伏乞

……

"总府"应是总管府的简称,"总府"曾多次在黑城文书中出现,如M1·0575[Y1:W86A]③有"总府指挥仰某权悉司狱司事,奉此,除另等依例,至正十二年六月二十三日酉时以来。"俄Дx19072R有"总府指挥咨文,贾买郭状告为是年迈残疾,已无亲戚之人,要官侍覆是实,仰依上收养施行。奉此今于至正三年正月廿九日收养"④。"指挥"的含义是"示意曰指,戒敕曰挥,犹以指披斥事务也"⑤。元代始有提调官。至元九年(1272),改千户所为兵马司,隶大都,以刑部尚书亿元提调司事,其职为承旨以处理指挥事物,提调之名始此。⑥"英宗至治三年,各处急递铺,每十铺设一邮长,于州县籍记司吏内差充,使之专督其事。一岁之内,能尽职者,从

---

① 据文书格式此处可补为"奉"。
② 此处可补为"乃路总"。
③ 杜建录、塔拉、高国祥主编:《中国藏黑水城汉文文献》,第713页。
④ 俄罗斯科学研究所圣彼得堡分所、俄罗斯科学出版社东方文学部、上海古籍出版社编:《俄藏敦煌文献补遗》,上海:上海古籍出版社,2001年,第334页。
⑤ 徐元瑞:《吏学指南》,浙江古籍出版社,1998年,第126页。
⑥ 邱树森主编《元史辞典》,山东教育出版社,2002年,第844页。

优补用；不能者，提调官量轻重罪之"①。"诸赡学田土，学官职吏或卖熟为荒，减额收租，或受财纵令豪右占佃，陷没兼并，及巧名冒支者，提调官究之"②。"延祐元年二月，四川省军官阙员，诏：'依民官迁调之制，差人与本省提调官及监察御史同铨注。'"③"诸各路医学大小生员，不令坐斋肄业，有名无实，及在学而训诲无法，课讲卤莽，苟应故事者，教授、正、录、提调官罚俸有差"④。从史料记载来看，在行中书省和路是设有提调官的。

M1·0655［F116：W25］(11—2)⑤有"公文回示施行/□一下架阁库，来呈为也火□/复业公事，缴呈/勘户绝地土文卷□"，表明亦集乃路总管府曾向架阁库下达过要查勘地亩册的指示。亦集乃路总管府下设有架阁库，掌管亦集乃路的档案资料。从 M1·0645［F116：W479］内容来看，亦集乃路架阁库按照总管府的指示，让提调官当厅将木柜打开，取出至元廿四年间地亩册查勘也火石革立嵬的地土情况，总管府把地亩册内情况再上报给甘肃等处行中书省。

（四）亦集乃路总管府派出司吏查勘也火一家地土现状。M1.0649［F116：W104］是亦集乃路总管府派出司吏查勘也火一家地土现状的记录。

  M1.0649［F116：W104］(15—1)⑥

   ［前缺］

  1．□革立嵬有无元抛各各地土，得见以□

  2．□准此，当职依准，将行司吏张归□

  3．□照勘地土，占种人户已经年□

  4．□汝足立嵬□□□

   ［后缺］

  M1·0649［F116：W104］(15—9)⑦

   ［前缺］

  1．□有伊侄男卜孔都□

  2．手□过过，蒙写所供执结是实，□

  3．人卜观音宝状结，即与梁汝中布所供□

  4．一块地一顷二十七亩四分，始初计□块□

  5．□种地人卜观音□

   ［后缺］

---

① 宋濂：《元史》卷一○一，中华书局，1976年。
② 宋濂：《元史》卷一○三，中华书局，1976年。
③ 宋濂：《元史》卷九九，中华书局，1976年。
④ 宋濂：《元史》卷一○三，中华书局，1976年。
⑤ 杜建录、塔拉、高国祥主编：《中国藏黑水城汉文文献》，第850页。
⑥ 杜建录、塔拉、高国祥主编：《中国藏黑水城汉文文献》，第812页。
⑦ 杜建录、塔拉、高国祥主编：《中国藏黑水城汉文文献》，第820页。

"司吏"是官府衙门吏员的通称。主办文牍、书写、文移等事,人数不等。"执结"是对官署提出表示负责的字据。元尚仲贤《三夺槊》第一折有:"若共胡敬德草草的鞭斗枪,分明立了执结并文状,则他家自卖弄伶俐半晌。""状结"即"供词"的意思,《元典章·刑部四·杂例》有:"顺天路取问得狗主李海状结:'所养母狗一只,从来不曾咬人,以此不曾标识。'"在查勘地土时,邻人不但要出具表示所言属实的字句,还要"状结"。

通过以上分析可以看出,甘肃等处行中书省和亦集乃路总管府就也火汝足立嵬复业案件频繁的公文往来,亦集乃路总管府每一步动作都是在行中书省的指挥下进行的,行中书省充当的是指挥者的姿势,亦集乃路也不仅是被动地接受行中书省的处理意见,也会提出自己的建议。案件处理了三年还没有解决,终归是因为也火一家逃移西凉州时间太长,其地土现状复杂,但复业案件终归在一步一步解决。

也火汝足立嵬土地案发覆①

宁夏大学　张笑峰

《也火汝足立嵬地土案卷》②是一份在黑水城出土的较为完整的词讼文书,现收藏于内蒙古自治区文物考古研究所,图版收录在《中国藏黑水城汉文文献》第四册。该文书残页甚多,字体以行书、行草书为主,其中不乏俗字,较难辨认。李逸友先生在其《黑城出土文书》中对该土地案进行了录文,③但由于原件的模糊、残缺等诸多原因,录文中也存在一些错讹衍漏之处。通过对该案卷重新录文及缀合,得其内容为:也火汝足立嵬之曾祖父也火石革立嵬,"元系亦集乃路站户","因占地后附籍"。"浑都孩军马叛乱"后,抛弃庄业,逃移到永昌路西凉州孔剌儿站充当站户,"西凉州杂木口杜善善社下住坐"。到至正十一年,也火石革立嵬之曾孙也火汝足立嵬状申甘肃行中书省要求复业。亦集乃路总管府根据行中书省之札付,查阅"架阁库"至元廿四年地亩册,(该份文书以 F116 开头,即在亦集乃路总管府架阁库遗址所发现。)证实了石革立嵬之"元置地土"位置及田亩数。并派遣"指挥"、"提调官"对这些土地的占种状况进行照勘,准其归还亦集乃路进行复业,充当站户,并免去其在西凉州之差役,此时已是至正十三年正月,"革前创行未绝一件也火汝足立嵬复业",也火汝足立嵬土地案仍未完全结案。

目前,对《也火汝足立嵬地土案卷》的相关研究成果有:张重艳先生《也火汝足立嵬地土案文卷初探》,④该文章论述了也火汝足立嵬家族户籍问题及案件三年结案的原因。另外,张先生在《从也火汝足立嵬地土案卷看元代亦集乃路复业案件的审判程序》⑤一文中则从提交诉状、审理过程两个方面,对亦集乃路复业案件的审判程序进行了探讨。对于该案卷所涉及的"浑都海军马叛乱"及也火石革立嵬家族的两次迁移目前学术界鲜有研究。在此,本文拟从浑都海军马叛乱与也火石革立嵬迁移、也火汝足立嵬迁移两个方面,对也火家族祖孙两代人迁移的原因、背景进行研究。

一　浑都海军马叛乱与也火石革立嵬迁移

在也火汝足立嵬地土案中出现关于"浑都孩叛乱"(浑都孩应为浑都海之异译)计有六处:

---

① 国家社科基金重点项目【中国藏黑水城汉文文献整理与研究】批准号:10AZS001。
② 内蒙古考古研究所、宁夏大学西夏学研究中心、甘肃省古籍文献整理编译中心编,塔拉、杜建录、高国祥主编:《中国藏黑水城汉文文献》第四册,北京:国家图书馆出版社,2008 年,第 793—868 页。
③ 李逸友:《黑城出土文书》,北京:科学出版社,1991 年,第 89—96 页。
④ 张重艳:《也火汝足立嵬地土案文卷初探》,杜建录主编《西夏学》第六辑,上海:上海古籍出版社,2010 年,第89—96 页。
⑤ 张重艳:《从也火汝足立嵬地土案卷看元代亦集乃路复业案件的审判程序》,《元代国家与社会国际学术研讨会会议文件》上册,天津,2012 年,第 260—267 页。

"顷在后经遇浑都孩军马叛乱后"（F116:W366）、"为本处军马叛乱抛弃地土全家躲避西凉州杂木口"（F116:W541）、"军马经过月"（F116:W541）、"户为本处军马"（M1.0648）、"为军马宁息"（F116:W93）、"都孩军马叛乱逃移不知去所后蒙"（F116:W104）。这些材料所提及之浑都孩叛乱，一方面可以与史籍相互印证，另一方面也具有补阙之作用，对研究战乱对当时西北基层社会所造成的影响一定作用。

浑都海之乱是阿里不哥叛乱的第一场大战。宪宗九年，蒙哥罕在南侵期间崩于钓鱼山，"时先朝诸臣阿蓝答儿、浑都海、脱火思、脱里赤等谋立阿里不哥。阿里不哥者，睿宗第七子，帝之弟也。于是阿蓝答儿发兵于漠北诸部，脱里赤括兵于漠南诸州"①。忽必烈继位开平，建元中统。是年，"五月，阿里不哥反，诏赦天下"。"六月戊戌，浑都海反"②。"阿蓝答儿率兵至西凉府与浑都海军合，诏诸王合丹、合必赤与总帅汪良臣等帅师讨之。丙戌，大败其军于姑臧"③。姑臧，"本汉旧县，属武威郡，因姑臧山为名，亦言故匈奴盖藏城，后人音讹为姑臧焉"④。"姑臧，有永昌城在今卫东北三十里，元永昌路治此"⑤。该地与也火石革立嵬所逃移之"西凉州杂木口"，均属永昌路管辖。永昌路，"唐凉州，宋初为西凉府，景德中陷入西夏。元初仍为西凉府。至元十五年以永昌王宫殿所在立永昌路，降西凉府为州隶焉"⑥。

永昌路在浑都海之乱中作为战场，居民在战争中生活备受摧残。而远在亦集乃路居住的也火石革立嵬在"经遇浑都孩军马叛乱后"，将原有大量庄业抛弃逃移到永昌路，显然这场战争波及了当时亦集乃地区。阿蓝答儿发兵于漠北诸部，并率兵至西凉府与浑都海会合，从漠北到西凉府，极大可能经过了亦集乃路纳怜道，因为此道相对来说"地近路捷"。亦集乃路纳怜道是通往岭北的重要通道，黑水城出土的F116:W553⑦《大德四年军用钱粮文卷》，文书内容为出伯、蛮子歹驸马、海山大军北征海都时经过亦集乃路征用军粮之事。文书中所载"川口"，应为亦集乃与岭北连接之地。另外在《失林婚书案卷》⑧中亦出现了多处亦集乃路礼拜寺答失蛮即奥丁哈的所管回回包银户阿兀经常去岭北地面做买卖的内容，从亦集乃路到岭北的交通应该较为便利。因此，在浑都海之乱过后，由于战争对生态环境的破坏，加之惮于漠北叛军来袭，为也火石革立嵬家族向南逃移提供了借口。

不止亦集乃路，这场战争在中兴之地也造成了巨大破坏。宪宗蒙哥九年春正月南侵期间，曾"命浑都海以兵二万守六盘山"⑨。"蒙哥合罕去世以后，阿速带把军队交给浑答海（即浑都海，不同音译，下同）那颜统率，带着父亲的灵柩，把他送到了斡耳朵"⑩。"阿里不哥派遣阿蓝答儿和浑答海以异密和舍黑捏身份，统帅曾随蒙哥合罕征南家思，其后又归单独到彼处[未带

---

① 《元史》卷四《世祖纪一》，北京：中华书局，1976年，第62页。
② 《元史》卷四《世祖纪一》，第66页。
③ 《元史》卷四《世祖纪一》，第68页。
④ 李吉甫：《元和郡县志》卷四〇《陇右道下》，北京：中华书局，1983年，第1019页。
⑤ 李迪等编纂《甘肃通志》卷二三《古迹》，《景印文渊阁四库全书》，第557册，台北：台湾商务印书馆，1986年，第604页。
⑥ 《元史》卷六〇《地理志三》，第1450页。
⑦ 《中国藏黑水城汉文文献》第二册，第397页。
⑧ 《中国藏黑水城汉文文献》第四册，第869—918页。
⑨ 《新元史》卷六《宪宗》，上海：开明书店，1935年，第15页。
⑩ 拉施特《史集》第二卷，余大钧、周建奇译，北京：商务印书馆，1985年，第270—271页。

自己的斡耳朵]的阿速带所掌管的那支军队。他们[阿蓝答儿和浑答海]就在唐兀惕境内"①。"中兴自浑都海之乱,民间相恐动,窜匿山谷,文用至。镇之以静,乃为书置通衢谕之,民乃安,始开唐来、汉延、秦家等渠,垦中兴、西凉、甘、肃、瓜、沙等州为水田若干,于是民之归者户四五万,悉授田种,颁农具,更造舟置黄河中,受诸部落及溃叛之来降者"②。这是中统二年西夏中兴等路行中书省建立以后,时任行省郎中董文用对战后西北的治理活动。当时永昌处于西凉府管辖下,在战后及时得到积极恢复。政府也多次下令免其地之赋税,如中统四年,"偿河西(肃州达鲁花赤)阿沙赈赡所部贫民银三千七百两"③,"以西凉经兵,居民困弊,给钞赈之,仍免租赋三年","诏西凉流民父业者,复其家三年"④。

也火石革立鬼,附籍之时转写为石革阿立鬼,同时在文书中亦出现"失革阿立鬼",可知其名字应为音译,可能是党项族,西夏之遗民或新附其他民族之军户。李逸友先生认为也火汝足立鬼、麦足朵立只答等非蒙语之人名应为党项族。⑤ 蒙元时代,民族大融合,除中原北部蒙古族、契丹、女真、渤海,与当时西边汪古、唐古、畏兀儿、哈剌鲁等族外,还有随蒙军东徙之中、西亚民族。亦集乃为西夏时威福军所在地,元太祖二十一年内附,部分原居民并未逃散,一些西夏遗民留下与新附之其他民族融和,共同生活。黑城出土文书中"李鬼令普"、"杨朵立只"、"也火不花"等其中汉、蒙类型名字的出现,则是党项族人与蒙汉等族长期杂居的结果。也火石革立鬼全家逃移地点为"西凉州杂木口",据《甘肃通志》载:"杂木口涧坝渠,在武威县南五十里,由天梯卯藏山杂木寺口流出自城南五十里流入沙河,延七十里共九坝、一沟分引灌田一千五百余顷。"⑥此处土地广袤,水源充足,适宜于农业生产。此时的亦集乃路西北沙化较为严重,"西北俱接沙碛"⑦,已远非西夏时期"水草丰茂,畜牧业和农业均甚发达"⑧,据考古发现,"亦集乃路城附近50公里范围内都发现有渠道和农舍遗迹。它们分布在沿河两岸较为平坦的冲积地带,其中以西方、西北方分布较少,盖因这一代早已是戈壁,元代以不能耕种"⑨。直到至元二十三年亦集乃路总管府设立后,亦集乃路农业生产的恢复始出现在正史的记载中,"二十三年,亦集乃路总管忽都鲁言:'所部有田可以耕作,乞以新军二百人凿合即渠于亦集乃地,并以旁近民西僧余户助其力。'从之,计屯田九十余顷。"⑩至元二十四年八月,"亦集乃路屯田总管忽都鲁请疏浚管内河渠,从之"⑪。亦集乃路土地灌溉面积待考,其总数"估计应在五百顷以上"⑫。由此可见,当时亦集乃路的耕作生产环境远不如河西。

也火石革立鬼逃移永昌路的现象在黑水城出土文书中并不多见。但是元世祖至元年间迁

---

① 拉施特《史集》第二卷,第297页。
② 《元史》卷一四八《董文用传》,第3496页。
③ 《元史》卷五《世祖纪二》,第92页。
④ 《元史》卷五《世祖纪二》,第94页。
⑤ 李逸友:《黑城出土文书》,第11页。
⑥ 李迪等编纂《甘肃通志》卷一五《凉州府》,第488页。
⑦ 《元史》卷六〇《地理志三》,第1451页。
⑧ 黄振华:《西夏天盛廿二年卖地文契考释》,载白滨编《西夏史论文集》,银川:宁夏人民出版社,1984年,第316页。
⑨ 李逸友:《黑城出土文书》,第18页。
⑩ 《元史》卷六〇《地理志三》,第1451页。
⑪ 《元史》卷一四《世祖纪十一》,第300页。
⑫ 李逸友:《黑城出土文书》,第20页。

移留居永昌路的情况并不单于此。至元十九年前后,①亦都护火赤哈儿的斤"还镇火州,屯于州南哈密力之地,兵力尚寡,北方军忽至其地,大战力尽,遂死之"②。亦都护火赤哈儿的斤之子纽林的斤,"有旨师出河西,俟北征诸军齐发,遂留永昌"。关于留居永昌的原因,《西宁王忻都公神道碑》载阿台不花"都瓦等将兵二十万逼城下,因亲冒矢石,以建奇功,遂授持节仪卫之官,仍封答剌罕之号。亦都护来朝,挈家以从,跋覆险阻,行次永昌,相其土地丰饶,岁多丰稔,以为乐土,因之定居焉"③。安部健夫先生认为此处"亦都护来朝"为亦都护纽林的斤,④其实不然,因为之前碑文中均为亦都护火赤哈儿"宣力靖难",且述都瓦(都哇)围城之事,另外在《高昌王世勋碑》中也未载纽林的斤入朝一事。由此可知,从至元十二年都哇之围解除以后,永昌陆续定居了不少畏兀儿人。元政府也诏令亦都护对畏兀儿流民进行召集,至元二十二年,"敕朵儿只招集甘、沙、速等州流徙饥民"⑤。元贞二年,"诏驸马亦都护括流散畏兀儿"⑥。另外,如至元二十八年,瓜州"徙居民于肃州,但名存而已"⑦,翌年九月,"沙州、瓜州民徙甘州,诏于甘、肃两界,画地使耕,无力者则给以牛具农器"⑧。这两次徙民河西的原因,"除了摘军屯田需要耕地外,恐怕最主要的原因是拟将瓜州赐予诸王做分地,所以才将系官民户内徙行省辖区"⑨。可见,至元年间居民往永昌及整个河西地区的迁移是一个由个体到群体的迁移现象,其性质也从原来的躲避战乱转变为一种政治策略。

二 也火汝足立嵬迁移

至正十一年,也火石革立嵬之曾孙也火汝足立嵬状申甘肃行中书省要求复业,文书中未提及原因。据《也火汝足立嵬地土案卷》所载"……也火耳立时常向也……/元系亦集乃路站户有你曾祖……/嵬于本处置到地土玖段……"(F116∶W27⑩),也火汝足立嵬的叔父也火耳立(亦作也火耳立布)时常向他诉说,汝足立嵬的曾祖也火石革立嵬曾在亦集乃路置有九段土地。这对后来也火汝足立嵬状申甘肃行中书省要求到亦集乃路复业形成了重要的影响。

在也火汝足立嵬状申复业之时,其家族尚有长辈健在,如叔父也火耳立等,为何是由也火汝足立嵬前去状申,而非其长辈。《也火汝足立嵬地土案卷》中编号F116∶W541⑪的文书提供了相应的解释,"……宁夏娶到你阿婆蔡玉阿赛,所生二子,长男你父……/到你母揽都奴伦所

---

① 关于此战之时间,安部健夫:《西回鹘国史的研究》一书中写到:"我暂且把至元十九年或二十年初,当作英勇的亦都护火赤哈儿等'矢尽众歼,执节死之'的日期,并以此为满足。"并进一步把时间定为至元十九年前后,"到至元十九年前后,亦都护的行宫又受到敌人的袭击,亦都护力战而死。"(安部健夫:《西回鹘国史的研究》,宋肃瀛等译,乌鲁木齐:新疆人民出版社,1986年,第93、103页。)
② 《元史》卷一二二《巴而术阿而忒传》,第3001页。
③ 《陇右金石录》元代卷,甘肃省文献征集委员会校印,1943年,第87页。
④ 安部健夫:《西回鹘国史的研究》,宋肃瀛等译,乌鲁木齐:新疆人民出版社,1986年,第94页。
⑤ 《元史》卷一三《世祖纪十》,第277页。
⑥ 《元史》卷一九《成宗纪二》,第403页。
⑦ 《元史》卷六〇《地理志三》,第1451页。
⑧ 《元史》卷一七《世祖纪十四》,第366页。
⑨ 胡小鹏:《元代河西出伯系诸王初探》,《西北师大学报》,1991年,第6期,第31页。
⑩ 《中国藏黑水城汉文文献》第四册,第827页。
⑪ 《中国藏黑水城汉文文献》第四册,第801页。

生到三子,长子是你,安名汝足立嵬……"可见从也火石革立嵬到也火汝足立嵬,其一直为家族长子系,在中国古代封建社会的宗法制度中,这是该家族所谓的正统血脉,这代表着继承权的归属。结合该案卷中所载其他也火汝足立嵬家族人员,"立嵬弟石监布"、"次三男朵立赤"、"父阿玉……爹爹亦立吉"(F116:W186c①)、"叔耳立布所生到男一名"(F116:W116a②),基本可确定也火汝足立嵬家族谱系如下(符号□□代表家族成员名待考):

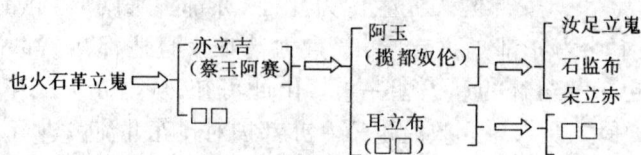

也火汝足立嵬复业案件经官司断处长达三年,期间官府派员照勘其曾祖原有土地情况,可以断定也火汝足立嵬家财力雄厚。最终官府准其归还亦集乃路进行复业,充当站户,并免去其在西凉州之差役,这与当时站户的签补、招复政策有着重要联系。从黑水城出土的文书中可以发现当时亦集乃路站户消乏、无力应役主要表现在以下四个方面:(一)站户所买驱口不应役。如《麦足朵立只答站户案卷》③中站户麦足朵立只答控告其驱口亦称布等不应役案件。(二)站户土地被占。如 F9:W34④ 中至正十八年站户汝中吉赴省状告所在地尉官领人强夺其土地案件。(三)站户无财力补买驼只,无粮支应差役。"倒死牲畜过多,属于损毙马驼,则须由站户补买,站户无财力补买牲畜,也就成为消乏的重要原因。亦集乃路地处荒漠之中,天旱不雨,河流流量微小,常常出现颗粒无收的严重荒情。站户无粮支应差役,只得申请消乏。F116:W437 就是至顺三年(1332年)二月拟定杨小厮盖因两站户消乏的呈牒,当时消乏站户甚多,'今比比皆然',故拟定再增加杨小厮等二户消乏。杨小厮等站户经过申报官府准予消乏,有的站户并不申报官府而逃走,站赤交通受到严重影响,甚至停顿"⑤。另外还有"土地碱化"等自然灾害所导致的土地无法耕种,无力应役。《麦足朵立只答站户案卷》中多次提到,亦称布等因土地硝碱无法耕种,求投下官乔昝布向朵立只答劝说。在土地案中,如 F13:W115⑥ 即土地碱化以致无法应役之案件。(四)站户典质赡站地。如文书 Y1:W37B⑦ 户房呈关于曹阿立嵬告其父曹我称布存将赡站地典与任忍布的案件,文书 Y1:W64⑧ 至元三年撒兰伯控告,抵奴将已死李典的赡站地典与阔阔歹耕种的案件。

站户的消乏逃亡,严重影响驿路畅通,于是要"以时签补,且加赈恤焉"⑨。黑水城出土文书 F116:W433⑩ 为元顺帝时期甘肃行中书省下达亦集乃路总管府的札付,内容为依据大都、

---

① 《中国藏黑水城汉文文献》第四册,第 797 页。
② 《中国藏黑水城汉文文献》第四册,第 802 页。
③ 《中国藏黑水城汉文文献》第四册,第 773—792 页。
④ 《中国藏黑水城汉文文献》第四册,第 750 页。
⑤ 李逸友《黑城出土文书》,第 33 页。
⑥ 《中国藏黑水城汉文文献》第四册,第 758 页。
⑦ 《中国藏黑水城汉文文献》第四册,第 757 页。
⑧ 《中国藏黑水城汉文文献》第四册,第 759 页。
⑨ 《元史》卷一○一《兵志四》,第 2583 页。
⑩ 《中国藏黑水城汉文文献》第五册,第 1137 页。

昌平、榆林、涿州签补站户办法，对管内消乏逃亡进行签充，并"计不分上中下三等一概佥充"。文书 F116：W543①中"除怯薛丹驱口昔宝赤及各投下已籍应当军站户/[官花]园户匠户礼乐户晋山梁米户不许签补外令拘"，"应当[差民]户及除差祗候巡军弓手急递铺户内[依验有]抵业物力人丁之[家签补]/如是不敷应有析居放良还俗僧道漏籍等户亦检人丁事户"。文书 F116：W434②中"官司诸物户计内依验人丁事产物力高强依例金"、"招诱复业"。这三件文书的主旨就是要求亦集乃路总管府将"人丁事产物力高强"之户签补、招复为站户。而也火汝足立嵬的复业正是在这个背景下进行的，一旦其曾祖父原有土地归还，其便成为政府所需"富有事产地土之站户"。

正如之前研究也火石革立嵬逃移永昌路并非孤立现象一样，也火汝足立嵬的迁移也不是个体案例。除了与当时站户签补招复政策有关外，对也火汝足立嵬迁移的研究是作为对元末政局动荡所导致的居民逃移群体现象研究的一部分。从浑都海之乱后也火石革立嵬逃移永昌路到至正十一年其曾孙也火汝足立嵬状申甘肃行中书省要求复业，时间间隔了近百年时间，经历了河西从元世祖时期生产的恢复，"土地丰饶，岁多丰稔"，到顺帝时政局动荡，元朝的统治已风雨飘摇，河西已不再是一片乐土。元末社会矛盾凸显，至正十二年，"河南、陕西、腹里诸路，供给繁重，调兵讨贼"③。"（至正十三年）夏四月，以甘肃行省平章政事锁南班为永昌宣慰使，总永昌军马，仍给平章政事俸。先是，永昌愚鲁罢等作乱，锁南班讨平之，至是复起，故有是命"④。此即至正十三年永昌爆发的大规模抗元活动。到至正十四年，"发陕西军讨河南贼，给钞令自备鞍马军器，合二万五千人，马七千五百匹，永昌、巩昌沿边人匠杂户亦在遣中"⑤。此时的永昌路已大不如前，供给繁重、兵事繁多。《失林婚书案卷》中被告人闫从亮就是因为至正十九年红巾军起义攻破巩昌城（今甘肃陇西），先是逃避兵灾至永昌甘州住坐，后于至正廿一年避至亦集乃路。到至元二十八年，顺帝自大都北遁塞外，随之而来的是大量的内地官员、居民亟待安置的问题。黑水城出土的文书 TK226⑥《肃州路官员名录》很明显就是这样一份重新安排官员的名单。

三 结 语

综上所述，主要是对也火汝足立嵬土地案中也火石革立嵬、也火汝足立嵬祖孙两代迁移的原因及背景的考述。也火石革立嵬在浑都海之乱后逃移至永昌路，其曾孙也火汝足立嵬至正十一年要求到亦集乃路复业，迁移原因主要包括了战乱及站户签补、招复政策等方面。《也火汝足立嵬地土案卷》为研究元代西北战乱对基层民众产生的影响等问题提供了内容极为丰富的第一手史料。黑水城出土的这些文书有的可与古籍文献互证，有的可补其不足，对研究元

---

① 《中国藏黑水城汉文文献》第五册，第1144页。
② 《中国藏黑水城汉文文献》第五册，第1143页。
③ 《元史》卷四二《顺帝纪五》，第894页。
④ 《元史》卷四三《顺帝纪六》，第909页。
⑤ 《元史》卷四三《顺帝纪六》，第914—915页。
⑥ 俄罗斯科学院东方研究所圣彼得堡分所、中国社会科学院民族研究所、上海古籍出版社编，史金波、魏同贤、ЕИ.克恰诺夫主编《俄藏黑水城文献》第四册，上海：上海古籍出版社，1997年，第228页。

代,尤其是元代中后期亦集乃路地区的历史有重要意义。随着黑水城文书的出土、公布,相关研究成果与日俱增,在黑水城出土文书中,仍有大量的文书残片尚未经过解读,值得进一步研究。

俄藏黑水城所出《天历二年呈亦集乃路官府文》考释①

河北师范大学 宋 坤

《俄藏黑水城文献》第4册第204页收有一件编号TK201的文书,编者原拟题为《天历二年呈亦集乃路官府文》,其书第6册之《附录·叙录》中称此文书为元写本,未染麻纸;高28,宽26;共15行,行30字;行楷,墨色淡。本件文书对于研究元代亦集乃路巡检司职能及养济院制度有着较高的史料价值,迄今未见有专文研究,因此笔者拟就其中的某些问题试做粗浅探讨,以请教于方家。为研究方便,现将文书内容移录如下:

1. 亦集乃路 巡 检司
2. 呈 照得前元朵立赤等合得衣装,除天历二年夏衣不□.
3. 当□□冬衣末糸②毡台儿未曾支付,当官令行人哈速丁□□司管 □.
4. 照依天历二年十月分时估□,实估计到各各价钱,中间并无高 借 口
5. □捏合不实,如虚当□。除已取讫行人哈速丁甘结文状在官外,今将物色
6. 价直开坐,卑司保结,合行具□
7. 亦集□□总管府, 伏乞
8. 照验施行。须至呈者:
9. □   实在孤老男子妇女陆拾叁名,例支末糸毡台儿,照依天历二年十月
10.   时估各价不等,计中统钞壹拾玖□□拾
11.   两伍钱。
12. □   叕 中改机末糸每名例支式拾官尺,为无依中 改 机末糸每
13.   名支回回地面壹疋,长式拾官尺,计末糸肆 拾
14.   叁疋,每疋价钱壹拾伍两,计中统钞壹拾式
15.   定陆拾伍两
16. □   毡台儿每 名 支壹块,长壹丈,阔肆尺半□□叁块,每块价

（后缺）

本件文书为正背双面书写,背面俄藏编号TK201V,收于《俄藏黑水城文献》第4册第205

---

① 本文系2011年度国家社会科学基金青年项目"中国藏黑水城所出元代律令与词讼文书整理与研究"（课题编号11CZS015）的阶段性成果之一。
② "末糸"孙继民与笔者等著《俄藏黑水城汉文非佛教文献整理与研究》（北京师范大学出版社,2012年3月,第414页）一书录文作"末系",当时释读有误,现据图版改。

页,编者原拟题为《书信》,与本件文书内容无关。《附录·叙录》称本件文书共有 15 行,误,从图版来看,本件文书现存文字 16 行。本件文书第 1 行所缺文字应为"巡"字,因遍查元代典籍,以"□检司"为名之官府机构只见"巡检司"一名,故推知此处所缺文字应为"巡"。据《元史·百官七》载:"诸县……巡检司,秩九品,巡检一员"①,即巡检司为诸县下属机构,但李治安先生指出,元代巡检司"不仅设于诸县,还设在部分无属县之散州"②。李先生还指出史籍记载元代共设 130 多个巡检司,其中并无"亦集乃路巡检司",但金滢坤先生《从黑城文书看元代的养济院制度——兼论元代的亦集乃路》③一文指出《俄藏敦煌文献》中的 ДХ.19072R 号《元至正三年亦集乃路巡检司为收养郭张驴等孤老状本路总管府及指挥使判》文书应为黑水城出土文书,其即为巡检司上亦集乃路总管府之呈状。另《黑城出土文书(汉文文书卷)》所收[Y1:W30]号文书④称因"甘肃行省差镇抚薛前来在路开读圣旨,为此覆奉总府官台旨,仰告示在路并司属官吏人等至初八日绝早出郭迎接",其下所开列的司属即包括"巡检司",故可知元代亦集乃路总管府下设有"巡检司"这一机构。

一 文书定名及性质

《附录·叙录》中将本件文书原拟题为《天历二年呈亦集乃路官府文》,按照敦煌吐鲁番文书整理定名规则来讲,此定名稍嫌简略,对于文书定名所要反映之要素:文书撰拟的时代、文书撰拟的主体、文书反映的内容及文书撰写的形式种类等包含不全,只反映了文书的撰拟时间及撰拟主体,最重要之文书所反映内容则缺。本件文书现存 16 行,其中第 1 行为发文主体,即"亦集乃路巡检司";2—8 行为发文事由之陈述,即文书所反映内容,因"冬衣末糸毡台儿未曾支付",故照依天历二年十月分时估价,需将实估计到各各价钱上呈亦集乃路总管府;9—16 行则为需发放冬衣之各项折钱清单。因此,笔者觉得将本件文书定名为"元天历二年亦集乃路巡检司呈路总管府文为朵立赤等合支冬衣及毡台儿等物计价钱事"似较为妥当。

金滢坤先生在《从黑城文书看元代的养济院制度——兼论元代的亦集乃路》⑤一文中曾认为 ДХ.19072R 号文书《元至正三年亦集乃路巡检司为收养郭张驴等孤老状本路总管府及指挥使判》是目前所见的唯一一件有关元代养济院的出土官文书,对研究元代养济院制度和相关问题有重要意义。郭兆斌《对黑水城两件收养老人文书的解读》一文则指出,除 ДХ.19072R 号文书《元至正三年亦集乃路巡检司为收养郭张驴等孤老状本路总管府及指挥使判》之外,收于《俄藏黑水城文献》第 4 册第 217 页的 TK212 号文书《为孤老乞答你支请衣粮状》也为有关元代养济院的文书。另外,吴超《〈黑水城出土文书〉所见亦集乃路的孤老救济初探》⑥

---

① 宋濂:《元史》卷九一《百官七》,中华书局点校本,1976 年,第 2318 页。
② 李治安:《元代政治制度研究》,人民出版社,2003 年,第 223 页。
③ 金滢坤:《从黑城文书看元代的养济院制度——兼论元代的亦集乃路》,《中央民族大学学报(哲学社会科学版)》,2003 年第 2 期。
④ 李逸友:《黑城出土文书(汉文文书卷)》,科学出版社,1991 年,第 94 页。
⑤ 金滢坤:《从黑城文书看元代的养济院制度——兼论元代的亦集乃路》,《中央民族大学学报(哲学社会科学版)》,2003 年第 2 期。
⑥ 吴超:《〈黑水城出土文书〉所见亦集乃路的孤老救济初探》,《西夏研究》2012 年第 1 期。

一文指出除此两件文书外,另有 Y1:W60①、M1·0176[84HF205B 正]②、M1·0749[84H·F116:W530/1704]、M1·0814[84H·F116:W211/1383]等四件文书也应为元代养济院之官文书。

但,从本件文书书写形式及内容来看,本件文书也应属于有关养济院之官文书,理由有二:

首先,本件文书的发文机构和文书的书写形式与 ДX.19072R 号文书《元至正三年亦集乃路巡检司为收养郭张驴等孤老状本路总管府及指挥使判》相同,为说明方便,现将 ДX.19072R 号文书录文移录如下:

1. 巡检司
2. ☐呈照得,孤老郭张驴等贰拾壹名,合得口粮柴薪。至正三年 五③ 月
3. ☐ 已 行申:右今④当外据二月份口粮柴薪钱⑤未曾支付,今将旧官☐
4. ☐☐各各⑥花名开呈前去,中间并无冒名顶替、捏合不实。如虚,当
5. 罪⑦不词, 卑 ⑧司官吏保结是实,合行具呈
6. 亦集乃路总管 府,伏乞
7. ☐☐☐行,须至呈者⑨
8. ☐☐孤老男子妇女贰拾名:
9. ☐无
10. ☐男子壹名:贾买驴⑩。承奉

---

① 此件文书编号吴超所用为李逸友《黑城出土文书(汉文文书卷)》所载"Y1:W60",同一件文书《中国藏黑水城汉文文献》当中所载编号为"M1·0220[Y1:W60A]"。

② 此件文书吴超一文释读有误,吴超文释录为:
☐☐珍
男无
实在孤老一十九名,每名月支米三☐
☐☐尽计支米五石七

但据图版,其正确录文应为:
(前缺)
1. 男子玖名   妇人壹拾名
2. 收系☐
3. 实在孤老壹拾玖名,每名月支粮叁
4.   ☐大尽所支粮伍石柒斗
(后缺)

③ "五"金滢坤文作"正",据下文"二月份"一语,此应为"二月份"之后,故应为"五"。
④ "今"金滢坤文作"合",现据图版改。
⑤ "钱"金滢坤文作"分",现据图版改。
⑥ 文书中第二个"各"字为省文符号,现径改。
⑦ "罪"金滢坤文疑其为"诈",现据图版改。
⑧ "卑"金滢坤文疑其为"检",现据图版改。
⑨ "须至呈者"金滢坤文作"原至呈截",现据图版改。
⑩ "驴"金滢坤文作"郭",现据图版改,下同,不再另作说明。

11.	总府指挥,该①为贾买驴状告,为是年迈
12.	残疾,亦无亲戚之人,委官体覆②是实,仰依上
13.	收养施行。奉此,今于至正三年正月廿玖日收
14.	养,所据口粮于二月份粮状。

（后缺）

两件文书对照可见,发文机构一致,均为亦集乃路巡检司;上呈对象一致,均为亦集乃路总管府;文书书写形式基本一致,只是 ДХ. 19072R 号文书下开列有被收养人员之花名册,而 TK201 号文书则无。这是因 ДХ. 19072R 号文书第 3—5 行言:"今将旧官□□各各花名开呈前去申闻,并无冒名顶替、捏合不实,如虚当□,不词。巡检司官吏保结是实",郭兆斌一文曾据此判定此件文书当为"巡检司在核实收养对象后向总管府递交的一份保结文书",此判断当无误。而 TK201 号文书第 5—6 行则言明:"除已取讫行人哈速丁甘结文状在官外,今将物色价直开坐,卑司保结,合行具□",可知 TK201 号文书并非没有关于巡检司对收养人员之核查内容,而是因已经呈送亦集乃路总管府,故而未再重复开列。换句话说,ДХ. 19072R 号文书应为元代在对收养人员发放衣粮之前,巡检司所出具的被收养人员花名册,并确保其中并无弄虚作假之甘结文状,而 TK201 号文书则为巡检司在对收养人员出具了甘结文状之后,所开列的救助物资的发放清单,两者并不矛盾。

其次,从本件文书的内容也可看出本件文书应为有关养济院之官文书。文书第 9 行"□实在孤老男子妇女陆拾叁名"一语,证明此件文书物资发放对象即为"孤老男子妇女",与 ДХ. 19072R 号文书第 8 行"□孤老男子妇女二十名"行文一致,故可判定其应为有关养济院之官文书。

本件文书性质的确定对于黑水城所出其他相关文书性质的判定具有参考价值,例如《中国藏黑水城汉文文献》第 2 册第 358 页所收 M1·0257[F20∶W36]号文书,其文曰：

（前缺）

1. 甘当罪不词．□
2. 伏水改机縻糸③长壹拾陆尺,每．
3. 价钱壹拾伍两；
4. 毡脱儿长壹拾尺,阔④肆尺,每块
5. 价钞柒两伍钱

（后缺）

此文书内容与 TK201 号文书基本相同,其中"縻糸"与"末糸"、"毡脱儿"与"毡台儿"虽有文字差异,但其所指物件应一致。故此,可以推断 M1·0257[F20∶W36]号文书也应为元代养济院之官文书。

---

① "该"金滢坤文作"请",现据图版改。
② "委官体覆"金滢坤文作"要官侍覆",现据图版改。
③ "糸"李逸友《黑城出土文书(汉文文书卷)》录文作"系",现据图版改。
④ "阔"李逸友《黑城出土文书(汉文文书卷)》录文作"深",现据图版改。

据此，目前已知现存元代养济院之官文书应为八件，分别为俄藏三件：ДХ.19072R、TK201、TK212，中藏五件：Y1∶W60、M1·0176[84HF205B 正]、M1·0749[84H·F116∶W530/1704]、M1·0814[84H·F116∶W211/1383]、M1·0257[F20∶W36]。

二　文书价值

元朝建国不久便着手建立赈济鳏寡孤独废疾的制度，世祖中统元年"首诏天下，鳏寡孤独废疾不能自存之人，天民之无告者也，命所在官司，以粮赡之。至元元年，又诏病者给药，贫者给粮。八年，令各路设济众院以居处之，于粮之外，复给以薪。十年，以官吏破除入己，凡粮薪并敕于公厅给散。十九年，各路立养济院一所，仍委宪司点治"①。而本件文书为有关养济院之官文书这一性质的确定，对于研究元代巡检司和养济院相关问题有着极为重要的意义，主要体现在以下几个方面。

首先，本件文书对元代亦集乃路巡检司之职能范围研究提供了新的材料。巡检司为元代散州及诸县所设负责维护社会治安和缉捕盗贼之机构。如上所述，据李治安先生研究，史籍当中记载元代共设置了 130 多个巡检司，其中未见关于亦集乃路巡检司之记载，但 ДХ.19072R、TK201 及 Y1∶W30 等黑水城文书则证实了元代亦集乃总管府确曾下设巡检司，弥补了正史记载之不足。另外，ДХ.19072R、TK201 两件文书还证实了在元代亦集乃路地区的养济院收养孤寡之人的相关事务由原负责维护社会治安和缉捕盗贼的巡检司负责。ДХ.19072R 号文书为巡检司所出具被收养人员之花名册，而 TK201 号文书则为巡检司所开列的需要发放救助物资的清单，由此可见，亦集乃路巡检司不仅负责对孤寡之人的收养工作，还负责救助物资的发放事项。《元史·食货四》②载："(至元)十九年，各路立养济院一所，仍委宪司点治。"金滢坤据 ДХ.19072R 号文书内容断定，巡检司即为点治养济院之宪司。按，"宪司"为元代监察机构之通称，未见巡检司称为"宪司"之例。郭兆斌文依据《大元通制条格》中"应收养而不收养，不应收养而收养者，仰御史台按察司计点究治"、"大德十年三月，中书省御史台呈：各处鳏寡孤独老弱残疾不能自存之人，本管官司并不干碍。官司体覆是实，随即收养放支衣粮等物，开坐申覆。本路正官体覆，廉访司体察，但有冒滥不应，将先体覆司县官吏取招议罪，更将支讫衣粮等物陪纳。都省准拟"③。等相关记载认为，对养济院进行点治的宪司应为御史台按察司、廉访司等监察机构，笔者以为郭兆斌所言为是。由《大元通制条格》之记载可见，元代负责养济院事务之地方官员分为两级，一为"本管官司"，一为"本路正官及廉访司"。其中"本管官司"负责"收养及放支衣粮"等具体事宜，并将相关内容"开坐申覆"。而"本路正官及廉访司"则负责对"本管官司"之工作进行体覆、体察。由 TK201 及 ДХ.19072R 号文书之内容看见，其即为巡检司将收养放支衣粮等情况"开坐申覆"之文书，联系《大元通制条格》可知，元代亦集乃路地区，"巡检司"即为负责养济院事务之"本管官司"，而非"点治"养济院之宪司，由此我们对元代巡检司之职能范围又有新的认识，其除了负责维护社会治安和缉捕盗贼之外，还负责孤寡

---

① 宋濂：《元史》卷九六《食货四》，中华书局，1976 年，第 2476 页。
② 《元史》卷九十六《食货四》，第 2476 页。
③ 郭成伟点校：《大元通制条格》卷四《户令·鳏寡孤独》，北京：法律出版社，2001 年，第 58—59 页。

老人之收养事务。

其次,本件文书对元代养济院发放救助物资之细节提供了新的材料。元朝对鳏寡孤独人员所提供的物质救助涉及衣食住用、医药、丧葬等生活的多个方面,主要有布帛绢、衣、粮、薪、钞、药和房舍等。在灾害和饥荒之时,还给予老人特殊的关照和救助。在所有救助物资当中,口粮发放最早。元初,刘秉忠就上书建议:"鳏寡孤独废疾者,宜设孤老院,给衣粮以为养。"①忽必烈采纳了他的建议,中统元年"首诏天下,鳏寡孤独废疾不能自存之人,天民之无告者也,命所在官司,以粮赡之。至元元年,又诏病者给药,贫者给粮。八年,令各路设济众院以居处之,于粮之外,复给以薪"②。其中,至元六年十一月敕"诸路鳏寡废疾之人,月给米二斗"③。但是,对于孤寡之人发放柴薪似并不始于至元六年,因《大元通制条格》载"至元二十一年六月,中书省御史台呈:鳏寡孤独不能自存之人,官给口粮养济,合无添给柴薪。户部照议得:养济贫民每口支柴五斤,于本处年销柴内放支"④。似对养济贫民发放柴薪始于至元二十一年,养济院建立之后。而对于孤寡之人冬夏衣发放之规定也见于《大元通制条格》:"大德六年四月,中书省江西行省临江路申:贫民冬衣布絮,依旧例每名支给土麻布二疋,稀疏岂能御寒,徒费官钱,不得实惠,合无支给木棉布疋,庶望贫民温暖……都省准拟。"⑤即原发放冬衣为每人土麻布二匹,后来改为保暖性较强的木棉布。除定时发放之外,有时皇帝会每人赏赐布、帛和绢。如成宗时曾下诏:"各处孤老,凡遇宽恩,人给布帛各一。"⑥而黑水城所出养济院文书则为元代对鳏寡孤独人员所提供的物质救助提供了一些不见于史籍记载之细节,例如吴超曾据Y1:W60、M1·0176[84HF205B 正]两件文书指出元代"两屯百户所"曾承担发放孤老粮食的职责,而且亦集乃路地区对孤老口粮的发放标准为"每名月支粮三斗",高于至元八年所定"月给米二斗"之标准。⑦ 具体到本件文书来说,本件文书则证明,元代对养济贫民所发放的冬衣并不仅仅限于土棉布,还包括了毡台儿及回回地面。⑧ 通过本件文书可见,天历二年亦集乃路地区对养济贫民所发放物资包括:每名毡台儿壹块,长壹丈,阔肆尺半及回回地面一匹,长二十官尺。笔者翻检史籍,未找到相关记载。从字面来看,毡台儿应为某种毛织品,回回地面则似乎应为回回地区或回回民族所出产的某种织品。另外,《大元通制条格》关于发放冬衣之记载为"江西行省临江路"之情形,其地产棉,故其冬衣为木棉布匹。而 TK201 号文书所载为亦集乃路地区之情形,其地苦寒,不事种棉,故其发放冬衣以毡台儿等毛织品为主。由此可见,元代对孤寡之人衣物之发放采取因地制宜之措施,而非全国统一。

总之,本件文书为我们证明,元代对养济贫民的冬衣发放不仅仅是木棉布,还包括其他织

---

① 《元史》卷一五七《刘秉忠传》,3690 页。
② 《元史》卷九十六《食货四》,2476 页。
③ 《元史》卷六《世祖本纪三》,123 页。
④ 《大元通制条格》卷四《户令·鳏寡孤独》,58 页。
⑤ 《大元通制条格》卷四《户令·鳏寡孤独》,58 页。
⑥ 《元史》卷九十六《食货四》,2474 页
⑦ 吴超:《〈黑水城出土文书〉所见亦集乃路的孤老救济初探》,《西夏研究》,2012 年第 1 期。
⑧ 按,文书中第 12 行出现"改机"一词。史书中所见"改机"也为一种衣料,多见于明代文献,如《大明神宗显皇帝实录》卷三六一载"改机八百匹"。又如《明英宗睿皇帝实录》卷 280 载"纻丝纱罗绫改机䌷等项"。元代文献仅见一处,《全元南戏·荆钗记》中载"就是送改机来的,裁衣服少了两幅,做不成罢了"。但此文书中之"改机"是否是指衣料,从文意上笔者不敢妄下论断。

品,为我们研究元代养济院救助物资的发放提供了新的材料。

最后,将本件文书和ДХ.19072R、TK212号两件文书结合研究,可以对元代养济院收养孤寡人员,发放养老物资之程序产生新的认识。为说明方便,现将TK212号《为孤老乞答你支请衣粮状》也移录如下:

(前缺)
1. 右乞答你年七十三岁,除见□□□.
2. 每□病,系本路承管附籍□□.
3. 住坐,见充孤老,支请衣□□.
4. 总府□就司,乞答你□□□.
5. □□□①争立□状□来□□.
6. □□□官有父□□□义□.
7. □□□存白钱本家站□□.
8. 赡养□□□打□□□□.
9. 货□他人□后为父□□.
10. 故□存乞答你□□□□.
11. 见俟粮养活□□□□.
(后缺)

关于元代养济院收养孤寡之人及发放救助物资的操作程序,李莎先生认为应是:"基层官府要对拟收养对象的基本情况分辨虚实,然后造册登记,和应发的粮食衣物等一起申报,并核查确认后,方才批准对符合条件的老人进行收养。"②但是结合三件黑水城文书及上引《大元通制条格》相关记载来看,元代对应收养人员之收养及救助物资发放程序似非如此。

首先,关于对应收养人员之收养工作。通过TK212号文书第3行"见充孤老"及11行"见俟粮养活",可知TK212号文书为孤老乞答你为支请衣粮向"总府□就司"所呈之状。此状由谁所呈,因文书残缺,不明,但是可以通过ДХ.19072R号文书的相关内容进行推断。ДХ.19072R号文书第10—13行云:"承奉总府指挥,该为贾买驴状告为是年迈残疾亦无亲戚之人,委官侍覆是实,仰依上收养施行。"由此可知元代在对孤寡之人收养之前,需孤寡之人先对本管官司呈状申明自己状况,之后由本管官司委官复查,复查为实之后,即可对其收养。而《大元通制条格》也载:"各处鳏寡孤独老弱残疾不能自存之人,本管官司并不干碍,官司体覆是实,随即收养放支衣粮等物。"③反映在ДХ.19072R号文书中即是"今于至正三年正月廿九日收养,所据口粮于二月分粮状。"故而我们可以推知,TK212号《为孤老乞答你支请衣粮状》即为乞答你向亦集乃路总管府所呈申明自己年老无依之申状。因此,元代对孤寡之人的收养首

---

① 此三字被涂抹。
② 李莎:《元代的养老政策》,《齐鲁学刊》,2008年第3期,第61页。
③ 《大元通制条格》卷四《户令·鳏寡孤独》,第59页。

先是孤寡之人向官府递交申状之后，官府对呈状之人进行复查，分辨虚实之后，如情况属实，即可由本管官司进行收养（在亦集乃路地区收养工作由巡检司负责）。另由ДХ. 19072R 号文书中"今于至正三年正月廿九日收养，所据口粮于二月分粮状。"一语可知，元代对孤寡之人的收养在前，申报应发粮食衣物在后，非是申报粮食衣物在前，收养在后。

其次，关于收养及衣粮的发放申报程序。李莎先生认为应为收养名册和"应发的粮食衣物等一起申报"，《大元通制条格》载"随即收养放支衣粮等物，开坐申覆"①。似也认为是一同申报，但通过对本件文书及ДХ. 19072R 号文书之分析，似应非此。例如ДХ. 19072R 号文书在对贾买驴之基本情况阐述完毕之后云："所据口粮于二月分粮状"，可知，ДХ. 19072R 号文书中并不包含所应发放之口粮数量，具体的口粮数量在另一份文书即"二月分粮状"之中，二者并非同时申报。而TK201 号文书之中则云："除已取讫行人哈速丁甘结文状在官外，今将物色价直开坐。"之后详细列举了应发放物资的种类及价值，但并不包括关于对发放对象基本情况的核实内容，也即关于发放对象的"甘结文状"，因其已取送在官，也证明被收养人员之花名册与救助物资的申报并不同步。由此我们可知，元代关于养老物资的发放程序应是先由相关部门将被收养对象花名册，并证明其无弄虚作假之保结文书（此被称为"甘结文状"）上呈，之后再将应发粮食衣物申报。

总之，结合三件文书来看，元代养济院收养孤寡人员，发放养老物资之基本程序应为：先由需被收养之人呈交申状于官府，官府收到申状之后委官核查，核查是实之后即着相关部门对其进行收养，之后再向上级申报应发救助物资数量。而在发放救助物资之时，先由相关部门将被收养对象花名册，并证明其无弄虚作假之保结文书上呈，之后再申报需发放物资之具体数量。对应收养人员之收养及需发放物资具体数量之申报在亦集乃路均由巡检司负责。

综上所述，TK201 号文书应为元代亦集乃路巡检司上呈总管府关于养济院事务的官文书，而此件文书这一性质的判定对于我们研究元代养济院的主管机构、孤寡人员的收养程序及救助物资的发放等问题均有着极为重要的文献价值。

---

① 《大元通制条格》卷四《户令·鳏寡孤独》，第 59 页。

黑水城所出元代酒醋课程文书研究

河北省社会科学院　陈瑞青

李逸友先生《黑城出土文书(汉文文书卷)》中收录的 F116:W562 号文书涉及亦集乃路酒醋课程的征收问题,对于研究元代赋税制度具有重要的史料价值。潘洁《黑水城所出元代赋税文书研究》一文对元代黑水城出土的赋税文书进行了系统的梳理,其研究的重点是农业税,即元代的税粮问题,同时涉及元代税收中的抽分、酒醋课、契本税等。在涉及酒醋课程文书时,潘洁认为 F116:W562 号文书是一件保存较为完整的至元三十一年(1294 年)上下半年酒醋课程的呈牒,大致内容是至元三十一年的酒醋课程当为中统钞七锭,但实际的交纳方式为课羊七口,具体情况由周的吉认办,不是亦集乃路总管府负责。此外,交税的标准为"羊七口",与同类型的其他文书以及正史中酒醋课程按用粮数量纳课的记载有出入,但潘洁同志没有指出文书中酒醋课程纳羊的依据和原因。② 在徐悦的《元代亦集乃路农作物种类考述》一文中也认为 F116:W562 号文书是亦集乃路向行中书省丰备库解纳至元三十一年上下半年酒醋课程的呈牒,③这一判定存在诸多错漏,仍需重新审视。笔者不揣浅陋,试对这件文书进行考证,不当之处,敬请方家指正。

F116:W562 号文书收录于李逸友《黑城出土文书(汉文文书卷)》第 112 页,《中国藏黑水城文献》第一册户籍与赋税文书类收录该文书,其编号为 M1·0038(F116:W562),编者将其定名为《至元三十一年酒醋课文卷》。④ 据李书介绍,该文书为竹纸,残,行书,图版大小为 137 毫米×652 毫米。据《中国藏黑水城文献》公布的图版,该文书共计 24 行,行 14 字。现将 F116:W562 号文书迻录于下:

[前缺]
1. □奉
2. □□□台旨□将至元卅一年上下半
3. 　　□□另具解申报者,奉此
4. 　　呈者
5. 酒醋等课羊七口系周
6. 　　的吉认办,不系本
7. 　　路管

---

① 本文为河北社科院重点科研项目"黑水城元代军政文书研究"的系列研究成果之一,项目批准号为:2012A19。本文修改过程中,吸收了杨印民博士的部分意见,谨此致谢。
② 潘洁:《黑水城所出元代赋税文书研究》,《西夏学》第四辑,银川:宁夏人民出版社,2009 年。
③ 徐悦:《元代亦集乃路农作物种类考述》,《西夏学》第四辑。
④ 杜建录等主编:《中国藏黑水城文献》,北京:国家图书馆出版社,2008 年,第 69 页。

8.　　　税课中统钞柒定
9.　　　办中统钞柒定
10. 酒醋等课系周的吉
11.　　　认办，
12.　　　税课中统钞柒定
13. □赴　　行中书省丰备库
14.　　　解纳了当，见将
15.　　　纳到朱钞为凭。
16. 酒醋等课系周的吉认办，
17.　　　羊七口不系本路管
18.　　□课中统□□定
19.　　　钞柒定
20. 酒醋等课系周的吉
21.　　　认办，
22.　　　税课中统钞柒定
23. □赴　　行中书省丰备
24.　　　总库解纳了当
　　　　［后缺］

文书第1行的"□奉"，应为"承奉"。文书的第2行出现了"台旨"字样，一般出现黑水城文书中出现"台旨"都与亦集乃路总管府有关。如Y1:W60A号文书中称："总府官台旨仰两屯百户所"；Y1:W84号文书称："总府官台旨仰差人赍公文照验去"等。据此推断，文书中"□□□台旨□"，应为"总府官台旨仰"。

文书中出现的行中书省丰备库，是指甘肃行省丰备库，《元史·选举志二》称："甘肃行省丰备库，提领一员，从七品，大使一员，正八品，于到选迤西资品人内升等铨注。"①《黑城出土文书（汉文文书卷）》中收录的编号为F116:W21号文书中也出现了"丰备库"字样。②

文书第15行出现的"朱抄"亦作"朱钞"，是一种由官府加盖朱文印章的纳税凭证或收据。"朱钞"一词最早出现在五代时期，后唐庄宗同光二年三月三十日，御史台奏章中称："新授兼官者，并合送纳前件光台宪御礼钱，今欲准例勒辞谢驱使官，申报牒兵部，勒告身案除准宣取外，准例须候送纳光台宪御礼钱了［毕］，朱钞到方可给付转帖。"③这里的朱钞是新授官员向光台宪御已纳礼钱的凭证。北宋时期沿袭以朱钞作为收纳凭证的惯例，据《栾城集》记载："又如诸路召募押纲合得酬奖，诸库务已给朱抄，先经太府寺印纸保明，指定合得酬奖，申尚书金部，金部再行勘验诣实，关司勋句覆，然后关吏部施行。"④大致到南宋时期，"人户岁输，全凭朱

---

① 脱脱：《元史》卷八二《选举志二·铨法上》，北京：中华书局，1976年，第2045页。
② 李逸友：《黑城出土文书（汉文文书卷）》，北京：科学出版社，1991年，第140页。
③ 王钦若：《册府元龟》卷517《宪官部·振举第二》，北京：中华书局，1982年，第6175页。
④ 苏辙：《栾城集》卷三八《论三省事多留滞状》，上海：上海古籍出版社，1987年，第831页。

钞"①,朱钞逐渐由钱粮凭证向纳税凭证转化。据《晦庵集》记载:"诸县人户送纳税物官司交讫,合给朱钞。县钞即关主簿勾销,户钞即付人户执照使人户免致重迭,追呼搔扰。近年,诸县间有受纳钱物不即印钞,即以钞单给付人户,既无官印,不可行用。及至追呼,不为点对勘断监纳,山谷细民被害尤甚。欲乞检坐敕条行下,约束诸县仓库交到人户税物一钱以上,须管当日印给朱钞,令所纳人当官交领,不得似前只将钞单脱赚人户。"②南宋时期的朱钞又作"赤钞","赤钞"是官府加盖印章的凭据,没有加盖印章的则称为"白关"。据《止斋集》称:"受纳仓场并是当日给钞销簿。如有农家或将银米凭托揽子铺户等人,须是便取去赤钞为凭,不可信受手会白关之类。所虑揽铺兜收过,已致作挂欠正当农务,忽被追呼。"③同时,郡县胥吏有枉改赤钞加害百姓的记载,《容斋随笔》称:"郡县胥史揩易簿案乡司尤甚,民已输租税,朱批于户下矣。有所求,不遂复洗去之。邑官不能察,而又督理比其持赤钞为证,则追逮横费,为害已深。"④元代时,朱钞作为纳税凭证的惯例得以沿袭,天历三年(1330年),省臣议:"江南、陕西、河南等处富实之家愿纳粟补官者,验粮数等第,从纳粟人运至被灾处所,随即出给勘合朱钞,实授茶盐流官,咨申省部除授。凡钱谷官隶行省者行省铨注,腹里省者吏部注拟,考满依例升转。其愿折纳价钞者,并以中统钞为则。江南三省每石四十两,陕西省每石八十两,河南并腹里每石六十两。其实授茶盐流官,如不愿仕而让封父母者听。"⑤文书中出现的"朱钞",应当属于一种由官府加盖印章的纳税凭证。

文书第23行"□赴",李逸友先生识读成"速赴",但比照图版,"赴"上面的文字已经看不清楚。从文意上看,识读为"速"解释不通。这是因为,如果识读成"速赴"的话,就是要求周的吉赶快到甘肃行省丰备库缴纳税课,与后面的"解纳了当"、"朱钞为凭"相互矛盾,因此笔者认为"□赴"可能是"已赴",说明周的吉已经将课税缴纳完毕,并有丰备库出具的朱钞为凭。

《中国藏黑水城文献》将这件文书定名为《至元三十一年酒醋课文卷》,这一定名没有说明文书的撰拟机构和呈送对象,同时对文书的书写时间也没有作辨正,因此该定名失之过简。徐悦《元代亦集乃路农作物种类考述》一文认为 F116:W562 号文书是亦集乃路向行中书省丰备库解纳至元三十一年上下半年酒醋课程的呈牒,⑥这一判断将 F116:W562 号文书的撰拟机构认定为亦集乃路,呈送对象为行中书省丰备库,同时认定文书的体裁为呈牒。这一结论并不是基于对文书本体的考证基础之上得出的,而是出自作者的推断,因此有必要对这件文书进行重新梳理,并重新定名。

关于 F116:W562 号文书的撰拟时间,文书第2—3行有"至元卅一年"字样,但这件文书的写作时间并非此年,这是因为文书要求申报"至元卅一年上下半年"的酒醋等课,这说此 F116:W562 号文书的形成时间应当在至元卅一年(1294年)的下一年,即元贞元年(1295年)。

在文书中多处出现"本路"字样,本路即亦集乃路总管府。但这并不意味着本件文书的撰

---

① 袁甫:《蒙斋集》卷二《知徽州奏便民五事状》,影印文渊阁《四库全书》第 1176 册,台北:台湾商务印书馆,1986 年,第 355 页。
② 朱熹:《晦庵集》卷二九《乞给由子与纳税户条目》,影印文渊阁《四库全书》第 1143 册。
③ 陈傅良:《止斋集》卷四四《桂阳军劝农文》,影印文渊阁《四库全书》第 1150 册。
④ 洪迈:《容斋随笔·三笔》卷四《吏胥侮洗文书》,北京:中华书局,2005 年,第 471 页。
⑤ 《元史》卷八二《选举志二》,第 2053 页。
⑥ 徐悦:《元代亦集乃路农作物种类考述》,《西夏学》第四辑。

拟主体是亦集乃路总管府。这是因为,如果这件文书的撰拟主体是亦集乃路总管府的话,其呈报对象应当是甘肃行省的某个机构,这与 F116:W562 号文书仍存留于黑水城的现实相互矛盾。因此,笔者推断该文书可能是亦集乃路总管府下辖诸房文书。亦集乃路总管府下设吏礼、户、兵工、钱粮、刑、司吏六房,其中钱粮房负责管理财政收支事宜,F116:W562 号文书涉及酒醋等课税问题,因此最有可能是钱粮房文书。文书第 2 行出现"台旨"一词表明,呈报周的吉至正卅一年课程的事项,是根据亦集乃路总管府的台旨进行的。同时,首行"奉"字说明该文书的撰拟主体为总管府下设机构,笔者推断最有可能是亦集乃路钱粮房。

文书中涉及申报至元卅一年上下半年亦集乃路总管府管下酒醋等课程事项,黑水城文献 F116:W522 号文书涉及此事,现将这件文书迻录如下:

1. 承奉
2. 甘肃等处行中书省劄付仰将
3. □半年钱粮依式照勘
4. □承此照得至元卅
5. □承奉
6. □连到体式亦为取勘
7. □钱粮等事已经依式
8. □省申覆了当今奉
9. 　　　见有纳获米
10. 　　　抄为凭
11. □申
12. □年四月　日,府吏张天福呈
13. □九日

这件文书第 4 行出现了"至元卅"字样,由于文书残缺,后面的文字到底是"至元卅年"还是"至元卅一年"不好确定,但从文书中出现的"半年"等文字可以看出,这件文书与 F116:W562 号文书密切相关。另外,这两件文书同出土于 F116 号房间遗址,其编号相近,因此我们可推测,文书后面缺失的文字为"至元卅一年"的可能性最大。在 F116:W522 号文书中明确提到,甘肃行省劄付亦集乃路总管府,要求其依式照勘至元卅一年上上下半年钱粮。文书落款中称"府吏张天福呈","府吏"即亦集乃路总管府掾吏,说明这件文书亦集乃路总管府府吏张天福给总管府的呈文。通过呈文可以看出,亦集乃路总管府已将钱粮等事依式照勘,并向甘肃行省申覆,甘肃行省出具了米抄作为凭据。

F116:W564 号文书由两个残页组成,第一个残页存 7 行,第二个残页仅存 1 行。这件文书涉及亦集乃路总管府在接到甘肃行省劄付之后,要求属下各司照验至元卅一年上下半年,一切支纳、见在钱粮情况。文书中称:"一切钱粮支纳见在每/一年上半年钱粮已行差□/合行除外,据至元卅□/要照算钱粮官一就□/合下仰照验,速为□/至元卅一年上半年□/申者,毋得有碍类咨□/亦集乃总管府准此。"在这件文书中,亦集乃路总管府不仅要求将各属司委派官员照验一切支纳、见在钱粮,同时还要将照验情况向总管府汇报。因此,我们推断 F116:W562 号文书就是钱粮房向总管府汇报周的吉至元卅一年缴纳税课情况的公文。

在这件文书中出现了酒醋课和"税课"两个税种。酒醋课是元代征收的赋税种类之一,主要是由各糟房酒户、醋户酿造的酒醋之课程。① 元朝所谓课程,主要是指工商税课,包括岁课、盐课、茶课、酒醋课、商税、市舶抽分、额外课等名目。元代对酒、醋实行专卖,酒、醋等课税的征权是元政府重要的财政来源之一。据《元史·食货志》记载:"元之有酒醋课,自太宗始。其后皆著定额,为国赋之一焉,利之所入亦厚矣。初,太宗辛卯年,立酒醋务坊场官,榷沽办课,仍以各州府司县长官充提点官,隶征收课税所,其课额验民户多寡定之。"②税课主要指商业中的交易税。朝廷委派廉干官二员提调诸路课税,"凡随路所办,每月以其数申部"③。

F116:W562号文书的内容比较简单,共分为两个层次,第1行至第3行为第一层次,主要是钱粮房奉总管府台旨对至元卅一年上下半酒醋等课税进行申报;第4行至第24行是钱粮房汇报周的吉认办酒醋等课税的情况。文书中要求分上下半年申报周的吉缴纳课税的情况。第4行至第15行为上半年缴纳课税情况;第16行至第24行是下半年缴纳课税情况。文书第4至9行是说明周的吉应缴纳的赋税税目的情况,主要有两项:一是酒醋课,一是税课。酒醋课羊七口不系本路管,因此不在审计之列;税课中统钞柒定应当是周的吉在亦集乃路缴纳,因此在这次审计之列,第9行的"办中统钞柒定"表明周的吉已经将税课缴纳完毕。第10行至第12行也是说明周的吉缴纳酒醋课和税课的情况,所不同的是只标明酒醋课归其认办,既未说明酒醋课不系亦集乃路管,也未书写其缴纳酒醋课的数目为羊七口。缴纳税课统钞柒定,与前面的情况相比未发生变化。为什么会出现这一情况呢?笔者推测可能是由于前面已经标注,在第二次书写时进行了减省。这样做的主要原因在于周的吉所缴纳的酒醋课不归亦集乃路总管府管理,因此对于这次照勘工作无关紧要,因此只作情况说明,不再重复叙述。从第13行至第15行的文字看,周的吉两次税课已经赴甘肃行省丰备库缴纳完毕,并有朱钞为凭。第16行至第24行文字与第4至第15行情况相同,在此不再作说明。从这件文书可以看出,周的吉向亦集乃路总管府缴纳的税目主要是税课,至元卅一年上下半年共缴纳四次,因此其税课是以季报形式缴纳的,同时是以半年为限进行审计的。

关于文书的体裁,F116:W562号文书第4行有"呈"字,《吏学指南》称:"呈,谓布意达于尊者,又陈示其状也。"④因此笔者推断该文书的体裁应为"呈状"。

综合以上,笔者试对该件文书定名为《元贞元年钱粮房呈状为申报周的吉至元卅一年上下半年税课事》。

关于元代酒醋课程的研究成果,20世纪90年代,高树林先生的《元朝茶户酒醋户研究》和《元朝盐茶酒醋课研究》⑤以及陈高华先生的《元代的酒醋课》⑥为代表,对元代酒醋课程的一系列问题进行了研究。最近,江玉勤先生《元代课程(杂税)制度研究》一文对元代课程(杂税)征收制度的内容、执行机构、制约等各个方面进行了更加细致的研究,将课程内的各项税

---

① 高树林:《元代赋役制度研究》,保定:河北大学出版社,1997年,第66页。
② 《元史》卷九四《食货志二》,第2395页。
③ 《元史》卷九四《食货志二》,第2397页。
④ 徐元瑞:《吏学指南》,杭州:浙江古籍出版社,1988年,第36页。
⑤ 两文分别发表于《河北学刊》1996年第1期和《河北大学学报》1995年第3期,后收录于《元代赋役制度研究》一书,石家庄:河北大学出版社,1997年。
⑥ 发表于《中国史研究》1997年第2期,后收录于《元史研究新论》,上海:上海社会科学院出版社,2005年。

收从一整套制度的角度来分析,推动了相关问题的深入探讨。① 上述研究成果对于我们了解元代酒醋课程征收的整体情况具有重要参考价值。古代对于酒的征榷由来已久,元朝也不例外,元政府对酒实行政府专营的"榷酤法",大体情况是由政府出备工本,指定专门的人户为酒户,造酒发卖,输纳酒课。至元二十二年,改令酒户自备工本造酒,由政府拘卖。元朝灭宋后,随即在江南全面推行官制官销的"榷酤法",由政府设立酒库,备办工本,选差专人造酒发卖;后许乡民造酒;至元二十七年前后,才全面罢废"榷酤法",推行"散办法"。据《元典章》记载:"已后废榷沽之法,酒醋课程,散入民间恢辨(当作"办",笔者案),诸人皆得造酒。有地之家纳门摊酒醋课者,许令造酒食用,造酒发卖者,止验米赴务投税。"②门摊酒醋课按户定额,实际征收时则多以税粮或田亩多寡为标准,有地民户造酒自用需缴交门摊酒醋课,反之,则无地民户不需缴酒课。醋是一种用酒或酒糟发酵制成的酸味调料,自五代迄元糟醋同酒一样为国家专卖事业。后周显德四年(957)下诏:"诸道州府曲务今后一依往例,官中禁法卖曲逐处先置都务,候敕到日并仰停罢。据见在曲数,依时踏造候人户,将价钱据数给曲,不得赊卖,抑配与人。应乡村人户,今后并许自造米醋及买糟造醋供食,仍许于本州县界就精美处酤卖,其酒曲法条依旧施行。"③后周时,只在城市中禁醋,乡村仍得酤卖。宋采用周制榷醋设坊。金榷醋始于大定初年(1161),二十三年罢除。金章宗明昌五年(1194)复榷醋。元代沿袭宋金以来的做法,于太宗三年(1231年)置酒醋务坊场官,开始官榷沽办酒醋课程。至元二十二年,"诸处村庄农民盦醋者有数,在前有司与城市一体收课。今后听从各处农民造醋食用,官司并免收课"④,免收乡村醋课。至元二十七年前后,乡村醋课与酒课同行门摊。

元代酒醋课程的征收以至元二十二年为界限,大致可分为两个阶段,前一阶段以官办为主,后一阶段以民办为主。当然,酒醋课征收由榷酤到散办的反复变化过程,榷酤和散办政策的施行,既有来自中央官府自上而下的推行,也有各地根据自身实际情况而做出政策性自主调整,但大致应以前者居多。⑤ 黑水城出土的 F116:W562 号文书显然属于后者。关于元代酒醋课程实行"散办法"之后的一些具体细节问题,传世典籍材料语焉不详,而 F116:W562 号文书恰可弥足典籍材料之不足。

首先,F116:W562 号文书反映了元代亦集乃路总管府酒醋课和税课的申报时间。尽管周的吉认办的酒醋课不归亦集乃路总管府管,但从 F116:W562 号文书中,酒醋课与税课同时出现,这表明这两个税目的征收时间和审计时间是一致的。F116:W562 号文书第 2 行称"将至元卅一年上下半"年的酒醋课、税课进行申报,这说明元代酒醋课、税课的申报是按照半年为期限,全年汇总进行审计的。F116:W562 号文书一共记载了周的吉四次申报酒醋课、税课的内容,如果按上下半年推算,其申报时间应是按季计算的。元代对于酒醋课的申报时限有明文规定:"所办课程,每月赴所输纳。"⑥这说明,酒醋课程最早是按月申报。但至元二十五年之

---

① 发表于《中国社会经济史研究》2009 年第 1 期。
② 陈高华等点校:《元典章》卷 22《户部卷之八·课程·私造酒曲依匿税例科断》,北京:中华书局、天津:天津古籍出版社,2011 年,第 871 页。
③ 王钦若等:《册府元龟》卷五〇四《邦计部·榷酤》,第 6045 页。
④ 《元典章》卷二二《户部卷之八·课程·乡村百姓许盦醋》,第 867 页。
⑤ 杨印民:《从榷酤到散办:元代酒课征榷政策的调适及走向》,《中国社会经济史研究》2009 年第 2 期。
⑥ 《元史》卷九四《食货志二》,第 2297 页。

后,改由季报。"先为中原路分课程俱令按月申报,每季小考,年终大比,所据行省所辖路分,亦合一体比较移咨。今据见咨,地里遥远,不能依期咨报。都省议得:每季验实办到官课程,比附增亏总数,照依已行,每季咨报。外据登荅备细数目,拟候年终,通类咨报"①。F116:W562号文书的写作时间是在至元二十五年之后,因此文书反映了亦集乃路总管府酒醋课、税课按季的情况。

其次,F116:W562号文书提供了亦集乃路总管府酒醋课程税羊的实例。周的吉认办的税课却使用中统钞,而酒醋课却用"羊",这说明在亦集乃路总管府的课税中存在两种形态,一种是纸币,一种是实物。元代酒课,除门摊酒课外,主要采取税米,即按米的数量征课的办法,课率不断提高。酒课连工本一起征收。至元十年,米一石收钞四两,内米价三两,酒课一两。至元二十二年,米一石收钞十两,当时糯米一石及酒曲等工本约为七两,则酒课为三两左右。同年改令酒户自备工本,米一石收酒课五两。从 F116:W562号文书可以看出,其酒醋课程不仅仅输纳中统钞,而且输"羊七口"。至元二十八年之后,元朝明确规定使用中统钞纳课,"至元二十八年六月二十日奏过事内一件:桑哥等尚书省官人每,不拣甚么差发课程、诸色钱物收呵,不要中统钞,收至元钞呵,怎生?么道,奏呵。那般者。么道,圣旨了来。俺商量得,若不要中统钞,则要至元钞呵,百姓每生受有。中统、至元钞相衮着收呵。怎生?商量来。么道,奏呵。不要中统钞的言语,做贼的见识那无?么道,圣旨了。哈散参议奏:根脚里三年的其间里,要将中统钞收拾了。么道的上头,那般行来,别没甚么见识来。么道奏呵。别无窒碍呵,依着您的言语,从百姓便当收要者"②。文书中酒醋课纳"羊"的记载,与元朝廷课程纳中统钞的规定是不符的。笔者认为,在北方游牧地区,牧民所纳税的主要形式之一就是抽分牲畜,因此在游牧地区有以牲畜缴纳赋税的传统。同时在西北农牧区,牲畜作为家庭重要财产具有保值功能。因此以羊作为征收课税的标的物,是西北地区特有的现象。

再次,文书还反映了亦集乃路酒醋课、税课的缴纳流程。元代地方酒醋课的主管及征收机构,主要是十路课税所。同时,地方诸府、州、县皆设官主管工商税的征收,由管民正官主掌其事。③ 关于酒醋课程的主管机构,元代几经更迭,最早由府、州、县直接管辖,后一度曾隶属于各路茶运司或盐运司,至元二十八年九月壬子,朝廷下令"酒醋课不兼隶茶盐运司,仍隶各府县"④。因此,亦集乃路总管府对其辖区内的酒醋课有征收的义务,但从文书可以看出亦集乃路总管府酒醋课"不系本路管"。为何会出现这种现象?从周的吉纳"羊七口"作为酒醋课税额的记载看,他不太可能赴甘肃行省丰备库解纳,这是因为从亦集乃路总管府到甘州要穿越巴丹吉林沙漠,往返数千里,沿途沙漠戈壁,不适合牲畜生存。因此周的吉酒醋课"羊七口"在当地解纳的可能性比较大。从文书中可以看出,周的吉所纳酒醋课不归亦集乃路管,当然更不会向甘肃行省丰备库解纳。因此笔者推测,周的吉所纳酒醋课可能归分封在西北地区的某位蒙古王爷管理,由于没有直接证据,因此只作简单推测。

最后,文书还反映了亦集乃路实行包税制度的一个侧面。文书中提到亦集乃路酒醋课程

---

① 《元典章》卷二二《户部卷之八·课程·课程每季类报》,第885页。
② 《元典章》卷二二《户部卷之八·课程·用中统至元钞纳课》,第885页。
③ 江玉勤:《元代课程(杂税)制度研究》,《中国社会经济史研究》2009年第1期。
④ 《元史》卷一六《世祖纪十三》,第350页。

是由周的吉认办的,这涉及课程制度中的包税制。元代酒醋课实行"散办法"后,居民的缴税形式是多样的:一是由居民摊纳;一是上户自愿认办;一是勒派役户包办;还有一种是由酒户或设肆之家办纳。而文书中明确指出周的吉承担的亦集乃路酒醋课是其"认办",因此可以肯定的是周的吉属于当地的上等户的可能性比较大。

  总之,黑水城出土的元代文书多以元后期为主,元代中前期文书数量相对较少。F116：W562号文书是元贞元年钱粮房向亦集乃路总管府汇报周的吉至元三十一年上下半年酒醋课、税课的呈状,属于元代中期文书,其史料价值不可小视。该文书的写作时间是在元代对酒醋课实行"散办法"之后,因此对于研究这一时期元代酒醋课的征榷情况,具有重要价值。该文书反映了实行"散办法"后,地方酒醋课的征收实行由上等户认办的包税制,酒醋课时限改由按季征收,亦集乃路总管府是本府酒醋课的具体主管部门,酒醋课作为国家税收,总管府并无支配权利。文书中反映的这一系列情况,集中体现了元代酒醋课征收制度的新动向。

蒙古豳王家族与元代亦集乃路之关系

敦煌研究院 杨富学 张海娟

一 前 言

豳王为元代出镇宗王之一,13 世纪晚期崛起于河西。豳王乌鲁斯之始祖为察合台系的出伯、合班兄弟,其曾祖为成吉思汗之次子察合台,祖为拜答里,父为阿鲁浑。以世祖忽必烈忙于南下攻宋,无暇西顾为机,窝阔台汗海都、察合台汗八剌、都哇等倡乱西域,势力范围迅速扩展,继而对元王朝的统治构成了极大的威胁。恰值此时,出伯兄弟率领上万骑兵东归,使元朝西北边防军势力大涨,给岌岌可危的西北形势带来了转机,故而出伯兄弟受到了忽必烈的重用。

出伯家族在对海都、都哇等叛军的征战中,屡立战功,相继受封豳王、肃王、西宁王和威武西宁王王号,分别驻牧于肃州(今甘肃酒泉市)、瓜州(甘肃省瓜州县)、沙州(甘肃省敦煌市)和哈密(又作哈梅里),豳王家族受元政府之名统领镇戍诸军,防守西起吐鲁番东至吐蕃一线,"镇御有劳"[②],始终处于镇守与巩固元朝西北边防的第一线。

尽管豳王家族为元代活跃于西北地区的宗王之一,但是由于传统史料及资料对其鲜有记载,且多为只言片语,疏漏者甚多,因此长期以来,学界对于豳王家族于西北地区的历史活动,特别是军事征伐行动不甚了解,致使研究稀少。可喜的是,20 世纪初以来,黑水城所出土的一批元代文书,如《大德四年军粮文卷》、仁宗朝文献(编号 F116:W561)、TK204 文书、TK248 文书等,内容涉及蒙古豳王出伯家族之政治、军事活动,或直接或间接地描绘出了豳王家族于西北诸地的历史活动图景。本文拟就蒙古豳王家族与元代亦集乃路之关系做以探讨,旨在抛砖引玉,不妥之处敬请方家指正。

二 亦集乃路与豳王家族之军政关系

自归附元廷,迄元王朝倾覆,豳王出伯一族世受大汗之命镇守西陲,与同为察合台后裔的阿只吉构成了元代西北边防线,同时他们还与出镇漠北的晋王甘麻剌、安西王阿难答等互为犄角,遥相呼应。史载,出伯之军曾远足岭北之地,协助元廷镇压诸王叛乱。尽管这一军事征伐与西北地区并无直接联系,但是倘若作为元朝"祖宗根本之地"的漠北地区陷入叛王之手,唇

---

① 基金项目:甘肃省文物局 2012 年度文化遗产保护领域科研项目"甘肃河西地区出土蒙古豳王家族文献文物研究"阶段性成果。
② 《元史》卷三六《文宗纪五》,北京:中华书局,1976 年,第 802 页。

亡齿寒,西北之地势必会受到威胁。因此,出征岭北,也是豳王自保的措施之一。①

至元末年以来,元朝与海都、都哇的争夺重点移至漠北。②这由《史集》所述至元末双方于边界地区驻守为数众多的诸王、大将即可窥见。③至元二十五年(1288),海都犯和林(今蒙古人民共和国鄂尔浑河上游),出伯率领驸马昌吉、诸王也只烈、察乞儿、合丹对其进行征讨,④以其功,于该年三月"赐诸王术伯银五万两、币帛各一万匹"⑤,六月"壬戌,赐诸王术伯金银皆二百五十两、币帛纱罗万匹","丁卯,又赐诸王术伯银二万五千两、币帛纱罗万匹"⑥。但叛乱并未平息,海都继续割据和林以西地区,成为元廷的后顾之忧。至元三十年(1293),元廷将海都势力逐出岭北,驻军安台山及称海(又称镇海,今蒙古国哈腊乌斯湖之南)沿边之地,由岭北诸王、安西王阿难答、汪古等部军协防,与阿只吉、出伯所率西北军遥相呼应。又命铁穆耳为最高统领,以便统一指挥诸路大军。至元三十一年(1294),铁穆耳回大都继汗位,是为成宗,以其叔宁远王阔阔出代总边兵。大德二年(1298),由于阔阔出及其将急于备防,遭到都哇的突然袭击,大败。⑦ 及至大德四年六月,出伯奉命率领驸马蛮子䚟、太子海山等人,经由亦集乃路入戈壁石川,征伐海都叛军。最终于大德五年成功平定海都叛乱,出伯、蛮子䚟也因功受赏。

然而《元史》对于大德四年出伯率军征讨海都叛乱一事未有记载。及至武宗当政,更将此功多归于其名下,"成宗大德三年,以宁远王阔阔出总兵北边,怠于备御,命帝即军中代之。四年八月,与海都军战于阔别列之地,败之……五年八月朔,与海都战于迭怯里古之地,海都军溃"⑧。显然,这里忽略了出伯、蛮子䚟在北征海都之战中所做的巨大贡献。而其他传统史料对此更鲜有论及,使得我们对这次平乱活动所知甚少。幸有《大德四年军粮文卷》的出土,才为还原历史真相提供线索。

诚如《大德四年军粮文卷》F116:W552 所记:

皇帝圣旨里,亦集乃路达鲁花赤总管府,六月☐,蛮子䚟驸马位下使臣帖失兀、海山太子位下使臣阿鲁灰,本路经赴术伯大王位下,为迤北军情声息勾当等事。在仓粮斛数少,旦夕不☐。☐大王大军经过迤北征进,到于本路支请口粮,委是不敷支遣。又☐处人民所种田禾将欲出穗却被蛆虫食践,未见收成☐☐。特已于五月廿四日、六月十八日两次差人赍解,赴省计稟,攒运粮斛,准备支持,去后,今有廿二日,有使臣帖失兀阿鲁灰、术伯大王位下复回说称,术伯大王军马经由本路入川征进,准备炒米等事。本路☐系小麦一色,又兼数少,委是不敷申稟,早为于甘州等☐。术伯大王位下使臣也帖立秃思不花赴晋王位下,传奉脱忽帖木儿大王、脱忽答大王令

---

① 杨富学、张海娟:《蒙古豳王家族与元代西北边防》,《中国边疆史地研究》2012年第2期,第28页。
② 刘迎胜:《察合台汗国史研究》,上海:上海古籍出版社,2006年,第295页。
③ W. M. Thackston, *Rashiduddin Fazlullah's Jami u t-tawarikh Compendium of chronicles* 2, Department of Near Eastern Languages and Civilizations, Harvard University, 1999, p. 447;[波斯]拉施特著,余大钧等译《史集》第2卷《忽必烈合罕纪》,北京:商务印书馆,1986年,第337—338页。
④ 《元史》卷一五《世祖纪十二》,第308页。
⑤ 《元史》卷一五《世祖纪十二》,第310页。
⑥ 《元史》卷一五《世祖纪十二》,第313页。
⑦ W. M. Thackston, *Rashiduddin Fazlullah's Jami u t-tawarikh Compendium of chronicles* 2, p. 467;《史集》第2卷《铁穆耳合罕纪》,第382—383页。
⑧ 《元史》卷二二《武宗一》,第477页。

旨,经由本路入川征进,准备炒米面☐。①

《大德四年军粮文卷》现存文书六件,每件均有不同程度的残损,但是却大致记录了亦集乃路、甘肃等处行中书省为出伯大军筹集军粮的过程,同时亦从一个侧面反映了出伯率领诸王军马征讨海都叛乱的战役。②由文书可证,大德四年奉命率军经亦集乃路出征岭北,平定海都叛乱的正是诸王出伯,驸马蛮子歹、太子海山、脱忽帖木儿大王、脱忽答大王等均受其统辖,亦集乃路则为出伯为首的诸王大军的集结地与粮草供给地。同时,透过文书我们亦不难窥见出伯之军的出征路线。是时,总领甘肃兵柄的出伯应就近率军借助"专备军情急务"的纳怜道至亦集乃路,然后经由亦集乃路"入川"(即黑水城西北之沙碛,其地为亦集乃路通往和林的必经之路)而达漠北之地,抗击海都。而晋王甘麻剌及海山则分别负责和林、称海两个战区的军事活动,二王并立,并成掎角之势,互结为援。时晋王已封藩,镇守和林数载,而出伯大军于此时经由亦集乃路前往漠北,即是要与晋王甘麻剌、海山等人协同作战。因而无论是行军亦或作战,皆与晋王等相呼应。大德四年八月,诸王大军败海都军于阔别列,因其功,九月"赐诸王出伯所部钞万五千四百余锭"③。翌年八月,元军又败海都于迭怯里古。出伯、蛮子歹也因功受赏。大德五年七月,"赐诸王出伯等部钞六万锭,又给市马直三十八万四千锭","给诸王出伯军钞四十万锭"④。

大德七年随着海都亡殁,都哇率军与元王朝求和,西北藩王叛乱皆平,蒙元王朝重现和平。然而皇庆年间元廷与察合台汗国间的冲突再度加剧,延祐元年(1314年)战火重燃,十年和平毁于一旦。对此,《句容郡王世绩碑》有如下记载:

> 延祐元年,也先不花等诸王复版亦戍海迷失之地。王(按,即床兀儿)方接战,有敌将一人,以戟入阵刺王者,王辦其戟,挥大斧碎其首,血髓淋漓,殒于马首。乘势奋击,大破之。遣使入报,有尚服之赐。⑤

由是可见,延祐元年,时任察合台汗的也先不花率军入侵元境,为元朝大将床兀儿所败,战事堪为惨烈。翌年,仁宗下旨征伐察合台汗国,致使战事进一步扩展。对于仁宗下旨一事,汉文史籍未见记载,仅有波斯文史籍《完者都史》有下述记载,当元仁宗所颁要求"把敌人从自己的禹儿惕驱走,夺其夏营地和冬营地为我所有"的圣旨到达后,脱火赤的军队发动进攻,经过三个月的战斗,终得驱敌于外。而术伯(出伯)诸子所率军队则驱敌四十日程,直至占据了哈迷里。⑥

显然,此次奉命出征察合台汗国的不仅有原驻于金山之西的脱火赤丞相,亦有世守西北之境的豳王出伯诸子。关于此处出伯诸子所指,刘迎胜先生认为乃是以宽彻为主的出伯后裔。⑦而笔者认为延祐初年奉命出征察合台汗国的出伯诸子除了宽彻外,豳王喃忽里亦是一支不可忽视的重要力量。

---

① 李逸友:《黑城出土文书(汉文文书卷)》(以下简称《黑城出土文书》),北京:科学出版社,1991年,第139页。
② 李逸友:《黑城出土文书》,第27页。
③ 《元史》卷二〇《成宗纪三》,第432页。
④ 《元史》卷二〇《成宗纪三》,第436页。
⑤ 虞集:《句容郡王世绩碑》,《道园学古录》卷二三,《四部丛刊》本,上海:商务印书馆,1926。
⑥ 沙哈尼:《完者都史》,第208页。(转引刘迎胜:《察合台汗国史研究》,第393页。)
⑦ 刘迎胜:《察合台汗国史研究》,第393页。

尽管大德七年都哇已率军与元廷约和,但是在元王朝与察合台汗国的沿边之地,两军仍持对峙屯戍的态势。对此波斯文史籍《完者都史》有如下记述:

> 合罕的军队的前锋 BHIRKĀ(?)在边界上,如同并联的手指一样相连的驻扎着。与之相对的、相平行的也先不花的军队也有禹儿惕。首先,与占据其禹儿惕阔客·火亦(kūkhuī,按应源于蒙古语 kokhoi,译言"青林")的都哇之子也先不花和也不干相峙,属于合罕之军的不花元帅(BūqāWīnshā)之子脱火赤(Tūghājī)丞相,率十二土绵之绢,有其禹儿惕和居地,其驻夏地市野孙沐涟之畔,而其驻冬地则在火孛(Fūtāq,应为 qūbāq 之误)。紧接着他的是因征服了蛮子和南家诸国而(成为)伯颜大丞相的那可儿的钦察种的土土哈把阿秃儿之子床兀儿 Dāng(?疑为 Wāng"王"之误),在其侧率五土绵军队驻于 QūnqūrtuWālāi Tāq。与之相对,彻彻秃(JJKTū)之子失烈(Shira)斡兀立及其那可儿忽秃忽把秃儿率本部人马相峙而驻。他们的下面是术伯(原文为 Chupān,疑误,似应为 chūpai)之诸子喃木忽里(LmghūLī,疑误,似应为 Namghūlī)和伯颜塔失(Biyāntāsh)以及 Qiyān(按,疑拼法误,似应为 Qabān,合班)之子宽彻,率领十二土绵之军,驻于从 Sīkhū——正是如此——直到感木鲁(Qāmal)和畏兀儿思单之境(Walāyāt)。与他们相对的是都哇之子也先不花的兄弟叶密里·火者(Imilkhhwāja)率二土绵军队驻扎着。这些都是合罕军队的西部和南部侧翼的前锋和前线。①

由是可见,豳王出伯之后喃忽里及宽彻率军戍守于哈密以东至河西走廊一线,而脱火赤丞相则领军驻守于漠北霍博(又作火孛)与野孙沐涟一带。② 两者遥相呼应,成为元朝西北边防体系中的左右大臂。大德十年(1306),察八儿军为元廷挫败后,脱火赤曾受命与喃忽里、把阿秃儿等率军十万,从哈密里出动与都哇合击察八儿,最终迫使其投降。可见,早年即有喃忽里、宽彻与脱火赤戍守元疆,共御敌寇的交往。

而黑水城出土的 F116:W561 文书极可能与出伯之子喃忽里于延祐二年(1315)奉命出征察合台汗国一事相关。该文书记述道:

> 皇帝圣旨里,甘肃等处行中书省据畏兀儿字译读行☐火者文字里说有。在先,暖忽里入川去呵,炒☐面这今奉☐入川去的时分,☐里根底,依在先与来的体例☐嗦有。怎生?行与亦火☐者。得此,照得,延祐二年六月初一日,据肃州路申,忽都伯☐暖忽里豳王入川炒米面,依术伯豳王入川炒米面两石面☐本处税粮并仓屯☐豳王入川炒米面,照依☐行剳付,肃州路亦只失☐本位下收管去讫。③

其中的暖忽里即出伯之子喃忽里。出伯亡故后,他承袭了豳王之位,此后该王号一直由其后裔承袭。喃忽里在位期间,绍武其祖坚守在西北边防的第一线。史载成宗大德年间,他曾与其兄弟那木达失、宽彻统领十二土绵之军与察合台汗都哇之军对峙西陲。④

尽管仅有袁楠《拜住元帅出使事实》、虞集《句容郡王世绩碑》等少数元代汉文史料对皇庆、延祐年间元廷与察合台汗国之兵锋再起有所涉及,但再结合波斯文文献所述,我们仍可窥

---

① 罕伯里校勘本:《完者都史》,1969 年,第 202—203 页。转引刘迎胜:《皇庆、至治年间元朝与察合台汗国和战始末》,《元史论丛》第 5 辑,北京:中国社会科学出版社,1993 年,第 13—49 页。
② 刘迎胜:《皇庆、至治年间元朝与察合台汗国和战始末》,第 18—19 页。
③ 李逸友:《黑城出土文书》,第 136 页。
④ 杨富学、张海娟:《蒙古豳王家族与元代西北边防》,第 29 页。

见此事之一二。延祐年间奉命率军分两路合击察合台汗国的一路即为原驻金山之西的脱火赤、床兀儿之军,另一路则为镇守河西、哈密之地的出伯之后喃忽里、宽彻之师。据考,此次喃忽里之"入川",当是自沙州前线就近进入哈密附近塔失八里站、揽出去站一带的戈壁石川,向西攻击的目标正是察合台汗国。① 对于延祐二年喃忽里率军出征察合台汗国一事,《元史》无载。盖与仁宗一朝不重用武宗时期的宗王显贵有关。

由是观之,世守西陲之地的蒙古豳王家族曾分别于大德四年、延祐二年经由亦集乃路征行漠北及察合台汗国之地,而亦集乃路也以其"置在极边,连接川口,紧靠迤北"的特殊地理位置成为了诸王大军的集结地与军粮供应地(详见下文)。黑水城出土的《大德四年军粮文卷》及F116:W561文书为我们探讨大德四年出伯率领驸马蛮子歹、太子海山等人北征海都叛军,延祐二年喃忽里率军出征察合台汗国之事提供了佐证。

关于亦集乃路与豳王家族的行政关系,因亦集乃路在行政上隶属于甘肃行省,因此要论及于此首先要对甘肃行省与出伯家族的关系做一交代。

甘肃行中书省的设置可追溯至世祖忽必烈时期。是时,为了削弱宗藩势力,加强中央集权,元廷于中统二年(1261)在西夏故地设立中兴等路行中书省,即甘肃行省的前身。治甘州路,统有七路二州,②分别为亦集乃路、甘州路、永昌路、肃州路、沙州路、宁夏府路、兀剌海路、山丹州及西宁州。③ 甘肃行省地处西北边隅,长期以来即为军事重地,且宗王分封制、出镇制常行已久,其辖区及周边地区活跃着众多分封、出镇宗王,特别是自察合台汗国归附元廷的豳王出伯家族成为了抵御西域诸王叛乱的中流砥柱。出伯在边十余年,河西编氓耕牧不惊,诸王将拱听约束,朝廷无西顾之忧。④ 由于驻于西北之地的诸王、驸马、贵戚盘根错节,政治、军事形势颇为繁复,这也就造成了较之它地,元廷行省西北的特殊形态,即推行行省与诸王并行分治,共同管理着西北地区的政治、军事、经济等事宜。因此,甘肃行省的设置可谓是河西地区行省化与内地化过程中的产物。⑤

元代诸地行省主要掌国庶务,"凡钱粮、兵甲、屯种、漕运、军国重事,无不领之"⑥,而甘肃行省作为元廷诸行省之一,亦不例外。在钱粮方面,中央所拨发的钱钞等,基本都由甘肃行省支配,这些钞币多用于和中或入籴粮食及赈济所属地区的饥民等事宜。⑦在屯种方面,则民屯、军屯或军民混屯兼有,且分布很广,包括瓜州、沙州、甘州、亦集乃路等地。在漕运方面,由于甘肃距京师及中原地区辽远,物资运输具有诸多不便,因此疏通运道为甘肃行省又一要务。大德七年曾修阿合潭、曲尤壕,以通漕运。⑧ 豳王家族作为出镇西北宗王之佼佼者,不仅拥有直属

---

① 李治安:《元中叶西北军队"入川""过川"考》,《新疆通史》编委会编《"元明清时期的新疆"学术研讨会论文集》(乌鲁木齐,2011年7月17～18日),第43页。
② 《元史》卷九一《百官志七·甘肃等处行中书省》,第2307页。
③ 《元史》卷六〇《地理志三》,第1449—1452页。
④ 屠寄:《蒙兀儿史记》卷四二《出伯传》,北京:中国书店,1984年,第337页。
⑤ 胡小鹏:《元代河西诸王与甘肃行省关系论述》,《西北民族文献与历史研究》,兰州:甘肃人民出版社,2004年,第215页。
⑥ 《元史》卷九一《百官志七》,第2305页。
⑦ 《元史》卷一〇《世祖纪七》,第201页;《元史》卷一一《世祖纪八》,第232页;《元史》卷一一《世祖纪八》,第231页;《元史》卷一九《成宗纪二》,第405页。
⑧ 《元史》卷二一《成宗纪四》,第453页。

军队,而且更统辖诸王协力军、当地军阀、蒙古千户集团、探马赤军及红袄军。①且在至元二十五年至武宗初期"总领兵柄"②。另外,豳王家族还曾奉命管理驿站、屯田、仓库、采玉诸事,权势之炽,显而易见。如此一来,甘肃行省与豳王家族在统领军权、军需财赋等方面便形成了分权,从而达到了元廷令诸王与行省间相互协调、相互掣肘的目的。而甘肃行省辖下的亦集乃路因其为"专备军情急务"甘肃纳怜道的中心枢纽,且"置在极边,连接川口,紧靠迤北",遂成为征行漠北、西域之地的诸王军马的集结地,且承担着向过往的蒙古大军、北庭元帅府、蒙古元帅府、征西元帅府及驻守西北的诸王军马供应口粮杂色的任务。上述两件黑水城出土文书即反映了甘肃行省令亦集乃路为经行其地的出伯大军、喃忽里大军筹措军粮之史实。亦集乃路既为甘肃行省所辖之下路,为征行漠北、西域之地的出伯家族大军提供粮草转运与支持即为其不可推卸的责任。

三 亦集乃路与豳王家族之物资供给

按照元廷的规定,出镇宗王的军需,主要依赖朝廷、行省、宣慰司之供给,屯田可作为补充。军粮岁赐数量有常,"非奉旨不得擅支贷"③。豳王家族作为元朝出镇宗王之一,亦不例外。其军队及属民所需物资,一方面主要来自于朝廷的岁赐、赏赐、赈济以及甘肃行省的供给,一方面来自于其在镇戍地的屯垦所获。亦集乃路作为甘肃行省之下路,为包括豳王在内的边防戍军及征行诸王提供粮草支持是其重要的职责之一。

关于亦集乃路的屯田,史籍记载十分有限,仅有至元十六年(1279)调归附军人于甘州;至元十八年,以充屯田军;④至元二十二年(1285),分甘州屯田新附军三百人,田于亦集乃之地;至元二十三年,立总管府诸事。是时,亦集乃总管忽都鲁言:"所部有田可以耕作,乞以新军二百人凿合即渠于亦集乃地,并以傍近民西僧余户助其力。"得到批准,计屯田九十顷五十亩。⑤在此之外,关于亦集乃路的屯田亩数及变动,几未见记载。转至至元二十五年,元中央政府又命令甘肃行省发新附军三百人屯田亦集乃路。⑥由是可见,亦集乃路的屯田主要为军屯,同时亦兼及民屯。

然而,尽管亦集乃路采取开渠、移民屯田等措施以促进农业发展,但是由于亦集乃路为戈壁、大漠所围,境内戈壁、大泽、绿洲兼有,深受自然条件恶劣、耕地牧地面积有限等不利因素的困扰,其地的屯田收益十分有限,且不时遭受旱灾、虫灾等自然灾害。如大德三年(1299),亦集乃路遭受旱灾,元廷特予以赈粮以解决其缺粮问题;⑦另外大德四年,亦集乃路也曾申文甘肃行省"省府借付给散布种在地所种田禾,欲出穗却被蛆虫食践未见收成"⑧,可见大德四年亦

---

① 杉山正明:《モンゴル帝国と大元ウルス》,京都:京都大学学术出版会,2004 年,第 313 页。
② 李治安《元代行省制度》(上),北京:中华书局,2011 年,第 478 页。
③ 《元史》卷二一《成宗纪四》,第 460 页。
④ 《元史》卷一〇〇《兵志三·屯田》,第 2569 页。
⑤ 《元史》卷一三《世祖纪十》,第 278 页;卷一〇〇《兵志三》,第 2569 条;卷一四《世祖纪十一》,第 285 页;《元文类》卷四一《屯田》,第 69 页。
⑥ 《元史》卷一五《世祖纪十二》,第 312 页。
⑦ 《元史》卷二〇《成宗纪三》,第 429 页。
⑧ 《大德四年军粮文卷》F116:W552,《黑城出土文书》,第 139 页。

集乃路屯田遭受了虫害。囿于各种不良自然地理因素，亦集乃路的屯田收获数量有限。

在这种情况下，既要向西北边地驻军支付口粮，又要满足经行诸王大军所需，仅靠当地存粮不免捉襟见肘，困难尤大。因此黑城文书中常常可见亦集乃向甘肃行省催运军粮的呈文，而所缺军粮则主要依赖外地调运。就目前所见黑水城出土的元代文书来看，亦集乃路主要从甘州、兰州、宁夏等地调运粮草。亦集乃路为甘肃行省所辖下路，而甘州不仅为甘肃行省治所所在，且与兰州为甘肃行省的产粮区。史载"甘肃岁籴粮于兰州，多至二万石"①，而黑水城F125:W13文书中亦有"甘州攒运粮数"，"以备申省府及关甘州路总管府照验"等字样，②因此甘州、兰州为亦集乃路外调粮草的来源之一。但是，由于兰州距宁夏千余里而至甘州，自甘州又千余里始达亦集乃路，而宁夏据亦集乃路仅千里。因此英宗时甘肃行省平章政事乃蛮台量情而改变以往的运输路线，改由宁夏运粮至亦集乃路，岁省费六十万缗。③

另外，由上述文书所记不难发现，从甘州、宁夏等地调来的粮食主要是通过攒运、和籴方式而来。攒运为筹措粮食的方法之一。据《通制条格》所载："车户，明立脚契，编立牌甲，递相保管，然后许令攒运。"④可见，攒运是通过官府运送粮食的一种方式。而和籴法则始自北魏孝明帝，宋辽金皆行此法，蒙元亦承袭之，尤以岭北、西北行用和籴最盛。元代和籴粮食一般由商人将粮食运送到指定的边境地区或军事活动地点，供应困乏，官府再给付钱钞或盐引。⑤ 官府不参与运送，由商人负责。

除了从甘肃行省及其他地区直接获得粮草支持外，亦集乃路所需的钱钞，也往往依赖甘肃行省的下拨。而甘肃行省下辖的丰备库即是亦集乃路之钱钞的主要来源，这从黑水城出土的相关文书即可窥见一二。⑥ 由此可见，亦集乃路所需粮饷，很大程度上依赖甘肃行省乃至其他地区的支持，而其在筹措转输军粮、供应北边大军补给的过程中则扮演了一个十分重要的兵站的角色。⑦

有元一代，豳王出伯家族之军粮供应亦由亦集乃路负责运输供给，而关于亦集乃路所提供军粮的来源、运输及其他具体事宜，我们透过大德四年的粮草事件即可窥见一斑。是年，亦集乃路田禾遭受虫害，鲜有收成，而该路屯粮又仅有小麦两千担，远远不敷过往征行大军之用。于是在五月廿四日，申文请求甘肃行省为其攒运，以备支遣。正值此时，出伯受命率领驸马蛮子歹、太子海山等经由亦集乃路北征海都叛军。先行派遣蛮子歹驸马位下使臣帖失兀、海山太子位下使臣阿鲁灰本往亦集乃路急调军粮。形势紧急，亦集乃路又于六月十八日，再赴申文请求甘肃行省尽快检计军粮，供其支遣。⑧ 但甘肃行省回复称其亦无军粮可运。忽剌术大王令调运一万军粮，⑨甘肃行省以为"蒙拨钞和籴决然失误"，请求先运亦集乃路所屯粮，以解燃眉

---

① 《元史》卷一三九《乃蛮台传》，第3351—3352页。
② 李逸友：《黑城出土文书》，第113页。
③ 《元史》卷一三九《乃蛮台传》，第3351—3352页。
④ 方龄贵校注：《通制条格》卷一八《关市·和雇和买》，北京：中华书局，2001年，第530页。
⑤ 陈高华、史卫民：《中国经济通史·元代经济卷》（下），北京：中国社会科学出版社，2007年，第489页。
⑥ 李逸友：《黑城出土文书》，第15页。
⑦ 丛海平：《〈黑城出土文书〉所见海都之乱时期亦集乃路的军粮供给》，《云南师范大学学报》2009年第4期，第35页。
⑧ 《大德四年军粮文卷》F116:W553，《黑城出土文书》，第139页。
⑨ 《大德四年军粮文卷》F116:W581，《黑城出土文书》，第138—139页。

之急。① 六月廿二日帖失兀、阿鲁灰又至亦集乃路,称出伯已派使臣往晋王处禀明此事,晋王命亦集乃路尽快提供出伯军所需军粮。于是亦集乃路又于六月廿九日,申文请甘肃行省以钞和籴军粮。② 后经甘肃行省核实并给钞购粮,军粮由河西陇北道尾缝司张天福运至亦集乃路。③

延祐二年,豳王暖忽里(喃忽里)率军经由亦集乃路"入川",其军队的粮草供给亦依仗亦集乃路。甘肃行中书省特此申文,命亦集乃路为其筹措。关于其供应标准,悉按照豳王出伯时的标准予以。此事,先由豳王所驻肃州之肃州路申文甘肃行中书省,再由甘肃行中书省命亦集乃路为喃忽里之军提供军粮。④

概而言之,经行亦集乃路的豳王家族大军所需粮草由该路负责提供,且供给有一定的标准,需经甘肃行省的核查给付。粮草来源为该路屯田所获及甘肃行省的调拨,筹措方式则以和籴、攒运为主。另外,甘肃行省还对亦集乃路提供钱钞支持,以解决该路钱粮不足之困。亦集乃路对于豳王家族的军粮供给情况真实而全面地反映出亦集乃路作为军事物资供给中心所发挥的重要作用。对我们进一步探讨亦集乃路作为军队集结地与物质供应中心的角色地位不无裨益。

另外,亦集乃路位处甘肃纳怜道的中心枢纽。吾人固知,甘肃行省境内的驿道主要由甘肃行省所辖的长行站道、诸王乌鲁斯站道、纳怜站道组成。⑤ 而其中又以纳怜站道最为特殊。《元史》卷五八《地理志》载:"北方立站:帖里木、木怜、纳怜等一百一十九处。"帖里木是蒙古语"车"的意思,显然帖里木道能通行大车。它是大都经上都通往和林地区的主干路。木怜为蒙古语"马"之意,是由上都西行入和林的道路。⑥ 纳怜,蒙古语意为"小",它"专备军情急务"使用,由蒙古军人应役,只允许"悬带金银字牌面,通报军情机密重事使臣"经行。⑦ 由于以上两道均通往和林,所以纳怜道也应该能通往和林。史籍所载纳怜道共47站,因大部分在甘肃行省境内,故称甘肃纳怜道。⑧ 纳怜道以亦集乃路为中心枢纽,由此北行即可入岭北行省而至和林;南连甘州;西出沙州路,抵察合台汗国边境;东经中兴府,东胜(今内蒙古托克托)而至大都。

按照规定,驿道沿线设有站赤,由为往来使臣提供食宿、车马等,同时还按照时间顺序将往来人员的来历、人数、使命、住宿天数、供应食物等具体情况记录在案,习称站赤登记簿。⑨ 亦集乃路同其他站赤一样依例行事。黑水城出土的两件站赤文书,即 TK204、TK248 文书便记录了亦集乃路对豳王家族使臣的祗应。

这两件元代站赤文书,约成于至正到宣光年间,它们比较清晰地记录了往来亦集乃路人员的具体情况。文书涉及豳王家族成员数人,如豳王嵬力、西宁为速来蛮、怯乩肃王,且他们的活

---

① 《大德四年军粮文卷》F116∶W565,《黑城出土文书》,第139页。
② 《大德四年军粮文卷》F116∶W552,《黑城出土文书》,第139页。
③ 《大德四年军粮文卷》F116∶W390,《黑城出土文书》,第139页。
④ 《仁宗朝文献》F116∶W561,《黑城出土文书》,第136页。
⑤ 胡小鹏:《元甘肃省诸驿道考》,《西北民族文献与历史研究》,兰州:甘肃人民出版社,2004年,第223页。
⑥ 陈得芝:《元岭北行省诸驿道考》,氏著《蒙元史研究丛稿》,北京:人民出版社,2005年,第4页。
⑦ 《永乐大典》卷一九四二一《站赤六》,北京:中华书局,1986年,第7232页。
⑧ 胡小鹏:《元甘肃省诸驿道考》,第228页。
⑨ 陈高华:《黑城元代站赤登记簿初探》,《中国社会科学院研究生院学报》2002年第5期,第53页。

动也多与军事活动有关。按照元廷规定,亦集乃路站赤要为往来符合承办"军情急务"的人员提供住宿,米、面、酒、肉等食物及钞定,并且对站赤的祇应标准也有规定。按照至元二十一年(1284)的规定,正使米一斤、面一斤、肉一斤、酒一升,此外还有柴一束、油盐杂支钞三分,从人则米一升、柴一束、杂钞一分。①但是,通过对这两件文书的录文可见,TK204 对往来人员的祇应是符合元廷标准的,而 TK248 的饮食供应量比规定标准高出了一倍,所支杂钞数也比规定高出十余倍。推而论之,TK204 与 TK248 并非同时期的文书,前者要早于后者;元代站赤的祇应标准曾发生很大的变化,元代纸币(钞)不断贬值。

豳王出伯家族虽世代驻守于西域东部哈密至河西走廊一带,但却借助亦集乃路驿道与驻守漠北、金山一线的宗王及元廷戍边大臣遥相呼应、互为犄角。因此,往来于亦集乃路诸驿站的豳王家族使臣颇多,就目前黑水城出土文书所见即有术伯使臣也帖立秃思不花、②怯乩肃王使臣也赤帖木儿与答立赤。③ 这些豳王家族投下使臣在经由亦集乃路前往漠北、西域的过程中所需马匹、食宿等皆由亦集乃路提供。

四 结 语

豳王出伯一族系察合台后裔,自投归元廷麾下,始终处于抵御窝阔台汗海都、察合台汗都哇等西北诸王叛乱的第一线。因其功,先后受封豳王、肃王、西宁王、威武西宁王等王号,驻于酒泉、敦煌、瓜州和哈密之地,元代之亦集乃路"置在极边,连接川口,紧靠迤北",堪称通往岭北、和林等地的要塞。同时它又是"专备军情急务"使用的纳怜驿道的中心枢纽,是征伐漠北、西域诸王叛乱的元朝大军的集结地、军事物资的供给地。豳王出伯家族前往漠北、西域平定诸王叛乱,沟通军情即借由亦集乃路,而其所需物资亦由该路负责筹措供给。由是可见,豳王出伯家族一直与亦集乃路保持着密切的联系,无论是军事集结亦或物资供给皆仰仗之,从而为成功戍守西北之地提供了保障。

---

① 《永乐大典》卷一九四一八《站赤三》,第 7205 页。
② 《大德四年军粮文卷》F116:W552,《黑城出土文书》,第 139 页。
③ TK248《甘肃行省宁夏路支面米肉酒钞文书》,《俄藏黑水城文献》第 4 册,上海:上海古籍出版社,1997 年,第 313 页。

北庭元帅府与亦集乃路的关系初探

——兼谈黄兀儿月良站的地理位置

暨南大学 陈 广 恩

黑水城出土的汉文文书中,有几份文书提到北庭元帅府。北庭元帅府是成宗元贞元年（1295）设立于别失八里（今新疆吉木萨尔东北）的元朝抵御西部察合台汗国和窝阔台汗国的军事机构。北庭元帅府隶属于吐蕃宣慰司,可能从设立之后一直存在至北元初期。该军事机构在元朝对抗西部汗国和维护西北边疆安全方面起到重要作用。黑水城文书显示,大概是出于更替驻守士卒的需要,北庭元帅府和西北地区的其他一些驻军机构,需抽调一定数量的军队驻防亦集乃,各军事机构驻防亦集乃的军人,其军需物资由亦集乃路负责供应。亦集乃"置在极边,连接川口,紧靠迤北",是元朝出征漠北及西北诸王和朝廷军马的集结地,同时也是元朝西北边地军事后勤的供应基地。而"专备军情急务"的纳怜驿道,在传递元代西北和漠北地区军情方面起着非常重要的作用。纳怜道上的黄兀儿月良站,到底位于何处,目前学界还存在很大的分歧。本文试图对涉及北庭元帅府的几份黑水城文书进行初步研究,同时探讨黄兀儿月良站的地理位置。

一

黑水城出土的提到北庭元帅府的汉文文书,有如下 4 份,兹据《中国藏黑水城汉文文献》,将这 4 几份文书分别转录如下（文中标点为笔者所加）：

M1·0279 号《往字十九号放支北庭元帅府军人冬季口粮文书》（李逸友先生编著的《黑水城出土文书》汉文文书卷的编号是 F13∶W124）：

一帖往字十九号放支北庭元帅
府军人冬季口粮,米四十
二石七斗二升。①

M1·0406 号《北庭元帅府俸秩文书》（《黑水城出土文书》编号 F111∶W52）：

☐从省府,备咨都省,令合干部分☐
☐未蒙回降,咨请照详。"批奉都堂钧旨："☐
☐枢蜜②院都事呈:'照得北庭〔元帅府〕镇☐

---

① 塔拉、杜建录、高国祥主编：《中国藏黑水城汉文文献》第二册《钱粮文书卷》,北京：国家图书馆出版社,2008 年,第 381 页。
② 《黑水城出土文书》录作"密"。见李逸友编著：《黑水城出土文书》（汉文文书卷）,北京：科学出版社,1991 年,第 121 页。原件作"蜜"。

☑过,俸秩应与不应,例合户部定拟。又☑
☑拟呈省事理。具呈照详。"得此,累奉☑
□堂〔钧旨〕☑。①

M1·1033 号《纳冬妃子分例等文卷》(《黑水城出土文书》编号 Y1：W22)文书：

> 钱粮房司吏
>
> 谨呈:"今将本房见行文卷开坐前去,合行具呈,伏乞
> 照验施行,颁②至呈者。"
> 一总件③文卷:
> ……
> 军人支粮:
> 一件征西元帅府军人口粮　　一件北庭元帅府军人口粮
> 一件蒙古元帅府军人口粮　　一件朵立只罕翼军人口粮
> 一件忽剌木翼军人口粮　　一件看仓库人口粮④

此外,M1·0294 号《元帅府军人冬季口粮杂色》,该文书仅存文书末尾一行文字:"北□元帅府军人冬季口粮杂色。"⑤这行字书写在印有年款的空白票据上。或许前文是具体放支军粮杂色的名目和数量。该文书的具体时间尚不清楚。

《往字十九号放支北庭元帅府军人冬季口粮文书》是用千字文编号的亦集乃放支北庭元帅府军人冬季口粮的文书,放支粮食(应该是黄米)有 42 石之多。李逸友先生根据 F13：W121 号,同样是用千字文编号的暑字伍拾贰号"放支朵立只罕翼军人至正廿九年冬季口粮"文书,判断这份文书"应是同时放支军人口粮的记录"⑥。若此,那么这份文书应是至正二十九年,即北元初年的文卷。

《纳冬妃子分例等文卷》,是钱粮房司吏给亦集乃路总管府的呈文。这份呈文似乎只是若干件文书合成的一份总件文书的目录。"军人支粮"部分罗列了放支军粮的各支军队的名称,其中包括北庭元帅府,但没有标明具体的放支数量,具体放支数量应该在各件相应文书中有记载。李逸友先生认为这份文书是顺帝至元至至正年间的文卷。⑦

至于《北庭元帅府俸秩文书》,《中国藏黑水城汉文文献》的这一命名,说明该文书是亦集乃路向北庭元帅府发放俸秩的文书。因上下文均已残缺不全,所以很难判断文书的具体时间,但据相关文书中提到的北庭元帅府(结合李逸友先生的研究),以及和北庭元帅府同时出现的朵立只罕翼和蒙古元帅府的文书时间来判断,可能这件文书也属于元顺帝至元或至正时期。

---

① 《中国藏黑水城汉文文献》第三册《俸禄与分例文书卷》,第 502 页。"元帅府"三字、"钧旨"二字,均已残缺,据《黑水城出土文书》录文补。

② 颁,《黑水城出土文书》录作"须"字,当作"颁"。

③ 件,《黑水城出土文书》录作"计"字,当作"件"。

④ 《中国藏黑水城汉文文献》第六册《票据、契约、卷宗与书信卷》,第 1295 页。

⑤ 《中国藏黑水城汉文文献》第二册《钱粮文书卷》,第 394 页。《中国藏黑水城汉文文献》注明该文书的《黑水城出土文书》(汉文文书卷)编号为 F13：W128,但查对《黑水城出土文书》,未见收录这件文书。其中"北"后文字已残缺,似为"庭"字。如果残缺文字是"庭",那么这份残件也应是亦集乃路放支北庭元帅府军人口粮杂色的文书。

⑥ 《黑水城出土文书》,第 26 页。

⑦ 《黑水城出土文书》,第 26 页。

如斯坦因中亚考古所获编号 OR. 8212/754《元至正十九年亦集乃路广积仓具申季报粮斛现在并放支军人季粮事呈文》文书,就记载了至正十九年亦集乃路广积仓向朵立只罕翼和蒙古元帅府军人放支春季三个月军粮的情况:寒字六十五号放支朵立只罕翼①军人春季三个月杂色,大麦七十石九斗八升六合六勺六抄五作。寒字七十一号放支蒙古元帅府军人春季三个月杂色,大麦一十七石令一升三合。② 文书放支蒙古元帅府军人军粮后的内容已经残缺,不排除残缺部分的文书有可能包括放支北庭元帅府军人军粮的数量。这份文书和 M1·0279、M1·0280 号文书一样,也是用千字文编号的。尽管文书没有提到北庭元帅府,但提到的朵立只罕翼和蒙古元帅府,均见于和北庭元帅府一同出现的 M1·1033 号文书中。那么《北庭元帅府俸秩文书》也可能和 M1·1033 号、M1·0279 号、M1·0280 号文书是同一时期的。另外,M1·1034 号(《黑水城出土文书》编号 Y1∶W6)文书,是亦集乃路至元六年发放朵立只罕翼军人口粮的封签。这里的"至元",结合 M1·0280 号文书以及斯坦因所获《元至正十九年亦集乃路广积仓具申季报粮斛现在并放支军人季粮事呈文》,应该是后至元,则这件文书也应该是顺帝时期的。

此外,《北庭元帅府俸秩文书》反映出,向北庭元帅府发放俸秩的决定权并不在亦集乃路,而是在户部,同时发放俸秩也要申报甘肃行省批准,亦集乃路只不过是执行户部和行省的决定而已。

综上所述,以上几份文书的大致时间范围应该都是元顺帝时期及北元初期,放支北庭元帅府军人口粮杂色的机构,应该是亦集乃路总管府下属的广积仓、钱粮房、支持库等机构,而放支的决定权应该在户部、甘肃行省,甚至包括枢密院。放支军粮的数量以及军队人数,李逸友先生已有估算。他在综合了 M1·0279、M1·0280、M1·1033、M1·1034 号等文书后,认为 M1·1033 号文书中"每支军队每季领取口粮四五十石黄米,可见军人数量每支仅有四五百人"③。

M1·1033 号文书显示亦集乃路向征西元帅府、北庭元帅府、蒙古元帅府军、朵立只罕翼、忽剌木翼等军事组织的军人放支军粮,笔者以为这里所指放支的对象,应该是从文书中提到的各军事组织中抽调出来驻防亦集乃路的驻军人员,而并不是向各个军事组织本身放支军粮。原因有二:其一,西北地区各驻军,有抽调士兵前往诸王屯驻的边地"更代守边士卒"的义务。《元史·兵志》即载:延祐三年(1316)三月,"命伯颜都万户府及红胖袄总帅府各调军九千五百人,往诸侯王所,更代守边士卒。"《元史·文宗纪》亦载:"征西元帅府自泰定初调兵四千一百人戍龙剌、亦集乃,期以五年为代。今已七年,逃亡者众,宜加优恤,期以来岁五月代还。"说明征西元帅府在泰定初年就曾抽调军人前往亦集乃驻防。由此可见,伯颜都万户府、巩昌总帅府、征西元帅府等西北地区的驻军机构,负有抽调所部士兵替代守边士卒的义务。其二,不可想象征西元帅府、北庭元帅府、蒙古元帅府军等担负抵御西部汗国军事进攻重任的各军事组织,每个组织仅有四五百人的规模。黑水城文书所载亦集乃路放支军粮的每支军队仅有四五百人,应该只是各军事组织抽调驻防亦集乃的驻军人数。

---

① "罕翼"二字,沙知、吴芳思编著的《斯坦因第三次中亚考古所获汉文文献(非佛经部分)》(上海辞书出版社,2005年,第226页)录作"等莫",但编著者于旁边各加"?",以示不能确定。结合 M1·1033 号、M1·0280 号、M1·1034 号文书,可知"等莫"二字乃"罕翼"二字之误。
② 《斯坦因第三次中亚考古所获汉文文献(非佛经部分)》,第226页。
③ 《黑水城出土文书》,第26页。

关于北庭元帅府,刘迎胜老师对其设立的背景及至元末元朝和与海都、都哇之间在畏兀儿地区的争夺等问题进行了研究。① 北庭元帅府,即北庭都元帅府,设立于成宗元贞元年春正月。该月,元朝"立北庭都元帅府,以平章政事合伯为都元帅,江浙行省右丞撒里蛮为副都元帅,皆佩虎符"②。同时设立的还有曲先塔林都元帅府。曲先是库车的古地名,③曲先塔林在今新疆库车及附近塔里木河流域一带。④ 北庭元帅府和曲先塔林元帅府,是元朝为了抵御西部窝阔台汗国和察合台汗国的军事进攻而设立的。《元史新编》对北庭元帅府的重要地位有这样的评价:"皇子北平王统兵阿力麻里,皇孙晋王、怀宁王先后统兵和林,而又有别失八里之北庭元帅府据中央以扼南北之冲。"⑤可见,在元朝初期,北庭元帅府是连接元朝漠北腹地和西域前线的军事枢纽,阿力麻里、北庭和哈剌火州、称海宣慰司,形成了拱卫元朝漠北腹地和林的外围防御圈。

北庭元帅府隶属于吐蕃宣慰司,⑥即吐蕃等处宣慰司都元帅府。其首任都元帅为合伯,又作"曷伯、哈伯",至元十年(1273)任平章政事。⑦ 合伯的军队受察合台后王出伯(即术伯)节制。出伯统领的军队包括其直属军、诸王协力军、当地军阀、蒙古千户集团、探马赤军、红袄军等六部分,⑧不仅北庭元帅府,而且曲先塔林元帅府的军队也受其节制。元朝为了加强同西部汗国的对抗,不断给出伯所部以军事补给。出伯"一生为合罕效劳,并死于为合罕效劳"⑨。他捍御西陲,"在西边十余年,为朝廷倚重"⑩,为元朝对抗西部汗国立下了汗马功劳。北庭元帅府历任都元帅已难一一考证清楚,钦察人土土哈之长子塔察儿,曾担任过北庭元帅一职。⑪ 北庭元帅府的都元帅,也可以作为赠官追赠给已故官员,如太宗时行军万户邸顺之子邸浹,大德三年(1299)卒,卒后元廷赠辅国上将军、北庭元帅府都元帅。⑫

北庭元帅府从成宗元贞元年设立开始,直到元朝末期依然存在。至于14世纪初蒙古诸汗国约和之后,到顺帝之前的元朝中期,北庭元帅府在这段历史时期内是否有过废立,因为材料缺乏,尚不得而知。

---

① 刘迎胜:《察合台汗国史研究》,上海:上海古籍出版社,2006年,第283—286页。
② (明)宋濂等:《元史》卷一八《成宗纪》,北京:中华书局,1976年点校本,第390页。
③ 〔法〕伯希和:《库车阿克苏乌什之古名》,冯承钧编译《西域南海史地考证译丛》第一卷,北京:商务印书馆,1962年,第2页。
④ 刘迎胜:《元代曲先塔林考》,《中亚学刊》第一辑,北京:中华书局,1983年,第247页。
⑤ 魏源:《元史新编》卷一九《北方叛王传》,清光绪三十一年邵阳魏氏慎微堂刻本。
⑥ 《元史》卷九一《百官志》,第2309页。吐蕃等处宣慰司地接甘肃、陕西、四川等行省,处于蒙古经略西南和西北的汉蕃边境之连接地带,西平王屯驻于此。北庭元帅府隶属于吐蕃宣慰司,或许与西平王和镇西武靖王驻于朵思麻地区有关。笔者臆测,从元帅府抵御西部汗国进攻的军事目的及其军队受诸王出伯的节制来看,可能吐蕃宣慰司只是名义上管辖北庭元帅府而已。
⑦ 《元史》卷八《世祖纪》,第151页。
⑧ 李治安:《元代行省制度》,北京:中华书局,2011年,第467页。
⑨ 〔波斯〕拉施特主编:《史集》第二卷,余大钧、周建奇译,北京:商务印书馆,1985年,第170页。
⑩ 柯劭忞:《新元史》卷一〇八《出伯传》,余大钧标点,长春:吉林人民出版社,1995年,第2111页。
⑪ 虞集:《道园类稿》卷三八《句容郡王世绩碑》,元人文集珍本丛刊影印明初翻印至正刊本。
⑫ 《元史》卷一五一《邸顺传》,第3571页。

二

亦集乃是"中原至漠北纳邻驿道的交通枢纽和军队后勤供给要地"①，这里是元朝在西北边地负责军粮供应的后方中转站，而经过亦集乃的甘肃纳怜驿道，正是通往北庭的一条便捷之路。至于这条驿道上的具体驿站，学界已有一些研究。笔者在这里只想探讨一个问题，即史书中提到的黄兀儿月良站，其地理位置应该在哪里？因为没有史料明确显示黄兀儿月良站的具体位置，所以我们的研究只能是争取比较合理的推测。

提到黄兀儿月良的史料，有《经世大典·站赤》、《元史》、黄溍的《金华集》等。我们先看看这些史料中的相关记载。

《经世大典·站赤》载，至元三年十月，中书省的奏章中提到：

> 近以西夏之西，近川黄兀儿于量站、塔失八里站、揽出去站，此三处阙铺马。奉旨令塔察儿、夲罗不觯与都省制国用使司马区处增置之……黄兀儿于量站，令阿木干驸马民户出骟马一百五十匹，牡马五十匹，牛五十只，外增买走递骟马、牡马二百匹，孳生牝马一百五十匹。塔失八里站，元存羊一百二十只，外增买走递骟马、牡马二百匹，孳生牝马二百匹，羊一百八十只。揽出去站，增买走递骟马、牡马二百匹，孳生牝马二百匹，羊三百只。②

延祐三年四月，通政院言：

> 纳怜二十三站消乏，除晃忽儿月良九站已济刍粟外，哈温至东胜一十四站未有与。甘肃行省非奉都省明文，率不津济。今每站有马二百匹，去年天旱无草，靡不羸瘠，设有军情给驿，岂不失误？都省遣本院通事彻里前去甘肃省等处，给散料粟七千九百九十六石七斗。③

《元史》有四处提到黄兀儿月良：

至元七年八月，"诸王拜答寒部曲告饥，命有车马者徙居黄忽儿玉良之地，计口给粮，无车马者就食肃、沙、甘州"④。

至元二十六年七月，"黄兀儿月良等驿乏食，以钞赈之"⑤。

至元二十六年十二月，"给钞赈黄兀儿月良站人户"⑥。

至元二十八年五月，"发兵塞晃火儿月连地河渠，修城堡，令蒙古戍兵屯田川中以御寇"⑦。

《金华集》载：

> 顺帝初，通政院使亦辇真奉诏巡视驿传。公不惮险远，历答失八剌哈孙，抵晃火儿目连之地。事有当更革，随宜处置，人咸便之。⑧

---

① 《元代行省制度》，第459页。
② 《经世大典·站赤》，载《永乐大典》卷一九四一七，北京：中华书局，1986年影印本，第8册，第1b页。
③ 《经世大典·站赤》，载《永乐大典》卷19421，第8册，第8a—b页。
④ 《元史》卷七《世祖纪》，第130页。
⑤ 《元史》卷一五《世祖纪》，第324页。
⑥ 《元史》卷一五《世祖纪》，第328页。
⑦ 《元史》卷一六《世祖纪》，第347页。
⑧ 黄溍：《金华黄先生文集》卷二四《辽阳等处行中书省左丞亦辇真公神道碑》，《四部丛刊》初编本。

上述材料中,关于黄兀儿月良最早的记载出现在世祖至元三年,而最晚在顺帝初期。除了世祖和顺帝时期,元中期仁宗延祐年间亦有记载,可见黄兀儿月良站应该早在元朝初期甚至大蒙古国时期即已建立,一直使用到元朝后期。

以往的研究中,周清澍先生认为纳怜道黄兀儿月良九站"是从西夏西去的站","东胜至哈温及晃忽儿月良等站在东胜州和宁夏路境内",而亦辇真不惮险远,抵达晃火儿目连之地。"所谓'险远',很可能是指今天贺兰山后直通亦集乃的道路"①。说明周先生认为黄兀儿月良是从宁夏路通往亦集乃驿道上的驿站。杉山正明先生考订晃忽儿月良为中华民国五年编的《百万分一中国舆图》中的"乌鲁布拉克台"图中所见的"霍努儿乌连河"②,《中国历史地图集》第七册《元明时期》将黄草泊标在艾比湖,也就是说黄兀儿月良在艾比湖一带。但胡小鹏先生认为大多数时间元朝的势力并不能达到艾比湖一带,而且元朝政府也不可能将诸王部曲分隔太远,所以黄兀儿月良站"当在瓜、沙边外有水草处","应从瓜、沙附近寻找","应去答失八剌哈逊(今哈密石城子)不远","似应在河西走廊附近适于游牧之地"③。《元史辞典》的作者认为黄兀儿月良在"今新疆若羌东北米兰东北"④。笔者曾认为黄兀儿月良站当设在疏勒河下游一带。⑤ 由此可以看出,目前学界关于黄兀儿月良站的具体位置,还存在很大的分歧。

考察黄兀儿月良站的具体位置,如果能考证出阿木干驸马的驻地,那么对问题的解决无疑是有帮助的,但遗憾的是,除了《经世大典·站赤》外,笔者从史料中再未找到关于阿木干驸马的记载。尽管如此,上述史料也为我们探寻黄兀儿月良的地理位置提供了一些线索。

黄兀儿月良,史料中的译写不尽一致,又作晃忽儿月良、黄兀儿于量、黄忽儿玉良、晃火儿月连、晃火儿目连、拓火儿目连等。黄兀儿月良在《元史语解》中又被译为"鸿和尔鄂隆"。"鸿和尔鄂隆:鸿和尔,黄马也;鄂隆,肚带也。卷七作'黄忽儿玉良',卷十五作'黄兀儿月良',卷十六作'晃火儿月连',并改地名。又驿名"⑥。可见"黄兀儿月良"(即"鸿和尔鄂隆")是蒙古语,汉语"黄马的肚带"之意,是地名和驿名。杉山正明先生认为黄兀儿月良就是《西域同文志》中的"烘郭尔鄂笼"(Qongqur-ölüng),⑦该地属于"雅儿路"(Yar)。《西域同文志》解释说:"烘郭尔,黄色也。土色黄,多柔草,故名"⑧。杉山正明先生根据黄兀儿月良的汉语意思和《中国历史地图集》所标地理位置,判断该地即是耶律铸《双溪醉隐集》中提到的黄草泊。⑨ 那么,黄兀儿月良是不是黄草泊呢?《元史语解》中的"鸿和尔鄂隆",是不是《西域同文志》中的"烘郭尔鄂笼"呢?从蒙古语字面来看,二者无疑是同一地名,但为何同一蒙古语地名会有两种汉语意思?有无可能二者是同一蒙古语的两个不同的地名?笔者认为应该有这种可能性。

"西夏之西,近川"的说法,表明黄兀儿月良在西夏之西,并且靠近亦集乃西北的沙碛(即

---

① 周清澍:《蒙元时期的中西陆路交通》,载《元蒙史札》,呼和浩特:内蒙古大学出版社,2001年,第264、269页。
② 〔日〕杉山正明:《モンゴル帝国と大元ウルス》第7章《ふたつのチャガタイ家——チユベイ王家の興亡》,京都大学学术出版会,2004年,第307页。
③ 《元代西北历史与民族研究》,第237、238、56页。
④ 邱树森主编:《元史辞典》,济南:山东教育出版社,2002年,第729页。
⑤ 陈广恩:《元代西北经济开发研究》,澳门:澳亚周刊出版社,2005年,第246页。
⑥ 《元史语解》卷四,清光绪四年江苏书局重刊本。
⑦ 《モンゴル帝国と大元ウルス》第7章《ふたつのチャガタイ家——チユベイ王家の興亡》,第307页。
⑧ 《西域同文志》卷一,文渊阁四库全书本。
⑨ 《モンゴル帝国と大元ウルス》第7章《ふたつのチャガタイ家——チユベイ王家の興亡》,第307页。

"川")。而作为纳怜道上的三个驿站,黄兀儿于量、塔失八里、揽出去在《经世大典》中同时出现,想必黄兀儿月良不会在离其他两站近千公里之外的非元朝控制地区。因此,杉山正明先生认为黄兀儿月良在霍努儿乌连河,即新疆艾比湖一带的说法,便不符合《经世大典》的描述。此三站又不见于黑水城文书,而受亦集乃路管辖的站赤,如蒙古八站,在黑水城文书中频频出现,这说明黄兀儿于量等站赤并不在亦集乃路的管辖范围之内。诸王拜答寒部曲告饥,朝廷命有车马者徙居黄忽儿玉良之地,无车马者就食肃、沙、甘州,似乎表明黄兀儿月良离拜答寒的驻地较远,而肃、沙、甘州可能离拜答寒的驻地较近。拜答寒,又作拜答罕、伯答罕,系察合台系后王,其统帅的大军受出伯节制,协力出伯抵御窝阔台汗国的进攻。拜答寒的驻戍地,杉山正明先生认为在瓜州一带,①但瓜、沙、肃三州是豳王的辖地,②胡小鹏先生认为拜答寒归附元朝后,"活动于从黄忽儿玉良到河西一带是确实的"③,那么拜答寒的驻地可能在瓜、沙、肃州以东的河西走廊一带。此外,黄兀儿于量等三站均是纳怜道上的驿站,顺帝初,亦辇真奉诏巡视驿传,历答失八剌哈孙,抵晃火儿目连之地。亦辇真应该是从中原出发向西巡视,说明黄兀儿月良当在答失八剌哈孙之西。答失八剌哈孙,即《经世大典·站赤》提到的塔失八里(又作"塔什八里")。④塔失,突厥语"石"之意,八里,balïk,突厥语"城市、城堡"之意。⑤八剌哈孙,蒙古语"城"Balghasun。⑥《皇明经济文录》卷四十《哈密分壤》载哈密东有他失把力哈逊城。他失把力哈逊即答失八剌哈孙,也就是"石城",位置在今哈密东北约70里处石城子。⑦揽出去在今哈密西之拉布楚喀。⑧塔失八里离哈密只有70里,拉布楚喀距离哈密约50里,从距离判断,黄兀儿月良似不应在塔失八里、哈密、揽出去之间,而应在拉布楚喀以西。

再者,至元二十六年,朝廷频频补给黄兀儿月良。至元二十八年,又发兵塞黄兀儿月良地河渠,同时修筑城堡,并且命令蒙古戍兵屯田川中以御寇。元廷针对黄兀儿月良的上述做法,背景是当时海都、都哇对畏兀儿地区的威胁已十分严重,其军队经过光顾火州,北庭也处在海都、都哇军队的直接威胁之下。⑨发兵塞黄兀儿月良地河渠,显然是破坏当地灌溉设施,这是元朝准备放弃该地的反映,说明黄兀儿月良应该在距离北庭或者火州不是很远的地方。就在元兵塞黄兀儿月良地河渠,同时做好战备的次年,即至元二十九年,元朝和海都便在北庭一带又发生了战斗:"时别失八剌哈孙盗起,诏以兵讨之,战于别失八里秃儿古阁,有功,贼军再合四千人于忽兰兀孙,明安设方略与战,大败之。"⑩如此来看,黄兀儿月良站的大致地理范围,应该是在拉布楚喀以西通往北庭或者火州的驿道上。

---

① 《モンゴル帝国と大元ウルス》第7章《ふたつのチャガタイ家——チユベイ王家の興亡》,第313页。
② 杨富学,张海娟:《蒙古豳王家族与元代西北边防》,《中国边疆史地研究》2012年第2期。
③ 《元代西北历史与民族研究》,第56页。
④ 《蒙元时期的中西陆路交通》,载《元蒙史札》,第269页。
⑤ 麻赫默德·喀什噶里:《突厥语大词典》(汉译本)(第一卷),北京:民族出版社,2002年,第398页。
⑥ 《察合台汗国史研究》,第284页。
⑦ 《元代西北历史与民族研究》,第237页。
⑧ 《元代西北历史与民族研究》,第237页;《元代西北经济开发研究》,第246—248页。
⑨ 《察合台汗国史》,第283—285页。
⑩ 《元史》卷一三五《明安传》,第3281—3282页。

三

作为元代西北边地军用物资的后方供应基地,亦集乃不但要向当地的诸王、妃子、驸马提供分例,为驻防亦集乃路的各支军队提供军需粮饷,而且还要为过往的使臣等提供祗应,同时也需为出征的蒙古大军提供补给,其军事地位的重要性不言而喻。亦集乃这种军事地位的重要性,是由其独特的地理位置决定的。

亦集乃在西夏时期是边地军事重镇,党项于此设黑水镇燕监军司,并建有驿路从兴庆府直达此地。这条驿道从兴庆府出发,向西经过"西夏祖坟"(即今西夏王陵)、克夷门(今贺兰山三关),越贺兰山,穿过今内蒙古阿拉善盟,向西可抵达黑水镇燕监军司,全程约1 100里,①这与《元史》"宁夏距亦集乃仅千里"②的记载正相吻合。从清代《西夏纪事本末》卷首所附《西夏地形图》上看,这条通道上靠近黑水镇燕军司的沿途标有8个地名,自东向西分别是夌阿啰磨、井阿啰磨祖、阿啰磨娘、郢麻龙瓦、碧啰山、麦块啰娘、梭离碧六者、离疸阿啰磨,③这些地名应该都是西夏语音译,均无法考证。

元灭西夏后,至元二十三年于此设立亦集乃路总管府,隶属甘肃行省,并在西夏故址上将黑水城扩建。想必西夏时期从首府兴庆府通往黑水镇燕监军司的这条通道,到了蒙元时期,蒙古统治者不但不会废弃,并且会加以修整以积极利用,那么这条通道应该就是元代纳怜驿道上的一部分。由此可见,亦集乃正位于这条东西走向的纳怜道(通往西域部分)和从河西走廊甘州或肃州沿弱水北上,过川进入岭北行省的南北交通要道的十字交叉处。由亦集乃向北,过川可通往蒙古漠北腹地的岭北行省,向西经过塔失八里、哈密力、揽出去、黄兀儿月良,可以抵达别失八里(北庭)、火州等西域各地,沿黑水(弱水)南下可直抵甘州、肃州,与河西走廊相连接,东南沿西夏故道径通宁夏府路,这里是元朝西北边地的交通枢纽和军事重镇。因故,亦集乃路突出的军事地位,是其所处地理位置使然。

作为军事后勤供应基地,亦集乃必须有足够的粮食储备以供军需。但亦集乃地处沙漠戈壁之中,气候干旱,加上自然灾害,产粮远远不能支付各种需要,尤其是向西北边地驻军支付口粮,"边庭所需军储,尤不可一日阙者"④,所以黑水城文书中常常可见亦集乃向甘肃行省催运军粮的呈文。为了保障边地军需,亦集乃的储粮,除了本路屯田及税收所获之外,其余粮食就必须依赖从外地调运补给。调运边地的粮食,是通过陆路运输的。"大军驻西北,仰哺省者十数万人,自陕西、陇右、河湟皆不可舟,惟车辇而畜负之"⑤。调运亦集乃的粮食,主要来自甘肃行省的甘州、兰州、宁夏府路等产粮区,甚至还包括甘肃行省之外的河东等产粮地区。史载"甘肃岁籴粮于兰州,多至二万石"。英宗时期,甘肃行省平章乃蛮台又下令自宁夏直接运粮至亦集乃路,"岁省费六十万缗"⑥,说明从宁夏府路运至亦集乃的粮食数量亦相当可观。此

---

① 王天顺主编:《西夏地理研究》,兰州:甘肃文化出版社,2002年,第187页。
② 《元史》卷一三九《乃蛮台传》,第3351页。
③ 〔清〕张鉴:《西夏纪事本末》,龚世俊、陈广恩、朱巧云校点,兰州:甘肃文化出版社,1998年,卷首上。
④ 苏天爵:《元文类》卷四〇《经世大典序录·赋典·市籴粮草》,四部丛刊初编本。
⑤ 姚燧:《牧庵集》卷一四《平章政事忙兀公神道碑》,四部丛刊初编本。
⑥ 《元史》卷一三九《乃蛮台传》,第3351—3352页。

外,宁夏府路还设有骆驼站,专门负责运送粮食,①当与将宁夏府路的粮食运往亦集乃路有关。黑水城出土 F125∶W13 号文书中有"甘州攒运粮数","以备申省府及关甘州路总管府照验"等字样,②说明亦集乃路亦从甘州攒运粮食。F12∶W1 号文书载:

☐承揽攒运☐
☐孳生羔儿脚户人等,并
☐布仓和中,客旅人等
☐官民两便,乞明降。得此
☐河东米粮叁阡石,实☐
☐与已委宣使西卑支置官☐
☐验封装采☐☐
☐帐数中粮,客旅花☐
☐运到黄米数目,逐☐③

反映的是亦集乃路从河东地区攒运黄米的情况。筹措粮食的方式主要有攒运、和籴等方法。④而亦集乃所需的钱钞,也往往依赖甘肃行省的下拨。甘肃行省管理钱钞的机构是丰备库,亦集乃路所需"钱钞开支,全靠丰备库下拨钞定维持"⑤。由此可见,亦集乃所需粮饷,很大程度上依赖甘肃行省乃至其他地区的支持。

从黑水城文书来看,放支北庭元帅府等各支驻防亦集乃军队的军粮杂色,是由户部、枢密院或者甘肃行省等部门决定的,亦集乃下属的广积仓、钱粮房、支持库等机构,负责起草放支文书、报请相关部门批准,以及具体放支情况的落实等工作。北庭元帅府抽调的驻防亦集乃的军队,应该和其他各军事组织抽调的驻防军队一样,主要是起"更代守边士卒"的作用。屯驻西北边地的征西元帅府、北庭元帅府、蒙古元帅府军、朵立只罕翼、忽剌木翼等,抑或还有巩昌总帅府等军事组织,均需抽调兵力轮番驻防亦集乃,这也彰显出亦集乃作为西北地区军事后勤供应基地和西北交通枢纽的地位和作用。

---

① 熊梦祥辑:《析津志辑佚·大都东西馆马步站》,北京:北京古籍出版社,2001 年,第 121 页。
② 《黑水城出土文书》,第 113 页。
③ 《黑水城出土文书》,第 113 页。
④ 参见丛海平:《〈黑水城出土文书〉所见海都之乱时期亦集乃路的军粮供给》,《云南师范大学学报》2009 年第 4 期。
⑤ 《黑水城出土文书》,第 15 页。

由黑水城文书所见元代西北边陲驻军状况

——以亦集乃路为中心

甘肃武威博物馆　李晓明

一　出土文献所涉及的元代亦集乃路一带驻军构成

元朝建立以后,将全国军队划分为中央宿卫军和地方镇戍军两大类。宿卫诸军守卫京畿地区,镇戍诸军驻防全国各地,内外相制,统御全国。按照军队构成性质划分,中央宿卫军主要由怯薛军和侍卫亲军构成。镇戍诸军又可分为蒙古军、探马赤军、汉军和新附军等。这些正规军和一些地方性质的军队构成了元朝的主要军事力量。

从黑水城出土文书和相关史料可知,亦集乃路的军队主要是镇戍屯田诸军,其中包括蒙古军、汉军、新附军等。在具体的放支军人钱粮文书中,各类军人的称呼又各有不同,主要有:马军、正军、阔录赤(阔象赤)以及怯薛丹等。在这里面,马军、阔录赤(阔象赤)等应当属于蒙古军或探马赤军,马军又以牌子户组织构成;正军应当属于汉军或屯田新附军;亦集乃路怯薛丹未曾见于史料记载,有可能是当地诸王妃子驸马等贵族的侍卫亲军。

马军,见于黑水城出土元代军用钱粮物文书"F175∶W7 支持库支钱粮柴文书"、"F197∶W23a 马军也火哈剌章等"、"F197∶W13 马军梁兀纳答等"。这些马军应当属于元代的蒙古军或探马赤军。

马军名单文书有个共同的特征,以 F197∶W13② 文书为例。录文如下:

马军梁兀纳答等

一　　……□也

二　鲁即柔责牌下

三　马军一十名

四　鲁即柔责　吾即失剌　　周□……

五　也火答合　赵海哥　　　卜□……

六　梁兀纳答　畏兀儿□千

在这些文书中马军的名单前都冠以某某牌下。联系《元史》"若夫军士,则初有蒙古军、探马赤军。蒙古军皆国人,探马赤军则诸部族也。其法,家有男子,十五以上、七十以下,无众寡

---

① 基金项目:国家社科基金特别委托项目"西夏文献文物研究"(批准号 11@ZH001)的子课题"黑水城社会文书释录"的阶段性成果。

② 塔拉、杜建录、高国祥:《中国藏黑水城汉文文献》第 2 册,北京:国家图书馆出版社,2008 年,第 378 页。

尽签为兵。十人为一牌,设牌头,上马则备战斗,下马则屯聚牧养"①。据此可知,元代的蒙古军、探马赤军都是以"十人为一牌"作为军队基层的组织机构。这与文书中的特征非常类似。

而且从蒙古军与探马赤军的缘由特征来看:蒙古军全部由蒙古诸部族人组成,是元军的精锐和主力部队。探马赤军,名称来源于突厥语的答摩支和契丹的挞马,意即扈从官和前锋。探马赤军是元军的精锐骑兵,又称重役军或先锋军,专门担任攻坚冲锐或镇守战略要地的艰巨任务。探马赤军军人主要是从蒙古、色目等部族中精选而来,偶尔也有少量汉人。但核心和骨干则选自蒙古兀鲁兀、忙兀、弘吉剌、亦乞烈思和札剌儿漠南五个部族,因而有时人们也称探马赤军为蒙古军。在 F197:W13 等马军名册文书中的蒙古、畏兀儿、党项等军人名录恰好验证了这点。

又 F38:W2 俸禄文书残片中有"……□马赤各一名,参军府令史一名……"内容,推测"□马赤各一名"为"探马赤各一名"。

由以上可以判断亦集乃路镇戍诸军中有相当数量蒙古军与探马赤军,且这些军人在放支钱粮文书中都记作马军。

或许是边远地区的原因,在亦集乃路马军仍然如同蒙古时期一样"上马则备战斗,下马则屯聚牧养"②,非战争时期也从事生产。这从 F166:W9"广积仓收到本渠马军吾即阿剌大小麦凭据"③可以得到验证。

此外,随着元朝的统一全国和统治的稳定,亦集乃路的马军牌子户除了单纯的军事色彩,还具有了户籍管理特色。

这里列举户籍文书中的 F249:W22 牌子户,④将其移录如下:

吾即忍布等牌子下户籍

一　……□俗
二　　　贺竜徒沙牌子下
三　　　　　一户吾即桌立哈　一户李耳玉　一户吾即朵立只令只……
四　　　　　一户也火阿哈卜即　一户李朵立只黑巴
五　　　吾即忍布牌子下
六　　　　　一户吾七耳玉　一户义束为失帖木立　一户也火即兀束……
七　　　　　李黑党立嵬牌子下　一户梁耳罗
八　　　也火俺伯牌子下
九　　　　　一户□……

从这件有关牌子头民籍军户文书来看:贺竜徒沙、吾即忍布、李黑党立嵬和也火俺伯就是十户长。虽然在史书中记载牌子头所辖的户计应当为十户,但从该文书残页内容来看,这些牌子户,甚至加上牌子头本人,也都不满十户。并且多少不一,诸如贺竜徒沙牌子下有五户,李黑党立嵬牌子下只有一户。至于为什么会出现上述情况?这件文书所涉及牌子户属于什么性

---

① 《元史》卷九八《兵志一》,北京:中华书局,1976 年,第 2508 页。
② 《元史》卷九八《兵志一》,第 2508 页。
③ 塔拉、杜建录、高国祥:《中国藏黑水城汉文文献》,第 6 册,北京:国家图书馆出版社,2008 年,第 1221 页。
④ 塔拉、杜建录、高国祥:《中国藏黑水城汉文文献》第 1 册,第 42 页。

质?学术界一直有所争议。

李逸友认为文书性质为军户,这些人应是归附于元代的西夏军人,其民族成分为党项族;①刘晓认为该文书残卷是在军屯、民屯合并为"两屯百户所"之后所进行的统计。是否与当时人口的流失有关,目前尚不清楚;②吴超则论证李逸友观点有误,认为文书中"牌子下的牌子户不满十户"因而文书中的牌子户不是军户性质。③

根据史料记载"十人为一牌,设牌头,上马则备战斗,下马则屯聚牧养"④。可以推敲上述众人的观点。刘晓认为此文书为屯田户文书的看法。在这件户籍文书中并没有可以推测为屯田户的特征与信息。亦集乃路的环境与地理位置决定了当地有牧业,这或许为史料所载"下马则屯聚牧养"的牧民。而学术界关于这些牌子户是否为军户的争议?以及牌子下户数多少不一的疑问?可以借助史料看:"其法,家有男子,十五以上、七十以下,无众寡,尽签为兵。十人为一牌,设牌头。"⑤这表明牌子头并非是十户,而是十人。一户中假如有符合签发年龄的十人男丁,那也可单独成为一个牌子头。并且在《军用钱粮文卷》中有 F197:W23a"哈剌章牌下马军一十名",F197:W13"鲁即柔责牌下马军一十名"等内容。以往对户籍文书中牌子户的探讨并没有联系到《军用钱粮文卷》中的这两件文书。经过比较分析我们可以因此认识到 F249:W22 这件文书记述的是牌子下的户主,户名。是牌子人员的户籍登记方式。而《军用钱粮文卷》F197:W23a、F197:W13 记述的是军制下,每个牌下的十名马军名单,是牌子人员的军籍登记方式。这两种表达方式实则是表达的同一事物,这也正好符合元史中有关牌子情景的记载。过去学术界对 F249:W22 户籍文书记载的各牌子头下户数多少不一,一牌下不满十户的困惑争议,由此或可得到解释。

元史记载中,牌子或牌子头都是元代军队编制中的基层组织。即是在非战争时期也是准军事组织。所以说这件户籍文书应该是军户性质无疑。至于李逸友认定的这些人是归附于元朝的西夏军人或党项族,依现有材料尚且难以判断,这里的民族归属尚有待进一步研究。

正军,见于黑水城出土元代军用钱粮物文书的有:"F62:W18 正军阔录赤支钞文书"、"F125:W3 正军王凹子等"、"84HF224B 正支军粮文书"、"F249:W35 支正军口粮文书"、"Дх.19069 支军粮文书"等。这些文书中出现的正军从人名来看,都是由汉族构成。虽然元朝政府实行正、贴户制,即以两户或三户合并正军一名。但从军队构成上,这些文书中的正军或许属于元朝军队中汉军与新附军的成分。元代军户的武器装备,探马赤军户是自备;汉军军人则由政府发给冬夏装,配备武器,每人每月发给米五斗、盐一斤;新附军士的装备,全部由政府供给,每人每月发给六斗米、一斤盐,并给其家庭发放四斗米、一斤盐。汉军军士服装的不足部分以及其他装备与开支,由军户自理。

新附军由元灭南宋后,大量原南宋军队归附元朝后形成。元朝对这些收编的原宋朝军队加以整编,裁汰羸弱,留有精锐。这些由新充入元军序列的原南宋军人组成的军队,称为新附军。这支军队在元代并不为元朝统治者信任,在诸部军队中待遇和地位也最低,多被元政府调

---

① 李逸友:《黑城出土文书》(汉文文书卷),北京:科学出版社 1991 年,第 91 页。
② 刘晓:《从黑城文书看元代的户籍制度》,《江西财经大学学报》,2000 年 06 期,第 74—77 页。
③ 吴超:《〈黑城出土文书〉所见牌子考》,《北华大学学报》,2009 年 04 期,第 98—102 页。
④ 《元史》卷九八《兵志一》,第 2508 页。
⑤ 《元史》卷九八《兵志一》,第 2508 页。

发边疆屯田戍边。黑水城出土文书中就有一件 F111:W46 屯田新附军百户所呈文包封。

元代汉军肇始于成吉思汗时期，主要是中国北方契丹、女真及汉人军队归附蒙古汗国构成。忽必烈在位时期，曾从中原地区大量签军补充汉军。并且整个元朝时期，汉军一直是继蒙古军、探马赤军以外占比重最大、数量最多的军队。

阔录赤，黑城文书中又写作"阔立赤"、"阔端赤"等。见于黑水城出土元代军用钱粮物文书"F123:W7 泰定四年支正军米粮文书"、"F125:W61 阔立赤支米文书"、"F62:W18 正军阔录赤支钞文书"、"F19:W28 朵立赤等"。在放支钱粮文书中常与正军一同出现。

蒙古语 kötel 为"牵马者"，为早期蒙古军中牧马，携带作战备用马匹弓矢，侍从身份的人。元廷建立后为驱口身份，元中后期成为元军地方兵种构成的一部分。① 张重艳在对阔录赤的考证中只介绍了其掌管从马，放牧羊马的一面。② 而实际上阔录赤还有另一重为蒙古战士携带作战备用马匹弓矢，侍从左右的身份。③

关于阔录赤，方龄贵曾在《读黑城出土文书》④一文指出，阔录赤当为阔象赤，阔立赤当为阔端赤。录、象字形相近，立是端字缺讹。张重艳《黑水城所出元代军粮文书杂识》从之。鉴于唯有阔象、阔端才可与蒙古语 kötel 对音，出土文书中的"阔录、阔立"写法显讹，阔录赤当为"阔象赤"、阔立赤当为"阔端赤"。

在《黑城出土文书》中，李逸友先生根据军用钱粮物 F125:W61 等文书"阔立赤廿八名，每名季支米四斗，该米一十一石二斗，内除小尽一日不支米一斗八升"内容，计算出亦集乃路正军与阔录赤（阔象赤）的驻军总数为四五百人。⑤ 在现有的黑水城出土元代文书的基础上，这样计算驻军数量还有些牵强。

一则 F125:W61 只有阔录赤的人均军粮，所有文书没有署明年代，而元代不同时期亦集乃路驻军数量也不一定相同。二则不同军人放支过程与标准复杂多样，元末作为军粮重要组成的小麦代替钞币承担市场流通作用，加之文书材料的匮乏，都限制了对亦集乃路驻军数量的估算。

首先，F123:W7 中"正军阔录赤……各支不等"，不同的军人身份支取军粮各支不同。正军与阔录赤（阔象赤）放支标准也不一样，阔录赤（阔象赤）正支黄米、正军正支小麦，有时候还折支大麦、杂色粮。其次，军粮口分并不能做计算的唯一标准。许多情况下，军人的钱钞津贴放支也是以粮食军人来代替，并且多夹有添支钞、杂色粮等名目。正如诸王妃子的分例文书与官员的俸禄文书一样。尤其元代后期，社会动乱，政区摇摇欲坠，物价飞涨，钞币泛滥，通货膨胀。小麦开始具有支付货币职能和以物易物的作用。从破除文书 Дх.2158⑥《至正廿四年司吏刘融买肉面等物呈文》内有"关支到斗钱小麦壹斗"来看，专事放支钱钞的亦集乃路出纳机构支持库也开始放支小麦，再如 F36:W6 中小麦充当了一般等价物，开始代替纸币在流通领域的作用。

---

① 韩儒林：《元代阔端赤考》，《穹庐集》，上海：上海人民出版社，1982 年，第 109—190 页。
② 张重艳：《黑水城所出元代军粮文书杂识》，《兰州学刊》2009 年第 12 期，第 4—8 页。
③ 赵珙：《蒙鞑备录》，哈尔滨：黑龙江人民出版社，1979 年，第 4 页。
④ 方龄贵：《读黑城出土文书》，《内蒙古社会科学》，1994 年第 6 期，第 77—81 页。
⑤ 李逸友：《黑城出土文书》，北京：科学出版社，1991 年，第 26 页。
⑥ 《俄藏黑水城文献》，第 6 册，上海：上海古籍出版社，1996 年，第 135 页。

因此,目前仅依靠文书中阔录赤(阔彖赤)的季支军粮数量来计算出正军和阔录赤(阔彖赤)的驻军人数还是很困难的。

怯薛丹,在黑水城出土元代文书中还有许多涉及"怯薛丹"的残片。这些文书涉及 Y1：W96 怯薛丹饮食等文卷、F119：W13 沙立渠怯薛丹太不花、F1：W65 婚姻案中"合儿大王位下怯薛丹户"内容等。

怯薛,蒙古语 kešig（突厥语 kezik）的音译,怯薛成员称怯薛歹（kešigtei）,复数作怯薛丹（kešigten）。突厥—蒙古语译作"番直宿卫"、轮流值宿守卫之意,为蒙古和元朝的禁卫军。怯薛起源于草原部落贵族亲兵制度,在元朝建立后发展成为封建制的宫廷军事官僚集团,成为元代官僚阶层的核心集团。

怯薛见于史籍者,多是扈从皇帝,保护皇室,守卫京师。并未见到屯驻边远地方的现象。在黑水城出土文书中出现的这些涉及亦集乃路怯薛丹的文书残片。从 Y1：W22 文书中"亦令只失加普大王位下渐丁军人"与 F1：W65 文书中"合儿大王位下怯薛丹户"内容。或许可以推测河西、亦集乃路的诸王妃子宿卫扈从也称作怯薛丹。由于笔者能力有限,这一主观推测也有待更多材料的发现和佐证。因此在黑水城文书中出现的这些怯薛丹真正的身份信息与归属有待以后继续加以研究。

二 相关文书涉及亦集乃路一带的军事机构

元代西北的亦集乃路作为边防重镇也设置有一些军事机构。在黑水城出土文书中内容涉及了许多当地与邻近地区的驻军单位。

以黑水城出土的一件元代卷宗文书 Y1：W22① 为例：里面就涉及对"亦令只失加普大王位下渐丁军粮、征西、北庭、蒙古诸元帅府军人口粮、朵立只罕翼军人口粮、忽剌木翼军人口粮、看仓库人口粮"等军政机构和军人的钱粮供给。

这件文书反映了亦集乃路负责供给的大量军事单位。文书中钱粮房呈送放支军粮的机构与军人有：征西元帅府、蒙古元帅府、北庭元帅府、朵立只罕翼军人、忽剌木翼军人、看仓库人。对于这些军事部门规格与内容的解读就可以初步了解亦集乃路的军事驻防情况。

Y1：W22 文书中的"亦令只失加普大王位下渐丁军粮","渐丁"指未成年的候补待役者,从文书内容来看,这种侍卫应当也是军户或军役背景。由于在《俄藏黑水城文献》TK248 等站赤文书中,也曾出现"亦令只失加普宁肃王",陈高华先生据此推测黑水城文书中出现的"亦令只失加普大王"即是"亦令只失加普宁肃王"②。因而这里的"亦令只失加普大王"应当就是元代河西宗王中的肃王。在元天历二年（1329）八月,元文宗封阿鲁浑之孙宽彻为肃王。其封地在瓜、沙州与哈密一带。③ 可见黑水城出土文书中涉及的元代肃王,只有宽彻一系,此处的"亦令只失加普大王"应为其后人。相关文书也在 F146：W18 等分例与站赤文书中多次出现。

征西元帅府,具体治所不详,从史料记载中可知,征西元帅府当位于甘肃行省瓜、沙一带：

---

① 塔拉、杜建录、高国祥：《中国藏黑水城汉文文献》,第 6 册,第 1295 页。
② 陈高华：《黑城元代站赤登记簿初探》,《中国社会科学院研究生院学报》,2002 年第 05 期,第 49—56 页。
③ 胡小鹏：《元代河西出伯系诸王初探》,《西北师大学报》,1991 年第 6 期,第 28—34 页。

"……大德七年十月,中书省。甘肃行省咨,征西元帅府呈,所管军马内,常有身死在逃军人,逐月粮数开除……"①另"征西元帅府自泰定初调兵四千一百人戍龙刺、亦集乃,期以五年为代。今已十年,逃亡者众,宜加优恤,期以来岁五月代还"②。虽然征西元帅府治所不一定在亦集乃路,但在亦集乃路当有部分驻军。因此文书中钱粮房呈请放支亦集乃路各部门钱粮中包括了征西元帅府军人口粮。

在《俄藏黑水城文献》另有一件 Инв. No. 4991 "刑房告状案"文书,③俄藏叙录将其错误定性为西夏写本。④ 根据文书中"百户"等内容,可以推测征西元帅府在亦集乃路当时的应当也有约数百人左右驻军规模。

北庭元帅府为元世祖元贞元年(1295)所设立,元代把唐北庭古城叫做"别失八里",在这里先后多次设立军事机构。一般认为,别失八里 Besh baliq,突厥语,意为五城。元初为了应对西北边疆海都、笃哇的叛乱。至元五年(1268)忽必烈曾令第四皇子北平王那木罕出镇阿力麻里(伊犁);次年又设立阿力麻里行省,统辖伊犁地区。至元十八年改畏兀儿断事官为北庭都护府。此后于别失八里行省之下先后设置了别失八里(吉木萨尔)、哈喇火州(吐鲁番)、斡端(和田)三个宣慰司,调入大量新附军巩固西北边防,统管南、北疆的政务。至元十九年设阿力麻里元帅府,领天山北路;后又设别失八里元帅府,领天山南路。至元二十六年(1289)因为察合台汗国后王笃哇夺取此地,建制废弛。1295 年元朝收复失地,重设曲先塔林(库车、塔里木附近)、北庭都元帅府,分统天山南北军务。⑤

亦集乃路应当也驻扎有一定数量的北庭元帅府军人,在黑水城出土文书中有许多涉及北庭元帅府军人口粮放支的文书。例如:"F13:W124 往字十九号放支北庭元帅府军人冬季口粮文书";"F13:W128 北庭元帅府军人冬季口粮杂色";"F111:W52 北庭元帅府俸秩文书"。

虽然有 F13:W124 文书中记述"一贴往字十九号放支北庭元帅府军人冬季口粮米四十二石七斗二升"。但由于现有材料中没有发现北庭元帅府军人人均口粮放支标准。因而也难以估算这批军人在亦集乃路的驻军规模。

蒙古元帅府,具体位置不详。仅见于《元史》载:"至治二年,以钦察卫士多,为千户所者凡三十五,故分置左右二卫,至是又析为龙翊卫。二年,立都督府,以统左、右钦察、龙翊三卫,哈刺鲁东路蒙古二万户府,东路蒙古元帅府,而以燕铁木儿兼统之,寻升为大都督府。"⑥相关史料可知,蒙古元帅府应当位"哈剌鲁"以东。哈剌鲁(Qarluq)是元代西北的一个民族,哈剌鲁人聚居于巴尔喀什湖以东的海押立(一作海牙里、Qayaliq)和伊犁河流域的阿力麻里(Alimaliq)。⑦

由此可见,蒙古元帅府位置在哈剌鲁以东,或者哈剌火州(今新疆吐鲁番)和别失八里(今

---

① 《通制条格》卷七《军防》,北京:中华书局,2001 年,第 312 页。
② 《元史》卷三五《文宗本纪四》,北京:中华书局,1976 年,第 793 页。
③ 《俄藏黑水城文献》第 6 册,上海:上海古籍出版社,1996 年,第 310 页。
④ 史金波:《创建黑水城出土文献研究新的里程碑》,《河北学刊》2007 年第 4 期,第 85—89 页。
⑤ 《元史》卷一二三《列传第十》,第 3024 页;刘迎胜先生在其著作《察合台汗国史研究》中沿袭史料论证元北庭元帅府的建制缘由,《察合台汗国史研究》,上海:上海古籍出版社,2006 年,第 283 页。
⑥ 《元史》卷六三《地理志六》,第 3331 页。
⑦ 陈高华:《元代的哈剌鲁人》,《西北民族研究》,1988 年 01 期,第 145—154 页。

新疆吉木萨尔)一带,或者瓜,沙一带。具体位置难以确定,但是可以判断治所不在亦集乃路。因为TK248《甘肃行省宁夏路支面酒肉米钞文书》①中有"蒙古元帅府使臣朵不歹等二人前来本路,给散本管军人军钱粮勾当……"据陈高华先生研究这件文书"本路"不是宁夏路,而是亦集乃路文书。②

虽然蒙古元帅府具体位置一时难以考证详细,但在黑水城出土文书中有许多涉及蒙古元帅府支取钱粮的文书。例如Y1:W201 正蒙古元帅府春季口粮文卷,③OR. 8212/754K. K. 0150(b)元至正十九年亦集乃路广积仓具申季报粮斛并放支军人季粮事呈文④等。因此,蒙古元帅府在亦集乃路也有部分驻军。但由于相关出土文书有限,史料记载中也不够详尽,蒙古元帅府在亦集乃路的驻军规模尚难以考证。

朵立只罕翼军人、忽剌木翼军人是蒙古兴起之初的军事建制。在元世祖忽必烈即位后,随着元朝的建立,封建化的进程,在军制方面多有改革以加强中央集权,逐步改变了蒙古时期蒙古军分为左右两翼,由大汗、宗王、万户长、千户长等统兵管理,由都元帅节制探马赤军、汉军的军事领导体制,中统四年(1263)五月,在元政府中央设立了枢密院,作为管理全国军事事务的最高机构。

从黑水城出土文书中可见"朵立只罕翼"又写作"朵立赤翼"。文书见于F79:W25 延祐六年朵立赤翼军粮文书,F13:W121 暑字伍拾贰号放支朵立只罕翼军人口粮文书、F9:W12 放支钱粮文书、F166:W11 在逃正军阔录赤文书、84H·F21:W20/0737 军用钱粮文书残件、Y1:W22、Y1:W6 忽剌木翼军人口粮文书见于Y1:W22、Y1:W6。由于两翼军人支粮文书多数残破不堪,难以推断具体时间和军队数量。加之史料记载的缺乏,相关驻地也难以判断。可以推测元朝中后期亦集乃路放支钱粮过程中,仍有两翼军人的称呼只是传统习惯的严格。

这件文书中提及"一件看仓库人口粮",这其中"看仓库人"也属于亦集乃路的军人种类。在元代,重要的都市、省府等地大型粮仓都组织专职军人看守保护。"……契勘在都仓库……军官、军人等须管昼夜常切用心巡绰关防……"⑤"……甘州、肃州有的仓库用着三千名军看守么道……"⑥从这件黑水城出土文书来看,亦集乃路也存在看守仓库的军人,但目前还没有发现在亦集乃路存在专司保护仓库的军事机构。⑦

除Y1:W22 文书中所述征西元帅府、蒙古元帅府、北庭元帅府、朵立只罕翼军人、忽剌木翼军人以外。在黑水城出土文书中,还可以知道在亦集乃路一带还有一些其他军事机构。

随着元朝的建立与全国的统一,元代全国各地设立了行中书省、河南江北、陕西、四川、甘肃、云南、江浙、江西、湖广、辽阳、岭北、征东等十二个行省作为地方常设的行政机构。各行省内分设一些军事机构,诸如统军万户府、元帅府等统辖镇戍军旅,维持地方军政。但因为每个

---

① 《俄藏黑水城文献》,第4册,第313页。
② 陈高华:《黑城元代站赤登记簿初探》,《中国社会科学院研究生院学报》2002年第5期,第49—56页。
③ 塔拉、杜建录、高国祥:《中国藏黑水城汉文文献》,第6册,第1254页。
④ 沙知、吴芳思:《斯坦因第三次中亚考古所获汉文文献》(非佛经部分),第1册,上海:上海辞书出版社,2005年,第226页。
⑤ 《通制条格》卷七《军防》,北京:中华书局 方龄贵校注本,2001年,第330页。
⑥ 沈刻《元典章》卷三四,北京:中国书店出版社,2001年,第1314页。
⑦ 朱建路:《黑水城所出元代粮食相关文书研究》,河北师范大学硕士学位论文2009年,第16页。

行省内各地区军事、政治地位以及物产、经济、人口的不同。元代地方万户府又分三等,七千人以上称上万户府,五千人以上称中万户府,三千人以上称下万户府。万户府下又辖千户所、百户所等机构。除此外,元代地方镇戍军中,另有左、右翼屯田万户府,在设有军屯的各卫军,士兵被分为正军和屯军两部分。其地位与侍卫亲军各卫相等,都由枢密院直接管辖。

从出土文献可知,亦集乃路军役和军屯的重要部门就有:管军万户府、屯田千户所、屯田百户所等机构。

在F166:W11地土案中有"甘肃等处管军万户府委差镇……"可见甘肃行省的万户府以行省一级存在,属于军事性质,为管军万户府。但是从黑水城出土文书来看,甘肃行省的一些下辖路一级政区也有万户府。例如在《大德十一年至至大四年黑水城屯戍支用官粮册》中有"宁夏运粮万户府",当时元政府在宁夏地区设立"宁夏等处新附军万户府屯田、宁夏营田司屯田"等机构组织屯田生产。① 这件文书验证了在宁夏路有屯田万户府,且曾经向亦集乃路转运粮食。同样,作为甘肃行省下路的亦集乃路,在F150:W8军政文书中有"兵工房准管军万户府……"由于兵工房是亦集乃路总管府下属机构,此处"管军万户府"也无外地职属注明,当属亦集乃路的军事机构。可见虽然亦集乃路居民较少,位置偏僻。但交通地位重要,是连接岭北和河西走廊的重要通道,又是西北边防的重镇。这里当也设有管军万户府。

以F116:W555、F150:W8等文书为例,亦集乃路的屯田千户所和屯田百户所也多次出现于黑水城出土文书中。学术界对于亦集乃路的农业生产和屯田研究中多侧重于屯田百户所。由于当地的军屯和民屯同时存在,涉及军人屯田生产的机构自至元二十二年(1285)"迁甘州新附军二百人,往屯亦集乃合即渠开种"②开始,经历了"新附屯田军百户所、两屯百户所和屯田千户所"的一个发展变化的过程。

亦集乃路经过多年的屯田以后,军屯人员也变成仅供纳粮的军人,管理军屯的机构职能缩小,但是这种职能不能完全取代。在至治二年左右,军屯和民屯的管理机构合并成为两屯百户所。③ 至迟到至正十一年(1351),由于人口的增加,农业的发展,两屯百户所又升格到屯田千户所。从F116:W555《至正十一年考校钱粮文卷》内容来看,屯田千户所还应下辖有多个屯田百户所。

在亦集乃路除了上述军屯机构外,亦集乃路总管府下属的兵工房机构也是管理站赤交通、军役事务、维修水渠与军屯灌溉等事宜的重要部门。有关兵工房的黑水城出土文书较多,学术界研究中也多有涉及。此处不再详细介绍。

三 相关文书涉及军人的民族成分

亦集乃路的驻军机构庞杂,军人种类众多,军队成分也包括许多民族。

首先从文书中军队类别与史料验证方面,可以推断一些军人民族成分。蒙古军、探马赤军、马军、阔录赤(阔象赤)、怯薛歹等多属蒙古人或色目人。正军、新附军一般是由汉人组成。

---

① 周继中:《元代北方地区的屯田》,《北方文物》,1988年第3期,第72—80页。
② 《元史》卷一〇〇《兵志三》,第2569页。
③ 吴超:《亦集乃路农业管理初探》,《吐鲁番学研究》,2008年第2期。

其次从黑水城出土相关文书内容中我们也可以判断一些军人民族成分。这些军人中有蒙古、汉、党项、回回、畏兀儿等民族的人名。例如 F175:W7 文书中有"火者失、朵立赤、答失蛮、马合麻、怯伯、拜都"等，F197:W13 文书中有"也火答合、梁兀纳答、畏兀儿□干"等军人名录。

在这里面"火者失、答失蛮、马合麻"应当是穆斯林，而"朵立赤、怯伯、拜都"从名称推断则是蒙古诸部人，"畏兀儿□干"等应当是畏兀儿人。经佟建荣研究考证，在黑水城汉文文书中出现的"也火、梁兀"等人名姓氏应为西夏党项人姓氏，①因此这些文书中涉及这些姓氏的军人当为元代的党项人。除此之外，相关文书涉及对军人放支名单，多数都按照军人归属类别分别抄录。诸如 F197:W23a"马军也火哈剌章等"、F197:W23b"也火完者等"、F19:W28"朵立赤等"主要是蒙古、党项人名单。Y1:W14A"男子火者失等"主要是畏兀儿、回回等色目人名单。F125:W3"正军王凹子等"主要是汉人名单。

四　驻军的逃亡现象

由于亦集乃路屯田生产的瓦解，军人更戍轮休的延期，钱粮军饷的克扣拖欠。加之元末政治的动荡，经济的崩溃。亦集乃路也出现了许多驻军逃亡现象。

以黑水城出土的一件元延祐二年（1315）登记在逃正军和阔录赤（阔象赤）情况的申状 F166:W11② 为例：

　　　　　　　　在逃正军阔录赤文书
　一　　　　　五月分正军□……
　二　　　　　　六月……
　三　　　　　阔录赤叁□……
　四　　　　　五月分□……
　五　　　　　六月一名魏闪皮□……
　六　　□在逃正军、阔录赤二十八名，具于延祐二年月□……

文书时间为"延祐二年"（公元 1315 年，元仁宗在位），其中"正军"和"阔录赤（阔象赤）"在放支钱粮文书中经常连在一起出现。应当为同一级地方军队，属于驻防亦集乃路的正规军队。或许由于边陲地区的条件艰苦、戍期漫长而大量逃亡。

这种情况在《元史》中也有所记载："……戊寅，枢密院臣言：'天历兵兴，以扬州重镇，尝假淮东宣慰司以兵权，今事已宁，宜以所部兵复隶河南行省。又，征西元帅府自泰定初调兵四千一百人戍龙剌、亦集乃，期以五年为代，今已十年，逃亡者众，宜加优恤，期以来岁五月代还'。并从之……"③从"期以五年为代，今已十年，逃亡者众"就可看出，戍期的漫长也是亦集乃路军人逃亡的一个重要原因。

为了保证军人的战备守职和正常生活生产。元代的军制中有"番直"或"更戍"（轮流休假）等方法，给军户以"作养物力"的机会。世祖时规定侍卫亲军以"十人为率，七人三人，分为

---

① 佟建荣：《〈中国藏黑水城汉文文献〉中的西夏姓氏考证》，《宁夏社会科学》，2010 年第 6 期，第 87—92 页。
② 塔拉、杜建录、高国祥：《中国藏黑水城汉文文献》，第 2 册，第 386 页。
③ 《元史》卷三五《文宗本纪四》，第 793 页。

二番:十月放七人者还,正月复役;正月放三人者还,四月复役,更休息之"①。文宗至顺二年(1331)二月,做了一点改动,"命番休各卫汉军,十之二以三月一日放遣"②。地方镇戍军大多"岁一更代",一年轮换一次。但这一规定许多情况下难以实现,尤其地方镇戍军人。或因为边远行省路远难行往来不便,或由于边陲要地战事频繁任务众多。更代轮换时间往往会很长,二三年甚至更多年才能休假一次。这种情况下,驻军军人逃亡的情况经常会出现。

从 F166:W9"广积仓收到本渠马军吾即阿剌大小麦凭据"来看,当地军屯的生产收成是要上缴广积仓或屯田百户所等机构的,未参与屯田的军人衣食日用更是仰仗亦集乃路总管府的钱粮放支。但由于亦集乃路的财政收入比较少,钱粮军饷经常出现"未发分"的现象。对于当地驻军而言,遇到钱粮放支延误或不及时的情况下,生活必然受到影响。这种情况下,自然就会出现逃亡现象。以黑水城出土文书中一件元代钱粮文书 F116:W21③ 为例:

万亿宝源库钱粮文书

一 ……已行关牒去后回准咨该具……
二 据于万亿宝源库拨降到中统钱
三 叁万定就令丰备库呈报到承帖
四 未支④分例军粮俸秩诸名项等钱计
五 中统钞壹拾贰万玖阡陆伯陆拾伍定壹
六 拾肆两捌钱式分玖厘陆毛陆丝开坐各
七 各帖领字号呈乞照验得此议得丰
八 备库呈报□承帖未支分例军粮诸
九 各项等钱壹拾式万玖阡陆伯陆拾伍
十 ……两捌钱式分有令今次
十一 ……□定□……

亦集乃路总管府放支钱钞的一个重要来源就是上级的下拨。这一过程表现为,中央万亿宝源库负责拨发钞币,甘肃行省丰备库接受以后再逐级下发,亦集乃路总管府支持库收到后统筹放支。但正如前文所述这种上级拨钞的方式往往并不能满足亦集乃路的正常财政开支。

这件文书正是反映亦集乃路呈报未分支分例军粮俸秩诸名项等钱的情况。其中有"未支分例军粮俸秩诸名项等钱计中统钞壹拾贰万玖阡陆伯陆拾伍定壹"。对于基本上是纯消费者的军队而言,拖欠如此庞大的钱粮军饷。在此情况下驻军大量出现逃亡现象也就不足为奇了。

军屯生产出于对开拓边疆、巩固边防、保障军需的积极作用。自西汉创始以来为历朝历代所采用。元代蒙古政权以武立国,伴随着政权的建立。为了解决从中央到地方各地军队的粮饷供给。各行省的镇戍军队与机构都组织一部分军人从事屯田耕作,尤其边疆地区,且耕且戍,史载"皆立屯田,以资军饷"⑤。屯田的收成用来充作军储和口粮。各地的军屯生产皆按照军队建制形式设置相关管理机构。以亦集乃路为例,出土文书中多次出现的"屯田百户所、两

---

① 《元史》卷一三《世祖本纪十》,第 274 页。
② 《元史》卷三五《文宗本纪四》,第 777 页。
③ 塔拉、杜建录、高国祥:《中国藏黑水城汉文文献》,第 2 册,第 355 页。
④ 李逸友录文中讹录为"发"《黑城出土文书》(汉文文书卷),第 140 页。
⑤ 《元史》卷一〇〇《兵志三》,第 2558 页。

屯百户所"即是依军制建立的屯田机构。从事军屯的机构官员也出自军官,负责管理和考核军屯生产,耕田面积、粮食收成、作物推广、维修水渠、灌溉农田等事务。征调从事军屯的士兵多是汉军和新附军,但在边疆与民族地区也有其他民族军士参与军屯。这从黑水城出土文书F166：W9"广积仓收到本渠马军吾即阿刺大小麦凭据"①也可发现一些佐例。

  元代军屯的生产虽然成就显著但这也摆脱不了各个历史时期军屯生产的规律。建立之初,出于对开发辽阔的边疆地区,巩固军队边防、提供军资粮饷等方面的重要需求。可以集中大量人力物力兴修水利设施,推广先进的耕作技术。因此屯田成就卓越。但随着王朝后期封建统治的日趋腐朽,军屯官吏对粮食与种子的贪污克扣,对屯田士兵的压迫奴役,屯田劳动者因死亡或逃散出现大量空额,以及幸存者怠工,屯田生产也就逐渐瓦解。随着时局动荡,戍兵大量逃亡,军屯的经济效益日渐低下,歉收和无收的情况时常发生。正如黑水城出土文书中TK214《亦集乃分省原出放规运官碟》②所述,元代末年由于经济破产和战乱兵灾的影响,亦集乃路官府筹措耕种的粮食种子都十分稀缺了。到了元代后期,多数军屯已经名存实亡。

  综上所述,亦集乃路驻军与屯田军户的待遇抚恤并不是很优厚。尤其到了元代末期。伴随着国内爆发的大规模农民起义,地方割据军阀之间的混战,南方漕运的中断,西北地区粮饷和籴的减少。乃至元政府滥发纸币造成的通货膨胀,经济崩溃。都使亦集乃路经济状况到了难以维系的地步。对于镇戍诸军和屯田军户而言,生活更加艰难。

  在黑水城出土文书 F13：W130③契约婚书中："太子位下所管军户脱欢等。今为差发重仲,军情未定,上马不止,盘缠厥少,无可打兑……言定财钱市斗内白米壹石,小麦壹石,大麦壹石……将弟妻巴都麻改嫁中内别有不尽言词……"这件文书的年代为至正廿五年十一月,当时为元顺帝后期,元朝已经处于风雨飘摇的末期,三年后元政府即告崩溃,蒙古贵族遁回漠北。文书中军户脱欢因为被签发要出征作战,却连从军远行的盘缠钱粮都凑不够,不得已将已经亡故弟弟脱火赤的妻子巴都麻改嫁。从这件文书可以看出元末时期亦集乃路军户的悲惨命运,且不说平时生计如何,在遭遇军情被迫出征的时候,仅仅为了凑足盘缠就变卖弟妻。当然文书中军户家庭中最凄惨的当是文书主要人物"巴都麻",这种遭遇如同《失林婚书案》中的失林一样,这些女性更是处于亦集乃路社会最底层,如同商品一样毫无尊严的被变相买卖。

  因此对于黑水城出土文书中所见的驻军逃亡现象。除了各历史时期戍边军人屡见不鲜的逃亡情景外,亦集乃路自身的经济状况恶化,也是军人逃亡的重要原因。

余 论

  关于元代亦集乃路的军政经济状况,在研究中虽然可以借助大量的出土文献探讨当时的历史背景与当地军政情况。但这还远远不足以复原元代亦集乃路军事状况真实面貌。

  在可以认知的亦集乃路军政背景方面,当地还受到许多不确定的因素影响。从出土文书的内容来看,亦集乃路相关文书的许多内容,还涉及了元代亦集乃路以外地区的饥荒,兵灾等

---

① 塔拉、杜建录、高国祥：《中国藏黑水城汉文文献》,第6册,第1221页。
② 《俄藏黑水城文献》,第4册,第219页。
③ 塔拉、杜建录、高国祥：《中国藏黑水城汉文文献》,第6册,第1251页。

情况。

例如关于豳王入川的 F116：W561① 文书,关于豳王入川(即路经沙碛大漠)补给钱粮事件的原因。经李治安先生考证为延佑二年嗣豳王喃忽里率军经哈密力附近的石川戈壁西攻察合台汗国一事。② 这一出土文献的记述与波斯史料相印证,补充了汉文史料记载中缺漏的一些信息。

在 F116：W32《失林婚书案》中,③提到"……至正十九年……红巾贼将巩昌城池残破……从亮避兵……到来亦集乃路东关……"等内容。这件文书的记载从侧面上反映了元末的红巾军起义,导致许多平民由于战乱而流散到了亦集乃路。

联系当时的历史背景可知：在至正十七年(1357)至至正十九年(1359),红巾军三路北伐,其中的西路军正值经略陕甘地区,曾经攻破巩昌府(今甘肃陇西县)。

另外一支北伐的红巾军中路军,至正十八年攻克大都,此后红巾军设立辽阳行省,威胁元大都直到至正二十三年北方红巾军失败为止。

由于元代的帖里干、木怜、纳怜三条驿道是联系岭北和林地区蒙古本土与中原腹里之间的交通站赤路线。而帖里干和木怜道,多用于岭北至上都、大都间的邮驿。因此在红巾军北伐的情况下,这一时期岭北至大都、上都的交通、站赤、邮驿必然受到了破坏和阻隔。

在这种情况下,途径亦集乃路的纳怜道就成为元末岭北通往中原和西北的十分重要的路线。

再从 TK204V 宣光二年甘肃等处行中书省亦集乃分省咨文文书来看,④宣光二年(1372),由于元朝的崩溃,明军的北伐,北元失去中原地区后,提高了亦集乃路的政治建制,设立了亦集乃路分省。

由此可见元末由于东部地区的政治动荡与混乱,一定程度上影响了亦集乃路地区政治、军事、经济状况。乃至促进了站赤交通,人口物资流动的活跃。这些新情况也促使元末亦集乃路的军政与经济状况呈现了一些新特色。

---

① 塔拉、杜建录、高国祥：《中国藏黑水城汉文文献》,第 2 册,第 369 页。
② 李治安：《元中叶"甘肃过川军"考》,第二届海峡两岸藏学研讨会论文集,2010 年 06 月。
③ 塔拉、杜建录、高国祥：《中国藏黑水城汉文文献》,第 4 册,第 889 页。
④ 《俄藏黑水城文献》,第 4 册,第 209 页。

黑水城文书所见元代的朵思麻宣政院①

首都师范大学 滨州学院 杜立晖

塔拉、杜建录、高国祥等先生所编《中国藏黑水城汉文文献》第5册《军事与政令文书》第1029页载有一件编号为"M1·0801[84H·F16:W5/0523]"的文书残件,该书载文书尺寸为"10.5 cm×10.6 cm",将其拟题为《朵思麻宣政院》。此件文书虽然残缺,所存文字较少,但价值颇高,文书中所载的"朵思麻宣政院"这一机构为其他文献资料所不载,具有重要的文献学价值。另外,该文书对于研究"朵思麻宣政院"的设置情况、管理范围、设置时间以及朵思麻地区在元代的战略地位等问题,均具有重要意义。虽然学界对于元代的宣政院、行宣政院有过非常深入的探讨,②但由于此件文书公布较晚,学界还尚未对文书中的"朵思麻宣政院"加以关注,因此,笔者拟在前人研究基础上,对文书所涉及的"朵思麻宣政院"等问题试作探讨,不当之处敬请大家批评指正。

一 关于文书的录文、定性与定名

为下文研究方便,现根据敦煌吐鲁番文书的整理范式,按图版格式,将 M1·0801[84H·F16:W5/0523]文书录文移录如下:

1 朵③思麻宣政院□　　．
2 正马贰④匹,正 壹 程(?)壹　　．
3 　　依例　　．
4 　　至正廿六年　　．

---

① 本文为2011年国家社会科学基金青年项目《黑水城文书与元代西北军政研究》,批准号:11CZS013;2010年教育部人文社会科学研究青年基金项目《黑水城所出元代汉文军政文书整理与研究》,批准号:10YJC770021的阶段性研究成果之一。
② 如韩儒林:《元朝中央政府是怎样管理西藏地方的》(《历史研究》,1959年第7期);陈庆英:《元代宣政院对藏族地区的管理》(《青海社会科学》,1990年第4期);照那斯图:《关于"宣政院印"》(《民族研究》,1995年第1期)张云:《关于元代宣政院的几个问题》(《中国藏学》,1995年第2期);张云:《元代宣政院历任院使考略》(《西北民族研究》,1995年第2期);邓锐龄:《元代杭州行宣政院》(《中国史研究》,1995年第2期);张云:《元代吐蕃地方行政体制研究》(中国社会科学出版社,1998年);照那斯图、哈斯额尔敦:《元朝宣政院颁给柏林寺的八思巴字禁约榜》(内蒙古社会科学(汉文版),1999年第6期);陈庆英 高淑芬:《西藏通史》(中州古籍出版社,2003年);朱道东:《元代宣政院的机构职责及重要人物》(中央民族大学硕士论文,未刊稿,2009年5月);陈玉冰:《论元代政教合一制下宣政院对藏区的管辖》(《法制与经济》,2011年第8期)等等。
③ "朵",图版中此字作"朶",今改正。
④ "贰",图版中此字作"弍",今改正。

[后缺]

此件文书首全尾缺,上完下缺,现存文字 4 行,用行楷书写。根据李逸友先生在《黑城出土文书(汉文文书卷)》中对相关文书纸张类型的判断,该件文书所用纸张似为"竹纸"。文书第 1 行的"朵思麻宣政院"等字当为本件文书所主要涉及的机关,第 4 行的"至正廿六年"(1366)当为文书的成文时间。"至正"为元顺帝妥懽帖木儿使用的最后一个年号,因此可以断定,此件文书为元后期的一件官方文书。

该件官文书的具体性质,通过文书第 2、3 行的内容可以做出相应的判断。通过文书录文可见,文书第 2 行与第 3 行为本件文书的主要内容,第 2 行所载"正马贰疋",当是朵思麻宣政院官员需要配备或已经配备马匹的类型及数量,其中的"正马"一词对于我们认识该件文书的性质至关重要。有元一代,"正马"往往专指在站赤中使用的用来服役的马匹。如《元史》卷一〇一《兵志四》"站赤"条载:至元十九年九月通政院臣言:"随路站赤三五户,共当正马一匹,十三户供车一辆,自备一切什物公用。"①《永乐大典》卷之一九四二四《站赤九》载:"今后站赤但有宣使人员到站,依验札子应付正马。"②站赤中除配有服役的正马外,还配有备用马匹,这些备用马匹称为"贴马"、"备马"或"副马"等,如《永乐大典》卷之一九四二二《站赤九》载:"杭州路所辖站一十处……在城站,马一百八十匹,正马九十匹,贴马同。庙山站,马七十匹,正马三十五匹,贴马同。新城站,马七十匹,正马五十五匹,贴马同……"③《至顺镇江志》卷一三载:云阳驿"马八十匹,正马四十匹,备马四十匹",吕城驿"马八十匹,正马四十匹,备马四十匹"④。《国朝文类》卷四一《杂著》"驿传"条载:"驿传之在汉地者兵部领之……民之役驿中者,复其地四顷,不输租,与兵士同,然出马供使客,马死,辄买补之,有正马、副马。"⑤

由此可见,文书中提及的"正马贰疋",无疑应为某站赤为朵思麻宣政院有关人员提供的服役马匹。由于该件文书出土于黑水城,即元代的亦集乃路遗址,由此可以推知,文书中所涉"正马贰疋"应是由亦集乃路所辖的某一站赤提供的。据黑水城文书所载,亦集乃路所辖站赤有八,即"在城站、盐池站、普竹站、狼心站、即的站、马木兀南子站、山口站、落卜剋站"⑥,为朵思麻宣政院有关人员提供服役马匹者,必为其中之一。

另外,文书第 2 行中的"正壹程(?)壹"等字,除"正"字外,其余文字较难辨识,所以尚不能确知此几字为何意。但根据文书本行所载"正马贰疋"是亦集乃路所辖某一站赤为朵思麻宣政院有关人员提供的服役马匹推知,同处一行的"正壹程(?)壹",其性质应与"正马贰疋"一致,即其亦应为亦集乃路某一站赤为朵思麻宣政院有关人员提供的有关物品或工具等内容。

文书第 3 行的"依例"二字,当是"依在先体例"之简称。"依例"二字之后的文字残缺,我们根据元代典籍所载的官文书及黑水城文书中关于"依例"之后内容的记载,可以对所缺内容进行推测。在元代典籍所载官文书以及黑水城文书中,"依例"之后往往是对于前面所述内容

---

① 宋濂:《元史》一〇一《兵志四》,北京:中华书局,1976 年,第 2586 页。
② 《永乐大典》卷之一九四二四《站赤九》,北京:中华书局,1986 年,第 7269 页。
③ 《永乐大典》卷之一九四二二《站赤九》,第 7247 页。
④ 俞希鲁:《至顺镇江志》卷一三,南京:江苏古籍出版社,1999 年,第 552 页。
⑤ 苏天爵:《元文类》卷四一,北京:商务印书馆,1958 年,第 600 页。
⑥ 李逸友:《黑城出土文书(汉文文书卷)》,北京:科学出版社,1991 年,第 30 页。

如何进行处置的说明,其后或跟"施行"或跟如何"施行"等语。如《俄藏黑水城文献》第4册第196—197页编号为"TK194"文书的第一部分,第3行、第10行分别有"依例施行"等语。再如《中国藏黑水城汉文文献》第5册《人事与选官文书》第1001页编号为"M1·0776[F114:W3]"的文书,第9—10行则载有:"依例于路府请俸司吏,或有相应钱谷官内抵业物力高强、通晓书算者点差"等语。在黑水城站赤类文书中,"依例"之后,往往跟"应付施行"等文字,如被李逸友先生归入《至正二十四年整点站赤文卷》中的编号为F116:W558的文书,该文书的起首行为"皇帝圣旨里,亦集乃路□□府呈奉"等语,文书尾部之第18、19行有"依例应付施行"语。① 同时,属于《至正二十四年整点站赤文卷》类的F116:W396文书,第20、21行有"依例应付□□"等文字,②F116:W220文书则有"依例应付者"等语。③ 由于本文所探讨的M1·0801[84H·F16:W5/0523]文书,是亦集乃路所辖站赤提供相应马匹等物的文书,所以,该文书中"依例"二字之后所缺文字,应与黑水城所出亦集乃路其他站赤类文书中所载内容相似,似为"应付施行"或"应付者"之类。

综上笔者认为,本文所探讨的这件文书,应为亦集乃路总管府所辖某一站赤依例向朵思麻宣政院有关人员应付正马等马匹和相关物品的文书,这应是对此件文书性质的最终认定。《中国藏黑水城汉文文献》一书将该件文书拟题为《朵思麻宣政院》,稍显简略。根据我们对于文书性质的判断以及文书所载的时间"至正廿六年"(1366),可以将文书重写拟题为《元至正廿六年(1366)亦集乃路总管府某站赤依例应付朵思麻宣政院官员正马等事》。

二 文书所见元朵思麻宣政院的设置及管理情况

(一)何谓"朵思麻宣政院"

M1·0801[84H·F16:W5/0523]文书中所载的"朵思麻宣政院"这一机构,不见于其他传世史料,但对于"朵思麻"这一地名,学界已多有探讨。"朵思麻"又称为"脱思麻、脱思马、秃思马、朵哥麻思"等,④元朝中期时,"整个青藏高原被划分成三个行政区域:一是'朵思麻',设吐蕃等处宣慰使司都元帅府(亦称朵思麻宣慰司),管辖今青海省大部、甘肃省南部及四川省阿坝一带;一是'朵甘思',即吐蕃王朝的'多康',设吐蕃等路宣慰使司都元帅府(亦称朵甘司宣慰司),管辖今青海省玉树、四川省甘孜、云南省迪庆和西藏自治区昌都以及那曲专区的东部;三是乌思藏阿里,设乌思藏纳里速古鲁孙等三路宣慰使司(亦称乌思藏宣慰司),管辖乌思藏(即吐蕃王朝的'卫藏四茹')及其他以西的阿里地区,也即是今西藏自治区所辖区域的大部"⑤。朵思麻是元代在吐蕃地区设立的三大行政区之一,其地理位置位于吐蕃的东部,与甘肃、陕西、四川等行省紧密相连。

为"掌释教僧徒及吐蕃之境"之事务,元廷于"至元初,立总制院,而领以国师。二十五年,

---

① 李逸友:《黑城出土文书(汉文文书卷)》,第178页。
② 李逸友:《黑城出土文书(汉文文书卷)》,第178页。
③ 李逸友:《黑城出土文书(汉文文书卷)》,第178页。
④ 《中国大百科全书》"朵思麻"条;仁庆扎西:《元代经营朵思麻地区概述》,《元史论丛》第4辑,中华书局,1992年,第249页。
⑤ 陈庆英 高淑芬:《西藏通史》,郑州:中州古籍出版社,2003年,第2页。

因唐制吐蕃来朝见于宣政殿之故,更名宣政院"①。吐蕃境内所设立的三个宣慰司均隶属于宣政院。元代除在中央设宣政院管理吐蕃外,还往往在吐蕃地区设置行宣政院,据《元史》卷八七《百官志三》"宣政院"条载:"遇吐蕃有事,则为分院往镇,亦别有印。"②通过该条可见,在吐蕃有动乱之时,元宣政院往往设分院,即行宣政院"往镇",这也即说明,行宣政院应设立于吐蕃地区,而非元中央。邓锐龄先生《元代杭州行宣政院》一文也指出,"据文献记载,宣政院也如中书省、枢密院、御史台,可设分院或行院于外地,这种派出机构有两类:一设在西北西南宣政院所辖的藏族地区、带有军事镇抚使命者,始立于顺帝至元三年(1337),名'行宣政院'……此类机构大概随藏事而撤销;另一类设立在杭州,也名'行宣政院'……经数次撤销,又行恢复,迄于元亡,前后存在约六十三年,基本上是一所常设机构"③。显然,黑水城文书中所载的冠以"朵思麻"之名的"朵思麻宣政院",不属于元中央之宣政院,而应与宣政院在吐蕃地区设立的分院有关。然笔者查勘所有有关元代在吐蕃设立行宣政院的史料,未见及"朵思麻宣政院"设置的直接记载,虽然如此,但发现了一条可以间接证实元廷曾在朵思麻地区设立过行宣政院的材料。如《元史》卷一四〇《太平传附也先忽都传》载:至正十九年"也先忽都当贬撒思嘉之地,道由朵思麻。行宣政院使桓州间素受知太平,因留居其地。执政知其故,奏也先忽都违命,杖死之。年四十四"④。也先忽都被贬撒思嘉路过朵思麻时,行宣政院使桓州间将其留居其地,后也先忽都被告发,杖死。显而易见,此处所载的"其地"当指"朵思麻"。根据此条材料,张云先生敏锐地指出"行宣政院有其治地或治所"⑤,但张先生并未进一步指出在元廷在吐蕃所设行宣政院的治地何在。根据上文材料,我们有理由认为,在至正十九年(1359),行宣政院曾设置于朵思麻地区。同时,该条材料所载的时间为"至正十九年",黑水城文书中所载"朵思麻宣政院"文书的书写时间是"至正廿六年",这两个时间相去不远,因此推断,"朵思麻宣政院"可能是《元史》所载的在至正十九年间于朵思麻地区设立过的行宣政院。

有关记载还表明,在至正十九年之前,元廷曾在吐蕃地区设行宣政院,如《元史》卷三九《顺帝纪二》所载:至元三年五月"西番贼起,杀镇西王子党兀班;立行宣政院,以也先帖木儿为院使,往讨之"。在后至元三年(1337)五月份,西番叛乱,镇西王子党兀班被杀,于是立行宣政院以讨伐之。《元史》卷四三《顺帝纪六》载:至正十四年正月"丙戌,以答儿麻监藏遥授陕西行省平章政事,实授行宣政院使,整治西番人民"。在至正十四年,答儿麻监藏被授予行宣政院使,整治西番人民。虽然这两条记载均没有直接点明行宣政院在吐蕃的设置地点,但由于这些记载与上文至正十九年的记载均出现于元顺帝时期,因此推测,这两处提及的在吐蕃设立的行宣政院似与至正十九年在朵思麻地区设立的行宣政院为同一机构。

综上,我们可以对黑水城文书涉及的"朵思麻宣政院"这一机构的性质做出初步的判断,该机构似乎应是元廷于元顺帝时期在吐蕃的朵思麻地区设立的行宣政院,也即是传世典籍中所载元廷在吐蕃地区设立行宣政院的别称。之所以元廷在朵思麻地区设立的行宣政院又称之为"朵思麻宣政院",笔者推测,这应当与元代在吐蕃地区设立的"吐蕃等处宣慰司"又称为"朵

---

① 宋濂:《元史》卷八七《百官志三》,第2193页。
② 宋濂:《元史》卷八七《百官志三》,第2193页。
③ 邓锐龄:《元代杭州行宣政院》,《中国史研究》,1995年第2期,第85页。
④ 宋濂:《元史》卷一四〇《太平传附也先忽都传》,第3372页。
⑤ 张云:《关于元代宣政院的几个问题》,《中国藏学》,1995年第2期,第74页。

思麻宣慰司"道理相同,因这一机构设立于该地,故名之。所以,通过以上黑水城文书与《元史》的互证,有理由认为,"朵思麻宣政院"与至正年间元廷在吐蕃所设行宣政院实为同一机构。另外,通过以上分析我们也明确了元廷在吐蕃所设行宣政院治所的所在,即元廷在吐蕃所设行宣政院似应是设立于朵思麻地区。

(二)朵思麻宣政院的设置时限

关于朵思麻宣政院的设置时间,史无明载,通过黑水城文书可见,至少在"至正廿六年"(1366)这一机构还依然存在。黑水城文书的记载是关于元代朵思麻宣政院设置的最晚记载,这也是元代在吐蕃地区设置有关行宣政院的最晚记录,这一年可以作为朵思麻宣政院设置的时间下限。

关于朵思麻宣政院设置的时间上限,根据上文我们关于朵思麻宣政院与元廷在吐蕃所设行宣政院的关系考证,似可以将在此地最早设立行宣政院的时间作为朵思麻宣政院设置的上限。关于元廷最早在吐蕃设立行宣政院的记载,即上文所引《元史》卷三九《顺帝纪二》在后至元三年(1337)五月所设行宣政院的记载,在上文,邓锐龄先生将这一时间确定为元朝在西北西南地区设立行宣政院之始。然《元史》卷九二《百官志八》"行宣政院"条载:"至元二年五月,西番寇起,置行宣政院,以也先帖木儿为院使往讨之。"①对同一事件,《元史》《顺帝纪》和《百官志》所记载的时间却相差一年,可知这两处记载必有一误,而《百官志》记载错误的可能性很大。因此推测,后至元三年(1337)五月应是吐蕃地区设置行宣政院,也先帖木儿为院使讨伐西番叛乱的正确时间,此记录可以看做是朵思麻宣政院设置的时间上限。

基于以上认识,我们可以把朵思麻宣政院的设置时限确定在元末顺帝一朝。但应当看到,在这一时间范围内朵思麻宣政院未必为常设机构,前文《元史》"宣政院"条载明:"遇吐蕃有事,则为分院往镇",邓锐龄先生也指出,此类行宣政院"随蔵事而撤销"。

(三)朵思麻宣政院的管理范围

关于朵思麻宣政院的管理范围,目前也缺乏更为详尽的史料,但既然朵思麻宣政院与元末期在吐蕃地区设立的行宣政院有关,我们可以通过分析行宣政院的管理范围从而对朵思麻宣政院的管理情况做出判断。

如前文所引《元史》卷八七《百官志三》"宣政院"条所载:"遇吐蕃有事,则为分院往镇,亦别有印。"通过该条可见,在吐蕃区域所设宣政院分院所处理的应是整个吐蕃之境的叛乱,而非专指吐蕃内的某一地区,因此,在吐蕃地区设立的行宣政院,其管辖范围应涵盖整个吐蕃。

另外,上文提及的一条材料也证实了我们对于吐蕃地区行宣政院管辖范围的判断。《元史》卷四三《顺帝纪六》载:至正十四年春正月"丙戌,以答儿麻监藏遥授陕西行省平章政事,实授行宣政院使,整治西番人民。"此条记载表明,答儿麻监藏"授行宣政院使",整治的是整个"西番人民"。

因此通过以上可见,行宣政院的管理范围应当包括整个吐蕃之境。同时,由于行宣政院为元中央宣政院的派出机构,行宣政院所代行的是宣政院的职能,因此从这一角度讲,行宣政院的管理范围也应是整个吐蕃地区而非吐蕃的某一区域。鉴于朵思麻宣政院与元廷在吐蕃地区设立行宣政院的关系,我们有理由认为,朵思麻宣政院的管辖范围亦为整个吐蕃地区,而非仅

---

① 宋濂:《元史》卷九二《百官志八》,第2335页。

为朵思麻一地。

余 论

通过上文,我们对黑水城所出朵思麻宣政院文书的性质、定名以及朵思麻宣政院的设置和管理情况有了一些大体的了解,但还有些问题还有待讨论,如元末为何将行宣政院置于朵思麻地区? 朵思麻宣政院的官吏为何出现在亦集乃路? 下面再就此二问题试作分析。

首先,关于元末将行宣政院设置于朵思麻地区的原因。

元代将行宣政院设立于朵思麻地区,应与该地区的重要战略地位有关。在朵思麻地区,元廷除设有朵思麻宣政院外还设有吐蕃等处宣慰司、宗王府等机构,对于吐蕃等处宣慰司的重要作用,张云先生指出"吐蕃等处宣慰司,地接甘肃、陕西、四川等行省,是蒙古经略吐蕃较早涉及的地区,在对蕃事务中占着重要的地理位置。大蒙古国在这一带的建制施政直接影响了在整个吐蕃地区的行政建置"①。"吐蕃等处宣慰司"的重要性无疑是朵思麻地区在整个吐蕃重要战略地位的一个缩影。

朵思麻地区由于处于番汉结合部,毗邻甘肃、陕西、四川等行省,是元廷治理吐蕃的前沿阵地。如元廷在治理吐蕃之初,即"令答失蛮入藏清查户口,设立驿站。答失蛮一行沿朵思麻——朵甘思——萨迦一线入藏"②。明代治理西藏也是以该地区为突破口,明洪武三年(1370),邓愈"分兵自临洮进克河州,招谕吐蕃诸酋长,宣慰何锁南普等皆纳印请降。追豫王至西黄河,抵黑松林,破斩其大将。河州以西朵甘、乌斯藏诸部悉归附"③。河州作为朵思麻地区的重要城市,是吐蕃等处宣慰司的治所、脱思麻路的治地,明军在突破河州之后,便顺利的征服了整个吐蕃。可见,朵思麻地区实为元、明两朝治理吐蕃的咽喉要禁。同时,这里也是元朝在吐蕃地区设立的军区所在地。张云先生说:"西平王与镇西武靖两王王府当在一地"④即西平王与镇西武靖的驻地同在朵思麻地区。西平王"平日屯驻于汉蕃边境的朵思麻地区","在乌思藏出现骚乱时","举兵入藏尽其镇戍之责"⑤。因此,将行宣政院设置于朵思麻地区,无疑考虑到了该地区在治理吐蕃中的重要地理位置和军事存在。而吐蕃的其他两个行政区域——朵甘思与乌思藏,深居藏内,显然不具备朵思麻地区有利的地理条件和军事资源,所以据此亦可推见,上文提及的元廷于后至元三年(1337)、至正十四年(1354)在吐蕃所设行宣政院,不应设置于其他两个区域,而应设立于朵思麻地区。

其次,关于朵思麻宣政院官吏出现于亦集乃路的原因蠡测。

在元代,朵思麻地区与亦集乃路之间的距离遥远,当在三千里左右,甚至更远,《元史》六〇《地理志三》"亦集乃路"条载:"亦集乃路,下,在甘州北一千五百里。"⑥亦集乃路距离甘州达一千五百里。据谭其骧先生所撰《中国历史地图集》第七册元代地图所见,甘州与朵思麻地

---

① 张云:《元代吐蕃地方行政体制研究》,北京:中国社会科学出版社,1998年,第179页。
② 樊保良、水天长:《阔端与萨班凉州会谈》,兰州:甘肃人民出版社,1997年,第126页。
③ 张廷玉:《明史》卷一二六《邓愈传》,北京:中华书局,1974年,第3750—3751页。
④ 张云:《元代吐蕃地方行政体制研究》,第30页。
⑤ 沈卫荣:《元代乌思藏十三万户行政体制研究(一)》,《西域研究》,1988年第1期,第58页。
⑥ 宋濂:《元史》六〇《地理志三》,第1451页。

区的出口"河州"之间,还间隔有永昌路、西宁州等地,河州距离甘州路的距离亦不在一千五百里之下。因此可以推测,从朵思麻地区至亦集乃路之间的距离当在三千里以上。两地之间的距离如此之遥,但有关朵思麻宣政院的文书却在亦集乃路出现,其原因可能如下:

亦集乃路是甘肃纳怜道上的重要驿站。李逸友先生指出:在元代的甘肃境内有一条"转备军情急务"的纳怜道。纳怜,是蒙古语小的意思。平常岭北行中书省与腹里的交通,主要经由兀鲁思两道,即"东、西两道站赤",只有重要军情不便经由上述两道时,才经这条小道。这条驿路以木怜道上的丰州西约50公里的东胜州为起点,溯黄河而西,经甘肃行中书省辖境东北部,在甘州折而北行,经亦集乃路至和林。由于这条驿路主要是在甘肃行中书省境内,故又称做甘肃纳怜驿。亦集乃路地处甘州与和林之间,纳怜道经由这里。① 朵思麻宣政院的有关官员于至正二十六年(1366)六月份在这里出现,很有可能是道经甘州至亦集乃,他们走的应是甘肃纳怜驿"甘州—亦集乃路"的一段路线,然后通过亦集乃路去往和林或其他地区。朵思麻宣政院经由亦集乃路的官员,通过亦集乃路站赤对其所提供的"正马贰疋"也可做出推测。元代对于官员因公出差,经由驿站时,其所配备的马匹有一定的标准:《永乐大典》《站赤二》载:至元八年规定"三品五匹。四品、五品四匹。六品、七品三匹。八品以下止给二匹"。②《至正金陵新志》卷六《官守志》云:"行宣政院,从一品衙门。"③从中可以看出,黑水城文书中提及的经由亦集乃路的朵思麻宣政院官吏,当不会是宣政院使,而应是职位低级的知事之类的首领官,据《元典章》载:外任官"知事""从八品"④。由于元末全国各地农民起义浪潮风起云涌,地处元廷西垂的吐蕃地区也在所难免,而肩负管理整个吐蕃事务的朵思麻宣政院官员在此情形之下,去往和林等去地汇报有关情况、调遣军队也当在情理之中。

总之,黑水城出土的这件有关朵思麻宣政院文书,具有重要文献学价值和史料价值,该件文书对于研究元廷在吐蕃地区所设行宣政院的具体情况,朵思麻地区的在元朝治理吐蕃中的重要战略地位,以及元末吐蕃地区的政治形势,亦集乃路在元代西北交通中的重要地位等问题,都具有重要意义。

---

① 李逸友:《黑城出土文书(汉文文书卷)》,第29页。
② 《永乐大典》卷一九四一七《站赤二》,第7198页。
③ 张铉撰,田崇校点:《至正金陵新志》卷六,南京:南京出版社,1991年,第267页。
④ 陈高华等点校:《元典章·吏部一》典章七《官职一·职品》,北京:中华书局、天津:天津古籍出版社,2011年,第219页。

由黑水城文书看北元时期肃政廉访司更换官吏中的作用[①]

河北大学 郭兆斌

纠劾官吏,是元代肃政廉访司(以下简称廉访司)最基本的职责和最主要的工作。李治安先生研究认为,廉访司的该项权力范围较为广泛,小到县官大到宣慰司、行省官吏都在其纠劾范围之内,除这些之外还对万户、蒙古军大都督府等有纠劾检举权,元代也有对宰相等中书省官员进行弹劾的极个别的现象。廉访司对官吏的纠劾"本身是一种向朝廷的检举揭发,究竟如何处理发落,权在朝廷"[②]。但廉访司的工作并非到此为止,据《宪台通纪》记载"御史台、廉访司,纠弹诸司不法的衙门有,须索选识治体的好人委付。"[③]可知,廉访司在纠弹不法官吏后还要举保合格的人选取代被纠弹之人。

在黑水城所出土的文献中,有一件北元宣光元年更换儒学教授的文书。文书中廉访司在弹劾了现任亦集乃路儒学教授之后,又举荐了新任的儒学教授,正是对廉访司更换官吏过程的反映,同时文书形成于北元宣光年间,所以文书既有印证廉访司职责又有着反映北元政治状况的双料价值,因此值得我们进行深入的研究。为研究方便,现将录文迻录如下:

M1·1133[F9:W101]宣光元年更换亦集乃路儒学教授

1. 皇帝圣旨里,河西陇北道肃政廉访亦集乃分司付使哈剌哈孙,朝夕常谓:
2. 　崇儒重道,固[④]古昔之良规;举善荐良,尤当今之急务。照得亦集乃路学黉已
3. 　摧毁、教养无法与所委任非人,以至学校废弛。今体察得权教授邢守善,并
4. 　非教养之才,冒膺师儒之职,耽误后进,沾污儒风,拟将本人截日革去。若
5. 　不作急选,委才德兼备、学问擅长之人俾充教授,有妨后进。切见前教
6. 　授易和敬,其人行止端方、操履笃实,如将斯人承权于儒学教授,所掌管
7. 　一应事物,诚为相应累职,合行故牒,可
8. 　照验,告该路任总管施行,须至牒者。(朱印)
9. 　牒　件　今　牒
10. 　亦集乃路总管府(朱印)
11. 　照验,故牒
12. 　　宣光元年十月(朱印)日牒书吏李遵承行
13. 　　医学教授权□□

---

① 本文为2011年国家社会科学基金青年项目《黑水城文书与元代西北军政研究》,批准号:11CZS013;2010年教育部人文社会科学研究青年基金项目《黑水城所出元代汉文军政文书整理与研究》,批准号:10YJC770021的阶段性研究成果之一。
② 李治安著:《元代政治制度研究》,北京:人民出版社,2003年9月,第306页。
③ 赵承禧等编,王晓欣点校:《宪台通纪(外三种)》,"举保官员"条,杭州:浙江古籍出版社,2002年10月,第70页。
④ 李逸友在《黑城出土文书》中作"因"。

14.　　　　朝列大夫河西陇北道肃政廉访亦集乃分司付使哈剌哈孙(签押)

图版在《中国藏黑水城汉文文献》第七册,第1411页。《黑城出土文书》有录文,李逸友所做题解为"桑皮纸,微缺,草行书,末尾结衔为宋体大字,盖朱红官印三方,印文不清,560 mm×615 mm。"

在《黑城出土文书综述》中,李逸友指出文书中更换儒学教授"不经过朝廷任命,这是非常时期的权宜之举。"同时还认为"故牒的由头错写为'医学教授权□□',虽已加盖官印,但显然是张废纸,是否亦集乃路总管府总管照办,更无从得知"①。潘洁在《黑水城出土元代亦集乃路选官文书》一文中认为:这是一件正式公文,此时推荐任官是正规途径并且已经发展为一种选官的方式,北元时期官员的铨选制度已经发生变化,举善荐良已经为当务之急。②吴超在《黑水城出土文书所见人事变化初探》中也利用了该件文书,作者认为文书中的保举方式是外举,同时还有自举,其将文书分为八个层次之后并未对其进行过多的展开,同潘洁一样,作者认为"被举荐人的品质在举荐过程中起着至关重要的作用,荐举是元代选拔官吏的一个重要形式"③。

一　对文书内容的分析

文书的首句有"皇帝圣旨里",这是元代一般公文的起首语。"河西陇北道肃政廉访亦集乃分司付使哈剌哈孙"是公文的发文机关和发文者。按河西陇北道肃政廉访司所监察的区域有七路二州,同其他廉访司一样有正官八员:廉访使二员,副使二员,佥事四员,置司所在地为甘州路,其余八个路(州)就由两员副使和四员佥事进行监察,此次来到亦集乃路地区按治的是副使之一的哈剌哈孙。

从第2行的"照得"到第4行"截日革去"是说拟将现任儒学教授邢守善革职及其被革职的原因。因为邢守善的原因导致亦集乃路学黉损坏无法进行正常的教学活动,且邢守善也属"冒膺师儒"之人,故而拟将其革去,另择贤良。文书第3行"权教授"并非指权姓教授,此处"权"乃暂时代理、摄守官职之义,即邢守善只是暂代儒学教授之职。

从第5行到第7行"诚为相应",则是廉访司在弹劾现任儒学教授后所举荐的替代者,从"不作急选……有妨后进"可知举荐新任教授是当时之急务,从而举荐了前任儒学教授易和敬。第6行有"承权"二字,按《元典章》中有"三年一次,朝廷差官迁调,若有急阙去处,从行省选注,谓之承权"④。则可知易和敬此时也是权宜除授的官员,同邢守善一样暂时代理儒学教授一职。第7行中"累"有相接、延续之义,则"累职"笔者认为指的就是儒学教授一职的接续,表示易和敬和邢守善在职责上是相接续的,并未出现儒学教授职权的空缺,这与上面提到举荐新任教授乃当务之急是相照应的,突显了事务之急。

在文书的第7行和第8行中有"合行故牒,可以照验,告该路任总管施行。"这是廉访司在

---

① 李逸友编著:《黑城出土文书(汉文文书卷)》,北京:科学出版社,1991年,第48页。
② 潘洁、陈朝辉:《黑水城出土元代亦集乃路选官文书》,《宁夏社会科学》,2009年第3期,第103、104页。
③ 吴超:《黑水城出土文书所见人事变化初探》,《吉林师范大学学报(人文社会科学版)》,2011年第5期,第37页。
④ 佚名编,陈高华等点校:《元典章》卷四六"刑部八·诸赃·取受","承权官取受"条,北京:中华书局、天津:天津古籍出版社,2011年,第1561页。

对更换儒学教授一事作出处理意见后向亦集乃路总管所下的指示。故牒,"颜师古曰:故者,谓通其旨义也。"①是元代公文行移中用于结句之处的词语。《元典章》中规定:

"照得诸外路官司不相统摄应行移者,品同,往复平牒【正从同】。三品于四品、五品并今故牒,六品以下皆旨挥;回报者,四品牒呈上,五品牒呈上,六品以下并申。其四品于五品往复平牒,于六品、七品今故牒,八品以下旨挥;回报者,六品牒呈上,七品以下并申。……佐官当司有应行移往复者,并比类品从。职虽卑,并今故牒;应申,并咨。"②

查《元史》可知"诸路总管府……上路秩正三品。达鲁花赤一员,总管府一员,并正三品,……下路秩从三品"③。《元史》并未记载中下路达鲁花赤和总管的品秩。《事林广记》有"【上路】花赤 大都副花赤并正三品总管兼尹正三品……【下路】花赤正三品总管从三品"④从这两处记载可知在元代无论上、下路,其总管府、达鲁花赤和总管都是三品官司,只是正从有别。肃政廉访司官的品秩在《元史》中有详细的记载,其中廉访使为正三品、副使为正四品,《元史》对廉访司的品秩没有记载,《南村辍耕录》中有"各道提刑按察司,至元六年置,正三品,有使、副使、佥事、察判、经历、知事"⑤。由此可以认为廉访司也是正三品官司。这样一来,同为三品官司的亦集乃路总管府和河西陇北道肃政廉访司之间公文的行移应用平牒。但义书中出现了"今故牒"则说明廉访司与总管府之间存在着上下尊卑的关系,李治安先生指出"尽管廉访司和上路总管府均为正三品,然最晚在成宗初,路总管府等即被视为廉访司的'属官',二者的'尊卑之辨'已在官场上得到普遍的认同"⑥。上路总管府尚且如此,作为下路的亦集乃路总管府亦是如此。文书中用"今故牒"可作为总管府是廉访司下级官司的一有力证明,另外,在《元典章》卷六中有"提刑按察司行移:与宣抚司往复平碟。各路三品官司今故牒,回报牒呈上"⑦则说明虽同为地方上的三品官司,但廉访司的地位明显要高于其他官司。"告该路任总管施行"说明了廉访司仅仅是弹劾和举保,具体对学官的任免还要由当地的行政正官执行。

接下来的"须至牒者"四字,据《历史文书用语辞典》解释"【须至……者】历史文书结尾处的固定套语,此语本无多大意义,历代文书中相为袭用,仅表示文书的完结。凡官府之间往来文书中,无论向上级呈送的文书、向下级发出的文书或平级机关的来往文书中,都可用此语结尾"⑧。而且从紧接"须至"之后的文字可以判定文书的性质。在元代文书中经常见到呈文之结尾有"须至呈者",劄付之结尾后有"须至劄付者"等,此处的"须至牒者"则表示文书的性质为牒文。到此是文书的第一大部分,内容是廉访司副使对亦集乃路学官的任免意见,并以牒文形式要求亦集乃路总管执行自己的处理意见。由此,笔者将文书拟定名为《宣光元年河西陇北道肃政廉访司亦集乃分司为更换儒学教授事告总管府牒》。

第9行至第12行,是文书的第二大部分。是公文正文书写完毕之后,文书的告知用语及

---

① 徐元瑞撰,杨讷点校:《吏学指南》,杭州:浙江古籍出版社,1988年,第38页。
② 陈高华等点校:《元典章》卷一四《吏部八·公规二·行移》,"品从行移等第"条,第514页。
③ 宋濂等编:《元史》卷九一《百官七》,北京:中华书局,1976年,第2316页。
④ 陈元靓:《事林广记·别集》卷二《外任诸衙门官职》,北京:中华书局,1963年,第31页。
⑤ 陶宗仪撰:《南村辍耕录》卷二《置台宪》,北京:中华书局,1959年,第24页。
⑥ 李治安著:《元代政治制度研究》,第172页。
⑦ 陈高华等点校:《元典章》卷六《台纲二·体察·察司体察等例》,第158页。
⑧ 刘文杰著:《历史文书用语辞典(明清民国部分)》,成都:四川人民出版社,1988年,第113页。

送达对象。其中"牒件"一词即是属于文书的告知用语,类似于公文中常见的"右谨具申闻,谨状"等用语,该词在宋代已有之。

《梦溪笔谈补》卷一有:

> 国初公状之制,前具官,别行叙事后云'牒件状如前,谨状'至宣和以后,始用今制,前具官别行稍低,叙事讫,复别作一行,稍高,云'右谨具申闻,谨状'。①

从沈括的记载中可以发现"牒件状如前,谨状"在宣和以后被"右谨具申闻,谨状"替代,因此"牒件状如前"与"右谨具申闻"应是指同一个意思,用于公文的行文对象之前,起告知的作用。到了元代仍有"牒件状如前,谨牒"字样,但已经极少,目前仅在《元典章》中见有:

> 右具如前,所据归勘到前项情款,并是端的,保结是实。伏乞
> 中书刑部详酌施行,谨具申闻,谨录状上。
> 牒件状如前,谨牒。 年 月 日依式②

这是在叙述完对儒吏的考试程序及科目之后的进一步规定,此处的"牒件状如前,谨牒"应与宋代是同一个意思,即所述事项已经开列于上。但在 F9:W101 文书中,紧接"牒件"之后是"今牒"而非"状如前",这点应从文书收发机关的关系进行说明。无论上引《梦溪笔谈补》还是《元典章》中的记载,它们都是上行文书,而这件北元时期的文书则是廉访司给亦集乃路总管府下达的牒文,责其办理更换儒学教授一事。既是下行文书,若再出现"状如前,谨牒"字样就与其身份、地位不相符,所以在这件文书的最后出现的是用于下行文书中的"故牒"。"亦集乃路总管府"则是文书的行文对象,"照验"是廉访司副使对总管的指示意见,责其在查验事实后,依照公文的意见办理。第 12 行前半部分是公文的下发时间,后半部分应是参与办理此事的书吏签押。

第 13 行"医学教授权□□"笔者认为应是一个医学教授的签押,而不是李逸友先生所认为的是书写错误的由头。首先,在诸路总管府的属员中是设有医学教授一职的,这就使得第 13 行为医学教授签押有了可能性;其次,关于由头的书写位置,参考《大德四年军粮文卷》中的几件文书,发现这几件文书由头的书写位置都是紧挨着府吏的签押,如 F116:W553 号文书中的"检计禀军粮事"和 F116:W552 文书中的"为军粮扫里钞事",再看 F9:W101 号文书中"医学教授权□□"一句所在位置,其离廉访司书吏签押所在位置较远,反而离廉访司副使的签押较近,从这点来看这一行更像是签押;再次,"权"字之下有缺失,但其缺失的部分从空间上看仅能容下两个字左右,这对于书写由头是有些困难的,作为由头的可能性非常之小,由此笔者认为此处的"权"是姓氏,即这是一个权姓医学教授的签押。之所以有医学教授的签押,应该是参与了此次更换儒学教授的工作,不外乎是参与了对现任儒学教授的调查或者举荐了其继任者;抑或折当时官员缺额较大,该医学教授是受临时差遣协助廉访司副使。第 14 行则是哈剌哈孙的签押,用宋体大字书写。三处朱印由于字迹难以辨认,因此也不能随意下定论,但与廉访司及其司官有关这一点是可以肯定的。

---

① 沈括著,胡道静校证:《梦溪笔谈》附《补笔谈》卷一《故事》,上海:上海古籍出版社,1987 年,第 898 页。
② 陈高华等点校:《元典章》卷一二《吏部六·吏制·儒吏》,"儒吏考试程式"条,第 445 页。

二 肃政廉访司更换官吏的程序及其在北元时期的变化

通过以上对文书的分析,我们可以理出元代廉访司更换地方官吏的顺序:廉访司在弹劾现任官吏之后,就要举荐新任的官吏,并且要形成正式的公文。公文上要有参与此次更换官吏的廉访司官及其属吏的签押,其顺序是按地位由低到高依次进行的,但是具体执行人事任免的是该地方的行政长官。

笔者认为,在廉访司进行弹劾之前应有一些准备工作,因为廉访司官每年出巡按治的地方较多、范围广,但时间却很紧迫,不可能到地方后再着手进行调查被弹劾之人。这样,较为有效率的做法便是在当地派驻工作人员或者由当地官员进行监督该地区的官吏,由此可认为文书中的医学教授便是担当此任的官吏,也正因为这样才出现了他的签押。

公文的最终目的是为了推举出新的儒学教授以取代不称职的现任。关于儒学教授的任命在《庙学典礼》一书中有着记载:

今来议得:各路并府、州教授,别有迁调影下窠阙,拟合令本路官司于所辖州郡教官内,通行推选材德服众之人,牒委文资正官覆察相应,然后行移本道按察司,公坐出题试验,将亲笔所业文字,并察司的本牒文缴申省部,移文翰林国史院再行考校定夺,其余学正人等依旧守职。①

《庙学典礼》所记,简要叙述了儒学教授正常的选任的程序,在经过地方一系列推举、考核和举荐之后,最终由翰林国史院再行考校后定夺,也就是说儒学教授的最终任命权在于中央的翰林国史院。

文书的新任儒学教授易和敬的选任程序属于特殊情况和暂时代理性质的,这与《庙学典礼》所记载的程序有很大出入;选任程序上虽然有着很大出入,但其最终的任命权应该还是元廷中央的翰林国史院。然而,这件文书来看,并不见有廉访司副使将更换儒学教授的意见交与省部或者翰林国史院,而是交与了当地的行政长官亦集乃路总管,责其按照自己的意见办理。这些与《庙学典礼》中所记载的不符。《元典章》中所记载与选举儒学教授有关的条文及程序与《庙学典礼》中记载的大同小异。

考虑到此时已是北元时期,其法律制度据达力扎布研究认为"仍实行着元代的法律制度"②但其遵循的是《至正条格》,现在藏于韩国的《至正条格》中有关选举儒学教授的一部分已经佚失,因此也无法判断文书中所反映的程序是否与其相符。宣光元年即明洪武四年(1371)是元顺帝子爱猷识理达腊的年号,其即位于应昌,在改元宣光时已建廷于克鲁伦河中下游地区,此时北元的中央朝廷距甘肃行省更为遥远,与其联系也有可能因为明朝的阻隔而不顺畅。元末,元廷为了镇压各地起义,已经赋予地方很多的便宜行事之权,到了此时这种局势下,甘肃行省及河西陇北道肃政廉访司的便宜行事之权应该更大。或许他们此时已经有了部分的官员任免权和先斩后奏之权,但他们所选任的官吏应该只能是暂摄,因为文书中被罢免和被举荐的儒学教授都只是暂时代理,决定权应该还在北元朝廷,出现这种情况的原因正如李逸

---

① 王颋点校:《庙学典礼》卷二《儒职升转保举后进例》,杭州:浙江古籍出版社,1992年,第35页。
② 达力扎布:《北元初期史实略述》,《内蒙古社会科学》,1990年第5期,第57页。

友先生所说"这是非常时期的权宜之举"。对像邢守善这等不称职的儒学教授如何处置在《通制条格》中有着规定,曰"若教官委不称职,或侵盗学粮,合从廉访司依例纠问"①。这点无需多做解释。从文书中还可知无论任免,最后都要交与了总管府总管执行,廉访副使只有弹劾和荐举的权力,执行权仍在行政机关。此时,由于局势的变化,河西陇北道肃政廉访司并未像以前那样听由朝廷裁决,而是交予了地方的行政长官临时办理。

综上,文书反映了在北元初期河西陇北道肃政廉访司仍在按部就班地执行监察和荐举的工作。同时,文书也反映了在更换官吏的公务中,廉访司的职责在于弹劾和荐举,任免的具体工作要由当地的行政长官执行。文书表明在元代,品秩同为三品的地方官司中,肃政廉访司的地位要高于其他官司。与元代前期相比,北元时期更换官吏的工作程序已经较为简化。由于当时北元朝廷距离甘肃行省较为遥远和政治局势的不稳定性导致甘肃行省等地区的地方官府就有了便宜行事的权力,反映在文书中就是廉访分司将自己的处理意见并未按照元前期的规定呈至元廷中枢机构而是下达给了亦集乃路总管府总管,责其执行,然而最终的任免决定权仍在朝廷中央,这点从前后两个儒学教授都带有"权"字可以反映出来。

---

① 方龄贵校注:《通制条格》卷六《选举》,"教官不称"条,北京:中华书局,2001年,第302页。

一部探索元代诸族居住文化之力作

——《元代诸族建筑及居住文化》评介

绍 聪

衣食住行是关系到人类生存的大事,而其中住居建筑发展,则经历了由简单到复杂,由粗陋到精致的过程,其功能也从避风遮雨的简易居所,逐渐发展为豪华皇宫府邸、官宅民居、学府书院、坛庙寺观等,成为彰显社会地位、财富多寡,学术高低及宗教信仰的象征,并产生与之相适应的居住礼仪、风俗及文化。可以说,建筑是一个民族经济、文化、社会、家庭和心理素质的集中体现。它以物质形态之方式表述其文化内涵。某一民族的建筑技术、装饰艺术、审美观点、家庭和社会结构及宗教信仰等,必然通过建筑、居住文化体现出来。从而,形成鲜明的民族或地区特色,成为不同民族重要标志之一。

由白翠琴研究员和杜倩萍博士所著的《元代诸族建筑及居住文化》一书(黑龙江人民出版社2010年底出版),即是从建筑人类学及历史学、考古学、民俗学等角度,对元代诸族建筑及居住文化进行深入的探索。全书除了前言、结语及参考书目外,共分九章。第一章,概述了元代居住政策之传承与更革、居住风尚及环境选择的演变、建筑文化交流与居住理念的多元化。指出,蒙古族原是逐水草而居的民族,其统治者建立统一多民族的元朝后,将"祖述"与"变通"有机结合,其居住文化既受中原及域外文化影响,又保留具有浓郁草原文化气息的蒙古旧俗,突出地表现在蒙汉兼容的皇家建筑及佛教寺庙宝塔上。同时,根据"设官牧民,随俗而治"的政策,对各地诸族的建筑风格和技术,基本上予以保留。故元代建筑呈现开放性、兼容性、创新性的特点,其居住文化上承宋、辽、金,下启明、清,富有时代色彩。第二章至第九章,则分别对元代都城帝居、官宅府邸、各族民居、市镇商居、庙学书院、寺院道观、神坛宗庙、墓居、特居(营居、狱居、妓居)的礼仪、习俗、禁忌及相关建筑结构、室内装饰陈设等加以生动描绘。

元代地域辽阔,地理风貌自然环境复杂,民族众多,等级森严,南北异制,东西别俗。各族皆有自己的建筑风格及传统居住习俗。就北方而言,既有蒙古草原的穹庐、谦州地区吉利吉思的桦皮庐帐,东北地区女真人的栅房、水达达的桦皮屋、吉里迷人的草舍,西域绿洲上畏兀儿人的"阿以旺"及土拱式住宅,又有中原汉地院落式住宅等。而南方地区的民居更是形式多样,色彩斑斓。既有东南沿海的重檐悬山、屋角起翘的豪宅,又有用材质朴、以茅舍为主的文人别居。中南、西南地区,则有精致的三坊一照壁白人民居,保留母方共居的么些人大院子,吐蕃、罗罗的碉房及土掌房,羌人的碉楼。还有僮人的半楼居、金齿百夷的竹楼、苗人的吊脚楼、黎人的船形屋等干栏式民居,凸显民族性与多样性。而同一民族内部又因贫富悬殊、社会地位高低,呈现出等级性,民居建筑的规模、质量、装饰、家具、摆设等都有很大差异。因此,作者在论述中,特别注重住址选择、建筑类型确定与自然生态环境的联系;居住条件优劣精陋与社会地位、民族划分、财富多寡、宗教信仰、屋主情趣等人文环境的关系;蒙汉及其他诸族传统文化与居住礼仪不同及相互融会等问题。并在结语中提炼出元代诸族建筑及居住文化的五大特点,为进一步探索中华民族建筑史和社会生活史另辟蹊径,提供新思路。

综观全书,内容全面系统,资料翔实,脉络清晰,格式规范,文笔流畅,理论诠释与具体描述融为一体,见解独到。精心搜集的230余幅图片更是增添形象化,令人耳目一新。但是,本书正如作者在前言中所说的,由于元代的建筑遗址及文物甚为匮乏,特别是对各族普通民居及习俗的记载和描述更是寥若晨星,再加主客观条件所限,文献资料搜集及遗址考察,也有拾遗补阙之余地,这些都给全面深入探讨该时期诸族各阶层的居住文化造成不少困难,留下了种种遗憾。不过,瑕不掩瑜,本书可谓是从建筑人类学视角,以断代形式论述元代诸族建筑及居住文化之力作。

后　记

　　20世纪末以来,运用黑城文书、《至正条格》、金石碑刻等新资料与史籍文献互证以推进相关问题的探讨,日渐成为海内外元史研究的发展趋势和关注热点。为切磋学术和交流研究进展,进一步深化国际元史研究,2012年8月24日—27日,由中国元史研究会、南开大学历史学院和张北县人民政府共同主办了"元代国家与社会国际学术研讨会"。来自中国内地及港、澳、台的学者和美国、日本、韩国、蒙古国的学者近140名参加了本次研讨会,共提交论文近130篇。此次会议规模大、论文质量高,有力地推进了国际元史研究的繁荣与发展。

　　本辑《元史论丛》是在此次会议所提交论文的基础上汇编而成的。重视黑水城文书、《至正条格》、金石碑刻等新资料的使用,是本辑《元史论丛》所收论文的特色。作者既包括一些知名的元史专家,又包括一批在学界崭露头角的青年才俊。本辑《元史论丛》的面世,离不开诸多专家学者的鼎力支持,在此深表谢意!南开大学历史学院何珊博士帮助翻译英文目录,一并致谢!

编辑组
2013年元月